FACHBUCHREIHE
für wirtschaftliche Bildung

Betriebswirtschaftliches Handeln international

International Business Management

Wirtschaftsgymnasium Jahrgangsstufen 1 und 2
Profil Internationale Wirtschaft

5. Auflage

von

Stefan Bader, Theo Feist, Viktor Lüpertz, Heidi Mössner, Dieter Nietmann, Elena Rätzke

VERLAG EUROPA-LEHRMITTEL
Nourney, Vollmer GmbH & Co. KG
Düsseldorfer Straße 23
42781 Haan-Gruiten

Europa-Nr.: 95350

EUROPA LEHRMITTEL

Verfasser:

Stefan Bader	Dipl.-Hdl.
Theo Feist	Prof. a. D., Dipl. Kfm.
Viktor Lüpertz	Prof. a. D., Dr. Dipl.-Volksw.
Heidi Mössner	Dipl.-Hdl.
Dieter Nietmann	Dipl.-Hdl., Dipl.-Kfm.
Elena Rätzke	Dipl.-Kffr., M.Sc.

Lektorat:
Dr. Viktor Lüpertz

Falls für dieses Buch **Aktualisierungen** oder **Korrekturen** nötig werden sollten, finden Sie diese unter dem Auswahlpunkt **Aktualisierungen/Korrekturen** auf http://www.europa-lehrmittel.de/95350.

5. Auflage 2022

Druck 5 4 3 2 1

Alle Drucke derselben Auflage sind parallel einsetzbar, da sie bis auf die Korrektur von Druckfehlern identisch sind.

ISBN 978-3-7585-9137-2

Gestaltung, Umschlag und Satz: Punkt für Punkt GmbH · Mediendesign, 40549 Düsseldorf
Umschlagmotiv: Bildcollage braunwerbeagentur, 42477 Radevormwald,
unter Verwendung eines Fotos von © Julien Eichinger – Fotolia.com
Umschlagkonzept: tiff.any GmbH, 10999 Berlin
Druck: Himmer GmbH, 86167 Augsburg

Verwendete Symbole

Aufg. 1/Task 1 S. 112	Verweis am Seitenrand der Sachdarstellung auf die Nummer einer thematisch zugehörigen Aufgabe am Ende des jeweiligen Kapitels
EA 1/IE 1 S. 112	Bei diesen Erarbeitungsaufgaben handelt es sich um einführende Aufgaben mit didaktisch gestuften Problemsituationen, die sich für die systematische Erschließung von Unterrichtsinhalten eignen.
BGB § 21	Hinweis am Seitenrand auf gesetzliche Grundlagen. Alle angeführten Paragraphen sind in der Textsammlung „Wirtschaftsgesetze", Verlag Europa Lehrmittel (Best. Nr. 94810) enthalten.
PDF	Hinweis am Seitenrand bei einzelnen Aufgaben. Für diese Aufgaben liegen Arbeitsblätter vor, auf die mittels eines QR-Codes zugegriffen werden kann. Zusätzlich enthält das digitale Zusatzmaterial zum Lehrerhandbuch Dateien mit Kopiervorlagen für die Arbeitsblätter.
EXCEL	Hinweis am Seitenrand bei einzelnen Aufgaben. Für die Lösung dieser Aufgaben stehen entweder entsprechende Excel-Tabellen zur Verfügung oder die Aufgabe kann von den Lernenden mittels eines Tabellenkalkulationsprogramms gelöst werden.
? HILFE	Für diese Aufgaben steht bei Bedarf eine Hilfestellung zur Verfügung, auf die mittels eines QR-Codes zugegriffen werden kann.
	Die Aufgaben zur Wiederholung des Grundwissens können alternativ zu den abgedruckten Fragen in ähnlicher Form auch Online im Rahmen von *Prüfungsdoc* bearbeitet werden.
	Für dieses Kapitel stehen *Ich-kann-Listen* zur Verfügung, auf die mittels eines QR-Codes zugegriffen werden kann. Die Lernenden können damit ihren individuellen Kompetenzerwerb einschätzen und dokumentieren.
VIDEO	Hinweis am Seitenrand auf ein Video, auf das mittels eines QR-Codes zugegriffen werden kann.
vel.plus/	Anstelle der QR-Codes kann jeweils auch der angegebene Kurzlink vel.plus/Kurzbezeichnung verwendet werden.
www	Hinweis am Seitenrand bei einzelnen Aufgaben. Für die Lösung dieser Aufgaben ist eine Internetrecherche nötig.
	Hinweis am Seitenrand bei einzelnen Aufgaben. Für die Lösung dieser Aufgaben bietet sich eine Gruppenarbeit an.
	Hinweis am Seitenrand bei einzelnen Aufgaben. Diese Aufgaben eignen sich für Referate und Präsentationen.
	Hinweis am Seitenrand bei einzelnen Aufgaben. Diese Aufgaben können in Projektform bearbeitet werden.

Stand der Gesetzgebung: 01. Januar 2022

Bis eine gendergerechte Darstellung allgemein eingeführt werden kann, wird auch in diesem Buch nur ein grammatisches Geschlecht bei Berufs- und Gruppenbezeichnungen eingesetzt.

Dieses generische Maskulinum umfasst sprachlich alle Menschen dieser Berufe und Gruppen, unabhängig vom biologischen Geschlecht.

Vorwort zur 5. Auflage

Informationen zu diesem Buch

Weitere Informationen zu diesem Buch erhalten Sie durch ein Video, wenn Sie den rechts stehenden QR-Code mit Ihrem Smartphone oder Tablet scannen.

VIDEO

Inhalt

Das vorliegende Lehr- und Arbeitsbuch orientiert sich an dem ab 2021/2022 gültigen Bildungsplan des Faches „Internationale Volks- und Betriebswirtschaftslehre" für das 3-jährige Berufliche Gymnasium in Baden-Württemberg. Es umfasst alle Lerninhalte der Jahrgangsstufen 1 und 2. Zur Unterstützung des bilingualen Unterrichts wird *scaffolding* (Unterstützung des Lernprozesses durch Lösungshinweise, Denkanstöße und andere Hilfestellungen) angeboten.

Gliederung des Buches

Den Bildungsplanvorgaben entsprechend ist das Buch in zehn Lernbereiche eingeteilt, die farblich voneinander abgehoben sind. Innerhalb dieser Abschnitte sind die Kapitel wie folgt gegliedert:

- **Kompetenzerwartungen und Gliederung**

Eine Strukturübersicht gibt einen ersten inhaltlichen Überblick und zeigt die Zusammenhänge mit den im Bildungsplan ausgewiesenen Kompetenzerwartungen.

- **Sachdarstellung**

Die Sachdarstellung wird durch zahlreiche Grafiken, Schaubilder, Übersichten und Tabellen ergänzt und veranschaulicht. Wichtige Definitionen und Merksätze sind besonders hervorgehoben und farbig gedruckt.

- **Zusammenfassende Übersichten**

Die Übersichten am Ende eines jeden Kapitels dienen der Veranschaulichung der Strukturzusammenhänge. Sie können sowohl am Anfang als auch während oder am Ende der Unterrichtseinheit eingesetzt werden.

- **Englische Schlüsselbegriffe und Übersetzungen**

Für jedes bilinguale Kapitel stehen „Key terms" und ihre Übersetzungen zur Verfügung. Ein komplettes Vokabelverzeichnis befindet sich am Ende des Buches.

- **Erarbeitungsaufgaben**

Viele Abschnitte enthalten Erarbeitungsaufgaben. Die didaktisch gestuften Problemsituationen eignen sich zur systematischen Erschließung von neuen Unterrichtsinhalten.

- **Wiederholung des Grundwissens**

Zu jedem Kapitel gehört eine umfangreiche Aufgabensammlung zur Kontrolle und Wiederholung des Grundwissens. Die Lösung der Aufgaben ergibt sich unmittelbar aus der jeweils vorangehenden Sachdarstellung.

- **Anwendungs- und Übungsaufgaben**

Die zahlreichen realitätsbezogenen Problemstellungen decken unterschiedliche Schwierigkeitsgrade und Anforderungsbereiche ab. Neben der Anwendung und Erschließung von thematischem Wissen ermöglichen sie auch die Einübung unterschiedlicher Arbeitstechniken und Lösungsverfahren sowie die Förderung von Sozial- und Methodenkompetenz.

- **Formelsammlung/Finanzmathematische Tabellen**

Am Ende des Buches befinden sich eine Zusammenfassung aller im Buch verwendeten Formeln sowie finanzmathematische Tabellen (Auf- und Abzinsungsfaktoren, Annuitätenfaktoren).

Digitale Elemente (fakultativ)[1]

- **Wiederholung des Grundwissens mit Prüfungsdoc**

Alle Wiederholungsaufgaben sind digital umgesetzt – abwechslungsreich mit verschiedenen Aufgabentypen und mit Feedback zur eingegebenen Lösung. Ein Vokabeltrainer ergänzt das Angebot. QR-Codes führen kostenlos dorthin. Prüfungsdoc ist optimiert für Tablet und Notebook/PC.

- **Arbeitsblätter**

Arbeitsblätter müssen nicht mehr von der Lehrkraft kopiert werden, sondern können von den Lernenden mithilfe des QR-Codes bei der Aufgabe heruntergeladen und digital bearbeitet oder ausgedruckt werden.

- **Hilfen zu Anwendungs- und Übungsaufgaben**

Wer Schwierigkeiten bei der Bearbeitung von Aufgaben hat, kann mittels eines QR-Codes didaktisch gestufte Hilfestellungen herunterladen – je nach individuellem Bedarf.

- **Ich-kann-Listen**

Ich-kann-Listen stehen für jedes Kapitel als Download zur Verfügung. Die Lernenden können damit ihren individuellen Kompetenzerwerb einschätzen und digital oder analog dokumentieren.

- **Digitales Buch**

Eine separat erwerbbare digitale Version dieses Lehrbuchs bietet neben den obigen Möglichkeiten mit einem Klick eine Volltextsuche, klickbare Verweise sowie Notiz- und Markierungsfunktionen.

Lehrerhandbuch

Ergänzend zu diesem Lehr- und Arbeitsbuch liegt ein Lehrerhandbuch (Europa-Nr. 95367) mit ausführlichen Lösungen zu den Aufgaben, Hintergrund- und Zusatzinformationen vor. Außerdem wird für Lehrkräfte **digitales Zusatzmaterial** zur Verfügung gestellt (u.a. mit Kopiervorlagen für Arbeitsblätter zur Aufgabenlösung, zusätzlichen Materialien zu einzelnen Aufgaben und zusammenfassenden Übersichten zu den Kapiteln des Buches).

Verfasser und Verlag sind für Verbesserungsvorschläge dankbar. Senden Sie diese bitte per E-Mail an lektorat@europa-lehrmittel.de.

Freiburg, Frühjahr 2022 Die Verfasser

1 Das Buch kann auch problemlos in herkömmlicher Weise ohne die digitalen Elemente genutzt werden.

Inhaltsverzeichnis

Lernbereich A

Einführung in das kaufmännische Gesellschaftsrecht

Learning area B

Significance of multinational companies

Learning area C

Human resource management in multinational companies

Learning area G

Communication and distribution policy

Learning area J

Strategic planning and management accounting

PDF

Lernbereich K
Versteuerung des Einkommens

Lernbereich A

Einführung in das kaufmännische Gesellschaftsrecht

1 Handelsrechtliche Grundlagen der Unternehmung – Entscheidungskriterien für die Wahl der Rechtsform

Kompetenzen:

- *Grundzüge des Handels- und Gesellschaftsrechts auf ausgewählte praxisgerechte Sachverhalte anwenden*
- *Grundbegriffe des kaufmännischen Gesellschaftsrechts voneinander abgrenzen*
- *anhand der Gesetzgebung die Fachbegriffe zum Handelsstand ermitteln*

1.1 Kaufmannseigenschaften
1.2 Firmierung
1.3 Handelsregister

- *Arthandlungsvollmacht und Prokura voneinander abgrenzen*

1.4 Handelsrechtliche Bevollmächtigte

- *Rechtsformen nach rechtlichen und betriebswirtschaftlichen Kriterien unterscheiden*
- *Einzelunternehmen und Personengesellschaften anhand ausgewählter Merkmale unterscheiden*

1.5 Rechtsformen für Unternehmen
1.6 Entscheidungskriterien für die Wahl der Rechtsform eines Unternehmens

1.1 Kaufmannseigenschaften

Handelsrecht als Sonderrecht für Kaufleute

Für Personen, die im Geschäftsverkehr ständig Rechtsgeschäfte abschließen und in den meisten Fällen auch über entsprechende Kenntnisse und Erfahrungen verfügen (**Kaufleute**), gilt das **Handelsrecht**. Die entsprechenden Vorschriften sind im **Handelsgesetzbuch** (HGB) niedergelegt. Das HGB gilt nicht nur für den Handel im engeren Sinne (Kauf und Verkauf von Waren), sondern auch für die Herstellung von Waren und Dienstleistungen.

© MEV Agnecy UG

Fehlen im HGB entsprechende Regelungen, gilt das Bürgerliche Gesetzbuch (BGB). Ist eine Regelung sowohl im BGB als auch im HGB enthalten, gilt für Kaufleute die speziellere Regelung des HGB.

Das Handelsgesetzbuch enthält Sonderregelungen für Kaufleute, mit denen bestimmte Schutzvorschriften des BGB außer Kraft gesetzt werden. Dadurch sollen bei Kaufleuten Schnelligkeit und Flexibilität beim Abschluss von Rechtsgeschäften gefördert werden.

Kaufmannseigenschaften – Kaufmannsarten

Auf Rechtsgeschäfte (z. B. Kaufverträge) ist zwingend das Handelsrecht anzuwenden, wenn **mindestens einer der Beteiligten Kaufmann** ist.

HGB § 1

> ! **Kaufmann gemäß § 1 HGB ist, wer ein Handelsgewerbe betreibt. Als Handelsgewerbe gilt jeder Gewerbebetrieb, der nach Art und Umfang[1] einen in kaufmännischer Weise eingerichteten Geschäftsbetrieb erforderlich macht. Es kann sich also nicht um einen Kleinbetrieb handeln.**

Voraussetzungen einer gewerblichen Tätigkeit (Gewerbebetrieb)			
selbstständig ausgeübt	**planmäßig** betrieben	auf **Dauer** angelegt	auf **Gewinnerzielung** ausgerichtet

Ob für ein Unternehmen ein nach § 1 HGB „in kaufmännischer Weise eingerichteter Geschäftsbetrieb" erforderlich ist, lässt sich u. a. anhand einer Gesamtbeurteilung auf Basis der folgenden Kriterien beurteilen:

Art der Geschäftstätigkeit	**Umfang der Geschäftstätigkeit**
▪ Organisation des Unternehmens, insbesondere Größe der Standorte/Betriebsstätten ▪ Zahl der Betriebsstätten ▪ Zahl und Funktion der Beschäftigten ▪ Zahl der Erzeugnisse und der Geschäftsbeziehungen	▪ Umsatz ▪ Kapitaleinsatz ▪ Inanspruchnahme von Krediten

Ein Unternehmen, das keinen in kaufmännischer Weise eingerichteten Geschäftsbetrieb erforderlich macht, betreibt **kein Handelsgewerbe**, sondern **ein Kleingewerbe**.

Arten von Kaufleuten nach dem Erwerb der Kaufmannseigenschaft		
Istkaufmann § 1 HGB	**Kannkaufmann § 2 und § 3 HGB**	**Formkaufmann § 6 HGB**
Ein Gewerbetreibender, dessen Betrieb so groß ist, dass er eine kaufmännische Organisation nötig macht, ist Kaufmann gem. § 1 HGB **(Istkaufmann)**. Das gilt auch für die Personengesellschaften OHG und KG. Ein Istkaufmann muss sich in das **Handelsregister** eintragen lassen (§ 29 HGB). Aber auch ohne Eintragung ist er Kaufmann. Die Eintragung hat nur **rechtsbezeugende (deklaratorische)** und keine **rechtsbegründende (konstitutive)** Wirkung. Die Handelsregistereintragung eines Istkaufmanns macht lediglich nach außen deutlich, dass es sich um einen Kaufmann handelt.	Ein **Kleingewerbetreibender**, dessen Betrieb **keine** kaufmännische Organisation erforderlich macht, ist nach § 1 HGB **kein Kaufmann. Er kann** aber gem. § 2 HGB **Kaufmann** werden, wenn er sich in das Handelsregister eintragen lässt **(Kannkaufmann)**. Auch ein **Land- und Forstwirt**, dessen Betrieb eine kaufmännische Organisation erfordert, **kann** durch Eintragung in das Handelsregister gem. § 3 HGB **Kaufmann** werden. Bei **Kannkaufleuten** wirkt die Handelsregistereintragung **rechtsbegründend (konstitutiv)**, d. h. die Kaufmannseigenschaft wird erst durch die Eintragung erworben.	Eine Kapitalgesellschaft (z. B. GmbH oder AG) hat gem. § 6 HGB aufgrund ihrer Rechtsform immer die Kaufmannseigenschaft **(Formkaufmann)**. Diese Vorschrift gilt unabhängig von der Größe der Gesellschaft und ohne Rücksicht darauf, ob die Gesellschaft ein Handelsgewerbe betreibt. Bei Formkaufleuten hat die Handelsregistereintragung **rechtsbegründende (konstitutive)** Bedeutung, d. h. die Kaufmannseigenschaft wird erst durch die Eintragung erworben. Eine Kapitalgesellschaft entsteht als juristische Person[2] erst durch diese Eintragung.

---

1 Für die Kaufmannseigenschaft ist entscheidend, dass eine kaufmännische Organisation nach Art **und** Umfang erforderlich ist. Es genügt nicht, dass nur eines der beiden Kriterien (Art oder Umfang) erfüllt ist.

2 Eine juristische Person ist im Gegensatz zu einer natürlichen Person (alle Menschen sind natürliche Personen) ein rechtliches Konstrukt (z. B. als Vereinigung von Personen) mit eigener Rechtsfähigkeit.

Kleinbetriebe sind ebenso wenig Kaufleute wie Betriebe der Land- und Forstwirtschaft. Dies gilt auch für die freien Berufe (z. B. Ärzte, Rechtsanwälte, Steuerberater, Architekten, Künstler). Allerdings können Kleinbetriebe sowie Land- und Forstwirte unter bestimmten Voraussetzungen trotzdem Kaufleute werden. Darüber hinaus sind Kleinbetriebe auch dann Kaufleute, wenn sie als Personengesellschaft (z. B. OHG oder KG) oder in der Rechtsform einer Kapitalgesellschaft (z. B. GmbH oder AG) betrieben werden und entsprechend im Handelsregister eingetragen sind.

HGB §§ 1, 2, 3, 6

Aufg. 1 S. 16

Zusammenfassende Übersicht zu Kapitel 1.1: Kaufmannseigenschaften

Handelsrechtliche Vorschriften

Handelsgesetzbuch (HGB) = Sonderrecht für Kaufleute

Arten von Kaufleuten	Istkaufmann	Kannkaufmann	Formkaufmann
Betriebsarten	Gewerbebetrieb, der unabhängig von der gewählten Rechtsform eine kaufmännische Organisation erfordert (kein Kleinbetrieb)	Kleingewerbetreibender land- und forstwirtschaftlicher Betrieb, der kaufmännische Organisation erfordert	Kapitalgesellschaft: GmbH, AG (auch ohne Gewerbebetrieb)
Entstehung der Kaufmannseigenschaft	Aufnahme der Geschäftstätigkeit (auch bei OHG und KG), spätestens bei Eintragung ins Handelsregister	Kaufmannseigenschaft durch freiwillige Eintragung ins Handelsregister	Eintragung der Rechtsform ins Handelsregister
Wirkung der Eintragung ins Handelsregister	rechtsbezeugend (deklaratorisch) bei Aufnahme der Geschäftstätigkeit vor HR-Eintragung	rechtsbegründend (konstitutiv)	rechtsbegründend (konstitutiv)

Checken Sie Ihre Kompetenz mit der Ich-kann-Liste.

Öffnen Sie hierzu den nebenstehenden **QR-Code** oder geben Sie folgenden Link ein: https://vel.plus/BHBILIA02

WIEDERHOLUNG DES GRUNDWISSENS

vel.plus/BHBILIA03

zu Kapitel 1.1 Kaufmannseigenschaften

1. Beschreiben Sie, für welchen Personenkreis das Handelsrecht (Handelsgesetzbuch) gilt.
2. Nennen Sie die Voraussetzungen, die für eine gewerbliche Tätigkeit erfüllt sein müssen.
3. Nennen Sie Merkmale, anhand derer festgestellt werden kann, ob der Gewerbebetrieb einen in kaufmännischer Weise eingerichteten Geschäftsbetrieb erforderlich macht.
4. Beschreiben Sie, was ein Istkaufmann ist.
5. Erklären Sie den Begriff Kannkaufmann.
6. Stellen Sie dar, worin sich die konstitutive und deklaratorische Wirkung einer Eintragung ins Handelsregister unterscheiden.
7. Begründen Sie, welche Wirkung die Eintragung ins Handelsregister bei einem Formkaufmann hat.

ANWENDUNGS- UND ÜBUNGSAUFGABEN

Aufgabe 1 Kaufmannseigenschaft

PDF vel.plus/BHBILIA04

Stellen Sie fest und begründen Sie, wer in den nachfolgenden Fällen Kaufmann
- auch ohne Eintragung im Handelsregister (Istkaufmann) gem. § 1 HGB
- durch freiwillige Eintragung im Handelsregister (Kannkaufmann) gem. § 2 HGB
- aufgrund der gewählten Gesellschaftsform (Formkaufmann) gem. § 6 HGB

ist.

1. Ein Malermeister beschäftigt 12 Malergesellen und eine Buchhalterin.
2. Eine Rentnerin kauft und verkauft gelegentlich Antiquitäten.
3. Eine KG wird als Großgewerbe (mit kaufmännischer Organisation) betrieben.
4. Ein „Eismann" fährt im Sommer regelmäßig mit einem kleinen Bus durch die Straßen und verkauft Eis, das er von einer großen, in der Innenstadt gelegenen, Eisdiele bezieht.
5. Ein Koch übernimmt eine Betriebskantine. Er bezieht Gehalt und wirtschaftet auf Rechnung des Betriebs.
6. Eine Ärztin beschäftigt eine Arzthelferin.
7. Ein Landwirt betreibt noch eine Molkerei, die überwiegend eigene Produkte des landwirtschaftlichen Betriebs verarbeitet.
8. Eine OHG betreibt ein Kleingewerbe (ohne kaufmännische Organisation).

1.2 Firmierung

Begriff und Bedeutung

Wird in der Umgangssprache der Begriff „Firma" benutzt, ist damit meist ein bestimmtes Unternehmen gemeint. Im Handelsrecht wird dagegen unter der Firma nicht das Unternehmen selbst, sondern der Name des Kaufmanns, unter dem er seine Geschäfte betreibt, verstanden.

HGB § 17

Die Firma ist der im Handelsregister eingetragene Name eines Kaufmanns, unter dem er seine Geschäfte betreibt und seine Unterschrift abgibt. Ein Kaufmann kann unter seiner Firma klagen und verklagt werden.

Vorschriften zur Firmierung

Bei der Firmierung kann das in das Handelsregister einzutragende Unternehmen zwischen folgenden Firmenarten wählen:

Firmenarten			
Personenfirma	**Sachfirma**	**Fantasiefirma**	**Mischfirma**
enthält einen oder mehrere Personennamen	enthält den Zweck (Gegenstand) des Unternehmens	enthält einen frei erfundenen Namen	Kombination von Personen-, Sach- und Fantasiefirma
Eva Scheurer e. Kfr., Sing & Mayer OHG	Metallfabrik GmbH, Gartenbau KG	Sunshine KG, Be Creative e. K.	Dyckerhoff Zement AG, Sunshine Reisebüro KG

Bei der Entscheidung für einen bestimmten Firmennamen sind allerdings folgende Grundsätze und Vorschriften zu beachten:

Firmengrundsätze		
Firmenwahrheit §§ 18, 19 HGB	**Firmenklarheit § 30 HGB (Firmenausschließlichkeit)**	**Firmenbeständigkeit §§ 21 bis 24 HGB**
Die Öffentlichkeit darf nicht durch die Firma über Art und/oder Umfang des Unternehmens getäuscht werden.	Die Firma muss sich von allen am selben Ort bereits bestehenden und in das Handelsregister eingetragenen Firmen unterscheiden.	Eine Firma darf bei Namensänderung sowie Veräußerung des Unternehmens (sofern der bisherige Inhaber oder dessen Erben zustimmen) fortgeführt werden. Bei Wechsel der Rechtsform ist aber der Rechtsformzusatz zu ändern.
Beispiel: Ein kleines Papierwarengeschäft darf nicht die Firma „Süddeutsche Büroausstattungszentrale e. K." wählen.	Beispiel: Der ortsansässige Einzelhandelskaufmann Schmitz hat die Firma H. Schmitz e. K. gewählt. Die neu einzutragende Firma des Hoteliers U. Schmitz muss sich davon durch Angabe des Vornamens und/oder durch einen anderen Zusatz unterscheiden, z. B. Ulf Schmitz e. K., Hotelier.	Beispiel: Die Inhaberin eines Bräunungsstudios heiratet und nimmt den Namen ihres Ehemanns an. Trotzdem behält sie die Firma B. Schirmer e. Kfr. – Sonnenstudio – bei. Das Malergeschäft P. Dold e. K. wird von zwei Mitarbeitern übernommen und unter dem Namen P. Dold OHG weitergeführt.

Zusammenfassende Übersicht zu Kapitel 1.2: Firmierung

Firma

= im Handelsregister eingetragener Name des Kaufmanns, unter dem er
- seine Geschäfte betreibt
- seine Unterschrift abgibt
- klagen oder verklagt werden kann

Firmenarten	Firmenzusätze	Firmengrundsätze
Personenfirma	eingetragener Kaufmann, e. K., e. Kfm., e. Kfr. o. Ä.	Firmenwahrheit
Sachfirma	Offene Handelsgesellschaft oder OHG	Firmenklarheit
Fantasiefirma	Kommanditgesellschaft oder KG	Firmenbeständigkeit
	Gesellschaft mit beschränkter Haftung oder GmbH	
Mischfirma	Aktiengesellschaft oder AG	

Checken Sie Ihre Kompetenz mit der Ich-kann-Liste.

Öffnen Sie hierzu den nebenstehenden **QR-Code** oder geben Sie folgenden Link ein: https://vel.plus/BHBILIA05

WIEDERHOLUNG DES GRUNDWISSENS

vel.plus/BHBILIA06

zu Kapitel 1.2 Firmierung

1. Beschreiben Sie, was unter einer Firma zu verstehen ist.
2. Nennen Sie die vier Firmenarten und geben Sie dazu jeweils ein Beispiel an.
3. Nennen und erklären Sie drei Firmengrundsätze.

1.3 Handelsregister

> **Das Handelsregister ist ein amtliches, öffentliches Verzeichnis aller Kaufleute im Bezirk des zuständigen Registergerichts. Es enthält Informationen über die einzelnen Kaufleute, deren Kenntnis für Geschäftspartner von Interesse sein kann.**

HGB § 8, § 10

HGB § 10 (1) S. 1, § 11 (1), § 9, § 15

Das Handelsregister wird im Normalfall von dem örtlich zuständigen **Amtsgericht** geführt. Die Eintragungen werden von den Gerichten in einem elektronischen System, dem gemeinsamen **Registerportal der Länder** der Bundesrepublik Deutschland, im Internet veröffentlicht[1]. Außerdem hat jeder das **Recht zur Einsichtnahme** in das Handelsregister. Die Angaben im Handelsregister genießen **„öffentlichen Glauben"**, d. h. jeder darf davon ausgehen, dass die Angaben im Handelsregister vollständig und richtig sind (**Publizität des Handelsregisters**). Umgekehrt müssen Dritte eine wahre und eintragungspflichtige Sache, die jedoch nicht eingetragen ist, auch nicht gegen sich gelten lassen (**negative Publizität des Handelsregisters**).

Aufg. 1 S. 19

In beiden Fällen sind Dritte jedoch nur geschützt, sofern sie keine Kenntnis von der Rechtslage haben.

Abteilung A	Abteilung B
Eintragung von Einzelkaufleuten und Personengesellschaften (z. B. Offene Handelsgesellschaften, Kommanditgesellschaften)	Kapitalgesellschaften (z. B. Aktiengesellschaften, Gesellschaften mit beschränkter Haftung)

Nr. der Eintragung	a) Firma b) Sitz c) Gegenstand des Unternehmens	Grund- oder Stammkapital EUR	Vorstand, persönlich haftende Gesellschafter, Geschäftsführer, Abwickler	Prokura	Rechtsverhältnisse	a) Tag der Eintragung u. Unterschrift b) Bemerkungen
1	2	3	4	5	6	7
1	a) Shirt-Store GmbH b) Mannheim c) ist die Veredelung von Textilien, insbesondere T-Shirts unterschiedlicher Art, mit verschiedenen Druck- und Beflockungstechniken sowie die Beratung der Kunden hierin	25.000 EUR	Michael Müller, geb. am 01.07.1970, Mannheim; Anja Krause, geb. am 13.05.1971		Gesellschaft mit beschränkter Haftung. Der Gesellschaftsvertrag ist am 23.04.2001 abgeschlossen. Die Geschäftsführer Michael Müller und Anja Krause sind einzelvertretungsberechtigt.	a) 02.05.2001 Beyer, Justizangestellte b) –

1 www.handelsregisterbekanntmachungen.de bzw. www.handelsregister.de

Zusammenfassende Übersicht zu Kapitel 1.3: Handelsregister

Handelsregister = öffentliches Verzeichnis aller Kaufleute eines oder mehrerer Amtsgerichtsbezirke			
Eintragungen unterrichten die Öffentlichkeit über ...	**Abteilungen**		**Öffentlichkeit**
	Abteilung A	**Abteilung B**	
Firma, Inhaber, Geschäftsführer, Vorstand, Kapital, Haftung, Geschäftssitz, Gegenstand des Unternehmens	Einzelunter-nehmen, Personen-gesellschaften (OHG, KG)	Kapital-gesell-schaften (GmbH, AG)	Einsicht für jeden, Veröffentlichung in Bundes-anzeiger und Tageszeitung, Öffentlicher Glaube: Vermutung der Richtigkeit der Eintragungen (Vertrauensschutz)

Checken Sie Ihre Kompetenz mit der Ich-kann-Liste.

Öffnen Sie hierzu den nebenstehenden **QR-Code** oder geben Sie folgenden Link ein: https://vel.plus/BHBILIA07

WIEDERHOLUNG DES GRUNDWISSENS

vel.plus/BHBILIA08

zu Kapitel 1.3 Handelsregister

1. Beschreiben Sie, was das Handelsregister ist, welche Eintragungen dieses enthält und wer es führt.
2. Nennen Sie die beiden Abteilungen, aus denen das Handelsregister besteht und geben Sie an, was dort jeweils eingetragen wird.

ANWENDUNGS- UND ÜBUNGSAUFGABEN

zu Kapitel 1.3 Handelsregister

Aufgabe 1 Firmierung – Kaufmann – Handelsregister

Isabell Kleinschmidt aus Freiburg übersetzt für Unternehmen Geschäftsbriefe in verschiedene Sprachen. Sie hat zwischenzeitlich zwei Mitarbeiterinnen in Teilzeit beschäftigt. Der Betrieb macht derzeit noch keinen nach Art und Umfang in kaufmännischer Weise eingerichteten Geschäftsbetrieb erforderlich.

1. Isabell Kleinschmidt beabsichtigt, das Unternehmen ins Handelsregister eintragen zu lassen. Machen Sie drei Firmierungsvorschläge.
2. Die Firma wird am 16. Juli d. J. in das Handelsregister unter dem Firmennamen „Freiburger Übersetzungsdienst, Inh. Isabell Kleinschmidt e. K." eingetragen. Beschreiben Sie, welche Folgen die Eintragung für Isabell Kleinschmidt hat.

1.4 Handelsrechtliche Bevollmächtigte

Die Organisation eines Gewerbebetriebes macht es notwendig, dass der Kaufmann Mitarbeitern Vollmacht erteilt, für ihn rechtsverbindlich Rechtsgeschäfte abzuschließen. Das BGB regelt die Erteilung und die Wirkung der Vollmacht. Das Handelsrecht trägt den Bedürfnissen des Geschäftslebens Rechnung, indem es einem **Kaufmann** zusätzlich das Recht gibt, die besonderen Vollmachten **Prokura** und **Handlungsvollmacht** zu erteilen. BGB § 164 ff.

1.4.1 Prokura

EA 1
S. 22

Beginnen Sie Ihren Kompetenzerwerb zum Thema *Prokura* mit der Erarbeitungsaufgabe EA 1.

Erteilung

HGB § 48, § 53

Die Prokura kann nur ausdrücklich und persönlich vom Kaufmann selbst und nicht von einem von ihm beauftragten Vertreter erteilt werden. Die Erteilung muss ins **Handelsregister** eingetragen werden. Wirksam wird sie aber bereits bei Erteilung bzw. Mitteilung an die Geschäftspartner. Damit hat die Eintragung ins Handelsregister **deklaratorische (rechtsbezeugende) Wirkung**. Es kann auch mehreren Personen gemeinsam Prokura erteilt werden (**Gesamtprokura**). Eine Vertretung des Kaufmanns ist dann nur von allen Gesamtprokuristen gemeinsam möglich.

Umfang

HGB § 50

BGB § 164 ff.

Der Umfang der Vertretungsmacht des Prokuristen ist Dritten gegenüber nicht **beschränkbar**. Der Prokurist ist befugt bis auf wenige Ausnahmen (s. u.), alle Arten von gerichtlichen und außergerichtlichen Geschäften und Rechtshandlungen vorzunehmen, die in **irgendeinem Handelsgewerbe** vorkommen[1]. Er kann damit auch branchenfremde Geschäfte tätigen. Allerdings ist er nicht dazu bevollmächtigt, **Privatgeschäfte** des Kaufmanns zu tätigen. Dazu wäre eine besondere Vollmacht erforderlich.

Grenzen

Dem Prokuristen ist es nicht erlaubt, im Rahmen der ihm erteilten Prokura folgende Geschäfte und Rechtshandlungen vorzunehmen:

HGB § 49 (2)

❶ **Belastung oder Veräußerung von Grundstücken.**
Allerdings kann der Kaufmann dem Prokuristen eine Sondervollmacht zur Vornahme dieser Geschäfte erteilen.

HGB § 29, § 245, § 53 (1), § 31

❷
- **Anmeldung der Firma zum Handelsregister**
- **Unterzeichnung des Jahresabschlusses**
- **Erteilung der Prokura**
- **Veräußerung oder Aufgabe des Handelsgewerbes**

Diese Rechtshandlungen muss der Kaufmann höchstpersönlich vornehmen. Er kann sich dafür nicht von einem Prokuristen vertreten lassen, auch nicht mit einer Sondervollmacht.

1 Beim Abschluss von Rechtsgeschäften unterschreibt ein Prokurist mit dem Zusatz „per Prokura“ oder „ppa“, aus dem die Prokura ersichtlich wird (HGB § 51).

Erlöschen

Der Kaufmann kann die Prokura jederzeit widerrufen. Der Widerruf der Prokura ist zur Löschung im Handelsregister anzumelden. Solange die Prokura im Handelsregister noch nicht gelöscht ist, bleibt der gutgläubige Dritte geschützt (Publizität des Handelsregisters).

HGB § 53 (2), § 15 (3)

1.4.2 Arthandlungsvollmacht

Beginnen Sie Ihren Kompetenzerwerb zum Thema *Arthandlungsvollmacht* mit der Erarbeitungsaufgabe EA 1.

EA 1 S. 22

Begriff

Der gesetzlich vorgegebene Umfang der mit der Prokura verbundenen Vertretungsmacht setzt zwischen dem Kaufmann und dem Prokuristen ein ganz besonderes Vertrauensverhältnis voraus. Das Handelsrecht lässt deshalb eine weitere Vollmacht zu, deren Umfang der Kaufmann selbst bestimmen kann.

Ein *Handlungsbevollmächtigter* ist eine Person, der ein Kaufmann eine Vollmacht erteilt hat, ohne dass es sich dabei um eine Prokura handelt.

HGB § 54 (1)

Umfang[1]

Der Umfang der Handlungsvollmacht wird nicht von gesetzlichen Vorgaben sondern vom Kaufmann selbst bestimmt. Die **Arthandlungsvollmacht** bezieht sich nur auf eine bestimmte Art von Rechtsgeschäften, die im bestimmten Handelsgewerbe des vollmachtgebenden Kaufmanns vorkommen.

Aufg. 1 S. 24

Arthandlungsvollmacht bei einem Importhändler

Die Personalchefin eines Importhändlers für Frischgemüse ist für die Einstellung und gegebenenfalls Entlassung von Mitarbeitern zuständig. Andere Verträge für das Unternehmen darf sie mit der erteilten Vollmacht nicht abschließen.

Aufg. 2 S. 25

Erteilung und Erlöschen

Die Handlungsvollmacht kann vom Kaufmann selbst, einem Prokuristen oder von einem dazu Bevollmächtigten erteilt werden. Eine Eintragung ins Handelsregister ist nicht erforderlich. Die Handlungsvollmacht ist jederzeit widerrufbar.

BGB § 167

---

1 Nach dem Umfang lassen sich drei Arten der Handlungsvollmacht unterscheiden: Spezialhandlungsvollmacht, Arthandlungsvollmacht und Generalhandlungsvollmacht (allgemeine Handlungsvollmacht). Im Bildungsplan ist jedoch nur die Arthandlungsvollmacht vorgesehen.

Zusammenfassende Übersicht zu Kapitel 1.4: Handelsrechtliche Bevollmächtigte

Vollmacht berechtigt zum Abschluss rechtsverbindlicher Rechtsgeschäfte

Prokura	**Arthandlungsvollmacht**
Vollmacht zur Vornahme von Rechtsgeschäften **irgendeines** Handelsbetriebes Nicht erlaubt (ggf. mit Sondervollmacht aber möglich): ■ Belastung oder Veräußerung von Grundstücken ■ Anmeldung der Firma zum Handelsregister ■ Unterzeichnung des Jahresabschlusses ■ Erteilung von Prokura ■ Veräußerung oder Aufgabe des Handelsgewerbes	Vollmacht zur Vornahme einer **bestimmten** Art von Rechtsgeschäften eines **bestimmten** Handelsgewerbes

Checken Sie Ihre Kompetenz mit der Ich-kann-Liste.

Öffnen Sie hierzu den nebenstehenden **QR-Code** oder geben Sie folgenden Link ein: https://vel.plus/BHBILIA09

ERARBEITUNGSAUFGABE

zu Kapitel 1.4 Handelsrechtliche Bevollmächtigte

EA 1 Prokura – Arthandlungsvollmacht

? HILFE vel.plus/BHBILIA10

Die Baustoffgroßhändlerin Katja Riel, Am Belzappel 39, 68215 Mannheim, ernennt zum 1. Dezember 2021 ihren bisherigen Handlungsbevollmächtigten Jurica Tomic zum Prokuristen.

1. Der Handelsregisterauszug des Amtsgerichts Mannheim gibt Auskunft über die Eintragung der Prokura ins Handelsregister.

Amtgericht Kaiserlautern AG-Bezirk	9 8 7 6 5 1 3 2 1 0 9 8 7 6 5 1 3 2 1 0 9 8 7 6 5 4 3 2 1 0				Blatt 1 HR A 904
Nr. der Eintragung	**a) Firma b) Ort der Niederlassung (Sitz der Gesellschaft) c) Gegenstand des Unternehmens (bei juristischen Personen)**	**Geschäftsinhaber Persönlich haftende Gesellschafter Vorstand Abwickler**	**Prokura**	**Rechtsverhältnisse**	**a) Tag der Eintragung u. Unterschrift b) Bemerkungen**
1	2	3	4	5	6
1	a) Baustoffgroßhandlung Katja Riel e.K. b) Mannheim				a) 15. November 2012 Kops b) Anmeldung: Bl. 1/4 (3) HRB 3846 bzw. HRB 13
2			Katja Riel Kauffrau, Mannheim	Einzelprokurist Jurica Tomic Ludwigshafen	a) 12. Januar 2022 Kops

Vom Wertpapierberater der Hausbank erhält Tomic am 9. Januar 2022 den Rat, das Guthaben auf dem Kontokorrentkonto in Höhe von 60.000 EUR in verschiedenen Bankaktien anzulegen. Nach kurzer Überlegung erteilt er einen entsprechenden Kaufauftrag, der am 10. Januar 2022 ausgeführt wird. Als die Baustoffgroßhändlerin Katja Riehl am 14. Januar davon erfährt, will sie das Geschäft rückgängig machen mit der Begründung, dass Tomic zum Zeitpunkt des Vertragsabschlusses noch nicht Prokurist war.
Begründen Sie, ob Tomic das Wertpapiergeschäft rechtswirksam abschließen konnte. BGB §§ 167, 171

2. Während Riel sich auf einer Auslandsreise befindet, wird Tomic ein Grundstück angeboten, das sich zur dringend notwendigen Erweiterung des Betriebsgeländes eignet.
   a) Begründen Sie, ob Tomic das Grundstück für die Firma Riel rechtswirksam kaufen kann. HGB § 49
   b) Begründen Sie, ob Tomic zur Finanzierung des Kaufs einen Darlehensvertrag für die Firma Riel abschließen kann.
   c) Begründen Sie, ob Tomic zur Sicherung des Darlehens auf das Betriebsgrundstück der Firma Riel eine Grundschuld rechtswirksam eintragen lassen kann.
   d) Begründen Sie, ob Tomic nach Ankauf des Erweiterungsgrundstücks ein nicht mehr benötigtes Reservegrundstück für die Firma Riel verkaufen kann.

3. Nehmen Sie an, Riel hätte ihrem Prokuristen den Kauf von Grundstücken ausdrücklich verboten. HGB § 50
Begründen Sie, ob der Kauf des Grundstücks durch Tomic gültig wäre (s. Aufgabe 2).

4. Die Eigentümerin des Erweiterungsgrundstücks bietet an, als Gesellschafterin in die Firma Riel einzutreten und das Grundstück einzubringen. HGB § 49
Begründen Sie, ob Tomic die Eigentümerin des Grundstücks als Gesellschafterin aufnehmen darf.

5. Der Prokurist Tomic ist bei der Firma Riel ausgeschieden, im Handelsregister aber noch eingetragen. HGB § 15
Begründen Sie, ob er die Firma Riel noch rechtlich verpflichten kann, wenn
   a) die Geschäftspartner von dessen Ausscheiden wissen.
   b) die Geschäftspartner nichts von dessen Ausscheiden wissen.

6. Da die Baustoffgroßhandlung weiter wächst, ermächtigt Katja Riel zu ihrer weiteren Entlastung ihre langjährige Angestellte Sara Eren alle Geschäfte abzuschließen, die der Vertrieb in der Baustoffgroßhandlung gewöhnlich mit sich bringt.

   Prüfen Sie, ob Eren für die Baustoffgroßhandlung Katja Riel e. K. folgende Rechtsgeschäfte bindend abschließen kann: HGB § 54
   a) Verkauf von Ziegeln auf Ziel
   b) Einkauf von Schreibmaschinenpapier
   c) Aufnahme eines Darlehens bei der Volksbank
   d) Einstellung eines Lagerarbeiters
   e) Mahnung eines Kunden, dessen Verbindlichkeiten nach Fälligkeit noch nicht beglichen wurden
   f) Belastung des Geschäftshauses mit einer Grundschuld
   g) Kauf eines Grundstücks als Lagerplatz

7. Durch Einrichtung einer computergestützten Finanzbuchhaltung ist Buchhalter Veith nicht mehr voll ausgelastet. Deshalb soll er künftig auch im Verkauf tätig sein und erhält von Riel Verkaufsvollmacht.
   a) Begründen Sie, ob die Vollmacht auch gültig wäre, wenn sie auf Wunsch Riels von der Handlungsbevollmächtigten Eren erteilt worden wäre.
   b) Veith bestellt von einem Vertreter, der im Betrieb vorspricht, 50 Ztr. Zement-Schnellbindemittel für die Firma Riel.
      Prüfen Sie, ob der Kaufvertrag gültig ist.

vel.plus/BHBILIA11

WIEDERHOLUNG DES GRUNDWISSENS

zu Kapitel 1.4 Handelsrechtliche Bevollmächtigte

1.4.1 Prokura

1. Geben Sie an, zu welchen Rechtshandlungen Prokura berechtigt.
2. Geben Sie an, wer die Prokura erteilen kann.
3. Nennen Sie Beispiele für Rechtshandlungen, die einem Prokuristen untersagt sind.
4. Geben Sie an, wann die Prokura erlischt.

1.4.2 Arthandlungsvollmacht

1. Erklären Sie, was unter Arthandlungsvollmacht zu verstehen ist.
2. Geben Sie an, wodurch sich Prokura und Arthandlungsvollmacht hinsichtlich ihres Umfangs unterscheiden.

ANWENDUNGS- UND ÜBUNGSAUFGABEN

zu Kapitel 1.4 Handelsrechtliche Bevollmächtigte

Aufgabe 1 Artvollmacht – Gesamtprokura

HILFE vel.plus/BHBILIA12

Paula Kerkov, Im Brünnele 8, 74080 Heilbronn, ist Inhaberin eines Küchenstudios. Ihr langjähriger Mitarbeiter Kevin Greulich ist bevollmächtigt, alle Geschäfte zu tätigen, die im Einkauf des Küchenstudios gewöhnlich anfallen.

1. Prüfen Sie, ob Kevin Greulich für das Küchenstudio Paula Kerkov e.Kfr. folgende Rechtsgeschäfte bindend abschließen kann:
   a) Verkauf von Küchenzubehör
   b) Einkauf von Büromaterial
   c) Aufnahme eines Darlehens von der Sparkasse
   d) Einstellung eines Schreiners
   e) Begleichung einer Verbindlichkeit (Lieferung von Heizöl)
   f) Entlassung eines technischen Zeichners
   g) Kauf eines Grundstücks als Kundenparkplatz
2. Zu ihrer Entlastung erteilt Frau Kerkov Einkaufsleiter Kevin Greulich und der Verkaufsleiterin Dascha Kuzmanow Gesamtprokura.
   a) Beurteilen Sie die dem Einkaufsleiter und der Verkaufsleiterin eingeräumte Prokura unter organisatorischen und rechtlichen Gesichtspunkten.
   b) Bereits am 01. Oktober 2022 wurde den beiden anlässlich einer Betriebsversammlung die Prokura erteilt. Noch am gleichen Tag wurden auch die Geschäftspartner mit einem Rundschreiben darüber informiert. Begründen Sie
      - von welchem Tag an Paula Kerkov den beiden Mitarbeitenden erlaubt, für sie als Prokuristen tätig zu werden.
      - von welchem Zeitpunkt an die Geschäfte der Prokuristen gegenüber Geschäftspartnern wirksam sind, die von der Ernennung wissen.
3. Adrian Rückert, Assistent der Geschäftsleitung, ist nicht mehr ausgelastet, und soll künftig auch verstärkt im Verkauf tätig sein. Er erhält von Kerkov Verkaufsvollmacht.
   - Beurteilen Sie, ob die Vollmacht auch dann gültig wäre, wenn sie von den Prokuristen Greulich und Kuzmanow erteilt worden wäre.

   Herr Rückert bestellt von einem Vertreter, der im Betrieb vorspricht, mehrere moderne Küchenlampen für die Firma Kerkov. Paula Kerkov ist jedoch vom Design nicht begeistert.
   - Prüfen Sie, ob Kerkov berechtigt ist, die Lampen zurückzuschicken und die Zahlung des Rechnungsbetrages verweigern kann.

Aufgabe 2 Prokura – Handlungsvollmacht

Der Karlsruher Telediscountshop hat seiner Mitarbeiterin Katja Wimmer Prokura erteilt, während Edwin Stern als Einkaufsleiter mit einer Arthandlungsvollmacht für das Unternehmen tätig ist.

? HILFE
vel.plus/BHBILIA13

Prüfen Sie, welche der folgenden Geschäfte rechtswirksam

- vom Handlungsbevollmächtigten Edwin Stern
- von der Prokuristin Katja Wimmer
- weder vom Handlungsbevollmächtigten noch von der Prokuristin abgeschlossen werden können:

1. Einkauf von 10.000 Pack Druckerpapier
2. Verkauf eines gebrauchten Pkw
3. Kauf eines Nachbargrundstücks zur Betriebserweiterung
4. Verkauf einer nicht mehr benötigten Garage mit Grundstück
5. Erteilung von Prokura
6. Erteilung von Handlungsvollmacht
7. Günstiger Gelegenheitskauf eines Picasso-Ölgemäldes. Der geschäftsführende Gesellschafter ist leidenschaftlicher Kunstsammler.
8. Kauf von festverzinslichen Wertpapieren zur Anlage eines vorübergehenden Liquiditätsüberschusses
9. Aufnahme eines Kredits
10. Kauf von 5 Lieferwagen. Es ist vorgesehen, dass der Telediscountshop seine Kunden auf Wunsch auch beliefert.

1.5 Rechtsformen für Unternehmen

Bei den **Rechtsformen** eines Unternehmens lassen sich **Einzelunternehmen** und **Gesellschaftsunternehmen** unterscheiden.

Einzelunternehmen

Bei einem Einzelunternehmen bringt der Unternehmer allein das Eigenkapital auf. Er führt sein Unternehmen und haftet allein für alle Verbindlichkeiten.

Gesellschaftsunternehmen

Für die Gründung eines **Gesellschaftsunternehmens** lässt das **Handelsrecht** zwei Formen, nämlich **Personen**- und **Kapitalgesellschaften** zu.

Eine Personengesellschaft ist eine Unternehmensform, an der mindestens eine voll haftende natürliche oder juristische Person und weitere natürliche oder juristische Personen zur Erreichung eines gemeinsamen Zweckes beteiligt sind. Eine Personengesellschaft ist keine juristische Person und hat nur eine eingeschränkte Rechtsfähigkeit.

Personengesellschaften	
Offene Handelsgesellschaft (OHG) HGB §§ 105 ff. BGB §§ 705 ff.	**Kommanditgesellschaft (KG)** HGB §§ 161 ff.

! Eine Kapitalgesellschaft ist eine Unternehmensform, bei der die Bereitstellung von Kapital im Vordergrund steht und eine persönliche Mitarbeit der Gesellschafter nicht erforderlich ist. Eine Kapitalgesellschaft ist eine juristische Person.

Kapitalgesellschaften	
Gesellschaft mit beschränkter Haftung (GmbH) GmbHG	**Aktiengesellschaft (AG)** AktG

1.6 Entscheidungskriterien für die Wahl der Rechtsform eines Unternehmens

Für die Entscheidung, welche Rechtsform für ein bestimmtes Unternehmen am besten geeignet ist, können folgende Kriterien bedeutsam sein:

© Kunst Bilder – shutterstock.com

Entscheidungskriterien für die Wahl der Rechtsform eines Unternehmens im Überblick

Entscheidungskriterien, die für die Wahl der Rechtsform bedeutsam sind

- **1. Eigenkapitalbeschaffung**
- **2. Geschäftsführung**
- **3. Vertretung**
- **4. Haftung**
- **5. Gewinn- und Verlustverteilung**
- **6. Kontrolle der Geschäftsführung**
- **7. Mitbestimmung der Arbeitnehmer**

Kriterium	Bedeutung	Einzelunternehmen	Personengesellschaft (OHG)	Kapitalgesellschaft (GmbH, AG)
Beschaffung von Eigenkapital	**Welche Möglichkeiten zur Beschaffung von Eigenkapital sind mit der Rechtsform verbunden?**	hängt von der Höhe des Privatvermögens des Einzelunternehmers ab und ist daher begrenzt	▪ bisherige Gesellschafter erbringen zusätzliche Einlagen ▪ Aufnahme neuer Gesellschafter	GmbH: Erhöhung bisheriger Einlagen oder Aufnahme neuer Gesellschafter AG: Eigenkapitalbeschaffung durch Ausgabe von Aktien möglich.
Mitarbeit/ Geschäftsführung	**Ist die Gründung/ Beteiligung an einem Unternehmen mit einer Verpflichtung zur Mitarbeit verbunden?**	Einzelunternehmer leitet sein Unternehmen in eigener Verantwortung.	Gesellschafter sind zur Mitarbeit im Unternehmen verpflichtet.	GmbH-Gesellschafter und Aktionäre sind nicht zur Mitarbeit verpflichtet.

Kriterium	Bedeutung	Einzelunternehmen	Personengesellschaft (OHG)	Kapitalgesellschaft (GmbH, AG)
Vertretung	**Wer handelt im Namen des Unternehmens im Außenverhältnis (z. B. beim Abschluss von Verträgen)?**	Der Unternehmer selbst ist Handelnder (gegebenenfalls auch mit Vollmacht ausgestattete Mitarbeiter).	Einer oder mehrere Gesellschafter vertreten die Personengesellschaft.	Die Geschäftsführer oder Vorstand vertreten die Kapitalgesellschaft als juristische Person.
Haftung	**Führt die Gründung oder die Beteiligung an einem Unternehmen zu einer persönlichen Haftung?**	Der Einzelunternehmer haftet den Gläubigern für die Verbindlichkeiten persönlich.	Die Gesellschaft und Gesellschafter haften persönlich und gesamtschuldnerisch.	Ausschließlich die Kapitalgesellschaft als juristische Person haftet.
Gewinn- und Verlust-verteilung	**Wie wird der Gewinn/Verlust verteilt bzw. wer entscheidet über die Verteilung?**	Der Gewinn steht allein dem Einzelunternehmer zu – Verlust muss er alleine tragen.	Die Gewinn- oder Verlustverteilung richtet sich nach dem Gesellschaftsvertrag oder nach dem Gesetz.	Entscheidung: GmbH: Gesellschafter-versammlung AG: i. d. R. Vorstand u. Aufsichtsrat
Kontrolle der Unter-nehmens-leitung	**Wer kontrolliert die leitenden Personen?**	Eine Kontrolle durch Dritte ist nicht erforderlich.	Die Gesellschafter kontrollieren sich gegenseitig.	Aufsichtsrat (= Kontroll-organ) ▪ bei GmbH nur unter bestimmten Voraussetzungen ▪ bei AG gesetzlich vorgeschrieben
Mitbe-stimmung	**Welche Möglichkeiten zur Mitbestimmung im Unternehmen haben die Arbeitnehmer?**	ggf. Mitbestimmung des Betriebsrates in besonderen Fällen (BetrVG)	ggf. Mitbestimmung des Betriebsrates in besonderen Fällen (BetrVG)	Die Mitbestimmung im Aufsichtsrat ist abhängig von der Zahl der Beschäftigten.

Zusammenfassende Übersicht zu Kapitel 1.6: Entscheidungskriterien für die Wahl der Rechtsform eines Unternehmens

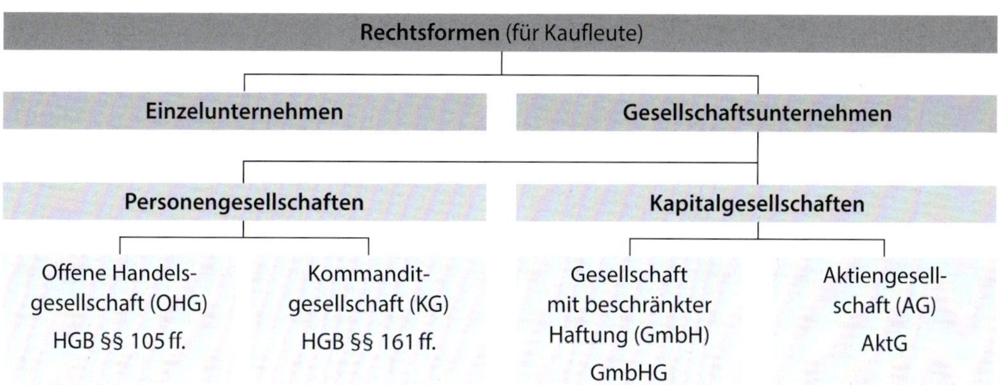

Checken Sie Ihre Kompetenz mit der Ich-kann-Liste.

Öffnen Sie hierzu den nebenstehenden **QR-Code**
oder geben Sie folgenden Link ein: https://vel.plus/BHBILIA14

vel.plus/BHBILIA15

WIEDERHOLUNG DES GRUNDWISSENS

zu Kapitel 1.5 Rechtsformen für Unternehmen

1. Beschreiben Sie das Wesen eines Einzelunternehmens.
2. Beschreiben Sie, worin sich Personen- und Kapitalgesellschaften unterscheiden.

zu Kapitel 1.6 Entscheidungskriterien für die Wahl der Rechtsform einer Unternehmung

1. Nennen Sie Entscheidungskriterien, die für die Wahl der Rechtsform eines Unternehmens bedeutsam sind.
2. Beschreiben Sie für das Einzelunternehmen, die Personengesellschaft und die Kapitalgesellschaft jeweils die Möglichkeiten zur Beschaffung von Eigenkapital.
3. Beschreiben Sie, wodurch sich Personen- und Kapitalgesellschaften hinsichtlich der Regelungen über die Mitarbeit der Kapitalgeber im Unternehmen unterscheiden.
4. Beschreiben Sie, wie ein Einzelunternehmer haftet.
5. Stellen Sie dar, wer für die Verbindlichkeiten einer Personengesellschaft haftet.
6. Stellen Sie dar, wer für die Verbindlichkeiten einer Kapitalgesellschaft haftet.
7. Beschreiben Sie die Regelungen zur Gewinn- und Verlustverteilung bei einem Einzelunternehmen, bei einer Personengesellschaft und bei einer Kapitalgesellschaft.
8. Stellen Sie dar, wer bei den verschiedenen Rechtsformen die Kontrolle der Geschäftsführung übernimmt.
9. Beschreiben Sie, welche Möglichkeiten zur Mitbestimmung im Unternehmen (Kontrolle der Leitung) die Arbeitnehmer bei den verschiedenen Rechtsformen haben.

2 Einzelunternehmen

Kompetenzen:

- *anhand geeigneter Merkmale das Wesen eines Einzelunternehmens beschreiben*
- *anhand von Kriterien beurteilen, in welchen Fällen das Einzelunternehmen eine geeignete Rechtsform ist*

2.1 Begriff, Gründung und Firmierung eines Einzelunternehmens

Bei einem Einzelunternehmen bringt der Unternehmer allein das Eigenkapital auf. Er führt sein Unternehmen und haftet allein für alle Verbindlichkeiten.

Insbesondere Kleingewerbetreibende, Handwerker und Dienstleister wählen das Einzelunternehmen als Rechtsform. Es bestehen keine handelsrechtlichen Vorschriften für die Gründung. Es ist daher auch kein Mindestkapital vorgeschrieben. Ist eine kaufmännische Organisation des Unternehmens erforderlich, dann entsteht die Einzelunternehmung mit Aufnahme der Geschäfte (**Istkaufmann** nach § 1 HGB).

Rechtsformzusatz gem. § 18 HGB: eingetragene(r) Kaufmann/Kauffrau oder eine allgemein verständliche Abkürzung wie z. B. e. K., e. Kfm., e. Kfr.	Eva Scheurer, Übersetzungsbüro, eingetragene Kauffrau

2.2 Merkmale eines Einzelunternehmens

Aufg. 1 S. 31

Merkmale	Einzelunternehmen: Volle Kontrolle – volle Haftung
Eigenkapitalbeschaffung	Der Einzelunternehmer stellt das in seinem Unternehmen vorhandene Eigenkapital allein zur Verfügung. Die damit begrenzten Möglichkeiten zur Beschaffung von Eigenkapital hängen von der Höhe des Privatvermögens des Einzelunternehmers und dessen Bereitschaft ab, in das Unternehmen private Mittel zu investieren.
Mitarbeit/ Geschäftsführung	Der Einzelunternehmer trägt die Verantwortung für das Unternehmen allein. Unter der Voraussetzung, dass die Zahl der Arbeitnehmer eine bestimmte Höhe nicht überschreitet und somit die Vorschriften zur Mitbestimmung der Arbeitnehmer keine andere Regelung vorsehen, ist er nicht verpflichtet, seine Entscheidungen mit anderen Personen abzusprechen.
Vertretung	Nur der Unternehmer selbst ist (sofern er keine Vollmachten erteilt hat) berechtigt, rechtswirksame Handlungen seiner Firma vorzunehmen (z. B. Kaufverträge abschließen, Arbeitsverträge kündigen).
Haftung	Der Einzelunternehmer haftet für die im Zusammenhang mit der unternehmerischen Tätigkeit entstandenen Verbindlichkeiten persönlich (auch mit seinem Privatvermögen). Er trägt deshalb ein großes Risiko.
Gewinn- und Verlustverteilung	Falls mit den Arbeitnehmern keine Gewinnbeteiligung vereinbart wurde, steht der Gewinn eines Einzelunternehmens allein dem Unternehmer zu. In gleicher Weise muss er aber auch Verluste allein tragen.

Vergleich: Einzel- und Gesellschaftsunternehmen

Vor- und Nachteile eines Einzelunternehmens gegenüber einem Gesellschaftsunternehmen

Vorteile	Nachteile
▪ alleiniges Entscheidungsrecht (Ausnahme: Einzelunternehmen hat so viele Mitarbeiter, dass Regelungen über Mitbestimmung der Arbeitnehmer beachtet werden müssen) ▪ Flexibilität bei Entscheidungen, da keine Abstimmung erforderlich ▪ alleiniger Gewinnanspruch ▪ kein Mindestkapital erforderlich ▪ hohe Motivation des Einzelunternehmers, da ihm der Gewinn allein zusteht	▪ alleiniges Entscheidungsrecht beeinträchtigt evtl. die Qualität der Entscheidungen, da keine Absprache erforderlich bzw. möglich ▪ hohes Risiko, da Einzelunternehmer allein und unbeschränkt haftet ▪ begrenzte Möglichkeiten zur Beschaffung von Eigen- und Fremdkapital ▪ Auflösung des Unternehmens bei Tod des Unternehmers

Zusammenfassende Übersicht zu Kapitel 2: Einzelunternehmung

Einzelunternehmer

bringt allein das Eigenkapital auf	führt das Unternehmen	haftet allein für die Verbindlichkeiten

Checken Sie Ihre Kompetenz mit der Ich-kann-Liste.

Öffnen Sie hierzu den nebenstehenden **QR-Code** oder geben Sie folgenden Link ein: https://vel.plus/BHBILIA16

vel.plus/BHBILIA17

WIEDERHOLUNG DES GRUNDWISSENS

zu Kapitel 2 Einzelunternehmen

2.1 Begriff, Gründung und Firmierung eines Einzelunternehmens

1. Beschreiben Sie das Wesen eines Einzelunternehmens.
2. Stellen Sie dar, was zur Gründung eines Einzelunternehmens erforderlich ist.
3. Stellen Sie dar, welche Regelungen zur Firmierung für einen Einzelkaufmann gelten.

2.2 Merkmale eines Einzelunternehmens

1. Beschreiben Sie die Merkmale eines Einzelunternehmens anhand der Kriterien
   a) Kapitalaufbringung
   b) Geschäftsführung
   c) Vertretung
   d) Haftung
   e) Gewinn- und Verlustverteilung
2. Nennen Sie Vor- und Nachteile eines Einzelunternehmens im Vergleich zu einem Gesellschaftsunternehmen.

ANWENDUNGS- UND ÜBUNGSAUFGABEN

zu Kapitel 2 Einzelunternehmung

Aufgabe 1 Gründung eines Einzelunternehmens – Firma – Handelsregister

Luisa Müller möchte in Karlsruhe einen Produktions- und Dienstleistungsbetrieb für das Bedrucken von T-Shirts nach Kundenwünschen eröffnen.

? HILFE vel.plus/BHBILIA18

1. Nennen Sie drei Gründe, die Luisa Müller veranlasst haben könnten, sich für die Rechtsform des Einzelunternehmens zu entscheiden.
2. Nennen Sie drei Nachteile eines Einzelunternehmens gegenüber einem Gesellschaftsunternehmen.
3. Da es sich bei dem Betrieb nicht um ein Kleingewerbe handelt, überlegt Frau Müller, wie sie firmieren soll. Begründen Sie, welche der folgenden Firmenbezeichnungen für sie erlaubt sind.

   Luisa Katharina Müller, Luisa Müller eingetragene Kauffrau, Shirt-Shop Müller e. K., Shirt Store e. K.
4. Vor der endgültigen Eintragung ihrer Firma informiert sich Frau Müller beim zuständigen Handelsregister und stellt fest, dass eine Firma Immobilien Luisa K. Müller e. K. in Karlsruhe bereits eingetragen ist.
   a) Prüfen Sie, ob Luisa Müller deswegen einige ihrer Firmierungsvorschläge nicht verwenden kann (HGB § 30).
   b) Begründen Sie in diesem Zusammenhang, welchen Zweck die Eintragung der Firma ins Handelsregister hat.
   c) Einige Zeit nach der Anmeldung und der Eintragung erfährt Luisa Müller, dass die Firma Immobilien Luisa K. Müller e. K. vom Schwiegersohn Tom Beyer übernommen wurde. Beyer arbeitet aber nach wie vor mit dem Briefkopf Immobilien Luisa K. Müller e. K. und unterschreibt sogar seine Geschäftsbriefe mit diesem fremden Namen. Prüfen Sie, ob Luisa Müller verlangen kann, dass Tom Beyer das unterlässt (HGB § 22). Begründen Sie die Regelung des Gesetzgebers.
5. In einem Branchenverzeichnis stellt Luisa Müller fest, dass in Mannheim eine Luisa Müller ebenfalls einen Betrieb für die Veredelung von T-Shirts betreibt. Die Firma ist dort unter dem gleichen Namen eingetragen, den Luisa Müller in Karlsruhe gewählt hat.

   Prüfen und begründen Sie, ob Luisa Müller in Karlsruhe befürchten muss, dass Luisa Müller in Mannheim die Änderung der Firmenbezeichnung gerichtlich erzwingen kann (HGB §§ 30, 37, MarkenG §§ 1, 5, 15).

3 Offene Handelsgesellschaft (OHG)

Kompetenzen:

- *anhand geeigneter Merkmale das Wesen einer Offenen Handelsgesellschaft (OHG) beschreiben*
- *anhand von Kriterien beurteilen, wann die Offene Handelsgesellschaft (OHG) als Rechtsform für ein Unternehmen geeignet ist*

EA 1
S. 45

Beginnen Sie Ihren Kompetenzerwerb zum Thema *Offene Handelsgesellschaft (OHG)* mit der Erarbeitungsaufgabe EA 1.

3.1 Begriff und Firmierung der OHG

BGB § 14 HGB § 124

Die Offene Handelsgesellschaft ist ein Zusammenschluss von zwei oder mehr uneingeschränkt haftenden Gesellschaftern zum Betrieb eines Handelsgewerbes unter gemeinschaftlicher Firma.

BGB § 14 (2) HGB § 124 (1)

Obwohl die OHG eine eigene Rechtsfähigkeit besitzt, ist sie keine juristische Person. Sie kann aber wie eine juristische Person unter ihrer Firma z. B. Rechte an Grundstücken erwerben, vor Gericht klagen und verklagt werden. Beispielsweise muss der Gläubiger einer OHG bei Zahlungsverzug nicht erst herausfinden, wer die Gesellschafter der OHG sind. Vielmehr kann er die OHG direkt unter ihrer Firma verklagen.

Die Rechtsform der OHG wird vorwiegend von kleinen und mittleren Unternehmen gewählt, in denen jeweils mehrere Gesellschafter gemeinschaftlich Kapital sowie persönliche Fähigkeiten (Fachkenntnisse, Arbeitskraft) einsetzen und gemeinsam das unternehmerische Risiko tragen.

HGB § 105 (1), § 19

Die Gesellschafter haften gegenüber den Gläubigern der Gesellschaft unbeschränkt.

Die Firmenbezeichnung muss den Begriff „offene Handelsgesellschaft" oder eine allgemein verständliche Abkürzung dieses Begriffs enthalten.

Firma einer OHG

Personenfirma:	Heyn und Holzer OHG
Fantasiefirma:	Mikrobyte OHG
Sachfirma:	Neurieder Mikrosysteme OHG
Mischfirma:	Maschinenfabrik Holzer OHG

HGB § 19, § 24 (1)

Tritt ein Gesellschafter in ein bestehendes Unternehmen eines Einzelkaufmanns als vollhaftender Gesellschafter ein (= Umwandlung des Einzelunternehmens in eine OHG), so kann die bisherige Firma mit dem Zusatz OHG fortgeführt werden.

Gesellschaftsvertrag einer Offenen Handelsgesellschaft

Abgeschlossen am 31. März 2021 im Amtsgericht Freiburg.
Vor der unterzeichnenden Notarin Natalia Schneider in Freiburg
erschienen am heutigen Tage:
Danilo Barow, Freiburg und Bernd Taxis, Emmendingen

Die genannten Personen gaben vor dem Notar nachstehende Erklärung zur notariellen Beurkundung ab. Sie schließen nachstehenden

Gesellschaftsvertrag

§ 1 Gesellschafter

1.1 **Danilo Barow,** Dipl.Kfm., geb. 23.08.1983 in Freiburg, wohnhaft Habsburgerstr. 29, 79098 Freiburg.
1.2 **Bernd Taxis,** Elektromeister, geb. 26.03.1980 in Emmendingen, wohnhaft Ziegelweg 9, 79312 Emmendingen

§ 2 Firma, Sitz und Gegenstand der Gesellschaft

2.1 Die Vertragsschließenden errichten eine Offene Handelsgesellschaft unter der Firma Barow & Taxis OHG.
2.2 Sitz der Gesellschaft ist Friedenstraße 48, 79183 Waldkirch.
2.3 Gegenstand des Unternehmens ist der Handel mit Elektroartikeln.

§ 3 Geschäftsjahr und Dauer der Gesellschaft

3.1 Geschäftsjahr ist das Kalenderjahr.
3.2 Die Dauer der Gesellschaft ist unbefristet.

§ 4 Einlagen der Gesellschafter

4.1 Herr Barow bringt in die Gesellschaft einen Transporter (Wert 40.000 EUR) ein. Darüber hinaus leistet er eine Bareinlage von 320.000 EUR.
4.2 Herr Taxis bringt in die Gesellschaft ein bebautes Grundstück ein, dessen Wert auf 380.000 EUR veranschlagt wird. Die von ihm zu leistende Bareinlage beträgt 20.000 EUR.
4.3 Alle zu leistenden Einlagen sind am Tag des Vertragsschlusses einzubringen.

§ 5 Mitarbeit (Geschäftsführung und Vertretung)

5.1 Jeder Gesellschafter hat der Barow & Taxis OHG seine volle Arbeitskraft zur Verfügung zu stellen.
5.2 Zur Geschäftsführung und Vertretung der Gesellschaft ist jeder Gesellschafter für sich allein berechtigt und verpflichtet.
5.3 Geschäfte, die den Gesamtwert von 30.000 EUR übersteigen, dürfen nur von beiden Gesellschaftern gemeinsam vorgenommen werden. Die Aufnahme von Bankkrediten ist ebenfalls nur beiden Gesellschaftern gemeinsam erlaubt.

§ 6 Privatentnahmen

Für die nach § 5 zu erbringenden Arbeitsleistungen kann jeder Gesellschafter monatliche Privatentnahmen in Höhe von 3.500 EUR tätigen, die nicht verzinst werden (§ 121 (2) S. 2 HGB findet keine Anwendung).

§ 7 Gewinn- und Verlustverteilung

Der Gewinn sowie ein Verlust werden auf die Gesellschafter Barow und Taxis nach der gesetzlichen Regelung verteilt.

§ 8 Kündigung

Der Gesellschaftsvertrag kann von jedem der beiden Gesellschafter unter Einhaltung einer Frist von 12 Monaten zum Schluss eines Kalenderjahres gekündigt werden.

§ 9 Tod eines Gesellschafters

Stirbt ein Gesellschafter, so wird die Gesellschaft mit dessen Erben fortgesetzt. Den Erben steht das Recht auf Geschäftsführung und Vertretung nicht zu.

Freiburg im Breisgau, den 31. März 2021

gez. Barow gez. Taxis gez. Schneider, Notarin

3.2 Gründung und Beginn der OHG

BGB
§§ 718, 719

Im Rahmen der Gründung leisten die Gesellschafter aufgrund der Vereinbarungen im Gesellschaftsvertrag **Einlagen**, die in Form von Geldzahlungen oder in der Übertragung von Sachen oder Rechten bestehen können. Das Eigentum an den eingebrachten Vermögensgegenständen steht den Gesellschaftern gemeinsam zu (**Gesamthandsvermögen**). Die Summe der in Geld bewerteten Einlagen bildet das **Eigenkapital** der OHG.

Gesamthandsvermögen der Barow & Taxis OHG

Die beiden Gesellschafter der Barow & Taxis OHG verlieren ihr persönliches Eigentum an den nach § 4 des Gesellschaftsvertrages *(vgl. S. 33)* eingebrachten Vermögensgegenständen (Transporter, Bargeld, bebautes Grundstück). Das Vermögen gehört nunmehr beiden Gesellschaftern gemeinsam (**Gesamthandsvermögen**). Im Falle eines späteren Ausscheidens aus der OHG haben die beiden Gesellschafter nicht das Recht, genau die eingebrachten Vermögensgegenstände wieder zurückzuerhalten, es sei denn, dass der Gesellschaftsvertrag eine entsprechende Vereinbarung enthält. Sie haben lediglich das Recht auf Erstattung eines entsprechenden Wertes in Form einer Geldleistung.

HGB
§ 109

Grundlage für die **Beziehungen der Gesellschafter untereinander (Innenverhältnis)** ist der **Gesellschaftsvertrag**. In diesem Vertrag werden u. a. die Kapitalaufbringung, die Leitungsbefugnis und die Ergebnisverteilung (Gewinn- und Verlustverteilung) geregelt. Ergänzend zum Gesellschaftsvertrag gilt das HGB.

BGB
§ 311b (1)

Der Gesellschaftsvertrag unterliegt keiner vorgeschriebenen besonderen Form und kann auch mündlich abgeschlossen werden. Aus Gründen der Rechtssicherheit (Vermeidung künftiger Streitigkeiten) empfiehlt es sich jedoch, die Schriftform zu wählen. Werden jedoch Grundstücke in die OHG gebracht, so ist die **notarielle Beurkundung** des Gesellschaftsvertrages erforderlich.

© geralt – pixabay.com

HGB
§ 106

Die OHG muss beim Registergericht (Amtsgericht), das für den Firmensitz zuständig ist, zur Eintragung in das Handelsregister angemeldet werden. Die Anmeldung muss folgende Angaben enthalten:

1. Name, Vorname, Geburtsdatum und Wohnort jedes Gesellschafters
2. Firma der Gesellschaft und Firmensitz
3. die Vertretungsmacht der Gesellschafter

HGB
§ 109

Im **Innenverhältnis** beginnt die OHG bereits mit Abschluss des Gesellschaftsvertrages bzw. mit dem im Gesellschaftsvertrag festgelegten Termin.

Der Zeitpunkt des Beginns im **Außenverhältnis** ist davon abhängig, ob das Unternehmen die Einrichtung eines nach Art und Umfang in kaufmännischer Weise eingerichteten Geschäftsbetriebs erforderlich macht. Dabei lassen sich zwei Fälle unterscheiden:

Art des Gewerbes / Wirkung	Für den Betrieb der offenen Handelsgesellschaft (OHG) ist ein nach Art und Umfang in kaufmännischer Weise eingerichteter Geschäftsbetrieb		
	erforderlich (= Handelsgewerbe)		**nicht erforderlich (= Kleingewerbe)**
Beginn der OHG im Außenverhältnis	**Aufnahme der Geschäftstätigkeit (z. B. Abschluss von Kaufverträgen)**		OHG entsteht durch Eintragung in das Handelsregister, da ein Kleingewerbe nicht als Handelsgewerbe i. S. v. § 1 HGB gilt
	vor HR-Eintragung	**nach HR-Eintragung**	
	OHG entsteht mit Aufnahme der Geschäftstätigkeit, da Handelsgewerbe i. S. von § 1 HGB	OHG entsteht durch Eintragung in das HR	
Wirkung der Handelsregistereintragung	rechtsbezeugend (= deklaratorisch)	rechtserzeugend (= konstitutiv)	rechtserzeugend (= konstitutiv)

HGB § 1

HGB § 123

HGB §§ 2, 6

3.3 Unterscheidung zwischen Innen- und Außenverhältnis

Innenverhältnis

Im Innenverhältnis sind die Rechtsbeziehungen der Gesellschafter untereinander geregelt.

Das Rechtsverhältnis der Gesellschafter untereinander richtet sich zunächst nach den Vereinbarungen im **Gesellschaftsvertrag**. Da offene Handelsgesellschaften normalerweise nur von wenigen Gesellschaftern gegründet werden, die sich meist auch noch gut kennen, ist es den Betroffenen selbst überlassen, Regelungen über ihr Verhältnis untereinander zu vereinbaren (Grundsatz der Vertragsfreiheit). Die Vorschriften des HGB finden nur insoweit Anwendung, als nicht durch den Gesellschaftsvertrag etwas anderes bestimmt ist. HGB § 109

Vereinbarungen und Regelungen, die das Innenverhältnis einer OHG betreffen, werden als Geschäftsführung bezeichnet.

Rechtsverhältnisse zwischen den Gesellschaftern der Barow & Taxis OHG

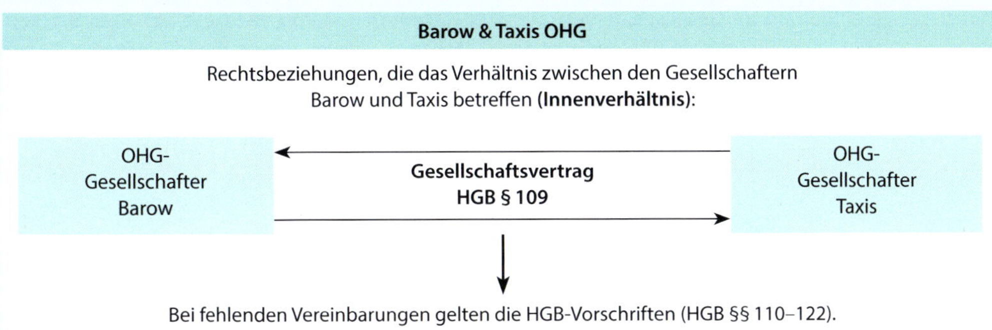

Außenverhältnis

Das Außenverhältnis bezieht sich auf das Rechtsverhältnis der Gesellschafter zu Dritten (z. B. Kunden, Lieferer, Bank).

Für das Innenverhältnis einer OHG können im Gesellschaftsvertrag einzelvertragliche Vereinbarungen getroffen werden. Im Außenverhältnis gelten grundsätzlich die Bestimmungen des HGB. Dieses regelt, wie die Gesellschafter den Gesellschaftsgläubigern gegenüber haften und unter welchen Voraussetzungen Rechtsgeschäfte der Gesellschafter mit Dritten rechtswirksam abgeschlossen werden können. Zulässige Abweichungen von gesetzlichen Vorgaben müssen durch Handelsregistereintragungen öffentlich gemacht werden.

> **!** **Das Recht, für die OHG rechtswirksame Vereinbarungen zu treffen (z. B. Verträge schließen) wird als Vertretungsbefugnis bezeichnet und bezieht sich auf das Außenverhältnis.**

Rechtsbeziehungen der Barow & Taxis OHG im Außenverhältnis

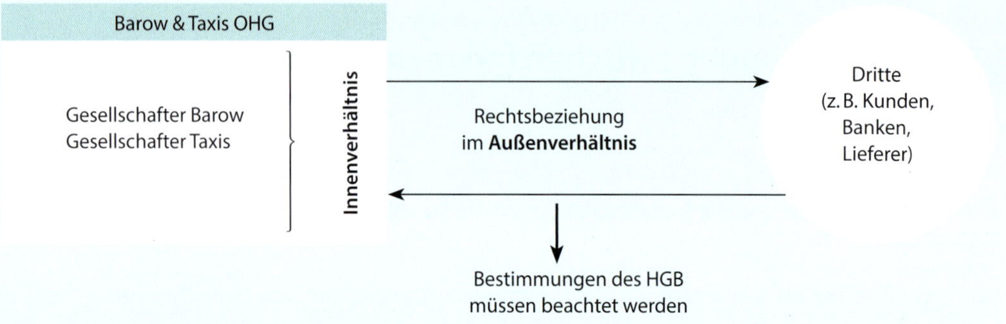

Falls der Gesellschaftsvertrag Vereinbarungen enthält, die den Regelungen des HGB im Außenverhältnis widersprechen, haben diese Dritten gegenüber keine Gültigkeit.

Haftungsbeschränkung im Gesellschaftsvertrag einer OHG

> Auszug aus dem Gesellschaftsvertrag einer OHG
>
> ....
>
> **§ 7 Haftungsbeschränkung**
>
> Die Haftung der Gesellschafterin Muriel Fein gegenüber Gläubigern der Gesellschaft ist beschränkt auf einen Betrag von 10.000 EUR.

HGB § 105

Mit dieser Vereinbarung im Gesellschaftsvertrag ist beabsichtigt, einem OHG-Gesellschafter, der von einem Gläubiger mit einem Betrag von mehr als 10.000 EUR in Anspruch genommen wird, den anderen Gesellschaftern gegenüber einen Ausgleichsanspruch einzuräumen. **Diese Vereinbarung hat aber im Außenverhältnis – also einem Gläubiger der OHG gegenüber – keine Wirkung.**

3.4 Pflichten und Rechte der Gesellschafter im Innenverhältnis

3.4.1 Pflichten der Gesellschafter im Innenverhältnis

Fristgemäße Erbringung der festgesetzten Kapitaleinlage

Die Kapitaleinlagen können in Geld, in Sachwerten und/oder in Rechtswerten (z. B. Patenten) geleistet werden. Die Summe der geleisteten Kapitaleinlagen ergibt das Eigenkapital der OHG.

Persönliche Arbeitsleistung (Geschäftsführung)

Alle Gesellschafter einer OHG sind grundsätzlich zur Führung der Geschäfte der Gesellschaft und damit zu einer persönlichen Arbeitsleistung **berechtigt** und **verpflichtet**. HGB § 114 (1)

Treuepflicht und Wettbewerbsverbot

Aus der engen persönlichen Bindung der Gesellschafter an die OHG ergeben sich **Treuepflichten**. Für einen OHG-Gesellschafter bedeutet dies, dass er einem gesetzlichen Wettbewerbsverbot unterliegt und es ihm aufgrund dessen untersagt ist, ohne Einwilligung der anderen Gesellschafter HGB § 112

1. Geschäfte im Geschäftszweig der OHG zu machen,
2. sich als persönlich haftender Gesellschafter an einer anderen gleichartigen Handelsgesellschaft (d.h. gleiche Branche, gleicher Gesellschaftszweck) zu beteiligen.

Beteiligung an einer anderen gleichartigen Handelsgesellschaft

OHG-Gesellschafter Danilo Barow *(vgl. Gesellschaftsvertrag auf S. 33)* beabsichtigt, mit seinem Schwager die Elektrozubehör Barow OHG zu gründen. Danilo Barow darf sich **nicht** als OHG-Gesellschafter und damit Vollhafter an der Barow OHG beteiligen, da es sich bei diesem Unternehmen um eine gleichartige Handelsgesellschaft (= gleicher Gesellschaftszweck) handelt. Danilo Barow könnte sich aber als Vollhafter bei einer anderen OHG beteiligen, deren Geschäftszweig ein anderer ist (z.B. Hersteller von Elektroartikeln).

Verlustbeteiligung

Entsteht der OHG ein Verlust, so wird dieser zu gleichen Teilen unter den Gesellschaftern verteilt, falls der Gesellschaftsvertrag keine entgegenstehenden Vereinbarungen enthält. HGB § 121 (3)

3.4.2 Rechte der Gesellschafter im Innenverhältnis

Geschäftsführung

> ! **Die Geschäftsführung bezieht sich auf die Rechtsbeziehungen der Gesellschafter im Innenverhältnis (= Rechtsbeziehungen der Gesellschafter untereinander).**

HGB § 114 ff.

Das HGB räumt jedem Gesellschafter grundsätzlich das Recht (und die Pflicht) zur **Einzelgeschäftsführung** ein. Damit darf jeder Gesellschafter alleine alle gewöhnlichen Geschäftsführungsmaßnahmen durchführen. Vertraglich kann aber auch eine **Gesamtgeschäftsführung** oder der Ausschluss bestimmter Gesellschafter von der Geschäftsführung vereinbart werden. HGB §§ 114 (2) 115 (1), (2)

Bei **außergewöhnlichen** (= risikoreichen und möglicherweise existenzgefährdenden) **Geschäftsführungsmaßnahmen** ist in jedem Fall ein Beschluss **aller** (auch der möglicherweise von der Geschäftsführung ausgeschlossenen) Gesellschafter nötig. HGB § 116 (2)

***Außergewöhnliche Geschäftsführungsmaßnahmen einer OHG* gem. *§ 116 (2) HGB*[1]:**

Errichtung neuer Fabrikbauten, Aufnahme von Großkrediten, Spekulationsgeschäfte

---

1 Grundlagengeschäfte (z.B. Aufnahme neuer Gesellschafter) sind nicht Teil der Geschäftsführung und somit weder gewöhnliche noch außergewöhnliche Geschäftsführungsmaßnahmen. Sonderregelungen zur Erteilung und zum Widerruf der Prokura enthält § 116 (3) HGB.

Aber auch bei **gewöhnlichen Geschäftsführungsmaßnahmen** haben alle geschäftsführenden Gesellschafter ein **Widerspruchsrecht**. Daher sind grundsätzlich alle zur Geschäftsführung befugten Gesellschafter vom Handelnden über die geplanten Maßnahmen zu unterrichten. Der Widerspruch eines Gesellschafters ist allerdings nur dann von Bedeutung, wenn er sich auf Maßnahmen bezieht, die für die Gesellschaft nachteilig sind. Liegt ein berechtigter Widerspruch vor, so muss die Handlung unterbleiben oder rückgängig gemacht werden. Andernfalls entstehen ggf. Schadenersatzansprüche gegen den handelnden Gesellschafter.

Widerspruch eines OHG-Gesellschafters gegen eine gewöhnliche Geschäftsführungsmaßnahme

Problem: Im Gesellschaftsvertrag der Barow & Taxis OHG *(siehe S. 33)* ist für Geschäfte bis zu 30.000 EUR Einzelgeschäftsführung vereinbart. Gesellschafter Barow will bei einem Internet-Händler 10 000 Blatt Druckerpapier zu einem günstigen Preis kaufen. Gesellschafter Taxis widerspricht diesem Vorhaben, da er lieber beim befreundeten Papierhändler am Ort bestellen möchte.

Lösung: Zwar muss nach dem Wortlaut von HGB § 115 (1) S. 2 eine **gewöhnliche** Geschäftsführungsmaßnahme trotz Einzelvertretungsbefugnis unterbleiben oder rückgängig gemacht werden, wenn ein anderer geschäftsführender Gesellschafter **widerspricht**. Das gilt aber nur, wenn die Handlung **gegen die Interessen der Gesellschaft** verstößt. Beim Kauf von preisgünstigem Druckerpapier ist das nicht der Fall. Somit darf der zur Einzelgeschäftsführung befugte Barow den Kauf trotz des Widerspruchs von Taxis tätigen.

Beschränkung der Geschäftsführung bei der Barow & Taxis OHG

Gesellschafter Taxis kauft für die OHG beim Autohaus Hüglin einen Lieferwagen zum Preis von 34.000 EUR, ohne zuvor seinen Mitgesellschafter Barow zu fragen.

Im **Innenverhältnis** könnte Barow gegebenenfalls Schadenersatzansprüche gegenüber seinem Mitgesellschafter Taxis geltend machen. Taxis hatte für dieses Rechtsgeschäft **keine Einzelgeschäftsführungsbefugnis**, da gem. § 5 (Abschn. 5.3) des Gesellschaftsvertrages *(vgl. S. 33)* Geschäfte, die den Gesamtwert von 30.000 EUR übersteigen, nur von beiden Gesellschaftern gemeinsam vorgenommen werden dürfen **(Gesamtgeschäftsführung)**.

Stimmrecht

HGB § 119

Für die Beschlussfassung ist die Zustimmung aller Gesellschafter erforderlich, falls der Gesellschaftsvertrag keine andere Regelung vorsieht. Jeder Gesellschafter hat in diesem Fall – unabhängig von der Höhe seiner Beteiligung an der OHG – **eine** Stimme.

Kontrollrecht

HGB § 118

Jeder OHG-Gesellschafter (auch wenn er von der Geschäftsführung ausgeschlossen ist) hat das Recht, sich über die Angelegenheiten der Gesellschaft persönlich zu unterrichten, die Handelsbücher und die Papiere der Gesellschaft einzusehen und sich hieraus einen Jahresabschluss (Bilanz, Gewinn- und Verlustrechnung) anzufertigen.

Gewinnbeteiligung

HGB §§ 120 f.

Die in einem Geschäftsjahr erwirtschafteten Gewinne werden nach den Vereinbarungen im Gesellschaftsvertrag auf die Gesellschafter verteilt. Ohne vertragliche Regelung bestimmt das HGB, dass zunächst die Kapitalanteile der einzelnen Gesellschafter mit 4 % verzinst werden. Ein dann noch vorhandener Restgewinn wird nach Köpfen verteilt.

Gewinnverteilung der Barow & Taxis OHG

Laut Gesellschaftsvertrag (*siehe S. 33*) sind die Gesellschafter Barow mit 360.000 EUR und Taxis mit 400.000 EUR an der Barow & Taxis OHG beteiligt. Ein Gewinn in Höhe von 82.000 EUR im zweiten Geschäftsjahr wird nach der gesetzlichen Regelung wie folgt verteilt.

	Barow	Taxis	insgesamt
Kapitaleinlagen in EUR	360.000 EUR	400.000 EUR	760.000 EUR
4 % Verzinsung	14.400 EUR	16.000 EUR	30.400 EUR
Restverteilung nach Köpfen	25.800 EUR	25.800 EUR	51.600 EUR
Gewinnanteil	40.200 EUR	41.800 EUR	**82.000 EUR**

Reicht die Höhe des Gewinns für eine Verzinsung der Kapitalanteile mit 4 % nicht aus, wird ein entsprechend niedrigerer Zinssatz gewählt.

Recht auf Privatentnahme

Da die OHG-Gesellschafter für ihre Mitarbeit im Unternehmen kein Gehalt beziehen, sind sie im Normalfall darauf angewiesen, die für die private Lebensführung anfallenden Ausgaben aus Privatentnahmen zu bestreiten. Ohne vertragliche Vereinbarung sind die OHG-Gesellschafter daher berechtigt, während des Geschäftsjahres bis zu 4 % des zu Anfang des Geschäftsjahres vorhandenen Kapitalanteils zu entnehmen. Häufig wird dabei eine monatliche Tätigkeitsvergütung für die geschäftsführenden Gesellschafter vereinbart. Von diesem Recht kann ein Gesellschafter auch dann Gebrauch machen, wenn das Unternehmen Verlust erzielt. Höhere Privatentnahmen sind möglich, wenn die übrigen Gesellschafter einwilligen oder wenn der Gesellschaftsvertrag eine entsprechende Vereinbarung enthält. HGB § 122

Kündigungsrecht bei Austritt aus der OHG

Jeder Gesellschafter hat das Recht, unter Einhaltung einer Kündigungsfrist von sechs Monaten zum Schluss eines Geschäftsjahres zu kündigen. HGB § 132

Recht auf Liquidationserlös bei Auflösung der OHG

Wird die OHG aufgelöst, so wird das Vermögen, das sich nach Abzug der Schulden ergibt, im Verhältnis der Kapitalanteile unter die Gesellschafter aufgeteilt. HGB § 155

3.5 Pflichten und Rechte der Gesellschafter im Außenverhältnis

3.5.1 Pflichten der Gesellschafter im Außenverhältnis: Haftung

HGB §§ 128–130

> **Jeder Gesellschafter einer OHG haftet persönlich (unbeschränkt, unmittelbar) und gesamtschuldnerisch (solidarisch).**

Eine entgegenstehende Vereinbarung im Gesellschaftsvertrag ist Dritten gegenüber unwirksam.

Haftung für Bankschulden bei der Barow & Taxis OHG

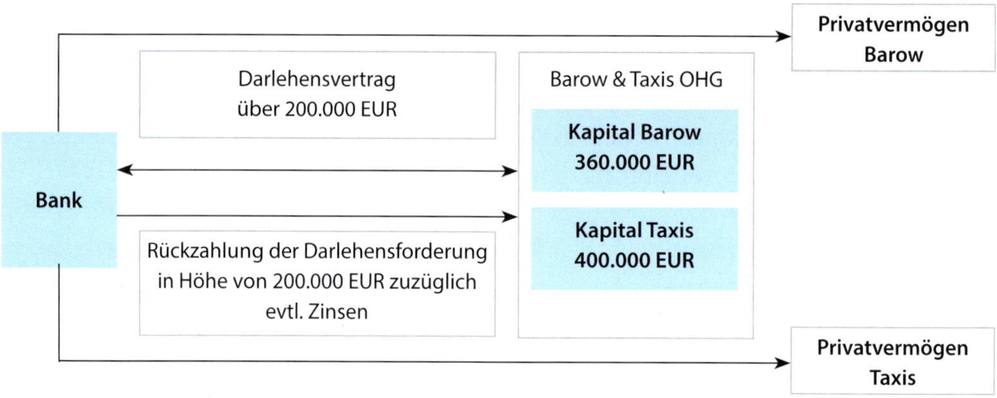

Die Gläubigerin (Bank) kann ihre Ansprüche auf Zinszahlung oder Rückzahlung des Darlehens aus dem Darlehensvertrag wahlweise gegen die OHG oder gegen einen Gesellschafter nach ihrer Wahl geltend machen.

Ein Gesellschafter kann nicht einwenden, der Gläubiger müsse sich zuerst an die OHG wenden (= **unmittelbare Haftung** der Gesellschafter). Jeder Gesellschafter haftet auch mit seinem Privatvermögen (= **unbeschränkte Haftung**). Einwendungen, er hafte nur im Verhältnis seiner Beteiligung am Gesamtkapital der OHG, sind nicht möglich (= **solidarische Haftung**).

Haftung bei der OHG – HGB § 105, 128

unbeschränkt	**unmittelbar (= direkt)**	**gesamtschuldnerisch (= solidarisch)**
Geschäfts- und Privatvermögen	Gläubiger kann seinen Anspruch unmittelbar gegenüber einem einzelnen Gesellschafter oder gegenüber der OHG (rechtsfähige Personengesellschaft) geltend machen.	Jeder Gesellschafter haftet für **alle** Schulden der Gesellschaft.

unbeschränkt + unmittelbar = **persönliche Haftung** (HGB § 105)

OHG-Gesellschafter hat **kein Recht auf Einrede der**

Haftungsbeschränkung	**Vorausklage**	**Haftungsteilung**

d. h., dass ein Gesellschafter bei Inanspruchnahme durch einen Gesellschaftsgläubiger nicht einwenden kann,

er habe seine Einlage gemäß Gesellschaftsvertrag vollständig geleistet und hafte daher nicht mit seinem Privatvermögen.	der Gläubiger solle sich zuerst an die OHG oder an einen anderen Gesellschafter wenden.	er hafte entsprechend seinem Kapitalanteil lediglich mit einem Bruchteil für die Schulden der OHG.

3.5.2 Rechte der Gesellschafter im Außenverhältnis: Vertretung

Arten der Vertretungsbefugnis

Die Vertretung bezieht sich auf die Rechtsbeziehungen der Gesellschafter im Außenverhältnis (= Rechtsbeziehungen mit Dritten). Sie muss streng von der Geschäftsführungsbefugnis, die sich auf die Rechtsbeziehungen der Gesellschafter untereinander (= Innenverhältnis) bezieht, unterschieden werden.

HGB § 126 (1)

Vertretungsbefugnis	Geschäftsführungsbefugnis
↓ regelt das rechtliche „Können" im Außenverhältnis	↓ regelt das rechtliche „Dürfen" im Innenverhältnis

Die OHG wird **grundsätzlich** von ihren Gesellschaftern vertreten **(Selbstorganschaft)**. Sollen einzelne Arbeitnehmer bestimmte Rechtsgeschäfte für die OHG abschließen, so sind dafür besondere Vollmachten (z.B. Prokura oder Handlungsvollmacht) erforderlich. Sofern im Handelsregister nichts Gegenteiliges eingetragen ist, hat jeder OHG-Gesellschafter **Einzelvertretungsbefugnis**. Das bedeutet, dass ein mit dieser Befugnis ausgestatteter Gesellschafter das Recht hat, die OHG und damit auch die anderen Gesellschafter Dritten gegenüber zu vertreten.

HGB § 125

HGB § 126 (2)

Im Gesellschaftsvertrag kann bestimmt werden, dass einzelne Gesellschafter von der Vertretung ausgeschlossen sind. Ebenso ist es möglich, zu bestimmen, dass alle oder mehrere Gesellschafter die Gesellschaft nur gemeinsam vertreten können (= **Gesamtvertretung**)[1]. Damit solche Vereinbarungen im **Außenverhältnis** Gültigkeit erlangen, müssen sie von allen Gesellschaftern zur Eintragung ins Handelsregister angemeldet werden.

HGB § 125 (1), § 125 (2), § 106, § 108

Auf Antrag der übrigen Gesellschafter kann einem Gesellschafter zudem durch gerichtliche Entscheidung die Vertretungsmacht entzogen werden, wenn ein **wichtiger Grund** vorliegt. Das ist z.B. dann der Fall, wenn ein Gesellschafter gegen Vereinbarungen im Gesellschaftsvertrag verstößt (z.B. Darlehensaufnahme ohne die im Gesellschaftsvertrag vereinbarte Zustimmung der anderen Gesellschafter).

HGB § 127

Aufg. 1 S. 47

Regelungen zur Vertretungsmacht bei der OHG – HGB § 125 f.

Einzelvertretung	Gesamtvertretung
Einzelne Gesellschafter können **allein** die OHG vertreten.	Zwei oder mehr Gesellschafter können die OHG nur **gemeinsam** vertreten.
gilt, falls nichts anderes im Handelsregister eingetragen ist	muss ins Handelsregister eingetragen werden

1 Liegt eine Gesamtvertretung vor, so ist ein von einem einzelnen OHG-Gesellschafter für die OHG geschlossener Vertrag zunächst **schwebend unwirksam** (Vertreter ohne Vertretungsmacht), bis die übrigen zur Gesamtvertretung befugten Gesellschafter dem Vertrag zustimmen oder die Zustimmung verweigern (BGB § 177 (1)). Gleiches gilt für Rechtsgeschäfte eines von der Geschäftsführung ausgeschlossenen OHG-Gesellschafters.

Umfang der Vertretungsbefugnis

HGB § 126 (1), (2) § 116 (3)

Die Vertretungsbefugnis erstreckt sich auf alle gewöhnlichen und außergewöhnlichen Geschäfte und Rechtshandlungen einschließlich der Veräußerung und Belastung von Grundstücken. Eine **Beschränkung des Umfangs der Vertretungsmacht** durch den Gesellschaftsvertrag ist zum Schutz des Dritten (z.B. Banken, Kunden, Lieferer) im Außenverhältnis **unwirksam**. Die Bestellung eines Prokuristen (= umfassendste **Vollmacht** eines Handelsgewerbes) gilt zwar als gewöhnliche Rechtshandlung. Trotzdem bedarf sie aber der Zustimmung aller geschäftsführenden Gesellschafter. Der Widerruf der Prokura kann hingegen von jedem zur Geschäftsführung befugten Gesellschafter erfolgen.

HGB § 125 (1)
HGB § 126 (2)

! **Vollständiger Ausschluss eines Gesellschafters von der Vertretungsmacht ist möglich.**
Beschränkung der Vertretungsmacht auf bestimmte Geschäfte ist nicht möglich.

Vertretungsbefugnis bei der Barow & Taxis OHG

Der Kaufvertrag über einen Lieferwagen *(vgl. Beispiel S. 38)*, den Gesellschafter Taxis zum Betrag von 34.000 EUR im Namen der OHG abgeschlossen hat, ist gültig, weil

1. Gesellschafter Taxis Einzelvertretungsbefugnis hat (im Handelsregister ist nichts Gegenteiliges eingetragen) und
2. der Umfang der Vertretungsmacht nicht beschränkbar ist.

Die Bestimmung in § 5 (Abschn. 5.3) des Gesellschaftsvertrages (S. 33), wonach Geschäfte, die den Gesamtwert von 30.000 EUR übersteigen, nur von beiden Gesellschaftern vorgenommen werden dürfen, hat im Außenverhältnis keine Gültigkeit. Die OHG muss den Kaufpreis von 34.000 EUR an das Autohaus Hüglin zahlen. Der Kaufvertrag mit dem Autohaus Hüglin wäre selbst dann gültig, wenn Gesellschafter Barow zuvor widersprochen hätte. Sollte durch den Kauf für die OHG aber ein Schaden entstehen, so können im Innenverhältnis gegenüber dem Gesellschafter Taxis Schadenersatzforderungen geltend gemacht werden.

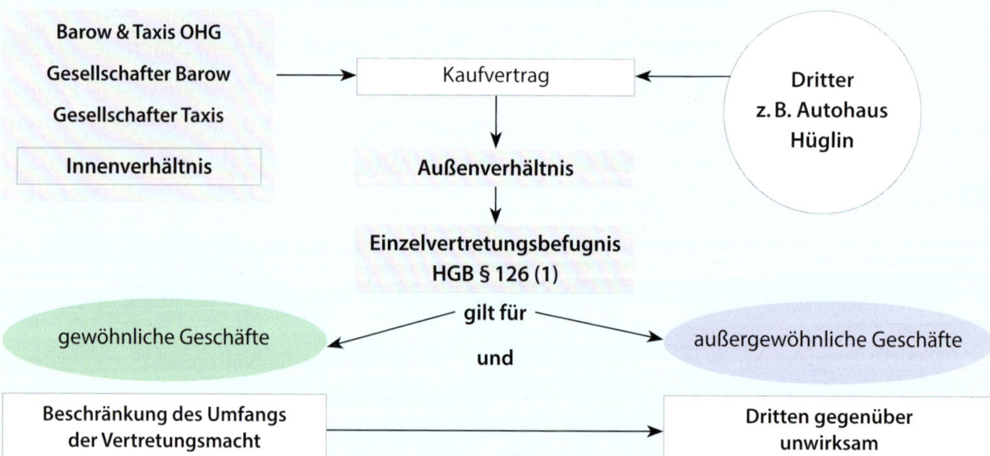

Zweck: Schutz des gutgläubigen Dritten

3.6 Vor- und Nachteile einer OHG

Im Vergleich zu der Einzelunternehmung und zu einer Kapitalgesellschaft weist eine offene Handelsgesellschaft (OHG) folgende Vor- und Nachteile auf:

Aufg. 2 S. 47
Aufg. 3 S. 48

Vor- und Nachteile einer OHG gegenüber einem Einzelunternehmen und einer Kapitalgesellschaft

Vorteile	Nachteile
■ Umwandlung eines Einzelunternehmens in eine OHG vergrößert die Eigenkapitalbasis ■ Fachkenntnisse mehrerer Personen führen gegenüber dem Einzelunternehmen zu einer Verbesserung der Qualität der betrieblichen Entscheidungen. ■ im Normalfall höhere Kreditwürdigkeit als ein Einzelunternehmen ■ Unternehmensrisiko ist auf mehrere Personen verteilt bei Einzelunternehmen trägt der Unternehmer allein das Risiko ■ besonderes Interesse der Gesellschafter an der Mitarbeit im Unternehmen, da Gewinnbeteiligung der einzelnen Gesellschafter ■ bei kleinen und mittelgroßen Gesellschaften keine strengen Vorschriften zur Erstellung und Veröffentlichung des Jahresabschlusses (Vgl. §§ 1 ff. PublG und § 264a HGB)	■ persönliche und gesamtschuldnerische Haftung aller Gesellschafter → damit höheres Risiko als bei Beteiligung an einer Kapitalgesellschaft ■ Recht zur Vertretung und Geschäftsführung jedes Gesellschafters kann bei Meinungsunterschieden die Entwicklung des Unternehmens hemmen damit u. U. geringere Flexibilität als Einzelunternehmen ■ beschränkte Kapitalkraft einer Personengesellschaft kann Wachstum des Unternehmens hemmen → bei Kapitalgesellschaft bessere Möglichkeiten zur Beschaffung von Eigenkapital ■ keine Kontrolle durch ein Kontrollorgan (wie z. B. Aufsichtsrat einer AG), damit u. U. geringere Entscheidungsqualität

Zusammenfassende Übersicht zu Kapitel 3: Offene Handelsgesellschaft (OHG)

Begriff: **Personenhandelsgesellschaft (§§ 105 ff. HGB) mit mindestens zwei Gesellschaftern, die persönlich und gesamtschuldnerisch haften**

Gründung	Firmierung	Beginn
■ Abschluss eines Gesellschaftsvertrags § 109 HGB; Formfreiheit (notarielle Beurkundung, falls Grundstücke eingebracht werden § 311b BGB) ■ Regelungen im Gesellschaftsvertrag haben Vorrang vor den gesetzlichen Regelungen in den §§ 110 bis 122 HGB ■ Leistung von Geld- oder Sacheinlagen lt. Gesellschaftsvertrag ■ eingebrachte Einlagen werden Gesamthandsvermögen § 719 BGB ■ Eigenkapital = Summe der Einlagen in Euro	■ Sach-, Personen- oder Fantasiefirma mit dem Zusatz „Offene Handelsgesellschaft" oder „OHG" § 19 (1) Nr. 2 HGB	**Im Innenverhältnis:** mit Abschluss des Gesellschaftsvertrages oder mit dem im Gesellschaftsvertrag festgelegten Termin **Außenverhältnis:** (1) bei Handelsgewerbe mit kaufmännischem Geschäftsbetrieb nach § 1 HGB: mit Aufnahme der Geschäftstätigkeit, spätestens aber mit der HR-Eintragung § 123 (1) u. (2) HGB (2) OHG betreibt Kleingewerbe (§§ 1, 2, 6 HGB): mit Eintragung ins HR § 123 (1) HGB

Pflichten und Rechte der Gesellschafter
(§§ 110 bis 122 HGB gelten nur, wenn vertraglich keine anderslautenden Regelungen getroffen wurden.)

Innenverhältnis		**Außenverhältnis**	
Pflichten	**Rechte**	**Pflichten**	**Rechte**
▪ Kapitaleinlage ▪ Arbeitsleistung (Geschäftsführung) § 114 (1) HGB ▪ Treuepflicht und Wettbewerbsverbot § 112 f. HGB ▪ Verlustbeteiligung § 121 (3) HGB	▪ Geschäftsführung § 114 ff. HGB ▪ Stimmrecht § 119 HGB ▪ Kontrollrecht § 118 HGB ▪ Gewinnbeteiligung § 120 f. HGB ▪ Privatentnahme § 122 HGB ▪ Kündigung § 132 HGB ▪ Liquidationserlös § 155 HGB	▪ Haftung §§ 128–130 HGB **unbeschränkt** Geschäfts- u. Privatvermögen **unmittelbar** direkte Inanspruchnahme durch Gläubiger **solidarisch** für alle Schulden der OHG = persönliche Haftung § 105 HGB	▪ Vertretung § 125 ff. HGB

Geschäftsführung § 114 ff. HGB betrifft das Innenverhältnis		**Vertretung § 125 ff. HGB** betrifft das Außenverhältnis (Grundsatz: Selbstorganschaft)	
gewöhnliche Geschäftsführungsmaßnahmen: Widerspruchsrecht der zur Geschäftsführung befugten Gesellschafter, wenn die Maßnahme für die Gesellschaft nachteilig ist § 115 (1) HGB	**außergewöhnliche Geschäftsführungsmaßnahmen:** Beschluss **aller** Gesellschafter erforderlich § 116 (2) HGB	**gewöhnliche Geschäfte** **keine Beschränkung** Ausnahme: Grundlagengeschäfte	**außergewöhnliche Geschäfte**
		Arten der Vertretung	
Arten der Geschäftsführung		**Einzelvertretung**	**Gesamtvertretung**
Einzelgeschäftsführung: jeder Gesellschafter allein gilt, falls im Gesellschaftsvertrag keine andere **Vereinbarung** getroffen wurde § 115 (1) HGB	**Gesamtgeschäftsführung: zwei oder mehrere Gesellschafter gemeinsam** Vereinbarung im Gesellschaftsvertrag erforderlich § 115 (2) HGB	gesetzlich: einzelne Gesellschafter vertreten die OHG **allein** § 125 (1) HGB gilt, falls nichts anderes im Handelsregister eingetragen ist	vertraglich: zwei oder mehr Gesellschafter vertreten die OHG **gemeinsam** § 125 (2), (3) HGB muss von allen Gesellschaftern ins Handelsregister eingetragen werden §§ 125, 106, 108 HGB
		Ausschluss eines Gesellschafters von der Vertretung ist möglich (§ 125 (1) HGB), eine Beschränkung des Umfangs der Vertretungsmacht aber nicht (§ 126 (2) HGB)	

Checken Sie Ihre Kompetenz mit der Ich-kann-Liste.

Öffnen Sie hierzu den nebenstehenden **QR-Code**
oder geben Sie folgenden Link ein: https://vel.plus/BHBILIA19

ERARBEITUNGSAUFGABE

zu Kapitel 3 Offene Handelsgesellschaft (OHG)

EA 1 Firma – Gesellschaftsvertrag – Gründung – Entstehung der Barow & Taxis OHG

Danilo Barow und Bernd Taxis vereinbaren die Gründung eines Einzelhandelsunternehmens. Gegenstand des Unternehmens ist der Handel mit Elektroartikeln. Da sich beide Gesellschafter seit Jahren bereits kennen und jeder bereit ist, auch mit seinem Privatvermögen zu haften, vereinbaren sie die Gründung einer OHG. Es ist vorgesehen, zwei Verkäuferinnen, einen Verkäufer und einen Kaufmann für Büromanagement zu beschäftigen. Der Inhalt des abgeschlossenen Gesellschaftsvertrags ist auf Seite 33 wiedergegeben.

PDF vel.plus/BHBILIA20

? HILFE vel.plus/BHBILIA21

1. Beschreiben Sie, welche Probleme durch den Zusammenschluss mehrerer Personen zum gemeinsamen Betreiben eines Unternehmens entstehen. Stellen Sie fest, welche Regelungen in vorliegendem Gesellschaftsvertrag dazu getroffen wurden.
2. a) Nennen Sie alternative Firmenbezeichnungen, die noch gewählt werden könnten. HGB § 19 (1) Zi 2
   b) Begründen Sie, ob die von den Gesellschaftern gewählte Firmenbezeichnung zweckmäßig ist.
3. Begründen Sie, warum der vorliegende Gesellschaftsvertrag notariell beurkundet wurde. BGB § 311b
4. Die OHG wurde auf der Grundlage der im Gesellschaftsvertrag getroffenen Vereinbarungen am 15. Mai 2021 ins Handelsregister eingetragen. Bereits am 4. April 2021 hatte Herr Barow nach vorheriger Absprache mit Herrn Taxis beim Büromarkt Streicher GmbH Büromöbel zum Rechnungsbetrag von 8.600 EUR bestellt. HGB § 109, § 123
   Stellen Sie fest und begründen Sie, zu welchem Zeitpunkt (genaues Datum) die OHG nach innen (Innenverhältnis) und nach außen (Außenverhältnis) entstanden ist.
5. Am 20. Juni 2021 schließt Herr Barow ohne vorherige Rücksprache mit Herrn Taxis mit der Verkäuferin Resa Vranjica einen Arbeitsvertrag und sichert ihr ein für diese Tätigkeit unüblich hohes, übertarifliches Gehalt zu. HGB § 114, § 115, § 116, § 126
   a) Begründen Sie, ob Herr Barow vor Vertragsschluss Gesellschafter Taxis hätte fragen müssen.
   b) Beurteilen Sie, ob der Arbeitsvertrag gültig ist.
   c) Begründen Sie, ob Herr Barow der OHG den Schaden ersetzen muss, der gegebenenfalls durch eine überhöhte Gehaltszusage entstanden ist.
6. Taxis hat nach Rücksprache mit Barow einen Lieferwagen für 28.400 EUR bestellt. Der Händler verlangt die Zahlung des vollen Kaufpreises direkt von Barow, ohne sich vorher an die OHG oder an Taxis zu wenden. HGB § 128
   Prüfen Sie, ob Barow mit einer der folgenden Einwendungen die Zahlung ganz oder teilweise verweigern kann:
   a) Barow hafte nicht, weil Taxis den Vertrag abgeschlossen hat.
   b) Der Händler müsse zuerst versuchen, das Geld bei der OHG einzutreiben.
   c) Der Händler habe kein Recht, Zahlung aus dem Privatvermögen Barows zu verlangen oder gar ihm das Privatvermögen pfänden zu lassen.
   d) Der Händler könne von ihm lediglich 14.200 EUR verlangen, da Gesellschafter Taxis für die andere Hälfte des ausstehenden Betrags haftet.
7. Der Gewinn des ersten Geschäftsjahres beträgt 91.200 EUR.
   a) Berechnen Sie, wie viel Euro Gewinnanteil jeder Gesellschafter erhält, wenn der Gewinn auf der Grundlage des Gesellschaftsvertrages verteilt wird und jeder Gesellschafter von seinem Entnahmerecht in vollem Umfang Gebrauch gemacht hat. *(Lösungstabelle siehe Arbeitsblatt)*
   b) Beschreiben Sie, unter welchen Voraussetzungen die im Gesellschaftsvertrag getroffenen Vereinbarungen zur Gewinnverteilung als angemessen zu beurteilen sind.
8. Aufgrund der gut gehenden Geschäfte beabsichtigen die Gesellschafter, das Sortiment zu erweitern und die Artikel über das Internet zum Versand anzubieten. Wegen der mit dieser Maßnahme verbundenen Erweiterung der Lagerkapazität (geschätzte Kosten: 180.000 EUR) soll als neue Gesellschafterin Elvira Konstanza aufgenommen werden, die bereit ist, diesen Betrag als Bareinlage in die OHG einzubringen. Elvira Konstanza ist allerdings nicht bereit, für die zum Zeitpunkt ihres Eintritts bestehenden Verbindlichkeiten in Höhe von 120.000 EUR zu haften. Sie schlägt deshalb vor, in den Gesellschaftsvertrag einen entsprechenden Haftungsausschluss aufzunehmen. HGB § 130
   Überprüfen Sie, ob der vorgesehene Haftungsausschluss den Gläubigern der OHG gegenüber wirksam ist.

9. Nach intensiven Vertragsverhandlungen ist Elvira Konstanza als Gesellschafterin in die OHG eingetreten. Aufgrund unterschiedlicher Vorstellungen zur Geschäftspolitik kommt es insbesondere zwischen Barow und Konstanza zu Auseinandersetzungen. Barow will deshalb mit sofortiger Wirkung aus der OHG austreten.

BGB §§ 718, 719

a) Prüfen Sie, ob Barow beim Ausscheiden aus der OHG neben einer Barabfindung den von ihm bei der Gründung eingebrachten Transporter zurückverlangen kann.

HGB § 160

b) Geben Sie an, wie lange Barow für die zum Zeitpunkt seines Ausscheidens bestehenden Verbindlichkeiten der OHG haftet.

HGB § 112

10. Gesellschafter Taxis beabsichtigt, sich als persönlich haftender Gesellschafter beim Gemüsegroßhandel seiner Schwester zu beteiligen. Gesellschafterin Konstanza weist ihn darauf hin, dass eine solche Beteiligung wegen des damit verbundenen Haftungsrisikos nicht erlaubt sei.
Prüfen Sie die Rechtslage.

vel.plus/BHBILIA22

WIEDERHOLUNG DES GRUNDWISSENS

zu Kapitel 3 Offene Handelsgesellschaft (OHG)

3.1 Begriff und Firmierung

1. Nennen Sie Merkmale einer OHG.
2. Beschreiben Sie, was unter dem Begriff „Rechtsfähigkeit einer OHG" zu verstehen ist.
3. Nennen Sie Möglichkeiten zur Firmierung einer OHG.

3.2 Gründung OHG

1. Geben Sie an, in welcher Form die Gesellschafter einer OHG Einlagen an die Gesellschaft leisten können.
2. Stellen Sie die Formvorschriften dar, die beim Abschluss eines Gesellschaftsvertrages für eine OHG zu beachten sind.
3. Erklären Sie den Begriff Gesamthandsvermögen.
4. Geben Sie an, welches Registergericht für die Eintragung der OHG zuständig ist.
5. Nennen Sie die Angaben, die in der Anmeldung zur Eintragung enthalten sein müssen.
6. Geben Sie an, wann eine OHG im Innenverhältnis beginnt.
7. Beschreiben Sie, wovon der Beginn einer OHG im Außenverhältnis abhängig ist.

3.3 Unterscheidung zwischen Innen- und Außenverhältnis

1. Unterscheiden Sie zwischen Innen- und Außenverhältnis..
2. Unterscheiden Sie zwischen Geschäftsführung und Vertretung.

3.4 Pflichten und Rechte der Gesellschafter im Innenverhältnis

3.4.1 Pflichten der Gesellschafter im Innenverhältnis

1. Nennen Sie die Pflichten der Gesellschafter im Innenverhältnis.
2. Beschreiben Sie, worin das Wettbewerbsverbot eines OHG-Gesellschafters besteht.
3. Beschreiben Sie, wie der Verlust einer OHG verteilt wird.

3.4.2 Rechte der Gesellschafter im Innenverhältnis

1. Nennen Sie die Rechte der Gesellschafter im Innenverhältnis.
2. Unterscheiden Sie Einzel- und Gesamtgeschäftsführung.
3. Beschreiben Sie, wozu ein mit Einzelgeschäftsführung ausgestatteter OHG-Gesellschafter berechtigt ist.
4. Geben Sie an, wie viele Stimmen ein OHG-Gesellschafter hat, wenn Beschlüsse zu fassen sind.
5. Beschreiben Sie, worin das Kontrollrecht eines OHG-Gesellschafters besteht.

6. Geben Sie an, wie der Gewinn einer OHG auf der Grundlage der gesetzlichen Regelung verteilt wird.
7. Geben Sie an, in welcher Höhe ein OHG-Gesellschafter Privatentnahmen vornehmen darf.
8. Nennen Sie die Kündigungsfrist, die ein OHG-Gesellschafter einhalten muss, wenn er aus der OHG austreten will.
9. Beschreiben Sie, wie bei der Auflösung der OHG das Reinvermögen verteilt wird.

3.5 Pflichten und Rechte der Gesellschafter im Außenverhältnis

3.5.1 Pflichten der Gesellschafter im Außenverhältnis: Haftung

1. Beschreiben Sie, wie ein OHG-Gesellschafter haftet.

3.5.2 Rechte der Gesellschafter im Außenverhältnis: Vertretung

1. Erklären Sie den Begriff der Selbstorganschaft.
2. Beschreiben Sie die Begriffe Einzel- und Gesamtvertretung.
3. Beschreiben Sie, welche Rechte einem OHG-Gesellschaftger zustehen, wenn er Einzelvertretung besitzt.
4. Begründen Sie, warum die Beschränkung der Vertretungsbefugnis im Außenverhältnis nicht wirksam ist.

3.6 Vor- und Nachteile der OHG

1. Nennen Sie Vor- und Nachteile, die sich aus der Gründung einer OHG gegenüber einem Einzelunternehmen und einer Kapitalgesellschaft ergeben.

ANWENDUNGS- UND ÜBUNGSAUFGABEN

zu Kapitel 3 Offene Handelsgesellschaft (OHG)

Aufgabe 1 Rechtsprobleme bei einer OHG

HILFE vel.plus/BHBILIA23

Die Teninger Papierfabrik OHG ist wegen mehrerer Forderungen in Zahlungsschwierigkeiten geraten. In dieser Situation treten nachstehende Probleme auf:

1. Gesellschafter Schmidt verkauft eine Papierschneidemaschine weit unter Wert an einen langjährigen Kunden. Als Gesellschafterin Kosic von dem Verkauf erfährt, will sie den Kaufvertrag rückgängig machen, da sie diesem nicht zugestimmt hat. Der Käufer hat die Maschine bereits abgeholt und bezahlt.
   a) Begründen Sie, ob er diese gegen Erstattung des Geldes wieder zurückgeben muss, wenn Gesellschafterin Kosic dies verlangt.
   b) Prüfen Sie für das Innenverhältnis, ob Schmidt die Maschine verkaufen durfte, wenn Einzelgeschäftsführung vorliegt.
2. Ein Lieferer von Kunstharzkleber hat gegenüber der OHG eine Forderung in Höhe von 7.600 EUR. Da er von den Zahlungsschwierigkeiten der OHG weiß, wendet er sich mit der Forderung direkt an Gesellschafter Schmidt. Schmidt verweigert die Zahlung mit der Begründung, dass nicht er, sondern Gesellschafterin Kosic den Kaufvertrag für die OHG abgeschlossen hat.
   Begründen Sie, ob Schmidt zahlen muss, wenn der Lieferer darauf besteht.
3. Die Hausbank der OHG wendet sich wegen der fälligen Rückzahlung eines Darlehens direkt an Gesellschafterin Kosic. Begründen Sie, ob diese die Zahlung mit der Begründung verweigern kann, dass sie die nach dem Gesellschaftsvertrag erforderlichen Einlagen an die OHG nachweislich geleistet hat.

Aufgabe 2 OHG: Gesellschaftsvertrag – Firma – Rechtsprobleme

HILFE vel.plus/BHBILIA24

Ingenieurin Yasemin Kaya betreibt als Einzelunternehmerin die industrielle Herstellung und den Vertrieb von Geschenkartikeln. Das Unternehmen firmiert unter Geschenkartikel Yasemin Kaya e. K. und ist in das Handelsregister eingetragen. Der Abschluss eines langfristigen Liefervertrags mit einer Kaufhauskette erfordert eine umfangreiche Betriebserweiterung. Zur Bewältigung der zusätzlichen finanziellen Belastung und der Mehrarbeit nimmt Yasemin Kaya den Betriebswirt (M.Sc.) Ralf Bissinger und die Designerin Gjulia Moreno als Gesellschafter auf.

Am 21.11.2021 wird nachstehender Gesellschaftsvertrag (Auszug) abgeschlossen:

Gesellschaftsvertrag (Auszug)

§ 1 Gegenstand des Unternehmens ist die Herstellung und der Vertrieb von Geschenkartikeln.

§ 2 Sitz der Gesellschaft ...

§ 3 Gesellschafter: Yasemin Kaya, wohnhaft ...
Ralf Bissinger, wohnhaft ... Gjulia Moreno, wohnhaft ...

§ 4 Die Gesellschaft wird unter der Firma Geschenkartikel Yasemin Kaya fortgeführt.

§ 5 Die Gesellschaft beginnt am 01.01.2022.

§ 6 Die Einlagen der Gesellschafter werden wie folgt festgelegt:
1. Yasemin Kaya bringt ihr Einzelunternehmen ein. Der Wert der Vermögensgegenstände wird auf 3 Mio. EUR festgesetzt. Die Gesellschaft übernimmt ein Bankdarlehen in Höhe von 1,5 Mio. EUR.
2. Ralf Bissinger beteiligt sich mit einer Bareinlage in Höhe von 2 Mio. EUR.
3. Gjulia Moreno beteiligt sich mit einer Einlage in Höhe von insgesamt 0,5 Mio. EUR. Sie bringt ein Grundstück ein, das mit 0,3 Mio. EUR bewertet wird. Der Restbetrag ist als Bareinlage zu leisten.

Sämtliche Einlagen sind zum 31.12.2021 zu erbringen.

§ 7 Alle Gesellschafter haften unbeschränkt für die Verbindlichkeiten der Gesellschaft.

§ 8 Die Aufnahme von Darlehen sowie Anschaffungen, deren Wert im Einzelfall 50.000 EUR überschreiten, erfordern einen gemeinsamen Beschluss aller Gesellschafter.

§ 9 Bei Ausscheiden eines Gesellschafters wird die Gesellschaft von den übrigen Gesellschaftern fortgeführt.

1. Begründen Sie, ob eine bestimmte Form und gegebenenfalls welche für den Abschluss des Gesellschaftsvertrages erforderlich ist.
2. Begründen Sie, ob die festgelegte Firmierung für die gewählte Gesellschaftsform zulässig ist.
3. Nach Korrektur des Gesellschaftsvertrages erfolgt die Eintragung ins Handelsregister am 27.12.2021. Ralf Bissinger schließt am 03.03.2022 mit der Westermann GmbH einen Kaufvertrag über Osterartikel im Wert von 72.500 EUR ab. Als Kaya von der Lieferung erfährt, verweigert sie die Bezahlung der Rechnung, da die Ware so kurz vor Ostern nicht mehr absetzbar sei. Außerdem sei Bissinger nicht zum Abschluss des Kaufvertrags befugt gewesen. Die Westermann GmbH solle daher die Bezahlung direkt von Bissinger einfordern.
   Beurteilen Sie die Rechtslage.
4. Gjulia Moreno möchte im Mai 2022 für ihre Sammlung ein Gemälde für 30.000 EUR erwerben. Sie beabsichtigt, den Betrag aus dem Gesellschaftsvermögen zu entnehmen. (HGB § 122)
   Beurteilen Sie die Rechtslage.
5. Nach wiederholten Meinungsverschiedenheiten zwischen den Gesellschaftern beschließt Kaya im Juni 2022 aus der Gesellschaft auszuscheiden. (HGB § 132, § 160 (1))
   Prüfen Sie, zu welchem Zeitpunkt Kaya frühestens aus der OHG ausscheiden kann.
   Beschreiben Sie, welche Auswirkungen sich dadurch auf die Haftung von Kaya ergeben.

Aufgabe 3 OHG: Gründung – Entstehung – Vertretung – Befugnisse der Gesellschafter

? HILFE vel.plus/BHBILIA25

Petra Laun ist Alleininhaberin einer Schmuckwarenfabrik. Durch vermehrte Geschäftskontakte mit verschiedenen Versandhäusern und den Bezug von Schmuckwaren aus Fernost hat sie die Grenzen ihrer persönlichen Belastbarkeit erreicht.

Sie nimmt ihren Sohn Andreas und ihre Schwägerin Letizia Laun, die bisher als Angestellte in dem Unternehmen tätig waren, als gleichberechtigte Gesellschafter auf, weil nachhaltig mit der Erweiterung des Geschäftsbetriebs gerechnet werden kann.

Handelsregisterauszug

Hinweis: *Im Handelsregister gelten rot unterstrichene Einträge als gelöscht.*

	Amtsgericht				HR ... 224
Nr. der Eintragung	**a) Firma b) Ort der Niederlassung c) Gegenstand des Unternehmens**	**Geschäftsinhaber Persönlich haftender Gesellschafter Abwickler**	**Prokura**	**Rechtsverhältnisse**	**a) Tag der Eintragung und Unterschrift b) Bemerkungen**
1	a) Petra Laun e. K. b) Pforzheim c) Schmuckwarenfabrik	Petra Laun Kauffrau, Bamberg	–	–	a) Eingetragen am 30. Juni 2012 ... b) –
2	a) Petra Laun OHG b) Pforzheim c) Schmuckwarenfabrik	Petra Laun Kauffrau, Pforzheim Andreas Laun Kaufmann, Pforzheim Letizia Laun Kauffrau, Pforzheim	–	Die Firma wird fortgeführt; Offene Handelsgesellschaft. Die Gesellschaft hat am 15.12.2021 begonnen. Petra Laun ist stets alleinvertretungsberechtigt. Andreas Laun vertritt die Gesellschaft mit Petra Laun. Gesellschafter Letizia Laun ist von der Vertretung ausgeschlossen.	a) Eingetragen am 18. Februar 2022 ... b) –

1. Begründen Sie, zu welchem Zeitpunkt die offene Handelsgesellschaft (OHG) entstanden ist.
2. Begründen Sie, in welcher Abteilung des Handelsregisters das Unternehmen einzutragen ist und welche Wirkung die Eintragung hat.
3. Beurteilen Sie die Zulässigkeit der Firmierung.
4. Geben Sie an, wer laut Handelsregisterauszug in welchem Umfang dieses Unternehmen vertreten kann.
5. Prüfen Sie, ob Petra Laun die folgenden Entscheidungen ohne Zustimmung von Andreas und Letizia Laun hätte treffen dürfen, wenn der Gesellschaftsvertrag zur Geschäftsführung keine Vereinbarungen enthält:
   a) Verkauf eines Transporters für 40.000 EUR
   b) Kauf von Druckerpapier für 80 EUR
   c) Verkauf eines von ihr eingebrachten Grundstücks zu einem guten Preis von 400.000 EUR. Mit dem Verkaufserlös beabsichtigt sie, ein in einem Gewerbegebiet liegendes preisgünstiges Ersatzgrundstück zu kaufen.
   d) Kauf von risikoreichen Wertpapieren
6. Nennen Sie drei Vorteile, die Petra Laun durch die Aufnahme neuer Gesellschafter hat.
7. Am 03.02.2022 schließt Letizia Laun einen Kaufvertrag über Schmucketuis im Wert von 20.000 EUR. Petra Laun weigert sich, den Vertrag zu erfüllen.
   Begründen Sie, ob die OHG an den Vertrag gebunden ist.
8. Am 22.03.2022 verlangt ein Gläubiger von Andreas Laun die Zahlung von 50.000 EUR aus einer Lieferung vom 11.10.2021. HGB § 28
   Begründen Sie, ob die Zahlung mit der Begründung verweigern kann, dass er zum Zeitpunkt des Vertragsschlusses noch nicht Gesellschafter der offenen Handelsgesellschaft (OHG) war.

4 Gesellschaft mit beschränkter Haftung (GmbH)

Kompetenzen:

- *anhand ausgewählter Merkmale diskutieren, was für oder gegen eine Gesellschaft mit beschränkter Haftung (GmbH) im Falle einer Unternehmensgründung oder Beteiligung spricht*

4.1 Begriff und Firmierung der GmbH

GmbHG § 11, § 13

> **Die GmbH ist eine Handelsgesellschaft mit eigener Rechtspersönlichkeit (juristische Person), bei der die Haftung gegenüber den Gläubigern auf das Gesellschaftsvermögen beschränkt ist.**

GmbHG § 4

Die GmbH zählt zu den **Kapitalgesellschaften**. Wie alle anderen juristischen Personen erwirbt sie ihre Rechtsfähigkeit erst durch Eintragung ins Handelsregister. Die **Firma** muss die Bezeichnung „Gesellschaft mit beschränkter Haftung" oder eine allgemein verständliche Abkürzung dieses Begriffs (z. B. GmbH) enthalten. Eine GmbH als juristische Person kann sich auch an anderen Unternehmen (z. B. an einer OHG) beteiligen.

Firmierung einer GmbH

Personenfirma:	Franz Pfeffer GmbH	**Sachfirma:**	Lahrer Gerätewerk GmbH
Fantasiefirma:	Bit & Byte GmbH	**Mischfirma:**	Schlosserei Pauli GmbH

4.2 Kapitalaufbringung und Haftung

Kapitalaufbringung

GmbHG § 5 (1) HGB § 296 (2)

> **Das Stammkapital (Bezeichnung in der Bilanz: Gezeichnetes Kapital) ist der in der Satzung (= Gesellschaftsvertrag der GmbH) festgelegte Betrag, mit dem die Gesellschafter insgesamt an der GmbH beteiligt sind.**

GmbHG § 5

Das Stammkapital muss **mindestens 25.000 EUR** betragen. Es setzt sich aus der Summe der **Nennbeträge der Geschäftsanteile** zusammen.[1]

1 Die Summe der Nennbeträge aller Geschäftsanteile wird im **GmbHG** als **Stammkapital** bezeichnet. Das **HGB**, das für alle **Kapitalgesellschaften** gilt, verwendet dagegen für den Ausweis des entsprechenden Kapitals in der Bilanz den Begriff **Gezeichnetes Kapital**. In einer GmbH-Bilanz findet sich daher nicht der Begriff Stammkapital, sondern gezeichnetes Kapital. Beide Begriffe werden aber bezogen auf die GmbH gleichbedeutend verwendet.

GmbHG § 5 (2), (3)
GmbHG § 3 (2) Nr. 4

Der **Nennbetrag eines Geschäftsanteils** muss mindestens auf den Betrag von **einem Euro** und auf volle Euro lauten. Ein Gesellschafter kann bei Errichtung der GmbH mehrere Geschäftsanteile übernehmen. Die Nennbeträge der einzelnen Geschäftsanteile können unterschiedlich hoch sein. Die Höhe der Nennbeträge der Geschäftsanteile sowie die Zahl der von einem Gesellschafter übernommenen Geschäftsanteile müssen in den Gesellschaftsvertrag aufgenommen werden. Die Summe der Nennbeträge aller Geschäftsanteile muss mit dem Stammkapital übereinstimmen.

! **Stammkapital = Summe der Nennbeträge aller Geschäftsanteile**

Die Höhe der von einem Gesellschafter zu leistenden **Einlage** richtet sich nach der Zahl der von ihm übernommenen Geschäftsanteile und nach dem im Gesellschaftsvertrag festgesetzten Nennbetrag dieser Geschäftsanteile. Vor der Anmeldung zur Eintragung ins Handelsregister sind **Sacheinlagen** in vollem Umfange zu leisten. **Bareinlagen** müssen zu **mindestens einem Viertel** des Nennbetrags des jeweiligen Geschäftsanteils geleistet werden. Gleichzeitig muss die Summe der geleisteten Einlagen zu diesem Zeitpunkt mindestens die Hälfte des Mindeststammkapitals von 25.000 EUR – also 12.500 EUR – betragen. Damit lässt sich im Fall einer Bargründung (d. h. bei der Gründung werden nur Geldeinlagen und keine Sacheinlagen geleistet) bereits mit einem Betrag von 12.500 EUR eine GmbH gründen, während bei einer reinen Sachgründung der Gegenwert der eingebrachten Sachwerte mindestens 25.000 EUR betragen muss.

GmbHG § 7 (2), (3)

! **Der Geschäftsanteil verkörpert ein Mitgliedschaftsrecht. Er spiegelt damit nicht nur die Beteiligung eines Gesellschafters am Stammkapital, sondern am gesamten Eigenkapital (= tatsächliches Vermögen abzüglich tatsächliche Schulden) einer GmbH wider.**

Haftung der GmbH

Die GmbH als juristische Person haftet den Gläubigern gegenüber unbeschränkt mit ihrem Gesellschaftsvermögen.[1]

! **Für Verbindlichkeiten der GmbH haftet ausschließlich die GmbH als juristische Person.**

Eine Haftung der Gesellschafter für die Schulden der GmbH Dritten gegenüber ist in **jedem Fall** (also auch bei noch nicht vollständig eingezahlten Einlagen) ausgeschlossen. **Von der GmbH** können die Gesellschafter nur dann in Anspruch genommen werden, wenn die Einlagen auf die Geschäftsanteile noch nicht in vollem Umfang geleistet wurden oder eine Nachschusspflicht vereinbart ist.

1 Der Name der GmbH als „Gesellschaft mit beschränkter Haftung" ist missverständlich: Die Gesellschaft haftet für ihre Schulden keineswegs beschränkt, sondern unbeschränkt mit ihrem gesamten **Gesellschaftsvermögen**.

Aufg. 1
S. 59

4.3 Gründung und Entstehung der GmbH

GmbHG
§§ 1, 2,
§ 11 (2)

Die Errichtung einer GmbH ist durch eine[1] oder mehrere Personen möglich. Der Gesellschaftsvertrag bedarf der **notariellen Beurkundung** und ist von sämtlichen Gesellschaftern zu unterzeichnen. Die GmbH als juristische Person entsteht erst durch Eintragung ins Handelsregister (**konstitutive Wirkung der Eintragung**) und ist Kaufmann kraft Rechtsform (**Formkaufmann**).

GmbHG
§ 8 (1) Nr. 5

Die **Gründung** einer GmbH in einem **vereinfachten Verfahren** ist unter folgenden Voraussetzungen möglich:

❶ In die Gesellschaft werden keine Sacheinlagen wie z. B. Grundstücke eingebracht (= Bargründung).

❷ Die Gesellschaft besteht aus **höchstens drei Gesellschaftern** und **einem Geschäftsführer**.

GmbHG
§ 2 (1a)

Soll die Gesellschaft in einem **vereinfachten Verfahren** gegründet werden, so ist es erforderlich, das als Anlage dem GmbHG beigefügte **Musterprotokoll** zu verwenden[2] und **notariell beurkunden** zu lassen. Da in diesem Fall eventuelle Rückfragen im Zusammenhang mit der Registereintragung weitgehend entfallen, ist die Gründung kostengünstig.

GmbHG
Anlage zu § 2

<table>
<tr><th colspan="3">Verfahren bei der Gründung einer GmbH</th></tr>
<tr><th>Standardgründung</th><th colspan="2">Gründung mit Musterprotokoll</th></tr>
<tr><td>notarielle Beurkundung des Gesellschaftsvertrages</td><td>Musterprotokoll für Einpersonengesellschaft</td><td>Musterprotokoll für Mehrpersonengesellschaften</td></tr>
<tr><th colspan="3">Grundlage: GmbHG § 2</th></tr>
<tr><td>Eine Standardgründung ist erforderlich, wenn
■ mehr als 3 Gesellschafter beteiligt sind,
■ Sacheinlagen eingebracht werden,
■ mehrere Personen als Geschäftsführer bestellt sind.</td><td colspan="2">Eine Gründung mit Musterprotokoll ist möglich, wenn
■ bis zu 3 Gesellschafter beteiligt sind,
■ keine Sacheinlagen eingebracht werden,
■ nur einer Person die Geschäftsführung zusteht.</td></tr>
<tr><td>Vorteile:
■ viele Gestaltungsmöglichkeiten durch Vereinbarungen im Gesellschaftsvertrag
■ Anpassungsmöglichkeiten an Wünsche der Gesellschafter
Nachteile:
■ aufwendiger Gründungsvorgang
■ höhere Kosten als bei Gründung mit Musterprotokoll</td><td colspan="2">Vorteile:
■ einfacher und schneller Gründungsvorgang
■ kostengünstig
Nachteile:
■ kaum Gestaltungsmöglichkeiten wegen Vorgaben im Musterprotokoll
■ evtl. Streitigkeiten, weil Gesellschafterinteressen nur bedingt berücksichtigt werden können</td></tr>
</table>

4.4 Organe der GmbH

Organe der Gesellschaft mit beschränkter Haftung (GmbH)

Geschäftsführer (leitendes Organ)	Eventuell: Aufsichtsrat (kontrollierendes Organ)	Gesellschafterversammlung (beschließendes Organ)

1 Der Gesellschaftsvertrag besteht im Fall einer Ein-Mann-GmbH aus einer schriftlichen Erklärung des Gesellschafters. Trotzdem wird in diesem Falle auch von „Gesellschaftsvertrag" gesprochen.

2 Das Musterprotokoll am Ende des GmbH-Gesetzes ist in der Textsammlung „Wirtschaftsgesetze", Verlag Europa Lehrmittel Nr. 94810, abgedruckt.

4.4.1 Geschäftsführer

Der oder die Geschäftsführer einer GmbH vertreten die Gesellschaft Dritten gegenüber (Außenverhältnis).

GmbHG § 6, 35, 36, § 46 Nr. 5

Nach außen hin wird die GmbH als juristische Person durch einen oder mehrere **Geschäftsführer**[1] vertreten.

Die **Geschäftsführer** einer GmbH sind zu deren **Vertretung** (Außenverhältnis) und zur **Geschäftsführung** (Innenverhältnis) berechtigt. Enthält der Gesellschaftsvertrag keine anderen Vereinbarungen, so besteht – anders als für die Gesellschafter einer OHG – bei mehreren Geschäftsführern **Gesamtgeschäftsführungs- und Gesamtvertretungsbefugnis**.

GmbHG § 6 (3), § 35 (2)

Schließt ein mit Gesamtvertretungsbefugnis ausgestatteter Geschäftsführer ohne die Einwilligung seiner Mitgeschäftsführer einen Vertrag für die GmbH, so ist der Vertrag **schwebend unwirksam** (Vertreter ohne Vertretungsmacht).

BGB § 177 (1)

Gesellschafter können gleichzeitig Geschäftsführer sein (**Gesellschaftergeschäftsführer**). Mit der Geschäftsführung können aber auch außenstehende Dritte beauftragt werden (**Fremdorganschaft**).

GmbHG § 45, § 38 (1)

Die Geschäftsführer einer GmbH sind an Weisungen der Gesellschafter bzw. an Vorgaben des Gesellschaftsvertrages gebunden. Die Zeitdauer ihrer Bestellung ist gesetzlich nicht begrenzt. Sie haben den Gesellschaftern auf deren Verlangen unverzüglich Auskunft über die Angelegenheiten der Gesellschaft und Einsicht in die Bücher zu gewähren (**Informationsrecht der Gesellschafter**).

GmbHG § 51a

4.4.2 Gesellschafterversammlung

Die Gesellschafter als Eigentümer der GmbH fassen ihre Beschlüsse in der Gesellschafterversammlung.

Falls der Gesellschaftsvertrag keine besonderen Regelungen enthält, fassen die Gesellschafter in der Gesellschafterversammlung Beschlüsse u. a. zu folgenden Punkten:

GmbHG § 46, § 29 (3)

- Feststellung des Jahresabschlusses und Verwendung des Ergebnisses: Enthält der Gesellschaftsvertrag keine Vereinbarungen zur Gewinnverwendung, so erfolgt die Verteilung nach dem Verhältnis der Geschäftsanteile.
- Einforderung von Einlagen
- Bestellung, Entlastung und Abberufung von Geschäftsführern

Die Beschlussfassung in der Gesellschafterversammlung erfolgt nach der Mehrheit der abgegebenen Stimmen. **Jeder Euro** eines Geschäftsanteils gewährt **eine Stimme**.

Für das Stimmrecht ist der Nennbetrag des Geschäftsanteils und nicht der aufgrund von Gewinnrücklagen möglicherweise davon abweichende tatsächliche Wert ausschlaggebend.

---

1 Die Bezeichnung „Geschäftsführer" ist irreführend. Die Geschäftsführung bezieht sich auf das Innenverhältnis einer Gesellschaft. Der Geschäftsführer einer GmbH vertritt dagegen die Gesellschaft auch nach außen (= Außenverhältnis).

4.4.3 Aufsichtsrat[1]

Falls in der GmbH ein Aufsichtsrat freiwillig gebildet wird oder aufgrund gesetzlicher Verpflichtungen gebildet werden muss, übernimmt dieser die Aufgabe, die Geschäftsführung zu kontrollieren.

Aufsichtsrat als freiwilliges Organ (fakultativer Aufsichtsrat)

GmbHG § 52

Sind in einer GmbH nicht mehr als 500 Arbeitnehmer beschäftigt, so ist die Bildung eines Aufsichtsrates gesetzlich nicht vorgeschrieben. Es ist der GmbH jedoch freigestellt, durch Gesellschaftsvertrag bei der Errichtung oder später durch Satzungsänderung einen Aufsichtsrat zu bestellen. Fragen zu dessen Bestellung, der Zahl der Mitglieder und deren Befugnisse können **frei geregelt und gestaltet werden**. Im Normalfall hat ein freiwillig gebildeter Aufsichtsrat lediglich die Aufgabe, die Geschäftsführer zu kontrollieren. Ohne entsprechende Vereinbarung hat dieser Aufsichtsrat aber nicht das Recht, die Geschäftsführer der GmbH zu bestimmen.

DrittelbG § 1 Nr. 3
AktG § 95 f.

Aufsichtsrat als notwendiges Organ

Beschäftigt eine GmbH mehr als 500 Arbeitnehmer, so ist die Bildung eines Aufsichtsrates zwingend vorgeschrieben. Für die Besetzung des Aufsichtsrats gilt in diesem Fall – ebenso wie für die AG – **Drittelparität** (d. h. 1/3 der Mitglieder sind Arbeitnehmervertreter).

Beschäftigt die GmbH **mehr als 2000 Arbeitnehmer**, so gelten für die Zusammensetzung des Aufsichtsrates nach dem Mitbestimmungsgesetz die gleichen Vorschriften wie für die AG. Der Aufsichtsrat setzt sich dann **paritätisch** (d. h. 1/2 der Mitglieder sind Arbeitnehmervertreter) aus mindestens 12 Mitgliedern zusammen und **wählt die Geschäftsführer**. Der Aufsichtsrat einer GmbH hat in diesem Fall im Wesentlichen die gleichen Aufgaben wie der Aufsichtsrat einer AG.

MitbestG § 1 (1), § 7, § 31

Bei Gesellschaften ohne Aufsichtsrat können die Gesellschafter von ihrem Auskunfts-und Einsichtsrecht Gebrauch machen und auf diese Weise die Geschäftsführer kontrollieren.

4.5 Pflichten und Rechte der Gesellschafter

4.5.1 Pflichten der Gesellschafter

Leistung der Einlage

Aufg. 2 S. 61

GmbHG § 20

Jeder Gesellschafter ist verpflichtet, die im Gesellschaftsvertrag vorgesehene Einlage auf seinen **Geschäftsanteil** zum vereinbarten Termin zu leisten. Wird die eingeforderte Einlage nicht rechtzeitig geleistet, so sind Verzugszinsen zu entrichten.

Risiko des Verlustes eines Geschäftsanteils

GmbHG § 13 (2)

Grundsätzlich haftet für Verbindlichkeiten der Gesellschaft den Gläubigern gegenüber nur das Gesellschaftsvermögen der GmbH. Ein GmbH-Gesellschafter trägt aber das Risiko, seinen Geschäftsanteil ganz oder teilweise zu verlieren, falls die GmbH z. B. wegen Überschuldung oder Zahlungsunfähigkeit aufgelöst wird (Insolvenz).

1 Zur Mitbestimmung der Arbeitnehmer im Aufsichtsrat siehe vertiefend Kapitel 5.5.2.

Leistung von Nachschüssen

Enthält der Gesellschaftsvertrag eine Vereinbarung über die Leistung von Nachschüssen (eher selten), so sind die Gesellschafter im Bedarfsfall verpflichtet, diese Nachschüsse an die Gesellschaft zu leisten **(Nachschusspflicht)**. GmbHG § 26 ff.

4.5.2 Rechte der Gesellschafter

Gewinnanteil

Die Gesellschafter haben Anspruch auf einen Anteil am erzielten Jahresergebnis. Enthält der Gesellschaftsvertrag keine gegenteiligen Vereinbarungen, so erfolgt die Verteilung nach dem Verhältnis der Geschäftsanteile. Im Gesellschaftsvertrag kann bestimmt werden, dass ein Teil des erzielten Jahresüberschusses einbehalten wird oder dass die Gesellschafterversammlung über die Verteilung beschließt. GmbHG § 29

Auskunfts- und Einsichtsrecht

Auf Verlangen müssen die Geschäftsführer einer GmbH einem Gesellschafter unverzüglich Auskunft über die Angelegenheiten der Gesellschaft geben und Einsicht in die Geschäftsunterlagen gestatten. GmbHG § 51a

Recht zur Geschäftsführung

Gesellschafter, die als Geschäftsführer bestellt sind (Gesellschaftergeschäftsführer), haben das Recht, die GmbH Dritten gegenüber zu vertreten. Anstelle einer Regelung im Gesellschaftsvertrag kann die Befugnis zur Erteilung der Geschäftsführung auch bei der Gesellschafterversammlung liegen.

Stimmrecht in der Gesellschafterversammlung

Das Stimmrecht eines Gesellschafters in der Gesellschaft ist abhängig vom Nennbetrag seines Geschäftsanteils. Pro Euro des Geschäftsanteils hat der Gesellschafter eine Stimme. GmbHG § 47 (2)

4.6 Vor- und Nachteile einer GmbH

Vor- und Nachteile einer Gesellschaft mit beschränkter Haftung im Vergleich zu Personengesellschaften

Vorteile	Nachteile
▪ leichtere Beschaffung von Eigenkapital durch Aufnahme neuer Gesellschafter ▪ Haftungsbeschränkung (keine Haftung mit Privatvermögen) ▪ einfache Veräußerung von Geschäftsanteilen ▪ Fremdorganschaft möglich (Auch ein Nicht-Gesellschafter kann Geschäftsführer mit Geschäftsführungs- und Vertretungsbefugnis sein.)	▪ geringes Vertrauen der Gläubiger, insbesondere bei neu gegründeten Gesellschaften ▪ bei kleinem Eigenkapital einer GmbH verlangen Gläubiger bei Kreditgewährung häufig persönliche Bürgschaften oder andere Sicherheiten ▪ höhere Gründungskosten (Ausnahme: Unternehmergesellschaft) ▪ aufwendiger Jahresabschluss aufgrund gesetzlicher Vorschriften

Unterschiede zwischen OHG und GmbH		
	OHG	**GmbH**
Träger von Rechten und Pflichten	Eine OHG ist zwar rechtsfähig, § 14 (2) BGB, § 124 HGB. Es handelt sich aber nicht um eine juristische Person. Vielmehr ist die Gesamtheit der Gesellschafter Träger der mit der Rechtsfähigkeit einhergehenden Rechte und Pflichten.	Die GmbH als juristische Person hat eine eigene Rechtspersönlichkeit, § 13 GmbHG. Die GmbH als juristische Person ist Trägerin der mit der Rechtsfähigkeit einhergehenden Rechte und Pflichten.
Zahl der Gesellschafter	mindestens zwei	Auch eine Ein-Personen-GmbH ist möglich.
Gesellschaftsvertrag	formfrei (notarielle Beurkundung nur bei Sacheinlagen in Form von Grundstücken erforderlich)	notarielle Beurkundung des Gesellschaftsvertrags zwingend erforderlich; Sonderbestimmungen bei Verwendung eines Musterprotokolls bei der Gründung
Mindestkapital	kein Mindestkapital	Mindeststammkapital: 25.000 EUR, § 5 GmbHG → bei Unternehmergesellschaft („Mini-GmbH") gem. § 5a GmbHG kein Mindestkapital vorgeschrieben → kann mit einem Stammkapital von 1 EUR = Mindestnennbetrag gegründet werden[1]
Haftung	Die Gesellschafter haften persönlich und gesamtschuldnerisch (auch mit ihrem Privatvermögen), § 128 HGB.	Ausschließlich die GmbH als juristische Person haftet bis zur Höhe des Gesellschaftsvermögens, § 13 (2) GmbHG.
Geschäftsführung/ Vertretung	Gesellschafter sind grundsätzlich zur Geschäftsführung berechtigt und verpflichtet, §§ 114 ff. HGB. Gesellschafter vertreten die Personengesellschaft grundsätzlich, §§ 125 ff. HGB. (= **Selbstorganschaft**).	Geschäftsführung und Vertretung erfolgen durch (einen oder mehrere) Geschäftsführer, § 6 GmbHG. Ein GmbH-Gesellschafter kann gleichzeitig Geschäftsführer sein **(Gesellschaftergeschäftsführer)**. Es besteht aber auch die Möglichkeit der **Fremdorganschaft**, d. h. Geschäftsführer ist nicht gleichzeitig Gesellschafter.
Verhältnis der Gesellschafter untereinander	Enges persönliches Verhältnis der Gesellschafter zum Unternehmen und gegenseitiges Vertrauen unter den Gesellschaftern stehen im Vordergrund.	Fragen der Haftung und Kapitalbeschaffung stehen im Vordergrund. Die Geschäftsanteile der Gesellschafter können frei veräußert werden. Eine persönliche Bindung der Gesellschafter an das Unternehmen ist nicht nötig, weil die Gesellschafter nicht haften und ihre Mitarbeit nicht erforderlich ist.

1 Die Unternehmergesellschaft (UG) ist nicht Teil des Bildungsplans.

Zusammenfassende Übersicht zu Kapitel 4: Gesellschaft mit beschränkter Haftung (GmbH)

GmbH = Kapitalgesellschaft mit eigener Rechtspersönlichkeit (juristische Person) § 13 (1) GmbHG

↓

keine Haftung der Gesellschafter (Gesellschaftsvermögen haftet) § 13 (2) GmbHG

↓

Kaufmann kraft Rechtsform (Formkaufmann) § 6 HGB

↓

Wirkung der Eintragung ins Handelsregister: konstitutiv § 11 GmbHG

Gründung:	mindestens 1 Gründer; zu jedem beliebigen Zweck, sofern gesetzlich nicht ausgeschlossen, aber immer: Handelsgesellschaft → Vorschriften des Handelsrechts gelten; §§ 1, 13 (3) GmbHG
Gesellschaftsvertrag:	notarielle Beurkundung erforderlich § 2 GmbHG
Firma:	Sach-, Personen-, Misch- oder Fantasiefirma mit Zusatz Gesellschaft mit beschränkter Haftung bzw. GmbH § 4 GmbHG
Gesellschafter:	natürliche oder juristische Personen übernehmen Geschäftsanteile (= Nennbeträge am Stammkapital einer GmbH) § 5 GmbHG

Geschäftsanteil(e)
Gesellschafter A
Mindestnennbetrag 1 EUR

Geschäftsanteil(e)
Gesellschafter B
Mindestnennbetrag 1 EUR

...

Stammkapital = Summe der Nennbeträge der Geschäftsanteile (mindestens: 25.000 EUR); zu leistende Einlage vor Eintragung ins Handelsregister: mindestens 12.500 EUR bei Bargründung mit Mindeststammkapital, aber: bei Bareinlagen mindestens ¹/₄ des Nennbetrags eines Geschäftsanteils, Sacheinlage voll

Pflichten und Rechte eines GmbH-Gesellschafters

Pflichten	**Rechte**
▪ Leistung der Einlage (§ 20 GmbHG) ▪ Risiko des Verlustes eines Geschäftsanteils (§ 13 (2) GmbHG) ▪ Leistung von Nachschüssen (nur bei Vereinbarung im Gesellschaftsvertrag – § 26 ff. GmbHG)	▪ Gewinnanteil (§ 29 GmbHG) ▪ Auskunfts- und Einsichtsrecht (§ 51a GmbHG) ▪ Recht zur Geschäftsführung (nur bei Vereinbarung im Gesellschaftsvertrag oder Beschluss der Gesellschafterversammlung) ▪ Stimmrecht in der Gesellschafterversammlung (§ 47 (2) GmbHG)

↓

Geschäftsanteil = Mitgliedschaftsrecht
(Beteiligung am gesamten Eigenkapital der GmbH) § 14 GmbHG

Organe:
- Geschäftsführer (leitendes Organ) § 35 GmbHG (bei mehreren Geschäftsführern: Gesamtvertretung, falls keine andere Vereinbarung im Gesellschaftsvertrag)
- Gesellschafterversammlung (beschließendes Organ) § 46 GmbHG
- Aufsichtsrat: freiwillig bis 500 Arbeitnehmer, darüber Pflicht § 77 (1) BetrVG (kontrollierendes Organ) § 1 DrittelbG, § 1 MitbG

Checken Sie Ihre Kompetenz mit der Ich-kann-Liste.

Öffnen Sie hierzu den nebenstehenden **QR-Code** oder geben Sie folgenden Link ein: https://vel.plus/BHBILIA26

vel.plus/BHBILIA27

WIEDERHOLUNG DES GRUNDWISSENS

zu Kapitel 4 Gesellschaft mit beschränkter Haftung (GmbH)

4.1 Begriff und Firmierung der GmbH

1. Beschreiben Sie das Wesen einer GmbH.
2. Beschreiben Sie die Rechtswirkung der Eintragung einer GmbH ins Handelsregister.
3. Nennen Sie die Firmierungsmöglichkeiten einer GmbH und geben Sie jeweils ein Beispiel an.

4.2 Kapitalaufbringung und Haftung

1. Erklären Sie, was unter dem Stammkapital einer GmbH zu verstehen ist und wie hoch dieses mindestens sein muss.
2. Beschreiben Sie, welcher Zusammenhang zwischen dem Stammkapital und der Summe der Nennbeträge der Geschäftsanteile besteht.
3. Beschreiben Sie die Haftung bei einer GmbH.

4.3 Gründung und Entstehung der GmbH

1. Stellen Sie dar, wie viele Personen zur Gründung einer GmbH erforderlich sind.
2. Geben Sie an, welche Form für den Gesellschaftsvertrag einer GmbH vorgeschrieben ist.
3. Erklären Sie, wann eine GmbH entsteht.

4.4 Organe der GmbH

4.4.1 Geschäftsführer

1. Nennen Sie die Organe einer GmbH.
2. Beschreiben Sie, welche Aufgaben ein Geschäftsführer einer GmbH hat.
3. Stellen Sie die gesetzlichen Regelungen zu Geschäftsführung und Vertretung bei mehreren Geschäftsführern einer GmbH dar.

4.4.2 Gesellschafterversammlung

1. Geben Sie an, welche Beschlüsse die Gesellschafterversammlung einer GmbH fasst.
2. Beschreiben Sie die Regelung für das Stimmrecht in der Gesellschafterversammlung einer GmbH.

4.4.3 Aufsichtsrat

1. Geben Sie an, in welchem Fall für eine GmbH ein Aufsichtsrat zwingend vorgeschrieben ist.
2. Beschreiben Sie die Rechte, die einem freiwillig gebildeten Aufsichtsrat einer GmbH zustehen.
3. Beschreiben Sie die Möglichkeiten der Arbeitnehmer-Mitbestimmung in einem zwingend zu bildenden Aufsichtsrat einer GmbH.
4. Geben Sie an, in welchem Fall ein zwingend zu bildender Aufsichtsrat einer GmbH das Recht hat, die Geschäftsführer zu wählen.

4.5 Pflichten und Rechte der Gesellschafter

1. Nennen Sie die Pflichten eines GmbH-Gesellschafters.
2. Nennen Sie die Rechte eines GmbH-Gesellschafters.

4.6 Vor- und Nachteile einer GmbH

1. Nennen Sie Vorteile einer GmbH.
2. Nennen Sie Nachteile einer GmbH.

ANWENDUNGS- UND ÜBUNGSAUFGABEN

zu Kapitel 4 Gesellschaft mit beschränkter Haftung (GmbH)

Aufgabe 1 GmbH: Mindestkapital – Firma – Geschäftsführung – Vertretung – Gesellschaftsvertrag

Die Umweltingenieure Adler und Berthold sowie die Verfahrenstechnikerin Clemens wollen ein Unternehmen gründen, das die gewerbsmäßige Abfallentsorgung/Abfallverwertung zum Gegenstand hat. Keiner der Beteiligten ist bereit, mit seinem Privatvermögen zu haften. Adler hat 80.000 EUR, Berthold 60.000 EUR und Clemens 30.000 EUR flüssige Mittel zur Verfügung.

? HILFE
vel.plus/BHBILIA28

Vor dem Notar des Amtsgerichtes Ettenheim gehen sie folgendes Vertragsverhältnis ein:

Vor dem unterzeichnenden Notar ... erschienen ...

1. der Umweltingenieur Franz Adler, Lahr, Königsberger Ring 19,
2. der Umweltingenieur Felix Berthold, Freiburg, Habsburgerstr. 47,
3. die Verfahrenstechnikerin Kristin Clemens, Offenburg, Am Schießrain 9a.

Die Erschienenen wiesen sich bei dem Notar jeweils durch einen gültigen Personalausweis aus.

Die Erschienenen schlossen nachstehenden Gesellschaftsvertrag.

Gesellschaftsvertrag

§ 1

Franz Adler, Felix Berthold und Kristin Clemens errichten eine Gesellschaft mit beschränkter Haftung unter der Firma

Ettenheimer Abfallverwertung, Gesellschaft mit beschränkter Haftung.

Die Gesellschaft hat ihren Sitz in Ettenheim. Die Gesellschaft wird auf unbestimmte Zeit geschlossen.

§ 2

Gegenstand des Unternehmens ist die gewerbsmäßige Abfallentsorgung und -verwertung aller Art.

§ 3

Das Stammkapital der Gesellschaft beträgt 170.000 EUR. Von diesem Stammkapital haben
der Gesellschafter Franz Adler einen Geschäftsanteil von 80.000 EUR,
der Gesellschafter Felix Berthold einen Geschäftsanteil von 60.000 EUR und
die Gesellschafterin Kristin Clemens einen Geschäftsanteil von 30.000 EUR übernommen.

Die Gesellschafter leisten ihre Einlagen in Geld. Sie verpflichten sich, ein Viertel der Einlagen vor der Anmeldung der Gesellschaft zur Eintragung in das Handelsregister einzuzahlen. Gesellschafter Adler zahlt darüber hinaus weitere 15.000 EUR ein.

§ 4

Die Gesellschaft beginnt am 01. Juli 20... Das Geschäftsjahr der Gesellschaft ist das Kalenderjahr. Für das 2. Halbjahr 20.. wird ein Rumpfgeschäftsjahr gebildet.

§ 5

Die Verfügung über einen Geschäftsanteil oder einen Teil eines Geschäftsanteiles, insbesondere die Abtretung oder Verpfändung, ist nur mit Zustimmung aller Gesellschafter zulässig.

§ 6

Die Gesellschaft hat einen oder mehrere Geschäftsführer. Sind mehrere Geschäftsführer vorhanden, so wird die Gesellschaft jeweils durch zwei Geschäftsführer gemeinschaftlich vertreten.
Zu Geschäftsführern werden hiermit der Umweltingenieur Franz Adler und die Verfahrenstechnikerin Kristin Clemens bestellt.

§ 7

Die Gesellschafter sind verpflichtet, solange das Gesellschaftsverhältnis besteht, jegliche unmittelbare oder mittelbare, gelegentliche oder gewerbsmäßige Tätigkeit zu unterlassen, durch die der Gesellschaft Konkurrenz gemacht wird. Den Gesellschaftern ist es untersagt, sich an einem Konkurrenzunternehmen zu beteiligen, auch als stiller Gesellschafter. Verboten sind alle Geschäfte im Handelszweige der Gesellschaft und zwar im eigenen oder fremden Namen, auf eigene oder für fremde Rechnung. Dieses Verbot gilt auch für die Ehepartner der Gesellschafter; die Gesellschafter übernehmen ausdrücklich für sie die Haftung.

§ 8

Die Erben eines Gesellschafters müssen sich durch einen Erben, der allein stimmberechtigt ist, vertreten lassen.

§ 9

Die Bekanntmachungen der Gesellschafter erfolgen beim Betreiber des elektronischen Bundesanzeigers.

§ 10

Die Gesellschaft trägt die mit der Gründung verbundenen Kosten.

Der Notar wies die Erschienenen darauf hin, dass die Gesellschaft mit beschränkter Haftung als solche erst mit der Eintragung in das Handelsregister entsteht und die Haftungsbeschränkung erst alsdann eintritt.

Hierauf erklärten die Erschienenen weiter: Zu vertretungsbefugten Geschäftsführern bestellen wir Umweltingenieur Franz Adler und Verfahrenstechnikerin Kristin Clemens (Gesamtvertretung).

Datum 30. Juni 20.. Unterschriften

1. Dem Entschluss, sich für die Rechtsform der GmbH zu entscheiden, waren intensive Beratungen mit einem Steuerberater sowie mit der zuständigen Industrie- und Handelskammer vorausgegangen.
   Begründen Sie, warum die Gründung einer Personengesellschaft von vorneherein nicht in Betracht gezogen wurde.
2. Stellen Sie fest, ob das zur Gründung der Gesellschaft vorgesehene Stammkapital den gesetzlichen Vorschriften entspricht.
3. Prüfen Sie, ob die GmbH mit den von den Gesellschaftern bei der Gründung geleisteten Einlagen ins Handelsregister eingetragen werden kann.
4. Geben Sie an, welche Form für den Gesellschaftsvertrag vorgeschrieben ist.
5. Die Gesellschaft wird am 10. August 20.. ins Handelsregister eingetragen.
   Begründen Sie, wann (genauer Termin) die GmbH eine eigene Rechtspersönlichkeit als juristische Person erlangt (GmbHG § 11 [1]).
6. Unterbreiten Sie zwei alternative Vorschläge für die Firmenbezeichnung der Gesellschaft.
7. Das GmbH-Gesetz schreibt vor, dass die Gesellschaft einen oder mehrere Geschäftsführer haben muss. Laut Gesellschaftsvertrag übernehmen die Gesellschafter Franz Adler und Kristin Clemens diese Aufgabe.
   a) Begründen Sie, warum in den gesetzlichen Vorschriften über die OHG eine solche Regelung nicht zu finden ist.
   b) Adler und Clemens mieten Geschäftsräume, ohne Berthold zu fragen.
      Begründen Sie, ob der Mietvertrag gültig ist.
   c) Zu Geschäftsführern werden Adler, Berthold und Clemens bestellt. Beurteilen Sie den Abschluss des Mietvertrages, wenn wiederum nur Adler und Clemens den Mietvertrag abschließen und im Übrigen die Bestimmungen von § 6 Gesellschaftsvertrag gelten.
   d) Beurteilen Sie den Abschluss des Mietvertrages, wenn er allein von Adler abgeschlossen wird.
8. Wegen der angespannten Liquiditätslage im Gründungsjahr wollen die Geschäftsführer den erzielten Gewinn nicht an die Gesellschafter ausschütten. In der Gesellschafterversammlung kommt es nach vorausgegangener Diskussion zu einer Abstimmung zu diesem Tagesordnungspunkt.
   a) Wie viele Stimmen haben die drei Gesellschafter jeweils bei Abstimmungen in der Gesellschafterversammlung?
   b) Begründen Sie, ob Berthold und Clemens die von Adler vorgeschlagene Nichtausschüttung des Gewinns verhindern können (GmbHG §§ 46, 47).
9. Gesellschafterin Clemens ist der Auffassung, dass die in § 7 des Vertrages getroffenen Vereinbarungen überflüssig sind, da die Gesellschafter aufgrund gesetzlicher Vorschriften bereits dem Wettbewerbsverbot unterliegen. Sie verweist dabei insbesondere auf § 112 (1) HGB und auf § 60 (1) HGB.
   Beurteilen Sie für jeden einzelnen Gesellschafter, ob diese Behauptung zutreffend ist.
10. Clemens beabsichtigt, ihren Geschäftsanteil für 45.000 EUR zu verkaufen.
    a) Begründen Sie, warum es gerechtfertigt sein kann, dass Clemens als Verkaufspreis einen höheren Betrag als den vertraglich festgelegten Wert des Geschäftsanteils (vgl. § 3) verlangt.
    b) Adler und Berthold wollen keine fremden Gesellschafter aufnehmen.
       Prüfen Sie anhand des Gesellschaftsvertrages, ob Adler und Berthold dies verhindern können.
    c) Clemens hat dem Diplomingenieur Dietrich bereits mündlich versprochen, ihm den Geschäftsanteil für 45.000 EUR zu verkaufen. Begründen Sie, ob sie an dieses Versprechen rechtlich gebunden ist (GmbHG § 15[3]).

Aufgabe 2 GmbH: Rechtsfragen

Schreinermeister Uhl ist es gelungen, aus Holzabfällen einen hochwertigen Wärmedämmschutz herzustellen. Die Dämmschutzplatten können in verschiedenen Stärken beschichtet oder unbeschichtet hergestellt werden.

? HILFE vel.plus/BHBILIA29

Da auf dem Markt für Wärmeschutzmaterialien starker Wettbewerb herrscht, müssen erhebliche Investitionen vorgenommen werden. Uhl beschließt, eine GmbH zu gründen und Alisa Mayer und Heiko Fritz als weitere Gesellschafter aufzunehmen. Uhl legt den Mitgesellschaftern folgenden Vorschlag für einen Gesellschaftsvertrag vor:

Gesellschaftsvertrag (Auszug)

§ 1 Firma: Uhl und Fritz Dämmstoff GmbH

§ 2 Sitz der Gesellschaft: Sigmaringen

§ 3 Geschäftsbeginn: 20.02.20..

§ 4 Gegenstand des Unternehmens: Produktion und Vertrieb von Wärmedämmschutzplatten

§ 5 Stammkapital und Geschäftsanteile:

Das Stammkapital der Gesellschaft beträgt	800.000 EUR.
Als Geschäftsanteile übernehmen:	
– Marc Uhl, Sigmaringen:	450.000 EUR (bebautes Grundstück)
– Alisa Mayer, Mengen:	100.000 EUR (Bareinlage)
– Heiko Fritz, Saulgau:	250.000 EUR (Bareinlage)

§ 6 Geschäftsführung und Vertretung:
Zu Geschäftsführern der GmbH werden bestellt:
- Marc Uhl, zuständig für Einkauf und Produktion
- Heiko Fritz, zuständig für den Vertrieb

Jeder Geschäftsführer ist allein vertretungsbefugt.

Der Gesellschaftsvertrag wird nach Klärung der rechtlichen Probleme am 12.02.20.. in notarieller Form geschlossen. Die Handelsregistereintragung erfolgt am 02.03.20...

1. Ermitteln Sie, welche Mindesteinlagen die Gesellschafter bis zur Anmeldung zur Eintragung ins Handelsregister geleistet haben müssen.
2. Mayer war mit der im Vertragsentwurf genannten Firmenbezeichnung nicht einverstanden. Sie machte den Gegenvorschlag „Deutsche Dämmstoffwerke GmbH“. Beurteilen Sie die beiden Vorschläge zur Firmierung unter rechtlichen Gesichtspunkten.
3. Nennen Sie zwei weitere Punkte, die über die Mindestanforderungen des GmbH-Gesetzes hinaus im Gesellschaftsvertrag geregelt werden sollten.
4. Das Unternehmen erhält am 25.02.20.. ein günstiges Angebot für eine zur Produktion erforderliche Pressmaschine. Fritz nimmt für die GmbH das Angebot am 26.02.20.. an. Bei der Lieferung am 28.02.20.. verweigert Uhl die Annahme und die Zahlung des sofort fälligen Kaufpreises.

   Begründen Sie, wer gegebenenfalls für die Zahlung des Kaufpreises haftet.
5. Fritz scheitert im ersten Geschäftsjahr mit seinem Marketingkonzept, so dass erhebliche Verluste entstehen. Uhl und Mayer streben deswegen die Ablösung von Fritz als Geschäftsführer der GmbH an und wollen eine Kapitalerhöhung zur Sanierung der Gesellschaft beschließen. Weisen Sie bei den gegebenen Beteiligungsverhältnissen die Erfolgsaussichten des Vorhabens der beiden nach (GmbHG §§ 47 [1], 53 [2]).

5 Aktiengesellschaft (AG)

Kompetenzen:

- *anhand ausgewählter Merkmale diskutieren, was für oder gegen eine Aktiengesellschaft im Falle einer Unternehmensgründung oder Beteiligung spricht*
- *die Organe und deren Aufgaben einer Aktiengesellschaft erläutern*
- *die Arten von Aktien im Zusammenhang mit der Kapitalaufbringung unterscheiden*

5.1 Begriff und Firmierung der AG

EA 1
S. 76

Beginnen Sie Ihren Kompetenzerwerb zum Thema *Aktiengesellschaft* mit der Erarbeitungsaufgabe EA 1.

AktG
§ 1

Die Aktiengesellschaft (AG) ist eine Gesellschaft mit eigener Rechtspersönlichkeit (juristische Person), die über ein in Aktien zerlegtes Grundkapital verfügt und für deren Verbindlichkeiten nur die AG mit ihrem Gesellschaftsvermögen haftet.

Die Aktiengesellschaft ist eine **Kapitalgesellschaft**, an der sich viele Eigenkapitalgeber (= **Aktionäre)** gegebenenfalls auch mit jeweils kleinen Beträgen beteiligen können. Auf diese Weise ist es möglich, insgesamt ein hohes Eigenkapital aufzubringen. Die Gründung einer AG ist allerdings auch durch eine einzige Person möglich.

Die an einer Aktiengesellschaft beteiligten Aktionäre können bei Bedarf ihre Anteile in Form von **Aktien** wieder veräußern, ohne dass dem Unternehmen dadurch Kapital entzogen wird.

Die Aktiengesellschaft ist unabhängig vom Geschäftszweig, in dem sie tätig ist, stets eine **Handelsgesellschaft** und erlangt die Kaufmannseigenschaft kraft Rechtsform (**Formkaufmann**).

Die Firma der AG kann eine **Sach-, Personen-, Misch- oder Fantasiefirma** sein und muss die Bezeichnung „Aktiengesellschaft" oder eine allgemein verständliche Abkürzung dieses Begriffs enthalten.

Firmierung einer Aktiengesellschaft

Volkswagen AG, Bayerische Motorenwerke Aktiengesellschaft, Bayer Aktiengesellschaft

5.2 Kapitalaufbringung und Haftung

Das **Grundkapital** ist der in der **Satzung** (= Gesellschaftsvertrag der AG) festgelegte Kapitalbetrag. Es muss mindestens **50.000 EUR** betragen. In der Bilanz einer AG wird das Grundkapital entsprechend den HGB-Vorschriften in der Bilanzposition **„Gezeichnetes Kapital"** ausgewiesen. Das Grundkapital einer Aktiengesellschaft ist **in Aktien** zerlegt.

AktG §§ 1 (2), 6, 7
HGB § 266 (3)

> **!** **Aktien sind Wertpapiere, die ein Anteilsrecht (Mitgliedschaftsrecht) an einer AG verbriefen[1]. Da der Eigentümer einer Aktie gleichzeitig auch Teilhaber an der AG ist, werden die Aktien auch als Teilhaberpapiere bezeichnet.**

> **!** **Die Aktionäre haften Gläubigern der Aktiengesellschaft gegenüber nicht. Lediglich die Aktiengesellschaft als juristische Person haftet.**

AktG § 1 (1), S. 2

ISIN DE000PAH0038 | WKN PAH003 | Stück 100

PORSCHE SE

Nr. 900058

Der Inhaber dieser Sammel-Vorzugsaktie ist an der Porsche Automobil Holding SE, Stuttgart, mit einhundert Vorzugs-Stückaktien mit einem anteiligen Betrag am Grundkapital nach Maßgabe ihrer Satzung als Aktionär beteiligt.

Porsche Automobil Holding SE
Stuttgart, im Februar 2008

100

Vorsitzender des Aufsichtsrates
Vorsitzender des Vorstandes
stellv. Vorsitzender des Vorstandes
Kontrollunterschrift

© Porsche SE

1 Im Zusammenhang mit Aktien bedeutet Verbriefung: Zusicherung von Rechten mit einem auf dem Kapitalmarkt handelbaren Wertpapier.

Aktien werden heute in der Regel nur noch digital ausgegeben, d. h. es existieren keine Wertpapierurkunden mehr. Kauf und Verkauf von Aktien sowie die Buchung der Aktienbestände erfolgen über Aktiendepots.

DEPOT-AUSZUG

GBE

© Pixabay

Genossenschaftsbank Esslingen eG

Depotinhaber*in: **Verena Weber**
Depotnummer: **276 807 552 24**
Depotauszug zum: **20.04.2021**

Bestand	Wertpapier	WKN / ISIN	Währung	Kauf: Datum	Kauf: Einstandskurs	Tageskurs 20.04.2021	Kurswert	Veränderung (%)
60 Stück	Lufthansa Aktie	823212 DE0008232125	EUR	19.03.2019	20,81	10,24	614,40	– 50,79
25 Stück	adidas Aktie	A1EWWW DE000A1EWWW0	EUR	09.09.2020	267,20	270,10	6.752,50	+ 1,09
45 Stück	BioNTech Aktie	A2PSR2 US09075V1026	EUR	20.01.2021	85,30	123,90	5.575,50	+ 45,25
3 Posten					**Gesamtkurswert:**		**12.942,40**	

5.3 Aktienarten

Hinsichtlich der Beteiligungsrechte und der Übertragbarkeit lassen sich folgende Aktien unterscheiden:

Unterscheidung nach der Art der Beteiligung

AktG § 8

Nennbetragsaktien	Stückaktien (= nennwertlose Aktien)
■ lauten auf einen **bestimmten Nennbetrag** in EUR, der auf den Aktien aufgedruckt ist. ■ Der Mindestnennbetrag einer Aktie beträgt 1 EUR. Höhere Nennbeträge müssen auf volle Euro lauten. ■ Der aufgedruckte Nennwert ist **als Anteil am Grundkapital unveränderlich**. Die Nennbeträge werden in der Satzung festgelegt. ■ Die **Nennwerte** der ausgegebenen Aktien können **unterschiedlich** sein. ■ Die Summe der Nennwerte aller ausgegebenen Aktien entspricht dem Grundkapital.	■ verkörpern einen **anteiligen Betrag** am Grundkapital, der nicht auf die Aktie gedruckt wird. Der Aufdruck auf der Aktie lautet z. B. „1 Aktie der XY AG". Der Aktieninhaber kann somit den Betrag seiner Beteiligung nicht unmittelbar der Aktie entnehmen. ■ Der Anteil am Grundkapital entspricht dem Anteil der von einem Aktionär gehaltenen Aktien an der Anzahl der insgesamt ausgegebenen Aktien. ■ Alle ausgegebenen Aktien haben einen **einheitlichen Anteilswert** (Beteiligungswert): Anteilswert (= **fiktiver**[1] **Nennwert einer Stückaktie)** $= \frac{\text{Grundkapital}}{\text{Anzahl der Aktien}}$ Der auf eine Stückaktie entfallende Anteil am Grundkapital (fiktiver Nennwert) darf 1 EUR nicht unterschreiten. *Hinweis: Gebrochene Werte z. B. 1,752 EUR sind möglich.*

1 fiktiv: angenommen, nicht wirklich

Eine AG kann entweder Nennbetrags- oder Stückaktien ausgeben. Eine Kombination beider Aktienarten ist nicht möglich. Seit der Einführung des Euro haben Nennbetragsaktien an Bedeutung verloren. Heute werden fast nur noch Stückaktien ausgegeben.[1] AktG § 8 (1) § 23 (3) Nr. 4

Bestimmung des anteiligen (= fiktiven) Nennbetrags bei Stückaktien

Die Stuttgarter Maschinenfabrik AG hat ein Grundkapital von 1.000.000 EUR. Es wurden 200 000 Stückaktien ausgegeben. Der auf eine Aktie entfallende Anteilswert (= fiktiver Nennwert) beträgt damit 1.000.000 EUR/200 000 Aktien = 5 EUR/Aktie.

Die Aktien werden meistens zu einem Betrag ausgegeben, der höher ist als der (fiktive) Nennwert. Dieser Betrag, um den der Ausgabekurs **(Emissionskurs)** den (fiktiven) Nennwert übersteigt, wird als **Agio** (= Aufgeld) bezeichnet und in der Bilanz einer AG in der Eigenkapitalposition **Kapitalrücklage** erfasst. Das Agio stellt u. a. einen Ausgleich für die Beteiligung des Aktionärs an Vermögenswerten dar, die nicht in der Bilanz ausgewiesen sind (= **stille Rücklagen**, wie z. B. Image des Unternehmens, zu niedrig bewertete Vermögensgegenstände).

Ausgabekurs von Stückaktien

Die Stuttgarter Maschinenfabrik AG hat ermittelt, dass sich der bei der Gründung erforderliche Kapitalbedarf auf 1.800.000 EUR beläuft. Die 200 000 Stückaktien werden deshalb zu einem Kurs von 9 EUR/Stück ausgegeben (1.800.000 EUR/200 000 Stückaktien).

A — Bilanzauszug der Stuttgarter Maschinenfabrik AG — P

Vermögen	1,8 Mio. EUR	Gezeichnetes Kapital	1,0 Mio. EUR
		Kapitalrücklage	0,8 Mio. EUR

HGB § 272 (2) Zi 1

Das Eigenkapital (Gezeichnetes Kapital + Kapitalrücklage) beträgt 1,8 Mio. EUR.

Fiktiver Nennwert: 1 Mio. EUR/200 000 Aktien = 5 EUR/Aktie. Das bedeutet, dass ein Aktionär, der beim Kauf einer Aktie 9 EUR bezahlt hat, pro Aktie einen Anteil von 5 EUR am gezeichneten Kapital hat. **Jede Aktie** gewährt ihm **eine Stimme** in der Hauptversammlung.

Unterscheidung nach der Übertragbarkeit

AktG § 10 (1)

Aktien können auf den **Inhaber** oder auf einen **Namen** lauten.

BGB § 929

Inhaberaktien	Namensaktien
▪ lauten **nicht** auf einen **bestimmten Eigentümer** ▪ Das Eigentum an diesen Aktien wird wie bei beweglichen Sachen durch **Einigung und Übergabe** übertragen. ▪ Papiere können ohne aufwendige Formalitäten sowohl im Börsenhandel als auch auf dem freien Markt gehandelt werden (Vorteil vor allem für bekannte börsennotierte Aktiengesellschaften).	▪ lauten auf einen **bestimmten Eigentümer** ▪ Ausgabe von Namensaktien ist zwingend vorgeschrieben, wenn bei deren Ausgabe die Aktionäre nicht den vollen Ausgabebetrag leisten (§ 10 (2) AktG). ▪ Namensaktien sind in das Aktienregister, das bei der Gesellschaft geführt wird, einzutragen. Damit hat die Gesellschaft eine Kontrolle darüber, wer welchen Anteil am Grundkapital vertritt und in der Hauptversammlung mitentscheidet. Außerdem hat die AG die Möglichkeit, ihre Aktionäre direkt anzuschreiben und zur Hauptversammlung einzuladen. ▪ Das Eigentum an Namensaktien wird durch **Einigung, Übergabe und Indossament** (= Übertragungsvermerk) übertragen.

© Roman Lipovskiy – stock.adobe.com

AktG § 10 (2), § 67 § 68

1 Durch die Verwendung von Stückaktien konnte die umständliche Umrechnung der Nennwerte von alten Währungen in Euro vermieden werden.

Inhaberaktien	Namensaktien
	■ Das Indossament macht den neuen Eigentümer der Aktie kenntlich und weist ihn somit als Berechtigten aus.[1] Ist nach der Satzung die Übertragung einer Aktie an die Zustimmung der Aktiengesellschaft gebunden, so handelt es sich um **vinkulierte**[2] **Namensaktien** (§ 68 (2) AktG).

AktG § 23 (3) Nr. 4 und 5

Eine Kombination von Namens- und Inhaberaktien ist ebenso möglich wie die Umwandlung der einen Aktienart in die jeweils andere.

AktG § 12 (1)

Unterscheidung nach den Rechten

AktG § 139 (2)

Stammaktien	Stimmrechtslose Vorzugsaktien
Dem Inhaber einer Stammaktie stehen hinsichtlich des **Stimmrechts** in der Hauptversammlung und der Höhe der **Dividende** die **normalen Rechte** (keine Sonderrechte) zu.	Der Inhaber einer Vorzugsaktie erhält z. B. eine **höhere Dividende** als der Inhaber einer Stammaktie. Dafür hat er aber **kein Stimmrecht** in der Hauptversammlung. Werden bei einer Erhöhung des Grundkapitals stimmrechtslose Vorzugsaktien ausgegeben, ändern sich die Machtverhältnisse in der Hauptversammlung nicht (Vorteil für die Stammaktionäre). Vorzugsaktien dürfen nur bis zur Hälfte des Grundkapitals ausgegeben werden.

5.4 Gründung und Entstehung der AG

Die Gründung einer AG vollzieht sich in folgenden Schritten:

AktG §§ 23 (1), 2, 29, 30, 32, 33

1. Abschluss eines **Gesellschaftsvertrages (= Satzung)** zwischen den Gründern; die Gründung kann auch durch eine einzige Person erfolgen **(Ein-Personen-AG)**. Gründer können natürliche oder juristische Personen sein. Nach der **notariellen Beurkundung** der Satzung ist die AG **gegründet**.
2. **Übernahme der Aktien durch die Gründer**, Damit ist die AG **errichtet**.
3. **Bestellung des Aufsichtsrats und der Abschlussprüfer** mit anschließender Bestellung des ersten **Vorstands** durch den Aufsichtsrat.
4. Erstellung eines **Gründungsberichts**; Vorstand und Aufsichtsrat haben den Ablauf der Gründung zu prüfen.
5. **Einbringung der Einlagen**
6. **Eintragung** in das Handelsregister, damit entsteht die AG als juristische Person (= **konstitutive Wirkung** der Eintragung). Wer vor der Eintragung der Gesellschaft in ihrem Namen handelt, haftet persönlich.

AktG § 41 (1), §§ 27 ff., 36a, 36

Die Anmeldung zum Handelsregister muss von allen Gründern sowie den Mitgliedern des Vorstandes und des Aufsichtsrates vorgenommen werden. Sie darf erst erfolgen, wenn die erforderlichen Einzahlungen (bzw. bei einer Sachgründung die Sacheinlagen) auf das Grundkapital erfolgt sind.

! **Bei Bareinlagen müssen vor der Anmeldung einer AG zum Handelsregister mindestens 25 % des Nennwertes der Aktien eingezahlt worden sein. Ein Agio muss in voller Höhe eingezahlt worden sein.**

---

1 Trotz der komplizierten Eigentumsübertragung können Namensaktien problemlos an der Börse gehandelt werden. In diesem Fall sind die Namensaktien mit einem Blankoindossament versehen. Dadurch kann der ursprüngliche Eigentümer die Aktie an eine andere Person übertragen, ohne dessen Namen zu nennen. Die Eigentumsübertragung einer Namensaktie ist dann genauso einfach wie bei einer Inhaberaktie.

2 vinculare (*lat.*): binden, fesseln

Sacheinlagen müssen vor der Anmeldung einer AG zum Handelsregister in voller Höhe geleistet worden sein.

Gründung einer AG mit Bar- und Sacheinlagen

Lydia Adamova, Tanja Benz und Okan Cengiz möchten zur Umsetzung einer neuen Produktidee eine Aktiengesellschaft gründen. Das Grundkapital soll 2 Mio. EUR betragen und in 400 000 Stückaktien (fiktiver Nennwert je Aktie: 5,00 EUR) aufgeteilt werden.

Fall 1:
Jeder der drei Gründer übernimmt 100 000 Aktien gegen Bareinlage. Außerdem ist die Hausbank wegen der überzeugenden Produktidee bereit, bei der Gründung 100 000 Aktien mit einem Aufpreis (Agio) von 1,00 EUR je Aktie zu 6,00 EUR je Aktie gegen Bareinlage zu übernehmen.
Stellen Sie dar, in welcher Höhe die Einlagen **vor der Anmeldung der AG ins Handelsregister mindestens** geleistet werden müssen.

Lösung:
Gem. §§ 36, 36a (1), (2) AktG gilt: Bei Bareinlagen müssen vor der Anmeldung mindestens 25 % des Nennwertes zuzüglich des vollen Agios geleistet sein.

1. Gründer Adamova, Benz und Cengiz	Mindesteinlagen
300 000 Aktien à 5,00 EUR fiktivem Nennwert gegen Bareinlage = 1.500.000 EUR	
Davon müssen mindesten 25 % (= 375.000 EUR) eingezahlt worden sein.	375.000 EUR
2. Hausbank	
100 000 Aktien à 5,00 EUR fiktivem Nennwert gegen Bareinlage = 500.000 EUR	125.000 EUR
Davon müssen mindesten 25 % (= 125.000 EUR) eingezahlt worden sein.	
Auf die von der Hausbank übernommenen 100 000 Aktien entfällt ein Agio in Höhe von 1,00 EUR je Aktie (= 100.000 EUR). Dieses muss voll eingezahlt worden sein.	100.000 EUR
Summe der vor der Anmeldung einzubringenden Einlagen	**600.000 EUR**

Da im vorliegenden Fall die Aktionäre ihre Einlagen zunächst nicht in voller Höhe leisten, müssen die Aktien gem. § 10 (2) AktG auf die Namen der Aktionäre lauten **(= Namensaktien)**.

Fall 2:
Welche Änderungen würden sich gegenüber Fall 1 ergeben, wenn der Gründer Cengiz statt einer Bareinlage ein Patent im Wert von 500.000 EUR einbringen würde (= Sacheinlage in Form eines immateriellen Vermögensgegenstandes)?

Lösung:
Gem. § 36a (2) AktG gilt: Sacheinlagen müssen vor der Anmeldung vollständig geleistet sein.

1. Gründerinnen Adamova, Benz	Mindesteinlagen
200 000 Aktien à 5,00 EUR fiktivem Nennwert gegen Bareinlage = 1.000.000 EUR	250.000 EUR
Davon müssen mindesten 25 % (= 250.000 EUR) eingezahlt worden sein.	
2. Gründer Cengiz	
100 000 Aktien à 5,00 EUR fiktivem Nennwert gegen Sacheinlage = 500.000 EUR	500.000 EUR
Die Sacheinlage muss voll geleistet worden sein.	
3. Hausbank	
100 000 Aktien à 5,00 EUR fiktivem Nennwert gegen Bareinlage = 500.000 EUR	
Davon müssen mindesten 25 % (= 125.000 EUR) eingezahlt worden sein.	125.000 EUR
Auf die von der Hausbank übernommenen 100 000 Aktien entfällt ein Agio in Höhe von 1,00 EUR je Aktie (= 100.000 EUR). Dieses muss voll eingezahlt worden sein.	100.000 EUR
Summe der vor der Anmeldung einzubringenden Einlagen	**975.000 EUR**

mindestens einzubringendes Eigenkapital einer AG vor der Anmeldung zum Handelsregister		
Bareinlage		Sacheinlage
25 % des Aktiennennwertes § 36a (1) AktG	Agio in voller Höhe § 36a (1) AktG	in voller Höhe § 36a (2) AktG

5.5 Organe der AG

Wie alle juristischen Personen handelt die Aktiengesellschaft durch ihre Organe.

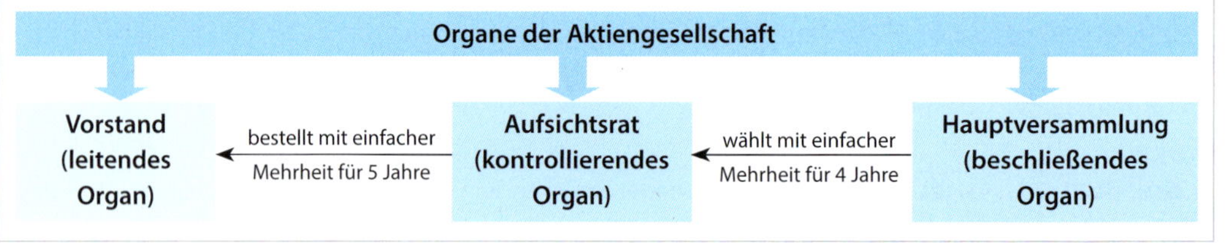

5.5.1 Vorstand

> **! Der Vorstand der AG ist das geschäftsführende Organ der Gesellschaft. Er leitet die AG in eigener Verantwortung.**

AktG § 76 (3a)

Der Vorstand wird vom Aufsichtsrat für **höchstens fünf Jahre** bestellt. Der Vorstand kann aus einer Person oder aus mehreren Personen bestehen (bei einem Grundkapital von mehr als 3 Mio. EUR mindestens zwei Personen). Bei börsennotierten Gesellschaften, deren Vorstand aus mehr als drei Personen besteht, muss mindestens eine Frau und mindestens ein Mann Mitglied des Vorstands sein.

AktG § 88

Die Vorstandsmitglieder unterliegen dem gesetzlichen **Wettbewerbsverbot** (keine Geschäfte im Geschäftszweig der AG, kein eigenes Handelsgewerbe).

Aufgaben des Vorstands

AktG §§ 76–79, § 81

AktG § 77 (1), § 78 (3)

- Der Vorstand **leitet die Gesellschaft** und **führt deren Geschäfte in eigener Verantwortung**. Anders als der Geschäftsführer einer GmbH ist er nicht weisungsgebunden. Demnach kann auch ein Großaktionär, z. B. mit einem Aktienbesitz von 50 % des Grundkapitals, dem Vorstand keine Weisungen erteilen. Setzt sich der Vorstand aus mehreren Personen zusammen, besteht **Gesamtgeschäftsführungs- und Gesamtvertretungsbefugnis.**[1] Vertraglich kann Einzelvertretungsbefugnis vereinbart werden, muss aber ins Handelsregister eingetragen werden.

AktG § 90, § 170

HGB § 264, § 267 (1)

- Der Vorstand hat **dem Aufsichtsrat** regelmäßig über die Geschäftslage der AG zu **berichten**.
- Nachdem der **Jahresabschluss** (Bilanz, Gewinn- und Verlustrechnung, Anhang) und der **Lagebericht** (enthält Ausführungen zum Geschäftsverlauf und zur Lage der AG) auf-

1 Das gilt für alle Kapitalgesellschaften. Bei der OHG und der KG gilt dagegen der Grundsatz der Einzelgeschäftsführungs- und Einzelvertretungsbefugnis.

gestellt sind, muss der Vorstand diese unverzüglich **dem Aufsichtsrat vorlegen**. Kleine Kapitalgesellschaften brauchen den Lagebericht nicht aufzustellen.

- Er muss **mindestens einmal jährlich** eine **ordentliche Hauptversammlung** einberufen. Bei drohenden hohen Verlusten, bei Überschuldung oder bei Zahlungsunfähigkeit ist er verpflichtet, zu einer **außerordentlichen Hauptversammlung** einzuladen. AktG § 121, § 92

Vergütung

Bei der Bemessung der Gesamtbezüge einzelner Vorstandsmitglieder (z.B. Gehalt, Gewinnbeteiligung, Aufwandsentschädigung) hat der Aufsichtsrat dafür zu sorgen, dass diese in einem angemessenen Verhältnis zu deren Aufgaben stehen. Über die Höhe der Gesamtbezüge des Vorstandes müssen im Anhang entsprechende Angaben gemacht werden. AktG § 87 HGB § 285 Nr. 9

5.5.2 Aufsichtsrat

> **Die Aufgabe des Aufsichtsrates besteht in der Überwachung der Geschäftsführung des Vorstandes.**

Aufg. 1 S. 78
Aufg. 2 S. 79

Zahl der Mitglieder und Amtszeit

Im Normalfall besteht der Aufsichtsrat aus **drei Mitgliedern**. Die Satzung kann auch eine höhere Zahl (bis zu 21 Mitgliedern – je nach Höhe des Grundkapitals) festsetzen. Die Zahl muss durch drei teilbar sein, wenn dies zur Erfüllung mitbestimmungsrechtlicher Vorschriften erforderlich ist. AktG § 95, § 102

Die Mitglieder des Aufsichtsrates werden von der Hauptversammlung mit einfacher Mehrheit für **vier Geschäftsjahre** gewählt.

Aufgaben

Der Aufsichtsrat hat im Wesentlichen folgende Aufgaben: AktG § 84, § 111, § 171, § 172

- Bestellung (d.h. Wahl mit einfacher Mehrheit) und gegebenenfalls Abberufung des Vorstands
- Überwachung der Geschäftsführung des Vorstands. Dazu kann er u.a. die Geschäftsunterlagen der Gesellschaft einsehen und prüfen.
- Prüfung des Jahresabschlusses samt Lagebericht und Vorschlag für die Verwendung des Bilanzgewinns
- Feststellung des Jahresabschlusses

Persönliche Voraussetzungen von Mitgliedern eines Aufsichtsrates

Ein Aufsichtsratsmitglied **kann im selben Unternehmen nicht zugleich Vorstandsmitglied** oder in anderer leitender Funktion (z.B. als Prokurist oder Handlungsbevollmächtigter) sein, weil dadurch Leitung und Kontrolle bei derselben Person vereinigt wären. Ein Mitglied des Vorstands einer AG kann aber gleichzeitig Mitglied des Aufsichtsrats bei einer anderen Kapitalgesellschaft sein. Allerdings ist die Zahl der Aufsichtsratsmandate pro Person auf zehn beschränkt. AktG § 105, § 100

Ein Vorstandsmitglied eines abhängigen Unternehmens (Tochtergesellschaft) darf nicht gleichzeitig Aufsichtsrat des übergeordneten, herrschenden Unternehmens (Muttergesellschaft) sein:

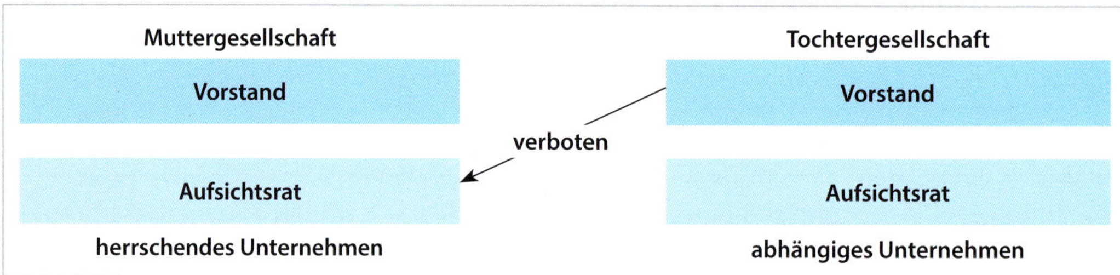

Auch die Entsendung von Vorstandsmitgliedern anderer Kapitalgesellschaften in den Aufsichtsrat einer AG ist nicht möglich, wenn ein Vorstandsmitglied dieser AG bereits dem Aufsichtsrat der anderen Kapitalgesellschaft angehört **(Überkreuzverflechtung)**:

AktG § 100 (2) Nr. 3

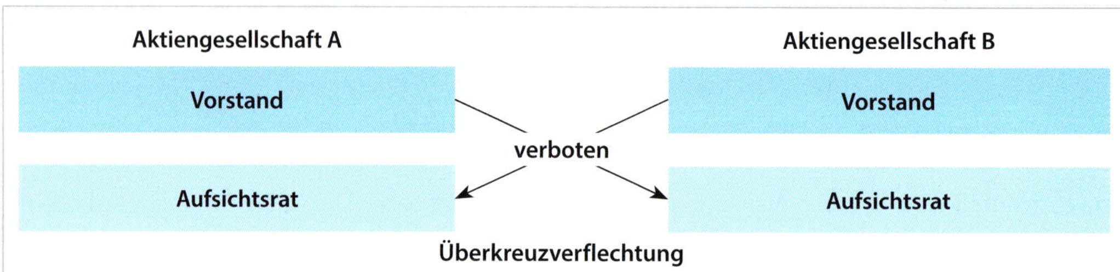

Mitbestimmung der Arbeitnehmer im Aufsichtsrat

AktG § 30 (2)

AktG § 101

Für den ersten Aufsichtsrat bei der Gründung gelten die folgenden Mitbestimmungsregelungen nicht. Wie sich die späteren Aufsichtsräte zusammensetzen und wer sie wählt, hängt von der Zahl der Arbeitnehmer und/oder vom Geschäftszweig der AG ab. Der Einfluss der Arbeitnehmer auf die Zusammensetzung des Aufsichtsrates und damit auf die Wahl des Vorstandes wird i. d. R. umso größer, je mehr Arbeitnehmer bei der AG beschäftigt sind. Hinsichtlich der Mitbestimmung von Arbeitnehmern über die Zusammensetzung des Aufsichtsrates sind drei Fälle zu unterscheiden:

DrittelbG § 1 § 4 (1) §§ 5, 6

MitbG § 1

Aufg. 3 S. 79

bis zu 500 Arbeitnehmern	mehr als 500 Arbeitnehmer (Drittelbeteiligungsgesetz)	mehr als 2 000 Arbeitnehmer (Mitbestimmungsgesetz)
Die Arbeitnehmer haben im Normalfall kein Recht auf eine Mitbestimmung über die Zusammensetzung des Aufsichtsrates. In diesen Unternehmen setzt sich der Aufsichtsrat ausschließlich aus Vertretern der Anteilseigner zusammen.	Der Aufsichtsrat muss zu **einem Drittel** aus Arbeitnehmervertretern bestehen **(Drittelparität)**. Die Arbeitnehmer wählen die auf sie entfallenden Aufsichtsratsmitglieder auf der Grundlage von Wahlvorschlägen der Betriebsräte und der Arbeitnehmer. Die Hauptversammlung wählt **zwei Drittel** der Mitglieder des Aufsichtsrats als Vertreter der Anteilseigner.	Bei Großunternehmen, die nicht zum Montanbereich (Bergbau, Eisen und Stahl) gehören, setzt sich der Aufsichtsrat **paritätisch** (d. h. zu gleichen Teilen) aus Vertretern der Kapitaleigner und der Arbeitnehmer zusammen.

Wahl und Zusammensetzung des Aufsichtsrates nach dem Mitbestimmungsgesetz von 1976

Die Aktiengesellschaft beschäftigt zwischen 2 001 und 10 000 Arbeitnehmer.

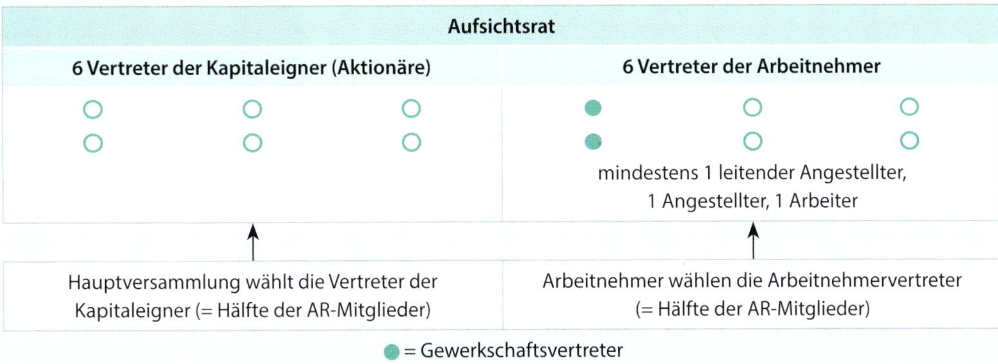

MitbG § 7 (1), Nr. 1

Das **Mitbestimmungsgesetz** legt fest, dass MitbG § 33 (1)

- der Aufsichtsrat **paritätisch** mit Vertretern der Kapitaleigner und der Arbeitnehmer besetzt ist.
- Personal- und Sozialfragen durch einen **Arbeitsdirektor** (als Mitglied des Vorstands) besonders betreut werden.
- bei Stimmengleichheit im Aufsichtsrat die Stimme des Vorsitzenden den Ausschlag gibt.

Die Mitbestimmung im Aufsichtsrat nach dem Mitbestimmungsgesetz von 1976 ist nur **zahlenmäßig paritätisch**. Tatsächlich ist es eine ungleichgewichtige Mitbestimmung: MitbG § 29 (2)

- Aufgrund der gesetzlichen Vorschriften für die Wahl gehört der Aufsichtsratsvorsitzende wohl immer der Gruppe der Kapitaleigner an.
- Der Aufsichtsratsvorsitzende hat bei Stimmengleichheit bei Abstimmungen (z. B. über die Bestellung der Vorstandsmitglieder) eine ausschlaggebende Zweitstimme.
- Der Gruppe der Arbeitnehmer im Aufsichtsrat ist ein leitender Angestellter zugeordnet, der aufgrund seines Tätigkeitsbereiches aber eher die Interessen der Anteilseigner vertritt. MitbG § 27, § 29 (2)

Für börsennotierte Aktiengesellschaften, die dem Mitbestimmungsgesetz unterliegen, gilt für den Aufsichtsrat eine Geschlechterquote (Frauen- bzw. Männeranteil) von mindestens 30 %. AktG § 96 (2)

5.5.3 Hauptversammlung (HV)

> **!** **Die Hauptversammlung ist das Organ der AG, durch das die Aktionäre ihre Rechte als Kapitaleigner ausüben.**

Wesen und Rechtsstellung

Die Hauptversammlung ist das **beschließende Organ** einer Aktiengesellschaft. In ihr üben die Gesellschafter (Aktionäre) ihr Stimmrecht aus. Der Vorstand beruft die Hauptversammlung als Zusammenkunft der Aktionäre ein, die innerhalb der **ersten acht Monate** des Ge- AktG § 118, § 121 (2), § 120 schäftsjahres über die Entlastung von Vorstand und Aufsichtsrat beschließt. Mit einer erfolgreichen Abstimmung (d. h. der Vorstand wird entlastet) billigen die Anteilseigner die Geschäftsführung der Gesellschaft. Eine abgelehnte Entlastung des Vorstandes bedeutet einen Vertrauensentzug.

Rechte

AktG § 119 Der Hauptversammlung stehen folgende Rechte zu:

- **Wahl** der **Aufsichtsratsmitglieder der Kapitaleigner** (mit einfacher Mehrheit)
- Beschlüsse über die **Verwendung des Bilanzgewinns**
- **Entlastung** der Mitglieder des Vorstands und des Aufsichtsrats
- **Bestellung** der **Abschlussprüfer** für das laufende Geschäftsjahr
- Beschlüsse über **Satzungsänderungen** (z. B. Kapitalerhöhung, Zusammenschluss mit anderen Unternehmen, Auflösung)
- Beschluss über Billigung des vom Aufsichtsrat vorgelegten Vergütungssystem für die Vorstandsmitglieder einer börsennotierten Aktiengesellschaft

Stimmrecht und Beschlussfassung

AktG § 134 (3) Jedem Aktionär, der über Stammaktien verfügt, steht in der Hauptversammlung ein **Stimmrecht** zu. Der Aktionär kann sein Stimmrecht, z. B. im Fall einer Verhinderung am Tage der Hauptversammlung, auch an einen Dritten (z. B. eine Bank) durch Erteilung einer schriftlichen Vollmacht abtreten.

AktG § 133, § 179, § 182 (1) Beschlüsse der Hauptversammlung kommen in der Regel durch einfache Mehrheit der abgegebenen Stimmen zustande. Für einige Beschlüsse, die von besonderer Tragweite für die AG sind, ist eine **qualifizierte Mehrheit** (3/4 des bei der Beschlussfassung vertretenen Grundkapitals) erforderlich. Dies gilt z. B. für Maßnahmen der **Eigenkapitalbeschaffung** und andere Satzungsänderungen. Mit einem Stimmenanteil von mehr als 25 % können damit diese Entscheidungen verhindert werden (**Sperrminorität**).

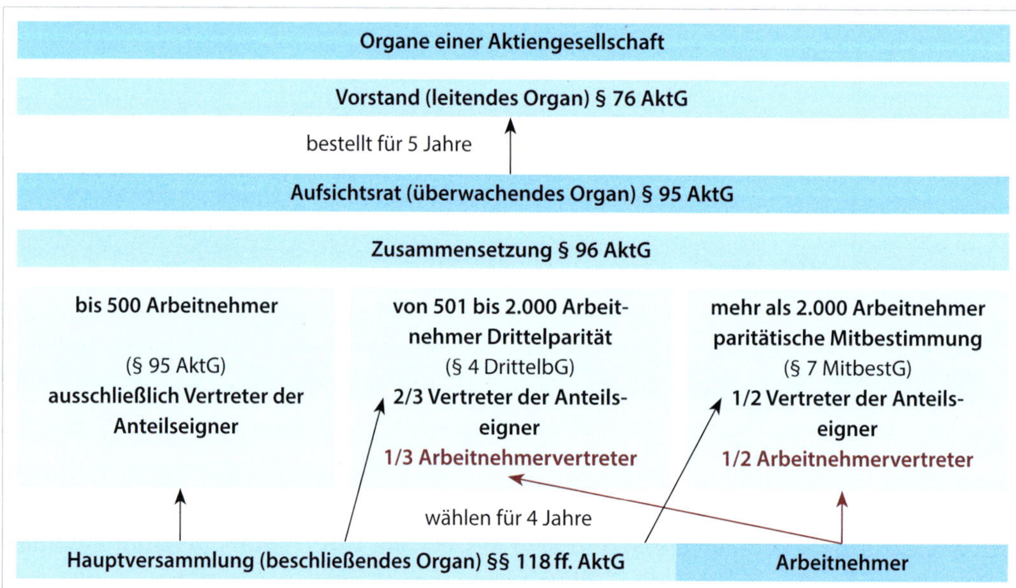

Beschlüsse der Hauptversammlung	
Wahl des Aufsichtsrates (AktG § 101)	**einfache Mehrheit**
Feststellung des Jahresabschlusses (AktG § 172)	**einfache Mehrheit**
Verwendung des Bilanzgewinns (AktG § 174)	**einfache Mehrheit**
Satzungsänderungen (AktG § 179) wie z. B. Kapitalerhöhung	**qualifizierte Mehrheit**
Auflösung der Gesellschaft (§ 262 (1) Nr. 2 AktG)	**qualifizierte Mehrheit**

AktG § 130 (1)

5.6 Pflichten und Rechte der Aktionäre

5.6.1 Pflichten der Aktionäre

Leistung der Einlage

AktG § 54, §§ 36, 36a

Haben sich die Aktionäre zur Leistung von **Bareinlagen** verpflichtet, so muss **mindestens ein Viertel** des (fiktiven) Nennwertes der Aktien eingefordert und von den Aktionären geleistet werden. Werden die Aktien zu einem höheren Betrag ausgegeben, so muss auch der Mehrbetrag **(Agio)** eingezahlt werden. **Sacheinlagen** sind vollständig zu leisten.

Risiko des Verlustes des Aktienwertes

AktG § 1 (1)

In gleicher Weise wie bei der GmbH haftet für die Verbindlichkeiten der Gesellschaft ihren Gläubigern gegenüber nur das Gesellschaftsvermögen der AG. Die Aktionäre tragen aber das Risiko, einen Wertverlust zu erleiden oder ihre Beteiligung ganz oder teilweise zu verlieren, falls die AG z. B. wegen Überschuldung aufgelöst wird.

5.6.2 Rechte der Aktionäre

Die Rechte der Aktionäre lassen sich in **Verwaltungsrechte** und **Vermögensrechte** einteilen.

Verwaltungsrechte

AktG § 118

- **Recht auf Teilnahme an der Hauptversammlung**
  Mit der Teilnahme an der Hauptversammlung sind folgende Rechte verbunden:
  - **Stimmrecht**[1]
    Grundsätzlich gewährt jede Stammaktie (Stückaktie und Nennwertaktie) eine Stimme. Nur wenn gleichzeitig Aktien mit unterschiedlichen Nennwerten ausgegeben wurden (z. B. Aktien mit 5,00 EUR Nennwert und gleichzeitig andere Aktien mit 100,00 EUR Nennwert), gilt folgende Regelung: Jede Aktie mit dem niedrigsten Nennwert gewährt jeweils eine Stimme. Aktien mit einem höheren Nennwert gewähren ein entsprechendes Vielfaches an Stimmen (z. B. Aktie mit 5,00 EUR Nennwert eine Stimme, Aktie mit 100 EUR Nennwert 20 Stimmen).

AktG § 134

1 Zu den einzelnen Beschlüssen siehe Kapitel 5.5.3.

AktG § 131

- **Auskunftsrecht**
  Der Aktionär kann in der Hauptversammlung vom Vorstand Auskunft über Angelegenheiten der Gesellschaft verlangen.

AktG § 122

- **Recht auf Einberufung der Hauptversammlung auf Verlangen einer Minderheit**
  Die Hauptversammlung muss einberufen werden, wenn Aktionäre, deren Anteile zusammen mindestens 5 % des Grundkapitals erreichen, dies verlangen.

AktG §§ 243 ff.

- **Anfechtung eines Beschlusses der Hauptversammlung**
  Ein Beschluss der Hauptversammlung, der gegen die Satzung oder ein Gesetz verstößt, kann vom Aktionär angefochten werden.

Vermögensrechte

Aufg. 4 S. 80

Anspruch auf Anteil am Gewinn (Dividende) §§ 58 (4), 60 AktG	Bezugsrecht bei der Ausgabe neuer Aktien § 186 AktG	Anspruch auf Beteiligung am Liquidationserlös § 271 AktG
Der Anteil eines Aktionärs am Gewinn (= Dividende) bestimmt sich nach seinem Anteil am Grundkapital.	Wird in der Hauptversammlung die Erhöhung des Grundkapitals beschlossen, steht den Aktionären ein Recht auf den Bezug neuer Aktien zu.	Bei Auflösung der AG steht den Aktionären das nach Abzug der Schulden verbleibende Vermögen entsprechend ihren Anteilen am Grundkapital zu.

5.7 Vor- und Nachteile einer Aktiengesellschaft

Vor- und Nachteile einer Aktiengesellschaft im Vergleich zu anderen Rechtsformen

Vorteile	Nachteile
▪ Durch Aufteilung des Grundkapitals in kleine Kapitalanteile ist die Aufbringung eines hohen Eigenkapitals möglich. ▪ Kapitalgeber haben keine Verpflichtung zur Geschäftsführung und Vertretung (Trennung von Leitung und Eigentum); dadurch Möglichkeit des Einsatzes qualifizierter Fachleute. ▪ Die Finanzkraft großer Aktiengesellschaften ermöglicht hohe Forschungs- und Entwicklungsausgaben (Entwicklung neuer Technologien) und häufig auch hohe soziale Leistungen für die Belegschaft. ▪ Möglichkeit der Kapitalbeteiligung der Arbeitnehmer durch Belegschaftsaktien	▪ wegen umfangreicher Vorschriften (Bildung von Organen, Kapitalbeschaffung, Jahresabschluss) für kleine und mittlere Unternehmen nicht geeignet ▪ Pflicht zur Veröffentlichung des Jahresabschlusses ▪ Bildung eines Aufsichtsrates zwingend vorgeschrieben ▪ Vorstandsmitglieder haben kein Kapitalrisiko (Schadenersatzpflicht gegenüber der AG lediglich bei Verschulden); dadurch werden evtl. Fehlentscheidungen begünstigt. ▪ Konzentration in der Wirtschaft (Missbrauch von Marktmacht) ▪ Eine kurzfristige Maximierung des Shareholder Values kann nachhaltige und langfristig sinnvolle Management-Entscheidungen verhindern.

Zusammenfassende Übersicht zu Kapitel 5: Aktiengesellschaft (AG)

Aktiengesellschaft

Gründerzahl: mindestens 1 Gründer § 2 AktG

Merkmale:

- Kapitalgesellschaft ist juristische Person § 1 (1) AktG
- keine Haftung der Aktionäre (Es haftet nur die AG mit ihrem Gesellschaftsvermögen.) § 1 (1) S. 2 AktG
- Formkaufmann § 6 HGB, Handelsgesellschaft § 3 (1) AktG
- Beteiligung der Aktionäre in Form von Aktien § 1 (2) AktG
  - **Nennwert der Aktie:** gibt den Anteil des Aktionärs am Grundkapital und damit seinen Einfluss in der Hauptversammlung an.
  - **Kurswert der Aktie:** Wert, zu dem eine Aktie an der Börse gehandelt wird.

Firma:

- Sach-, Personen-, Misch- oder Fantasiefirma mit der Bezeichnung „Aktiengesellschaft" oder einer allgemein verständlichen Abkürzung („AG") § 4 (1) AktG

Organe:

Vorstand (leitendes Organ) § 76 AktG (bei mehreren Personen: Gesamtvertretung gem. § 78 (2) AktG, falls keine andere Vereinbarung in der Satzung)

↑ bestellt | für 5 Jahre

Aufsichtsrat (überwachendes Organ) § 95 AktG ← **ggf. Arbeitnehmer § 4 DrittelbG, § 7 MitbestG**

↑ wählt | für 4 Jahre

Hauptversammlung (beschließendes Organ) §§ 118 ff. AktG

Grundkapital:

- Mindestbetrag: 50.000 EUR § 7 AktG
- Zerlegung in Aktien § 1 (2) AktG
  - Stückaktien
  - Nennbetragsaktien
  - Inhaberaktien
  - Namensaktien
  - Stammaktien
  - Vorzugsaktien § 8 AktG
- Aufbringung des Grundkapitals bei Gründung
  - Bareinlagen: 25 % des Nennwertes zuzüglich volles Agio §§ 36, 36a (1) AktG
  - Sacheinlagen: vollständig § 36a (2) AktG

Pflichten und Rechte der Aktionäre

Pflichten	Rechte: Verwaltungsrechte	Rechte: Vermögensrechte
■ Leistung der Einlage (Bar- oder Sacheinlage) §§ 54, 36, 36a AktG ■ Risiko des Wertverlusts der Aktie § 1 (1) AktG	■ Teilnahme an HV § 118 AktG – Stimmrecht § 134 AktG – Wahl und Abberufung des AR §§ 101, 103 AktG – Entlastung von Vorstand und AR § 120 (1) AktG – Bestellung der Abschlussprüfer § 119 (5). AktG – Satzungsänderungen § 179 AktG – Vergütungssystem Vorstand § 120 (4) AktG – Verwendung des Bilanzgewinns § 174 AktG – Auskunftsrecht § 131 AktG ■ Einberufung der HV (Minderheitsvotum) § 122 AktG ■ Anfechtung HV-Beschluss § 243 ff. AktG	■ Anspruch auf Dividende §§ 58 (4), 60 AktG ■ Bezugsrecht bei der Ausgabe neuer Aktien § 186 AktG ■ Anspruch auf Beteiligung am Liquidationserlös § 271 AktG

Checken Sie Ihre Kompetenz mit der Ich-kann-Liste.

Öffnen Sie hierzu den nebenstehenden **QR-Code** oder geben Sie folgenden Link ein: https://vel.plus/BHBILIA30

ERARBEITUNGSAUFGABE

zu Kapitel 5 Aktiengesellschaft (AG)

EA 1 AG: Gründung – Grundkapital – Eigenkapital – Aktie

M.Eng. Milena Krieger möchte ein Gesellschaftsunternehmen zur Herstellung von messtechnischen Geräten gründen. Der Kapitalbedarf wurde mit 6 Millionen EUR berechnet.

AktG §§ 2, 7

1. Neben Krieger finden sich die Allbank Stuttgart sowie zwei weitere Gründerinnen zusammen, die dieses Unternehmen als Aktiengesellschaft gründen und die Aktien für ein Grundkapital in Höhe von 5 Millionen EUR übernehmen wollen.
   Prüfen Sie, ob damit die Mindestgründerzahl und das Mindestkapital erreicht sind.

AktG §§ 10, 67, § 10 (2)

2. Im Vorfeld der Gründung diskutieren die vier Gründerinnen darüber, ob das Grundkapital durch die Ausgabe von Inhaber- oder von Namensaktien aufgebracht werden soll.
   a) Beschreiben Sie, wodurch sich Inhaberaktien von Namensaktien unterscheiden.
   b) Stellen Sie dar, in welchem Fall die Ausgabe von Namensaktien zwingend vorgeschrieben ist.
   Begründen Sie diese Regelung.
   c) Die Gründerinnen entscheiden sich für die Ausgabe von Namensaktien.
   Beschreiben Sie, welche Vorzüge mit dieser Entscheidung verbunden sind.

BGB §§ 714, 709

3. Die vier Gründerinnen haben sich mündlich versprochen, das Grundkapital mit den vereinbarten Beträgen zu übernehmen und die Aktiengesellschaft zu gründen. Eine der Aktionärinnen schlägt die Firmenbezeichnung „Messtechnik Krieger" vor.
   a) Begründen Sie, warum diese Firmenbezeichnung nicht möglich ist.
   b) Machen Sie einen begründeten Vorschlag für die Firmenbezeichnung.

AktG § 4

4. Die Gründerinnen haben sich am 15.07. geeinigt, eine Aktiengesellschaft zu gründen. Am 25.08. wurde das gesamte Grundkapital in Höhe von 5 Millionen EUR von den Gründerinnen durch Einzahlung des entsprechenden EUR-Betrages aufgebracht. Am 15.09. desselben Jahres wollen die Gründerinnen zusammenkommen, um Aufsichtsrat und Vorstand zu wählen.

AktG §§ 36, 37

   a) Begründen Sie, warum das Registergericht am 01.09. die Eintragung der Aktiengesellschaft ins Handelsregister noch ablehnen wird.

AktG § 41

   b) Am 15.12. wurde die Aktiengesellschaft ins Handelsregister eingetragen. Geben Sie an, wann die Aktiengesellschaft entstanden ist.

5. a) Ermitteln Sie die wertmäßige Beteiligung (in EUR) am Grundkapital der AG, die mit dem Erwerb einer Aktie verbunden ist, wenn 2 Mio. Stückaktien ausgegeben werden.

AktG § 8

   b) Prüfen und begründen Sie, ob das vorhergesehene Grundkapital auch durch die Ausgabe von 6 Mio. Stückaktien aufgebracht werden könnte.

AktG § 8 (3)

   c) Die vier Gründerinnen haben zur Ausgabe der Aktien folgende Vereinbarung getroffen: Die Allbank AG Stuttgart ist bereit, wegen des erfolgversprechenden Unternehmenskonzepts 500 000 Aktien zu einem Ausgabekurs von 3,00 EUR/Aktie zu übernehmen, während für die anderen drei Gründerinnen die Aktienausgabe zum Nennwert erfolgt.
   Ermitteln Sie die Höhe des Eigenkapitals in EUR.
   d) Berechnen Sie, wie viel Prozent des Grundkapitals das Eigenkapital beträgt (Bilanzkurs).
   e) Prüfen Sie, ob der errechnete Kapitalbedarf bei den vorgesehenen Ausgabekursen gedeckt werden kann.
   Weitere im Zusammenhang mit der Gründung anfallende Kosten bleiben unberücksichtigt.

6. Krieger ist mit 1 Mio. EUR am Grundkapital der AG beteiligt.
   a) Ermitteln Sie, wie viele Aktien sie erhalten hat.
   b) Berechnen Sie den Wert in EUR, den eine Aktie hätte, wenn von den aufgebrachten Mitteln noch Gründungskosten (z. B. Notariatskosten, Grundbuchgebühren, Kosten des Aktiendrucks) in Höhe von 100.000 EUR beglichen werden müssten.

WIEDERHOLUNG DES GRUNDWISSENS

vel.plus/BHBILIA31

zu Kapitel 5 Aktiengesellschaft (AG)

5.1 Begriff und Firmierung der AG

1. Nennen Sie die Mindestanzahl der vorgeschriebenen Gründer einer AG.
2. Begründen Sie, weshalb eine Aktiengesellschaft den Kapitalgesellschaften zugeordnet wird.
3. Nennen Sie Möglichkeiten zur Firmierung einer AG.

5.2 Kapitalaufbringung und Haftung

1. Beschreiben Sie, was unter dem Grundkapital einer AG zu verstehen ist und wie hoch dieses mindestens sein muss.
2. Beschreiben Sie, was unter Aktien zu verstehen ist.
3. Legen Sie dar, wer bei einer Aktiengesellschaft haftet.

5.3 Aktienarten

1. Nennen Sie Merkmale, nach denen sich Aktien unterscheiden lassen.
2. Vergleichen Sie:
   a) Stückaktien und Nennbetragsaktien
   b) Inhaberaktien, Namensaktien und vinkulierte Namensaktien
   c) Stammaktien und stimmrechtslose Vorzugsaktien.

5.4 Gründung und Entstehung einer AG

1. Geben Sie an, in welchen Schritten sich die Gründung einer AG vollzieht.
2. Beschreiben Sie, wann eine Aktiengesellschaft entsteht.
3. Geben Sie an, von wem eine AG zur Eintragung ins Handelsregister angemeldet werden muss.
4. Beschreiben Sie, welche unterschiedlichen Vorschriften zur Einbringung von Bar- und Sacheinlagen bei der Gründung einer AG zu beachten sind.

5.5 Organe der AG

5.5.1 Vorstand

1. Geben Sie an, wer den Vorstand einer AG bestellt und wie lange dessen Amtszeit höchstens dauert.
2. Nennen Sie die Aufgaben des Vorstands einer AG.
3. Beschreiben Sie, wie sich die Rechte von Geschäftsführern einer GmbH von den Rechten der Vorstandsmitglieder einer AG unterscheiden.
4. Geben Sie an, welche Regelung das Mitbestimmungsgesetz zur Besetzung des Vorstandes vorgibt.

5.5.2 Aufsichtsrat

1. Beschreiben Sie, aus wie vielen Mitgliedern der Aufsichtsrat einer AG besteht bzw. bestehen kann. Geben Sie an, wie lange dessen Amtszeit dauert.
2. Nennen Sie die Aufgaben des Aufsichtsrates einer AG.
3. Beschreiben Sie die persönlichen Voraussetzungen, die Mitglieder des Aufsichtsrates erfüllen müssen.
4. Nennen Sie die Regelungen zur Wahl und Zusammensetzung des Aufsichtsrates einer AG, die für
   - Aktiengesellschaften mit bis zu 500 Arbeitnehmern
   - Aktiengesellschaften mit mehr als 500 Arbeitnehmern aber weniger als 2 001 Arbeitnehmern
   - Aktiengesellschaften mit mehr als 2 000 Arbeitnehmern

   gelten.
5. Begründen Sie, warum die Arbeitnehmer-Mitbestimmung nach dem Mitbestimmungsgesetz nur zahlenmäßig paritätisch ist.

5.5.3 Hauptversammlung (HV)

1. Geben Sie an, von wem und innerhalb welchen Zeitraums die Hauptversammlung einberufen wird.
2. Nennen Sie die Rechte, die der Hauptversammlung einer AG zustehen.
3. Geben Sie an, welche Stimmenmehrheit für die Beschlüsse einer Hauptversammlung in der Regel erforderlich ist.

5.6 Pflichten und Rechte der Aktionäre

1. Nennen und beschreiben Sie die Pflichten eines Aktionärs.
2. Nennen und beschreiben Sie die Rechte eines Aktionärs.

5.7 Vor- und Nachteile einer Aktiengesellschaft

1. Nennen Sie die Vorteile einer Aktiengesellschaft im Vergleich zu anderen Rechtsformen.
2. Nennen Sie die Nachteile einer Aktiengesellschaft im Vergleich zu anderen Rechtsformen.

ANWENDUNGS- UND ÜBUNGSAUFGABEN

zu Kapitel 5 Aktiengesellschaft (AG)

Aufgabe 1 AG: Hauptversammlung – Aufsichtsrat – Vorstand

? HILFE
vel.plus/BHBILIA32

Die MediTec AG hat ein Grundkapital von 5 Millionen EUR und beschäftigt 1 950 Arbeitnehmer.
Nach Ablauf eines Geschäftsjahres erfolgt die Einladung zur Hauptversammlung:

MediTec AG Stuttgart

Hiermit laden wir die Aktionärinnen und Aktionäre unserer Gesellschaft zu der am
Freitag, dem 26. Mai 20..,10:30 Uhr
in der Schleyerhalle in Stuttgart stattfindenden ordentlichen
Hauptversammlung ein.
Die Tagesordnung ist in den Gesellschaftsblättern sowie im elektronischen Bundesanzeiger veröffentlicht.

1. Herr Klein ist Aktionär der MediTec AG und hat seinen Wohnsitz in Lörrach. Beschreiben Sie, wie sein Stimmrecht ausgeübt werden könnte, wenn er selbst nicht zur Hauptversammlung nach Stuttgart fahren will.
2. Auf der Hauptversammlung weist die Direktorin der Commerzbank Stuttgart nach, dass bei ihrer Bank Nennbetragsaktien mit einem Nennwert von insgesamt 375.000 EUR zur Aufbewahrung liegen. Die Aktionäre haben ihr schriftlich das Recht abgetreten, sie auf der Hauptversammlung zu vertreten.
   Prüfen Sie, ob die Bankdirektorin stimmberechtigt ist.
3. Auf der Hauptversammlung werden 2/3 der Mitglieder des Aufsichtsrats gewählt.
   a) Begründen Sie, wie viele Mitglieder der Aufsichtsrat dieser Gesellschaft mindestens und wie viele er höchstens haben darf.
   b) Aktionärin Kaczmarek besitzt 20 Nennbetragsaktien zu 25 EUR Nennwert, Aktionär Günther 30 Aktien zu 50 EUR Nennwert.
      Stellen Sie dar, wie viele Stimmen Kaczmarek und Günther jeweils bei der Wahl des Aufsichtsrats haben, wenn alle anderen Aktien zum Nennwert von 25 EUR ausgegeben wurden.
   c) Diplom-Ingenieur Karim Acar – Mitglied des Vorstandes der MediTec AG – ist seit einiger Zeit im Aufsichtsrat der Datentechnik AG tätig.
      Diplom-Volkswirtin Dr. Ludmilla Zettel – Mitglied des Vorstandes der Datentechnik AG – beabsichtigt, in der Hauptversammlung vom 26. Mai 20.. für den Aufsichtsrat der MediTec AG zu kandidieren.
      Prüfen Sie, ob Frau Dr. Zettel die persönlichen Voraussetzungen erfüllt, die für eine Wahl in den Aufsichtsrat der MediTec AG erforderlich sind.
4. Aktionärin Schulz besitzt inzwischen 51 % aller Aktiennennbeträge.
   Erklären Sie, warum ihr damit Einfluss auf die Geschäftsführung des Vorstands möglich ist.
5. Die Satzung der MediTec AG sieht vor, dass der Vorstand aus einer Person besteht. Dr. Spiegel ist zum alleinigen Vorstand gewählt worden. Er kauft eine Großrechenanlage auf Rechnung der AG.

a) Prüfen Sie, ob der Vertrag für die Messtechnik AG bindend ist.
b) Prüfen Sie, ob die Hauptaktionärin Schulz zur Zahlung gezwungen werden kann, wenn der Verkäufer bei der Aktiengesellschaft vergeblich versucht hat, das Geld einzutreiben.

Aufgabe 2 AG: Firma – Entstehung – Stückaktien – Nennbetragsaktien – Aufsichtsrat

Zur Erschließung und Verwertung eines ehemaligen Militärgeländes wurde am 19.06.20.. (Abschluss des Gesellschaftsvertrages) die Lahrer Technopark AG gegründet und mit einem Grundkapital von 120 Mio. EUR am 16.10.20.. ins Handelsregister eingetragen. Das Grundkapital wurde auf 6 Mio. Stückaktien aufgeteilt. Am Grundkapital der AG sind die Schwarzwald-Bank AG mit 65 Mio. EUR und die Regionalentwicklung Baden GmbH mit 47 Mio. EUR beteiligt. Der Rest der Aktien wurde von den Initiatoren Lotta und Richard Kenner zu gleichen Teilen übernommen.

? HILFE vel.plus/BHBILIA33

1. Begründen Sie, zu welchem Zeitpunkt (genaues Datum) die Aktiengesellschaft als juristische Person entstanden ist.
2. Weisen Sie rechnerisch nach,
   a) welcher fiktive Nennwert auf eine Stückaktie entfällt.
   b) wie viele Aktien der AG Lotta Kenner besitzt.
3. Lotta und Richard Kenner wollten zunächst durchsetzen, dass ihr Familienname in der Firma der AG erscheint. (HGB § 18, 30)
   a) Beschreiben Sie, unter welcher Voraussetzung dies betriebswirtschaftlich sinnvoll gewesen wäre.
   b) Weisen Sie anhand der Firmierungsvorschriften nach, dass die im Sachverhalt angegebene Firma den gesetzlichen Anforderungen entspricht.
4. Der erste Aufsichtsrat hat Lotta und Richard Kenner zu Vorständen der Lahrer Technopark AG bestellt. Lotta Kenner hat an das Tiefbauunternehmen Rheingrund GmbH einen Auftrag über die Geländeplanierung für eine Industriehalle vergeben. Der Vertrag wurde von Lotta Kenner und dem Geschäftsführer der Rheingrund GmbH unterzeichnet.
   Begründen Sie, unter welchen Voraussetzungen der Vertrag für die Lahrer Technopark AG bindend ist.
5. Vor Ablauf der Amtszeit des ersten Aufsichtsrates werden die Gründungsaktionäre der Lahrer Technopark AG vom Vorstand zur Hauptversammlung eingeladen. Es ist ein neuer Aufsichtsrat zu wählen. Die Gesellschaft beschäftigt derzeit 310 Mitarbeiterinnen und 280 Mitarbeiter. Die geschlechtsspezifische Personalstruktur soll im Aufsichtsrat berücksichtigt werden.
   a) Machen Sie einen begründeten Vorschlag für die Größe und die anteilsmäßige Zusammensetzung des zu wählenden Aufsichtsrates.
   b) Ina Grasova, Vorständin der Schwarzwald-Bank AG, will sich in den neuen Aufsichtsrat wählen lassen. Beschreiben Sie die Absicht, die Grasova mit dieser Wahl verbindet, und prüfen Sie deren rechtliche Zulässigkeit.

Aufgabe 3 AG: Mitbestimmung der Arbeitnehmer im Aufsichtsrat

Die Süddeutsche Maschinenbau AG (SÜMAG) (1 800 Beschäftigte) mit Sitz in Mannheim hat die Verpackungsmaschinen GmbH Duisburg, die bisher in reinem Familienbesitz war, gekauft und als Zweigwerk eingegliedert. Dadurch besteht die Verpackungsmaschinen GmbH als Unternehmen mit eigener Rechtspersönlichkeit nicht mehr. Kurze Zeit nach der Übernahme hat der Vorstand der SÜMAG beschlossen, die Fertigstellung der Spezialmaschinen zur Verpackung von Schokolade und Kaugummi von Duisburg nach Mannheim zu verlegen. Davon betroffen sind 120 der insgesamt 600 Arbeitnehmer der ehemaligen Verpackungsmaschinen GmbH.

? HILFE vel.plus/BHBILIA34

1. Stellen Sie fest, welche Mitbestimmungsregelungen für die SÜMAG und die Verpackungsmaschinen GmbH jeweils vor der Zusammenlegung galten.
2. Prüfen Sie, ob die Arbeitnehmervertreter im Aufsichtsrat der Verpackungsmaschinen GmbH die Übernahme hätten verhindern können.
3. Nach dem Zusammenschluss der Verpackungsmaschinen GmbH mit der SÜMAG sind die Belegschaftsmitglieder der ehemaligen GmbH jetzt Arbeitnehmer der Süddeutschen Maschinenbau AG mit insgesamt 2 400 Beschäftigten.
   Stellen Sie dar, wie sich durch den Zusammenschluss die Möglichkeiten der Mitbestimmung für die Belegschaftsmitglieder geändert haben, die vor dem Zusammenschluss
   a) Arbeitnehmer der Verpackungsmaschinen GmbH waren.
   b) Arbeitnehmer der SÜMAG waren.

Aufgabe 4 AG: Aktienarten – Rechtsfragen

? HILFE
vel.plus/BHBILIA35

An der Datex GmbH sind die Geschwister Karla Stancic und Fritz Benz sowie Eren Kars als Gesellschafter beteiligt. Da die Geschäftsentwicklung in den vergangenen Jahren einen günstigen Verlauf genommen hat, beabsichtigen die Gesellschafter, die GmbH in eine AG umzuwandeln.

Das Grundkapital soll in

- Inhaberaktien (90 000 Stück, Nennwert je 50 EUR) und
- vinkulierte Namensaktien (3 200 Stück, Nennwert je 500 EUR)

zerlegt werden.

Die Geschwister Karla Stancic und Fritz Benz sowie Eren Kars wollen nur die vinkulierten Namensaktien selbst übernehmen. Der Rest soll von den mit der Aktienausgabe beauftragten Banken (= Bankenkonsortium) übernommen werden. Der Ausgabekurs für die Inhaberaktien wird auf 55 EUR pro Aktie (Nennwert 50 EUR) festgesetzt. Die vinkulierten Namensaktien werden zum Nennwert übernommen.

1. Beschreiben Sie, was unter vinkulierten Namensaktien zu verstehen ist.
   Legen Sie dar, welchen Zweck die Gründer mit der Übernahme derartiger Aktien im vorliegenden Fall verfolgen könnten.
2. Prüfen Sie, welchen Einfluss die drei Gründer mit der Übernahme der 3 200 Aktien auf Entscheidungen in der Hauptversammlung haben.
3. Berechnen Sie die Höhe des gesamten Agios und des gesamten Eigenkapitals der neuen AG.
4. Der Wert des eingebrachten Unternehmens, der den Gründern auf das insgesamt aufzubringende Eigenkapital der AG angerechnet wird, wird mit 450.000 EUR angesetzt.
   Ermitteln Sie für diesen Fall die Höhe der Mindesteinzahlung für die vinkulierten Namensaktien.
5. Im Vorfeld hatte der Mitgründer Eren Kars als Alternative vorgeschlagen, für die 3 200 vinkulierten Namensaktien lediglich einen Nennwert von je 450 EUR festzusetzen und die Aktien mit einem Agio von 50 EUR je Aktie als Ausgleich für die Beteiligung an den stillen Rücklagen zu übernehmen. Er begründet dies damit, dass sich dadurch die Höhe des von den drei Gründern aufzubringenden Eigenkapitals nicht ändere und möglicherweise die Mindesteinzahlung (vgl. 4.) geringer sei.
   a) Prüfen Sie, ob die Behauptung von Kars zutrifft, dass sich die Höhe des von den drei Gründern aufzubringenden Eigenkapitals nicht ändert.
   b) Ermitteln Sie, wie hoch in diesem Fall unter sonst gleichen Bedingungen wie bei 4. die Mindesteinzahlung für die vinkulierten Namensaktion hätte sein müssen.
   c) Beurteilen Sie unter Berücksichtigung der Mindesteinzahlung und der vom Anteil am Grundkapital abhängigen Aktionärsrechte folgende Frage: Ist für Gründer einer AG die Übernahme von Aktien mit niedrigerem Nennwert und Agio im Vergleich zur Übernahme von Aktien mit höherem Nennwert und ohne Agio sinnvoll?
6. Nachdem alle Gründungsprobleme ausgeräumt worden sind und die AG ins Handelsregister eingetragen wurde, kauft das Vorstandsmitglied Stancic (alleinige Vorständin) eine Spezialmaschine für 1,2 Mio. EUR. Der Aufsichtsrat ist gegen diesen Kauf. Begründen Sie, ob der Kaufvertrag für die AG bindend ist.
7. Nach Ablauf des ersten Geschäftsjahres findet die Hauptversammlung statt. Eren Kars besitzt 2 000 Stück der vinkulierten Namensaktien. Bei der Hauptversammlung sind 80 % des Grundkapitals vertreten.
   Prüfen Sie mit einem rechnerischen Nachweis, ob Eren Kars die Entlastung von Vorstand und Aufsichtsrat verhindern kann.

6 Europäische Aktiengesellschaft (SE)

Kompetenzen:

- *die Gründe für die Umwandlung einer bestehenden Aktiengesellschaft in eine Societas Europaea diskutieren*

6.1 Rechtsgrundlagen

© 12ee12 – stock.adobe.com

Die **Europäische Aktiengesellschaft (SE)**[1] ist eine Rechtsform für Unternehmen, die in verschiedenen Mitgliedstaaten der Europäischen Union tätig sind oder tätig werden wollen. Sie ist eine **juristische Person** und führt den Rechtsformzusatz **„SE"**. Als Rechtsform europäischen Rechts hat die Europäische Aktiengesellschaft verschiedene Rechtsgrundlagen, nämlich sowohl im EU-Recht als auch im nationalen Recht. Zunächst gelten vorrangig EU-Verordnungen. Diese werden ergänzt durch nationale Gesetze. In Deutschland gilt das Gesetz zur Einführung der Europäischen Aktiengesellschaft mit dem Ausführungsgesetz (SEAG) und dem Beteiligungsgesetz für Arbeitnehmer einer Europäischen Gesellschaft (SEBG). Daneben bleiben auf alle nicht ausdrücklich geregelten Situationen die allgemeinen Vorschriften des Aktiengesetzbuches (AktG) und des Handelsgesetzbuches (HGB) anwendbar. Art. 1 (3) SE-VO

Die Europäische Aktiengesellschaft (SE, Europa-AG) ist eine juristische Person und führt den Rechtsformzusatz SE.

6.2 Gründung

Eine SE kann im gesamten Gebiet der Europäischen Union gegründet werden. Anders als eine nationale AG kann eine Gründung aber nicht von natürlichen Personen, sondern nur von **Handelsgesellschaften** erfolgen. Gründer können damit z. B. nur Aktiengesellschaften, bereits bestehende SEs und sonstige Handelsgesellschaften sein, falls diese ihren satzungsmäßigen Sitz und ihre Hauptverwaltung in der EU haben. Die Gründung einer SE ermöglicht den **Zugang zu neuen Märkten innerhalb der EU**, ohne entsprechende ausländische Tochtergesellschaften gründen zu müssen. Darüber hinaus ist es möglich, den **Unternehmenssitz** in ein anderes EU-Land zu verlegen, ohne dass eine Änderung der juristischen Person erforderlich ist. Beide Aspekte können rechtliche und steuerliche Vorteile sowie Erleichterungen bei der Gewinnverteilung bieten.[2] Art. 1 (2) SE-VO

1 SE: Societas Europea [lat.]: Europäische Aktiengesellschaft. Die Europäische Aktiengesellschaft (SE) wird häufig auch als „Europa AG" bezeichnet.

2 Vertiefende Inhalte zum Thema Standortwahl siehe Lernbereich B, Kapitel 2.

Art. 2 (2) SE-VO

Es gibt verschiedene Möglichkeiten, eine SE zu gründen. Häufig erfolgt die Gründung einer Europa AG durch **Verschmelzung** zweier Aktiengesellschaften, durch **Umwandlung** einer nationalen Aktiengesellschaft in eine SE oder durch die Gründung einer **Holding**.

Art. 4 (2) SE-VO

Das gezeichnete Kapital einer SE muss mindestens **120.000 EUR** betragen. Wie auch bei der nationalen AG ist es in Aktien zerlegt. Eine persönliche Haftung der Aktionäre ist ausgeschlossen.

> **! Das gezeichnete Kapital einer SE beträgt mindestens 120.000 EUR. Die Aktionäre haften nicht persönlich.**

Art. 12 SE-VO

Die SE wird in das Handelsregister des Mitgliedstaates eingetragen, in dem sie ihren satzungsmäßig bestimmten Sitz hat. Neben der Veröffentlichung im Bundesanzeiger ist im Hinblick auf die Eintragung der SE zusätzlich eine Veröffentlichung im Amtsblatt der Europäischen Gemeinschaft erforderlich.

6.3 Organe

Beschließendes Organ ist die **Hauptversammlung der Aktionäre**. Diese entspricht der Hauptversammlung bei der nationalen AG.

Für die Ausgestaltung des Leitungs- und Kontrollorgans gibt es zwei Möglichkeiten:

Art. 39 SE-VO

❶ **Dualistisches System**
Wie bei der nationalen AG wird die Leitung vom Vorstand und die Kontrolle vom Aufsichtsrat übernommen.

Art. 38 SE-VO

❷ **Monistisches System**
Das monistische System der SE hat im geltenden Aktienrecht keine Entsprechung und wird deshalb im SEAG[1] ausführlich geregelt. Zentrales Leitungsorgan ist der **Verwaltungsrat**. Dieser leitet die Gesellschaft und bestimmt die Grundlinien ihrer Tätigkeit und überwacht deren Umsetzung. Der Verwaltungsrat ist demnach **Geschäftsführungs- und Überwachungsorgan in einem**. Dieser Doppelfunktion entsprechend hat er grundsätzlich alle Rechte und Pflichten, die bei der AG sonst Vorstand und Aufsichtsrat haben, sofern vertraglich keine abweichenden Regelungen getroffen wurden.

> **! Das Leitungs- und Kontrollorgan kann nach dem dualistischen oder monistischen System ausgestaltet werden.**

Art. 40 SE-VO

Die Leitungsbefugnis des Verwaltungsrates ist allerdings auf die **Grundlinien der Geschäftstätigkeit** beschränkt. Das Tagesgeschäft ist einem gesonderten Gremium, den **geschäftsführenden Direktoren**, zugewiesen. Der Verwaltungsrat ist verpflichtet, mindestens einen geschäftsführenden Direktor zu bestellen. Das Gesetz lässt offen, wie die Zuständigkeit für die Grundlinien der Geschäftspolitik von der Zuständigkeit für das Tagesgeschäft abgegrenzt wird. Insoweit besteht Gestaltungsspielraum. Die geschäftsführenden Direktoren können aus dem Kreis der Mitglieder des Verwaltungsrates oder von außen bestellt werden. Die geschäftsführenden Direktoren sind im Handelsregister einzutragen.

1 SEAG (SE-Ausführungsgesetz): Gesetz über das Statut der Europäischen Gesellschaft (SE)

6.4 Mitbestimmung der Arbeitnehmer

Im Hinblick auf die Mitbestimmungsrechte der Arbeitnehmer treten bei der Gründung einer SE regelmäßig dann besondere Probleme auf, wenn sich Unternehmen aus unterschiedlichen Mitgliedstaaten mit unterschiedlichen Beteiligungsrechten zu einer SE zusammenschließen. Für diesen Fall gelten die folgenden Regelungen, wie sie in der von der EU verabschiedeten **„SE-Beteiligungsrichtlinie"** vorgesehen sind:

> Wird eine SE aus Unternehmen gebildet, die aus Ländern ohne Mitbestimmungsregeln in Aufsichts- oder Kontrollorganen stammt, so muss die SE keine Mitbestimmung einführen. Ist jedoch an der Gründung der SE ein Unternehmen beteiligt, das einer Mitbestimmungsregelung unterlag, so ist auch in der neuen SE eine Mitbestimmung einzuführen. Die Ausgestaltung der Mitbestimmung muss in Verhandlungen zwischen Arbeitnehmern und der Unternehmensleitung erfolgen, welche vor der Gründung der SE stattfinden. Wird dabei keine Einigung erzielt, so werden die in der Beteiligungsrichtlinie standardmäßig vorgesehenen Mitbestimmungsrechte („Standardanforderungen") wirksam.

Bei der Gründung einer SE kann zwischen der Unternehmensleitung und Arbeitnehmervertretern eine **Beteiligungsvereinbarung** über die Mitbestimmung abgeschlossen werden.

Die vereinbarte Mitbestimmung bleibt dann auf unbestimmte Zeit erhalten, auch wenn im deutschen Recht festgelegte Schwellenwerte der Arbeitnehmeranzahl überschritten werden. Zu bekannten deutschen Unternehmen, die ihre Rechtsform zu einer SE geändert haben, gehören die Allianz SE und die BASF SE. Beide Unternehmen haben bei der Zusammensetzung des Aufsichtsrates das Paritätsprinzip beibehalten.

> **!** **Ob Mitbestimmungsregeln bei Gründung einer SE eingehalten werden müssen, hängt von einer möglichen Beteiligungsvereinbarung und von den Regeln ab, die in den Heimatländern der Unternehmen gelten, aus denen die SE hervorgeht.**

6.5 Image

In Zeiten von Globalisierung und Internationalisierung der Geschäftsbeziehungen bietet sich durch die Wahl der Rechtsform einer SE die Möglichkeit, die **internationale** bzw. **europäische Ausrichtung** eines Unternehmens zu betonen (**supranationales Image**).

Für ausländische Investoren kann eine SE attraktiver sein, da das monistische System ohne strikte Trennung von Leitung und Kontrolle international bekannter ist.

6.6 Vor- und Nachteile einer SE

Vorteile

- **Vereinfachung** der Gesellschaftsstruktur: Waren bisher in jedem Land Tochtergesellschaften z. B. für den Vertrieb notwendig, genügt nun eine SE, die den Vertrieb für ganz Europa abwickeln kann. Dadurch können Verwaltungskosten eingespart werden.
- Möglichkeit der **grenzüberschreitenden Verlegung** des Sitzes der SE, ohne dass eine Auflösung der SE oder Gründung einer neuen juristischen Person erforderlich wird

- Möglichkeit einer **grenzüberschreitenden Fusion (Zusammenschluss)** von Aktiengesellschaften
- Die Firmierung als SE bringt **Internationalität** zum Ausdruck und kann so als eine Art Marke eingesetzt werden.
- Bei der Gründung kann zwischen dem **zweigliedrigen** (dualistischen) System aus Aufsichtsrat und Vorstand und dem **eingliedrigen** (monistischen) System bestehend aus einem Verwaltungsrat gewählt werden.
- Die **Mitbestimmung** der Arbeitnehmer ist „verhandelbar".

Nachteile

Aufg. 1
S. 85

- Aufgrund des **deutschen Mitbestimmungsrechts** sind deutsche Unternehmen für ausländische Unternehmen für eine gemeinsame Gründung einer SE weitgehend uninteressant.
- Trotz der Bezeichnung Europa-AG (SE AG) gibt es **keine einheitliche Rechtsform** für alle Mitgliedstaaten, da das nationale Recht immer noch großen Einfluss auf die Ausgestaltung der SE hat.
- Die Höhe des erforderlichen gezeichneten Kapitals (120.000 EUR) wirkt eher hinderlich.

Zusammenfassende Übersicht zu Kapitel 6: Europäische Aktiengesellschaft (SE)

SE = Europäische Aktiengesellschaft mit eigener Rechtspersönlichkeit (= juristische Person)
Art. 1 (3) SE-VO

↓

Gründung: nur von Handelsgesellschaften möglich Art. 1 (2) SE-VO (Möglichkeiten: Verschmelzung, Umwandlung, Holding u. a.); **Eintragung:** Handelsregister des Mitgliedstaates, in die SE ihren Sitz hat; Unternehmenssitz innerhalb der EU beliebig verlegbar

↓

Gezeichnetes Kapital: mindestens 120.000 EUR, Art. 4 (2) SE-VO

Organe:

1. Beschließendes Organ: Hauptversammlung der Aktionäre
2. Leitungsorgan – kontrollierendes Organ SE-VO Art. 38 ff.
   - → Dualistisches System: Vorstand und Aufsichtsrat (wie nationale AG
   - → Monistisches System: Verwaltungsrat leitet und überwacht

Bestandteile des Jahresabschlusses: Bilanz, Gewinn- und Verlustrechnung, Anhang, Bericht zum Geschäftsverlauf und der Lage der Gesellschaft

Mitbestimmung der Arbeitnehmer:
- nicht zwingend, wenn SE ihren Sitz in einem Land ohne Mitbestimmungsregeln hat
- andernfalls: Regeln der Heimatländer gelten; Ausgestaltung der Mitbestimmung aufgrund von Verhandlungen mit den Arbeitnehmern vor der Gründung (Beteiligungsvereinbarung)

Image:
- Betonung der internationalen bzw. europäischen Ausrichtung
- möglicherweise höhere Akzeptanz bei ausländischen Investoren

Checken Sie Ihre Kompetenz mit der Ich-kann-Liste.

Öffnen Sie hierzu den nebenstehenden **QR-Code**
oder geben Sie folgenden Link ein: https://vel.plus/BHBILIA36

WIEDERHOLUNG DES GRUNDWISSENS

vel.plus/BHBILIA37

zu Kapitel 6 Europäische Aktiengesellschaft (SE)

1. Beschreiben Sie, was unter einer Europäischen Aktiengesellschaft (SE) zu verstehen ist.
2. Nennen Sie drei Möglichkeiten, eine Europäischen Aktiengesellschaft (SE) zu gründen und beschreiben Sie, wer Gründer sein kann.
3. Geben Sie an, wie hoch das zur Gründung erforderliche gezeichnete Kapital einer Europäischen Aktiengesellschaft (SE) mindestens sein muss.
4. Nennen Sie die Organe einer Europäischen Aktiengesellschaft (SE).
5. Unterscheiden Sie das dualistische und das monistische System.
6. Beschreiben Sie die Regelungen, die für die Mitbestimmung der Arbeitnehmer bei einer Europäischen Aktiengesellschaft (SE) gelten.
7. Beschreiben Sie, welches Image mit einer Europäischen Aktiengesellschaft (SE) verbunden werden kann.
8. Nennen Sie einige Vor- und Nachteile einer Europäischen Aktiengesellschaft (SE).

ANWENDUNGS- UND ÜBUNGSAUFGABEN

zu Kapitel 6 Europäische Aktiengesellschaft (SE)

Aufgabe 1 SE: Gründung – Mitbestimmung – Image

HILFE vel.plus/BHBILIA38

Die Effective Sports Wear AG aus Aalen ist ein Hersteller nachhaltig produzierter Sport-Funktionsbekleidung. Das Unternehmen mit einem Grundkapital von 1 Mio. EUR beschäftigt aktuell 480 Mitarbeiter. Fast der gesamte Umsatz in Höhe von zuletzt 220 Mio. EUR wird in Deutschland erzielt.

Aufgrund des sich auch in der Sportkleidungs-Branche zunehmend verstärkenden Trends zu Nachhaltigkeit erwartet die Effective Sports Wear AG ein anhaltendes Wachstum. Daher möchte das Unternehmen sowohl seine Produktionskapazitäten als auch seinen Vertrieb europaweit ausbauen. Dazu sind zusätzliche finanzielle Mittel und die Einstellung von neuen Mitarbeitern erforderlich. Die Effective Sports Wear AG überlegt im Zusammenhang mit dem geplanten Unternehmenswachstum eine SE zu gründen.

1. Prüfen Sie, ob die Effective Sports Wear AG eine SE gründen kann.
2. Diskutieren Sie, warum sich die Effective Sports Wear AG zur Gründung einer SE entschlossen haben könnte.

Learning area B

Significance of multinational companies

1 Motives for going abroad

Competences:

- *analysing companies' motives for going abroad*

1.1 Resource seeking factors
1.2 Efficiency seeking factors
1.3 Market seeking factors

There are several reasons for a company to stretch beyond the borders of its home country and start operating abroad.

© Koya979 – stock.adobe.com

A multinational company (MNC) is defined as an enterprise that operates in more than one country.[1] Operations range from exporting to producing abroad.

General Electric as a multinational company

General Electric (GE) is one of the largest companies in the world employing over 300,000 people. It is active in many different industries including energy, aviation and health technology. More than 200,000 of its staff work in countries other than its home country, the United States. GE has more capital assets abroad and generates higher turnover abroad than in its home country.

© OceanProd – stock.adobe.com

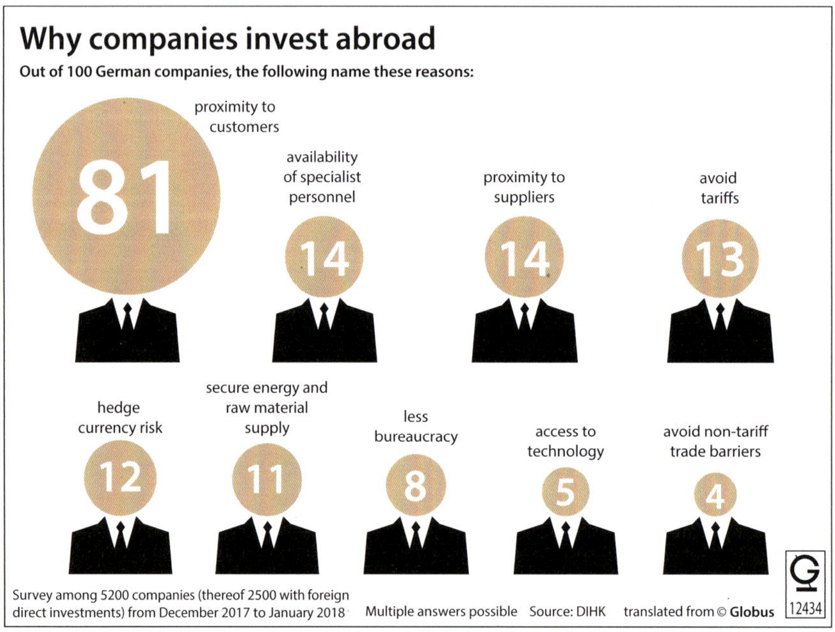

1 There are many different definitions of an MNC. In this book, a very broad one is used.

The motives for going abroad can be categorised as follows. However, in practice, they often overlap.

1.1 Resource seeking factors

Task 1 p. 91

Resources in a broad sense include raw materials, production capital, and access to financial capital but also human resources and know-how.

Some **raw materials** are only available in certain regions of the world. A company going to a different country for this reason secures access to specific raw materials and may also profit from lower costs. Examples are oil, cobalt and lithium.

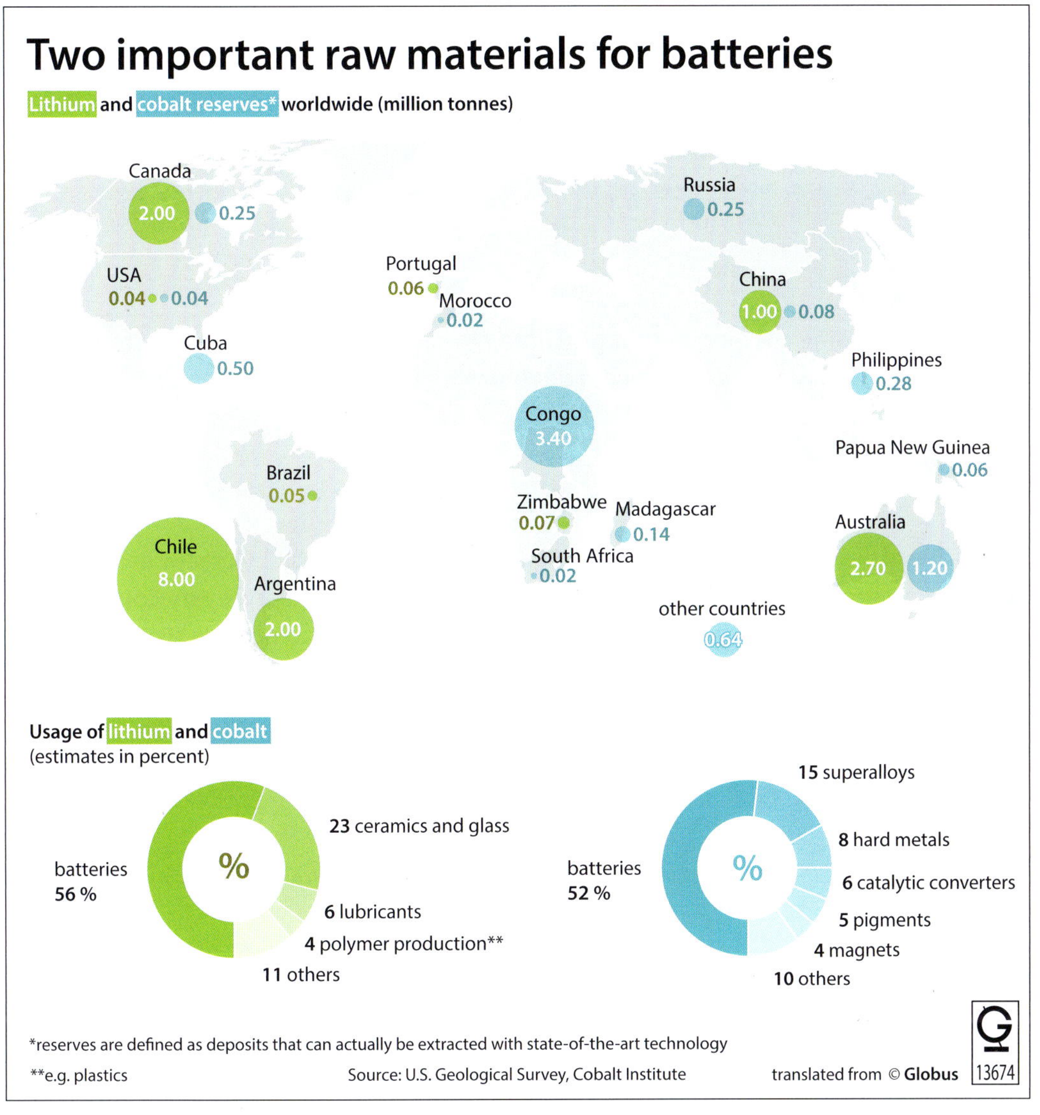

Other companies produce abroad to profit from **lower wages**.

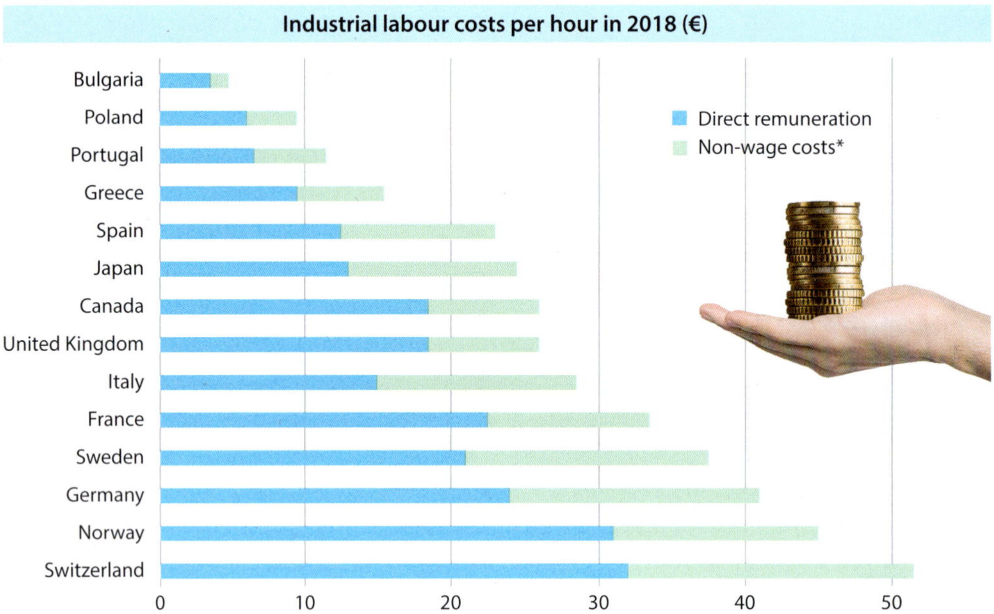

Own chart based on data from IW-Trends
http://dl.iwkoeln.de/index.php/s/rDFYE2s5Z9fHJ4y

* including social insurance contributions

There are also some companies that go abroad to **recruit experts** and profit from cluster advantages. This way, they can transfer **know-how** to their home country.

1.2 Efficiency seeking factors[1]

International division of labour leads to a more efficient production by means of **specialisation**. This argument by David Ricardo is over 200 years old. In theory, every country has a **comparative cost advantage** in the production of some goods. Companies that divide their work efficiently among plants in different countries can profit from a **reduction in costs**.

Another way to reduce costs is to make use of **economies of scale**. Internationalisation is one way to increase the production volume. As a result, fixed cost per unit decreases, leading to lower unit cost.

> ! **Economies of scale are cost savings resulting from large-scale production and purchasing of input factors in bulk.**

Economies of scope are cost advantages when *different* goods are produced, for example because the same inputs are used or because a by-product can be sold as well. Moreover, the company's resources (e.g. distribution channels, brand name, know-how) may be used for a different product with only little extra costs.

1 also known as "production-oriented factors" or "cost/benefit-oriented factors"

Economies of scope with cracking

Crackers are large chemical plants, which are used to process mineral oil. In one process, raw materials for plastics, coatings, dissolvers and pesticides are produced simultaneously. Producing them separately would be far more expensive.
A company that produces all these chemical products profits from significant economies of scope.

Another factor is **risk spreading**. Relying on just one market is dangerous, e.g. if a recession occurs. Internationalisation reduces this risk.

Guess: Strong abroad

The American clothing manufacturer Guess has suffered from falling revenues in its home market in recent years. However, there was substantial growth in both Europe and Asia. As a result, overall turnover was stable and it managed to stay profitable.

Using **tax benefits** in foreign countries is another reason for internationalisation. Countries are increasingly competing to attract foreign investment. The result is good for the companies but bad for the host country's budget. The 'race to the bottom' leaves it with severely reduced tax revenue.

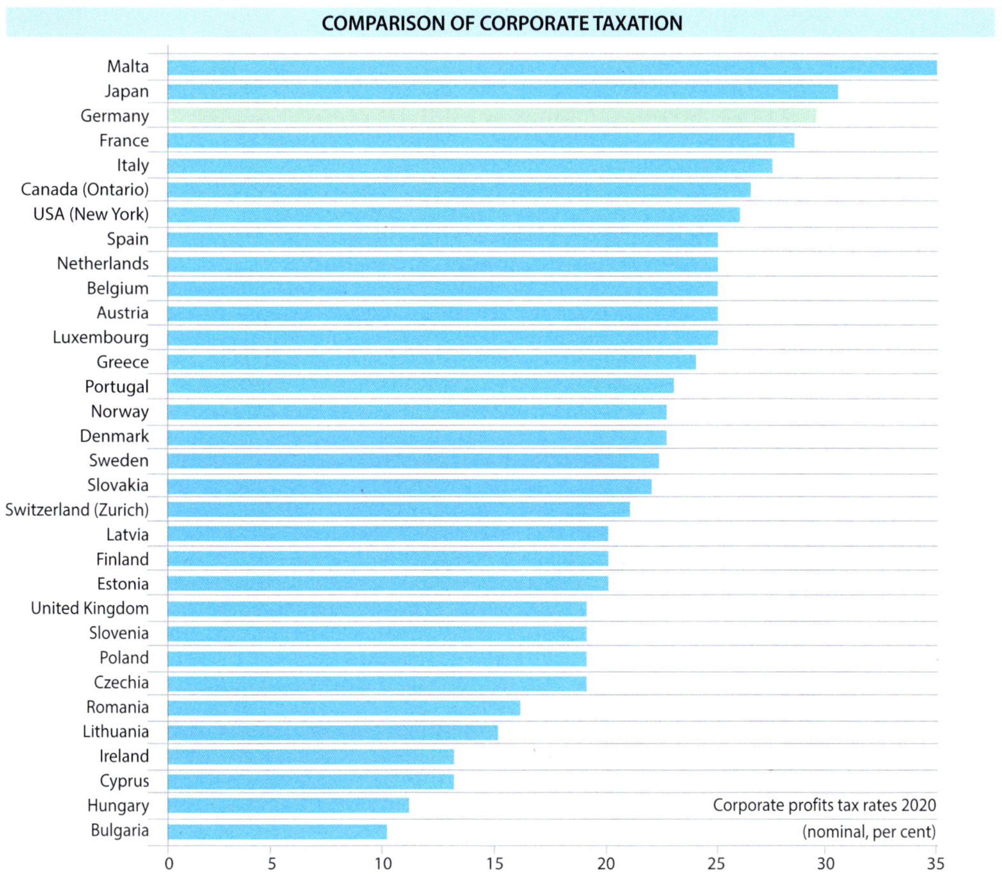

Own chart based on data from Federal Central Tax Office (Bundeszentralamt für Steuern) https://www.bundesfinanzministerium.de/Content/DE/Downloads/Broschueren_Bestellservice/2021-06-21-die-wichtigsten-steuern-im-internationalen-vergleich-2020.pdf?__blob=publicationFile&v=9

All these factors may increase a company's **competitiveness**.

1.3 Market seeking factors

These factors are about strengthening a company's market position. Two key factors are market presence and securing or expanding the company's **market share**. Moreover, it may be attractive to enter markets with **less competition** and/or **higher growth**.

> ! **Some companies *have to* go international. These motives are called 'reactive'. Others *want to* go international. Their motives are called 'proactive'.**

The home markets of large western companies are mostly **saturated**. Shrinking markets lead to **overcapacity**. In the short run, these companies have high **stock levels**. Here, companies can only grow by driving competitors out of the market. Alternatively, they may look for **new markets** that are less saturated or have less competition. **Reactive** internationalisation is the solution for companies that still want to grow instead of scaling down.

Proactive internationalisation is all about seizing **competitive advantages**. A company may have a **unique selling proposition** (USP), e.g. the most innovative technology, a well-known brand name or the fastest delivery. Companies with a competitive advantage may want to profit from it worldwide.

> ! **The unique selling proposition (USP) is the characteristic of a product (or service) that distinguishes it from all other products on the market. It is used as the main argument to persuade customers.**

Some motives can be seen as proactive or reactive. For many companies, **proximity to customers** is a central motive. Some companies *want to* be present all over the world so that they can reach out for new customers in the host countries. Others *have to* follow their customers to foreign countries if they want to stay competitive, e.g. most German automotive suppliers followed suit when VW expanded to China. The main advantages are lower communication and transportation costs and a lot more flexibility.

Some countries protect their own industries using **tariffs** and **non-tariff trade barriers**. These make it expensive for a company to export goods to that country. A possible solution is to start producing in that country.

Block diagram for chapter 1: Motives for going abroad

Resource seeking factors	Efficiency seeking factors	Market seeking factors
▪ access to raw materials (at lower prices) ▪ lower labour cost ▪ know-how transfer ▪ capital ▪ government subsidies	▪ seizing comparative cost advantages ▪ economies of scale and scope ▪ risk spreading ▪ tax benefits ▪ increase in competitiveness ▪ avoiding bureaucracy	▪ access to new markets with higher growth and less competition ▪ escaping a shrinking and saturated home market ▪ seizing a unique selling proposition (USP) ▪ proximity to customers ▪ avoiding tariffs and non-tariff trade barriers

KEY TERMS TRANSLATED

vel.plus/BHBILIB01

competitive advantage	Wettbewerbsvorteil	proximity	Nähe
competitiveness	Wettbewerbsfähigkeit	reactive	defensiv
economies of scale	Größenvorteile	saturated	gesättigt
economies of scope	Verbundvorteile	tariff, duty	Zoll
labour costs	Arbeitskosten	unique selling proposition	Alleinstellungsmerkmal
proactive	offensiv		

Check your competences with a self-assessment list.

Scan the **QR code** or use the following link: vel.plus/BHBILIB02

REVISION OF BASIC KNOWLEDGE

vel.plus/BHBILIB03

for chapter 1 Motives for going abroad

1. Give examples for resource seeking factors.
2. Give examples for efficiency seeking factors.
3. Give examples for market seeking factors.
4. Define the terms "economies of scale" and "economies of scope".
5. Explain the term unique selling proposition (USP) and give an example.
6. Differentiate between reactive and proactive internationalisation.

TASKS FOR APPLICATION AND PRACTICE

for chapter 1 Motives for going abroad

Task 1 Motives for going abroad

Assign the most probable of the following categories to the reasons for internationalisation described below: resource seeking factors, efficiency seeking factors, market seeking factors.

© Evgeny – stock.adobe.com

1. An Australian candy manufacturer opens sales offices in ten European countries. The production facilities outside Sydney will run at full capacity to meet the expected increase in sales volume.
2. A US American sportswear manufacturer moves its production to Southeast Asia.
3. A German pharmaceutical company moves its headquarters from Konstanz to Zurich (Switzerland).
4. A mid-sized German engineering company that makes and sells packaging machines in many EU countries faces declining sales. The management orders a market study for selling machines in Asia and South America.
5. A French car supplier opens a factory in China. Its customers are mainly the Chinese plants of European car manufacturers which the company already serves in Europe.

interest rates influence the cost of capital and therefore the investments a company can make. Exchange rates affect the costs of exporting and importing goods. This is an especially important point for multinational companies, because they exchange goods (raw materials, components and finished products) between their business locations in different countries.

A decisive **economic barrier** that keeps multinational companies from setting up a subsidiary in a particular country is when unit labour costs are too high. High unit labour costs in comparison to other countries mean that the relationship between labour costs and productivity of an economy is unfavourable.

Political factors and barriers

Among the **political factors** are the form of government and political stability of a country and also how its government deals with the economy. Such factors also include a country's tax policy, labour law, environmental legislation and restrictions on imports and exports, such as tariffs. In addition, political factors may include the goods and services offered by the government, which may greatly influence that country's health, education and infrastructure.

Political barriers for investing in a particular country might be government regulations that forbid or restrict foreign direct investment. Some governments, for instance, defend their local companies from being taken over by foreign companies.

Geographical/environmental factors and barriers

The weather, the climate and the natural resources of a country are termed **geographical or environmental factors**. The climate and the shape of a region as well as the availability of water might play an important role in a location decision.

The environmental regulations in a country might form an **environmental barrier** and influence the company's decision for or against a location. In the European Union, for example, manufacturers must buy licenses if they want to emit carbon dioxide into the air. However, there are many countries where companies do not have to pay for a permit to pollute the air.

Cultural factors and barriers

Cultural factors include the values and norms that have developed in a particular country and might affect a business (cf. cultural standards). Examples include whether punctuality and reliability or rather flexibility are valued higher, whether politeness or honesty is seen as more important, as well as the general work ethic.

Cultural barriers might occur if other countries have different values and norms which might have disadvantages for a company. Indeed, cultural diversity within the workforce can result in more ideas, perspectives and especially knowledge of the marketplace in many countries. However, cross-cultural differences might lead to a lack of understanding, serious misunderstandings or even conflicts between employees.

Social factors and barriers

Income distribution, cultural aspects, the growth and health of the population, age distribution, motivation to work and safety are seen as **social factors**. A company is influenced by these factors in many different ways. For example, if the income distribution in a country is very uneven, a company might be able to adapt its reward system in a way that low-skilled workers accept much smaller wages than highly skilled workers. A **social barrier** to investing in a country might be the poor health condition of the workforce.

Technological factors and barriers

The level of technology (for example the degree of automation in manufacturing) or the rate of technological change (measured for example as the number of new patents per year) within a country are termed **technological factors**. They can influence the productivity, product quality and innovativeness of a company. A **technological barrier** for a company might be underdeveloped infrastructure, e.g. if broadband provision is inadequate, there are mobile phone reception blackspots or a lack of IT service providers.

Legal factors and barriers

© Cassidy – stock.adobe.com

The legal system of a country is an obvious **legal factor**. In particular, a company will consider consumer protection legislation or employment legislation (for example antidiscrimination laws). A **legal barrier** can occur if, for example, a country has strong consumer protection laws. A company might then not offer its products there because it is afraid of lawsuits and payment of high compensation. Furthermore, a company is also interested in knowing whether the law is really enforced in a country. If a company is betrayed by a business partner, for example, will the legal system of a country allow the business partner to be sued for damages?

Making a decision for a location

In all areas of analysis, there are hard as well as soft location factors to consider. When looking at economic factors, there are a lot of hard factors such as employee pay, levels of productivity and taxation. However, there is also the factor of business climate, meaning the general mood of businesspeople and their expectations for the future. For a sound decision, managers of multinational companies must perform a cost-benefit analysis that takes into consideration many of the factors mentioned above. After weighing their relative importance, they must finally draw a conclusion where to locate their production site. A **decision matrix** is one way to perform such a cost-benefit analysis.

A decision matrix assumes that disadvantages in one factor can be **compensated** by advantages in a different factor. However, this is not true in every case. Locations that do not fulfil *essential* conditions should be rejected beforehand.

A paper producer's location decision

A paper manufacturer must reject all dry regions early on in its decision-making. The production of paper requires large amounts of water: roughly 400,000 litres per tonne. Even a very well-educated workforce on low wages and a superior infrastructure cannot compensate for a lack of water.

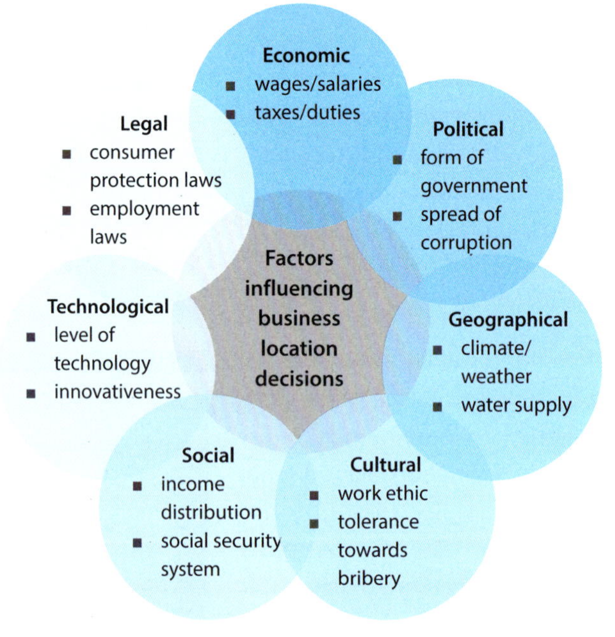

A production site analysis can include economic, political, geographical/environmental, cultural, technological, social and legal factors. A decision matrix is one way to compare the costs and benefits of potential locations.

Block diagram for chapter 2: Choice of location

Location factors

Soft:
not measurable in monetary terms

- qualifications of employees
- work ethic (discipline, flexibility, etc.)
- good labour relations (few strikes)
- regional clusters[1]
- public services (infrastructure, job centres etc.)
- political stability and security
- quality of life (culture, health, environment)
- image of the location

Hard:
measurable in monetary terms

- availability and costs of raw materials and energy
- interest rate
- subsidies and tax rates (VAT, taxes on profits, etc.)
- prices for development land
- transportation costs to the nearest port and airport
- broadband availability and cost
- purchasing power
- labour costs (including benefit costs)

Location factors and barriers to entry

Economic	Political	Geographical/ environmental	Cultural	Social	Technological	Legal

Decision matrix	Weighting (I)	Location A		Location B	
		Rating (R)	WS = I · R	R	WS = I · R
decision criterion 1	weighting of 1	rating of location A in criterion 1	weighted score of location A in criterion 1		
decision criterion 2	weighting of 2	rating of location A in criterion 2	weighted score of location A in criterion 2		
...					
	Total				
	Ranking				

1. Weight the decision criteria according to their relevance to the situation, e.g. in %.
2. Rate each location e.g. from excellent (3) to poor (0) in each criterion.
3. Multiply each location's rating by the weight of the criterion. The result is called the weighted score (WS).
4. Add the weighted scores (WS). Compare total numbers and rank the locations.

KEY TERMS TRANSLATED

vel.plus/BHBILIB04

barriers to entry	Markteintrittsbarrieren	efficiency	Effizienz, Wirkkraft
benefit analysis	Nutzwertanalyse	legal	rechtlich
(to) compensate for	ausgleichen, kompensieren	monetary	finanziell, monetär
corruption, bribery	Bestechung, Korruption	work ethic	Arbeitsmoral
decision matrix	Entscheidungsmatrix, Entscheidungsbewertungstabelle		

1 Clusters are concentrations of companies in a specific industry that profit from each other's presence in a region, e.g. Silicon Valley.

Check your competences with a self-assessment list.

Scan the **QR code** or use the following link: vel.plus/BHBILIB05

vel.plus/BHBILIB06

REVISION OF BASIC KNOWLEDGE

for chapter 2 Choice of location

2.1 Hard and soft location factors

1. Give examples of hard and soft location factors.
2. Differentiate between hard and soft location factors.

2.2 Decision matrix: factors and barriers

1. Name categories of location factors and barriers.
2. Describe three examples of barriers to setting up a site in a foreign country.
3. Describe the steps of using a decision matrix in a location decision.

TASKS FOR APPLICATION AND PRACTICE

for chapter 2 Choice of location

Task 1 Hard vs. soft location factors

Decide if the following location factors can be considered soft or hard and give reasons for your choices.

1. Taxes on profit (trade tax, corporate tax etc.)
2. Percentage of population with a university degree
3. Government regulations concerning the business sector
4. Labour unit cost
5. Non-wage labour costs (such as social security contributions)
6. Political stability
7. Cultural differences between home and host country
8. Internet speed

HILFE vel.plus/BHBILIB07

PDF vel.plus/BHBILIB08

Task 2 Location decision of a battery producer

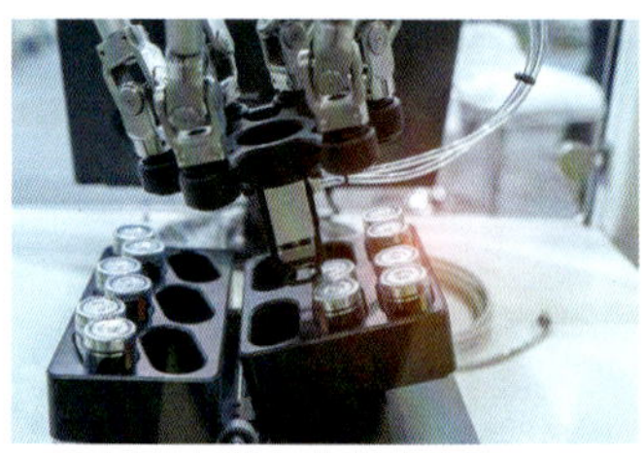

© xiaoliangge – stock.adobe.com

Nilsson SE, a Swedish battery producer, is planning a new production plant. Battery production is highly automated with machines running 24/7. Materials are delivered just-in-time to avoid storage costs for the precious raw materials. In recent years, demand for batteries has increased continuously. Currently, Nilsson SE sells 90% of its batteries within the European Union, with strong growth in Southern Europe. Key customers include manufacturers of household devices and e-bikes. They expect tailored solutions for their specific requirements and immediate troubleshooting if any problems emerge. A small number of Swedish experts will be sent to the new production plant to ensure stable processes and high-quality products.

In Nilsson's decision process, only three possible locations are left: Ontario (Canada), Douro Litoral (Portugal) and Hokkaido (Japan).

1. Use all the charts in chapter B1 as well as the information below to evaluate the different locations. Add two suitable criteria to the decision matrix provided below.
   (Importance (I) with a weighting that adds up to 100; rating (R) with a score of 1 = poor to 10 = excellent)

2. Prepare a short memo where you give reasons for your weighting, the rating of the decisive criteria and the overall decision.
3. Cultural and social barriers are frequently ignored in location decisions. Give examples and explain why they still may matter.
4. Discuss whether the decision matrix is a suitable tool for the choice of location.

According to a study by "Expat Insider", Portugal has the highest quality of life for expats* in the world. Survey respondents especially enjoyed the work-life balance in Portugal and emphasised how much they liked the people, weather, food and Portugal's sights.

Meanwhile, expats working in Japan pointed out that the standard of living was very high in the country. They described the Japanese as very welcoming and Japan's culture as fascinating and unique. However, some did not like Japan's overcrowded cities and the high rents.

High living costs were also a main issue for expats in Canada. But they welcomed the far more affordable healthcare there compared to many other places in the world. Most respondents "felt at home" in the local culture immediately. They also enjoyed the large choice of leisure activities in Canada.

* short for expatriates = professionals working outside their home country (for a couple of years)

Decision criteria	Weighting (I)	Canada		Portugal		Japan	
		Rating (R)	WS = I · R	R	WS = I · R	R	WS = I · R
(1) Quality of life							
(2) Taxes							
(3) Proximity to customers							
(4)							
(5)							
Total	100						
Ranking							

Task 3 Location decision of an online platform

The software company eGovKraft AG provides eGovernment solutions. For the expansion of the company, three possible locations are under consideration: Helsinki (Finland), Seoul (Korea) and Istanbul (Turkey).

The mission of the Hamburg-based company is to "make visiting any government authority obsolete". To achieve this aim, the company collaborates with governments in public-private partnerships to digitise all official processes. One feature of the company 's offering is digital building permits. Architects and home builders can communicate with government authorities on a digital platform and are continuously informed about progress. The success of the product largely depends on the public's trust in eGovKraft's programme and their own government. From the company's experience of entering new markets, it has learned that members of the public avoid eGovernment tools if they do not trust their government. As a result, the services are not used and eGovKraft doesn't receive any new orders.

HILFE
vel.plus/BHBILIB09

To avoid bad publicity, the company has pledged to strictly comply with anti-corruption regulations. The company doesn't need much to start in a new location. A fast, stable internet connection is an absolute necessity, and has already been confirmed for all the locations in question. Locations that couldn't provide the required internet service were rejected beforehand. The most important factor of production is clearly labour. The company requires innovative employees with excellent digital skills.

Evaluate the possible locations systematically using an appropriate tool. Explain your reasoning in a short memo containing information on the most important steps in the evaluation process.

Use the data provided in the Global Competitiveness Report https://www.weforum.org/reports/the-global-competitiveness-report-2020 as a basis.

www
https://www.weforum.org/reports/the-global-competitiveness-report-2020

3 Internationalisation strategies

Competences:

- *describing internationalisation strategies with reference to a specific market situation and product*
- *deciding on an internationalisation strategy depending on a specific situation*

3.1 A classification of internationalisation strategies

Companies doing business across borders often face two types of pressures: On the one hand, some companies might have to **reduce costs** as much as possible to be competitive. For them, it is important to achieve **economies of scale**, i.e. cost advantages of mass production. This is achieved by developing products that can be sold worldwide. In industries like this, there is a need for **globalisation**. Also, they will locate their production processes in the most cost-efficient places around the globe. The activities of these companies in different states are highly integrated with little room for individual solutions.

Other companies, on the other hand, have to be **locally responsive** in order to be competitive. That means they cannot sell the same product worldwide but have to adapt their products to different countries. In such an industry, there is a need for **localisation**. This is the case when **consumer tastes or business practices vary** a lot from country to country. However, adapting products to local tastes takes time and resources.

Local responsiveness of a snack producer

Lay's, a subsidiary of PepsiCo, offers different versions of their snacks in each country. Some flavours like "classic", "barbecue" or "sour cream & onion" are available in most countries. However, the company also offers adapted versions like "spicy lobster" in Thailand, "magic masala" in India, and "Kyushu seaweed" in Taiwan.

! Depending on the industry, companies in international business face high pressures for cost reduction; others face pressures for local responsiveness. Some even face both pressures.

Management researchers Christopher A. Bartlett and Sumantra Ghoshal developed four strategies companies may use to cope with the pressures they face:

1. A company which faces only low pressures for cost reduction and low pressures for local responsiveness will follow an **international strategy**.
2. If pressures for local responsiveness are high while pressures for cost reduction are low, the company will follow a **multidomestic**[1] **strategy**.

---

1 Christopher A. Bartlett and Sumantra Ghoshal, who first introduced this classification, used the term "multinational company". Since, in this book, this term is used in a broader sense, namely to describe companies doing business across borders in general, the term "multidomestic" will be applied for this specific form of a company, because such a company responds to the domestic needs of all the countries it operates in.

3. If the pressures for local responsiveness are low while pressures for cost reduction are high, the company will follow a **global strategy**.
4. If both pressures for cost reduction and local responsiveness are high, the company will follow a **transnational strategy**.

Task 1
p. 105

Four ways of doing business across borders, classified by pressures for cost reduction and local responsiveness

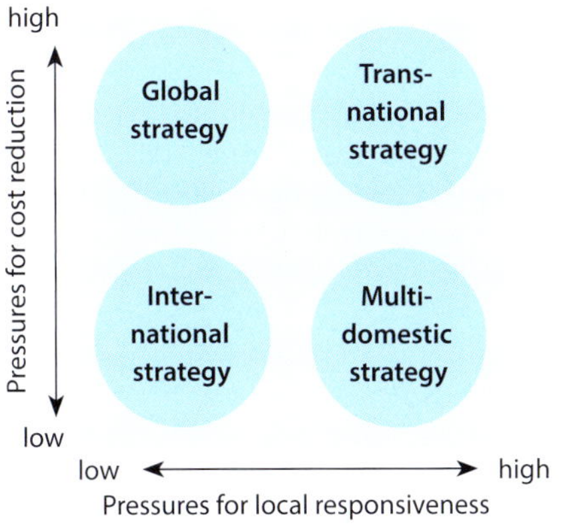

3.2 International strategy

Task 2
p. 106

© anekoho – stock.adobe.com

International companies develop and produce their goods and services mostly in their **home country**. Part of their production is then sold abroad. In other words, they are **exporters**. Major decisions are taken in the headquarters with a focus on the home market. There are no or only slight local adaptions to foreign markets. International companies do not have any subsidiaries abroad, so they do not have a lot of staff, warehouses, or production plants in foreign countries. Sometimes, they set up small sales offices in the countries they supply.

An example of an international company is a small local manufacturer that exports to one or more foreign countries.

> **!** **Companies with low pressures for cost reduction and local responsiveness follow an international strategy. Production and management are based in the home country, so they are exporters without substantial subsidiaries in other countries.**

3.3 Multidomestic strategy

Multidomestic companies are usually big corporations. Like international companies, they sell in foreign markets but with a stronger presence in the local market. They set up **subsidiaries** in a limited number of countries. This can be a production plant or an administrative centre abroad. Subsidiaries take central business decisions independently. The objective is to **adapt to each country** they operate in, so that they are able to successfully respond to local needs and spot trends. Because they do not try to offer standardised products for all countries they operate in, they cannot profit from economies of scale. Sometimes, customers do not even notice, that a firm is a subsidiary of a foreign company because it has adapted so successfully.

Companies with low pressure for cost reduction but high pressures for local responsiveness follow a multidomestic strategy. Their subsidiaries abroad adapt their operations to the local requirements in each country. Therefore, the company's products cannot be fully standardised.

Netflix growing with a multidomestic strategy

Netflix is a streaming platform creating original content that viewers cannot find anywhere else. In recent years, it has come up with a number of productions aimed at local markets to meet the different tastes of audiences in different countries. An example is "Élite", a series originally produced for the Spanish market.

Applying a multidomestic strategy may lead to communication and coordination problems within the company as there is no strong headquarters giving clear directions. However, a multidomestic strategy helps to avoid cultural misunderstandings in target markets. A multidomestic strategy is used for branded goods and food, for example.

3.4 Global strategy

Global companies have **subsidiaries in many countries** but maintain a strong headquarters in their home country. Their focus is on achieving **economies of scale**, and they **standardise their products** as much as the market will allow in order to keep costs low. Their marketing campaigns have the same message all over the world, because their objective is to eliminate differences in local tastes and preferences.

Companies with high pressures for cost reduction but low pressures for local responsiveness follow a global strategy. Their operations are managed mostly by a central headquarters. To achieve mass production and thus economies of scale, they standardise their products in order to be able to sell the same products in many different countries.

Pfizer's global strategy

Pfizer is a global company offering pharmaceutical products like medicines, vaccines and consumer health products. Pfizer produces at 42 manufacturing sites worldwide and sells its products in more than 125 countries without adaptation to local markets.

The large distance between customers and decision-makers is a disadvantage of a global strategy. Therefore, it is often difficult to take local tastes into account. A global strategy works best for standardised products such as consumer electronics, clothing and drinks.

3.5 Transnational strategy

Transnational companies have **subsidiaries in a large number of countries** and face strong pressures for cost reduction as well as for local responsiveness. These companies may have a global headquarters, but they also give decision-making power to various national subsidiaries, and they have specific research and development activities (R&D) for different national markets. Their organisational structure does not follow a traditional hierarchy with a powerful parent company and many dependent subsidiaries. Instead, **all the subsidiaries are seen as independent units** linked together in the form of an **integrated network**. Subsidiaries are encouraged to **specialise** and **learn** from each other. For example, a subsidiary responsible for one national market may take the lead in developing global strategies for the product line which is performing best in its country. Such subsidiaries will then use their capabilities to lead and serve the whole company in their particular fields of expertise.

Transnational companies are often very **complex** and extremely difficult to manage. Still, Bartlett and Ghoshal praise this strategy as the ideal one for multinational companies as it is possible to profit from global cost advantages as well as from local responsiveness and mutual learning processes.

! Companies with both high pressures for cost reduction and high pressures for local responsiveness follow a transnational strategy. Their operations are managed through an integrated network of subsidiaries.

Unilever as a transnational company

The Dutch-British company has grown into one of the world's largest consumer goods manufacturers. It owns brands like Langnese, Axe, Lipton and Knorr. Unilever runs industrial operations in 75 countries and sales offices in almost every country in the world. The company is not organised in a clear hierarchy. Instead, some operations are organised by product groups and others by regions. Although there are head offices in London and Rotterdam, many important decisions are taken on a local level or by managers responsible for a product line. Project teams consist of experts from different subsidiaries working in cross-national and cross-functional teams. The company constantly tries to balance the advantages of centralised control and staying close to local markets. Informal exchanges between managers are supported by the fact that managers are typically assigned to different countries and product lines in the course of their careers. Unilever claims that essentially its common corporate culture holds the company together.

Comparison of Bartlett/Ghoshal internationalisation strategies

	Benefits	**Drawbacks**
International strategy	▪ economies of scale and scope ▪ requires low capital ▪ low risk in foreign investment	▪ high transportation cost ▪ export tariffs ▪ cannot adapt to local markets (product, marketing, etc.) ▪ slow reactions to changes in a specific market

Comparison of Bartlett/Ghoshal internationalisation strategies (continued)		
	Benefits	**Drawbacks**
Multidomestic strategy	▪ adaptations to local markets (product, marketing etc.) ▪ quick reactions to changes in a specific market	▪ low know-how transfer within the company ▪ high production costs ▪ high marketing costs ▪ high risk in foreign investment ▪ requires high capital
Global strategy	▪ economies of scale and scope (e.g. a global brand) ▪ benefits from each location's cost advantages ▪ know-how transfer between subsidiaries and headquarters	▪ cannot adapt to local markets (product, marketing etc.) ▪ slow reactions to changes in a specific market ▪ high transportation cost ▪ export tariffs ▪ high coordination costs ▪ high risk in foreign investment
Transnational strategy	▪ adaptations to local markets possible ▪ economies of scale and scope ▪ benefits from each location's cost advantages ▪ know-how transfer within the company ▪ very flexible	▪ conflicts of objectives ▪ complex decision-making ▪ high coordination costs ▪ high risk in foreign investment ▪ requires high capital

Block diagram for chapter 3: Internationalisation strategies

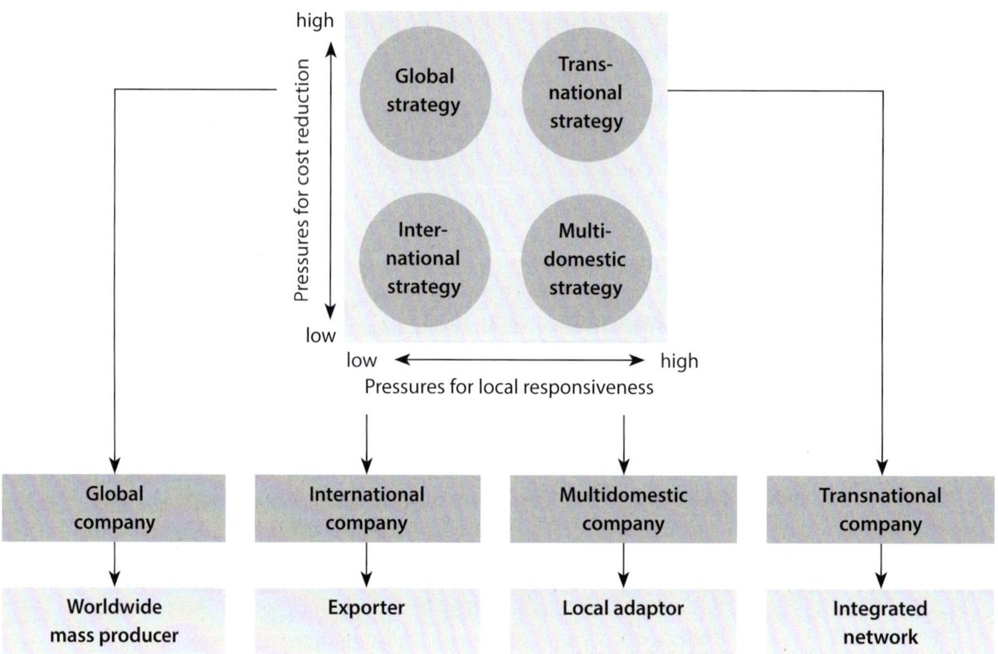

vel.plus/BHBILIB10

KEY TERMS TRANSLATED

(to) adapt	(sich) anpassen	(to) standardise	vereinheitlichen, standardisieren
integrated network	Verbundnetz	subsidiary	Tochtergesellschaft
local responsiveness	Lokalisierungsvorteil bzw. -notwendigkeit, lokale Reaktionsfähigkeit	transnational	länderübergreifend, transnational
multidomestic	länderspezifisch angepasst, multidomestic		

Check your competences with a self-assessment list.

Scan the **QR code** or use the following link: vel.plus/BHBILIB11

REVISION OF BASIC KNOWLEDGE

vel.plus/BHBILIB12

for chapter 3 Internationalisation strategies

3.1 A classification of internationalisation strategies

1. Define the term "local responsiveness" and give an example.
2. Describe how internationalisation may help to reduce costs.

3.2 International strategy

1. Describe where the production and sales of an international company typically takes place.
2. Give an example of an international company.

3.3 Multidomestic strategy

1. Explain why multidomestic companies adapt to each country they operate in.
2. Describe where important decisions are typically taken in a multidomestic company.

3.4 Global strategy

1. Describe where global companies locate their production sites.
2. Explain why global companies standardise products.

3.5 Transnational strategy

1. Describe the characteristics of a transnational company.
2. Name two feasible strategies when a company faces high pressures for local responsiveness.
3. Name two feasible strategies when a company faces high pressures for cost reduction.
4. Match the following descriptions to the four strategies: local adaptor, integrated network, exporter, world-wide mass producer.

TASKS FOR APPLICATION AND PRACTICE

for chapter 3 Internationalisation strategies

Task 1 Pressures for cost reduction and pressures for local responsiveness

HILFE vel.plus/BHBILIB13

1. Draw a grid with the dimensions "pressures for cost reduction" and "pressures for local responsiveness".

2. Place the following businesses into the grid and give reasons for your choice:
   a) Aircraft manufacturer
   b) Producer of aluminium ladders and stairs
   c) Packaged food maker
   d) Car manufacturer
   e) Chemical company
   f) Provider of building services engineering (heating, ventilation, air conditioning etc.)

Task 2 Classification of companies doing business across borders

1. Explain which category (international, multidomestic, global, transnational) is the most suitable in the following cases.
   a) A furniture manufacturer has production sites in many countries. The company produces furniture in small volumes and tries to match local customs and tastes.
   b) The headquarters of an oil company is located in the Netherlands. The oil is produced in different regions of the world. The company sells the same oil products in many countries all over the world.
   c) A mechanical engineering company produces machines for packaging various commodities in Germany. The company sells its products in many countries all over the world. Recently, it opened a sales branch in its most important market: China.
   d) A company that produces noodles in a German town sells its products all over Germany. Wheat and eggs are imported from Poland.
   e) A car manufacturer has many subsidiaries on different continents. The costs of research and development as well as of setting up production plants are very high. In addition, the cars must be adapted to the requirements of many countries. The subsidiaries are closely linked and try to work tightly together.
2. Visit the website of a medium-sized or large company in your region which does business across borders. Argue which category you find most suitable for that company.

Task 3 Internationalisation strategies for an online shop

Ürt SE runs an online shop for herbs and spices. The customer base consists of medium to high-income earners ordering herbs and spices on Ürt's online shop. The company promises delivery within two days. Ürt faces little competition because it is the only specialised online shop in this field and offers an extensive selection of herbs and spices. Herbs for national specialties are its best-sellers. The company is based in Estonia and currently only active on the domestic market. The company is thinking about internationalisation but is unsure, which strategy to take.

1. Propose a strategy for internationalisation across Europe.
2. Give reasons for your choice.
3. Describe how this strategy could be implemented using an example.

4 Types of integration and cooperation

Competences:

- *describing types of cooperation and integration*
- *analysing their suitability for a company*
- *discussing effects of increasing market power of MNCs*

In an increasingly interdependent global economy it's becoming harder for a single company to successfully deal with market research, product development, manufacturing and marketing all on its own. That is why alliances with other companies (even though they might be competitors in the market) are becoming more and more important. This is referred to as **cooperation.**

If a company does not want or is not able to work together with another company, it can also take over other companies in order to acquire their competencies. Taking over of other businesses is referred to as **integration**. Cooperation and integration can take on different directions. There are three different types of them: **vertical**, **horizontal** and **lateral**.

Start developing your competences concerning the topic *types of integration and cooperation* with introductory exercise IE 1.

IE 1
p. 115

4.1 Vertical integration and cooperation

The value chain

A company will achieve vertical growth if it adds more business activities along the value chain of its products. The value chain of a product describes the **sequence of business activities** that must be completed in order to develop, produce and market a product.

Task 1
p. 116
Task 2
p. 116

Example of a simplified value chain for a car

At the **first stage**, raw materials such as iron ore must be obtained. By getting iron ore out of the ground, value is added since it can now be used for production purposes. At the **second stage**, a component supplier buys the iron from the mining company. The supplier transforms the iron into steel and builds components, adding more value to the iron. The supplier then sells the components to the automobile manufacturer at **stage three**, who adds value by assembling a car out of the different components. At **stage four**, the car is sold to car dealers, who add value by distributing the cars to customers. After the sale of the car, activities such as servicing and insurance are the **fifth value-adding stage** of the value chain for cars.

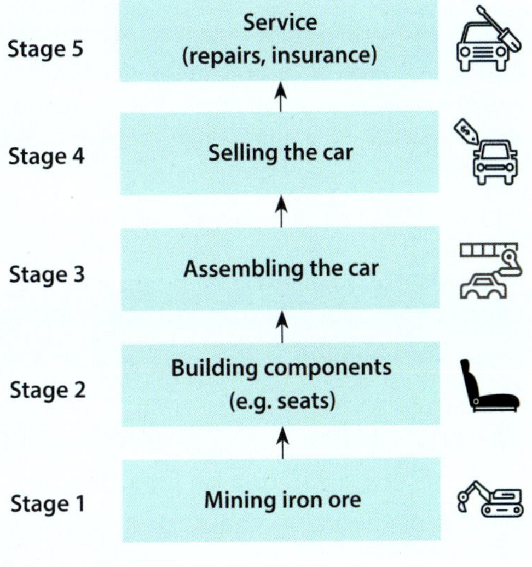

Internalising stages of the value chain

Vertical integration occurs when a company **adds activities from a stage of the value chain** that is either placed **before or after** its own stage. As a result, the company engages in a broader range of business activities than before. It can either buy existing companies along the value chain **(acquisitions)**, or it can set up its own facilities **(greenfield investments)**.

Example of vertical integration in the car industry

A car manufacturer might not be willing to buy seats for the cars from an external supplier anymore. So it sets up production facilities for seats on its own – it integrates the activity of producing the component "seat" into its existing company. Since this kind of integration means moving backward along the value chain, it is called „**vertical backward integration**". In contrast, if a car manufacturing company wants to have its own network of car dealerships rather than sell its cars to independent car dealers, the car manufacturer moves forward along the value chain, towards the customer. Such a move is called „**vertical forward integration**". Each company must decide in what stages of its product's **value chain** it wants to be engaged in.

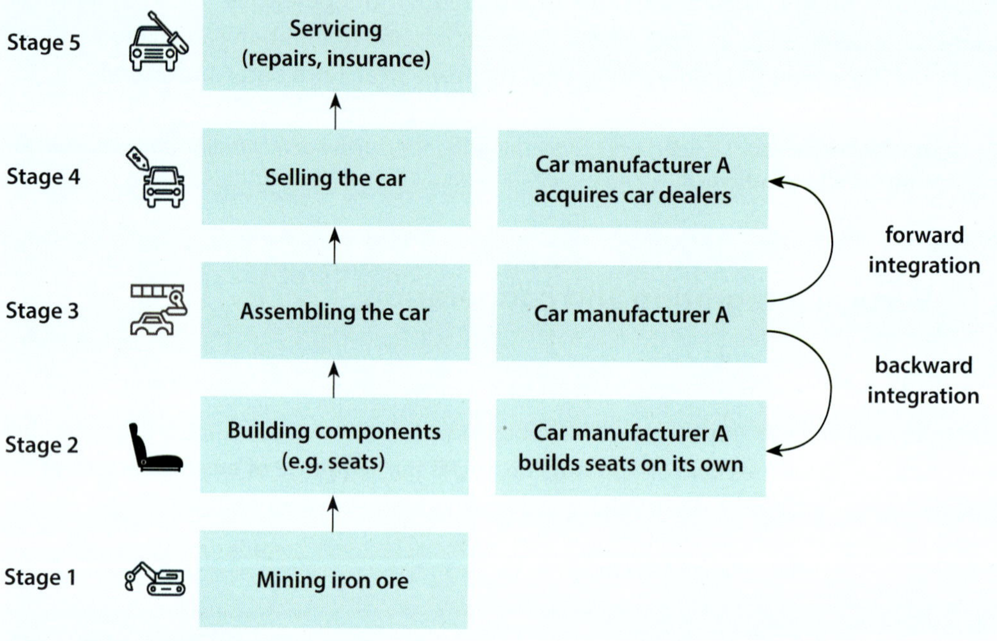

A company's **level of vertical integration** is defined by the number of stages of the value chain which it has integrated into its operations. Many stages of a value chain within a single company mean that the level of vertical integration is high, whereas operations in only a few stages mean that the company's level of vertical integration is low.

A company that wants to achieve a higher degree of vertical integration can decide to **set up its own activities**, which in the example would mean building a factory for car seats. On the other hand, it can also **buy one or more companies** operating at an earlier or later stage of the value chain, which in the example would mean the company buying the seat manufacturer or the car dealerships, respectively.

The opposite move, i.e. reducing the level of vertical integration, is called **outsourcing**.

Since the activities of a value chain can be spread all over the world, achieving a higher degree of vertical integration for a company often means **expanding across borders**. In the example of the value chain for a car, the iron ore mine might be located in China, the component supplier for seats in Japan, the car manufacturer in the USA, and the car dealers in many different countries. The process of vertical integration can thus make companies multinational.

> **Vertical integration occurs when a company enters a stage before (backward integration) or after (forward integration) its position in the value chain. By adding more stages to a company, the level of integration rises.**

Vertical cooperation

A company that operates at a certain stage of the value chain needs input factors that are produced at former stages of the value chain. Often, companies buy these input factors (e.g. intermediate products) in the **factor markets**. In business practice, companies often use a **competitive bidding strategy**; i.e. they gather bids from a number of suppliers and then close a **short-term purchase contract** with the supplier that offered the lowest bid.

Instead of buying the input factors in the market, a company might decide to make the input factor on its own. Therefore it **integrates backward** in order to internalise the production of an intermediate product that previously was bought in the markets. Integrating stages of the value chain involves **heavy investments** and **substantial capital lockup**.

However, between buying input factors in the markets (or settling short-term purchasing contracts) and vertically integrating the production of the input factor into the company, there is a third way: a company can **work together** with another company along the value chain on a long-term basis. This is referred to as **vertical cooperation** and means that a company chooses to settle **long-term cooperation contracts** with its suppliers (backward cooperation) or customers (forward cooperation). The relationships resulting from such contracts are referred to as **vertical strategic alliances**.

> **Vertical cooperation means that a company settles long-term arrangements with its suppliers or customers along the value chain.**

Example of vertical integration and cooperation in the car industry

A car manufacturer needs seats for its production line of premium SUVs. Basically, there are three options for obtaining these seats:

1. **Sourcing from the market**
   The car manufacturer can look for the cheapest supplier for its seats by calling for bids. The supplier with the lowest bid gets a contract to deliver a certain number of seats. While this will keep costs down, there might be a drawback when suppliers feel that they are pushed too hard to keep prices low. Also, being forced to offer the lowest price means that suppliers might not be able to make sufficient investments. However, investments are important to improve product quality and enable innovation.
2. **Vertical integration**
   The car manufacturer sets up or buys a production plant and makes the seats on its own. The processes are coordinated internally, i.e. within the company's hierarchy (organisational structure). This approach requires heavy capital investment.

3. **Vertical cooperation**
   The car manufacturer engages in backward cooperation and closes a **long-term contract** with, say, a seat supplier. The companies can then **operate jointly** by researching and developing seats that are appropriate for the premium SUVs.

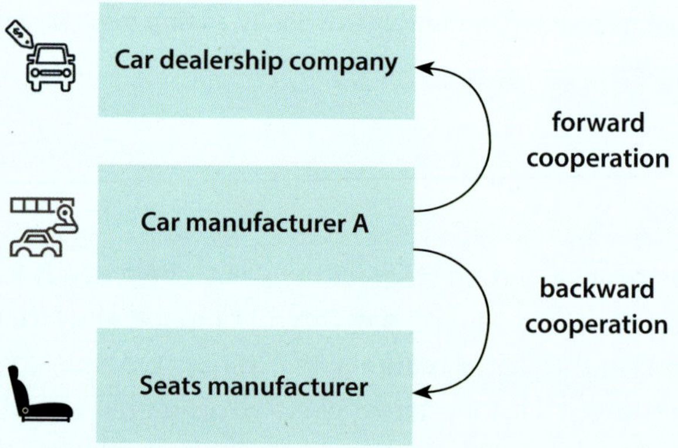

Possible advantages of vertical cooperation
- Workers and managers can be exchanged between the cooperating companies.
- Communication can be improved by connecting the ERP systems of the car and the seat manufacturer.
- Due to the long-term character of the agreement, the seat supplying company gains the security of constant orders. In this arrangement, it will find it easier to invest in specialised assets, e.g. machinery that it can only use for a particular type of seats.
- Introducing a just-in-time delivery system may save costs.

Possible disadvantages of vertical cooperation
- The supplying company faces less competition and may lose the incentive to keep costs low.
- One of the cooperation partners might fail to meet expectations. The seat supplier, for instance, might not keep the quality level agreed on, or the car manufacturer might not produce as many cars as was expected.

Vertical cooperation and integration	
Possible advantages	**Possible disadvantages**
▪ securing supply or sales channels (e.g. in times of shortages) ▪ controlling the quality of goods and services along the value chain ▪ integration of production processes (e.g. in a just-in-time delivery system) ▪ learning from each other to improve the overall performance of the value chain ▪ faster, more reliable communication if the companies' information systems are connected ▪ reliable environment for investments because of the long-term relationship	▪ less incentive to keep costs low for suppliers ▪ partners may fail to meet expectations (e.g. quality, quantity etc.) ▪ less flexible because there are more decision makers ▪ losing focus on core competencies ▪ capital needed in the case of vertical integration ▪ high cost of coordination and control

4.2 Horizontal integration and cooperation

Growth through mergers and acquisitions (M&A)

Horizontal growth is achieved if a company can develop further by selling its products in other markets, for example, markets in other countries that have not been served yet. The objective is to achieve a large market share. Instead of growing organically by increasing sales, which takes a lot of time and effort, many companies decide to **buy one or more of their industry competitors** who operate at the same stage of the value chain. Such a move is called the **acquisition** of another company. An alternative way of achieving a higher market share is to join forces with another company from the same industry. The move of two or more companies which agree to become a single new company is called a **merger**. Whenever a company buys or merges with another company which operates in the same industry and at the same stage of production, this is called **horizontal integration**.

> **!** **Horizontal integration occurs if a company takes over or merges with another company which operates in the same industry and at the same stage of the value chain.**

Horizontal cooperation

As an alternative to horizontal integration, companies **within the same industry** and **at the same stage of the value chain** can agree to work together in a long-term relationship. The relationship is based on **formal agreements** and is referred to as horizontal cooperation or **horizontal strategic alliances**. If the cooperation involves the mutual holding of shares, it is referred to as **an equity strategic alliance**.

> **!** **Horizontal cooperation means that two or more companies at the same stage of the value chain conclude long-term arrangements with each other in order to develop, produce and/or market their products jointly.**

Example of horizontal cooperation in the car industry

Instead of opting for a merger, car manufacturer A and car manufacturer B agree on horizontal cooperation. Each company keeps their different product lines and brands. However, they now **collaborate in developing and manufacturing components** such as engines and car bodies.

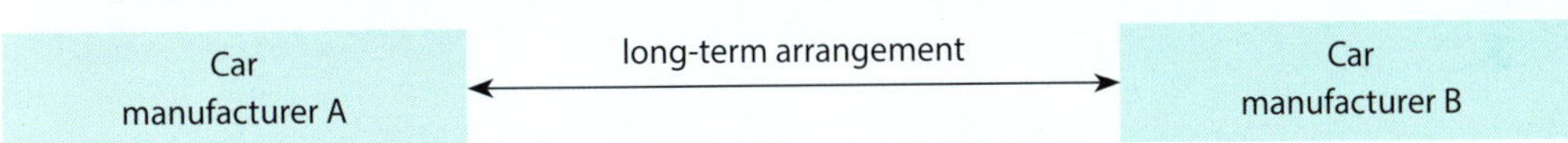

Horizontal cooperation and integration	
Possible advantages	**Possible disadvantages**
▪ economies of scale (cost savings due to joint large-scale production and joint purchasing of input factors) ▪ reduced competition ▪ shortening time-to-market for new products ▪ sharing cost of research and development and other investments ▪ pooling resources for large-scale and risky development projects	▪ synergies (economies of scope) difficult to achieve if, e.g. the resources and competencies do not complement each other ▪ bad performance of a partner or the wrong partner might be chosen ▪ Customers may not accept cooperation and integration if the partners have different images (danger of brand dilution). ▪ capital needed in the case of horizontal *integration* ▪ high cost of coordination and control ▪ possible violation of competition law, intervention by antitrust authorities

Horizontal cooperation is found in industries facing **fierce competition**. At first sight it appears irrational for companies competing with each other in the market start cooperating.

Nevertheless, cooperation makes sense in that it **shields the cooperating companies against competition from the remaining rivals** within the industry. Moreover, when cooperation is limited to developing and manufacturing products, there will still be competition between the cooperation partners when it comes to marketing their products. This means the cooperation partners pursue different price and service strategies in order to attract customers. That is why horizontal cooperation is sometimes referred to as **coopetition**.

4.3 Lateral integration and cooperation

Lateral integration

Lateral integration occurs when a company **acquires or merges with another company that operates in a different industry**.[1] This means the companies operate within two separate value chains. In some cases, there is a connection between the companies' products in that they are similar or related to each other. The business that is integrated is then **related to the existing businesses** of the purchasing company in one way or another. This is referred to as **related lateral integration** and might occur when, for instance, two hitherto unrelated industries become closer to each other due to technological developments.

Example of related lateral integration in the digital industry

Business software and social networks are different products on different value chains. However, they are related in some ways.

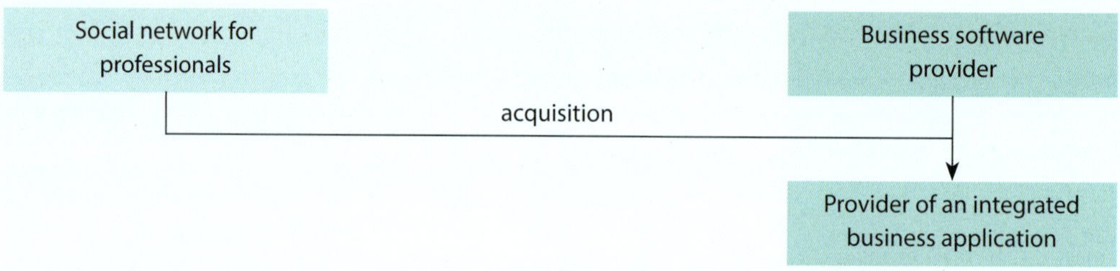

Microsoft, the leading provider of office software, acquired LinkedIn, a social network for professionals. The businesses are not part of the same value chain, even though they are related. The motive behind this lateral integration was to combine the features of Microsoft 365 and LinkedIn, e.g. exchanging contacts. Moreover, Microsoft obtains access to many IT decision-makers who are members of LinkedIn.

© Tada Images – stock.adobe.com

In other cases, a company might integrate another company even though their businesses are not related in any way. Such a form of lateral integration is referred to as **unrelated diversification**. A company that engages in many different, partly unrelated businesses is referred to as a **conglomerate**.

A reason for such lateral integration is **spreading risk** across different markets. The company can survive even if certain industries are in trouble.

1 In the Anglo-American management literature "lateral integration" is often used as a synonym for "horizontal integration". "Lateral integration" as it is described here is rather referred to as "diversification".

Lateral integration occurs when one company takes over or merges with a company that operates in a different industry.

Example of unrelated lateral integration of a conglomerate

Co-founded by Thomas A. Edison in the 1890s, the US-based General Electric Company (GE) started as an electrical company making lamps, sockets and electric motors. GE has kept adding businesses ever since, producing radios, refrigerators and wind turbines. Later, GE entered the aircraft industry and became the largest manufacturer of jet engines. Moreover, GE has engaged in television networks, financial services, oil drilling and computer manufacturing. Its corporate strategy is to become a leading player in an industry or otherwise sell the business.

Lateral cooperation

It is possible for a company to work together with one or more companies even though they **do not operate in the same industry and are not even part of the same value chain**. Such **cross-industry agreements** between non-competing companies are referred to as lateral cooperation. One goal of lateral cooperation is to take advantage of the companies' complementary competencies. This is achieved by **combining the companies' activities on the basis of a formal agreement.**

One reason for lateral cooperation is the **emergence of entirely new business opportunities**. These opportunities occur through the combination of skills and capabilities by different companies. They are especially useful when **formerly distinct businesses or technologies converge** and are destined to form a merged industry (e.g. telecommunications and information technology in recent decades).

Example of lateral cooperation in the railway and airline industry

When the French railway company SNCF introduced high-speed trains, it decided to develop and implement a reservation system that was similar to those of airlines. SNCF cooperated with American Airlines, Inc., who had developed one of the leading computerised reservation systems at the time.
The result of this cooperation was the "Resarail" reservation system. While American Airlines contributed with knowledge about reservation systems, SNCF chipped in its understanding of railway services and travellers' needs. The lateral cooperation was so successful that later the two companies founded a joint venture to market their reservation system to other companies.

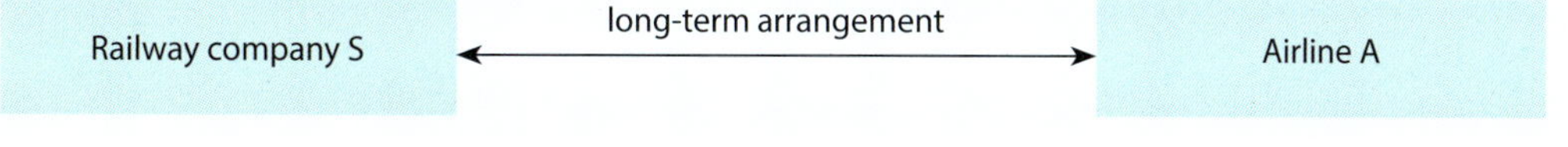

Lateral cooperation means that a company concludes long-term arrangements with one or more companies that operate in a different industry. The goal of the arrangement is to create new opportunities by combining the companies' competencies.

Lateral cooperation and integration	
Possible advantages	**Possible disadvantages**
■ spreading risk across different markets ■ sharing costs of research and development in case of related lateral integration and cooperation ■ pooling resources for large-scale and risky development projects ■ gaining knowledge and experience in a new field ■ entering a new market	■ losing focus on core competencies ■ poor performance because of a lack of expertise in a different industry ■ bad performance of a partner or the wrong partner might be chosen ■ Customers may not accept cooperation and integration if the partners have different images (danger of brand dilution). ■ capital needed in the case of lateral *integration* ■ very high cost of coordination and control

Block diagram for chapter 4: Types of integration and cooperation

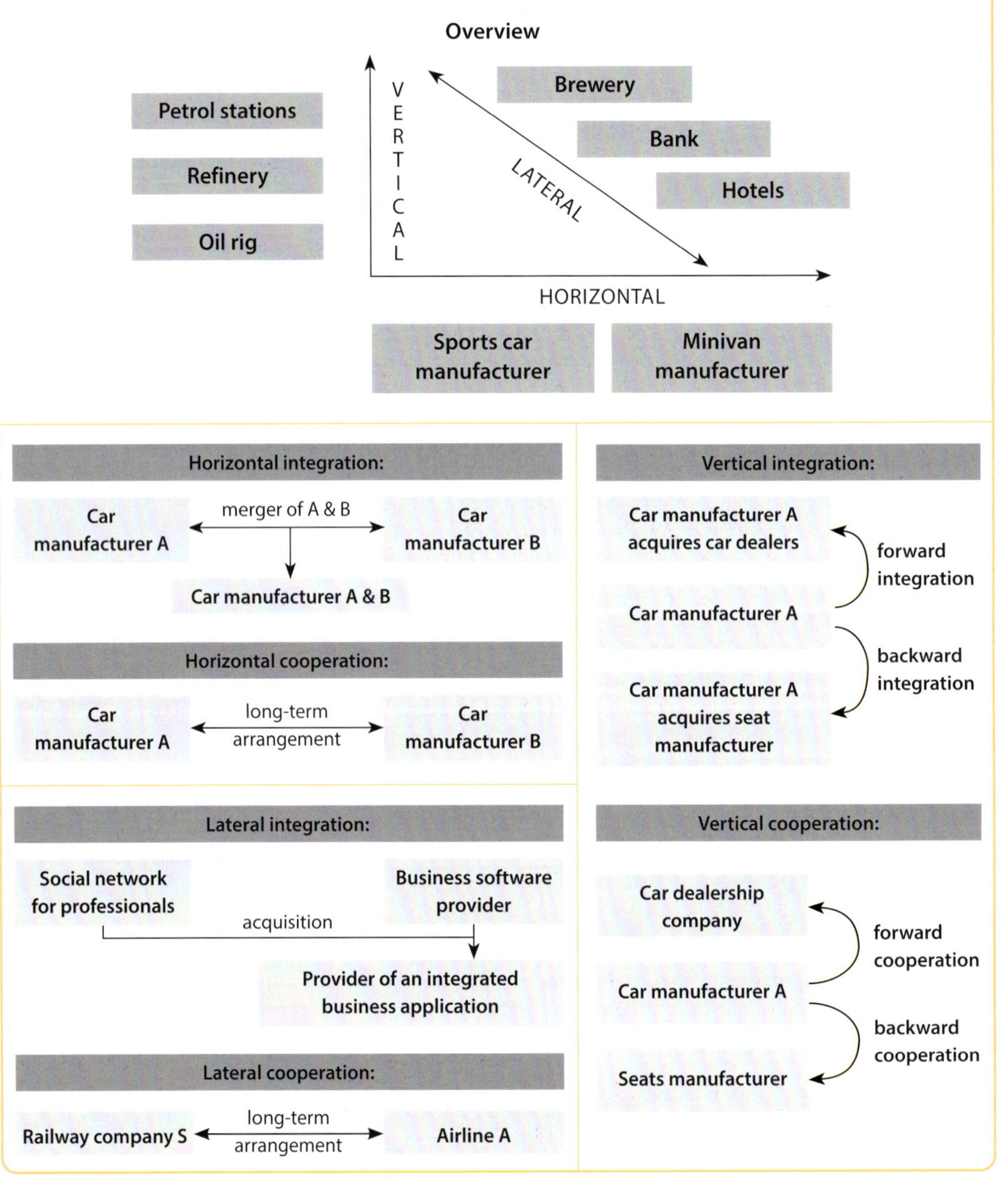

vel.plus/BHBILIB14

KEY TERMS TRANSLATED

acquisition, takeover	Unternehmensübernahme, Aufkauf	joint venture	Joint Venture, Gemeinschafts-unternehmen
antitrust authority	Kartellbehörde	market power	Marktmacht
brand dilution	Markenverwässerung	merger	Unternehmenszusammen-schluss, Fusion
capital lockup	Kapitalbindung	ownership structure	Beteiligungsverhältnisse, Eigentumsverhältnisse
conglomerate	Mischkonzern, Konglomerat	strategic alliance	strategisches Bündnis, strategische Allianz
cooperation	Zusammenarbeit, Kooperation	synergies	Verbundvorteile, Synergien
industry	Branche, Wirtschaftszweig, (auch: Industrie)	time-to-market	Zeit bis zur Marktreife
integration	Zusammenschluss, Integration	value chain	Wertschöpfungskette
(to) internalise	internalisieren		

Check your competences with a self-assessment list.

Scan the **QR code** or use the following link: vel.plus/BHBILIB15

INTRODUCTORY EXERCISE

for chapter 4 Types of integration and cooperation

IE 1 Horizontal and vertical integration – the example of American Apparel

American Apparel, Inc. was a fashion retailer and producer. It was based in downtown Los Angeles, where its headquarters controlled the design, dyeing, cutting, sewing, marketing and distribution of the company's products. The company used to shoot and distribute its own advertisements, sometimes using its own employees as models. It also owned all of its stores. According to the management, this set-up allowed the company to design, cut and distribute a new piece of clothing globally within only one week. The company went bankrupt and closed down its stores in 2017 and became an online-only retailer.

1. Decide if American Apparel was a vertically or a horizontally integrated company. Explain your decision.
2. Explain what the company could have done to further integrate its activities – horizontally or vertically.
3. Explain the motives that might have led American Apparel to opt for this level of integration.
4. Describe possible downsides to this approach of integration.

REVISION OF BASIC KNOWLEDGE

vel.plus/BHBILIB16

for chapter 4 Types of integration and cooperation

4.1 Vertical integration and cooperation

1. Explain the term "value chain".
2. Describe the difference between forward and backward vertical integration.
3. Define vertical cooperation.
4. Give motives for vertical integration and cooperation.

4.2 Horizontal integration and cooperation

1. Differentiate vertical and horizontal integration.
2. Outline the main motive for horizontal integration.
3. Give an example of horizontal cooperation.

4.3 Lateral integration and cooperation

1. Define lateral integration and cooperation.
2. Differentiate related lateral integration and unrelated diversification.
3. Give possible motives for lateral integration.

TASKS FOR APPLICATION AND PRACTICE

for chapter 4 Types of integration and cooperation

Task 1 Distinguishing between types of cooperation and integration

Explain if the following cases show integration or cooperation and, if so, clarify whether the relationship is vertical, horizontal or lateral.

1. Petrobras S.A., a Brazilian petroleum company, and TotalEnergies SE, a French oil and gas company, agreed in 2017 to pursue joint R&D projects. For example, the two companies plan to use artificial intelligence to identify geological faults, which is important for oil drilling. The companies want to deepen their relationship in future years.
2. Covestro AG, a German producer of chemical raw materials is a supplier of Haier Corporation, a Chinese home appliance manufacturer. For example, Covestro provides insulation material for Haier's refrigerators. In 2017, the two companies decided to work together more closely. Covestro wants to support Haier's research and development team with new materials to optimise insulation, wastage and production time. As a result, Covestro hopes to increase sales on the Asian market in the long run.
3. Ströer SE & Co. KGaA, a German provider of billboards and out-of-home advertising acquired a majority stake in Statista, a German provider of statistics in 2015 for €57 million. The remaining shares were acquired in 2019. Statista's business model relies on subscriptions, not advertising. Statista runs offices in Hamburg, London and New York. It plans to expand to France, Spain, Italy and China.
4. When the management of a pasta manufacturing company orders eggs, they invite bids from several egg suppliers. They sign a sales contract with the supplier that offers the best conditions.
5. Shell plc is an oil and gas company. It started out as an oil producer (i.e. exploring and harvesting crude oil). Today, Shell runs both upstream and downstream operations, which include more than 40,000 petrol stations and over 45 oil refineries.
6. Sega Corporation, a Japanese video game developer, and Microsoft Corporation announced a "strategic alliance" in 2021. Sega is to produce new games following their popular games "Yakuza" and "Total War" using Microsoft's Azure cloud service. Previously, many customers of Microsoft's Xbox also bought Sega games, which made some collaboration necessary. Now, the strategic partnership is leading to a much closer relationship, as Microsoft's technology has become essential for Sega's development.
7. In 2021, EDP Renewables S.A., a Portuguese provider of renewable energy with operations in Europe, Brazil and USA, acquired a majority stake in Sunseap Ltd., a renewables firm based in Singapore, for $1.1billion. CEO Miguel Stilwell d'Andrade explained that EDP would use its expertise as the world's fourth biggest producer of renewable energy to grow further in the Asia-Pacific region. Sunseap operates renewable energy projects in Vietnam, Malaysia, Indonesia, China, Japan and other countries.

Task 2 Deciding on the type of integration

? HILFE
vel.plus/BHBILIB17

BingeSitting Inc. is a manufacturer of beanbags. The only model the company produces in different colours is made of polyester and filled with PVC pellets. BingeSitting buys both materials from local suppliers, sews the bags and sells them to furniture wholesalers. Unlike competitors' products, BingeSitting's beanbag is waterproof and can be used indoors and outdoors.

1. Show possibilities for BingeSitting to integrate vertically backward and forward by giving an example of each.
2. Show a way for BingeSitting to integrate horizontally by giving an example.
3. Decide on the most suitable type of integration. Give at least four reasons.

5 Forms of integration and cooperation

Competences:

- *distinguishing forms of cooperation*
- *distinguishing forms of integration*
- *evaluating options with regard to motives, ownership structure, the legal status of contracting partners as well as potential opportunities and risks*
- *discussing possible effects of increasing market power of MNCs*

5.1 Choosing a form of integration or cooperation

Start developing your competences concerning the topic *forms of integration and cooperation* with introductory exercise IE 1.

IE 1
p. 133

When companies decide to engage in integration and cooperation, there is a variety of forms they can choose from. Depending on the form, the **degree of capital commitment** will differ. A long-term contract, for example, will require much less capital investment than a 100% acquisition of another company. The same is true for the **degree of organisational control**: while contracts between companies allow for only little control, a complete take-over of a company will give the acquiring company full organisational control.

Combining these two aspects leads to a scheme where different entering strategies can be placed as shown in the illustration below.

Choice of strategies for entering foreign markets

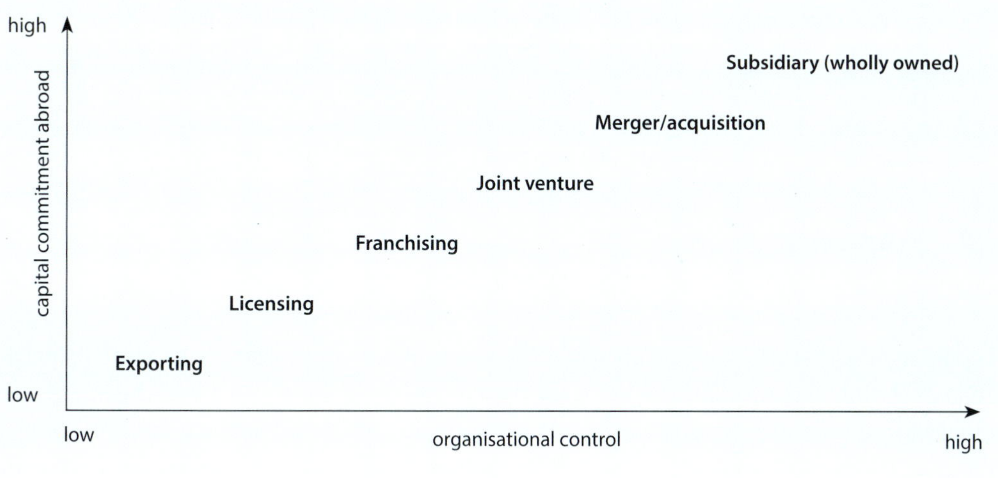

Below, selected forms of integration and cooperation are introduced: franchising, joint ventures as well as mergers and acquisitions.

An easy and common way to start international business is **exporting**, i.e. selling a company's products in foreign markets. To do this, a company doesn't have to invest in the foreign country. However, it will have to find appropriate distribution channels.

For **licensing**, a company does not export its actual products but instead finds a producer abroad who is given the right to make the product and sell it on. A licensing agreement needs to be concluded which can be considered an immaterial asset of the company in the home country, although the company has little control over the production process.

A sophisticated form of licensing is **franchising**. The company in the home country functions as the franchisor, i.e. it offers a business concept that small companies (= franchisees) in the host country use as their basis for business. Capital requirements are moderate since both franchisor and franchisee raise capital for the business. The franchisor usually monitors its franchisees to a certain extent.

Entering a foreign market in the form of a **joint venture** means that the company in the home country finds a company in the host country and they set up a new company in which they both hold stakes. As a consequence, the company going abroad has organisational control that is reflected by the size of the stake it holds.

A **merger** occurs if the company of the home country joins together with a company from the host country and they form a single new company. Instead of merging, it is also possible that the company from the home country buys a company (or at least a majority stake in it) from the host country, which is referred to as an **acquisition**. In these cases, the company from the home country gains full organisational control of the business activities performed abroad.

Finally, the company from the home country can decide to set up a **wholly owned subsidiary** abroad, allowing for full organisational control, but at the same time requiring a lot of capital commitment. This is also referred to as greenfield investment.

> **!** **Depending on the differing levels of capital requirement and organisational control, companies can pursue different market entry strategies when starting their business abroad. Among them are exporting, licensing, franchising, joint ventures, mergers and acquisitions, as well as wholly owned subsidiaries.**

5.2 Franchising

Definition

Task 1 p. 134

A company that has developed a successful business model might want to expand further. Instead of setting up subsidiaries on its own, the company can establish a **franchising system**. It looks for other entrepreneurs who believe in and are interested in the business model. In doing so, the company takes on the role of the **franchisor** and licenses its trademark, products or services as well as its operating principles to the other entrepreneurs. These entrepreneurs sign a franchise agreement and thus become **franchisees**. They set up their own companies, which are referred to as **franchises**.

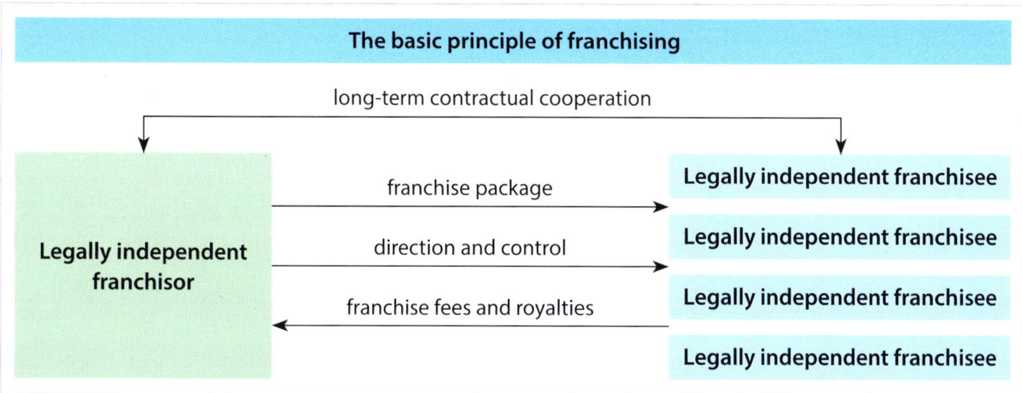

> **Franchising is a form of cooperation where one company operates as a franchisor that licenses its business concept to other companies, which are referred to as franchisees.**

The franchisor receives an initial fee and continuing **royalty payments** from the franchisee, usually calculated as a percentage of sales revenues. Often, the franchisees have to buy their inputs from the franchisor. If the franchisees are located in foreign countries, franchising will serve as an **international market entry strategy**.

The franchise agreement forms a **continuing obligation** between the contracting parties, i.e. it is a long-term arrangement. That's why franchising is a form of **cooperation**. Moreover, franchisor and franchisee operate at **different stages of the value chain**, with the franchisee closer to the customer. This is why their relationship is an example of **vertical cooperation**.

> **International franchising is a market entry strategy and means that franchisor and franchisees are located in different countries.**

Motives

Since entering a foreign market involves both high costs and risks, a company might decide to follow a cooperative strategy, i.e. it looks for partnering companies in the targeted country. The cooperative strategy of franchising enables the franchisor to build a market presence in a targeted country without having to set up subsidiaries on its own. This will **reduce capital expenditure** as well as entrepreneurial risk.

The franchisee, on the other hand, can take advantage of the franchisor's business model, which will often have proven successful in the past. In particular, a franchisee benefits from the **image, the marketing efforts and the standardised products or services** developed by the franchisor.

Franchising car rental

Avis-Budget, one of the world's largest car rental services is a franchising system. The company acts as the franchisor offering an established business concept, a well-known brand name and support services in administration, recruitment and marketing. New franchisees sign a franchise agreement, provide investment capital to start their business and pay a monthly royalty fee of 6.25% of turnover.

Legal status of contracting parties

Franchisor and franchisee remain **legally independent** companies. However, they will be economically dependent on each other. While the franchisor depends on the reliability of the franchisee, the franchisee is bound to the success and positive image of the business model. The franchisor's need for **control** over the franchises is regulated within the franchise agreement.

Examples of arrangements regulated in a franchise agreement

Business objectives
Contract duration (e.g. 15 years) and termination rules (e.g. 12-month cancellation period)
Licensed rights (e.g. territory – "only one franchisee per town")
Franchisors' services, e.g. training courses for employees
Franchisees' obligations:

- Use of trademarks and trade names, e.g. design and colour of staff uniforms, signs and logos
- Franchise payments, e.g. initial franchise fee, royalties ("7% of sales revenues")
- Minimum performance standard, e.g. opening hours
- Disclosure of financial information to the franchisor, e.g. regular sales revenue reports
- Legal responsibility, e.g. product liability
- Non-competition clause, e.g. franchisee must not engage in a rival business
- Purchase of supplies and equipment from the franchisor, e.g. coffee beans

The franchise agreement does not include a guarantee of the franchisee's success. The **entrepreneurial risk** of a franchise therefore remains with the franchisee alone.

Ownership structure

Usually, the franchisor does not own any part of the franchisee's company. Also, the franchisee does not own any part of the franchisor's company. Therefore, in most cases franchising is a **non-equity cooperation agreement**. None of the participants has an equity stake in the other.

If the franchisor were a **shareholder** of the franchisee's company, they would have **rights of control**. As this is usually not the case, there is only one way to make sure the franchisor's business concept is properly implemented: the **franchise agreement**, a contract between franchisor and franchisee.

Opportunities and risks

In any business, opportunities and risks are present. The following table shows the opportunities and risks for an entrepreneur as a franchisor compared to an entrepreneur who operates wholly-owned subsidiaries.

Franchising from the perspective of a franchisor	
Opportunities The franchisor ...	**Risks** The franchisor ...
▪ can reduce risk and capital commitment because the main investments are made by the franchisee. ▪ needs to manage fewer personnel. ▪ profits from royalties/franchise fees even if the franchisee incurs a loss. ▪ can make use of the local knowledge and cultural understanding of the franchisee. ▪ can grow very fast. ▪ can enter foreign markets more easily. → Franchising facilitates market entry and makes quick growth possible.	▪ has to share profit from the business concept with the franchisee. ▪ may suffer from poorly performing franchisees. ▪ risks the reputation of the brand name if one of its franchisees causes a scandal. ▪ has no property rights and no managerial authority over the franchise. ▪ bears the risk and cost of the development of the franchise system. ▪ may face additional competition if franchisees use the knowledge acquired to start a new business in the same industry. → Franchising offers a lower level of control over local operations.

The following table shows the opportunities and risks for an entrepreneur operating a franchise as a franchisee compared to an entrepreneur who operates a regular business without a franchisor.

Franchising from the perspective of a franchisee	
Opportunities The franchisee ...	**Risks** The franchisee ...
▪ can start their own business with lower risks and costs due to the use of an established business concept. ▪ enjoys territorial protection against other franchisees. ▪ benefits from large-scale marketing campaigns provided by the franchisor. ▪ can make use of the franchisor's technical and business know-how. → Franchising is an easy way to start a business.	▪ cannot influence the business concept or strategic decisions. ▪ suffers from any strategic mistake made by the franchisor. ▪ might have to face the termination or the non-renewal of the franchise agreement. → A franchisee is dependent on the franchisor.

Franchising in Germany and Europe

In total, there are 1,075 franchisors in Germany with a workforce of 750,000 employees. On average, a franchisee employs 3.8 full-time and part-time employees as well as 2.8 temporary employees. The initial franchise fee totals €20,000 and the monthly royalty amounts to 6% of turnover on average.

It is estimated that approximately 10% of retail revenue in Europe is generated in franchise systems. In the USA, this number is significantly higher – roughly one third of retail turnover.

Source: Deutscher Franchiseverband e.V. (mit wissenschaftlicher Begleitung der digital business university)

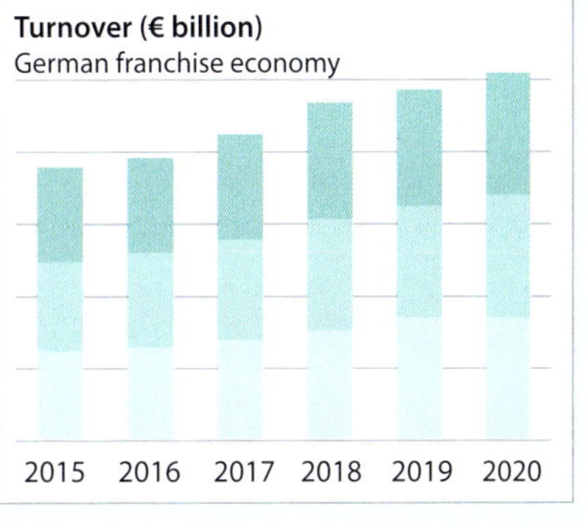

5.3 Joint Venture

Definition

Task 2
p. 135

If two or more companies enter into a cooperation agreement in order to establish **a separate company** together, this newly established company is referred to as joint venture. Since the new company is funded with equity by the cooperating companies, it is also called an **equity joint venture**. The cooperating companies function as **parent companies** with the joint venture as a common subsidiary. While the joint venture is a **legally independent** company, it remains **economically controlled** by the parent companies.

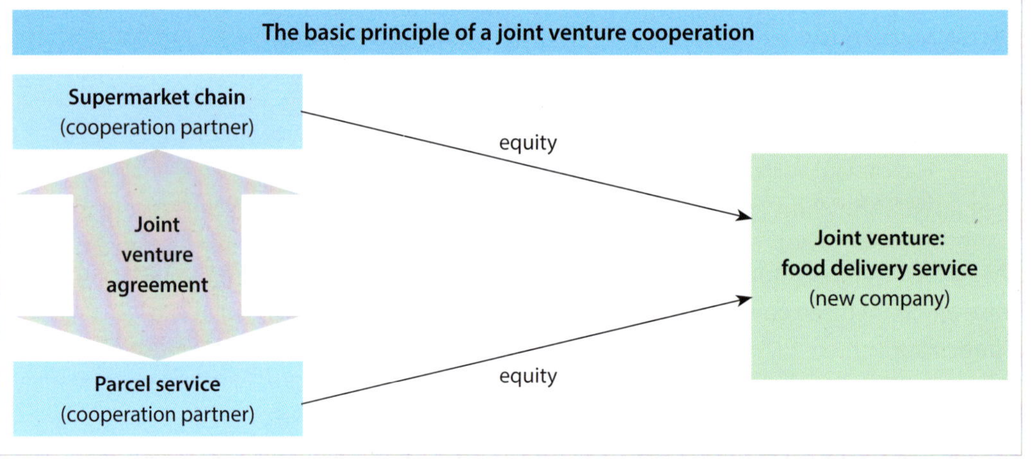

Joint ventures might be set up by companies that operate at different stages of the value chain **(vertical cooperation)**, at the same level of the value chain **(horizontal cooperation)**, or they might not even operate along the same value chain **(lateral cooperation)**.

International joint ventures come into existence if the two cooperating companies are located in different countries. In this case, a joint venture can serve as an **international market entry strategy** where one of the companies uses the cooperation in order to enter the home country of the other company.

> **!** **A joint venture is a legally independent company that is newly established by two or more companies as a form of cooperation. An international joint venture arises if the cooperating companies come from different countries.**

Although in most cases the joint venture is a new legal entity (equity joint venture), it is also possible to start a so-called *contractual* joint venture. This form is merely based on contracts and is usually used for specific short-term or medium-term projects.

Motives

One important motive to engage in an international joint venture is to obtain **access to a foreign market**. Compared to establishing a wholly-owned subsidiary, the **entrepreneurial risk** as well as the **capital** needed are split between the cooperating companies in the home country and the host country. Moreover, in countries whose economies were formerly closed to foreign investors (e.g. emerging markets in Eastern Europe and Asia), governments are often reluctant to open up their markets and **require foreign companies to find a domestic partner** if they want to enter the country.

Another motive for a joint venture may be **research and development (R&D) projects**. Companies combine their competencies and funds in order to develop new products. By doing so, the risk is shared and technologies might be transferred. The goal is "cooperate to learn".

If a joint venture is established to enable mass production and to strengthen bargaining power over suppliers, the motive will be cost savings by achieving **economies of scale**. An important motive for such horizontal joint ventures is the fact that the parent companies often are **competitors** in the market place. The joint venture allows the parent companies to clearly **separate their cooperative from their competitive areas**.

Legal status of contracting parties

The cooperating companies enter into a **joint venture agreement**. This agreement includes the obligation to establish a new company, i.e. the joint venture. Further provisions regulate management, controlling, appropriation of the profit and termination of the joint venture.

The cooperating companies that form the joint venture remain **legally independent**. When they establish the joint venture, they become its shareholders and thus face all the rights and duties that are entailed by the chosen legal form (e.g. a German GmbH).

Ownership structure

A joint venture is owned commonly by its parent companies. In case of an even split of equity, it is an **equal equity relationship**. If equity stakes are unevenly distributed, it is an **unequal equity relationship**. Being a shareholder means that there is a formally clear-cut relationship. This will often lead to higher commitment of the cooperating companies compared to informal or non-equity contractual forms of cooperation.

A joint venture in health engineering

GlaxoSmithKline (GSK), an American pharmaceutical company, and Alphabet (Google's parent company) formed a joint venture in 2016. Its objective is to use the two companies' expertise in the fields of drug development (GSK) and electronics (Alphabet) to develop bioelectric medicines.

55% of the joint venture named Galvani Bioelectronics is held by GSK and 45% by Alphabet. The duration of the joint venture agreement is seven years.

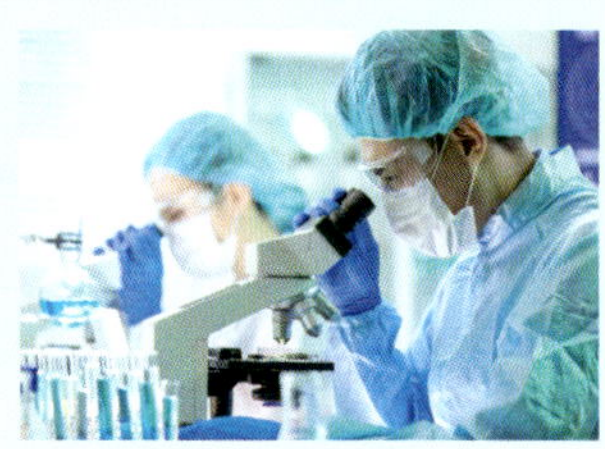

© Ryanking999 – stock.adobe.com

Opportunities and risks

By forming a joint venture, all parent companies hope to gain something through cooperation with other companies. In business practice there are numerous motives and goals that the cooperating companies pursue which, however, might not always match. Therefore, a joint venture entails both opportunities and risks.

Joint venture	
Opportunities	**Risks**
■ Within the joint venture, competencies are combined which might lead to product or process innovations ("cooperate to learn"). ■ Employees from different parent companies are forced to find a way of working together in the joint venture ("learning to cooperate"). ■ The cooperating partners are highly commited due to their shared ownership and stakes in the equity of the joint venture. ■ Joint ventures are a way to gain market access to countries where commercial law would not allow a wholly-owned subsidiary. ■ Producing larger volumes of goods might increase bargaining power over suppliers and distributes fixed cost among more units. This leads to cost savings ("economies of scale").	■ The joint venture might cause uneven knowledge transfer from one parent company to the other, which might destroy a parent company's competitive advantage. ■ The cooperating companies might pursue different goals. This may lead to goal conflicts, making the joint venture difficult to manage. ■ Efforts put into the joint venture and the output received might not always be in balance for both cooperating companies. ■ Forming a joint venture is complex and expensive compared to informal and non-equity forms of cooperation. ■ Capital commitment is difficult to dissolve. ■ One cooperating partner might terminate or not renew the joint venture to its sole advantage.

5.4 Merger & acquisition (M&A)

Definition of a merger

Task 3
p. 136

A merger occurs when two or more companies **decide to unite** and **form a new company** together. All assets, equity and liabilities are transferred to the new company and the previous companies cease to exist. The shareholders of the former companies become the shareholders of the new company. This is achieved by a **stock swap**, where shares of the old companies are exchanged against shares of the new company at a negotiated rate of exchange.

Illustration of a merger in the car industry

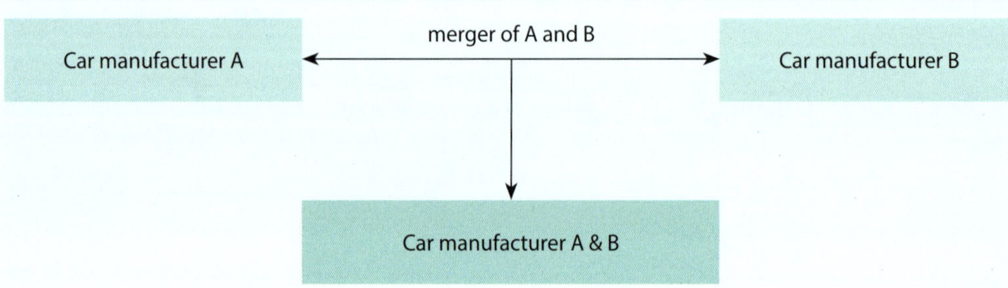

A merger is a unification of two or more formerly independent companies into a new company.

Definition of an acquisition

An acquisition (also called a takeover) takes place when a company buys another company. The acquiring company purchases **shares** that guarantee a **majority** of the target company or even all of it. As a majority shareholder, the acquirer can take all major decisions at the annual general meeting. Moreover, it can exercise control under a **control agreement** between the two companies.

The acquired company is integrated into the acquirer's corporate group but may remain **legally independent**.

Illustration of an acquisition in the car industry

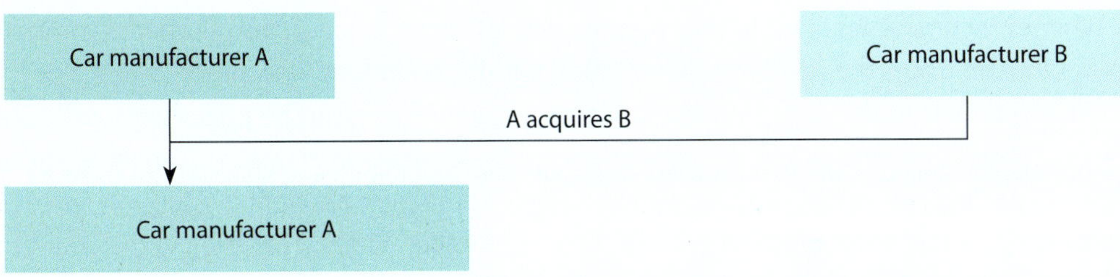

! An acquisition occurs when a company buys a majority of or all the shares of another company. The acquirer integrates the purchased company into its corporate group.

Mergers and acquisitions are a way to integrate different businesses into one corporate entity. They might be performed by companies that operate at different stages of the value chain (**vertical integration**), at the same level of the value chain (**horizontal integration**), or they might not even operate along the same value chain (**lateral integration**).

M&A activity in the entertainment industry

AT&T, an American telecommunications provider, acquired TimeWarner, a media company, in 2018. TimeWarner's shareholders received a mixture of AT&T shares and cash, thus becoming shareholders of the "new" AT&T. TimeWarner's operations such as its pay-TV network HBO and the film studio Warner Bros. were integrated into AT&T's media business. The company expected major advantages from its vertical integration. AT&T provides mobile and broadband services as well as a strong customer base. Both are necessary to distribute TimeWarner's content to audiences.

However, the company changed its plans quickly and announced in 2021 it would be merging its content-producing operations with the TV network Discovery to form a new company called Warner Bros. Discovery. Discovery's shareholders will own 29% and AT&T's shareholders will own 71% of the new company. Horizontal integration is expected to help the company compete with Netflix and Disney+.

In practice, the distinction between mergers and acquisitions is very narrow. Therefore, the term "mergers and acquisitions" (M&A) is widely used without differentiation. The **outcome of an acquisition** is either that the acquired company becomes a subsidiary or ceases to exist. The latter result is similar to that of a successful merger. Even the composition of the shareholders of the resulting company may be the same if the acquiring company pays with its own shares. Moreover, in public announcements, firms tend to speak of a "merger" when planning an acquisition because of the negative connotation of "hostile acquisitions".

Motives for horizontal mergers and acquisitions

Cost reductions achieved by producing large volumes of products are one of the strongest motives for mergers and acquisitions. Such "economies of scale" are especially important for industries which are faced with a high level of fixed costs. When a company has a certain size, it can spread its fixed costs over a large production volume, driving down the average unit cost. Also, when buying materials in larger volumes, the larger company achieves bargaining power over its suppliers. Thus, it can obtain lower prices on the goods bought. Furthermore, the expensive and risky process of new product development can pay off better if larger quantities of the product are sold.

Task 4 p. 136

Another motive for mergers and acquisitions is the **reduction of competition** within the industry. Whenever companies are sold to or merged with other companies, the number of competitors is reduced. Thus, the level of concentration within the industry becomes higher. For the bigger companies in the concentrated industry, it is easier to raise the prices without losing many customers. As long as a large number of companies exists in an industry, there is a good chance of perfect competition: a state where a single company does not have any influence on the price – any company must accept the price set by the market. However, with fewer and fewer companies left in the industry, **oligopolistic structures** will develop. Having only a few companies in an industry reduces the risk of price wars between the competitors because it becomes easier to coordinate prices. Of course, in many countries, explicit communication to fix prices is forbidden. And yet, there are **informal ways of price coordination (tacit price coordination)**, such as the price leadership of a dominant company that other companies will follow. In any case, a larger company can claim higher prices from their customers more easily than a smaller company can. Thus, the company's bargaining power over their buyers rises. Achieving this kind of market power is a strong incentive for mergers and acquisitions.

GWB § 35–39

From the **perspective of a consumer**, horizontal mergers and acquisitions usually lead to less choice and higher prices because of declining competition. Therefore, large M&A must be approved by **antitrust authorities**.

Since companies often want to grow by **entering markets in other countries**, mergers and acquisitions take place across borders. In this way, companies become (more) multinational.

Global M&A activity

Even though the pandemic reduced foreign investment, merger and acquisition deals among multinational companies in 2020 still reached a value of $475 billion (down 6% from $507 billion in 2019).[1] Especially companies in the digital and the health sector were targeted.

! **Motives for horizontal mergers and acquisitions are cost reductions, reduction of competitive pressure and market entry into other countries.**

Motives for vertical mergers and acquisitions

A company has to decide if it wants to **make input materials for production on its own or to buy them from other companies.** If a company decides to acquire a supplier of input materials that it had previously bought in the market, it **internalises stages of the value chain** and

1 UNCTAD World Investment Report 2021.

therefore engages in vertical integration. Internalising stages of the value chain can be motivated by building barriers to entry, by protecting quality and securing access to raw materials, by improved planning and coordination and by investments in specialised assets.

Vertical mergers and acquisitions can form **barriers to entry** against other companies that want to enter an industry. Having acquired or merged with suppliers or customers, a company can control many stages of a product's value chain. Thus potential competitors will have difficulties to enter the industry.

Example of barriers to entry in the oil industry

Oil companies are to a large extent vertically integrated. Thus, an oil refining company is usually **vertically integrated backward** and owns its oil wells. As a result, the oil refining company can decide that the oil wells produce exclusively for their own company and do not provide competing oil companies with oil. This is why a company that wanted to enter the oil refinery industry would have to set up its own oil wells first – which would mean a **high, risky investment**. This poses a barrier to entry for potential competitors who want to enter the oil refinery industry. With vertical integration, the oil refining company can **limit competition in the industry**, which in turn allows it to charge higher prices and achieve higher profits.

In the same way, **vertically integrating forward** can also create barriers to entry for potential competitors. For instance, if the oil refining company has its own petrol stations, it has **control over its distribution channel**. The reason is that the oil refining company can order its petrol stations to exclusively buy its own petrol and not to buy the petrol from competing oil refining companies. A new competing oil refining company would have a hard time setting up its own distribution channel – again, a barrier to entry is set up by means of vertical integration.

© antto – stock.adobe.com

Another motive for vertical mergers and acquisitions is to **protect the product or service quality** within the value chain. For example, when a company buys raw materials from suppliers, and finds that the quality doesn't meet its expectations, the company can integrate backward and take managerial control over the supplier.

In doing so, the company starts operating at other stages of the value chain in order to better control the quality of inputs for production or the services in distribution and customer care. In times of shortages and extremely scarce resources, **securing access to raw materials** is more and more relevant as a motive for vertical mergers and acquisitions.

© PixieMe – stock.adobe.com

Examples of quality protection in the coffee and consumer electronics industries

A high-class coffee store chain has problems finding suppliers who offer high-quality coffee beans. The coffee store chain can integrate backward by buying coffee bean farms in order to manage them in a way that ensures the quality of the coffee beans.

Similarly, forward integration can help maintain high quality levels. When Apple Inc. set up its own chain of Apple Stores, a motive could have been to make sure that the stores' appearance, customer service and the skills of the employees met the customers' expectations regarding quality better than those of other electronics stores.

Improved planning and coordination are additional motives for vertical mergers and acquisitions. This can happen if a company faces problems with the coordination of the stage of the value chain that precedes or follows its own activities.

Example of improved planning and coordination in the car industry

A car manufacturer needs wheels for its car assembly operations. If the supplier of the wheels **does not meet the manufacturer's requirements** in terms of punctuality and reliability, the manufacturer can decide to integrate backward and buy the wheel factory.
As a consequence, the production of wheels will now be **controlled by the car manufacturer**, making it easier to integrate wheel production into the overall manufacturing process. For a vertically integrated company, it may therefore be easier to achieve a **"just-in-time" production process**, where parts are delivered only shortly before they are actually needed. As a result, almost no inventories are necessary, which means lower storage and capital costs.

Investments in specialised assets can be a special motive for vertical mergers and acquisitions.

Example of specialised assets in the car industry

A car manufacturer develops a very innovative fuel injection system. Up to now, the car manufacturer has purchased the components from an external supplier. However, for the innovative injection system, the supplier would have to **invest heavily into very special machinery** needed for manufacturing these injection systems.
The supplier is therefore faced with a problem: the expensive machinery can only be used for the injection systems of the particular car manufacturer – it cannot be used to produce injection systems for other car manufacturers. This means the supplier would **become dependent on that particular car manufacturer** if it set up the new machinery. Having only a single customer for the injection systems puts the supplier in **a weak bargaining position**. Once the special machine is set up, the supplier must fear that the manufacturer will **take advantage of this situation** and ask for lower prices for the injection systems. Since the supplier might not want to take the risk, it might not set up the machinery in the first place.
In the same way, the car manufacturer takes a risk if it decides to outsource the production of the innovative injection system to an external supplier. Once the special machinery is set up, the car manufacturer is totally **dependent on this particular supplier** because it cannot easily switch to another supplier. Therefore, the manufacturer sees the supplier in **a strong bargaining position**, and fears that the supplier might ask for higher prices for the injection systems. It is likely that in such a situation the car manufacturer tries to acquire or merge with the supplier in order to gain managerial control and control the input prices.

Setting up special machinery creates **a situation of mutual dependence** between manufacturer and supplier. Each side fears the **opportunism** of the other. Thus, if manufacturer and supplier are not absolutely sure that the other one will play fair, companies often will decide against outsourcing the production of component parts. They will instead **integrate backward**, meaning they will acquire the supplier. From this line of thought the following rule can be concluded: The more specific an investment in a certain activity is, the more likely it is to result in the internalisation of the activity. In other words, there will be vertical mergers and acquisitions.

> **!** **Motives for vertical mergers and acquisitions include building barriers to entry, protecting quality, improved planning and coordination as well as investments in specialised assets.**

Motives for lateral mergers and acquisitions

Merging with or acquiring a company that operates in **a different but related value chain or industry** can be of advantage if developments in two industries lead to **technological or com-**

mercial convergence. This is the case for the software industry and the consumer electronics industry. In an ongoing digitalisation process, these industries are becoming more and more related. This has caused many cross-industry acquisitions; for example Google, essentially a software company, acquired Fitbit, a manufacturer of wearables, as well as the smart glasses producer North, and also Nest, a provider of home automation. The acquirer hopes to **gain competencies** from the acquired company that help it to flourish in the new industry.

Mergers and acquisitions of companies from **unrelated industries** are often motivated by financial considerations. Operating in unrelated industries means **diversification** and aims to achieve a stable profit situation while reducing entrepreneurial risk. If one business is not doing well, the other one might perform well, so diversification helps **balance the company's profit situation**.

Legal status of contracting parties

When companies **merge**, a new legal and economic entity is established. The merging companies negotiate and close a **merger agreement** that settles matters of managerial control, the terms of the stock swap and other conditions.

In an **acquisition**, a company takes over a majority or full stake in the target company. The acquirer integrates the purchased company into its corporate group. While the acquired company may remain **legally independent**, it is now **economically controlled** by the acquirer as the owning company. There are two ways for the owning company to control the acquired company: it can use its majority stake in the acquired company and additionally it can arrange for a control agreement to be drawn up with the acquired company.

1. A **majority stake** in the purchased company means that the acquirer holds shares which provide voting rights in the purchased company's annual general meeting of the shareholders. In this way, the owning company can appoint a favourable supervisory board. Note, however, that a member of a board, once appointed, is not formally bound by instructions from the owning company. As a consequence, conflicts between the boards of the owning and the acquired company may arise.
2. A **control agreement** allows the owning company to give direct orders to the management board of the acquired company. Due to this managerial authority, the owning company achieves full control over the acquired company, which becomes a dependent subsidiary. To be effective, the control agreement has to be accepted by the annual general meeting of the acquired company's shareholders.

Ownership structure

An acquisition can be completed in different ways. The acquiring company can

- constantly purchase stock of the target company **on the stock markets**
- offer a **takeover bid to a major shareholder** of the target company
- make a **tender offer to all shareholders** of the target company at a stock price that exceeds the current stock market price.

The acquired shares might be paid in cash or in shares of the acquiring company. If the acquiring company is able to gain a majority stake, the acquisition is completed.

Example of ownership structure after an acquisition of three other companies in the car industry

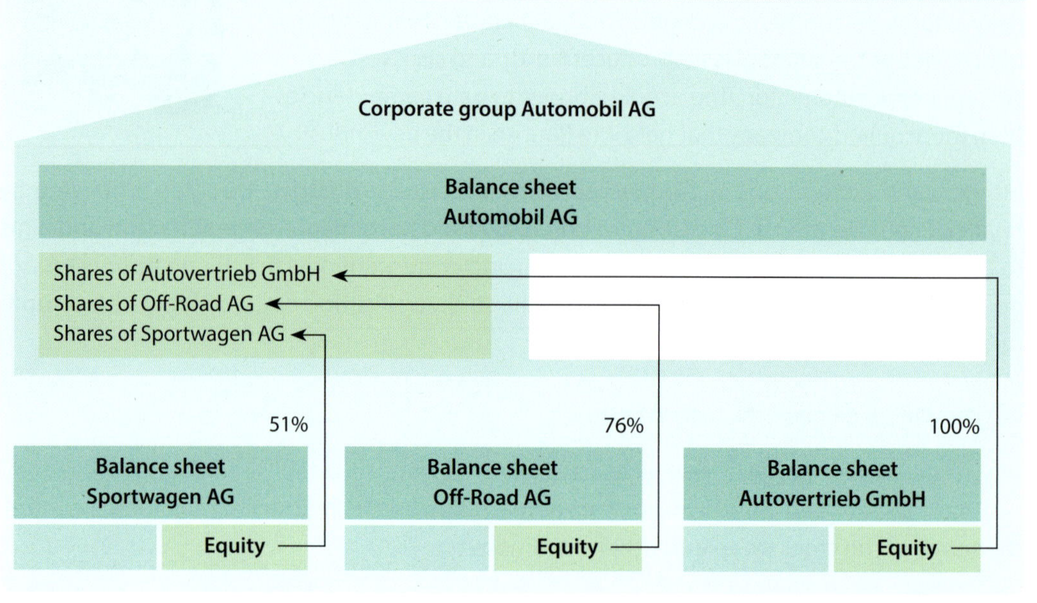

A situation where the management of a company facing an acquisition does not want to be taken over is referred to as a **hostile takeover**. The management can try to prevent the takeover, e.g. by looking for a different investor ("white knight") willing to buy the company instead. However, if the acquiring company gains a majority stake, the management board cannot prevent the acquisition.

A **merger**, by contrast, is only possible if the **annual general meetings of shareholders** of all the companies concerned agree on the merger with a majority decision. This guarantees a complete stock swap, which is necessary for establishing the new legal and economic entity. The **ownership structure** of the new company will depend on the ratio of the market values that the former companies had as well as on the terms negotiated in the merger agreement.

Example of ownership structure after a merger of two companies in the car industry

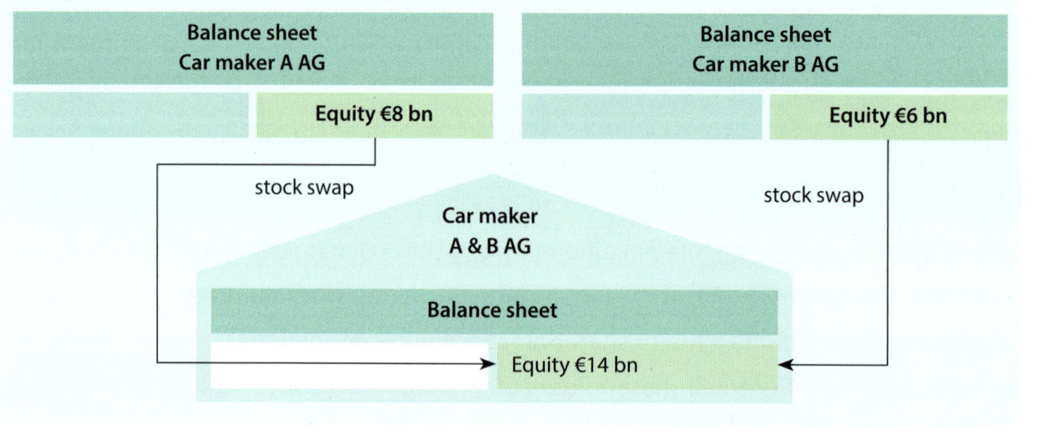

Opportunities and risks

Mergers and acquisitions (M&A)	
Opportunities	**Risks**
▪ Horizontal M&As increase the relative market share of the companies involved. ▪ With companies working together, competencies can be combined, which may lead to improvements of products or processes. ▪ Market entry into other countries may be easier or faster for companies by engaging in M&A compared to the formation of wholly-owned subsidiaries ("greenfield investments"). ▪ Producing larger volumes of goods may increase bargaining power over suppliers and distributes fixed cost among more units. This leads to cost savings ("economies of scale").	▪ The M&A process is costly and needs guidance by investment banks and consulting firms. ▪ The companies involved may pursue different goals which might lead to conflicting goals. This could make the merger or the acquisition difficult to manage. ▪ It is difficult to correctly value a company in a way that is fair to all parties involved. ▪ Aligning the business processes and organisational structures (i.e. postmerger integration) of different companies is difficult and expensive. ▪ Conflicts may arise when integrating the processes and staff of the companies involved. One reason might be differences in the corporate cultures (i.e. norms and values) of the previously independent companies. ▪ Often, many managers leave the company, especially if the takeover was hostile. ▪ Empirical studies show that M&A transactions often do not pay off in terms of company value and profit situation. ▪ Managers might engage in M&As in order to build an "empire" (and thus raise their personal salaries and their power) even if this does not make sense in economic terms. ▪ Some companies decide to split up and become independent entities again. ▪ Antitrust authorities might object to the transaction or reject it altogether.

Cultural differences causing a merger to fail

A classic example of a merger disaster is the creation of DaimlerChrysler. Some experts claim this was mainly due to cultural differences between the German and the American parts of the new company.

Although the two companies were active in the same industry, their management styles, norms and values were very different. Daimler-Benz put emphasis on hierarchies, efficiency and safety whereas Chrysler had a more team-based organisation, encouraging employees to be creative and take entrepreneurial risks. These differences may be rooted in the different cultural standards of the two countries, and also in the different organisational cultures of the two long-established companies.

The deal was announced as a "merger of equals". In fact, the larger German part became dominant, causing dissatisfaction among former Chrysler employees. Eventually, Chrysler was sold at an enormous loss and the company renamed "Daimler AG".

Block diagram for chapter 5: Forms of integration and cooperation

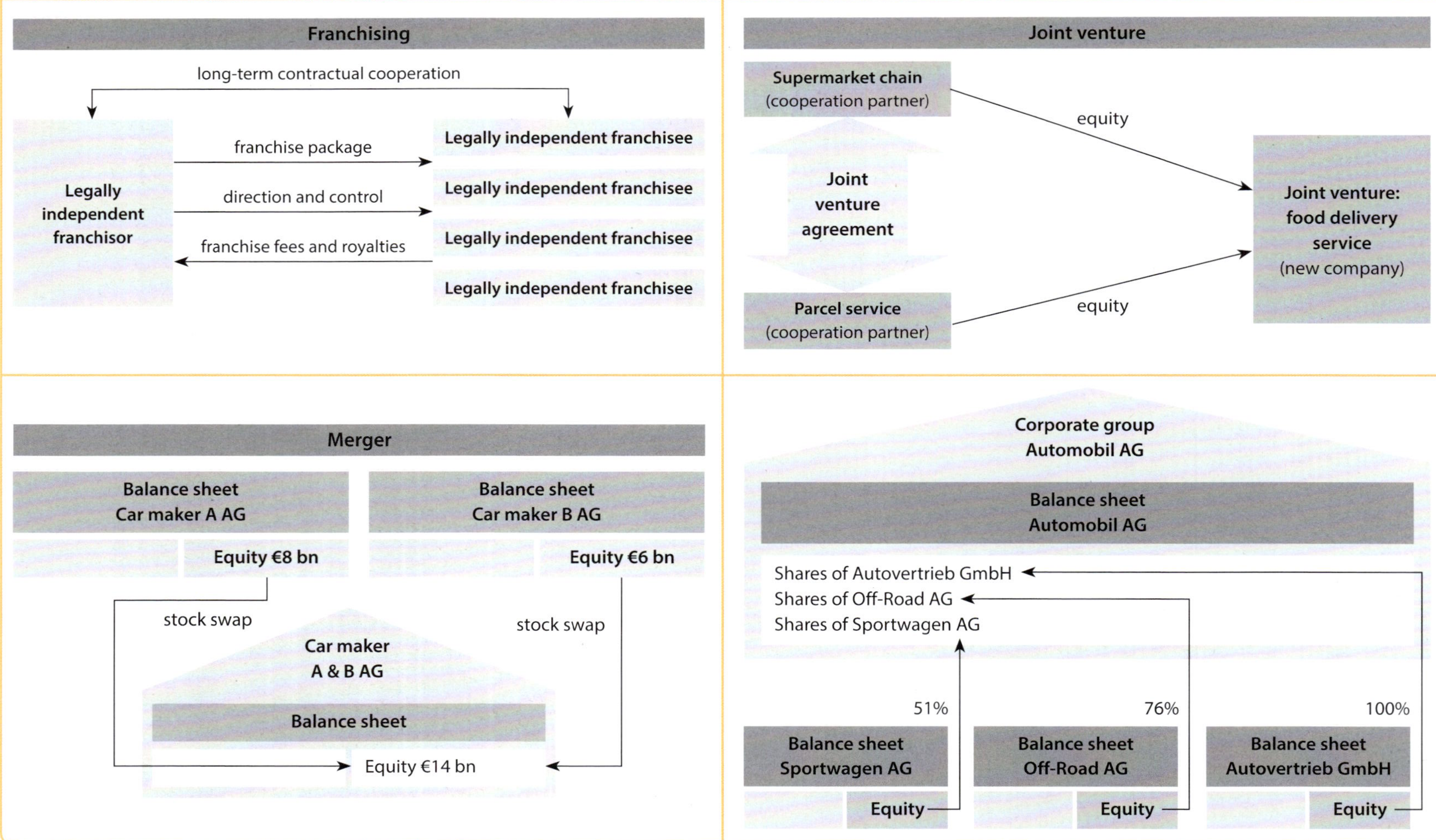

KEY TERMS TRANSLATED

vel.plus/BHBILIB18

acquisition	Unternehmensübernahme, Aufkauf	franchisor	Franchisegeber
annual general meeting	Hauptversammlung	hostile takeover	feindliche Übernahme
capital commitment	Kapitaleinsatz, Kapitalbindung	licensing	Lizensierung
control agreement	Beherrschungsvertrag	managerial authority	Weisungsbefugnis
entrepreneur	Unternehmer	organisational control	Organisationskontrolle, Organisationsgewalt
equity	Eigenkapital	parent company	Muttergesellschaft
franchise agreement	Franchisevertrag	royalty	Lizenzgebühr, laufende Gebühr
franchise fee	Franchisegebühr	stock swap	Aktientausch
franchisee	Franchisenehmer	takeover	Unternehmensübernahme, Aufkauf
franchising	Franchising, Konzessionserteilung		

Check your competences with a self-assessment list.

Scan the **QR code** or use the following link: vel.plus/BHBILIB19

INTRODUCTORY EXERCISE

for chapter 5 Forms of integration and cooperation

PDF vel.plus/BHBILIB20

IE 1 Internationalisation strategies: Ways of going abroad

1. Draw a chart with the following axis:
   - Horizontal axis: low to high organisational control
   - Vertical axis: low to high capital commitment abroad
2. Assign the following cases to the chart:
   a) An Austrian energy drink company licenses the rights to make its energy drink and to use its famous brand name to beverage companies in American, African and Asian countries.
   b) Chinese solar panel producers produce their panels in China and sell them in many other countries.
   c) A US coffeehouse chain is looking for entrepreneurs in major European cities who want to use its business concept. The chain is planning big advertising campaigns in Europe. In exchange, it will receive a certain percentage of the monthly sales revenues.
   d) A German car manufacturer opens a production site in Brazil. The Brazilian subsidiary is legally independent but its shares are 100% owned by the German parent company.
   e) An Italian car manufacturer purchases a major stake in a US car manufacturer that is in financial trouble. The Italians want to introduce their models to the US market and vice versa.
   f) A German insurance company takes over a German bank.
   g) A German car manufacturer decides to establish a production plant in Shanghai, China. The Chinese government claims that 50% of the subsidiary must be owned by the City of Shanghai.
3. Identify the international market entry strategies that are described in the cases above.
4. Discuss alternative market entry strategies for two of the examples above.

vel.plus/BHBILIB21

REVISION OF BASIC KNOWLEDGE

for chapter 5 Forms of integration and cooperation

5.1 Choosing a form of integration or cooperation

1. Name a form of integration or cooperation that requires a large amount of capital.
2. Name a form of integration or cooperation that allows for full organisational control.
3. Describe two possibilities how two companies (from different countries) may become one.

5.2 Franchising

1. Define the terms "franchisor" and "franchisee".
2. Explain why franchising can be described as vertical cooperation.
3. Describe how franchising can serve as an entry strategy into international markets.
4. Name the motives for a franchisor and a franchisee to engage in a franchise system.
5. Explain the legal status of the participants of a franchise system. Use the term "franchise agreement".
6. Describe which participant owns what parts of the franchise system.
7. Outline possible opportunities and risks for both franchisor and franchisee.

5.3 Joint venture

1. Explain the basic principle of a joint venture.
2. Decide whether a joint venture can rather be described as integration or cooperation.
3. Describe how a joint venture can serve as an entry strategy into international markets.
4. Name motives of companies to start a joint venture.
5. Explain the legal status of the parent companies and the joint venture.
6. Outline the ownership structure within a joint venture cooperation.
7. Outline possible opportunities and risks of a joint venture cooperation.

5.4 Merger & acquisition (M&A)

1. Explain the terms "merger" and "acquisition".
2. Decide whether mergers and acquisitions can rather be described as integration or cooperation.
3. Describe how M&A can serve as an entry strategy into international markets.
4. Name motives for horizontal M&A.
5. Name motives for vertical M&A.
6. Name motives for lateral M&A.
7. Explain the legal status of the contracting parties involved in an M&A deal.
8. Compare the ownership structure after a successful merger with the ownership structure after a successful acquisition.
9. Outline possible opportunities and risks of M&A deals.

TASKS FOR APPLICATION AND PRACTICE

? HILFE

vel.plus/BHBILIB22

for chapter 5 Forms of integration and cooperation

Task 1 Franchising – expanding a coffeehouse business

After having worked for 20 years as sales managers in the textiles industry, Karim and Susanne Kapila both decide to quit their jobs and become self-employed. On their international business trips they have seen a lot of coffeehouses with inspiring concepts. They decide to develop their own concept for a coffeehouse which they call Nara. They open it in the city centre of their hometown Heilbronn. Offering self-baked bread and self-roasted coffee combined with a stylish atmosphere proves to be extremely successful. The customers appreciate the menu and the atmosphere, and they are willing to pay premium prices. They even accept the self-service concept and they do not mind having to queue at peak times.

© Andriy Bezuglov – stock.adobe.com

1. Karim and Susanne are thinking about expanding their business to other towns in Baden-Württemberg. However, opening wholly owned subsidiaries seems problematic. They would have to raise a lot of additional capital, and managing multiple subsidiaries would be difficult.
   a) Explain why franchising is a vertical form of cooperation.
   b) Outline the basic principle of franchising using the example of Nara.
   c) Explain how franchising could help the couple to expand their coffeehouse business.
2. Lisa Kuninger wants to open a Nara franchise in Pforzheim. She finds the following information on Nara's website:

Nara's data for potential franchisees	
Investment (store fittings)	€450,000 to €600,000
Initial franchise fee	€30,000
Ongoing license fee (royalties)	3% of monthly net sales revenues
Contract period	based on rental agreement (usually 10 years)
Expected net sales revenues per square metre (m^2)	€7,200 to €11,000 per year
Shop size requirement	50 m^2 to 250 m^2 plus outdoor seating area
Estimated labour costs (Germany)	34% of net sales revenues
Estimated cost of goods (Germany)	31% of net sales revenues
Rent (Germany)	10% to 15% of net sales revenues
Lead time to set up the business	6 months to 2 years

   Lisa Kuninger has €100,000 in cash. Her bank is willing to provide a loan of €400,000, leading to monthly installments of €2,000 for interest and principal. A location in the city centre of Pforzheim with a size of 150 m^2 would be available with a 15-year lease agreement for €80/m^2 per month. She expects annual net sales revenues to be €8,000 per m^2.
   a) Lisa first wants to find out whether revenues are sufficient to cover her monthly costs. Calculate the amount of money that she would presumably have left after having paid ongoing license fees, labour costs, cost of goods and rent, and evaluate the result.
   b) Discuss non-monetary opportunities and risks for Lisa Kuninger as a franchisee.
3. Five years after the introduction of the Nara franchise, there are 12 coffeehouses run by 8 franchisees throughout Baden-Württemberg. After a change in the rules for the procurement of organic food ingredients, Lisa Kuninger and two other franchisees become dissatisfied with the franchisor. The dispute cannot be settled. As a consequence, the three franchisees cancel their franchise agreement with Nara and set up their own franchise concept which they label Nopa. They keep the coffeehouse interior and make small changes to the menu.

   Describe the problem that the franchisors Susanne and Karim Kapila face and discuss what they can do about it.
4. Karim Kapila's grandparents live in Mumbai/India. He notices that employees in Mumbai's financial district are adopting a western lifestyle and often visit coffeehouses. Discuss whether the Kapilas should enter the Indian market with their coffeehouse concept.

Task 2 Joint venture: How the VW Group entered China

In 1978 the Volkswagen Group (VW) received a visitor from China. After decades of isolation, the minister of engineering was now looking for foreign investors in order to promote car manufacturing in China. After negotiations between VW and the Chinese government, a joint venture agreement was closed between the Volkswagen Group and the state-owned Shanghai Automotive Industry Corporation (SAIC). The agreement resulted in the establishment of the joint venture Shanghai Volkswagen Automotive Co., Ltd. (SVW) in 1984. The contract duration was 25 years and equity holdings were split on a fifty-fifty basis.

1. Explain what type of cooperation the joint venture SVW represents (vertical, horizontal, lateral).
2. Identify the parent companies and the actual joint venture company.
3. List and assess the motives behind the joint venture for both VW and the Chinese government.
4. Explain the legal status of the joint venture company and who has economic control over it.
5. Discuss why VW did not establish a wholly-owned subsidiary in China.

6. Outline if the following developments are opportunities or risks for the cooperation partners VW and SAIC.
   a) The Chinese government announced it would no longer promote foreign car manufacturers with tax incentives. Also, all government cars have to be Chinese brands.
   b) With the help of VW's know-how, SAIC has developed technologies to build cars at prices as low as $4,800. They want to use these cars to enter the Indian and Indonesian markets.
   c) The market share of original Chinese car brands in China is less than 30% because foreign brands have a better reputation among Chinese consumers. Consequently, 90% of SAIC's sales revenues stem from its joint ventures with foreign car manufacturers and only 10% are earned with its own original domestic brands.

Task 3 Mergers and acquisitions in the global beer industry

In 2004, Europe's biggest brewing group and number three in the world Interbrew (Belgium) merged with South America's biggest brewing group and number five in the world Companhia de Bebidas das Américas (AmBev, Brazil). The newly formed InBev group has sales revenues of €9.5 billion and a presence in 140 countries, which corresponds to a 14% share of the global beer market.

The merger made InBev the global market leader in the beer industry, offering famous brands such as Beck's, Stella Artois and Brahma. InBev estimated that cost savings of €280 million could be achieved in the years following the merger.

1. Explain what type of integration the merger of Interbrew and AmBev represents (vertical, horizontal, lateral).
2. List and assess the motives behind the merger.
3. Explain the legal and economic steps that had to be taken to complete the merger.
4. Discuss why Interbrew chose not to enter the South American beer market on its own and, instead, merged with AmBev.
5. In 2008, market leader InBev merged with Anheuser-Busch, then number two in the industry. In 2016, the merged company Anheuser-Busch InBev acquired its largest competitor SAB-Miller for $107 billion. The combined brewing group represents half of the industry's profit and almost a third of worldwide sales.
   a) Explain why the mergers and acquisitions have come under scrutiny by antitrust authorities.
   b) Outline potential problems within the company after completing the merger.

Task 4 Forms of integration and cooperation – mixed real-world examples

Decide which form of integration and cooperation applies to the following cases.

1. In 2021, Customcells GmbH, a spin-off company of the Fraunhofer Institute producing lithium-ion cells, and Porsche AG established a joint production plant for high-performance batteries. The batteries are designed for Porsche's electric cars but can be bought by other companies as well. The new company named the Cellforce Group is jointly owned by Porsche (83.75%) and Customcells (16.25%).
2. a) In November 1999, the British mobile phone company Vodafone made a public offer to the shareholders of German competitor Mannesmann, offering 53.7 Vodafone shares for one of their Mannesmann shares. The Mannesmann management did not approve the offer.
   b) In February 2000, an agreement was announced between Vodafone and Mannesmann on uniting the two companies, giving Vodafone a 50.5% and Mannesmann a 49.5% share in the new company.
3. In the early 1980s, the two large German steel companies Thyssen and Krupp began cooperating in some business areas. They combined their flat steel activities in 1997, and merged in 1999 to form ThyssenKrupp.
4. BackWerk Management GmbH is located in North Rhine-Westphalia. It owns the concept of a standardised bread shop. Since 2003 more than 300 bread shops have been established by licensed entrepreneurs throughout Germany, Austria and other European countries. Licensees have to raise equity capital of at least €30,000 to start their business.
5. In 2021, Vonovia announced it would form a real estate giant by adding roughly 160,000 flats from Deutsche Wohnen to its existing 400,000. After two failures, Vonovia finally convinced 88 per cent of Deutsche Wohnen shareholders to sell their shares for €53 each.
   Discuss possible effects on consumers of increasing market power of MNCs using the last example.

Learning area C

Human resource management in multinational companies

1 Organisational structures of MNCs

Competences:

- *describing types of organisational structures* — 1.1 Types of organisational structures
- *analysing the suitability of different types of organisational structures for MNCs* — 1.2 Evaluating organisational structures of MNCs

1.1 Types of organisational structures

The need for organisational structures

When a company starts doing business, it usually begins as a small enterprise. In a start-up, the founder usually is the single top manager. All activities are coordinated by this person. Therefore, all employees check their actions with the top manager.

However, as the company grows and becomes internationally active, more people with different tasks at different hierarchical levels are hired, which makes it difficult for the founder to coordinate the growing number of employees. At this point, a company often creates formal structures to make sure that the business is run efficiently. These organisational structures can be visualised in simplified ways with the help of organisational charts.

An organisational structure shows the network of relationships that exists among different parts of a company, such as branches, departments and individuals. It determines how information flows within the company and how the company operates to achieve organisational objectives.

Functional organisational structure

Basic concept of the functional structure

In order to better coordinate the business activities, corporate management can create a **functional structure**. It sets up different departments which can be organised around the main functions (e.g. production, marketing, accounting) of the company.

If a company with a functional structure expands its operations to other countries, it will usually start by exporting its products. In this case, a new department is added to deal with exports. This structure can often be found in small and medium-sized companies.

Example of a (simplified) functional structure of an internationalised car manufacturer

A car manufacturer puts the departments for production, marketing, accounting and exporting directly below the corporate management level. On the level below these functions, departments can be organised along product lines. The positions of the employees are assigned to each department. Departments at the third level are organised by the types of cars that are produced.

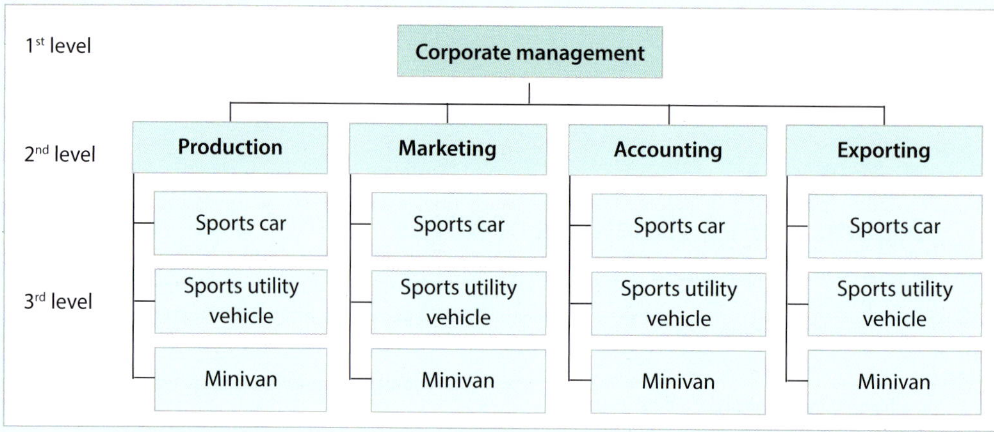

! In a functional organisational structure, a specialised export department is in charge of all international business activities of a company.

The functional structure in a multinational company

When the company expands further into more markets, international activities should be integrated instead of separating them in the form of an export department. The departments become responsible for global operations. This structure is useful if the products don't have to be adapted to different markets. Entire functions such as production can be outsourced to suitable countries by multinational companies (MNCs).

Global functional organisational structure of a car manufacturer

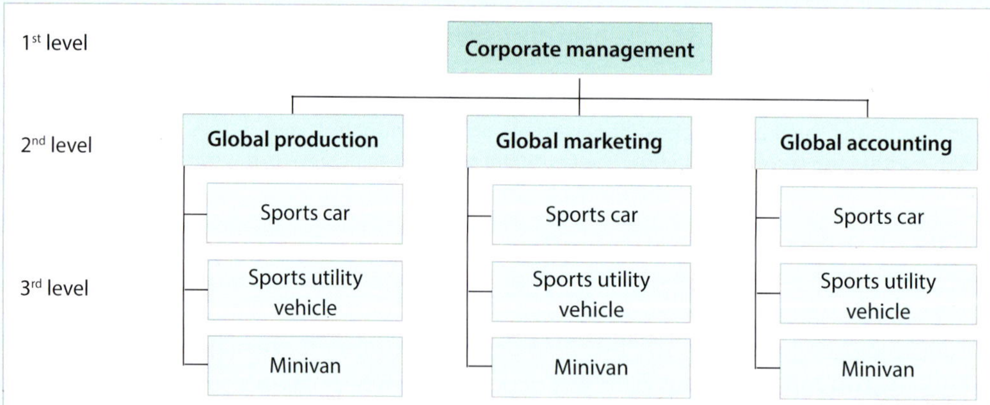

A functional structure has several **advantages**. It can be efficient as employees can specialise in their functional area and use their knowledge to serve all product lines. Economies of scale can be realised because the production department, for example, will buy large amounts of input and produce large volumes. Also, managers of each department have clear objectives: the marketing manager must try to maximise sales, while the production manager must try to minimise production costs.

! The advantage of a functional structure is a high degree of specialisation and efficiency.

A **disadvantage** of such a structure is that employees can become too focused on their own department and forget to care about the company as a whole. Furthermore, coordination between departments isn't possible without involving corporate management. Therefore, communication between departments can be difficult.

Example of the relationship between production and marketing in a functional structure

Marketing people deal with customers who often make special requests such as extra features or changes from the standard product. Since marketing people are interested in winning as many orders as possible, they often agree to such special requests. However, employees in the production department don't like special requests for their products because every change means that the production department will have extra work, which, in turn, makes production more expensive and less efficient. As a result, there are often conflicts between these departments, which must be resolved by the corporate management level.

! **Disadvantages of a functional structure can be seen in the difficulties of communication between departments and in understanding the company as a whole.**

Divisional organisational structure

Basic concept of the divisional structure

As a company grows, corporate management operating within a functional structure might find it more difficult to coordinate the company's business activities. A **divisional structure** provides an alternative to a functional structure. Here, the second level, that is the level below corporate management, is set up by product lines, regions or customer types (corporate customers vs consumers) rather than by business functions. This might be especially useful if the company grows regarding the number of product lines, regional markets or customer groups. This way, the departments become output related divisions of the company.

Example of a (simplified) divisional organisational structure in the car industry

The car manufacturer creates a division for each product line below the corporate management level. On the third level, the company follows a functional approach again. In this case, each division has its own production, marketing and accounting departments.

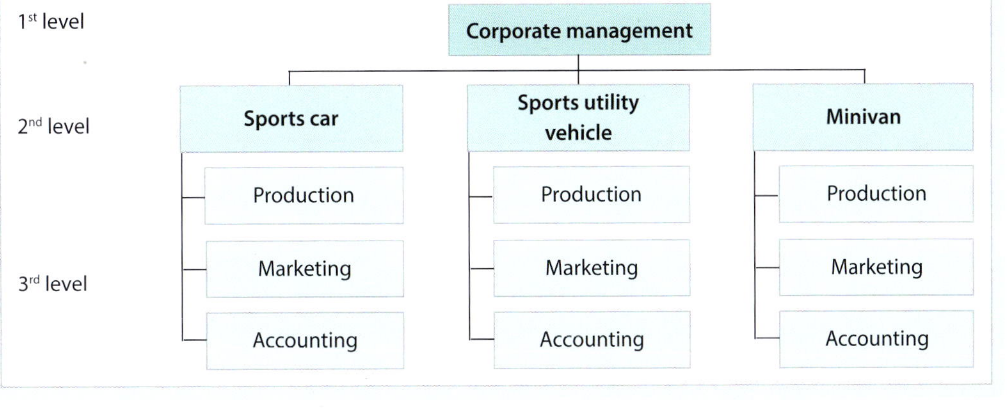

If the product divisions are relatively independent from corporate management and can set up strategies as well as products on their own, they are called **"Strategic Business Units"** (**SBUs**). In this case, the divisions act as almost separate companies with only few directives from the top level.

In a divisional organisational structure, departments at the level directly below the corporate management level are arranged around the product lines of the company.

One of the **advantages** of the divisional organisational structure is that the divisions can focus on their respective products. In the example of the car manufacturer, the divisions can specialise in their particular product line: sports cars, sports utility vehicles or minivans. Departments within the division can coordinate their activities more easily, since they only have to focus on one product line. Thus, the sports car division can concentrate on the technology of or potential customers for sports cars. Furthermore, it's easier for corporate management to measure the contribution of a division to the success of a certain product. For example, if sports cars don't sell well while on the other hand minivans are successful, the responsibilities will be much easier to see than in a functional structure.

Advantages of the divisional structure are customer proximity and the ease with which the success of a division can be recognised.

On the **downside,** resources can't always be used efficiently in a divisional structure. A multidivisional company needs more employees because it has separate departments for each product line. It might happen that marketing people for the sports car have excess capacity, while the marketing people for minivans have to work overtime. Therefore, there is a danger of inefficiency in the use of resources in this type of organisational structure.

Inefficiency in the use of resources is the main disadvantage of the divisional structure.

The divisional structure in a multinational company

Example of an internationalised car manufacturer with regional divisions (simplified)

The "Asia-Pacific" division of a car manufacturer might concentrate on rather small cars with value for money that suits the needs of consumers in newly industrialised countries. It is a disadvantage of these regional headquarters that economies of scale will often be lost because no global solution can be found as long as each region tries to find its own solution for the challenges in manufacturing, marketing and so on.

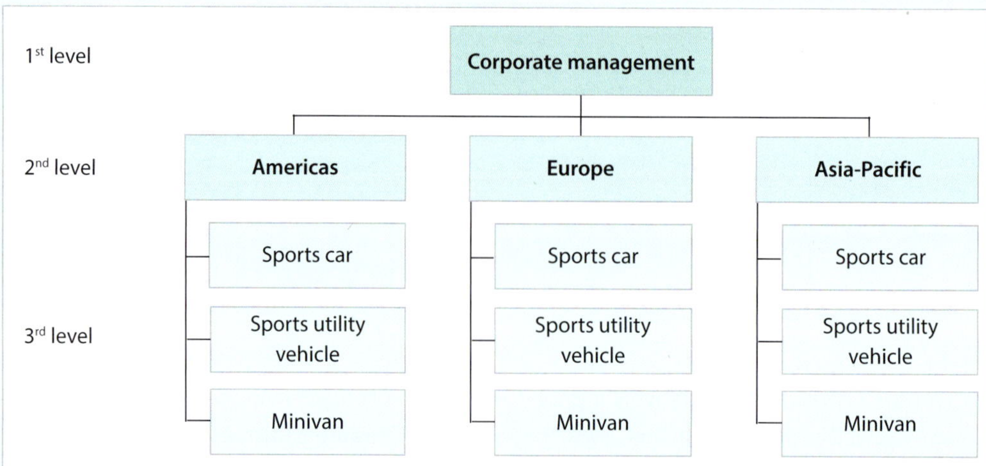

A company with a divisional structure can, when it starts operating in other countries, decide to integrate its international activities into its divisional structure by **assigning the divisions to certain regions or countries**. Each division is responsible for all product lines of the company. As a consequence, the divisions can focus on the special requirements of a country or a region.

! **The divisional organisational structure of a company with international business activities can be arranged to take account of the regions the company operates in. The organisational position of the resulting regional divisions is directly below the level of corporate management.**

Another way to take account of the internationalisation of business activities in the divisional structure of a company can be to **allow each product division to operate worldwide**. In this case, the divisional managers are responsible for all **global** operations relating to their product line. An **advantage** of such a structure is that economies of scale can be achieved more easily than in a divisional structure arranged by regions. Furthermore, the divisional managers can act as almost autonomous entrepreneurs and thus effectively operate in the world market of their product line. **Disadvantages** of such a structure include the lack of attention to regional specifics and the lack of coordination between the various product lines of the company that operate in the same country.

Example of an internationalised car manufacturer with global product divisions (simplified)

In this case, the divisional manager for sports utility vehicles might want to minimise costs by producing cars with small fuel tanks. But the manager might fail to take into account the specific requirements for regional markets, such as South America, where big fuel tanks are needed because of the considerable distances between fuel stations. Also, marketing campaigns might not be sufficiently coordinated if, for example, both sports utility vehicle and sports car divisions run advertising campaigns independently which then differ in appearance and message.

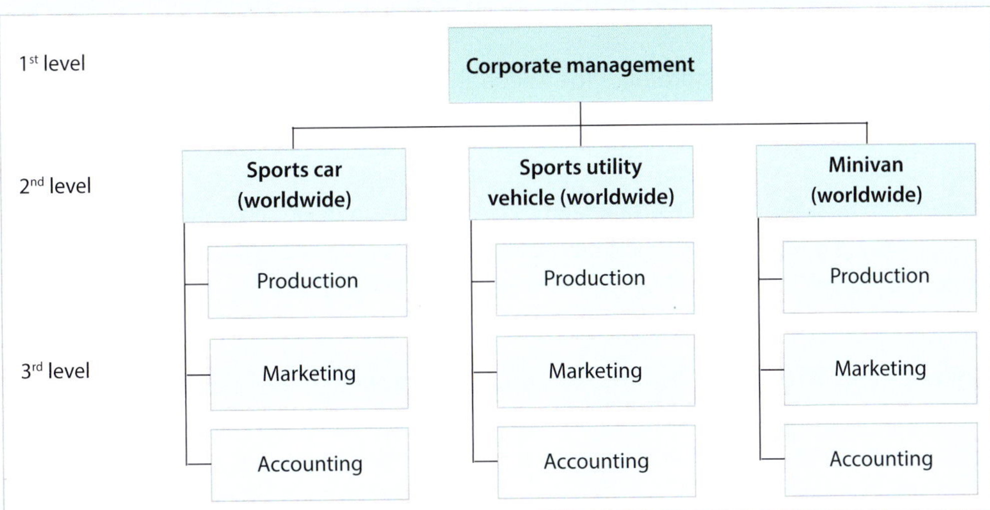

! **The divisional organisational structure of a company with international business activities can be arranged so as to reflect its product lines. The resulting divisions operate worldwide and their organisational position is set directly below the corporate management level.**

Task 1
p. 147

Also, in business reality, **mixed forms of organisational structures** can often be found. The reason for this is that structures grow; and they keep changing because, over time, a company will add or give up business activities. As a consequence, a company in the real world will not have a pure structure as described above. Still, knowing about the different theoretical models of organisational structures with their advantages and disadvantages will be useful in the process of establishing effective structures for multinational companies.

! **In business reality, organisational structures aren't always as pure as in theoretical models.**

1.2 Evaluating organisational structures of MNCs

Different criteria such as responsibilities, communication channels and coordination effort can be used to evaluate the suitability of different organisational structures for different multinational corporations.

Responsibilities

Responsibility in an organisational context can be seen as the duty to carry out certain tasks. Since managers can **delegate** (= temporarily pass on) tasks and **authority** to lower hierarchical levels, they are not only responsible for their own actions but also for what happens within the hierarchical levels below them. The scope of their responsibility depends on the degree of **centralisation** (or **decentralisation**) of decision-making.

When decision-making is **centralised**, managers at the top of a hierarchy (corporate management) have the authority to take all the decisions for the company. This involves a lot of responsibility for the outcome of their decisions. In functional organisational structures, employees working in specialised departments usually report to a single authority – the head of their department, who then reports to corporate management. Corporate management needs to consider how to coordinate the needs and goals of all the different departments.

In a **decentralised** structure, authority is also given to managers at lower levels who then have the power to take decisions, too. This is more common in divisional structures, where decisions can be taken for, say, certain regions or products. In these separate strategic business units, corporate management delegates authority to regional or product managers. This can lead to higher efficiency and flexibility, since these managers can take decisions tailored to their specific regions or products quickly.

Employees and managers at lower levels are **accountable** to managers at higher levels, so they not only have to report to them but also are also obliged to explain their actions and outcomes and take responsibility for their actions, for instance by facing the consequences.

Concepts related to responsibilities in organisational structures

Responsibility: the duty to carry out certain tasks
Authority: the right and power to give orders, make decisions and direct and control others
Delegation: giving tasks and authority to lower level staff
Accountability: the obligation to explain and take responsibility for one's actions, for example by facing the consequences
Centralisation: power and authority are concentrated in one place, i.e. in corporate management
Decentralisation: power and authority can be found at several places, i.e. at other management levels

Communication and reporting channels

Decisions are often communicated from top to bottom of a hierarchy. They follow the **chain of command** (line of authority). The person at the top (corporate management) has **authority** over lower levels. They can give orders and delegate responsibilities down the chain of command, so objectives and decisions are communicated from top to bottom of a hierarchy. Inversely, information that managers need to take decisions (e.g. information about customer feedback, costs and sales) is communicated up the chain of command. Workers in a functional structure report to their heads of department who then, if necessary, communicate with each other and report to corporate management.

Depending on the **number of levels**, hierarchies can be considered as **tall** (with many levels) or **flat** (with few levels). In flat structures, each manager usually has a fairly wide **span of control**, meaning that they are responsible for more people. Tall structures have a long chain of command, so it can take a long time for decisions and orders to reach the workers at the bottom of the hierarchy.

Delayering is the removal of one or more levels of a hierarchy. In this case, multiple people hold responsibility, communication can be more efficient and employees might be more motivated and satisfied if they hold greater responsibility. It also contributes to the decentralisation of power and decision-making.

Concepts related to communication in organisational structures

Task 2 p. 147

Chain of command: the way instructions, orders and authority are passed from one hierarchical level to the next (lower) one
Span of control: the number of people who directly report to a manager

Online communication in MNCs

Economics and Business Basics Learning area D Chapter 4.1

© fizkes – stock.adobe.com

Multinational corporations might allocate specific functions to different countries. The production department of an outdoor wear manufacturer with a functional organisational structure might be located in Bangladesh, accounting and finance in Romania, while all other functions are located at the headquarters in the USA.
The distance between these countries makes communication more of a challenge. The employees must be aware of cultural, religious, social and linguistic differences. Additionally, time differences might make it difficult to get in touch with the heads of other departments during "regular" working hours.
Solutions to these challenges include training staff in **intercultural awareness** and **online communication**. Online communication and the use of virtual workplaces and teams have become more common in recent decades. Useful elements include informative intranets, e-mail, instant messaging services, teleconferencing, videoconferencing and web-based collaborative workspaces.

Coordination effort

Coordinating is an important managerial function. No single department or division can be expected to achieve the **organisational objectives** on their own. The activities, tasks and goals within the company need to be integrated and harmonised, which affects all managerial functions such as planning, organising, controlling, leading and staffing. Managers at each level also need to contribute to coordination.

Two forms of coordination are important: vertical and horizontal coordination. **Vertical coordination** links activities at higher and lower management levels to achieve organisational objectives. This coordination depends strongly on the existing hierarchy, the degree of centralisation of decision-making and the amount of delegation. **Horizontal coordination** focuses on the harmonisation of activities on the same or similar hierarchical levels (e.g. between different departments).

Task 3 p. 147

! It depends on size and structure of a business how much coordination effort is necessary.

Divisional structure: Since larger companies (especially multinationals) may have their activities located at different places, it might be difficult for employees and managers to interact closely and frequently with other locations. In a divisional structure by regions, individual divisions might focus on their own market and forget that other divisions may have similar challenges and objectives. Instead of working together, many efforts (and functions) are duplicated, which can be a waste of resources and manpower. Coordinating a shared marketing campaign or joint procurement could save resources.

Functional structure: In functional structures, the activities of the different departments need to be brought together in order to achieve corporate objectives. Not just corporate management but also the heads of the departments need to see the organisation as a whole in order to put common organisational goals before departmental ones.

Block diagram for chapter 1: Organisational structures of MNCs

Organisational structures
- are networks of relationships within a company
- determine how information flows and how organisational objectives are achieved

Internationalised functional structure

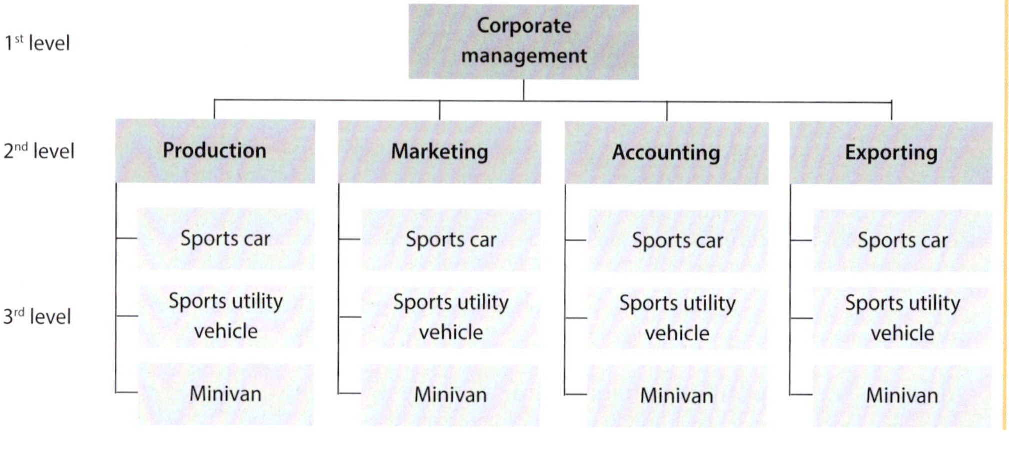

Global functional structure

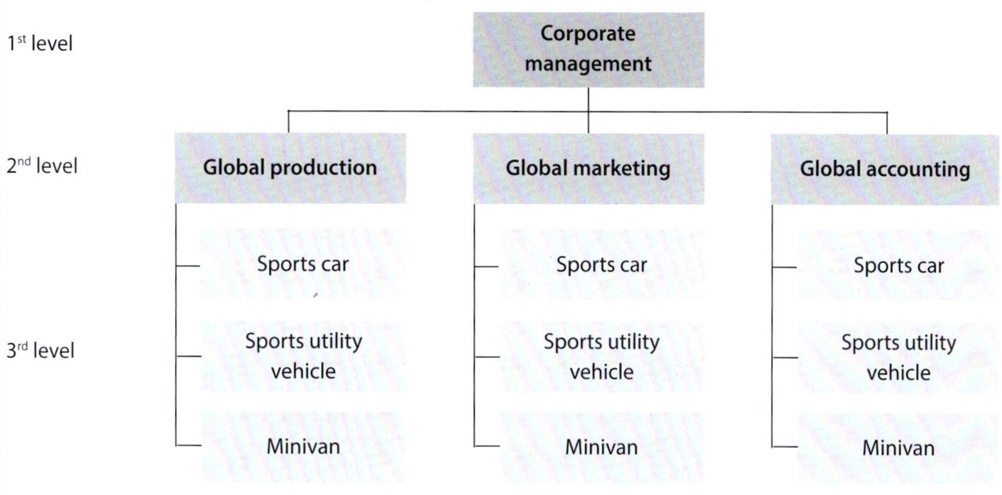

Regional divisional structure

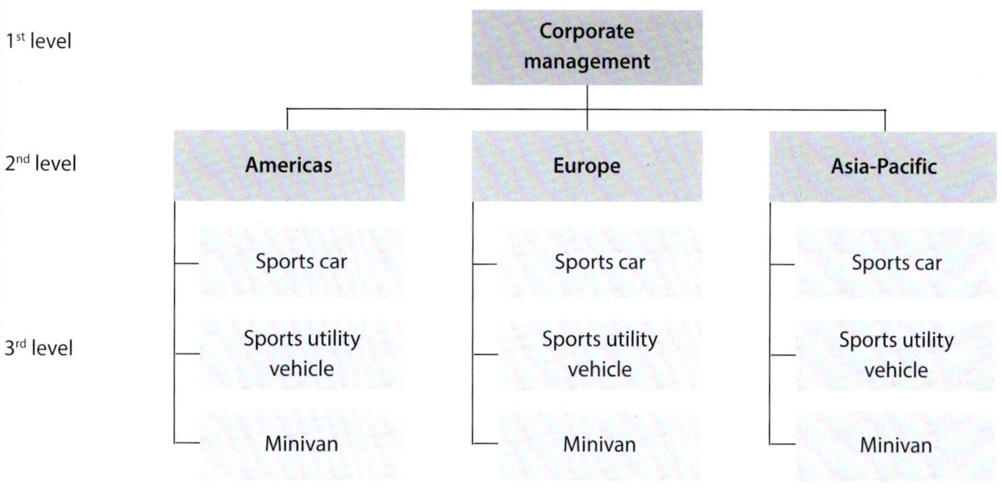

Worldwide divisions

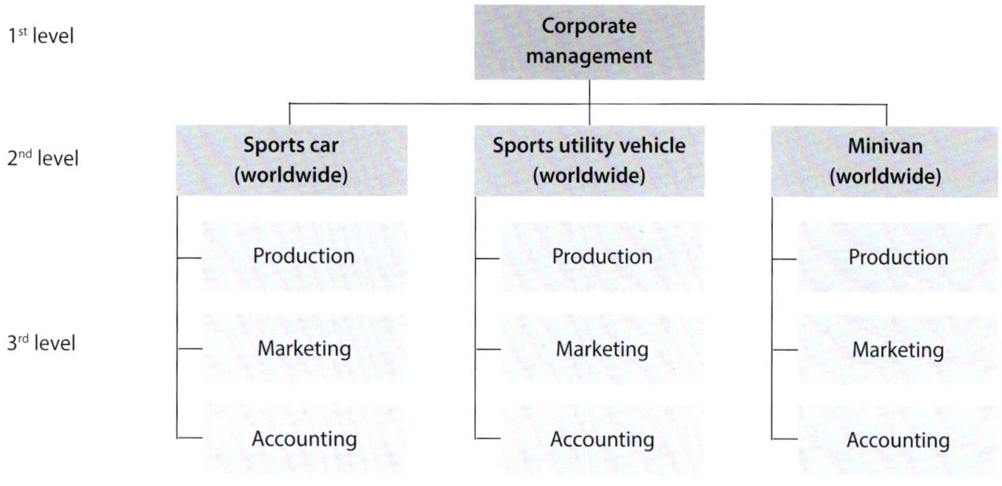

Criteria for evaluating organisational structures		
Responsibility	**Communication and reporting**	**Coordination effort**
■ authority ■ delegation ■ accountability ■ de-/centralisation	■ chain of command ■ span of control ■ tall/flat hierarchies ■ delayering ■ online communication	■ organisational objectives ■ integration/harmonisation ■ horizontal/vertical coordination

vel.plus/BHBILIC11

KEY TERMS TRANSLATED

accountability	Verantwortung, Rechenschaftspflicht	delegation	Delegierung, Befugnisübertragung
authority	Weisungsbefugnis, Kompetenz	divisional organisational structure	divisionale Organisations-struktur, Spartenorganisa-tionsstruktur
chain of command	Befehlskette, Weisungslinie	functional organisational structure	funktionale Organisationsstruktur
customer proximity	Kundennähe	responsibility	Zuständigkeit, Verantwortlichkeit
delayering	Abbau von Managementebenen	span of control	Führungsspanne, Leitungsspanne

Check your competences with a self-assessment list.

Scan the **QR-Code** or use the following link: vel/plus/BHBILIC01

vel.plus/BHBILIC02

REVISION OF BASIC KNOWLEDGE

for chapter 1 Organisational structures of MNCs

1.1 Types of organisational structures

1. Explain why small companies often have no formal structure.
2. Explain the necessity of organisational structures for larger companies.
3. Describe a functional structure.
4. Describe two different divisional structures.

1.2 Evaluating organisational structures of MNCs

1. Name three criteria for assessing the suitability of an organisational structure.
2. Differentiate between centralised and decentralised decision-making.
3. Explain the difference between responsibility and accountability.
4. Assess the suitability of a functional structure based on three different criteria.
5. Assess the suitability of a divisional structure based on three different criteria.

TASKS FOR APPLICATION AND PRACTICE

for chapter 1 Organisational structures of MNCs

Task 1 Organisational structures

The German engineering company Yilmaz & Schmidt GmbH employs 450 people. It produces packaging machines and turning machines. The international company sells 50% of its products abroad. The machines that it makes are quite standardised with little need for regional specification. The only production site and headquarters are in Germany (Offenburg).

1. Yilmaz & Schmidt's organisational chart looks like this:

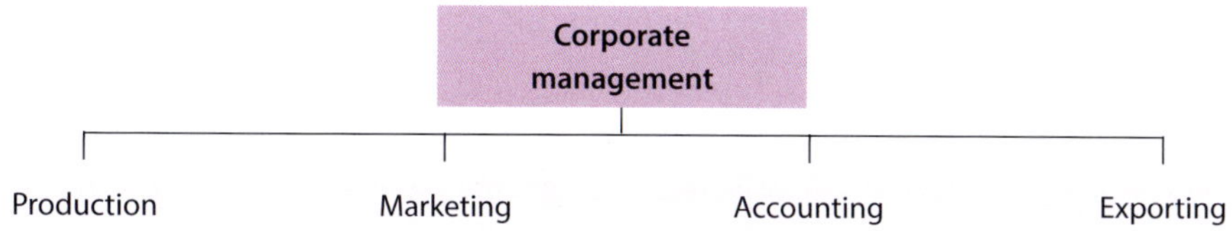

   a) To be closer to its most important customers, Yilmaz & Schmidt GmbH decides to set up subsidiaries in its two most important markets: France (Lyon) and Great Britain (Manchester). Draw two organisational charts with three levels showing their two options if they want to set up a divisional structure.

   b) Decide which of the two concepts of divisional structure the company should adopt. Give reasons for your choice.

Task 2 Choosing an organisational structure

For the following cases, identify the matching organisational structure and give reasons for your choice.

1. A multinational chemical company is located in North America, Asia and Australia. There are no local requirements that make it necessary to adapt the chemicals to different regions. This is why the company offers highly standardised mass products to business customers. The product range, however, is very broad and includes plastics, liquids and gases. Accordingly, the customer base is heterogeneous with customers operating in many different industries.

2. A tool construction company located in Ulm employs 300 people. It exports half of its production to EU countries. The company's products are quite similar to each other. The customer base is rather homogeneous and consists of packaging producers with similar requirements in terms of product specification.

Task 3 Assessing an organisational structure

In 2005, the Fortune 500 company Avon Products Inc., a US cosmetics and perfume seller, delayered the company by removing several levels of management, which amounted to 28% of the management team.[1] The company is present in North Latin America, Western Europe, and China, and other countries. They sell cosmetics, perfume and skin care products. Their main departments are HR, IT, production and sales.

? HILFE vel.plus/BHBILIC03

1. a) Name and draw two options of organisational structures with three levels for Avon based on the given information.

   b) Explain which organisational structure is in reality more likely for Avon.

2. a) Describe the potential effects of this delayering on the chain of command and the span of control of the top management levels.

   b) Discuss other positive and negative effects that the delayering might have had on the company.

   c) Give an example of vertical and of horizontal coordination for one of the structures.

   d) Explain why coordination is a key factor for organisational success.

1 Managementpedia.com. Leadership Style at Avon Products. (9 May 2011). <https://www.managementpedia.com/threads/leadership-style-at-avon-products.221444/> (accessed 01 October 2021).

2 Motivation, leadership and employer branding

Competences:

- *explaining motivation theories and factors*

2.1 Motivation theories

- *describing types of leadership*
- *evaluating leadership effects on employee motivation in intercultural context*

2.2 Types of leadership

- *explaining the concept of employer branding in context with its aim of improving employer attractiveness*

2.3 Employer branding

2.1 Motivation theories

IE 1
p. 169

Start developing your competences concerning the topic *motivation theories* with introductory exercise IE 1.

2.1.1 Types of motivation

Definition of motivation

The performance of an employee depends not only on the leadership style of the superior, but also on the employee´s attitude to work. This makes it necessary to direct the focus on the employee´s motivation, i. e. their motives for working and ways to positively influence these motives.

Motivation (from latin movere = to move) comprises the various motives that influence human behaviour in terms of content, direction and intensity. Employee motivation determines the direction, strength and duration of the employee´s performance and as a result the productivity of the employee´s work.

In principle, there are two kinds of motivation: intrinsic motivation (coming from inside) and extrinsic motivation (coming from outside).

Intrinsic motivation

With intrinsic motivation, human beings are motivated by the activity itself. People do something simply because they want to do it, so they are motivated from inside. **Intrinsic motivation** therefore relies on factors which human beings consider important themselves. For employees, intrinsic motivation means that a person does a particular job **for the job itself**. Therefore, people who are intrinsically motivated find a high degree of satisfaction in the job itself.

However, this intrinsic motivation doesn't necessarily have to be a positive one such as job-satisfaction or self-validation. It could also be connected to negative feelings such as fear of failure, insecurity and feelings of inadequacy. The outcome of negatively motivated actions is usually not as satisfying and could lead to problems for employees such as lasting unhappiness and a risk of burnout.

Intrinsic motivation is when something is done without expecting any separate, external reward. This inner drive can come from inherent rewards such as enjoyment, interest or self-fulfilment, or from negative feelings such as insecurity or a fear of failure.

Extrinsic motivation

With extrinsic motivation, the human being is motivated from outside. Here, the willingness of a human being is derived from the consequences that result from an activity. In other words, motivation doesn't emerge from the activity itself, but from external incentives such as the compensation for work. The work output only serves as a means to the end of satisfying wants. Therefore, extrinsically motivated employees react very strongly to external rewards.

Negative motivators such as pressure from others or financial pressure could also lead to success. However, the associated negative feelings might prevail.

Extrinsic motivation is triggered by an external incentive that promises either a reward or the avoidance of a punishment or a negative outcome.

Task 1
p. 170

Intrinsic and extrinsic motivation with positive and negative motivators

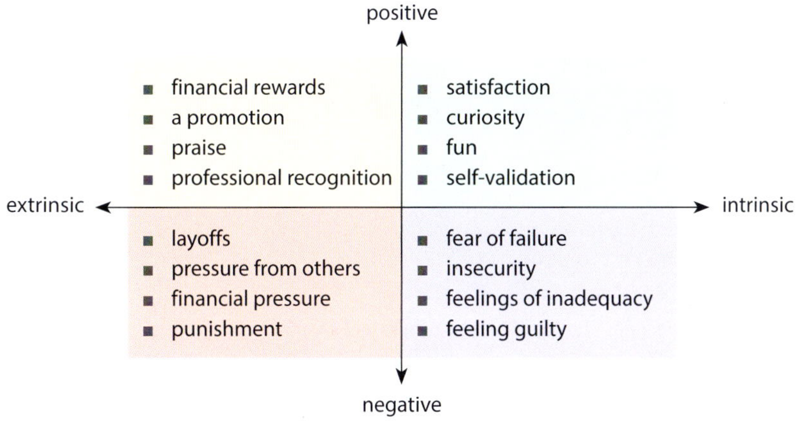

Positive intrinsic and extrinsic motivation

At school:

- Jane **enjoys** learning new languages. She likes being able to understand English books and song lyrics, so she is **intrinsically motivated** to study English vocabulary by the **pleasure** of using the language.
- Judith does not enjoy studying English but she wants to get good grades in her exams, so she is **extrinsically motivated** by the **grades** to learn English vocabulary.

At work:

- At the end of the day, Mr Gonzales is usually satisfied and proud to have made delicious cakes and pies at the bakery he works at. This **satisfaction and pride** are his **intrinsic motivation** for doing a great job.
- Mr Hug doesn't mind making cakes and pies, but he really only goes to work because he knows that it will result in a nice monthly **pay cheque**. He is **extrinsically motivated** by his wages.

2.1.2 Motivation theories

Relevance of motivation in the workplace

Motivated workers usually have high productivity, and their high output leads to high profits for the company. Unhappy, unmotivated employees often don't work very effectively and are more likely to have high absenteeism. This leads to higher costs and lower output for the company and therefore to lower profits. Therefore, it is important for managers to be aware of the different ways they can motivate their staff. Different theories exist as to how to motivate people in the workplace:

Maslow's hierarchy of needs

Maslow[1] assumed that the motivation of individuals lies in the satisfaction of their needs. He created a hierarchy of needs with different levels that individuals try to satisfy one after the other. Once a lower, more basic level is satisfied, individuals try to satisfy the next level further up in the hierarchy. Not being able to fulfil a need can lead to demotivation.

Task 2 p. 170

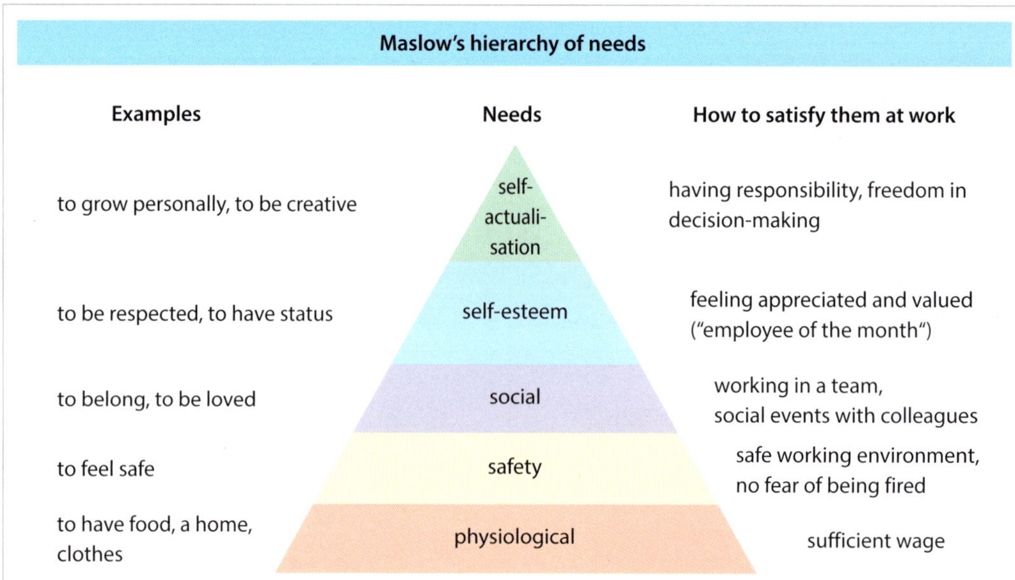

❶ Physiological needs

These basic needs have to be satisfied first. Food, shelter and clothing are essential human needs that can be satisfied with an appropriate wage. Money in the form of wages can therefore be a motivation up to a certain degree. Once this need is satisfied though, pay is not necessarily a good motivator anymore. The next level of needs has to be addressed.

❷ Safety needs

Employees want to know that their quality of life is not at risk. This includes a safe working environment that does not threaten their health as well as knowing that they are not in dan-

1 A. H. Maslow (American psychologist): "Motivation and personality", 1954

ger of being fired. The fear of redundancy (= fear of being fired) can be very demotivating. Permanent work contracts as well as pension schemes for employees can support a feeling of job security.

❸ Social needs

Love and belonging are higher needs. People are social beings and usually want to be part of a group – be it a family, a circle of friends or a team in the workplace. The opportunity to work with others in a team instead of alone can be quite motivating at this level. It means the individual can feel trusted, needed and able to support others while experiencing the same support in return. Also social events such as exercising together in a sports team after work, or having a "family day", festivity or company outing can lead to a sense of identification with the company and a feeling of belonging.

❹ Self-esteem

People want to feel that they are good at their job and would like to be respected for their achievements. A successful career can be shown in the form of a promotion or with signs such as an important job title ("Chief Financial Officer") or a company car that highlights the status of the employee.

❺ Self-actualisation

This highest level only comes into play when the levels below have been satisfied. Employees want to realise their full potential. This can be supported by the management if they are entrusted with jobs in which they can use their creative talent, if they are offered training to grow into higher and more demanding positions as well as flexibility regarding when, where and how they do their work.

Example of motivation based on needs

Jonathan works as an instructor at a fitness club. He has a decent salary and can use all the equipment for free after his shift. He usually doesn't have much contact with his colleagues since only very few instructors work at the same time as he does. At first, he really loved his job, because it allowed him to move out of his parents' house into a small apartment. Though he still likes to help the members and to work out himself after his shift, he doesn't feel very motivated anymore to go to work.

His basic **physiological needs** (level 1) are probably satisfied by the decent pay, so money isn't a motivator anymore. The work doesn't seem to be dangerous and as long as there are not too many employees, his job is probably also safe, so **safety needs** (level 2) are fulfilled, too. His **social needs** (level 3) might not be satisfied though, since he works alone and doesn't have much contact with his colleagues. Time for team-building or an opportunity to work out together or even hang out together during lunch might support a sense of belonging and community (social needs, level 3). If the management creates these opportunities, Jonathan might feel motivated again.

Herzberg's two-factor theory

In order to study the motivation of employees in more depth, psychologist and management professor Frederick Herzberg (1923–2000) interviewed employees in Pittsburgh in the 1960s to find out when they felt really good or bad in their work. The interviewees were asked to remember situations in which they felt a high degree of **job satisfaction** or a high degree of **job dissatisfaction** as well as to state the reasons.

> **Job satisfaction refers to the contentedness (feeling of satisfaction) that people experience when doing their job.**

Herzberg subsequently entered the two criteria **satisfaction** and **dissatisfaction** into two separate numerical scales. The first scale comprised all the values from **satisfied to neutral**, while the second scale comprised all the values from **dissatisfied to neutral**.

In his view, one cannot always speak of satisfaction just because there are no reasons to be dissatisfied. Conversely, the absence of reasons for dissatisfaction doesn't mean that people are really satisfied. Both aspects have to be looked at separately.

Among the **reasons for their dissatisfaction** the respondents mainly stated factors that weren't **directly related to their job** or to the work content. The following aspects were mentioned: workplace layout, pay structure, job security and fringe benefits.

On the other hand, among the **reasons for their satisfaction,** the respondents mentioned factors which were **directly related to their work** and concerned the job content, including factors such as independent working, responsibility, diversity of work, demanding tasks and possibilities for further training.

Herzberg then proceeded to subdivide the answers into factors causing satisfaction and others causing dissatisfaction, which in the course of his research he called **motivators** and **hygiene factors**.

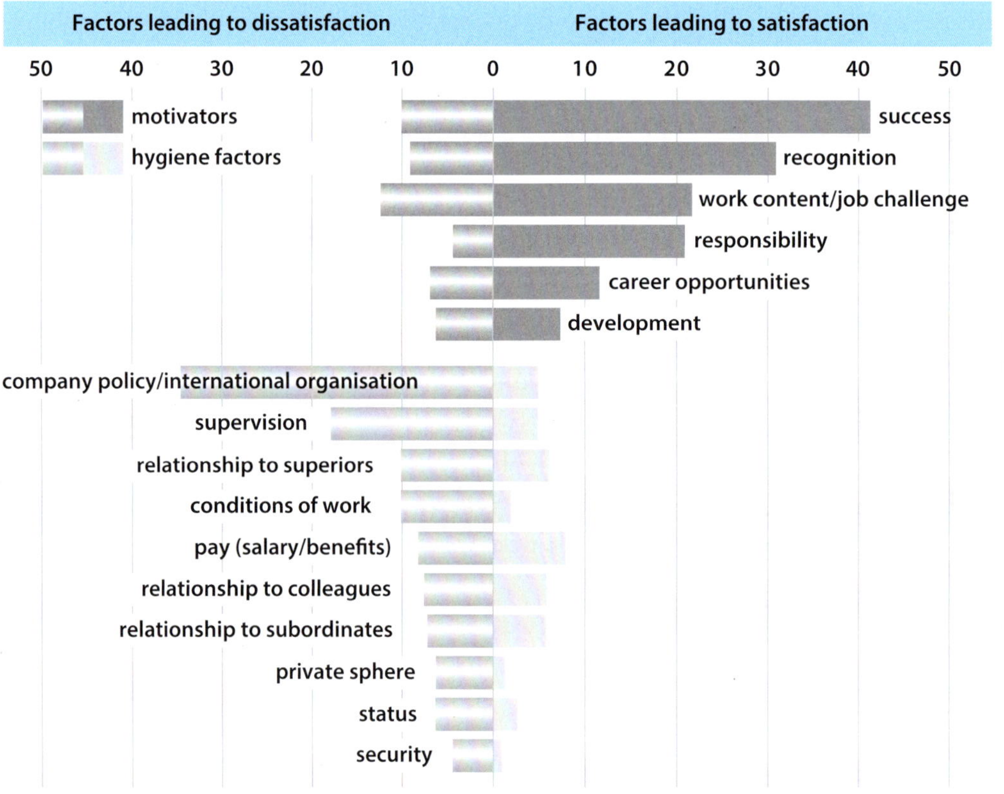

Source: F. Herzberg et al. Book "The Motivation to Work." New York 1959

Motivators are factors that are related directly to the work tasks of an employee and thus lead to intrinsic motivation.

Hygiene factors prevent employees from dissatisfaction. They are not directly related to the work tasks of the employee and lead to extrinsic motivation.

Employees often don't pay much attention to the presence of hygiene factors because they are taken for granted. A lack of hygiene factors, however, causes a feeling of deficiency.

The implications that Herzberg drew from his research are as follows:

- The **presence of hygiene factors** is taken for granted by employees. Therefore, they don't **have a motivating effect** on employees.
- The **absence of hygiene factors** is perceived as a deficiency and causes **dissatisfaction**.
- If hygiene factors are present, **motivators** can have a positive effect on employee motivation.
- The presence of motivators can only partially compensate for the absence of hygiene factors.

Effect of hygiene factors and motivators on employees' dissatisfaction and motivation

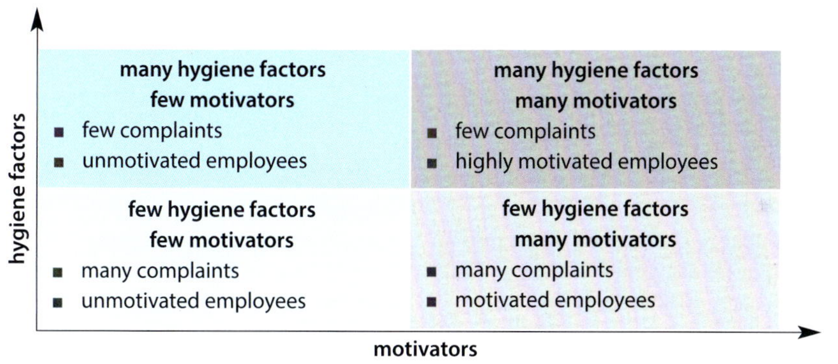

Based on his research, Herzberg gives the following recommendations:

1. Hygiene factors are essential for preventing employees from careless and work-to-rule behaviour.
2. To better achieve its business objectives and to obtain the necessary commitment of the employees, an enterprise should use motivators to complement the hygiene factors. The enterprise could set responsible work tasks and recognise the performance of its employees.

Critics argue that satisfaction and dissatisfaction cannot be considered to exist on separate scales as suggested by Herzberg. Also, Herzberg neglects differences between individuals in responding to hygiene factors and motivators.

Despite these criticisms, many enterprises use **job design** to create responsible tasks as a consequence of Herzberg's results. The different approaches of job design that are applied to motivate employees are described in the following.

2.1.3 Motivation factors

Monetary motivation factors

According to Herzberg, the level of pay is first and foremost a hygiene factor and therefore has only a short-term effects on employee motivation. If, however, the enterprise succeeds in influencing the interests of the employees in such a way that the level of remuneration is in line with the objectives of the enterprise, a long-term effect may be generated. By implementing a profit-sharing scheme for its employees, the enterprise creates an incentive for them to increase total profits by proposing innovative ideas or making suggestions for cost savings.

1 Profit-related pay

Employees with whom forms of profit-related pay have been agreed receive a share of the profit of the enterprise in addition to their standard pay (salary/wage).

Participation in success can take the form of either participation in the capital or participation in the profit.

Participation in the capital	Participation in the profit
The employee is awarded shares in the company (employee shares). Through these shares, the employees participate directly in the value growth of the company and also in the distribution of profits.	The employee receives a defined share of the profit of the enterprise.
Example: Industrie AG (public limited company) submits an offer to its employees allowing them to purchase four company shares on favourable terms. This year, shares could be purchased at a price of 25 euros per share. The stock market price is 40 euros per share.	**Example:** Each employee of Wedel GmbH receives 0.1 per cent of the annual profit in addition to their standard pay (salary/wage).

The purpose of capital or profit participation plans is to raise the motivation of employees by enabling them to benefit from the success of the enterprise.

2 Fringe benefits

Employee remuneration granted in addition to the regular monthly payments is referred to as fringe benefits or ancillary benefits. These payments may be awarded in monetary or non-monetary (payment in kind) form.

Forms of fringe benefits	
monetary	non-monetary
▪ sick leave (time off from work because of sickness without loss of pay) ▪ paid annual holidays ▪ extra holiday pay ▪ Christmas bonus ▪ reimbursement of tuition fees	▪ housing (assistance) ▪ health and/or life insurance ▪ additional leave (holidays) ▪ social security (beyond the statutory social security contributions) ▪ further education (e.g. language courses) ▪ company car to take home ▪ refreshments ▪ leisure activities (e.g. tennis, golf) ▪ relocation assistance ▪ childcare ▪ employee discounts on the employer's range of products and services offered

There are many **differences between countries** with respect to the binding character of employee benefits. The German labour law, for example, provides for the compulsory payment of sick leave, holidays and a share of the comprehensive social security contributions. In the USA, however, it is mostly up to the employers what benefits they grant to their employees.

Fringe benefits are colloquially referred to as **perks**, especially if they are given to employees as incentives that depend on performance or on the number of years spent with the company.

In most countries, monetary as well as non-monetary employee benefits are **subject to income tax** with differing tax-free amounts and tax exemption limits applying to certain benefits. In Germany, for example, a non-cash benefit isn't taxable for an employee if its value doesn't exceed the limit of €44 per month. If it does exceed €44, the full value is added to the employee's taxable income.

Non-monetary motivation factors

> ! **Non-monetary incentives are non-cash benefits that are offered to employees.**

Non-monetary incentives come in many different forms. One form is a change in the job itself:

❶ Job rotation

Job rotation involves the regular change of job (in terms of place and content) within the same level of hierarchy according to a defined or agreed pattern. For this purpose several employees are trained simultaneously for different activities.

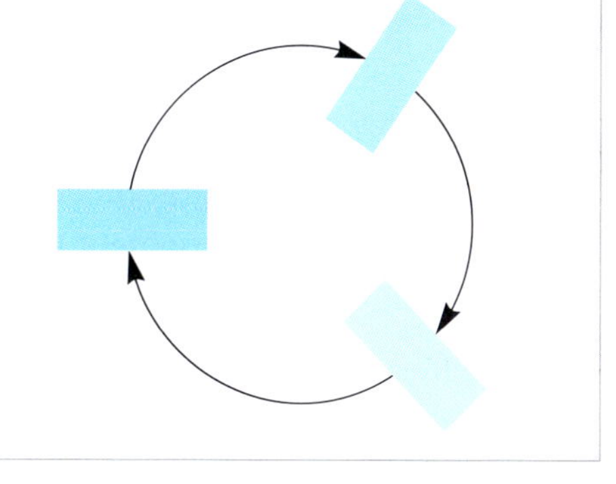

The work activity is less monotonous and broadens the vision of the employee which implies a further qualification and contributes to a higher degree of satisfaction.

Job rotation

Edeltraud Kaiser, Alexander Kromer and Peter Schuster work for the food retailer Grimm e. K. Edeltraud is responsible for the checkout, Alexander for customer service and advice and Peter for filling the shelves in the shop. All three of them complain about the repetitive physical strain of their work. Edeltraud has to sit all day, Alexander has to stand all the time and Peter moans about the weight of the goods he has to put on the shelves.
In future, their activities are to be changed every two days, so that everyone works at the checkout for two days, is responsible for customer service and advice for two days and then fills the shelves for two days.

❷ Job enlargement

As part of job enlargement, the area of responsibility of an employee is extended within the same level of execution. The objective is to increase the variety of tasks and the work content by activities which aren't completely different from the current work.

It's assumed that expanding the employee's scope of work will increase the job satisfaction.

Job enlargement

Hanna Huber is a trained office clerk and, up to now, has only been responsible for writing orders. In future, she will also be responsible for obtaining offers and processing invoices.

❸ Job enrichment

Job enrichment means that the current scope of primarily executive work of an employee is enhanced by a transfer of management tasks and the creation of scope for decision-making. The activities of several hierarchical levels are combined in one position. Thus, the employees are given increased responsibility, and both their self-esteem and their motivation rise.

Job enrichment

Hans Friedrich works for an automobile manufacturer. He is responsible for fitting the wheels. In future, he will also be responsible for the quality control of the wheels after they've been fitted.

Besides changes to the job itself, non-monetary incentives also come in a variety of other forms:

❹ **Tangible gifts** such as a Christmas gift, or as **experiential gifts** such as an after-work event or a company party are usually much more memorable than extra money and additionally address a higher level of needs (e. g. social needs and self-esteem needs).

❺ **Praise** and **public recognition** ("employee of the month") can be quite motivating since it shows that the management recognises the employees' efforts and contributions to the company's success.

❻ **Flexibility at work** in the form of **flexible working hours** and **work-from-home arrangements** can also be a very satisfying incentive since they offer greater autonomy and help employees with their work-life balance. Work-from-home days became more common during the Covid-19 pandemic and both employees and employers came to appreciate the advantages associated with it.

7 **Supporting professional development** with time to attend educational workshops or training courses during working hours shows a company's interest in the individual's professional and personal development and signals that they have a chance to grow within the company.

Motivating factors that work well in Germany might not necessarily lead to the same success in other cultures. Depending on the cultural standards according to A. Thomas, motivators might be perceived differently by different cultures.

> **"Cultural standards can be seen as the socially shared and accepted norms and values that are used by the Individuals living within a particular culture to evaluate the behaviour of each other."**
>
> **Schroll-Machl, S., Doing business with Germans. Their Perception, Our Perception, 6th Edition, Göttingen 2016, p. 26**

Task 3 p. 171

for cultural standards see Economics and Business Basics chapter 4.1

Motivation in different cultures

The cultural standard of internalised control means that it is very important for Germans to be responsible. External control is not really needed, since Germans want to fulfil their tasks and are usually very disciplined in their work. They feel an obligation to carry out something when they have agreed to it or simply find it reasonable.[1]

Based on this cultural standard, job enlargement, in which the responsibility of an employee is extended, can be motivating for German workers since they enjoy taking on responsibility. A challenging new task could also motivate them if they are trying to fulfil their fourth or fifth level of needs, trying to gain the respect of others or growing on the job.

Chinese employees, on the other hand, might be less motivated by new tasks, since "saving face" is very important for them and they might need some time to gain the necessary competence for the new tasks.

The cultural standard of saving face is about not embarrassing anyone and avoiding being embarrassed. Chinese people are easily embarrassed, for example if they appear incompetent or if the rules of hierarchy are not respected.[2]

2.2 Types of leadership

Leadership is a task in human resources management and means influencing the behaviour of other people in a certain direction. The underlying mental attitude for doing this becomes evident in the style of **leadership**.

> **The style of leadership describes the manner in which superiors in an enterprise behave towards their employees.**

A distinction is made between four different styles: the patriarchal, the authoritarian, the cooperative and the laissez-faire style of leadership.

1 Thomas, A., Kinsast. E.-U., Schroll-Machl, S., Handbook of Intercultural Communication and Cooperation, 2nd Edition, Göttingen 2010, p. 23.

2 Thomas, A.; Schenk, E.; Heisel, W., Beruflich in China. Trainingsprogramm für Fach- und Führungskräfte, 5th edition, Göttingen 2015.

Task 4 p. 171
Task 5 p. 171

Characteristics of leadership styles			
Patriarchal style of leadership	**Authoritarian style of leadership**	**Cooperative style of leadership**	**Laissez-faire style of leadership**
▪ Superiors (the "patriarch") have complete power of decision-making. They don't delegate decisions – only tasks. ▪ Superiors have a certain "paternal" position in the company, like a caring but strict father who is concerned about the well-being of his children/employees. ▪ Superiors prefer obedient and disciplined employees who might in return feel that they have no flexibility or opportunities to develop. ▪ They motivate by setting an example with their work ethic and by putting pressure on their employees, evoking fear or shame of not being good enough.	▪ Superiors decide without consulting the employees or listening to objections. Giving instructions to implement the superiors' decisions is one of the typical means of leadership. ▪ Superiors emphasise their position in the hierarchy of the enterprise and maintain a certain distance to their subordinates. ▪ Superiors prefer obedient and willing employees who often feel they are not understood, not respected, inhibited and suppressed. ▪ To motivate their employees, superiors appeal to their sense of duty.	▪ Superiors involve employees in the decision-making process for which they are responsible. Discussions and consultations are one of the typical means of leadership. ▪ Superiors regard their employees as partners whose factual knowledge and support are essential to them. ▪ Superiors prefer personalities who are intellectually independent. ▪ To motivate their employees, superiors appeal to their understanding and sense of responsibility.	▪ Superiors let the employees take decisions on their own. Superiors provide only as little direction as necessary to the employees. ▪ Superiors regard their employees as autonomous individuals who are able to accomplish tasks on their own. ▪ Superiors prefer highly-skilled, experienced and self-controlled employees. ▪ To motivate their employees, superiors delegate challenging tasks and place a high degree of confidence in their employees.

! **Whereas in extreme cases the authoritarian and patriarchal style rule out the involvement of the subordinates in decision-making processes, adherents of the cooperative leadership style go out of their way to involve the employees. The employees are considered to be partners who are accorded some scope for decision-making. The laissez-faire style ultimately leaves decision-making for the most part to the employees.**

Advantages			
Patriarchal style of leadership	**Authoritarian style of leadership**	**Cooperative style of leadership**	**Laissez-faire style of leadership**
▪ Even complex decisions are taken quickly.	▪ Decisions are taken quickly.	▪ high degree of employee motivation ▪ easing the burden on the superior	▪ Employees feel appreciated. ▪ The autonomy granted reduces the need for supervision.

Disadvantages			
Patriarchal style of leadership	**Authoritarian style of leadership**	**Cooperative style of leadership**	**Laissez-faire style of leadership**
▪ low level of positive employee motivation ▪ Feelings of fear and frustration might appear.	▪ low level of employee motivation	▪ Success depends not only on the superior's personality, but also on the employees' level of maturity.	▪ Employees may feel a lack of interest on the part of their superior, which in turn might lead to reduced job satisfaction.

In daily practice, there is a whole range of gradations of these leadership styles. The prevailing style in an enterprise is often laid down in writing in the leadership principles as "guidelines" for the staff with management functions. The table below shows examples of leadership styles presented in schematic form, ranging from the two extremes of authoritarian to laissez-faire leadership and including possible intermediate styles (patriarchal, informative, consultative, participative, cooperative). The scope for decision-making that the employee enjoys can be taken as a yardstick.

Leadership styles						
Authoritarian	**Patriarchal**	**Informative**	**Consultative**	**Participative**	**Cooperative**	**Laissez-faire**
Superiors decide without involving the employees and give orders.	Before giving orders the superiors try to convince the employees of the decisions they have already taken.	Superiors allow questions to be asked regarding their decisions. They hope the way they answer them will help persuade employees to accept their decisions.	Superiors inform the employees about decisions they intend to take. The employees can express their views and make suggestions before the decision is finally taken.	Superiors outline the problems. The employees develop suggestions for a solution. The superiors select the solution that to them seems to be the most adequate.	Superiors outline the problems and determine the scope in which the employees (the team) can opt for a solution. The group decides.	The employees make decisions on their own without consulting their superiors.
scope for decision-making of superiors				**scope for decision-making of employees/the group**		

Source: Translated/adapted from H. Hungenberg, T. Wulf: "Grundlagen der Unternehmensführung." Heidelberg 2006, p. 338.

None of these styles of leadership can be regarded as the best possible one. On the contrary, the success of a type of leadership depends on the selection of the right leadership style for a given situation. Managers must consider the **prevailing circumstances** (e.g. **corporate culture**[1]) and the **specific situation** (e.g. personality of the employee and the superior), assess them appropriately and adapt their leadership behaviour accordingly. But the **rapid**

1 The term "corporate culture" refers to the collective values and ways of thinking in an enterprise and determines the behaviour of its employees.

changes in the business environment force businesses to adapt to the ever-increasing changes occurring in their fields. This presupposes a form of work organisation which facilitates teamwork instead of clinging to hierarchical structures and which also offers more scope for the employees to act. What is needed in this situation is an employee who thinks along entrepreneurial lines. A strictly hierarchical style of leadership is ill-suited to cope with these challenges.

Adjusting the leadership style to cultural standards

The JustCookIt GmbH offers a delivery service for meal kits ("Kochboxen"). It has successfully positioned itself in the German market and several other European countries. After thorough market research, it decides to open a branch in Wuhan, China. Its German branch manager is very excited about the opportunity to set up and manage the new subsidiary for the first five years. His cooperative leadership style is greatly appreciated at the headquarters in Stuttgart.

German cultural standards:	Chinese cultural standards:
■ relevance of individual responsibility (internalised control) ■ task-oriented, self-sufficient workers ■ directness (straight forward communication) ■ discretion and restraint are important	■ hierarchy is important ■ workers expect clear instructions from a superior ■ harmony and politeness are very important ■ relationships and networks must be created

Looking at the differences between German and Chinese cultural standards, the cooperative leadership style would probably not work well in China. The manager would have to either change their leadership style or work with a local manager who is familiar with the cultural environment and can respect Chinese needs by, say, adopting a patriarchal leadership style.

2.3 Employer branding

2.3.1 Reasons for employer branding

Definition of employer branding

The term "branding" usually appears in the context of goods and services. Brands are used to distinguish a company's products from the competition's and to create benefits for the producer and the consumer. Employer branding focuses on creating and maintaining a brand (or image) for a company as an employer. It is supposed to create an authentic, credible, consistent and attractive image as an employer in the eyes of its current employees (internally) as well as prospective new employees (externally). This way it positively differentiates itself from other employers and helps employees to identify with the company and its goals.[1]

! **Employer branding is the creation of an employer brand. It is aimed at existing and prospective employees and tries to create an authentic, credible, consistent and attractive brand in order to attract and retain employees.**

Reasons for employer branding

Globalisation, increased competition, technological changes and shorter product life cycles due to a high rate of innovation are just some of the changes in the business environment

1 Definition der Deutschen Employer Branding Akademie (www.emplyoerbranding.org) and Berufsverband Quality Employer Branding (www.queb.org).

that companies need to deal with. The "right" employees with the required skills and abilities are essential assets to tackle these challenges. However, due to a shortage of skilled professionals, it is not easy to find, recruit and retain these valuable employees. One strategy to do so, is to create an employer brand that credibly conveys the company's attractiveness as an employer to promising graduates, experienced specialists and skilled managers.

The goals of employer branding are to

- attract the best talent
- create a sense of community within the company
- keep the best talent (reduce employee turnover rates)
- motivate employees
- increase productivity and profits

! **The purpose of employer branding is to attract and retain valuable employees who enable the company to stay competitive in the face of an ever-changing business environment.**

The creation of an employer brand is a process that involves different elements which will be introduced in the following subchapter.

2.3.2 Elements of employer branding

Employer value proposition (EVP)

As an employer, a business offers different benefits to its employees. These benefits have a certain value to employees and may be the reason why they decide to apply to, work for, and remain at a certain company. The term "employer value proposition" (sometimes also called "employee value proposition") stands for the value that the business promises to create for future and current employees.

! **The employer value proposition shows what kind of value (benefits) the business promises to its future and current employees.**

The consulting agency Mercer[1] differentiates between three categories of value: contractual, experiential and emotional.

- The most basic one is the **contractual** part. The offered compensation and benefits need to be competitive. (This is the case when the employees are satisfied with their salaries.)
- The **experiential** level is supposed to distinguish the experience of working for this particular company from working for its competitors. It addresses the way an employee experiences the company, including the available career opportunities (e.g. training, mentoring and chances of promotion) and the well-being of the employees (e.g. feeling part of a community or having flex-time options for a better work-life balance).
- A sense of purpose (e.g. the feeling of doing something meaningful), which is usually related to the mission or vision of the company, can be an **emotional** connection to the employer and a motivator for employees.

1 Mercer. Career. Curating a compelling value proposition in emerging markets. 17 April 2018. https://www.mercer.com/our-thinking/curating-compelling-employee-value-proposition-in-emerging-markets.html (accessed 12 September 2021).

The creation, communication and fulfilment of an employer value proposition is a **process.** The company needs to:

1. find out what reputation it has and what values it stands for (different people should be involved in this research, e.g. different age groups, job fields, departments, hierarchical levels, cultural backgrounds, etc.)
2. examine the competition and how to differentiate the company from it ("uniqueness")
3. decide on core arguments
4. communicate via appropriate communication channels

***Siemens' global employer branding campaign*[1]**

Siemens hired a marketing agency to develop an employer branding programme showing its "transformation from machine manufacturer to digital business". The agency interviewed employees from different departments and countries about their perception of the company and their work life. These employees are seen in traditional advertising campaigns on posters, banners and flyers, and especially online. Central elements of the campaign are a 360°-app and a video channel. The videos show what it's really like to work at Siemens from the perspective of its employees. This is supposed to create authentic insights into Siemens and the company's employer value proposition while at the same time demonstrating its digital core competence.

Corporate culture

The term "corporate culture" refers to the collective values and ways of thinking in an enterprise and determines the behaviour of its employees. The policies, principles and ideologies of a company form its culture over time. A company's history is very relevant in this context. The challenges that a company had to go through over the years in order to adapt to changes in the business environment influence for instance the way its employees solve problems or deal with each other. This experience makes up the corporate culture. Employees usually expect new colleagues to adapt to their "right" way of doing things. If there is a good "cultural fit" between new employees and the corporate culture, chances are that employees will identify with the company, work harder, and be happier with their job.

Task 6
p. 172

Corporate culture refers to the collective beliefs and values that determine how a company's employees and management interact and how they do business.

According to the organisational development expert Edgar Schein[2], culture appears in groups of people who have encountered and solved problems together. His culture framework has three different layers which include visible symbols of culture as well as emotional aspects. Cultural concepts can move between these layers.

1 Schmidt, Eva-Maria: R/GA und Siemens lassen 350.000 Mitarbeiter zu Wort kommen. 21 November 2017. https://www.horizont.net/marketing/nachrichten/Arbeitgebermarke-RGA-und-Siemens-lassen-350.000-Mitarbeiter-zu-Wort-kommen-162823 (accessed 12 September 2021).

2 Edgar H. Schein (1984): Coming to a New Awareness of Organizational Culture. Sloan Management Review, Vol. 25, Winter 1984.

Three levels of culture framework according to Edgar Schein[1]:

Artifacts: Visible symbols of the culture such as a dress code, office equipment, the company's logo and the mission and vision of the company, yet also the way employees communicate with each other as well as with suppliers and customers are called "artifacts". This level is easy to see but the underlying reasons why a group behaves a certain way, remain unknown.

↑ ↓

Values: Underneath the first level lie the collective feelings of how things should be (done). They can often be found on the company's website since they can make up part of the employer brand. However, these values don't necessarily match the "true" corporate culture. Collective values that determine employees' behaviour could include "politeness" or "conservatism".

↑ ↓

Basic assumptions: The company's values are based on underlying, invisible assumptions which employees are usually not aware of. They are learned over time and determine the way how group members perceive things and react to them. People often feel that they are not debatable because they are just assumed to be correct (e. g. businesses must make profit).

Talent management

Reasons for talent management

In the 1990s, the management consulting firm McKinsey coined the term "war for talents[2]." They examined the shortage of executive talent that many American companies were suffering and what these companies could do to attract and retain qualified employees. "Talents" in this context stands for qualified and skilled ("talented") employees who have the potential to contribute to the company's success. As reasons why companies had to compete for talents, they pointed out that a more complex economy needed managers with new skills such as **multicultural competence** and **technological skills**. Furthermore, they noticed increasing job mobility, i.e. the willingness of people to switch to different employers, and thirdly the increase in competition, i.e. the rising number of companies (including SMEs, small and medium-sized enterprises), competing with large companies for qualified employees.

Reasons for talent management

- Qualified, motivated employees are one of the most **valuable assets** a company has since they secure productivity, quality, customer satisfaction, innovativeness and adaptability of the company.
- **Demographic change** leads to a shortage of skilled workers and executives.
- A more **complex economy** requires new skills such as innovativeness and intercultural competence.
- Career sites and digital marketplaces have created a more **transparent job market**, which is making it easier for employees to compare potential workplaces and to find a new job.
- Increasing **job mobility** exists since people
  - are more willing and more able to switch between different businesses
  - have more choices where and for whom to work
  - feel less bound to a specific employer

1 Edgar H. Schein (1984): Coming to a New Awareness of Organizational Culture. Sloan Management Review, Vol. 25, Winter 1984.
2 Chambers, E. g. & Foulon, Mark & Handfield-Jones, Helen & Hankin, Steven & Michaels, Edward. (1998). The War for Talent. The McKinsey Quarterly. 3, pp. 44–57.

In the context of employer branding, talent management holds an important place since the whole idea of employer branding centres around the goal of making the business an attractive employer.

> **!** **Talent management is a continuous process aimed at the hiring and developing of qualified employees. It includes the recruitment process, the integration into the organisation, and the development and retention of employees.**

Elements of talent management

Recruitment:

In order to recruit talent, a company needs to know exactly what kind of skills, qualifications and characters it is looking for. Open positions can be filled **internally** (by finding somebody who is already working for the business) or **externally** (by looking for somebody from outside the company).

Activities on social media platforms such as Instagram, Facebook and Twitter that not only offer information about available jobs but also about the employer brand have become a very important channel to reach prospective employees. They complement extensive recruitment information on the companies' websites.

Digital recruitment platforms have gained the upper hand over "traditional" means such as newspaper job advertisements. Job search websites such as LinkedIn, Indeed, StepStone, Xing and Monster offer many additional benefits besides the job advertisements themselves. They include databases of employees' ratings of their employers, salary comparison tools and the option for job seekers to present themselves. Employers need to be aware of the way they are seen on these platforms.

Internships and part-time jobs for school or university students are a way to get in touch with talent early on. They give both sides a feel for the compatibility of employer and employee and can create the first bonds between them.

A dual vocational training as well as **a dual course of studies** (an integrated degree programme which involves college-level studies on the one hand and on-the-job training on the other hand) offers employers the opportunity to form their own talent. The number of graduates who decide to pursue vocational training has steadily decreased in Germany over the last 15 years[1] while the number of students pursuing a dual course of studies has increased tremendously.[2] Therefore, offering an integrated degree programme might be a way to recruit and develop new talent.

Development:

Once a business has hired employees, it is essential to integrate them well into the company and to offer them development opportunities, i.e. opportunities to grow and progress within the business. Most high performers are motivated and more likely to stay with a business if they have appropriate development opportunities.

---

1 https://de.statista.com/statistik/daten/studie/2042/umfrage/angebot-und-nachfrage-auf-dem-ausbildungsmarkt/ 27.09.2021.
2 Bundesinstitut für Berufsausbildung: AusbildungPlus. Duales Studium in Zahlen 2019, p. 12.

Several elements can contribute to the development of employees:

Onboarding is the process of effectively integrating new employees into an organisation and familiarising them with the relevant tasks and processes. A good induction plan helps to make employees "feel at home" and valued and eases the transition process. Furthermore, they are in a position to add value to the company more quickly.

Performance evaluations should be conducted on a regular basis. Feedback on employees' performance will help them to work on weaknesses and to reinforce their strengths. Moreover, it allows the employer to monitor performance, to spot talents and to prepare them for higher positions within the company.

Mentoring at the workplace is a partnership between an experienced employee (the mentor) and a new employee (the mentee). The mentor is a sort of role model who is willing to share knowledge, experience and skills with a new employee and who offers guidance, advice and support. Mentees benefit since they learn about the corporate culture, gain knowledge, have an initial networking opportunity and, since mentors are usually more experienced and possibly in higher positions, have a role model for successful integration and development in the workplace.

Learning opportunities should be offered to all employees so that they can undergo professional and personal growth. Participation in conferences, workshops and training events related to the job should be supported. Virtual learning platforms can be implemented that allow self-paced learning and insight into the company's processes, products and other knowledge. Some companies also support employees who want to pursue a higher degree part-time, for instance a master's degree in business studies or a PhD (a doctorate). Furthermore, personal development can be supported, for example in with paid leave for classes in rhetoric, self-organisation, time management or stress management.

Example of talent development

Aral AG is a German oil company that runs petrol stations in Germany and Luxembourg. Its petrol stations are often operated by leaseholders who are self-employed and manage the station and its staff under the Aral brand. In order to build up qualified leaseholders, the company has put in place a development programme called FutureHero.[1] Shop workers who show exceptional skills in for example people management are offered training and seminars that prepare them to take over their own petrol station. This development programme offers them an opportunity to become self-employed and Aral the chance to recruit well-prepared individuals who are experienced in the industry and a good match for the company.

Internal mobility and **succession planning** are other crucial elements when it comes to developing and retaining employees. It needs to be clear that higher positions are not necessarily filled with external candidates but that current employees have the chance to either switch to a different job on the same hierarchical level or to be promoted to higher positions within the company. Ideally, a pool of high-potential employees is developed that is ready to move into key leadership positions once they become vacant.

1 ARAL Recruiting Broschüre, p. 13. https://www.aral.de/content/dam/aral/business-sites/de/global/retail/pdfs/karriere-und-recruiting/190521_Aral_Recrutingbroschuere.pdf (accessed 01 October 2021).

Health management

A lot of people spend most of their waking hours at work. In the age of digitalisation, this work involves a lot of time in front of computers. The constant immobility while looking at monitors can lead to various **health problems** such as back pains and headaches. Furthermore, a constantly changing business environment requires employees to process a lot of information, during long working hours, in a very fast-paced work setting. This can be both a physiological and a psychological burden.

In times of demographic change and a lack of skilled workers, enterprises should be interested in promoting and maintaining the health of their employees – not only in order to ensure their ability to work and to decrease (costly) absenteeism, but also in order to attract, motivate and retain employees. Therefore health management is also a part of employer branding, since it makes employers more attractive if they take care of their employees' health and well-being.

Health management is the investment in health promotion measures by a company for its employees to ensure their health and well-being.

Goals of corporate health management:

- improve employee productivity (and ensure the company's competitiveness)
- maintain and improve the ability to work
- decrease the risk of accidents at work
- present the business as an attractive, health-promoting employer
- retain employees (because they feel supported and valued)
- reduce absenteeism
- promote reconciliation of work and family life (e.g. with flex time)
- raise employees' motivation and commitment

If an enterprise systematically analyses the need for health management measures as well as their success, possibly even with specifically trained managers or consultants focused on health management, they might put a **health management system** in place that involves a number of different measures.

Health management measures can include:

- health courses (educational lectures or workshops)
- sports courses or a gym (business yoga, running, active lunch break)
- rooms for active breaks (e.g. with table tennis or work-out equipment)
- relaxation rooms (for naps or reading)
- participation in team sports events (company run, geocaching)
- healthy canteen food
- company rates for additional insurance (e.g. dental insurance)
- safe, ergonomically-equipped workplaces

Health management measures at the specialty chemicals producer CHT

On its recruiting website, CHT claims that it offers "many additional services and offerings to help our employees stay healthy and fit to improve their quality of life in the long term."[1]

Among other things, it lists the following measures:

- lectures about health
- preventive medical checkups
- company sports
- time and stress management seminars
- supplementary health insurance at CHT group rates
- jobbike (bicycle leasing though the employer)

Block diagram for chapter 2: Motivation, leadership and employer branding

Employee motivation

Intrinsic motivation by the activity itself	**Extrinsic** motivation by external incentives

Maslow´s hierarchy of needs

Employees' motivation lies in the satisfaction of their needs.

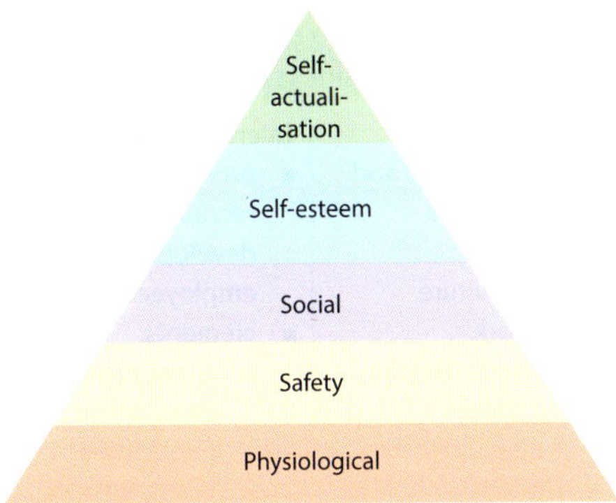

Herzberg's two-factor theory

The motivation of an employee is determined by the degree of satisfaction and dissatisfaction.

Reasons for satisfaction (motivators) are inherent in the activity itself → cause intrinsic motivation	**Reasons for dissatisfaction (hygiene factors)** are not related to the activity itself → cause extrinsic motivation

Hygiene factors are taken for granted. → If they are absent, dissatisfaction will follow.
Motivators have a positive effect on intrinsic motivation, but only if hygiene factors are present.

Motivation factors (depending on cultural standards)	
Monetary motivation factors	**Non-monetary motivation factors**
■ profit-related pay ■ monetary fringe benefits	■ job rotation, enlargement, enrichment ■ non-monetary fringe benefits ■ gifts (tangible or experiential) ■ praise and public recognition ■ flexibility at work ■ support in professional development

1 Perks and benefits. Health management, https://career-germany.cht.com/en/working-at-cht-germany/perks-and-benefits (accessed 1 October 2021).

2.2 Types of leadership

1. Explain why leadership is a central task of management.
2. Describe the four different styles of leadership.
3. List advantages and disadvantages of the different leadership styles.
4. Discuss which leadership style allows the greatest involvement of employees in decision-making.

2.3 Employer branding

1. Explain the term "employer brand".
2. Name four elements of employer branding.
3. Describe elements of an employer value proposition.
4. Describe three levels of corporate culture according to Edgar Schein.
5. Explain how a corporate culture can motivate employees.
6. List reasons for the need for talent management.
7. List elements of talent management.
8. Describe the purpose of health management.

TASKS FOR APPLICATION AND PRACTICE

for chapter 2 Motivation, leadership and employer branding

Task 1 Employee motivation

Decide whether intrinsic or extrinsic forms and positive or negative forms of employee motivation are described in the following situations:

1. Herbert Schulze is the father of four children and has been working for Haufer GmbH for eight years. He would like to take parental leave and support his wife with bringing up the children. In that case, however, the family would depend on state aid.
2. Meike Schiller really likes her job. Having completed her training, she can choose between working at Handke GmbH (private limited partnership) or Heinrich AG (public limited company). As she will earn more money at Heinrich AG, she has declined the offer made by Handke GmbH.
3. Friedrich Sonowski is a qualified engineer who loves his work above all else. He often works long hours in order to improve his newly developed product. He receives no overtime pay.
4. Max Schrade is a qualified industrial clerk, but would really like to be an artist. However, he is afraid of the financial insecurity he would face as an artist. Therefore, he continues working part-time at Büro AG (public limited company).

Task 2 Motivation based on needs at Mars

? HILFE
vel.plus/BHBILIC07

The global company "Mars Incorporated" produces confectionery (e.g. Twix), pet food (e.g. Whiskas) and other food products (e.g. Mirácoli). On its career website, it introduces the company as a potential employer.

1. With the help of the given excerpt from the Mars website, describe how the company satisfies different levels of needs (according to Maslow) to motivate its employees (called "Associates").
2. Evaluate which of the reasons that Mars mentions would be especially motivating for you and explain why.

Reasons to join Mars

From The Five Principles [quality, responsibility, mutuality, efficiency, freedom] that guide our decisions every day, to our amazing development opportunities, to the different ways you can contribute to creating a brighter future. There are many reasons why a career at Mars shapes not only the professional you – but the personal you as well. ... [Y]ou can count on our commitment to your growth and development ... Our Associates come from a diverse range of backgrounds and are as different as our products, so we tailor our mentoring and coaching to each individual. We're here to support you today so that you can build a better world tomorrow.

"**Development at Mars**

We really value our Associates and the amazing contribution they make to our business, so we think it's only fair we invest in their future. By giving Associates the opportunity to grow in their roles and access to our digital learning offerings, great functional colleges, and award-winning Leadership programs, they are empowered to take ownership of their career development.

Working at Mars

An instant sense of belonging. That is what it feels like to work at Mars. Our Associates learn from their talented colleagues and build their careers working on well-loved brands like M&M's, Snickers and Pedigree. They also enjoy some great perks including competitive benefits packages, fun freebies and bringing pets to work ...

Wellbeing at Mars

... We provide competitive pay and benefits that are always fair for all. ... Our Associates enjoy a range of pension and retirement saving options. ... We offer flexible policies to suit the different lifestyles of our Associates."

(Abridged from: https://careers.mars.com/global/en)

Task 3 Motivators in cultural context

Discuss whether the following motivators are suitable for Americans. Base your decisions on the cultural standards according to A. Thomas contained in the link/QR code.

? HILFE vel.plus/BHBILIC08

1. tickets for the department for a baseball game
2. a competition for the best new product design
3. team structures for the new project

Task 4 Leadership styles

1. a) List essential criteria of the authoritarian, the patriarchal, the cooperative and the laissez-faire leadership styles.
   b) List possible dangers that each of these leadership styles could involve.
2. Comment on the following statements:
   a) "Leadership must be based on authority."
   b) "The cooperative management style is the best of all."
   c) "The employees know best what to do when dealing with their business challenges."

Task 5 Leadership styles in practice

Natura Möbel GmbH (private limited company) has furniture for sale in the following areas: bathroom, living room and bedroom, kitchen and office. In the past four years the demand for office furniture has declined by 50 percent overall, while at the same time the demand in the other areas has seen growth rates of up to 20 percent. Therefore, management is considering discontinuing the production of office furniture altogether. The managing director discusses the problem with the senior department heads of production, accounting and sales.

Which leadership styles do the statements below reflect?

1. "Having carefully looked at the development of our turnover figures and the declining profits, I've come to the conclusion that we must discontinue the production of office furniture. This is just to let you know. We don't need to discuss this any further. We should instead use all our energy to find ways of increasing our sales of furniture instead."
2. "First, we should do a market survey in order to find out about the reasons for the downturn in sales. Then we should set up a team to consider how we can maintain our market position either by redesigning our products or by new, additional advertising activities. The heads of marketing, accounting, the head of the department of office furniture production and also the chairman of the works council should belong to this team. This team should work out a proposal to solve the problem."
3. The managing director informs the senior heads of department about the development of sales and the declining profits. He explains quite convincingly that in his opinion the office furniture production should be discontinued. He then opens the discussion and allows questions to be asked which he answers in such a way that the department heads will most likely accept his opinion.

4. "I think that the trend of declining office furniture sales is irreversible. Therefore, we will most likely have no other choice but to give up producing this line. That will lead to dismissals which will cause unrest in the workforce. We should therefore discuss this with the works council as soon as possible."
5. "You see the figures and the resulting problems. I am sure you will find a way to overcome our difficulties. Therefore, I'm delegating all the necessary decisions to you. Please present your results in four weeks."

Task 6 Corporate culture at Adobe

? HILFE vel.plus/BHBILIC09

The computer software company Adobe has repeatedly been voted among the "100 best companies to work for" in the American "Fortune Magazine". Based on the evidence below, examine what kind of artifacts, values and basic assumptions (according to Edgar Schein's cultural levels) Adobe's corporate culture is based on.

Insights into Adobe's corporate culture[1]

"... Spread across 24 different [campuses] in 17 different countries, 93% of Adobe employees love their workplace. Adobe is renowned for offering staff huge company perks. Onsite Yoga and cafes, as well as paid family vacations and health care make up a huge facet of Adobe's company culture, but it's their four core company values that have lead Adobe to greatness. ...

Genuine. 'We're sincere, trustworthy and reliable' ... Integrity is at the heart of Adobe and they take great pride in their commitment to sincerity and honesty. ...

Exceptional. 'We are committed to creating exceptional experiences that delight our employees and staff' ... Adobe encourages staff potential through constant learning opportunities. Including education re-imbursement, mentorship opportunities, on-demand online courses and leadership development programs. ...

Involved. 'We are inclusive, open and actively engaged .... Adobe promotes inclusivity in everything they do, celebrating a diverse collective of employees. ... Adobe notes that diversity of ideas, background and perspective are one of their most valuable assets. ..."

(Abridged from 6Q: Insights into Adobe's Award Winning Company Culture, https://inside.6q.io/adobes-award-winning-company-culture/)

Task 7 Employer branding

? HILFE vel.plus/BHBILIC10

In groups, examine the employer branding of a large company (e.g. Google, SAP, Microsoft, BMW, Deutsche Telekom, Facebook, Airbnb, Amazon, Netflix, The Body Shop, Spotify, etc.)

Prepare a short presentation with visuals in which you explain the different elements of employer branding that the company uses and evaluate whether you – as prospective employees – find them convincing.

Learning area D

Market research

1 The basics of market research

Competences:

- *explaining the necessity and instruments of marketing*

1.1 The basics of marketing

- *describing the aims an the significance of market research*
- *analysing current market research reports*

1.2 Market research tasks and aims

1.1 The basics of marketing

Definition and significance

Marketing stands for a basic principle of business management according to which an enterprise clearly directs all its activities towards the current and future requirements of the market and the customers.

The tasks of marketing vary depending on the market situation. If demand exceeds supply (**sellers' market**), sellers are is in a stronger position. They find it easier to implement their selling policy. In a sellers' market, the marketing problems take second place to those of production management. If supply exceeds demand (**buyers' market**), the buyers are in a stronger position.

Sellers' market vs. buyers' market

Before the opening-up of the telecommunications market in 1998, Deutsche Telekom AG was regarded as a monopoly supplier by its competitors and was therefore able to set the prices of telephone calls without any influence from the competition (= sellers' market). Today, the consumer can choose from many competing suppliers (= buyers' market) such as Telefónica, 1&1 and Vodafone, which has had a positive effect on consumer prices.

In a buyers' market, marketing assumes an overriding role over all other operating activities of a business. It will become necessary to permanently direct all managerial decisions, no matter which phases of business operations are concerned, towards satisfying the customers' wants and needs, that is to say, towards the market (= market orientation). This basic principle of business management is called **marketing**.

In order for **marketing measures** (e.g. the development of new products, advertising) to be successful, a company must first gather relevant information about the market (a process known as **market research**). This includes the systematic search for human wants and needs that haven't been satisfied yet which could lead to demand for the enterprise's existing products. The results could also be used to take steps (e.g. product design or advertisement) to create or intensify certain wants and needs of consumers. Furthermore, the results of this research could also prompt the company to develop and make new products.

> **!** **The tasks of marketing include doing market research as well as influencing the market with the help of various marketing tools.**

Marketing mix

Marketing covers all activities that are related to sales, distribution, advertisement and the representation of the company in public (its image). The different marketing tools interact with each other and need to be combined in a well-coordinated marketing mix:

Marketing mix			
Product policy	**Price policy**	**Distribution policy ("Place" policy)**	**Communication policy ("Promotion" policy)**
changes to a product's colour, form, quality; changes to the production pro-gramme/product range	pricing and conditions (e.g. discounts)	choice of distribution channels (sales channels) to deliver the goods to the market	communication with customers to improve the image of a company or brand or to promote a product or service (e.g. advertisement)

The four elements of the marketing mix are often referred to as the 4 Ps (product, price, place, promotion). Depending on the product and the market, the following points need to be clarified:

- What marketing instruments are suitable to reach a certain objective?
- How and to what extent should the chosen instruments be used?

Changes in the market imply the continuous adjustment of the marketing mix. It is not a static concept but needs to be adapted and refined as the market and the company change over time.

> **!** **The combination of the different marketing instruments leading to the highest possible sales (= optimum combination) is called "marketing mix".**

1.2 Market research tasks and aims

Market research tasks

Marketing measures can only be successful if the company's management has all the relevant information necessary to decide on specific marketing aims and to choose the necessary marketing instruments. One of the main tasks of market research is to ensure that all the relevant information is obtained (market information procurement) to allow for business planning to be market-oriented. In a broader sense, all the necessary measures to obtain the information relevant for marketing activities are called **market investigation**.

In a narrower sense, market research must be distinguished from **market exploration** which is is done somewhat at random and only occasionally, whereas **market research** is undertaken regularly, systematically and using scientific methods. Market research helps to assess the current market situation and attempts to obtain an insight into the future developments of customers' opinions and purchase motivations.

> **By means of a systematic approach and scientific methods, market research aims to obtain and analyse information in order to find out about the prevailing conditions in markets as well as possibilities of using and influencing them.**

Types and areas of market research

The focus of market investigation is on general economic and also sectoral development, the composition and behaviour of customers, and the development of prices, products and channels of distribution.

> **If market investigation is undertaken only once and at a certain time, it is called a market analysis.**

Market analysis is used to obtain information about different suppliers or about the composition of the customers.

> **If market investigation is undertaken regularly, this is called market observation.**

The results of regular market observations provide an insight into changes in market conditions (e.g. changes in customer behaviour, trends and market shares).

Among other things, market research deals with obtaining and processing information from the following areas:

Research into requirements of target groups	Sales research	Competitive reconnaissance	Economic research (general economic conditions)
information about actual and possible customers	information about the effects of sales policy instruments (the position of the enterprise in the market)	information about actual and possible competitors	information about the general economic development and the climate for consumption

Market research aims

Analysis of purchasing motives

When launching a new product, a company must make sure that the product will actually be bought. Therefore, it has to find out the prospective customers' preferences concerning the price, benefits, quality, functions, etc. of the product. This involves analysing the **purchasing motives** of potential customers based on market research.

> **Market research helps to analyse the purchasing motives of consumers by finding out about their wants and needs, their purchasing behaviour and their satisfaction with a company's products. These insights can be used to successfully launch a product.**

Task 1 p. 181

The **wants and needs** of potential customers depend on many factors. It might be useful to categorise what kind of new or unfulfilled needs customers have (e.g. the need for distance learning materials during the Covid-19 pandemic) or what kinds of needs can be created by appropriate marketing techniques (e.g. the need for a new, improved version of a smartphone).

Economics and Business Basics
Learning area A
Chapter 1.1

Understanding wants and needs

The decision to buy a Fiat Panda might be based on basic needs such as transportation, whereas the decision to buy a Porsche Cayenne Turbo GT could well be based on status and esteem needs (see Maslow's hierarchy of needs). This has to be considered when pricing and advertising different cars.

Concerned about climate change and the exploitation of natural resources, more and more people are trying to live a more sustainable lifestyle. This wish may be a purchasing motive for buying, say, plastic-free products, second-hand clothing and organically-grown fruit and vegetables.

Sustainability as a purchasing motive

etepetete GmbH targets this purchasing motive of leading a sustainable life. It is a start-up company from Munich that sells imperfect organic fruit and vegetables that cannot be sold in supermarkets because they do not adhere to optical or size standards. These goods are often simply destroyed. In order to avoid food waste, the company sells them online in mixed boxes of fruit and vegetables to "save" the products. They advertise their boxes as "plastic-free, CO2 neutral and sustainable" and hence serve a growing number of conscious consumers. (https://etepetete-bio.de/ueberuns)

The trend towards conscious consumption has changed consumers' **purchasing behaviour**. Instead of focusing, for example, just on price and convenience, consumers also consider the origin of the used resources, the working conditions of the people involved in making the product and the effects it has on the environment. This behaviour of conscious consumption is reflected in companies' websites that now also inform consumers about the origins of their resources and their sustainability efforts.

Companies' reaction to conscious consumption behaviour

IKEA says it wants to be "Leading the way by being a good example" and elaborates on its vegetarian hot dogs and plant-based soft icecream in its sustainability section. (https://www.ikea.com/de/de/this-is-ikea/sustainable-everyday/)

etepetete GmbH introduces the farmers it sources from with photos and personal background information. (https://etepetete-bio.de/landwirte)

When designing a product around prospective customers' wants and needs, the company aims to satisfy the customers' expectations. **Customer satisfaction** is essential to gain, on the one hand, repeat customers (loyal customers) and, on the other hand, a good reputation. Happy customers may well not just buy the same product again but also share their positive experience with family and friends. In the age of social media, a positive product review can spread easily – but so can a negative one. Therefore, market research aims to find out as much as possible about their customers' expectations in order to maximise customer satisfaction with a new product in advance. This can also help to minimise the risk of wrong strategic decisions.

Minimising the risk of wrong decisions

Companies risk spending a lot of time and money on developing and launching a product that turns out to be a failure. In order to minimise this risk, they need to find out in advance what the market needs and how likely their product is to succeed. Their research and development efforts as well as their marketing mix need to be based on the results of the preceding market research.

Market research helps to minimise the risk of wrong strategic decisions.

Amazon Fire Phone – a product failure

In 2014, Amazon launched its first and only smartphone – the Fire Phone. Its USP, a 3-D dynamic perspective, used a set of front-facing cameras to track the user's gaze and adjust the 3-D effect to it. Additionally, wrist movements and hand gestures could be used when navigating the phone.
It didn't sell well, though. After sharp price drops it was discontinued in 2015 after only 13 months. Reviews said that the phone failed to meet the wants and needs of its users. It didn't have a very fashionable design, was considered too thick and too heavy, its battery life was too short, and it was seen as too expensive. The unique features were considered "gimmicks" and didn't seem to offer any extra utility to users. Overall, the company appeared to be focusing on features that smartphone users weren't really looking for. That might be a reason why the usually so successful company had to withdraw the product.

Sources: https://slidebean.com/story/amazon-fire-phone-failure; https://shanebarker.com/blog/product-launch-failures/

Analysis of target groups

If a company wants its marketing measures, such as advertising, to be successful, it needs to know who its customers are. A product for teenagers is marketed differently from a product for adults. It is difficult to address everybody at once. Therefore, companies usually split the potential market into different smaller **target groups** that they focus their marketing efforts on. This process of dividing the large mass of potential customers into smaller groups (segments) based on certain criteria is called **market segmentation**. The customers in these segments are as homogeneous (similar to each other) as possible regarding certain characteristics. For example, teenagers have in common that they are between 14 and 18 years old. They are very different (heterogeneous) from other customer groups in this aspect, for instance in comparison to adults or children, who belong to different age groups.

Market segmentation is the division of a market into smaller sub-groups of customers. Each sub-group can be a target group for marketing measures.

Task 2 p. 181

Market segmentation can be based on different criteria:

geographical
- region
- neighbourhood

demographic
- age
- gender

psychographic
- lifestyle
- attitude

sociographic
- income
- occupation

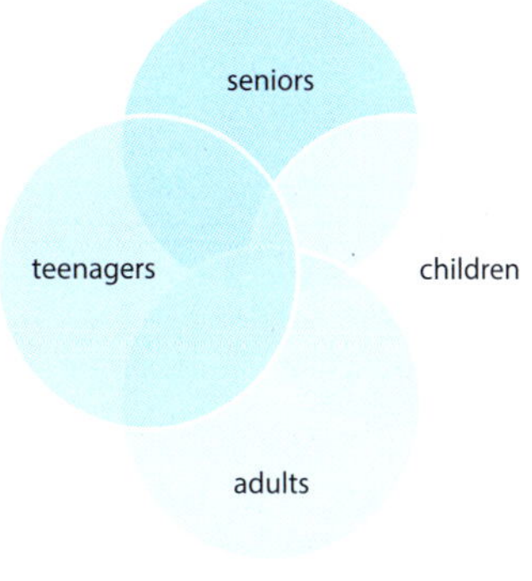

Market segmentation for iPhones

Demographic: Apple iPhones come in different colours and are bought by men and women. The largest target group is 20 to 29 years old followed by the age group of 30 to 45.

Sociographic: At prices between €800 and €1,600, iPhone buyers must have a high purchasing power or high income respectively.

Psychographic: People who buy iPhones are focused on brands as well as quality and prestige.

Competitive analysis

Once a company is sure about its target group, it should examine who it is competing with for these customers. Therefore, another aim of market research is to be well informed about the competition and their products. This will also offer insights into the company's **market position** – its standing in comparison to its competitors.

! By conducting competitive analysis, an enterprise can compare its strengths and weaknesses with those of other businesses to determine its market position.

Useful information to obtain about the main competitors includes the following:

- Who are our competitors? (Size, location, sales volume, main products)
- What is our competition good and bad at? (Image, prices, quality, advertising)
- Who are their main customers? (Target groups)

Insights can be achieved with the help of external sources such as the annual reports of competitors, their catalogues, brochures and price lists, as well as publications from trade associations and business chambers (e.g. IHK/chamber of industry and commerce).

A company's market position is usually measured in the form of its market share of certain products or product groups. When launching a new product, the marketing measures are aimed at reaching a certain market share.

Task 3 p. 181

Key figures to determine a company's market position	
sales volume:	the quantity (units, litres, kilos, etc.) of *products sold* (= sales) by *a company* or an industry in a specific market within a certain period of time
market volume:	the quantity of *products sold* or the revenue generated by *all market participants together* in a specific market within a certain period of time
revenue:	sales · price
sales potential:	part of the market potential that could be captured by *one specific company*, i.e. its maximum possible sales
market potential:	maximum possible sales or revenue that could be reached by *all market participants together* in a specific market within a certain period of time
market share:	the *portion* of a market's total revenues that is earned by *a specific company* (revenue of a company · 100) : market volume

Market potential – market volume – market share of T-shirts

A market research institute found out that last year a certain T-shirt, which was produced in a Fairtrade system[1] in different sizes and designs, reached turnover of €45m in a specific sales market (= market volume). Furthermore, it discovered that a turnover of €60m would be possible in this market if all potential customers bought the shirt (= market potential). At a price of €15 per unit, the supplier Fairshirt reached a sales volume of 400,000 pieces. This led to revenue of €6m (400,000 units · €15 per unit = €6m). The market share of Fairshirt is therefore 13.33% (€6m · 100) : €45m = 13.33%).

Source: https://www.fairtrade-deutschland.de/produkte-de/textilien/hintergrund-fairtrade-textilien.html

The marketing department of Fairshirt determined that adequate advertising measures could increase turnover by 10% to €6.6m. This translates to potential sales of 440,000 units (€6.6m : €15 per unit).

Market volume: €45m or 3m units
Sales volume of Fairshirt: 400,000 units
Market share of Fairshirt: 13.33%

Market potential: €60m or 4m units
Potential sales of Fairshirt: 440,000 units

Block diagram for chapter 1: The basics of market research

Market situation

- buyers' market: supply > demand
  → directing all managerial decisions towards the market = marketing
- sellers' market: supply < demand

Marketing mix (4 Ps)
= best possible combination of marketing tools to reach marketing objectives

Product policy	**Price policy**	**Place (Distribution) policy**	**Promotion (Communication) policy**

Market investigation

- **unsystematic** – random, occasional
  → **market exploration**
  - **types**
    - **market analysis** = undertaken once, at a certain time
    - **market observation** = undertaken regularly
- **systematic** – regular, with scientific measures
  → **market research**
  - **areas**
    - sales research
    - competitive research
    - economic research
    - target group research

1 Products marked with a Fairtrade certificate are produced and sold under the international standards of Fairtrade International. These standards guarantee that farmers, plantations, and companies follow certain social, ecological and economic criteria in order to support the sustainable development of the participants in developing and emerging countries.

Market research aims	
■ **analysis of purchasing motives** ■ wants and needs ■ purchasing behaviour ■ customer satisfaction	■ **analysis of the target group** ■ geographical ■ demographic ■ sociographic ■ psychographic
■ **minimising the risk of wrong decisions**	■ **analysis of the competition**

vel.plus/BHBILID09

KEY TERMS TRANSLATED

buyers' market	Käufermarkt	objective	Ziel
market analysis	Marktanalyse	product range	Sortiment
market exploration	Markterkundung	production programme	Produktionsprogramm
market investigation	Marktuntersuchung	sales promotion	Verkaufsförderung
market research	Marktforschung	sellers' market	Verkäufermarkt
market segmentation	Marktsegmentierung	target group	Zielgruppe

Check your competences with a **self-assessment list**.

Scan the **QR-Code** or use the following link: vel/plus/BHBILID01

vel.plus/BHBILID02

REVISION OF BASIC KNOWLEDGE

for chapter 1 The basics of market research

1.1 The basics of marketing

1. Explain the term "marketing".
2. Differentiate between a sellers' market and a buyers' market.
3. Explain the term "marketing mix".
4. Describe the four Ps of a marketing mix.

1.2 Market research tasks and aims

1. Differentiate between market analysis and market observation.
2. Outline different purchasing motives for buying an electric car.
3. Explain how market research reduces the risk of wrong decisions.
4. Explain the term "market segmentation".
5. Name some target groups resulting from market segmentation.
6. Evaluate the necessity of segmenting a market.
7. List key figures to determine a company's market position.

TASKS FOR APPLICATION AND PRACTICE

for chapter 1 The basics of market research

Task 1 Market research aims

Market research helps companies to understand purchasing motives by analysing customers' **wants and needs**, customers' **purchasing behaviour** and **customer satisfaction**.

PDF vel.plus/BHBILID03

Match the three aims to the following cases of market research:

1. After using the restroom at a shopping centre, customers are asked to rate their experience by clicking on a happy, neutral, or sad smiley.
2. A wholesaler of prescription-free drugs finds out that in eight out of ten cases its vitamin pills are bought in combination with a cough syrup.
3. A manufacturer of dietary products conducts market research to find out whether taste, quality, or price is most important to its customers.
4. A travel agent conducts a survey online asking what travel destinations people are most interested in.
5. A supermarket tracks the routes customers take through the store and at which shelves they stop to buy something.
6. A massage parlour asks its customers to rate whether they would recommend its massage to friends on a scale of one to ten.
7. A supermarket compares the total sales volumes of organic and non-organic bananas.

Task 2 Analysis of target groups for meal kits

© Jacob Lund – stock.adobe.com

JustCookIt GmbH, which is based in Stuttgart, offers a delivery service for meal kits ("Kochboxen") in Germany. The boxes are delivered weekly by a parcel service and contain pre-portioned ingredients as well as step-by-step recipes for preparing the meals. It takes between 30 and 90 minutes to prepare each meal. The company offers subscriptions with three different plans: "Family", "Veggie" and "MeatLover". Customers can choose to receive at least three meals for 2, 3 or 4 people. One meal costs at least €5.30. Add-ons such as salmon, steak, desserts and appetizers can be added at an extra charge. Additionally, shipping costs amount to €5.00 per box. Users can manage their subscriptions in an app that lets them choose and rate their weekly meals. Furthermore, they can join a social media group to share pictures and experiences with other customers.

? HILFE vel.plus/BHBILID04

1. Define the characteristics of the target group(s) of JustCookIt GmbH based on the information provided.
2. Explain the different ways of collecting customers' data provided by the app and the social media group.
3. Conduct research online to find out the extent to which competitors (different meal-kit companies, e.g. HelloFresh, MarleySpoon and Dinnerly) focus on different target groups. www
4. Explain what JustCookIt would have to change in order to win you as a customer.

Task 3 Market share – market potential

A producer of cosmetics had sales of €200m in the product area of body-care (soaps, shampoos, deodorants, sprays, etc.) last year. In the same period, a competitor had sales of €380m in this product area. According to a market research institute, a total turnover of €800m could be achieved if all the available marketing tools were fully used.

1. Work out the market share of the cosmetics producer for body-care products in the past financial year.
2. Calculate the percentage of the market potential in the area of body-care products that the two enterprises have already exploited (= market saturation in percent).

2 Methods of market research

Competences:

2.1 Field research
- *describing methods of field research*
- *discussing the suitability of field research for managerial decisions*

2.2 Desk research
- *describing methods of desk research*
- *discussing the suitability of desk research for managerial decisions*

2.3 Analysis and representation of statistical data
- *analysing options for the graphical representation of statistical data*
- *developing appropriate product and policy recommendations*

2.1 Field research

Companies can use two different types of market research to gather information about their markets: **field research** (primary research) and **desk research** (secondary research).

Field research is the collection of primary data, i.e. information that has not been collected before. That is why it is also called **primary research**. The data is gathered directly from the target group especially for a specific purpose, for example to gain insight into their satisfaction with a certain product. The company can either collect the information itself or pay a market research firm to do so.

Field research (primary research) is a method of collecting primary (new) data directly from the source (usually from existing or prospective customers).

Qualitative and quantitative methods of field research

Depending on the purpose of market research and the type of data needed, a company can collect either qualitative or quantitative data. **Qualitative research** collects, analyses and interprets non-numerical data such as customers' opinions on products, how they feel about a certain brand or what they expect from a new product. This information is more difficult to interpret but can be useful to find out about underlying motives of consumers' purchasing behaviour or to come up with new product ideas. **Quantitative research** is focused on measurable data that can be expressed in numerical form, for example what price consumers would pay for a product, how often they would replace it or how big the market volume is. Statistics are used to summarise and interpret quantitative data. Whether quantitative or qualitative field research is used depends on the company's aim and budget.

Qualitative field research is focused on people's attitudes, opinions and feelings in order to find out about underlying motives of their purchasing behaviour.
Quantitative field research collects measurable, statistical information.

The collected data must be organised, structured and put into context through interpretation and analysis. Only then will it become useful information for the company.

Quantitative and qualitative field research methods have the following advantages and disadvantages:

Qualitative field research	
Advantages	**Disadvantages**
+ It can be done with small samples. + It is flexible and can be adapted in the process. + New insights and ideas might be discovered. + It is carried out in naturalistic or real-life settings.	– Collecting, analysing, and interpreting qualitative data is time-consuming and expensive. – Due to time and costs, the samples taken are usually small. – It is subjective (depends very much on the person gathering the data) and therefore difficult to replicate (i.e. repeat).

Quantitative field research	
Advantages	**Disadvantages**
+ It is more objective and hence can be replicated (repeated). + Results can be compared statistically. + Large samples of data can be gathered and analysed. + Hypotheses can be tested.	– It can be superficial since it only assesses numbers and not the reasons behind them. – It does not allow for additional observations (narrow focus). – Large samples are needed.

Methods of field research

The company can use several methods to collect the desired primary data. Whether the method qualifies as quantitative or qualitative research depends on the type of information that the company is looking for. A survey can have open questions (Why does a customer prefer a certain product?) or collect numerical, quantitative data (How many times has a customer already bought a product?).

Task 1 p. 193

Methods of field research			
Survey (questionnaire)	Observation	Experiment/Testing	Panel
■ in person (interview) ■ in writing ■ by phone ■ online	■ real-time ■ recorded ■ customer flow analysis ■ eye tracking ■ measuring galvanic skin response	■ product test ■ market test ■ price test ■ packaging test ■ advertising test	■ consumer panel ■ trade panel

Surveys are the most common way of gathering primary information. They usually involve a **questionnaire** with open and closed questions and can be done in person, by phone, by post or email, or online. In order to cut costs, not every prospective customer can be surveyed. Only some of them, a **sample** of customers, is chosen. This sample must be representative of the market (e.g. regarding age or income structure).

Survey about Fairtrade coffee

© Sean Hawkey – FairTrade Deutschland

Fairtrade has the goal of balancing out injustices in international trade. It has a system of certifications to ensure that certain standards are met in the production and supply of a product. These standards include safe working conditions and fair wages and the aim to improve the social, economic and ecological development of the producing countries. For consumers, this means high-quality and ethically-produced goods.
TransFair e.V. is an organisation that represents Fairtrade in Germany. It leaves questionnaires with a handful of questions in different One-World-Shops to find out why customers decided to buy fair trade coffee. To encourage people to fill in the survey, respondents have the chance to win Fairtrade products.

It can be quite useful to observe and record how consumers behave. An **observation** helps to collect data about the actual behaviour of people instead of asking them how they might react in a certain situation. It is rarely used but has the advantage that it does not depend on the willingness of the surveyed people to give the information. Since it does not offer any insight into the reason for a certain behaviour, it is nevertheless often complemented by surveys.

Data collection through observation

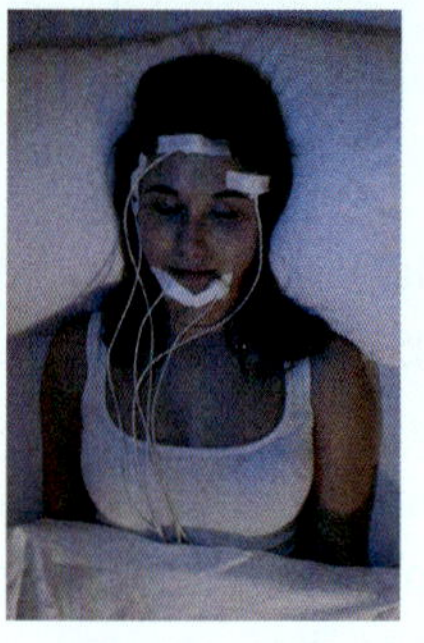

© RioPatuca Images – stock.adobe.com

Field observation: A fashion shop wants to find out how the design of its shop windows affects the attention of prospective customers. Cameras are used to observe how much time customers spend looking at two differently designed shop windows. Since the subjects (the prospective customers) are observed in their "natural environment", this is a field observation.

Laboratory observation: A producer of mattresses wants to find out how its products affect the sleep of potential customers. Subjects are therefore observed in a sleep laboratory. Since this does not happen in their bedrooms at home but in an artificial environment, it is a laboratory observation.

For online stores, it is easy to get to know their customers. They can just track their activity – what they clicked on, how much time they spent looking at a product, how often they returned to the website, and what they finally bought. A bricks-and-mortar store also has options to find out more about its customers by observing them. It can use programmes connected to its surveillance cameras to track shoppers as they walk through a store.

A **customer flow analysis** helps them to find out more about their customers' shopping behaviour:

- How fast do customers pass through the store?
- Which shelves do they stop at?
- Which aisles do customers usually avoid?
- Which products are they interested in (which products do they look at or touch?)
- What do they eventually buy?

This information can be very useful when deciding about the layout of the store, the product range, where to position special offers and what products/areas might need more sales promotion.

Experiments and **tests** are used to examine the impact of a change to the features of a product or an advertisement. A product feature is changed in order to find out how the subjects react to this change.

Data collection through experiment/product test

A dealer of sustainable products wants to examine the effect of an advertisement in a magazine on subjects. Different groups of subjects receive advertisements for the same product but with different layouts (colours, format, etc.). Testing is carried out in a laboratory.

A cereal producer creates breakfast cereals with sugar in them and an alternative with sugar substitutes. The subjects try them without knowing the difference to find out whether they can taste the difference and which version they like better.

A panel is an unchanging group of people who are regularly questioned on certain products or topics. A panel study is used to observe a market over a certain time period. The panel can consist of individuals and households (= **consumer panel**) as well as companies (retailers, wholesalers) (= **trade panel**).

Panel study to determine viewer ratings

"Gesellschaft für Konsumforschung" (GFK), based in Nürnberg, measures TV viewer ratings for different clients. It collects data on how many people watched a certain show or channel at a certain time. This information can be very useful for companies that want to place TV commercials.

Neuromarketing is the application of neuroscientific research methods in order to find out about customers' preferences, motivations and decisions. It measures physiological and neural reactions of consumers to for instance marketing measures. Brain scans measure neural signals (brain-cell activity) by means of magnetic fields that track changes in the blood flow of the brain. Since tools for scanning the brain are quite expensive, physiological signals that are related to a certain brain activity can be used instead. A person's eye movement, pupil dilation and facial expressions as well as the heart rate, respiration rate and skin conductivity may all be physiological signals of arousal.

Eye tracking as a neuromarketing tool

Eye tracking can be used to track the point of gaze of a person looking at something such as an advert or a supermarket shelf. The results can be used to create advertisements that catch the viewer's attention or to place products in areas that a shopper is most likely to look at.

Pupil dilation as a neuromarketing tool

A person's arousal (activation) by an advertisement can be determined by measuring a person's **pupil dilation** (the widening of the eyes' pupils). High arousal or activation of consumers makes them more likely to think positively of the advert, to recall (remember) the brand and to purchase the advertised product.

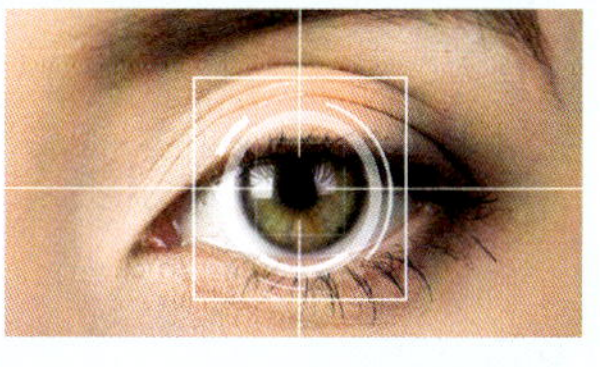

The level of emotional arousal (positive and negative emotions) can also be measured through **galvanic skin response** (also known as skin conductance or electrodermal activity). It is the same method used in lie detectors. The autonomic nervous system reacts very quickly to external stimuli; One of the reactions when someone is irritated or excited is that they start to sweat. Though they might not even notice it, the sweat changes the conductivity of the skin, which can be measured with electrodes. This tool is usually used in combination with other tools such as interviews or questionnaires since it cannot differentiate between positive and negative arousal and it does not offer any information on the reasons behind the emotion.

Galvanic skin response (GSR) as a neuromarketing tool

A company can test different marketing tools before using them. TV commercials, adverts and or even call centre communication can be shown to focus groups to find out whether they react positively or indifferently to them. They could also be shown different versions of a commercial to see which one creates the strongest emotional response.

Field research	
Advantages	**Disadvantages**
+ The data matches the specific needs of the company. + It provides up-to-date data. + The collected data is only available to the company (not to competitors).	– It is costly. – Preparing and conducting the research is time-consuming. – If the sample is not large enough, the data may be useless.

2.2 Desk research

If companies use already existing data for their market research, this is referred to as **secondary research** or **desk research**. This data was collected for a different purpose and can now be used again. The company can use internal and external sources for their desk research.

! Desk research (secondary research) uses internal and external data that was already collected for a different purpose.

Internal secondary data is information that was collected within the enterprise. External secondary data comes from sources outside the enterprise.

Sources of desk research	
Internal data sources	**External data sources**
▪ sales reports and statistics ▪ profit and loss statements ▪ inventory records ▪ feedback and complaints from customers ▪ customer management systems ▪ reports from retailers ▪ previous marketing research	▪ statistics from government agencies (e.g. Statistisches Bundesamt) ▪ publications from trade associations and chambers (e.g. chambers of industry and commerce) ▪ catalogues, brochures and price lists of competitors ▪ newspapers and journals ▪ reports from university research centres and non-profit agencies

Desk research in the form of data mining

Market research software with algorithms can be used to discover patterns and correlations in large amounts of quantitative data from internal or external data sources. This data mining is used to predict consumer behaviour such as the likeliness that customers will be interested in a certain product. This prediction is based on the information what other customers with a similar background purchased. It refers to information such as former purchases (purchasing history), income (credit card history), residential area (post address), etc. This information allows for example online retailers and streaming platforms to send targeted advertising to their customers (e.g. in newsletters or pop-ups) ("You might also like ..." "Customers who purchased this also bought ...").

When deciding whether to use desk research, a company has to consider the following advantages and disadvantages:

Desk research	
Advantages	**Disadvantages**
+ It is cheaper than primary research. + A wide range of data is freely and easily available online. + It saves time.	– The data might not address the company's key question. – The data might not be up to date. – The form of the data might be hard to analyse. – The quality of data might vary depending on the provider.

2.3 Analysis and representation of statistical data

Charts and graphs

After data collection has been completed, the data needs to be aggregated, formatted, analysed and interpreted. Instead of looking at raw data, the information is usually summarised and turned into a graphical representation, i.e. a graph or a chart. Graphs help to display information at a glance and make it easier to convey the main findings.

! **Graphical representation is the use of graphs and charts to visualise numerical data.**

The most suitable type of graph depends on the type of data, the purpose of the representation, and the target group. Graphs can simplify data sets by showing, for example, similarities and differences between different customer groups – which can be useful to address a certain target group. Moreover, trends can be shown, such as the development of sales figures over time, enabling predictions about future sales.

Task 2 p. 194

Typical graphs and charts and their usage:

<table>
<tr><th>Visualisation</th><th>Definition</th><th>Usage</th><th>Example description</th></tr>
<tr><td>Table
<table>
<tr><th colspan="3">Sales figures 2019 – 2021 in million EUR</th></tr>
<tr><th></th><th>Product A</th><th>Product B</th></tr>
<tr><td>2019</td><td>18</td><td>13</td></tr>
<tr><td>2020</td><td>23</td><td>16</td></tr>
<tr><td>2021</td><td>24</td><td>21</td></tr>
</table></td><td>A grid is used to systematically arrange data in lines and columns.</td><td>To show raw data or summarised/edited data – often the basis for further visualisations</td><td>The table shows the total sales of the products A and B for the years 2019 to 2021.</td></tr>
<tr><td>Bar chart
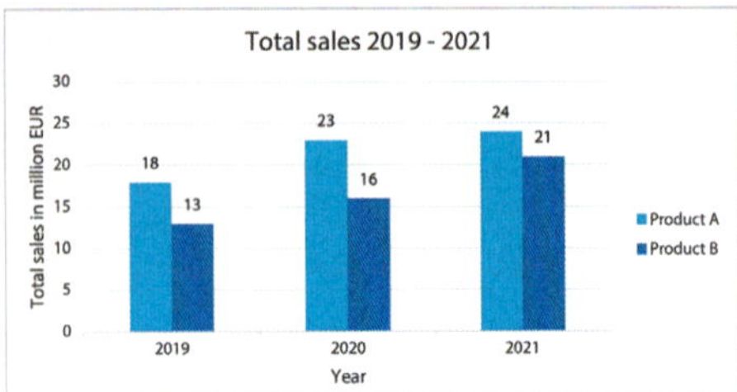
</td><td>In a system with two axes, a horizontal axis (x-axis) and a vertical axis (y-axis), bars of different height or length show the sum of values in different categories.</td><td>To compare data among different categories and to show changes over time</td><td>The bar chart shows the total sales of the products A and B over the course of three years.</td></tr>
<tr><td>Pie chart
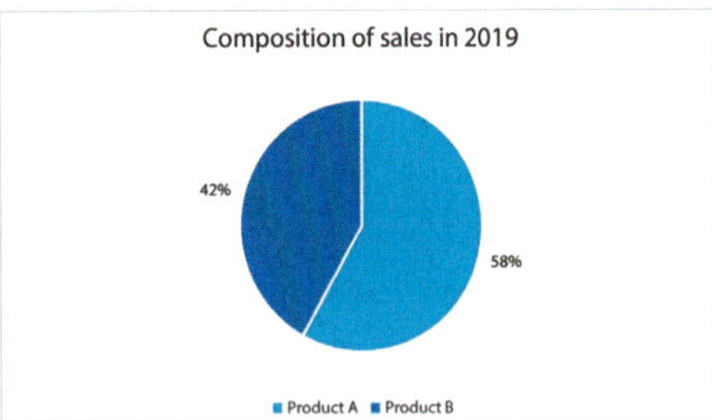
</td><td>A circle is divided into different sectors with each sector showing the size of the related information in percent, adding up to 100%.</td><td>To show the relative contribution of different categories to a whole; to show the composition of something</td><td>The pie chart shows the contribution of the products A and B to total sales in 2019.</td></tr>
<tr><td>Line graph
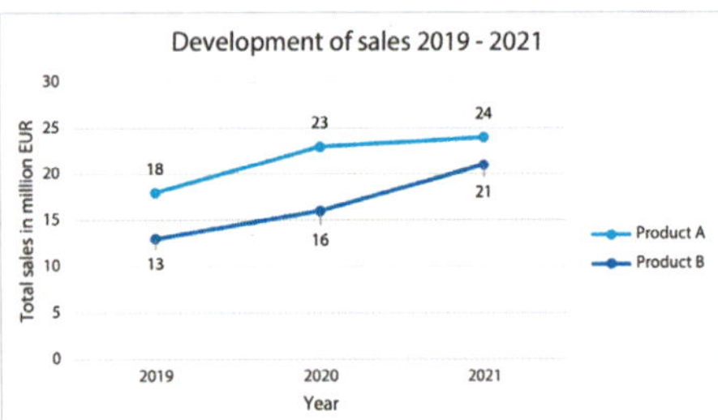
</td><td>One or more lines are displayed in a coordinate system with two axes.</td><td>To show trends/ developments over time and to make predictions with them</td><td>The line graph shows the development of sales of the products A and B over the course of three years.</td></tr>
</table>

Scenario analysis

The **scenario technique** is a **forecasting method**. It helps companies to develop long-term strategies that take the occurrence of different potential future situations (= scenarios) into consideration. With an ever-changing business environment, companies need to be able to quickly react to changing markets and to adapt their marketing strategies to the new situations. These could be changes in consumer demand or additional competition, yet also larger issues such as an economic crisis, new political regulations or natural catastrophes that require quick reactions. Constructive reactions are possible if this scenario has already been considered and planned in advance. Market research results are important in this context to give the company relevant data in order to prepare for future developments.

Scenario analysis is a technique to determine uncertain best-case and worst-case developments in the future and to think ahead and plan accordingly.

Task 3 p. 194

The scenario technique links quantitative data with qualitative information, evaluations and opinions. This allows for exact, comprehensive descriptions of various future situations.

Application of the scenario technique in economics

"The Limits to Growth" is the title of a 1972 book about the environmental situation published by the Club of Rome[1]. Assuming that the environmental consciousness and behaviour of people do not change and the industrialisation process proceeds worldwide in an unchanged way, scientists predicted with the help of computer simulations that the most important resources and energy sources would be exhausted within a generation. Furthermore, they forecasted the destruction of the environment. In 2004, the authors presented new projections on the basis of current data with the title "Limits to Growth: The 30-Year Update".

Usually, there are three types of scenarios:

Positive extreme scenario	Trend scenario	Negative extreme scenario
Best-case scenario	Trend extrapolation (projection of the current situation to the future)	Worst-case scenario

Scenarios are often depicted as **scenario funnels**. The starting point of our consideration is the **trend scenario**. It shows future developments based on the assumption that the factors which have influenced the past will continue to have the same influence in the future. However, as factors and conditions usually change, positive as well as negative developments can be depicted by the two extreme scenarios. Over time, the distance between the trend scenario and the two **extreme scenarios** widens. The best-case scenario is at the upper end of the funnel and worst-case scenario at the lower end. The funnel shows that over time, the number of possible scenarios increases. Between the three scenarios, there are plenty of possible future developments (e.g. A1, A2, A3 in the following illustration).

Scenario funnel

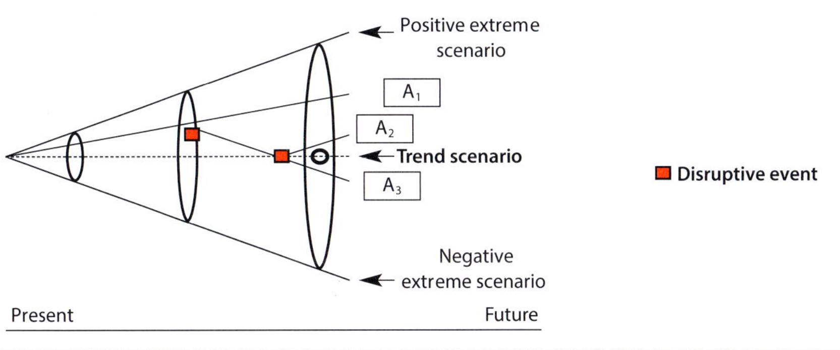

1 The Club of Rome is a global think tank that deals with international political issues. It consists of personalities from the world of business, science and culture. It arranges conferences and funds reports on current issues of global importance. Example: D. Meadows et al, book "The Limits to Growth", New York 1972, or D. Meadow et al, book "Limits to Growth: The 30-Year Update", New River Junction, 2004.

How to perform a scenario analysis

Stage 1: Analysis of tasks and problems

Our consideration starts with the description of the initial situation and the determination of the subject matter. Usually, the initial situation is unsatisfactory.

Example

Demand has fallen tremendously. This has led to a strong decline of sales and profits.

Stage 2: Analysis of drivers

In the second stage, all drivers and influencing factors which directly impact the problem are identified.

Example

The economic situation has further deteriorated. The demand for our products is declining. Our cost structure indicates high fixed costs. Due to high pressure from the competition, low prices must be expected. To get the costs under control, marketing and research expenses have been cut. Urgent streamlining measures have to be postponed. Layoffs are not yet expected.

Stage 3: Trend projection and development of scenarios

With the help of drivers and their probable development, alternative scenarios are developed.

Positive extreme scenario	Trend scenario	Negative extreme scenario
The economic situation will improve significantly. Demand is increasing. The previous recession phase has pushed competitors out of the market and strengthened our own market position. Streamlining investments in the following year will further improve our position. Higher prices for raw materials can be compensated for by higher productivity. We assume the following sales and cost curves:	The economic situation will not change significantly this year. According to predictions by economic research institutes, there will be an economic recovery by the end of the year which will be enforced by foreign influences. We assume the following sales and cost curves:	The economic situation will deteriorate significantly. Rising costs of raw materials might lead to stronger cost pressure. A major consulting firm predicts further concentration in this branch. Failed streamlining investments have put the competitors who made these investments in a better position. We assume the following sales and cost curves:

Year	01	02	03	Year	01	02	03	Year	01	02	03
Sales	↑	↑↑	↑	Sales	–	↑	↑	Sales	–	↓	↓↓
Costs	↑	–	↓	Costs	–	–	↑	Costs	–	↑↑	↑

Explanation of signs: – = unchanged, ↑= increasing, ↑↑ = strongly increasing, ↓= decreasing, ↓↓ = strongly decreasing

Stage 4: Analysis of the consequences

The probability of the different scenarios and the opportunities and threats they entail are evaluated. Action plans are developed on how to deal with the different potential scenarios.

The influencing factors are analysed and responsibilities are clarified. Note that there are factors (e.g. a global pandemic) that cannot be influenced by an enterprise.

Stage 5: Scenario transfer

On the basis of these findings, an overall strategy for all sectors of a company is developed, taking into account all the knowledge gained from the process.

Stage 6: Realisation phase

The last phase concentrates on strategy implementation, which is often done by the controlling department. It provides the necessary instruments for planning, information provision, and controlling.

Scenario analysis	
Advantages	**Disadvantages**
+ constructive preparation of future decisions	– time-consuming
+ increases the flexibility of corporate management	– results aren't entirely reliable
+ The company is not caught by surprise by changes in the business environment.	– The longer the forecasting period, the more likely is the occurrence of unexpected events.
+ flexible use for various questions/issues possible	

Block diagram for chapter 2: Methods of market research

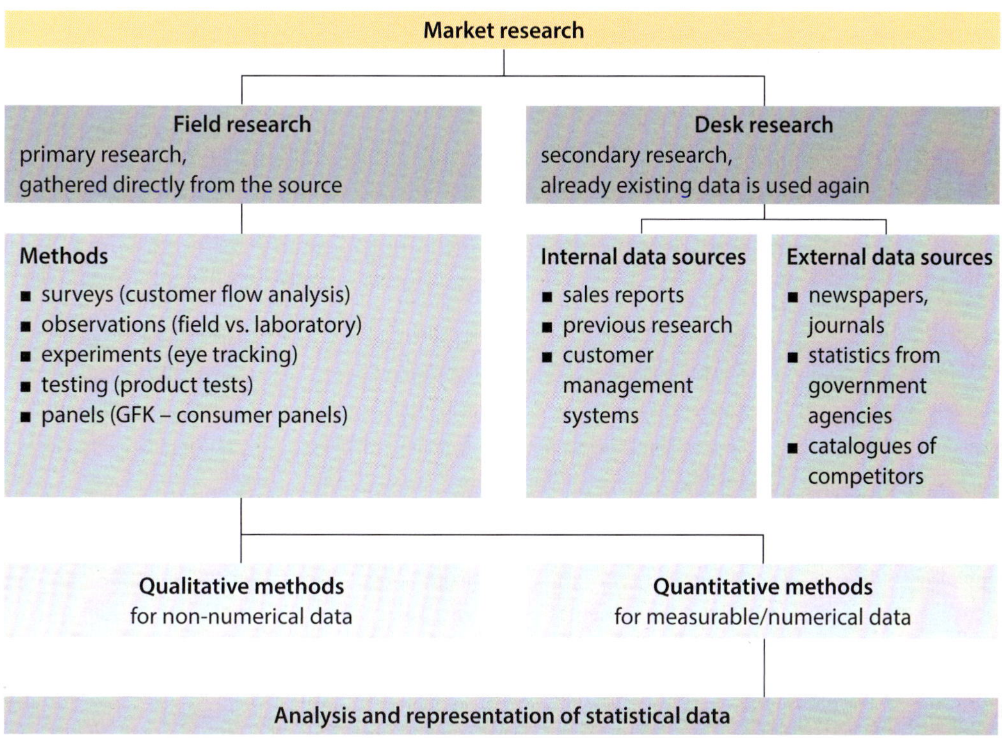

Analysis and representation of statistical data

Table

Sales figures 2019 – 2021 in million EUR		
	Product A	Product B
2019	18	13
2020	23	16
2021	24	21

Bar chart

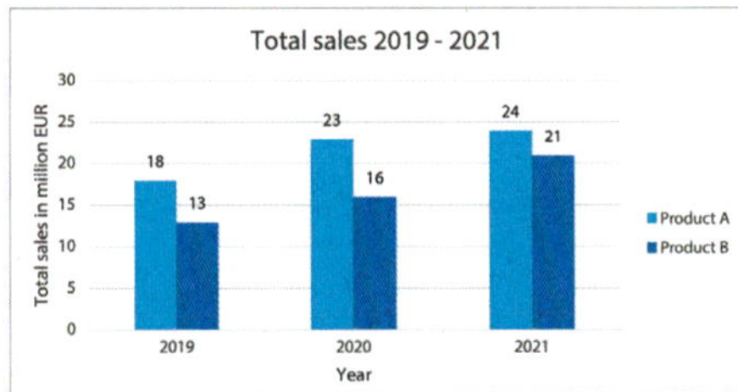

Pie chart

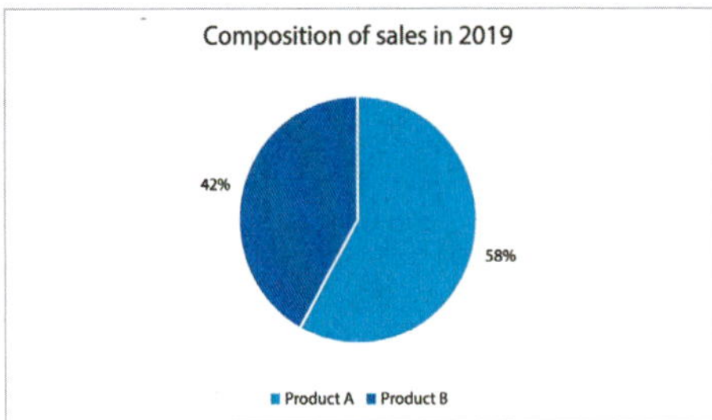

Line graph

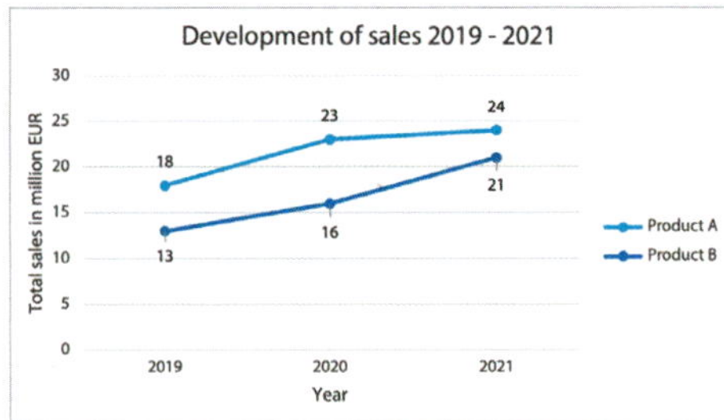

Scenario analysis

Scenario funnel

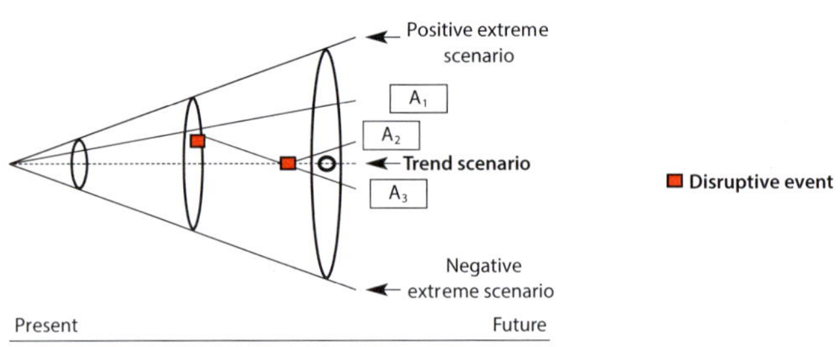

Steps of a scenario analysis

1. analysis of tasks and problems
2. analysis of drivers
3. trend projection and development of scenarios
4. analysis of the consequences
5. scenario transfer
6. realisation phase

KEY TERMS TRANSLATED

vel.plus/BHBILIC10

arousal	Erregung	observation	Beobachtung
bar chart	Balkendiagramm	pie chart	Kuchendiagramm
customer flow analysis	Kundenlaufstudie	pupil dilation	Pupillenerweiterung
customer survey	Kundenstudie	qualitative methods	qualitative Methoden
data mining	Data-Mining, Datenbankauswertung	quantitative methods	quantitative Methoden
desk research/ secondary research	Schreibtischforschung/ Sekundärforschung	questionnaire	Fragebogen
disruptive event	Störereignis	sample	Stichprobe
field research/ primary research	Feldforschung/Primärforschung	scenario analysis	Szenarioanalyse
forecasting method	Prognoseverfahren	scenario funnel	Szenariotrichter
line graph	Liniendiagramm	table	Tabelle

Check your competences with a self-assessment list.

Scan the **QR-Code** or use the following link: vel/plus/BHBILID05

REVISION OF BASIC KNOWLEDGE

vel.plus/BHBILID06

for chapter 2 Methods of market research

2.1 Field research

1. Define field research.
2. Differentiate between qualitative and quantitative research.
3. State advantages and disadvantages of qualitative field research.
4. State advantages and disadvantages of quantitative field research.
5. List four different methods of field research and give an example of each.
6. Explain the neuromarketing tool "eye tracking".
7. Explain with the help of an example the use of the neuromarketing tool "galvanic skin response".
8. Assess the advantages and disadvantages of field research.

2.2 Desk research

1. Differentiate between field research and desk research.
2. Name two internal and two external data sources of desk research.
3. Explain the use of data mining in desk research.
4. Contrast the advantages and disadvantages of desk research.

2.3 Analysis and representation of data

1. Explain why data visualisations are useful.
2. Outline with an example of your choice what kind of information is usually shown in pie charts.
3. Outline with an example of your choice what kind of information is usually shown in line graphs.
4. Describe what the scenario technique is used for.
5. Distinguish between the three types of scenarios.
6. Describe the scenario funnel.
7. Give the different stages of a scenario analysis.
8. Outline advantages and disadvantages of a scenario analysis.

TASKS FOR APPLICATION AND PRACTICE

for chapter 2 Methods of market research

Task 1 Market research by a pharmaceutical and cosmetics manufacturer

Allnatural Ltd produces pharmaceutical and cosmetic products. While pharmaceutical products can only be distributed via pharmacies, cosmetic products can be sold via other distribution channels as well. So far, only exclusive specialist shops have been chosen to sell them.

Despite extensive advertising, the sales of its cosmetic products have fallen dramatically. Although the industry reached an overall sales volume of €450 million in each of the last two years, Allnatural's sales fell from €65 to €60 million.

Therefore, a market research institute was commissioned to find out the reasons for this decline. The institute conducted a panel survey among the exclusive specialist shops as well as field observations.

1. Explain the type of market research the institute conducted.
2. Outline both methods mentioned and their advantages.
3. Suggest another method that could be used by the institute.
4. Give two reasons why Allnatural Ltd did not conduct the market research itself.
5. Describe an external desk research data source that could be used by the institute.

Task 2 Collection, analysis and visualisation of market data

PDF vel.plus/BHBILID07 EXCEL

In a market research project, the marketing department of an organic skin care manufacturer has determined the following results for four product groups:

Product group	Total sales previous year €	Q1 current year €	Q2 current year €	Q3 current year €	Q4 current year €	Total sales current year €
Body lotion	474,000	123,000	117,000	111,000	138,000	489,000
Face cream	114,000	30,000	24,000	24,000	39,000	117,000
Massage oils	396,000	99,000	93,000	69,000	63,000	324,000
Soap bars	552,000	120,000	150,000	114,000	210,000	594,000
Total	1,536,000	372,000	384,000	318,000	450,000	1,524,000

1. a) Choose an adequate form of visualisation and show the development of sales in all four product groups during the current year.
   b) Describe the sales development of the different product groups throughout the current year.
2. a) Choose a suitable form of visualisation and display the development of total sales for each of the product groups from the previous to the current year.
   b) Calculate the percentage growth in total sales for the different product groups.
   c) Describe the changes in total sales and give possible reasons for them.
   d) Suggest what could be done to improve the sales of massage oils.
3. a) Explain which type of market research was used to produce the table above.
   b) Outline two methods of market research that could be used to find out the reasons for the changes in total sales of soap bars and massage oils.

Task 3 Scenario analysis

? HILFE vel.plus/BHBILID08

Chocosweet AG produces various kinds of confectionery. Its profits in the German market have been falling. In order to develop suitable strategies for the German market with its strategic business unit for chocolate products, it plans to conduct a scenario analysis based on the two main influencing factors. It has compiled the following information:

The cost and hence also the price of unbranded chocolate is mainly determined by the price of its main ingredients: sugar and cocoa. Low costs can lead to low consumer prices and high sales, while high production costs are likely to result in high consumer prices and lower demand.

Cocoa is the most important ingredient. Two components can be used to make chocolate: cocoa powder and cocoa butter. The second one creates better, richer chocolates but is also more difficult and more expensive to produce. Africa, especially the Ivory Coast and Ghana, provides about two thirds of the global cocoa supply. Supply can fluctuate due to factors such as political unrest, long periods of drought and crop diseases. Inhumane working conditions on plantations that enable low prices are often criticised by human rights' activists.

Sugar is the second-most important ingredient. Most of it is produced from sugar cane. The price of sugar is partly driven by consumption trends. Sugar provides consumers with energy and tasty food products, and as the world's population grows, sugar consumption is likely to grow with it. However, sugar is also responsible for many health issues such as obesity, dental problems and diabetes. Therefore, governments and the public are becoming increasingly concerned with the negative consequences. Germany, for example, has introduced a "traffic light labelling system" that is printed on products and tells (or warns) the consumer about the sugar content of the product. Furthermore, a tax on sugar is currently being discussed in order to increase the prices of sugary products and consequently decrease the demand for them in order to positively influence public health. The UK and Ireland already levy a tax on soft drinks sweetened with sugar.

1. Outline the different stages of the scenario analysis that Chocosweet plans to conduct.
2. a) Describe three possible scenarios based on the given information and rank them as 1. best-case scenario, 2. trend/mixed-case scenario and 3. worst-case scenario for the company's profits.
   b) Sketch a matching scenario funnel.
   c) Outline measures that Chocosweet AG should consider in its strategies in order to prepare for the different scenarios.
3. Give two advantages and two disadvantages of the scenario analysis technique.

Learning area E

Product policy

1 Instruments to determine the market position

Competences:

1.1 Product life cycle

- *outlining the product life cycle*
- *discussing the practical suitability of the life cycle model when making strategic decisions*

1.2 Growth share matrix

- *describing and creating a growth share matrix*
- *discussing strategy recommendations with regard to product range based on the portfolio analysis*
- *analysing benefits and drawbacks of the BCG matrix*

1.1 Product life cycle

Product life cycle

Task 1 p. 205

The **life cycle of a product** can serve as a basis for developing a product portfolio policy. The model below is an attempt to show the life of a product by charting the sales (revenue) and profit and loss during that period. The life cycle comprises the life of a product from its development to its disappearance from the market. It can be divided into different **phases** (stages).

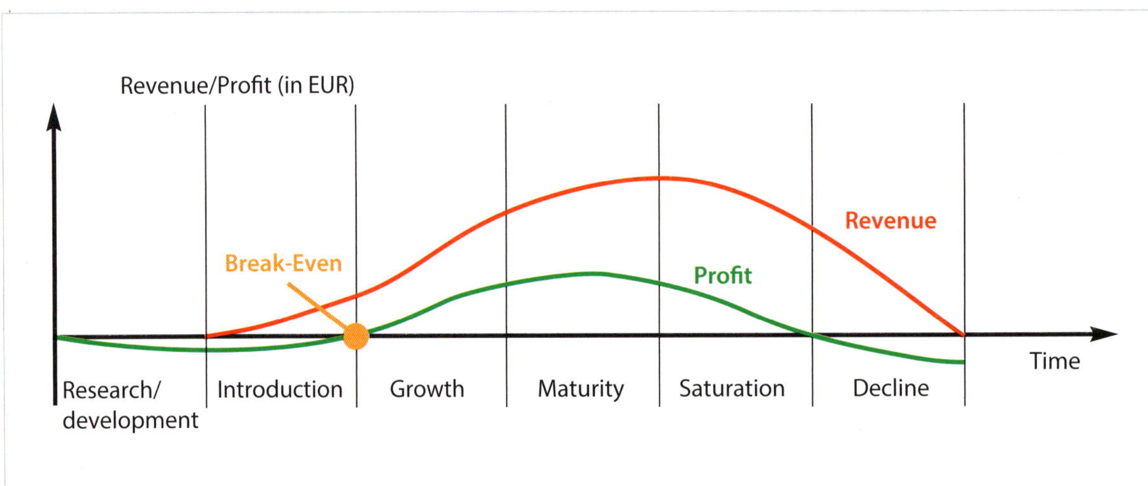

Phases of a product life cycle					
Research/ development	**Introduction**	**Growth**	**Maturity**	**Saturation**	**Decline**
There are no sales revenues at this stage; there are only costs. Therefore there is a loss.	There is a loss, as revenue is still fairly small. Measures to open markets involve high costs.	The revenue rises disproportionately. High profits are made with the product. The success attracts competitors to the market.	There is a further increase in revenue but with low growth rates. There is ever-increasing competition.	There is a decline in revenue and profit which implies negative growth rates. Product differentiation is used to extend the product life cycle.	A strong decline in revenue cannot be stopped. Losses arise. The product has to be taken off the market.

! The product life cycle is a description of the pattern of revenue and profit development over several phases during the economic existence of a product.

Strengths and weaknesses of the product life cycle	
Strengths	**Weaknesses**
■ The model helps to plan and adjust marketing strategies depending on which stage a product is currently in. ■ It helps managers to avoid mistakes in the different stages by comparing their products to other products in similar life cycle stages. ■ It facilitates the forecasting of sales.	■ The length of the complete life cycle and the separate stages can't be clearly determined because: ▪ the cycle can be extended or shortened by a company's marketing measures ▪ the market can be influenced (e.g. by new products, technological innovations, changes in consumer demand) ■ The behaviour of consumers and competitors is almost unpredictable. ■ It is an ideal-typical representation that is hard to prove empirically.

The product life cycle as a basis for portfolio analysis

Product life cycles can seldom be predicted accurately. Nevertheless, this tool can be used as a theoretical model and provide valuable ideas. As the sales and the profits of a product develop quite differently in the different phases, the **production programme** of an enterprise must clearly comprise different products or **product groups** which, individually, are in **different phases of their life cycles**. Without developing new and potentially successful products at the right time, the enterprise would run the risk of suddenly finding itself in a position of only being able to offer products which have reached the end of their life cycles and that are not profitable anymore. This can be seen very clearly in the automobile industry when a certain product is no longer in demand and has to be replaced by a newly developed model. These findings are used in **portfolio analysis**, which is one of the most important tools in **strategic market decision-making**.

1.2 Growth share matrix

Concept of a portfolio analysis

The portfolio analysis concept has its origin in banking. The fundamental idea applied to securities deposit accounts, namely of composing such accounts with risk, yield and liquidity aspects in mind, is transferred to enterprises producing different products and product groups. The enterprise seeks to **optimise its product portfolio**.

> **Product portfolio analysis seeks to direct all the available means (resources) of an enterprise into areas where the market prospects seem to be particularly good and the enterprise can benefit from its strengths.**

Creation of a growth share matrix

First of all, business units have to be identified and it needs to be determined whether resources should be channelled towards them or away from them. The different business units are called **strategic business units (SBU)** or areas. Strategic business units of a company can be divisions of the enterprise that work on specific products or markets (e.g. a geographically clearly defined market, certain customer groups). For these clearly separable divisions, it is useful to create and implement strategies that are separate and independent from other divisions of the company.

All portfolio concepts have in common that they describe the chances of success of different business units. These chances are deduced, on the one hand from the **external opportunities and threats** in a specific business environment or in relation to specific competition, and on the other hand from the **internal strengths and weaknesses** of the business. The typical representation in the form of a coordinate system always has an axis for the business environment and one for the company itself. The axes are often scaled in a way that allows for a graphical representation of the results in the form of a matrix. The best-known model is the **growth share matrix**, which is also called the **BCG matrix** – since it was created by the Boston Consulting Group.

Market growth and market share

Task 2
p. 205

A four-field matrix is used to illustrate a portfolio determined by market growth and market share with the axes representing **market growth** and relative **market share**.

Market growth	Market share
Market growth is defined as a term to express all future factors which an enterprise has no control over and which have an impact on market developments. Market growth records the opportunities and risks in the competitive landscape (landscape axis). It is assumed that the diverse risks and opportunities of the competitive landscape can be shown by one single factor: market growth.	The term relative market share shows the market share of a business unit of an enterprise in relation to the market share of its strongest competitor. The strengths and weaknesses of the enterprise, the business unit or the relevant product group are measured by its market position (enterprise axis). Here it is assumed that the strengths and weaknesses can be shown by one single factor: (relative) market share.

$$\text{market growth} = \frac{\text{expected revenue increase of the overall market in euro}}{\text{current revenue of the overall market in euro}} \cdot 100$$

$$\text{relative market share} = \frac{\text{revenue of the enterprise in euro}}{\text{revenue of the strongest competitor in euro}} \cdot 100$$

or

$$\frac{\text{market share of the enterprise}}{\text{market share of the strongest competitor}} \cdot 100$$

If the relative market share is higher than 100 percent, the company concerned will be the **market leader**, as no other enterprise can have higher revenues or market share.

The market share also reflects the cost position of the company in the market. A large market share reflects cost advantages or even cost leadership. These advantages can occur due to the experience of the enterprise, due to economies of scale or increasing power in relation to suppliers (which can result in better purchasing terms, i.e. lower purchasing prices). This cost advantage comes into effect if the company has a significantly larger market share than the competition. The connection between market share and economic success was empirically confirmed by the PIMS study.

The Profit Impact of Market Strategies (PIMS)

PIMS is a study that examines the impact of business strategies on companies' economic success. Companies in all major industries contribute information such as their financial data, the industry they operate in and information about quality, products, market share and market strategies. The main goal of PIMS is to show the relationship between a company's main strategic decisions (e.g. pricing, integration, advertising) and its results (e.g. in the form of ROI – return on investment). This is supposed to help companies to better understand their business environment and to create strategies that will offer them a sustainable competitive advantage. Besides factors such as relative product quality (which leads to customers' acceptance of higher prices as well as lower complaint costs), the study identified **relative market share** as one of the **main drivers of success** (ROI).

Depending on the market share and on market growth, the different products and product groups of an enterprise are subdivided according to the four-field matrix into the following categories: **poor dogs, question marks, stars** and **cash cows**. For the classification into these categories it is important to know in which phases of the product life cycle the products or product groups actually are.

Task 3 p. 206

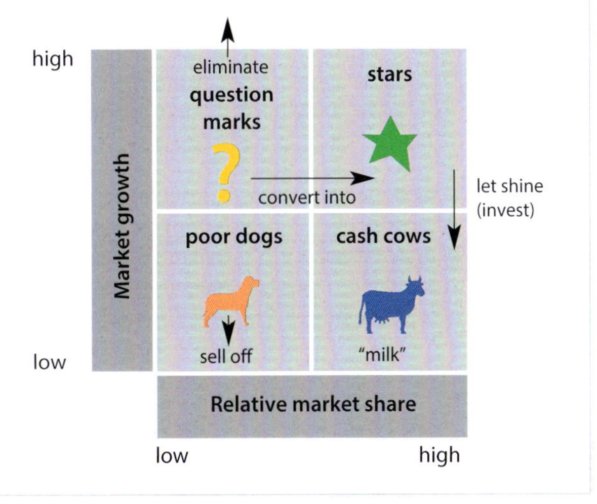

A company should have a well-balanced portfolio in different stages of the product life cycle and BCG matrix.

The portfolio analysis is useful to define a well-balanced production programme while taking into account the situation of the enterprise and the expected market developments.

Growth share matrix and product life cycle

The growth share matrix is closely connected to the product life cycle. Products in the **introductory stage** are usually **questions marks** that then hopefully turn into **stars** in the **growth stage** or need to be eliminated if their success is unlikely. Stars can turn into **cash cows** in the **maturity phase** of their life cycle when their sales reach their maximum. At this point, **saturation** is usually reached and sales slow down. The products then turn into **poor dogs** in the **decline stage** of their life cycle when revenue keeps falling. At this point, they either need to be eliminated or alternatively relaunched with new product features or new marketing measures in order to extend the life cycle and increase sales again.

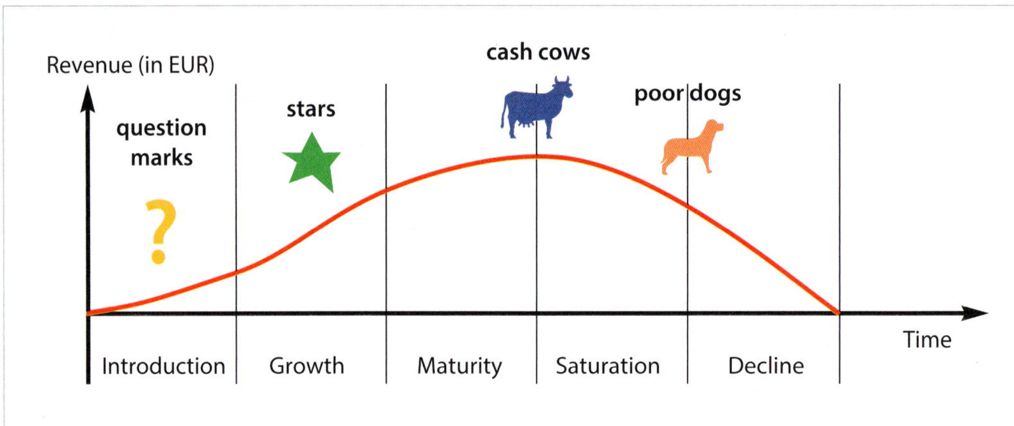

Strategy recommendations

Task 4 p. 206 f.

Matrix field	Position	Evaluation	Strategy recommendation	Allocation of resources
Question marks	high market growth low market share (**introduction stage**)	*a selection strategy is needed:* specific investments can increase market share	**growth strategy** (offensive strategy) ▪ reinforce competitive advantages	▪ high (expansion) investments ▪ financed with cash flow from cash cows
		disproportionately high investment is needed to increase market share	**divesting strategy** (disinvestment strategy) ▪ remove, sell, liquidate SBU	▪ no investments (sale of the SBU)
Stars	high market growth high market share (**growth stage**)	▪ market leader on a quickly growing market ▪ market share will deteriorate if competitors take over a larger share ▪ with the onset of saturation, stars can become cash cows	**growth strategy** (investment or offensive strategy) ▪ keep or even expand market share ▪ strengthen competitive advantages	▪ high investments ▪ reinvestment of cash flow

<table>
<tr><td rowspan="1">Cash cows
</td><td>low market growth
high market share
(maturity or saturation stage)</td><td colspan="2">▪ market leader in a market where growth has slowed
▪ products in maturity or saturation stage yield high profits</td><td>stabilisation strategy
(skimming strategy)
▪ keep and stabilise market share
▪ skim profits</td><td>▪ low investments (only to replace and rationalise)
▪ use cash flow for successor products</td></tr>
<tr><td rowspan="2">Poor dogs
</td><td rowspan="2">low market growth
low market share
(saturation or decline stage)</td><td rowspan="2">a selection strategy is needed</td><td>for products in the saturation stage, disproportionately high investments would be necessary to increase the market share</td><td>divesting strategy
(disinvestment strategy)
▪ keep SBU as long as contribution margin > 0
▪ medium- to long-term: remove, sell, liquidate SBU</td><td>▪ minimal investments (disinvestment)</td></tr>
<tr><td>investing in a product relaunch can increase market share and extend the life cycle</td><td>relaunch strategy
▪ change the product or the way it is sold to extend the SBU's life cycle</td><td>▪ specific investments into relaunch</td></tr>
</table>

Strategies can be derived from the four portfolio categories on how to reasonably allocate financial and personnel resources to the different strategic business units (SBU).

Preparing a portfolio determined by market growth and market share

Task 5 p. 207

Meditec plc offers a range of health technology products. It supplies doctors, hospitals, pharmacies and, via the internet, also private customers. The enterprise is organised in four strategic business units (SBUs): A: large-scale equipment; B: small equipment; C: consumables and accessories; D: private customers (e-commerce). The following data was obtained from an analysis of the competitive environment, the development of the company and the market:

	Revenues (€m)			
	SBU A	**SBU B**	**SBU C**	**SBU D**
Meditec plc				
Current revenues	10	5	3	4
Forecast revenues	11	7	3	5
Competitor X				
Current revenues	5	4	9	6
Forecast revenues	6	6	10	8
Competitor Y				
Current revenues	6	3	2	8
Forecast revenues	6	5	2	10
Overall market				
Current revenues	50	22	19	26
Forecast revenues	52	28	20	32

Calculation of the positions of SBUs in three steps

1. Calculation of the relative market shares of the different business units. The share of the enterprise is compared to the share of its strongest competitor:

$$\text{e.g. relative market share of SBU A} = \frac{\text{Current revenue of SBU A Meditec plc (10)} \cdot 100}{\text{Current revenue of SBU A competitor Y (6)}} = 167\%$$

(Market leader, since relative market share > 100 %)

2. Calculation of market growth as a percentage change in revenue of the overall market:

$$\text{e.g. market growth SBU A} = \frac{\text{Revenue increase of overall market SBU A (2)} \cdot 100}{\text{Current revenue of overall market SBU A (50)}} = 4\%$$

3. Calculation of Meditec's different SBU revenues as percentages of its total revenue:

$$\text{e.g. revenue share of SBU A} = \frac{\text{Current revenue of Meditec's SBU A plc (10)} \cdot 100}{\text{Meditec's current total revenue (22)}} = 45\%$$

Result

	SBU A	SBU B	SBU C	SBU D
Relative market share	167%	125%	33%	50%
Growth of overall market	4%	27%	5%	23%
Share of Meditec's total revenue	45%	23%	14%	18%

The position of the strategic business units in a four-field matrix

The revenue shares of Meditec´s individual SBUs in relation to the company´s total revenue are expressed by the size of the circles. With 45%, SBU A is almost twice as large as SBU B with 23%.

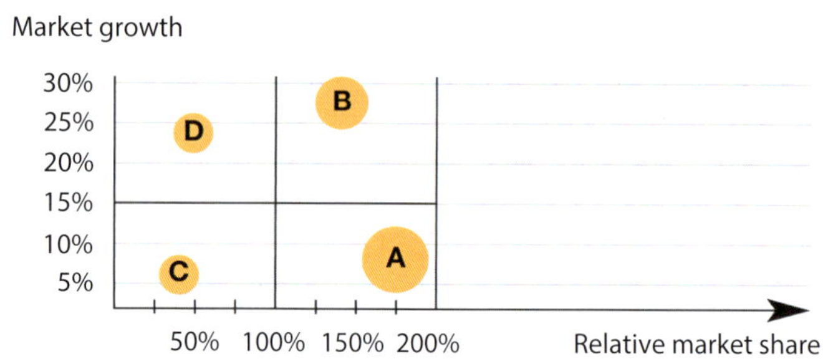

Result: The product of SBU D is a question mark, B is a star, A is a cash cow, and C is a poor dog.

Strategies for the different SBUs based on the portfolio analysis

Question marks: SBU D	Stars: SBU B	Cash cows: SBU A	Poor dogs: SBU C
The SBU D (private customers/e-commerce) shows strong market growth (23%) and a relatively low market share (50%). For this area it has to be decided whether additional high investments intended to increase the market share would pay off (growth strategy). If the forecast for future development is pessimistic, a divestment strategy should be considered.	SBU B (small equipment) is defined by a rather high market share (125%) and a high market growth (27%). In order to keep or even strengthen the position as a market leader in this quickly growing market, high investments are needed (growth strategy) which will also help to increase the product's share of Meditec's total revenue (currently 23%). Existing competitive advantages should be exploited.	SBU A (large-scale equipment) has a relatively high market share (167%) in a slow-growth market (4%). Hence there is only little need for investments (possibly for rationalisation) to keep or strengthen this position (stabilisation strategy). The cash flow obtained should be invested in successor products to strengthen their position.	SBU C (consumables and accessories) is defined by a relatively low market share (33%) and low market growth (5%). It has to be decided whether additional investment makes sense in order to enter new markets (e.g. with a product relaunch). If this is not an option, Meditec's product with the lowest share of total revenue (14%) should be slowly eliminated (divesting strategy).

Strengths and weaknesses of the BCG matrix

Strengths	Weaknesses
▪ The graphical representation is simple and easy to understand. ▪ It allows an analysis of an enterprise's current product portfolio. ▪ It helps the enterprise to identify opportunities and to eliminate unprofitable products. ▪ It helps to allocate resources in order to maximise profits.	▪ The analysis is expensive (external consultants are often hired). ▪ The matrix only considers a few factors and ignores others (e.g. technological innovations or possible synergies between different SBUs). ▪ Market growth is not the only factor that makes a market attractive to a company. ▪ It oversimplifies complex situations (e.g. a product with a high market share might still only have a low profit margin and hence not generate very high profits).

Block diagram for chapter 1: Instruments to determine the market position

Product life cycle
= the stages of the "life of a product" measured in sales and profit

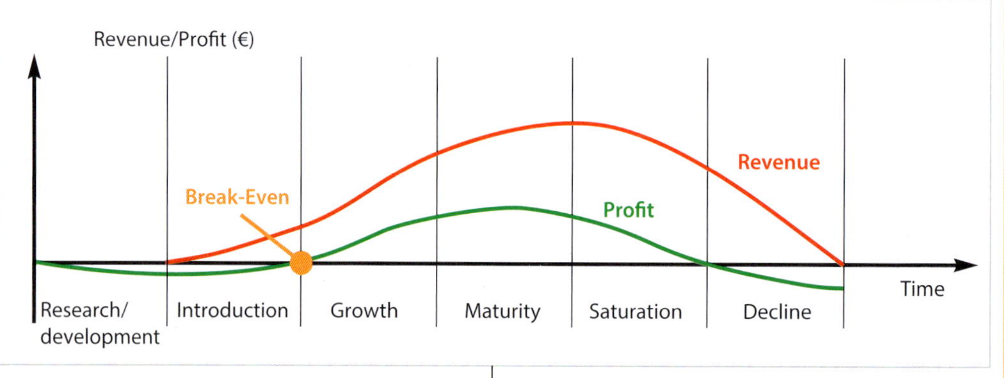

Portfolio analysis (growth share matrix)
= determination of a balanced product portfolio considering the company's situation (market share) and the business environment (market growth)

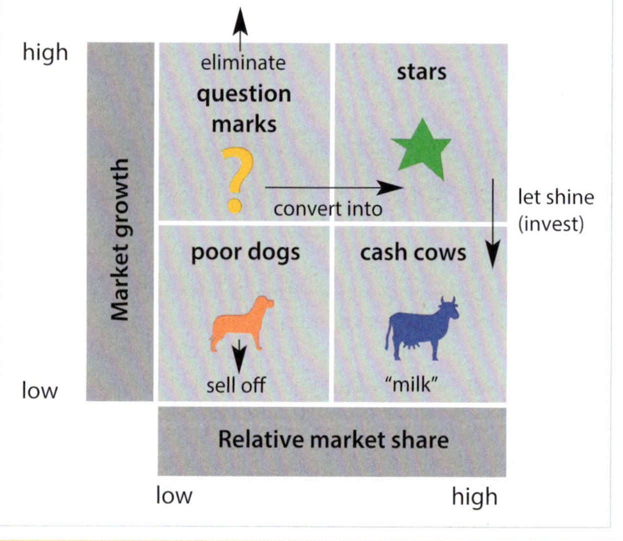

KEY TERMS TRANSLATED

vel.plus/BHBILIE11

divesting strategy	Desinvestitionsstrategie	saturation phase	Sättigungsphase
maturity phase	Reifephase	skimming strategy	Abschöpfungsstrategie

Check your competences with a self-assessment list.

Scan the **QR-Code** or use the following link: vel/plus/BHBILIE01

REVISION OF BASIC KNOWLEDGE

vel.plus/BHBILIE02

for chapter 1 Instruments to determine the market position

1.1 Product life cycle

1. Sketch the typical run of a product life cycle.
2. Name the stages of a product life cycle and describe the revenue development of these stages.
3. Explain the relevance of the product life cycle model for the strategic decisions of a company.
4. Evaluate the practical suitability of the life cycle model.

1.2 Growth share matrix

1. Describe the portfolio concept.
2. Draw a growth share matrix and explain its composition.
3. Name and explain the four portfolio categories.
4. Give specific recommendations for strategic decisions for each of the matrix categories.
5. Match the matrix quadrants to the different stages of the product life cycle.
6. Evaluate the practical suitability of a growth share matrix.

TASKS FOR APPLICATION AND PRACTICE

for chapter 1 Instruments to determine the market position

Task 1 Product life cycle

For one of its products, a manufacturer of photographic and film equipment has recorded the following development from the stages of product development to its disappearance from the market:

PDF vel.plus/BHBILIE03

Stage	1	2	3	4	5	6
Wholesale price (€)	0	1,000	900	800	650	500
Quantity sold	0	10,000	35,000	75,000	70,000	40,000

1. Illustrate the revenue development in the form of a product life cycle.
2. Sketch an ideal-type curve for the matching profit development.
3. Give examples of products or industries that are currently in the following life cycle stages:
   a) introductory stage
   b) growth/maturity stage
   c) saturation/decline stage
4. Explain the relevance of the product life cycle for strategic management decisions.
5. Criticise two aspects of the product life cycle model.

Task 2 Growth share matrix

PDF vel.plus/BHBILIE04

1. Glasbau AG is an enterprise in the construction industry operating in Germany. Its four leading strategic business units (SBUs) show the following growth rates: plastic windows (A) 5 percent, entrance doors (B) 8 percent, winter gardens (C) 3 percent and window shutters (D) 2 percent. The relative market share for plastic windows is 90 percent, for entrance doors 150 percent, for winter gardens 190 percent and for window shutters 60 percent.
   a) Use the given information to prepare a market share – market growth portfolio.
      Note: *x-axis: relative market share from 0% to 200%*
      y-axis: market growth from 0% to 9%.
   b) Show which phase of the product life cycle the SBU C winter gardens is currently operating in.
2. RAMAX AG is a manufacturer of household appliances. It makes dishwashers, washing machines, electric cookers and refrigerators. In connection with its expansion into Eastern Europe there is a need for a market share – market growth portfolio. The following market data has become available:

	Dish-washers	Washing machines	Refrig-erators	Electric cookers
growth of the overall market (%)	7	8	2	2
relative market share (%)	60	150	190	40
share of the marketing costs of the overall marketing budget for individual products (%)	20	35	6	39
profit rate on sales of the product in the past financial year (%)	+ 0.5	+ 3.2	+ 15.3	– 3.9

The overall market for household appliances shows average growth of 4 percent per annum. The average market shares of the four most important competitors in this oligopolistic market (= only few suppliers) amount to 10 percent.

a) Find the appropriate fields in the growth share matrix for the products of RAMAX AG. Matching the products can be done with the help of a matrix, in a table or as a text.

b) Judging by the above data, how would you assess the allocation of RAMAX AG's marketing budget? Make a recommendation to the RAMAX management.

c) Give possible reasons for the decision of the RAMAX management to possibly continue offering its "poor dogs" in the market despite the poor figures.

Task 3 Portfolio analysis

Snowsport AG has four strategic business units (SBUs): Cross-country skis (C), Alpine skis (A), Snowboards (S) and Bigfoots (B). Additionally to winter sports equipment, it also produces boots and bindings. The overall revenue of Snowsport AG is about €300m. Snowsport AG has the following product portfolio:

1. With turnover of €60m, Snowsport AG reaches a relative market share of 50%. Calculate the turnover (revenue) of its strongest competitor.
2. Evaluate the relevance of the SBU Alpine skis (A) regarding the company's overall performance.
3. Explain in which stage of the product life cycle the SBU Cross-country skis (C) is. Recommend a strategy for this SBU.
4. At the product launch of Bigfoots, market growth and relative market share did not reach the expected values. Although the SBU (B) was in the "poor dog" category, a divesting strategy (disinvestment strategy) was not chosen. State a potential reason for this decision from the perspective of cost accounting.

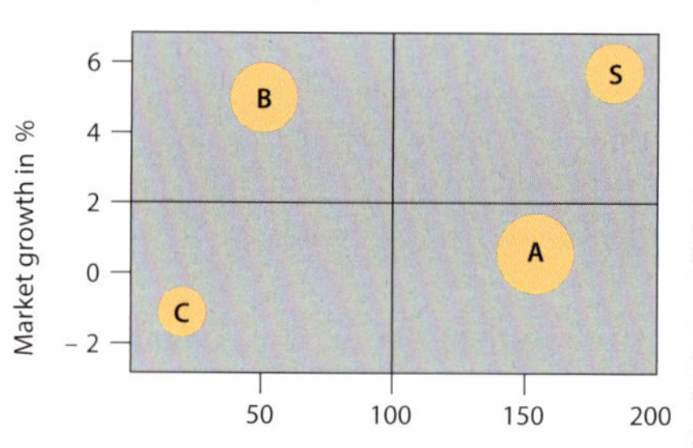

C = Cross country skies A = Alpine skis
S = Snowboards B = Bigfoots

5. Climate change is leading to European winters with less snow. Winter sports areas won't be able to guarantee snow anymore. Outline whether it would have been possible for Snowsport AG's strategic management to identify these changes early on and to prepare for them in advance.

Task 4 Product life cycle – portfolio analysis

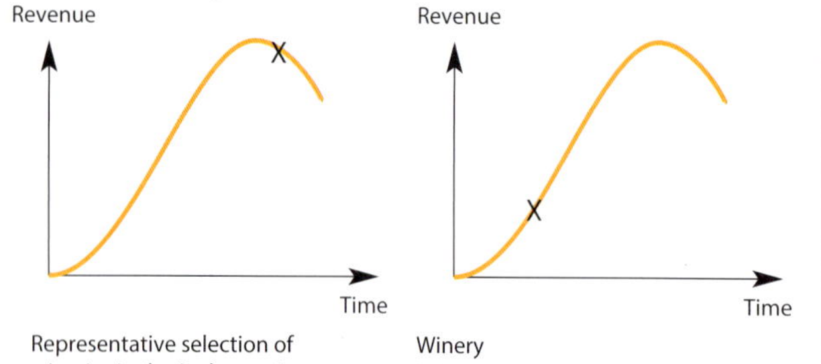

Representative selection of wineries in the Baden region

Winery WEINSTUDIO 2000

The winery WEINSTUDIO 2000 based in the Baden region has been in the market for only a few years. It produces high-quality upmarket red and white wines and also the sparkling wine XLDry.

1. The analysis of the positioning of a representative selection of sparkling wines from wineries in the Baden region (which also produce high-quality upmarket sparkling wines) and also for WEINSTUDIO 2000 in the life cycle model (here: 5 phases) provides the results as shown in the graphs on the left.

a) Using two criteria of life cycle phases, indicate and describe the position in which the selected wineries from the Baden region and WEINSTUDIO 2000 find themselves. (Note the positions on the graphs marked with an "x")

b) Give two possible reasons why the position of the sparkling wine XLDry from the winery WEINSTUDIO 2000 differs from that of the other wineries from the Baden region.

2. As the growth opportunities for white wine have largely been exhausted, WEINSTUDIO 2000 has started offering grape juice which, in contrast to commercial grape juice, is only pressed from high-quality grape varieties. Shortly after the introduction, the management has a growth share portfolio prepared (as shown on the right).

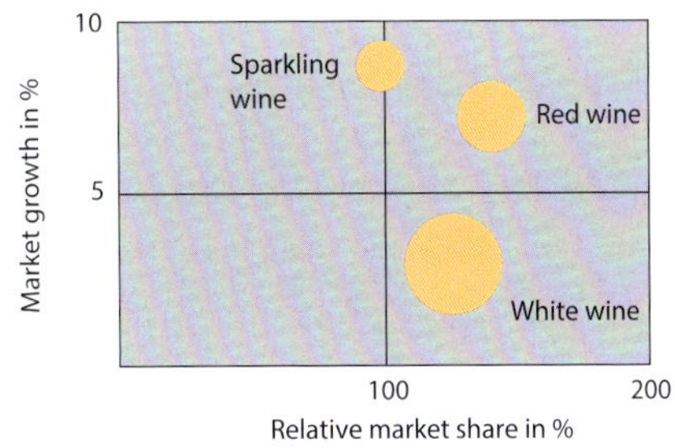

The strategic business unit (SBU) grape juice still needs to be positioned in the market.

The following data is available:

Sales of grape juice in the overall market	€2.6m
Growth of overall market for grape juice	7.5%
WEINSTUDIO 2000 market share (grape juice)	8%
Market share (grape juice) of strongest competitor	10%
Percentage share of sales of WEINSTUDIO 2000 sparkling wine	14%
Percentage share of sales of WEINSTUDIO 2000 red wine	28%
Percentage share of sales of WEINSTUDIO 2000 white wine	48%

a) Describe the position of the SBU grape juice in the growth share portfolio.

b) Submit a recommendation to the winery WEINSTUDIO 2000 for a suitable market strategy for SBU grape juice.

Task 5 Growth share matrix

The executive board of Chocosweet AG, which operates in Europe, expects information about the market position of its seven product groups. The following sales figures are available:

PDF vel.plus/BHBILIE05

Strategic business unit / Company	Sales (€m)						
	Bars of chocolate	Chocolate bars	Chocolates	Sweets	Biscuits	Marzipan	Cereal bars
Chocosweet AG	150	32	15	40	15	6	28
Confiserie AG	100	35	15	80	30	3	35
Leckermaul AG	80	40	10	100	25	5	40
	Total market (€m)						
Current sales	500	300	50	300	100	20	200
Forecast	505	345	52	318	108	23.6	234

1. Create a growth share portfolio for Chocosweet AG and enter the seven product groups in the matrix.
2. Match the four categories with the respective phases of the product life cycle.
3. Provide a report for the executive board (as a table) showing the recommended strategy for each product group as well as the necessary investment and financing.

2 Measures of product policy

Competences:

- *outlining different aspects of product policy*
- *explaining the importance of a product and assortment policy*
- *analysing the customer benefit of products*

2.1 Aspects of product policy

- *outlining and analysing different measures of product policy*
- *describing the intended effects of product policy measures*
- *describing suitable product policy decisions for different stages of the product life cycle*

2.2 Product innovation
2.3 Product variation
2.4 Product differentiation
2.5 Product diversification
2.6 Product elimination

2.1 Aspects of product policy

The product policy measures taken by a company are intended to improve its market position by either altering features of the products it already sells or changing the production programme.

The **production programme** of an industrial company includes all the goods and services that it offers on the market. Trading companies (which don't manufacture goods but just buy and sell them) also have a certain **product assortment**. Both production programme and product assortment can also be called "product range" and are defined based on the two dimensions: width and depth.

Product range width: The quantity of product types or kinds that a company offers. The company can have a wide or large product range, meaning it features many different products, or a rather narrow or small range with only a few different products.

Product range depth: The number of variations/choices that a company provides within a certain product line. A deep range means that many different variants of a certain product are offered in each product line, providing customers with a large selection of product variations. A flat range emcompasses only a few variants. However, the quantity of different variants which make a range deep varies from one industry to the next.

Task 1
p. 219

Product range width vs depth

A beverage retailer sells water, beer, wine, liquor, spirits, fruit juice and soft drinks. It has a very wide product range of beverages. Depending on how many variants of the various beverages it stocks, it might also have a deep range.
A specialised wine merchant, in contrast, only has a narrow product range. However, it offers a variety of different wines such as white, red, rosé, and sparkling wine that differ by place of origin, vintage (= year), type of grape, bottle size, design and many more criteria, making it a very deep range with numerous choices for customers.

© wjarek – stock.adobe.com

Product policy measures include the following:

- the development and launch of new products (product innovation)

Product innovation

A software company has developed an app that guides drivers to free parking spots.

© Andrew Derr – stock.adobe.com

- the change of features (e.g. quality, appearance, material) of a product already on the market (product variation),

Product variation

An enterprise decides to only use fair-trade chocolate in its cereals.

© womue – stock.adobe.com

- the introduction of new variants of a product which is already on the market (product differentiation)

Product differentiation

A producer of bike helmets begins selling its products under different names and at different prices to specialist shops and retail chains.

© tarasov_vl – stock.adobe.com

- the incorporation of products (for the first time) previously only offered by other enterprises (product diversification)

Product diversification

A producer of baking powder now makes soft drinks.

© Theeradech Sanin – stock.adobe.com

- taking products off the market/out of the production programme (product elimination)

Product elimination

An electronics producer stops making video recorders.

© karichs – stock.adobe.com

2.2 Product innovation[1]

Since the life cycle of products is tending to become shorter, companies are forced to permanently develop new products.

> **The development and introduction of entirely new products or technologies which have not yet been offered by any other enterprise (market newness) is called product innovation.**

Product innovations are becoming more costly because the necessary research and development is taking longer and becoming more complex.

Possible reasons for product innovation include:

- changes in customer demand
- outdated products (end of product life cycle)
- increased competition
- the company's growth targets cannot be reached with the current products
- technological innovations

Product innovation

A car manufacturer builds a fuel cell that turns hydrogen and atmospheric oxygen directly into electricity. This can be used to power electric engines that only produce water vapour as exhaust fumes.
A producer of traffic lights creates a smart traffic management system which significantly reduces waiting time at traffic lights.

The impulse for an innovation – the product idea – can come from internal or external sources.

External impulses can be customers' ideas, tradeshows, exhibitions and competitors' activities.

Internal impulses can come from employees' ideas, internal research and development or reports by sales representatives.

2.3 Product variation

Product changes

If the features of a product that is already on the market are changed concerning quality, design, materials, this is a **product variation**. The main purpose of product variation is to prolong the growth and saturation stages of a product. Such measures are taken to make the product more attractive to the customer. This can be achieved by revamping its appearance or by changing its quality.

> **Product variation occurs if the features of a product already on the market are changed regarding the product's quality, appearance, materials, etc.**

Changes in product appearance

- **form:** The form of the product is related to trends. Depending on the prevailing trend, a form can be considered attractive or unattractive.

1 Sometimes the term product innovation is used for a product which is new for one enterprise but has already been offered by competitors. In this case "product innovation" is a generic term comprising both "product differentiation" and "product diversification" (see chapter 2.4 and 2.5).

- **colour:** Colours go in and out of fashion as much as forms.
- **material:** When choosing suitable materials for its products, the enterprise has high **product responsibility**. According to the German *Circular Economy Act* (Kreislaufwirtschaftsgesetz/KrWG), products need to be designed in a way which ensures that not only their production but also their use produces as little waste as possible and that the waste can be safely disposed of or even recycled (§ 23(1) KrWG). Therefore, the choice of materials cannot just be based on trends.

Changes in product quality

- With a **quality improvement**, companies aim for higher product benefits and corresponding higher sales.
- With a **deterioration in quality**, companies can cut production costs and hence selling prices. A lower price could lead to a competitive advantage over the competition.

Product variation

Form: A producer of spirits previously used simple glass bottles. It has now hired an artist to create designer bottles.
Form/Colour: A manufacturer of sports shoes has added little coloured "windows" to the heels of its shoes to reveal the gel used for shock absorption.
Material: A producer of yoghurt cups is testing the use of plastic film for the lid instead of aluminium foil in order to comply with the Circular Economy Act.
Quality improvement: A shoe manufacturer switches to producing shoes with the surface and sole made out of real leather.
Deterioration in quality: A bicycle manufacturer switches from a high-quality 21-gear system to a simpler 18-gear system. This is intended to take away market share from the cheaper competition.

Product design and packaging

! When designing a product, its features (e.g. quality, form, colour, packaging) are defined and combined in a way that will lead to the highest possible benefit for customers.

The benefit for customers stems from the **core value** of the product as well as its **added value**. The technical and functional properties that create the core value of the product are supplemented by a certain product design (e.g. aesthetic forms and colours), the design of its packaging and the branding (= the brand name of the product). These aspects can provide functional, emotional or social added value.

Core value and added value of a chocolate bar

The core value of a chocolate bar is that it meets the consumer's need for confectionery. This core value is determined by functional properties such as the sugar and cocoa content necessary to achieve a certain sweetness and by the size of the chocolate bar.
Besides this core value, the consumer is supposed to benefit from an added value that is especially present in the brand, the packaging, the design or the bar's specific quality. This added value differentiates the product from the competition's products and has a positive impact on consumers' purchasing decisions.
The chocolate brand Ritter Sport (= branding) was created based on the idea that the chocolate bar would fit into any coat pocket (= functional added value). This unusual squared format is associated with the slogan "Quadratisch. Praktisch. Gut."

The packaging design is also an important part of a company's product policy. The **protective function** and sales function are especially important.

- **Protective function during transport and storage**
  - Transportability, stackability and storage capability are ensured through suitable packaging.
  - The packaging protects the goods from contamination and volume loss, and is optimised with regard to material, size and form for multiple transfers and repositioning.
- **Sales function**
  - Especially when the product is sold in self-serve stores (e.g. supermarkets), the packaging needs to provide **information** about the product (e.g. type, quantity, expiry date).
  - If the product is supposed to have an exclusive image, the packaging needs to convey this image by means of its high quality (**distinctiveness**). The packaging serves as an advertising medium and is supposed to positively influence consumers in their purchasing decisions.
  - The packaging needs to facilitate easy **handling** and portioning control (e.g. for milk).
  - The packaging should have positive **ecological properties** (environmental compatability, recyclability, reusable packaging for beverages, refill packs for laundry detergents, etc.).

Branding

Branding is frequently used to distinguish the company's products from the competition's and to anchor the product in the customers' minds.

> ! **Brands are symbols for a company's goods or services and are used to distinguish a company's products from the competition's. Through branding, the product becomes a branded product.**

Brands

© Südsalz GmbH

Bad Reichenhaller Salz

© dpa

McDonald's

© Knirps GmbH+Co.KG

Knirps

© Asbach GmbH

Asbach Uralt

If a product has the following features, it is considered a branded product:

- large sales areas (available everywhere: ubiquity)
- branded finished product
- consistent quantities
- consistent or improved quality
- consistent design
- consumer advertising

Branding offers various benefits to suppliers and customers:

Brand benefit	
for suppliers	**for customers**
■ clear differentiation from competition ■ sales promotion ■ creation of customer preferences and loyalty ■ stronger bargaining position towards retailers	■ trust in certain quality ■ image or prestige function ■ easy identification with the product ■ sign of the supplier's competence

The **legal framework** of brand protection is the **German Trademark Act** *(Markengesetz)*. A brand can be protected by registering it with the German Patent and Trade Mark Office *(Deutsches Patent- und Markenamt)* in Munich. European registration takes place at the European Union Intellectual Property Office *(Amt der Europäischen Union für geistiges Eigentum)* in Alicante, Spain.

When deciding on a brand name, the following aspects can be relevant:

Aspects when deciding on a brand name	Examples
indication of product benefits	Knirps: small umbrella Du darfst: low-calorie food
positive product image	Securitas: security Smart: small, agile car
memorable, easy to pronounce	BMW: car Milka: chocolate
indication of use	Meister Proper: all-purpose cleaner Bauhaus: DIY store
typical for the product	Blend-a-med: tooth paste Süße Werbung: sweets as advertising gifts

2.4 Product differentiation

There is rarely any product that lives up to all the expectations of all potential buyers concerning quality, technology, design, etc. Each driver has different wishes concerning the performance of an engine, the car's interior or its chassis. In order to live up to as many expectations as possible, many companies offer their products in different variants (**product differentiation**). The goal of product differentiation is to reach a larger range of customers and improve sales opportunities by splitting the market for a product that has already been introduced into different segments (target groups).

Product differentiation occurs if a new variant of a product which already exists on the market is introduced.

Examples of product differentiation

- A computer manufacturer offers its products with different hard drive sizes and different graphic cards.
- A car manufacturer makes different models.
- A shoe factory makes shoes with different soles.

2.5 Product diversification

To make sure that a company can secure its position in a market in the long run, it is often necessary to add products to the production programme that were previously only produced by other companies (**product diversification**).

> **Product diversification occurs when an enterprise incorporates products into its production programme for the first time which previously have only been produced by other enterprises.**

This product policy enables the company to create a "second mainstay". Decreasing sales figures of a product can perhaps be balanced out by rising sales of a different product.

Depending on the position of the new product in the existing production programme, we can distinguish between the following types of product diversification:

- **horizontal diversification:** The product added to the production programme is linked to the existing products. The connection could be that the company's existing knowledge, technology, employees or machines can be used to make the new product. Often, the new product is sold to the existing customer base of the company – the company stays in the same stage of the production chain.

Horizontal diversification of a textile rental service

The rental service programme of MEWA Textil-Service AG & Co. Management OHG includes the following services:

- Workwear
- Reusable cleaning rags
- Reusable covers
- Washroom services

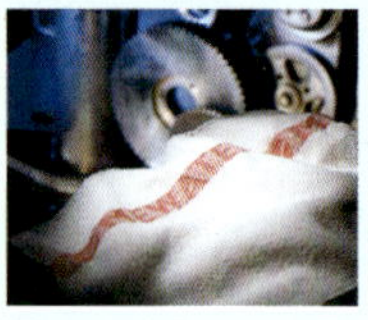

© MEWA Textil-Service AG & Co. Management OHG

The company addresses its existing customer base by later offering in addition **first aid kits, safety shoes** and **work gloves**.

- **vertical diversification:** If a company expands its production programme with products from upstream or downstream production stages, vertical diversification takes place. A company is active in an upstream production stage if it now produces goods that it used to buy from suppliers (**backward diversification**). An expansion into downstream economic levels takes place when the company takes on tasks that are further forward in the chain of production, e.g. in the sales function (**forward diversification**).
- **lateral diversification:** If the production programme is expanded with products that are completely new to the company and have no technical or economic link to its existing products, we speak of **lateral diversification**.

Task 2
p. 220

Product diversification

Horizontal diversification: A producer of tinned vegetables includes tinned sausages and tinned fish in its production programme.

Vertical diversification: The enterprise decides to grow its own vegetables in future (backward vertical integration) and founds its own trade company (wholesaler) to sell its tinned vegetables (forward vertical integration).

Lateral diversification: The factory acquires a brush factory.

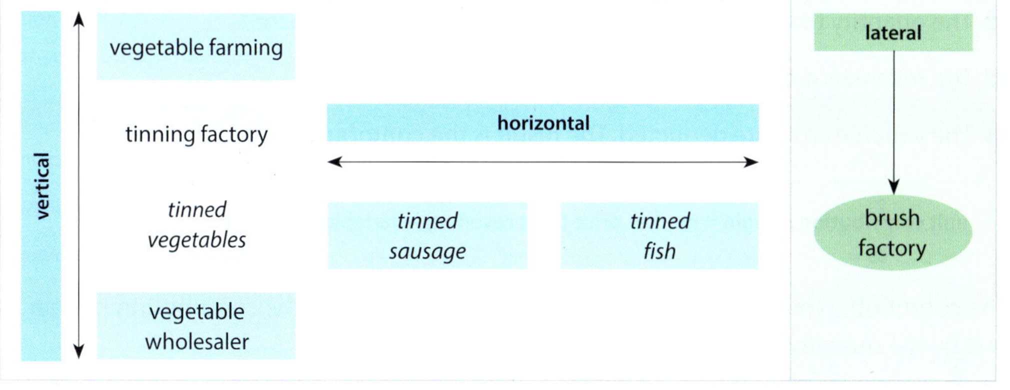

2.6 Product elimination

Products whose introduction on the market was unsuccessful or which have reached the end of their product life cycle are clearly candidates for product elimination.

Possible reasons for elimination include:

- technical obsolescence (newer version offered by the competition)
- the product no longer complies with legal requirements
- the product does not yield satisfactory results
- production bottlenecks

Product elimination occurs when products are taken out of the production programme.

Contribution margin accounting provides the basis for deciding whether the production of a particular product should continue or cease. The costs are divided into fixed and variable costs. **Fixed costs** arise independently of production volume and are always the same, irrespective of whether small or large quantities are produced (e.g. warehouse rent, wages). **Variable costs**, on the other hand, depend on the quantities produced (e.g. material consumption, energy costs for production).

Task 4
p. 221

Task 5
p. 221

Block diagram for chapter 2: Measures of product policy

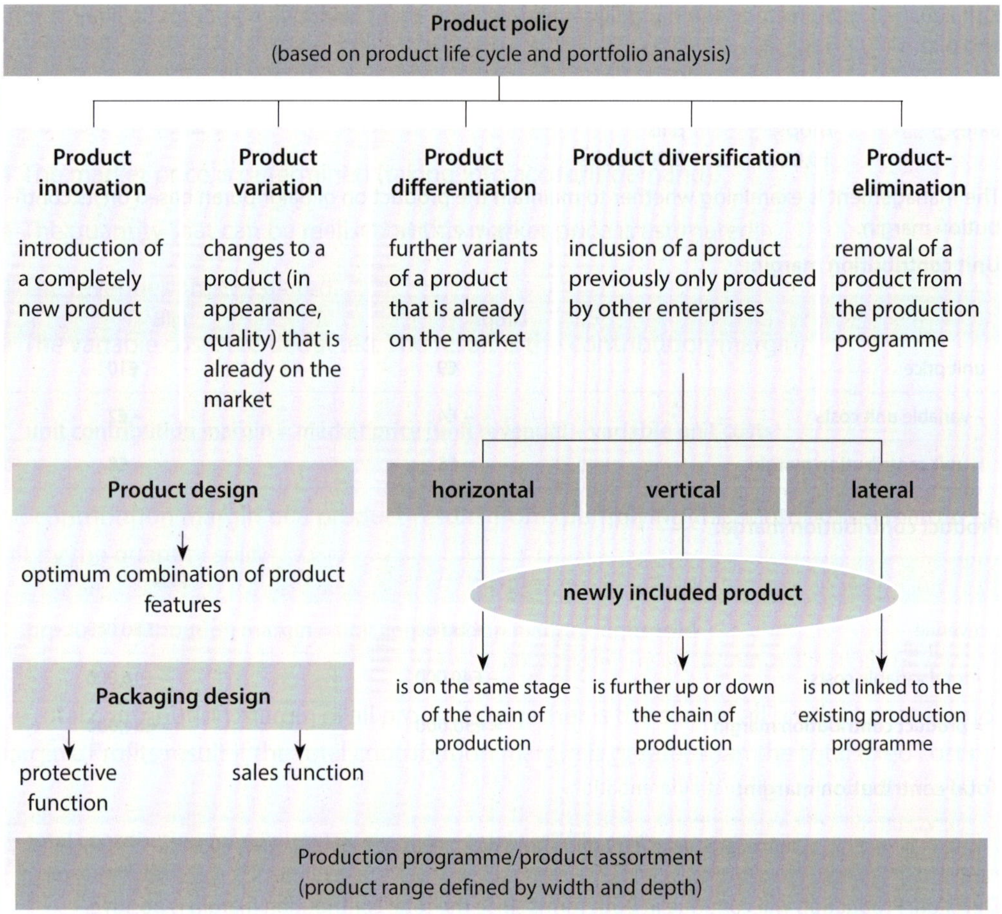

KEY TERMS TRANSLATED

vel.plus/BHBILIE12

added value	Zusatznutzen	economic level	Wirtschaftsstufe
brand product	Markenprodukt	fixed costs	Fixkosten
branding	Markenbildung, Markierung	product assortment	Sortiment
Circular Economy Act	Kreislaufwirtschaftsgesetz	product range	Produktprogramm, Sortiment
contribution margin	Deckungsbeitrag	product responsibility	Produktverantwortung
contribution margin accounting	Deckungsbeitrags-rechnung	production programme	Produktionsprogramm, Produktprogramm
core value	Grundnutzen	second mainstay	zweites Standbein
customer benefit	Kundennutzen	ubiquity	Allgegenwärtigkeit
distinctiveness	Unverwechselbarkeit	variable costs	variable Kosten

Check your competences with a self-assessment list.

Scan the **QR-Code** or use the following link: vel/plus/BHBILIE06

REVISION OF BASIC KNOWLEDGE

vel.plus/BHBILIE07

for chapter 2 Measures of product policy

2.1 Aspects of product policy

1. Explain the difference between "production programme" and "product assortment".
2. Differentiate between the width and depth of a product range.
3. State the overall aim of product policy measures.
4. Name the five aspects of product policy and give one example each.

2.2 Product innovation

1. Define "product innovation".
2. Give reasons for a product innovation.
3. Name possible sources of product ideas.

2.3 Product variation

1. Define "product variation".
2. Describe measures of product variation.
3. Explain the difference between the core value and the added value of a product.
4. Explain the different functions of a product's packaging.
5. Describe "branding" and its purposes.
6. Name aspects that are relevant when choosing a brand name.

2.4 Product differentiation

1. Define "product differentiation".
2. Describe the goals of product differentiation.
3. Name examples of product differentiation.

2.5 Product diversification

1. Define "product diversification".
2. Differentiate between product differentiation and product diversification.
3. Differentiate between horizontal, vertical and lateral diversification.
4. Give examples of different types of diversification for a producer of towels.

2.6 Product elimination

1. Define "product elimination".
2. Give possible reasons for a product elimination.
3. Describe the steps that need to be taken to decide about the elimination of a product based on contribution margin accounting.

TASKS FOR APPLICATION AND PRACTICE

for chapter 2 Measures of product policy

Task 1 Product range: Depth and width

1. Differentiate between product assortment and production programme.
2. Evaluate the product range of a doughnut shop compared to a supermarket.
3. Explain the advantages and disadvantages that a wide but not very deep product range of a household goods store offers to consumers.

Task 2 Product policy of a mill

The mill Rubin GmbH used to make different variants of flour branded Sonnenstern.

Market research revealed the following information:

- due to increasing competition, the market share of wheat flour type 802 will decrease
- it would be smart to extend the production programme with baking mixes for cakes
- the profile of the Sonnenstern-brand needs to be improved (the profile includes the appearance of the brand as well as non-visible features and characteristics)
- a decrease in rye flour's price could improve its sales potential

1. Name the type of product policy measure that is put in place if baking mixes for cakes are included in the production programme.
2. Give two other product policy measures for the Rubin mill and give suitable examples.

Task 3 Product diversification and elimination

PDF vel.plus/BHBILIE08

The cabinet maker Anton Storz from Murrhardt, Baden-Württemberg, makes:

a) custom-made fitted furniture
b) standard tables and chairs
c) production parts for children's bedroom furniture
d) storage shelving for enterprises and private households in three basic variants

In addition to his workshop, Storz also operates a retail furniture business in which he sells furniture from other manufacturers and upholstered furniture, too.

Recently, orders for shelving have gone down. Therefore Storz is planning to change his production programme and possibly also his range of goods.

1. In a newspaper, Storz reads that in the toy industry there is hope for a strong increase in sales in the areas of hobbies, handicrafts, model-making and fitness equipment. Therefore, he is considering whether or not to include fitness equipment which can be made from wood in his production programme.

   Discuss the advantages that the inclusion of fitness equipment in his production programme and the resulting diversification have compared to the possibility of broadening or deepening the product range.

2. Storz finally decides to include an item of fitness equipment in his production programme. The new product is to be sold under the name VELOBIL. He does not plan to enlarge the capacity of his production facilities. But as the demand for storage shelving continues to decline, he considers replacing shelving production with VELOBIL fitness equipment.

   Initially Storz decides to eliminate only one of the three basic types of shelving (R01, R02, R03).

   State reasons which could make Storz eliminate just one shelving type from his production programme.

3. The following data is available for the decision as to which shelf type should be taken out of the production programme. The figures refer to the past month and can be assumed as being relevant for the next few months as well.

	Type R 01	Type R 02	Type R 03
quantity sold (in units)	100	100	100
net selling price per unit (€)	180	260	310
material costs per unit (€)	22	31	46
wage costs per unit (€)	33	47	69
other material costs per unit (auxiliary materials, energy, depreciation, maintenance, administration, distribution, etc.) (€)	93	133	195
profit per unit (€)	32	49	0

   Applying the **full cost accounting** method, Mr Storz works out the total profit for the production of shelving as follows:

   total revenue – total costs = profit

   €75,000 – €66,900 = €8,100

Mr Storz also does another calculation. He divides the costs into variable and fixed costs and works out the amount which each shelving system contributes to covering the fixed costs (contribution margin costing).

	Type R 01	Type R 02	Type R 03
selling price per unit (€)	180	260	310
variable costs per unit (€)	111	158	232
contribution margin per unit (€)	69	102	78

Last month, shelving production accounted for 16,800 euros of total fixed costs. Using the contribution margin accounting method, Mr Storz works out that the total profit of the production of shelving was as follows:

total revenue – total variable costs = total contribution margin
€75,000 – €50,100 = €24,900

total contribution margin – fixed costs = total profit
€24,900 – €16,800 = €8,100

a) Check for both cases whether Mr Storz has worked out the profit correctly.

b) Which shelving system should Mr Storz take out of his production programme? Justify your decision with your own calculations.

Task 4 Product policy measures

The table below states different corporate goals and potential product policy measures.

PDF vel.plus/BHBILIE09

HILFE vel.plus/BHBILIE10

Goals / Measures	Risk spreading	Corporate growth	Keeping/improving competitive position	Public reputation
Product innovation				
Product variation				
Product differentiation				
Product diversification				
Product elimination				

State the suitability of the various measures for achieving the various corporate goals. Rate the measures from 1 to 4 (1: very suitable; 2: suitable; 3: less suitable; 4: unsuitable). Justify your decisions.

Task 5 Product policy measures

Match the product policy measures a to e to cases 1 to 19.

a) Product innovation
b) Product variation
c) Product differentiation
d) Product diversification (horizontal, vertical, lateral)
e) Product elimination

1. A motorcycle manufacturer includes musical instruments in its production programme.
2. A bicycle manufacturer sells its products under different names and prices to specialist bicycle shops as well as to large retail chains.
3. A 3-litre engine car is offered on the automobile market for the first time.
4. A margarine producer offers various margarine products for spreading on bread, for baking and frying and also as diet margarine.
5. A manufacturer of television sets discontinues the production of black-and-white TV sets.
6. A steel producer buys a software business.
7. A factory for tinned meat operates a pig farm.
8. A brewery also produces soft drinks.
9. A bank also sells insurances.

10. After an improvement in product quality, the name of a detergent is rebranded with the addition "Super 2000".
11. A brewery offers its beer in kegs, in returnable bottles and in cans.
12. A certain type of car is offered as a two-door and a four-door version.
13. A book is offered for sale as a hardcover and as a paperback.
14. For legal requirements, an automobile manufacturer offers its limousines only with a catalytic converter.
15. A football club also sells fan merchandise.
16. A battery maker has succeeded in considerably reducing the pollutants in its batteries.
17. A paper producer includes recycled printer paper in the production programme.
18. The brand name Coca-Cola is supplemented by the addition "Coke".
19. A pharmaceuticals company offers medicines with the same active substances as pills and as drops.

Lernbereich F

Preisermittlung

1 Aufgaben und Aufbau des betrieblichen Rechnungswesens

Kompetenzen:

- *zwischen internem und externem Rechnungswesen unterscheiden und die Notwendigkeit des internen Rechnungswesens beschreiben*
- *Aufgaben der Kosten- und Leistungsrechnung erläutern*

1.1 Aufgaben des betrieblichen Rechnungswesens

Das betriebliche Rechnungswesen hat die Aufgabe, betriebliche Vorgänge zahlenmäßig zu planen, zu erfassen und zu überwachen.

Aufgaben des Rechnungswesens	Beispiele
Dokumentations- und Rechenschaftslegung	▪ Ermittlung der Ein- und Ausgänge von Zahlungsmitteln einer Periode (Liquiditätsrechnung) ▪ Erfassung und Aufbereitung von Zahlungsströmen als Grundlage für die Finanzierungs- und Investitionsrechnung ▪ Ermittlung und Darstellung von Vermögen und Schulden sowie des Unternehmenserfolgs (Gewinn/Verlust) zum Bilanzstichtag
Wirtschaftlichkeitskontrolle	▪ Kontrolle der Wirtschaftlichkeit der betrieblichen Prozesse ▪ Kontrolle und Steuerung des Betriebsgeschehens
Entscheidungsgrundlage	▪ Bereitstellung von Informationen für unternehmerische Entscheidungen wie z. B. Preis- und Programmpolitik, Eigen- oder Fremdbezug, Investitionsvorhaben

1.2 Aufbau des betrieblichen Rechnungswesens

In Abhängigkeit der Informationsempfänger lassen sich das externe und interne Rechnungswesen unterscheiden:

Externes Rechnungswesen	Internes Rechnungswesen
▪ Finanzbuchführung ▪ Jahresabschlussrechnung	▪ Kosten- und Leistungsrechnung ▪ Betriebsstatistik ▪ Planungsrechnung

Die Aufbereitung und Darstellung der Informationen für die **externen Informationsempfänger** (z. B. Aktionäre, Kapitalanleger) ist an gesetzliche Vorschriften (z. B. HGB, AktG, GmbHG, EStG) gebunden, um eine willkürliche Rechnungslegung auszuschließen. Für das

interne Rechnungswesen gibt es keine gesetzlichen Vorschriften. Vielmehr stellt es die Informationen nach den jeweiligen Erfordernissen der Informationsempfänger bereit (z. B. die Höhe der Herstellkosten für Zwecke der Preiskalkulation). Das interne Rechnungswesen wird daher auch als **instrumentelles Rechnungswesen** bezeichnet.

1.3 Aufgaben der Kosten- und Leistungsrechnung

Der Kosten- und Leistungsrechnung eines Unternehmens kommen im Wesentlichen folgende Aufgaben zu:

Kosten- und Preiskalkulation	Grundlage für betriebliche Entscheidungen	Ermittlung des Betriebsergebnisses
Ermittlung der Selbstkosten eines einzelnen Erzeugnisses (Kostenträger) und des Preises, zu dem das Erzeugnis angeboten werden kann	Bereitstellung von Informationen zur Vorbereitung und Kontrolle betrieblicher Produktionsentscheidungen (z. B. ob die Produktion eines bestimmten Erzeugnisses aus Kostengründen eingestellt werden soll)	Berechnung des Betriebsergebnisses (= leistungsbezogenes/ betriebsbedingtes Ergebnis) sowie des Beitrags der einzelnen Erzeugnisse hierzu

! Im Mittelpunkt der Kostenrechnung steht die Erfassung der Kosten und deren Verrechnung auf die Erzeugnisse (Kostenträger).

Um die Quellen des Erfolgs eines Unternehmens zu verdeutlichen, wird das **Gesamtergebnis** einer Rechnungsperiode (z. B. Geschäftsjahr) in das **Betriebsergebnis** (leistungsbezogenes/ betriebsbedingtes Ergebnis) und das **neutrale Ergebnis** (kein Bezug zu den betrieblichen Leistungen) untergliedert.

Die Informationen hierfür liefert hauptsächlich die Finanzbuchhaltung.

Zusammenfassende Übersicht zu Kapitel 1: Aufgaben und Aufbau des betrieblichen Rechnungswesens

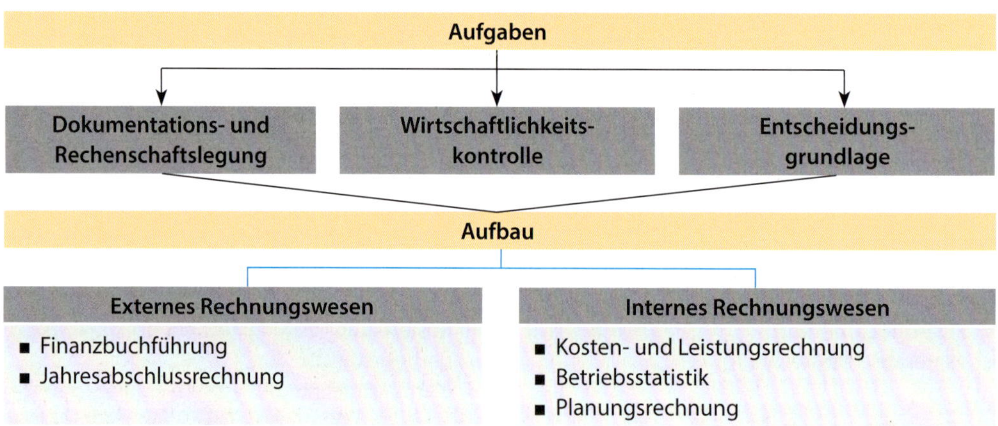

Abgrenzung zwischen

Finanzbuchhaltung und **Kosten- und Leistungsrechnung (KLR)**

Finanzbuchhaltung	Kosten- und Leistungsrechnung (KLR)	
Rechnungskreis I	Rechnungskreis II	
Gesamtergebnis	**Neutrales Ergebnis**	**Betriebsergebnis**
Gesamte Erträge	Neutrale Erträge	Leistungen
– Gesamte Aufwendungen	– Neutrale Aufwendungen	– Kosten
= Gesamtergebnis	= Neutrales Ergebnis	= Betriebsergebnis

Externes Rechnungswesen	Internes Rechnungswesen
Ziele (Aufgaben) der Buchhaltung:	**Ziele (Aufgaben) der KLR:**
■ Ermittlung des Gesamtergebnisses (Erträge – Aufwendungen) für ein Geschäftsjahr	■ Ermittlung des Betriebsergebnisses (Leistungen – Kosten) für eine Woche, einen Monat oder ein Quartal
■ laufende Aufzeichnung (Dokumentation) aller Geschäftsvorfälle	■ Erfassung, Verteilung und Zurechnung von Kosten und Leistungen
■ Überblick über Vermögen, Schulden und Ertragslage	■ Selbstkostenermittlung (Preiskalkulation)
■ Grundlage für Steuerermittlung	■ Kontrolle der Wirtschaftlichkeit
■ Information für Eigentümer und Gläubiger	■ Grundlage für Planungen und Entscheidungen
■ unterliegt gesetzlichen Vorschriften (z. B. HGB, Einkommensteuergesetz, Abgabenordnung)	■ unterliegt keinerlei gesetzlichen Vorschriften

Checken Sie Ihre Kompetenz mit der Ich-kann-Liste.

Öffnen Sie hierzu den nebenstehenden **QR-Code**
oder geben Sie folgenden Link ein: https://vel.plus/BHBILIF01

WIEDERHOLUNG DES GRUNDWISSENS

vel.plus/BHBILIF02

zu Kapitel 1 Aufgaben und Aufbau des betrieblichen Rechnungswesens

1. Stellen Sie die Aufgaben des betrieblichen Rechnungswesens anhand von zwei Beispielen dar.
2. Erklären Sie den Unterschied von internem und externem Rechnungswesen.
3. Erläutern Sie die Aufgaben der Kosten- und Leistungsrechnung.

2 Grundbegriffe der Kosten- und Leistungsrechnung

Kompetenzen:

- *Grundbegriffe des externen Rechnungswesens (Finanzbuchführung) und der Kosten- und Leistungsrechnung voneinander abgrenzen*

2.1 Auszahlung – Aufwand – Kosten

Auszahlung[1]

Eine Auszahlung liegt vor, wenn liquide Mittel (Kassenbestände und jederzeit verfügbare Bankguthaben) aus dem Unternehmen abfließen (= Minderung des Zahlungsmittelbestandes).

Auszahlungen

- Zum Kauf von Briefmarken werden der Geschäftskasse 40 EUR entnommen.
- Ein Unternehmer überweist zur Begleichung einer offenen Rechnug 1.000 EUR von seinem Geschäftskonto an einen Lieferanten.

Da sich in beiden Fällen der Bestand an liquiden Mitteln verringert, handelt es sich um Auszahlungen.

Aufwand – Kosten

Unter Aufwand ist die *gesamte Wertminderung* in einer Abrechnungsperiode zu verstehen, die sich z. B. durch den Ge- und Verbrauch von Sachgütern und Dienstleistungen in einem Unternehmen ergibt. Aufwendungen mindern das Eigenkapital.

Unter Kosten ist die *betrieblich bedingte Wertminderung* in einer Abrechnungsperiode zu verstehen, die sich z. B. durch den Ge- und Verbrauch von Produktionsfaktoren in Form von Sachgütern und Dienstleistungen ergibt und für die Erstellung der betrieblichen Leistungen erforderlich ist.

Der **Aufwand** eines Unternehmens umfasst demnach den **gesamten Verbrauch an Gütern** ohne Rücksicht darauf, ob ein Zusammenhang zur betrieblichen Leistungserstellung besteht. Die **Kosten** eines Unternehmens hingegen umfassen lediglich den **in Zusammenhang mit der Leistungserstellung** angefallenen **Verbrauch an Gütern**.

Kosten sind durch drei Merkmale gekennzeichnet:

1. Es muss ein **Verbrauch** von Gütern (Sachgüter oder Dienstleistungen) vorliegen.
2. Der Zweck des Verbrauchs muss die **Erstellung betrieblicher Leistungen** sein.
3. Der Verbrauch der Güter muss in Geld **bewertbar** sein.

Kosten: in Geld bewertbare betriebsbedingte Wertminderung

1 Hiervon ist der Begriff „Ausgabe" zu unterscheiden. Anders als im allgemeinen Sprachgebrauch werden im Rechnungswesen unter Ausgaben nicht nur die Auszahlungen (= zahlungswirksam) verstanden, sondern auch die nicht auszahlungswirksamen Vorgänge „Verringerung der Forderungen" und „Erhöhung der Schulden".

Kosten – Aufwendungen

- Die Shirt-Shop GmbH hat ihrem Arbeitnehmer Kurt Sterner einen Monatslohn von brutto 3.100 EUR gezahlt. Kurt Sterner ist für die Beschriftung von T-Shirts verantwortlich. Bei der Wertminderung in Form der Lohnzahlung handelt es sich um Aufwand und gleichzeitig um Kosten, weil ein direkter Zusammenhang zur betrieblichen Leistungserstellung besteht.
- Durch einen Brand im Lager der Shirt-Shop GmbH wurden T-Shirts im Wert von 4.200 EUR vernichtet. Die Wertminderung steht nicht in Zusammenhang mit der betrieblichen Leistungserstellung. Deshalb handelt es sich bei der Wertminderung zwar um **Aufwendungen, nicht** aber **gleichzeitig um Kosten.**

Zweckaufwand und Grundkosten

Stimmen die Beträge, die für einen bestimmten Güterverbrauch in der Finanzbuchhaltung als Aufwendungen erfasst und als Kosten in die Kostenrechnung eingehen, überein, handelt es sich um aufwandsgleiche Kosten bzw. um kostengleichen Aufwand. Aus der Sicht der Finanzbuchhaltung stellt dies einen **Zweckaufwand** dar (weil er dem Betriebszweck dient). Aus Sicht der Kostenrechnung handelt es sich um **Grundkosten**.

Zweckaufwand – Grundkosten

Verbrauch von Textilfarbe: Da ein Güterverbrauch stattfindet, liegen Aufwendungen (Materialaufwand) vor. Der Güterverbrauch steht in direktem Zusammenhang mit der betrieblichen Leistungserstellung (Beschriftung von T-Shirts). Deshalb handelt es sich gleichzeitig um Materialkosten (kostengleicher Aufwand bzw. aufwandsgleiche Kosten).

Neutraler Aufwand

! **Werden Aufwendungen nicht oder mit einem niedrigeren Betrag aus der Finanzbuchhaltung in die Kosten- und Leistungsrechnung übernommen, so liegt ein neutraler Aufwand vor.**

Es lassen sich folgende Arten neutraler Aufwendungen unterscheiden:

Neutrale Aufwendungen

betriebsfremder Aufwand	betrieblich bedingter Aufwand, der aber keine Kosten darstellt		betrieblich bedingter Aufwand, aber Kosten in anderer Höhe
	außerordentlich	periodenfremd	Andersaufwand
Aufwand, der mit dem eigentlichen Betriebszweck nichts zu tun hat	Aufwand, der ungewöhnlich hoch ist oder äußerst selten anfällt	Aufwand, dessen Ursache in einem früheren Geschäftsjahr liegt	Aufwand, der zwar mit Kosten verbunden ist, bei dem aber die Höhe des Aufwands von der Höhe der entsprechenden Kosten abweicht
Veräußerungsverluste bei Wertpapierverkäufen, Reparaturaufwand an nicht betrieblich genutzten Gebäuden	Außerplanmäßige Abschreibung eines Lkw aufgrund eines Totalschadens	Gewerbesteuernachzahlung für das vorige Geschäftsjahr	Abschreibungen lt. Gewinn- und Verlustrechnung (= bilanzielle Abschreibungen) sind höher oder niedriger als Abschreibungen in der Kostenrechnung (= kalkulatorische Abschreibung)

Zusatzkosten

In gleicher Weise wie es **Aufwendungen** gibt, die **keine Kosten** darstellen (= **neutrale Aufwendungen**), lassen sich auch **Kosten** unterscheiden, die **keine Aufwendungen** sind (= **Zusatzkosten**).

> ! **Zusatzkosten sind Kosten, denen kein Aufwand gegenüber steht.**

Unternehmerlohn als Zusatzkosten

Ein Einzelunternehmer stellt seinem Unternehmen seine Arbeitskraft zur Verfügung. Dafür erhält der Unternehmer jedoch im Gegensatz zu einem Arbeitnehmer keinen Lohn ausbezahlt. Daher liegt auch kein Aufwand vor. Der Verbrauch der Arbeitskraft steht jedoch in direktem Zusammenhang mit der betrieblichen Leistungserstellung. Deshalb entstehen durch die Mitarbeit des Unternehmers **Kosten in Form eines kalkulatorischen[1] Unternehmerlohns, der bei der Ermittlung der Gesamtkosten berücksichtigt werden muss, obwohl er nicht ausbezahlt wird und daher keinen Aufwand** darstellt. Es handelt sich um **Zusatzkosten**.

Aufg. 1
S. 229

Aufwand – Kosten

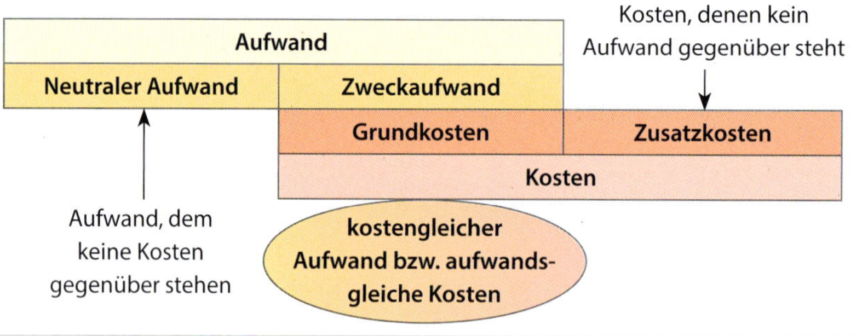

Zusammenfassende Übersicht zu Kapitel 2.1: Auszahlung – Aufwand – Kosten

Auszahlung = **Abfluss von Bargeld bzw. Verringerung des jederzeit verfügbaren Bankguthabens**
Aufwand = **in Geld bewerteter Verbrauch an Gütern**
Kosten = **der in Geld bewertete Güterverbrauch, der zur Erstellung der betrieblichen Leistungen erforderlich ist**

Aufwand – Kosten

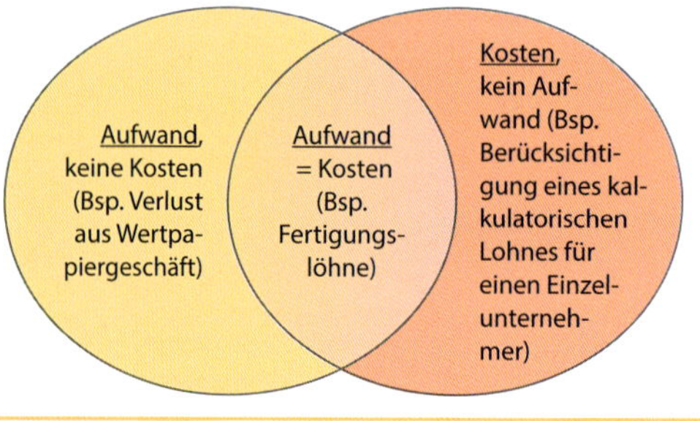

1 kalkulatorisch: bei der Kostenberechnung (Kalkulation) zu berücksichtigen

Checken Sie Ihre Kompetenz mit der Ich-kann-Liste.

Öffnen Sie hierzu den nebenstehenden **QR-Code** oder geben Sie folgenden Link ein: https://vel.plus/BHBILIF03

WIEDERHOLUNG DES GRUNDWISSENS

vel.plus/BHBILIF04

zu Kapitel 2.1 Auszahlung – Aufwand – Kosten

1. Erklären Sie, was jeweils unter Auszahlung, Aufwand und Kosten zu verstehen ist.
2. Nennen Sie drei Merkmale, die erfüllt sein müssen, damit Kosten vorliegen.
3. Geben Sie an, in welchem Fall von Zweckaufwand bzw. von Grundkosten gesprochen wird.
4. Nennen Sie drei Beispiele für Zweckaufwand bzw. Grundkosten.
5. Erklären Sie, was unter dem Begriff Zusatzkosten zu verstehen ist.
6. Nennen Sie ein Beispiel für Zusatzkosten.
7. Geben Sie an, in welchem Fall liegt ein neutraler Aufwand vorliegt.
8. Erläutern Sie, welche Arten von neutralen Aufwendungen sich unterscheiden lassen.

ANWENDUNGS- UND ÜBUNGSAUFGABEN

zu Kapitel 2.1 Auszahlung – Aufwand – Kosten

Aufgabe 1 Beispiele für Auszahlungen, Aufwendungen und Kosten

PDF vel.plus/BHBILIF05

Manfred Stephan ist alleiniger Inhaber des Unternehmens „Holzwerk Manfred Stephan e. K.". Im laufenden Monat wurden u. a. folgende Vorgänge erfasst:

a) Privatentnahme Manfred Stephan in bar 12.000 EUR

b) Einkauf von Rohstoffen auf Ziel 15.000 EUR

c) Gehaltszahlung an verschiedene Angestellte 40.000 EUR

d) Verbrauch von Rohstoffen, die im vergangenen Monat beschafft und bezahlt wurden 15.000 EUR

e) Der Wert der Arbeitsleistung, die Manfred Stephan seinem Unternehmen zur Verfügung stellt, wird mit 6.000 EUR angesetzt, aber nicht ausbezahlt.

f) Die Eingangsrechnung für den Einkauf der Rohstoffe (vgl. b) in Höhe von 15.000 EUR wird durch Banküberweisung beglichen.

Tragen Sie die Beträge der Vorgänge a) bis f) in die jeweils zutreffende Spalte einer Tabelle nach folgendem Muster ein. Hierzu können Sie die PDF-Vorlage nutzen.

Vorgang	Geschäftsbuchführung		Kosten- und Leistungsrechnung
	Auszahlung	Aufwand	Kosten
a)			
b)			
...	...		...

MUSTER

2.2 Einzahlung – Ertrag – Leistung

Einzahlung[1]

Eine Einzahlung liegt vor, wenn dem Unternehmen liquide Mittel (Kassenbestand und jederzeit verfügbare Bankguthaben) zufließen (= Mehrung des Zahlungsmittelbestands).

Einzahlungen

- Ein Unternehmer überweist von seinem privaten Bankkonto auf das Geschäftskonto seines neu gegründeten Unternehmens den Betrag von 20.000 EUR.
- Die Shirt-Shop GmbH verkauft T-Shirts gegen bar in Höhe von 2.500 EUR.

Da sich in beiden Fällen der Bestand an liquiden Mitteln erhöht, handelt es sich um Einzahlungen.

Ertrag – Leistung

Unter Ertrag ist der *gesamte Wertzuwachs*, den ein Unternehmen in einer Rechnungsperiode erzielt, zu verstehen. Erträge mehren das Eigenkapital.

Unter Leistung ist der *betrieblich bedingte Wertzuwachs* zu verstehen, den ein Unternehmen in einer Rechnungsperiode erzielt.

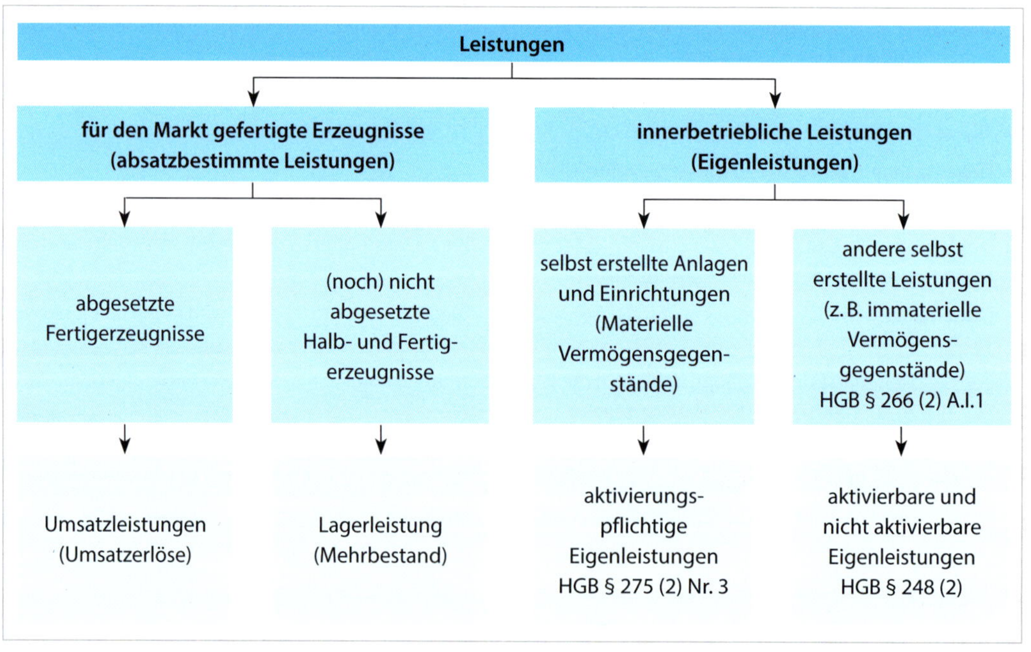

1 Hiervon ist der Begriff „Einnahme" zu unterscheiden. Anders als im allgemeinen Sprachgebrauch werden im Rechnungswesen unter Einnahmen nicht nur Einzahlungen (= zahlungswirksam) verstanden, sondern auch die nicht einzahlungswirksamen Vorgänge „Zugang von Forderungen" und „Verminderung der Schulden".

Aufg. 1 S. 231

Ertrag – Leistung

Ertrag		
Neutraler Ertrag	**Zweckertrag**	
	Grundleistung	**Zusatzleistung**
	Leistung	
Beim Verkauf von Wertpapieren wird ein Spekulationsgewinn in Höhe von 3.000 EUR erzielt.	Die Shirt Shop GmbH verkauft T-Shirts für 680 EUR. Der erzielte Umsatzerlös (Ertrag) ist auf die Betriebstätigkeit zurückzuführen (Leistung).	Die Forschungsabteilung eines Pharmaunternehmens hat wissenschaftliche und technische Erkenntnisse über Medikamente gewonnen. Da die Forschungsergebnisse nicht als immaterieller Vermögensgegenstand aktiviert werden dürfen, handelt es sich um eine Leistung, die keinen Ertrag darstellt HGB § 255 (2a).

Zusammenfassende Übersicht zu Kapitel 2.2: Einzahlung – Ertrag – Leistung

Einzahlung = **Zufluss von Bargeld bzw. Erhöhung des jederzeit verfügbaren Bankguthabens**
Ertrag = **in Geld bewerteter Wertzuwachs**
Leistung = **betrieblich bedingter Wertzuwachs**

Checken Sie Ihre Kompetenz mit der Ich-kann-Liste.

Öffnen Sie hierzu den nebenstehenden **QR-Code** oder geben Sie folgenden Link ein: https://vel.plus/BHBILIF06

WIEDERHOLUNG DES GRUNDWISSENS

vel.plus/BHBILIF07

zu Kapitel 2.2 Einzahlung – Ertrag – Leistung

1. Erläutern Sie, was jeweils unter Einzahlungen, Erträgen und Leistungen zu verstehen ist.
2. Geben Sie an, wie sich die Begriffe Ertrag und Leistung unterscheiden.
3. Nennen Sie jeweils zwei Beispiele für absatzbestimmte und innerbetriebliche Leistungen.

ANWENDUNGS- UND ÜBUNGSAUFGABEN

zu Kapitel 2.2 Einzahlung – Ertrag – Leistung

Aufgabe 1 Beispiele für Erträge, Leistungen, Aufwendungen und Kosten

Wie hoch sind die dem nachstehendem GuV-Konto (Auszug) zu entnehmenden Grundkosten, Leistungen sowie die neutralen Aufwendungen und neutralen Erträge?

HILFE vel.plus/BHBILIF08

Soll		GuV-Konto (Auszug)	Haben
Rohstoffverbrauch	6.400	Umsatzerlöse	14.600
Löhne, Gehälter	4.200	Mieterträge	610
Strom	1.800	Gewinne aus dem Verkauf von Anlagegütern	420
Verlust aus Wertpapierverkäufen	900	Mehrbestand an fertigen Erzeugnissen	380
...		...	

Zusammenfassende Übersicht zu Kapitel 2: Grundbegriffe der Kosten- und Leistungsrechnung

Bargeld
\+ Sichtguthaben (Girokonto)
= *Zahlungsmittelbestand* (liquide Mittel)

} Zunahme = Einzahlung
Abnahme = Auszahlung

Begriffe	Erklärung
Auszahlung	= Abfluss liquider Mittel aus dem Unternehmen (Abnahme des Zahlungsmittelbestandes)
Aufwand	= gesamter in Geld bewerteter Verbrauch an Sachgütern und Dienstleistungen (Wertminderung) eines Geschäftsjahres ohne Rücksicht auf den betrieblichen Zweck
Kosten	= durch betriebliche Leistungserstellung verursachter, in Geld bewerteter Verbrauch an Sachgütern und Dienstleistungen (betrieblich bedingte Wertminderung)
Einzahlung	= Zufluss liquider Mittel in das Unternehmen (Zunahme des Zahlungsmittelbestandes)
Ertrag	= Wertzuwachs innerhalb einer Periode sowohl aus betriebsbedingten als auch aus anderen Gründen
Leistung	= Wertzuwachs innerhalb einer Periode aus der Erfüllung des Betriebszwecks (betriebsbedingter Wertezuwachs)

3 Kosten, Beschäftigung und Gewinn

Kompetenzen:

- *die Kostenbegriffe und ihre Bedeutung für die Preisfindung unterscheiden*
- *das unterschiedliche Verhalten der Kosten bei Änderung der Ausbringungsmenge erklären*
- *die Zusammenhänge mittels linearer Funktionen und deren grafische Abbildungen darstellen*
- *die Gewinnschwelle und das Gewinnmaximum ermitteln*

3.1 Fixe und variable Kosten

In Abhängigkeit davon, wie die Kosten auf eine Veränderung der Produktionsmenge reagieren, lassen sich fixe und variable Kosten unterscheiden:

Fixe Kosten

! Fixe Kosten (fixe Gesamtkosten, K_f) bleiben bei einer Änderung der Produktionsmenge unverändert.

Absolut fixe Kosten entstehen durch die Existenz des Betriebes (Kosten der Betriebsbereitschaft).

Absolut fixe Kosten

Abschreibungen auf Gebäude und Maschinen, Pacht für eine Lagerhalle, Versicherungsbeiträge und Teile der Personalkosten (z. B. für den Werkschutz)

Sprungfixe Kosten (intervallfixe Kosten, bereichsfixe Kosten) bleiben innerhalb bestimmter Produktionsmengenbereiche (Produktionsintervalle) konstant. Bei Ausweitung der Produktion über diese Bereichsgrenze hinaus steigen sie sprunghaft an.

Sprungfixe Kosten

Für die Monatsproduktion von 50 000 Paar Schuhen genügt in der Fertigungsabteilung einer Schuhfabrik ein Meister mit einem festen Monatsgehalt von 3.000 EUR. Bei Überschreiten dieser Grenze muss ein weiterer Meister mit einem festen Monatsgehalt eingestellt werden.

Variable Kosten

! Variable Kosten (variable Gesamtkosten, K_v) ändern sich bei einer Veränderung der Produktionsmenge.

Variable Kosten

Verbrauch von Rohstoffen (z. B. Holz, Metall, Leder), Hilfsstoffen (Klebemittel), Betriebsstoffen (Elektrizität)

Gesamtkosten

Die Gesamtkosten eines Unternehmens setzen sich aus fixen und variablen Kosten zusammen:

> **!**
> **Gesamtkosten = fixe Gesamtkosten + variable Gesamtkosten (variable Kosten pro Stück · Stückzahl)**
>
> $$K_g = K_f + k_v \cdot x$$
> $$K_g = K_f + K_v$$

Zusammenfassende Übersicht zu Kapitel 3.1: Fixe und variable Kosten

Kosten = bewerteter Güterverbrauch zum Zwecke der Leistungserstellung

↓

nach der Abhängigkeit von der Produktionsmenge

- **fixe Kosten**
  - absolut fix → Kosten der Betriebsbereitschaft
  - sprungfix (bereichsfix) → Kosten steigen sprunghaft an, wenn eine bestimmte Produktionsmenge überschritten wird
- **variable Kosten**
  - ändern sich bei jeder Veränderung der Produktionsmenge

Gesamtkosten (K_G) = fixe Gesamtkosten + variable Stückkosten · Produktionsmenge

$$= K_f + k_v \cdot x$$
$$= K_f + K_v$$

Checken Sie Ihre Kompetenz mit der Ich-kann-Liste.

Öffnen Sie hierzu den nebenstehenden **QR-Code** oder geben Sie folgenden Link ein: https://vel.plus/BHBILIF09

vel.plus/BHBILIF10

WIEDERHOLUNG DES GRUNDWISSENS

zu Kapitel 3.1 Fixe und variable Kosten

1. Erläutern Sie, wodurch sich fixe und variable Kosten unterscheiden.
2. Nennen Sie jeweils ein Beispiel für absolut fixe, sprungfixe und variable Kosten.

3.2 Kostenauflösung in fixe und variable Kosten

Einige Kostenarten sind in vollem Umfang variabel (z. B. Materialkosten), andere hingegen sind in vollem Umfang fix (z. B. Miete). Zur rechnerischen Bestimmung der Höhe der fixen und variablen Kosten eines Unternehmens werden zunächst die Kosten ermittelt, die für zwei unterschiedliche Produktionsmengen entstanden sind. Dabei wird unterstellt, dass die variablen Kosten je Stück (k_v) unverändert bleiben. Das bedeutet, dass sich bei einer Änderung der Produktion die variablen Gesamtkosten (K_v) im gleichen Verhältnis verändern wie die Ausbringungsmenge (proportionaler Verlauf der Gesamtkosten).
Bei den Kosten, die bei einer Produktionserhöhung steigen, kann es sich nur um variable Kosten handeln, da die fixen Kosten auf eine Veränderung der Produktionsmenge nicht reagieren. Aus der Differenz der Kosten und der beiden Produktionsmengen lassen sich die variablen Kosten pro Produktionseinheit und damit auch die fixen Kosten bestimmen:

Kostenauflösung

Eine Produktionserhöhung von 500 Stück auf 800 Stück hat nebenstehende Kostenerhöhung bewirkt:

Produktionsmenge	Kosten
500 Stück	12.000 EUR
800 Stück	15.000 EUR

Variable Kosten pro Stück (k_v) =

$$\frac{15.000 - 12.000}{800 - 500} = 10 \text{ EUR/Stück}$$

Je Stück sind somit 10 EUR variable Kosten entstanden.

Fixe Gesamtkosten (K_f) =
12.000 EUR – (10 EUR/Stück · 500 Stück) = 7.000 EUR
oder
15.000 EUR – (10 EUR/Stück · 800 Stück) = 7.000 EUR

Grafische Darstellung:

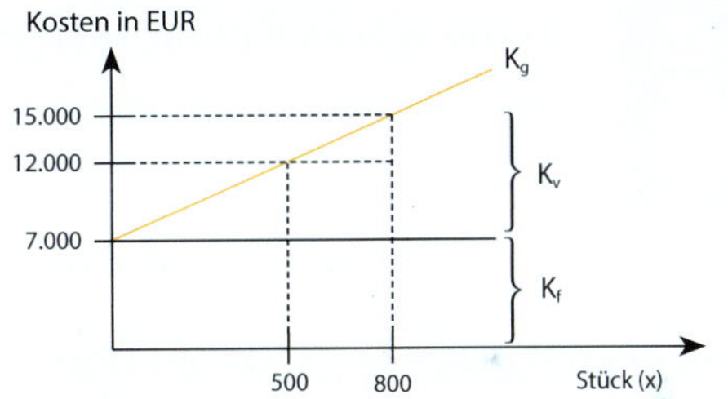

Ergebnis:
Erhöht das Unternehmen seine Produktionsmenge, so verändern sich die Gesamtkosten um 10 EUR/Stück.

Kostenfunktion:
$K_g = K_f + k_v \cdot x$
$K_g = 7.000 + 10\,x$

Sind die fixen Gesamtkosten und die variablen Kosten pro Stück bekannt, so lässt sich errechnen, welche Kosten für eine bestimmte Produktionsmenge voraussichtlich entstehen.

Formeln zur Kostenauflösung:

Variable Kosten pro Stück = $\frac{\text{Kostenzunahme}}{\text{Produktionszunahme}}$

$$k_v = \frac{K_2 - K_1}{x_2 - x_1}$$

Variable Gesamtkosten = variable Kosten pro Stück · Produktionsmenge

$$K_v = k_v \cdot x$$

Aufg. 1
S. 236

Fixe Gesamtkosten = Gesamtkosten – variable Gesamtkosten

$$K_f = K_g - K_v$$

ANWENDUNGS- UND ÜBUNGSAUFGABEN

zu Kapitel 3.3 Kapazität und Beschäftigungsgrad

Aufgabe 1 Beschäftigungsgrad – Änderungen des Beschäftigungsgrades

? HILFE vel.plus/BHBILIF16

Ein Industriebetrieb stellt ein elektronisches Bauteil her. Die Gesamtkapazität beträgt 30 000 Stück pro Quartal. Derzeit werden 25 000 Stück pro Quartal produziert. Die gesamten Fixkosten betragen derzeit 400.000 EUR pro Quartal. Die variablen Stückkosten belaufen sich auf 50 EUR.

1. Berechnen Sie den derzeitigen Beschäftigungsgrad.
2. Wie hoch sind bei diesem Beschäftigungsgrad die Gesamtkosten und die Stückkosten?
3. Wie würden sich die Gesamtkosten und die Stückkosten verändern, wenn der Beschäftigungsgrad auf 100 % gesteigert werden könnte? Begründen Sie diese Veränderung.

3.4 Kostenverläufe

Verlauf der fixen Kosten

! **Die fixen Kosten (K_f) bleiben bei einer Veränderung des Beschäftigungsgrades unverändert.**

Fixe Kosten

Abschreibungen auf Betriebsgebäude, Gehalt eines Geschäftsführers, Kfz-Steuer

Die Kostenkurve der **fixen Kosten** verläuft **parallel** zur Mengenachse. Werden die Fixkosten auf eine Produktionseinheit bezogen **(Fixkosten je Stück)** ergibt sich ein **degressiv fallender** Verlauf. Dies ist darauf zurückzuführen, dass sich bei zunehmender Produktionsmenge die gleich bleibenden Fixkosten auf eine zunehmend größere Stückzahl verteilen. Daher sinkt der Fixkostenanteil je Stück **(Fixkostendegression)**.

Verlauf der fixen Kosten

x	K_f	k_f
1	100	100,0
2	100	50,0
3	100	33,3
4	100	25,0
5	100	20,0

x = Produktionsmenge
K_f = fixe Gesamtkosten
k_f = Fixkosten je Stück

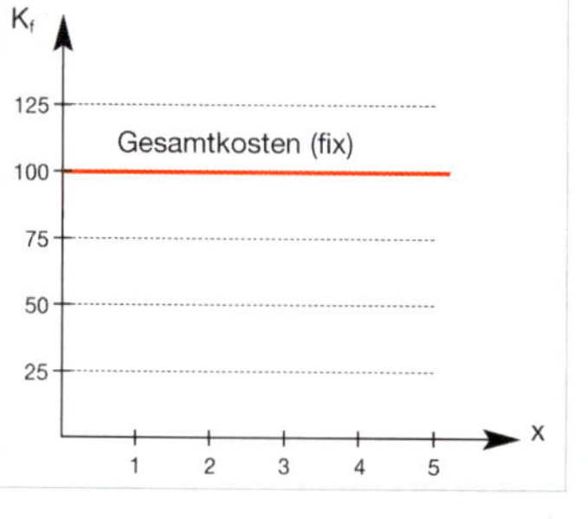

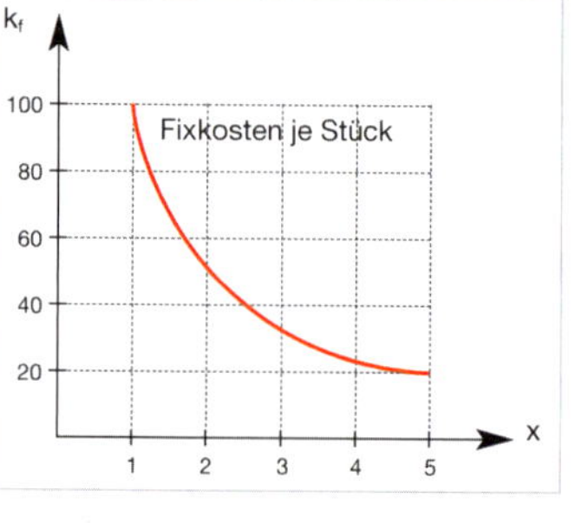

Sprungfixe Kosten

Die **sprungfixen** (intervallfixen) **Kosten** sind innerhalb bestimmter Produktionsmengenbereiche konstant und erhöhen sich bei deren Überschreitung jeweils sprunghaft. Daraus ergibt sich ein treppenförmiger Verlauf.

Verlauf der sprungfixen Kosten

x	K_f	k_f
1	100	100,0
2	100	50,0
3	100	33,3
4	200	50,0
5	200	40,0
6	200	33,3
7	300	43,0
8	300	38,0

x = Produktionsmenge
K_f = sprungfixe Gesamtkosten
k_f = sprungfixe Stückkosten

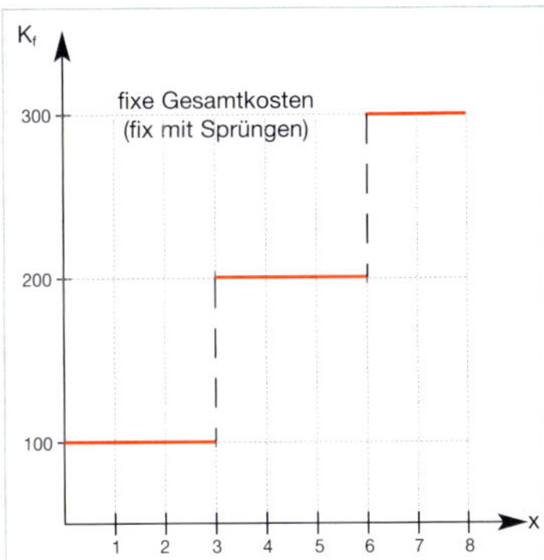

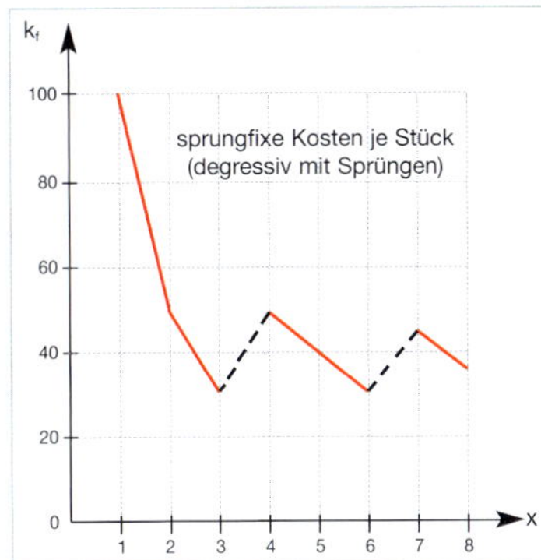

Sprungfixe Kosten (relativ fixe Kosten)

Abschreibungen bei Erweiterungsinvestitionen (Anschaffung zusätzlicher Maschinen)

Die **sprungfixen Kosten je Stück** haben einen degressiven Verlauf, der aber bei den jeweiligen Bereichsgrenzen ebenfalls Sprünge aufweist.

Verlauf der variablen Kosten

Die variablen Gesamtkosten (K_v) ändern sich, wenn sich der Beschäftigungsgrad ändert.

Dabei lassen sich proportionale (lineare), überproportionale (progressive) und unterproportionale (degressive) Kosten und Kurvenverläufe unterscheiden.

Proportionale Kosten ändern sich im gleichen Verhältnis wie der Beschäftigungsgrad.

Bei proportionalem Kostenverlauf führt eine Erhöhung der Produktionsmenge um 10 % zu einer Erhöhung der **variablen Gesamtkosten (K_v)** von ebenfalls 10 %. Die Gesamtkostenkurve verläuft bei proportionalen Kosten linear. **Die variablen Stückkosten (k_v)** bleiben in diesem Fall bei Änderung der Produktionsmenge **konstant**.

Verlauf der variablen Kosten

x	K_v	k_v
1	100	100
2	200	100
3	300	100
4	400	100
5	500	100

x = Produktionsmenge
K_v = variable Gesamtkosten
k_v = variable Stückkosten

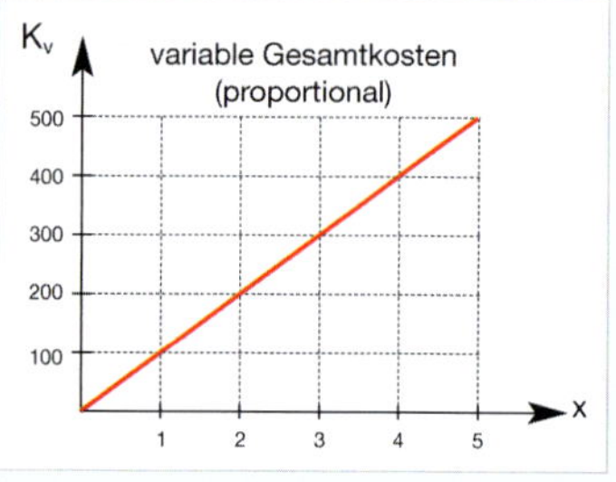

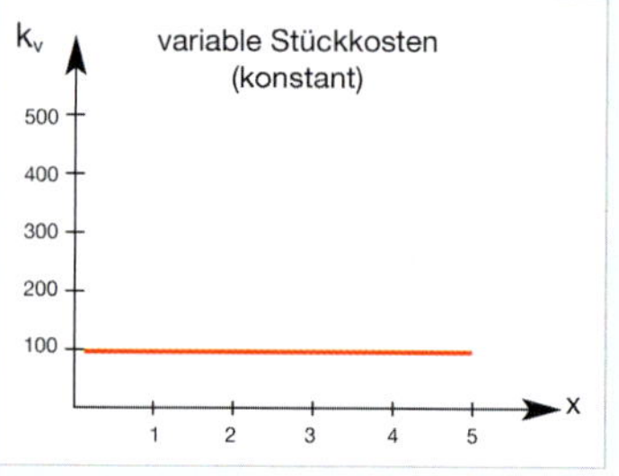

Variable Kosten

Stücklohn, Fertigungsmaterial

Verlauf der Gesamtkosten

Setzen sich die Gesamtkosten (K_g) in einem Betrieb aus fixen Kosten (K_f) und **proportionalen variablen Kosten (K_v)** zusammen, ergibt sich ein **linearer Verlauf** der **Gesamtkosten**. Die Stückkosten (k_g) sinken mit zunehmender Produktionsmenge, weil sich die fixen Kosten auf eine größere Stückzahl verteilen **(Fixkostendegression)**. Somit nähern sich die Stückkosten (k_g) in diesem Fall den variablen Stückkosten (k_v) an. Dieser Effekt ist umso stärker, je höher der Anteil der Fixkosten ist. Diese Entwicklung wird als **Gesetz der Massenproduktion** bezeichnet.

> **!** **Das Gesetz der Massenproduktion besagt, dass mit zunehmender Produktionsmenge die Stückkosten sinken.**

> **!**
> $$\textbf{Stückkosten} = \frac{\textbf{fixe Gesamtkosten}}{\textbf{Produktionsmenge}} + \textbf{variable Stückkosten}$$
> $$k_g = \frac{K_f}{x} + k_v$$

Verlauf der Gesamtkosten und der Stückkosten in einer Schuhfabrik

Eine Schuhfabrik produziert bei einer Auslastung ihrer Kapazität von 66,67 % im Quartal 40 000 Paar Schuhe. Die fixen Kosten in diesem Zeitraum belaufen sich auf 1.000.000 EUR. Bei der Herstellung von einem Paar Schuhe entstehen unabhängig von der Produktionsmenge variable Kosten in Höhe von 20 EUR.

Zusammenhang von Gesamtkosten und Stückkosten

x	K_f	K_v	K_g	k_v	k_g
10 000	1.000.000	200.000	1.200.000	20	120,00
20 000	1.000.000	400.000	1.400.000	20	70,00
30 000	1.000.000	600.000	1.600.000	20	53,33
40 000	1.000.000	800.000	1.800.000	20	45,00
50 000	1.000.000	1.000.000	2.000.000	20	40,00
60 000	1.000.000	1.200.000	2.200.000	20	36,67

x = Produktionsmenge (Paar Schuhe)
K_f = fixe Gesamtkosten in EUR
K_v = variable Gesamtkosten in EUR
K = Gesamtkosten in EUR
k_g = Stückkosten in EUR
k_v = variable Stückkosten in EUR für 1 Paar Schuhe

Aufg. 1
S. 243
Aufg. 2
S. 243

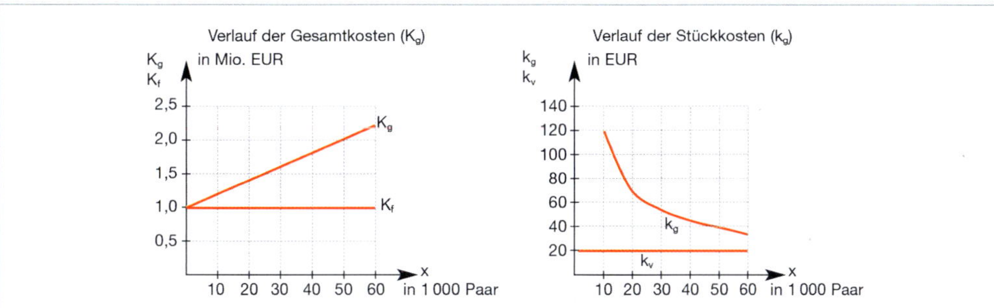

Fixkostenremanenz[1]

Bei **rückläufiger Produktion** sinken die Gesamtkosten häufig nicht auf den gleichen Stand wie vor der Produktionserhöhung, sondern verharren auf einem höheren Niveau. Diese Erscheinung wird als **(Fix-)Kostenremanenz** bezeichnet und ist insbesondere bei den **sprungfixen Kosten** zu beobachten. Häufig kann die Kostenanpassung an die Produktionsminderung nur zeitlich verzögert erfolgen (z. B. Abschreibungen für stillgelegte Maschinen). Grafisch ergibt sich dabei eine Gesamtkostenkurve, die über der ursprünglichen Gesamtkostenkurve liegt.

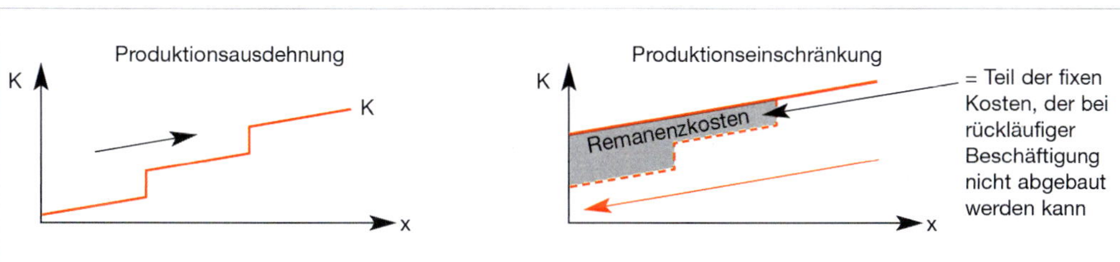

1 remanere *(lat.)*: zurückbleiben

Zusammenfassende Übersicht zu Kapitel 3.4: Kostenverläufe

Kostenverläufe

fixe Kosten (K_f)
verändern sich bei Änderung des Beschäftigungsgrades nicht

- **absolut fix**
  verändern sich auch bei Überschreitung bestimmter Produktionsmengen nicht
- **sprungfix (relativ fix)**
  innerhalb bestimmter Produktionsmengenbereiche konstant; Erhöhung bei Überschreitung bestimmter Produktionsmengen

variable Kosten (K_v)
verändern sich bei Änderung des Beschäftigungsgrades

proportionale Kosten
ändern sich im gleichen Verhältnis wie der Beschäftigungsgrad (k_v = konstant)

Grenzkosten (K′)
Zuwachs der Gesamtkosten bei einer Produktionserhöhung um eine Mengeneinheit

bei linearem Gesamtkostenverlauf gilt: $k_v = K' =$ konstant

Gesamtkosten (K_g) = fixe Kosten (K_f) + variable Kosten (K_v)

$$K_g = K_f + K_v$$

$$\textbf{Stückkosten } (k_g) = \frac{\textbf{fixe Gesamtkosten } (K_f)}{\textbf{Produktionsmenge } (x)} + \textbf{variable Stückkosten } (k_v)$$

bei zunehmender Beschäftigung: Kosten pro Stück (Stückkosten) werden immer kleiner (Gesetz der Massenproduktion, Fixkostendegression)

Checken Sie Ihre Kompetenz mit der Ich-kann-Liste.

Öffnen Sie hierzu den nebenstehenden **QR-Code**
oder geben Sie folgenden Link ein: https://vel.plus/BHBILIF17

vel.plus/BHBILIF18

WIEDERHOLUNG DES GRUNDWISSENS

zu Kapitel 3.4 Kostenverläufe

1. Erklären Sie den Begriff „fixe Kosten je Stück".
2. Stellen Sie den Verlauf der Fixkosten und der fixen Kosten je Stück jeweils in einem Koordinatensystem dar.
3. Erklären Sie den Begriff „Fixkostendegression".
4. Erklären Sie die Begriffe „absolut fixe Kosten" und „sprungfixe Kosten" jeweils anhand einer grafischen Darstellung (Skizze).
5. Erklären Sie, was unter dem Begriff „variable Kosten" zu verstehen ist.
6. Nennen Sie zwei Beispiele (Kostenarten) für variable Kosten.
7. Beschreiben Sie den typischen Verlauf einer Gesamtkostenkurve.

8. Erläutern Sie, was das Gesetz der Massenproduktion besagt.
9. Beschreiben Sie den typischen Verlauf einer Stückkostenkurve.
10. Erläutern Sie, was unter „Grenzkosten" zu verstehen ist.
11. Erläutern Sie, was unter dem Begriff „(Fix-)Kostenremanenz" zu verstehen ist.

ANWENDUNGS- UND ÜBUNGSAUFGABEN

zu Kapitel 3.4 Kostenverläufe

Aufgabe 1 Gesamtkosten – Stückkosten – Beschäftigungsgrad

Die Kapazität einer Elektro-AG beträgt für die Waschmaschinenproduktion monatlich 8 000 Stück. Bei Vollbeschäftigung (100 % Auslastung) betragen die variablen Gesamtkosten 5,6 Mio. EUR. Der Fixkostenanteil pro Waschmaschine beträgt bei einer Kapazitätsauslastung von 50 % 400,00 EUR.

PDF vel.plus/BHBILIF19

1. Ermitteln Sie tabellarisch die jeweiligen monatlichen Gesamtkosten (K_g) und die Stückkosten (k_g) je Waschmaschine, wenn der Beschäftigungsgrad im Febuar 50 %, im März 60 % und im April 75 % beträgt.
2. Stellen Sie die Ergebnisse von 1. grafisch dar.
3. Begründen Sie, worauf die Veränderung der Stückkosten (k_g) bei zunehmender Produktionsmenge zurückzuführen ist.

Aufgabe 2 Gesamtkosten – Stückkosten – Produktionsentscheidung

Ein Betrieb hat 3.801.000 EUR fixe Kosten im Monat. Die variablen Kosten betragen 60,00 EUR je Einheit.

? HILFE vel.plus/BHBILIF20

1. Berechnen Sie die Gesamtkosten (K_g), die für die Herstellung von 60 000 Einheiten je Monat entstehen. Wie hoch sind in diesem Fall die Kosten je Produktionseinheit (k_g)?
2. Auf welche Menge muss die Produktion gesteigert werden, wenn die Stückkosten (k_g) 120,00 EUR nicht übersteigen sollen?

3.5 Kosten, Erlöse und Gewinn

Vorrangiges Ziel eines Unternehmens ist es, den größtmöglichen Gewinn zu erzielen. Der größtmögliche Gewinn ist erreicht, wenn die Differenz zwischen den Erlösen und den Kosten am größten ist. Damit in einem Unternehmen der voraussichtlich zu erzielende Gewinn (Zielgewinn) vorausberechnet werden kann, muss das Verhalten von Kosten und Erlösen ermittelt werden.

> **Gewinn (G) = Erlöse (E) – Kosten (K)**

> **Erlöse (E) = Preis (p) · Absatzmenge (x)**

Für die Ermittlung der Erlöse wird von einem konstanten Marktpreis (p) für das hergestellte Erzeugnis ausgegangen. In der grafischen Darstellung ergibt sich demnach eine lineare Erlöskurve.

Im Folgenden wird unterstellt, dass die produzierte Menge auch abgesetzt werden kann (keine Lagerhaltung).

Kosten, Erlöse und Gewinn einer Schuhfabrik

Entwicklung von Kosten, Erlösen und Gewinn einer Schuhfabrik mit einer Kapazität von 60.000 Paar Schuhen pro Quartal bei linearem Verlauf von Erlös- und Gesamtkostenkurve:

Marktpreis (p): 70 EUR je Paar, K_f = 1.000.000 EUR, k_v = 20 EUR je Paar

Menge (x)	K_g (EUR)	$E = p \cdot x$ (EUR)	$G = E - K$ (EUR)
10 000	1.200.000	700.000	– 500.000
20 000	1.400.000	1.400.000	0
30 000	1.600.000	2.100.000	+ 500.000
40 000	1.800.000	2.800.000	+ 1.000.000
50 000	2.000.000	3.500.000	+ 1.500.000
60 000	2.200.000	4.200.000	+ 2.000.000

x = Produktionsmenge (Paar Schuhe), K_g = Gesamtkosten in EUR, E = Erlös ($p \cdot x$) in EUR, G = Gewinn in EUR

Erlöse, Gesamtkosten und Gewinn

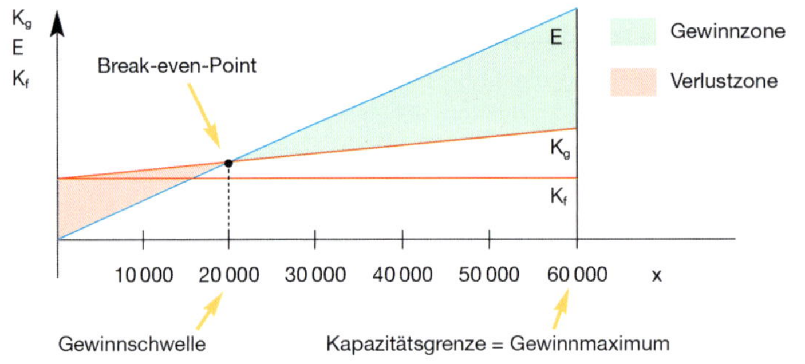

Gewinnschwelle und Gewinnmaximum

> **! Die Produktions- und Absatzmenge (x), bei der die Erlöse die Kosten decken und daher weder ein Gewinn noch ein Verlust entsteht, wird als Gewinnschwelle (Break-even-Point, Kostendeckungspunkt) bezeichnet.**

Liegt die tatsächlich produzierte Menge unterhalb der Gewinnschwelle, so entsteht ein Verlust. Eine darüber liegende Menge führt zu einem Gewinn.

Ermittlung der Gewinnschwelle (x_0) für die Schuhfabrik:

Gewinnschwelle (Break-even-Point)

Bedingung für die Gewinnschwelle (x_0):

Erlöse (E) = Gesamtkosten (K)

$p \cdot x = K_f + k_v \cdot x$ $\qquad 70 \cdot x = 1.000.000 + 20 \cdot x$

$x \cdot (p - k_v) = K_f$ $\qquad x \cdot (70 - 20) = 1.000.000$

$$x_0 = \frac{K_f}{p - k_v} = \frac{1.000.000}{70 - 20} = 20\,000 \text{ Paar Schuhe}$$

Gewinnschwelle (Break-even-Point)

Bedingung: Erlöse (E) = Kosten (K)

Produktionsmenge bei der Gewinnschwelle $x_0 = \dfrac{\text{Fixkosten } (K_f)}{\text{Preis (p) – variable Stückkosten } (k_v)}$

Bei linearem Verlauf der Erlös- und Gesamtkostenkurve steigt der Gewinn bei einer über die Gewinnschwelle hinausgehenden Produktionsmenge bis zur Kapazitätsgrenze gleichmäßig an (*vgl. Abb. S. 244*). Der Beschäftigungsgrad (Kapazitätsausnutzungsgrad) beträgt dann 100 %. Im vorliegenden Fall liegt das Gewinnmaximum mit 2.000.000 EUR an der Kapazitätsgrenze von 60.000 Stück.

Das Gewinnmaximum wird erreicht, wenn die Produktionsmenge bis zur Kapazitätsgrenze ausgeweitet wird.

Auch der **Stückgewinn (Stückpreis – Stückkosten)** erhöht sich nach Überschreiten der Gewinnschwelle, da wegen der Fixkostendegression die Stückkosten mit zunehmender Produktionsmenge ständig sinken (*vgl. nachstehende Abb.*).

Stückkosten und Stückgewinn

Stückpreis, Stückkosten und Stückgewinn

Aufg. 1 bis 5 S. 246 f.

Menge (x)	k_g (EUR)	p (EUR)	g (EUR)
10 000	120,00	70,00	– 50,00
20 000	70,00	70,00	0
30 000	53,33	70,00	16,67
40 000	45,00	70,00	25,00
50 000	40,00	70,00	30,00
60 000	36,67	70,00	33,33

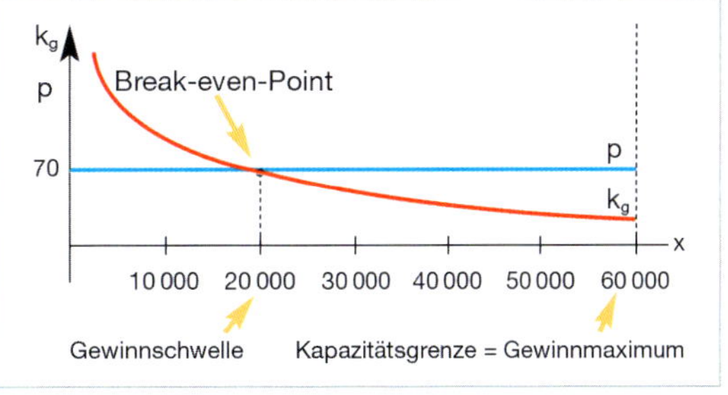

x = Produktionsmenge (Paar Schuhe)
p = Stückpreis in EUR
k_g = Stückkosten in EUR
g = Stückgewinn in EUR

Zielgewinn

Mithilfe der Formel zu Berechnung des zu erzielenden Gewinns (Zielgewinn) lässt sich berechnen, welche Stückzahl eines Produktes abgesetzt werden muss, um einen bestimmten Gewinn zu erzielen.

Zielgewinn eines Produkts

Ein Hersteller kosmetischer Produkte hat für das Produkt Deceral folgende Daten ermittelt:

Fixe Kosten, die sich diesem Produkt zurechnen lassen: 1 Mio. EUR, variable Kosten pro Stück (k_v): 12 EUR, zu erzielender Verkaufspreis (p) 26 EUR, Zielgewinn: 0,4 Mio. EUR

Welche Menge muss verkauft werden, um den angestrebten Zielgewinn zu erreichen?

$$x = \frac{\text{Fixkosten + Gewinn}}{p - k_v} \qquad x = \frac{1 \text{ Mio.} + 0{,}4 \text{ Mio.}}{26 - 12} = 100\,000 \text{ Stück}$$

Der Zielgewinn in Höhe von 0,4 Mio. EUR lässt sich mit einer abgesetzten Menge von 100 000 Stück erreichen.

Zusammenfassende Übersicht zu Kapitel 3.5: Kosten, Erlöse und Gewinn

Kostenverläufe und besondere Gewinnsituationen bei proportionalen Gesamtkosten (linearer Verlauf der Gesamtkostenkurve)	
Verlauf der Gesamtkosten je Stück: $k_g = k_f + k_v$	degressiv fallend (k_g sind höher als k_v)
Verlauf der variablen Stückkosten (k_v)	konstant – $k_v = K'$
Grenzkosten (K′)	konstant – $k_v = K'$
Gewinnmaximum	Beschäftigungsgrad 100 % (Kapazitätsgrenze), wenn bei dieser Ausbringungsmenge E größer als K
Gewinnschwelle	Schnittpunkt zwischen Erlös- und Kostenkurve (E = K)
Zielgewinn	$x = \dfrac{\text{Fixkosten} + \text{Gewinn}}{p - k_v}$

Checken Sie Ihre Kompetenz mit der Ich-kann-Liste.

Öffnen Sie hierzu den nebenstehenden **QR-Code** oder geben Sie folgenden Link ein: https://vel.plus/BHBILIF21

vel.plus/BHBILIF22

WIEDERHOLUNG DES GRUNDWISSENS

zu Kapitel 3.5 Kosten, Erlöse und Gewinn

1. Stellen Sie dar, wodurch die Gewinnschwelle (Break-even-Point) gekennzeichnet ist.
2. Beschreiben Sie, in welchem Verhältnis Preis und Stückkosten an der Gewinnschwelle (Break-even-Point) zueinander stehen.
3. Geben Sie an, bei welcher Produktions- und Absatzmenge das Gewinnmaximum liegt, wenn die Gesamtkosten- und die Erlöskurve linear verlaufen.
4. Geben Sie an, wie sich der Zielgewinn eines Unternehmens berechnen lässt.

ANWENDUNGS- UND ÜBUNGSAUFGABEN

zu Kapitel 3.5 Kosten, Erlöse und Gewinn

Aufgabe 1 Entwicklung der Stück- und Gesamtkosten – Gewinnschwelle

PDF vel.plus/BHBILIF23

Die Produktionskapazität eines Herstellers von elektrischen Schlagbohrmaschinen beträgt 8 000 Stück/Monat. Die monatlichen Fixkosten belaufen sich auf 500.000 EUR, die variablen Kosten pro Stück sind konstant und betragen 200 EUR. Die Schlagbohrmaschinen werden für 300 EUR/Stück an den Handel verkauft.

1. Erstellen Sie für die Produktionsmengen bis 8 000 Stück eine Tabelle nach folgendem Muster.

Menge	Gesamtkosten			Stückkosten			Erlöse	Gewinn/ Verlust
x	K_f	K_v	K_g	k_f	k_v	k_g	$E = p \cdot x$	$G = E - K$
0								
1 000								
2 000								
...	...							

2. Berechnen Sie die Gewinnschwelle (Break-even-Point) und vergleichen Sie das Ergebnis mit dem in der Tabelle ermittelten Wert.
3. Stellen Sie die Zusammenhänge jeweils in einer Grafik zur Gesamt- und Stückkostenbetrachtung dar.
4. Berechnen Sie den Stückgewinn bei einer Produktionsmenge von 6 000 Stück und bei voller Kapazitätsausnutzung. Interpretieren Sie die Ergebnisse.

Aufgabe 2 Beschäftigungsgrad – Kostentabelle – Gesamtgewinn/-verlust

PDF vel.plus/BHBILIF24

Ein Eisen verarbeitender Betrieb produziert Zulieferteile für die Automobilindustrie. Die Kapazität von 80 000 Einheiten monatlich ist im Oktober zu 90 %, im November zu 75 % und im Dezember zu 60 % ausgelastet. Die Fixkosten pro Monat betragen 240.000 EUR, die variablen Kosten je Einheit (k_v) 8,00 EUR.

1. Ermitteln Sie Gesamtkosten (K_g) und die Stückkosten (k_g) in den einzelnen Monaten.
2. Ermitteln Sie den monatlichen Gesamtgewinn/-verlust, wenn das Zulieferteil vertragsgemäß zu einem Stückpreis von 12,80 EUR gellefert werden muss.

Aufgabe 3 Stückgewinn und Gewinnschwelle bei unterschiedlicher Kapazitätsauslastung

HILFE vel.plus/BHBILIF25

Ein Industriebetrieb kann bei einer Auslastung von 100 % monatlich 60 000 Einheiten herstellen. Dabei entstehen fixe Kosten (K_f) von 200.000 EUR und variable Kosten (K_v) von 900.000 EUR. Der Verkaufspreis beträgt 20,00 EUR/Einheit.

1. Errechnen Sie den Stückgewinn
   - bei einem Beschäftigungsgrad von 100 %
   - bei einem Beschäftigungsgrad von 80 %.
2. Bei welcher Stückzahl liegt die Gewinnschwelle?

Aufgabe 4 Gewinn/Verlust – Gewinnschwelle – Kostendiagramm

PDF vel.plus/BHBILIF26

Aufgrund der zur Verfügung stehenden Plandaten rechnet ein Industriebetrieb in der kommenden Periode damit, dass eine Menge von 20 000 Einheiten zu einem Preis von 25 EUR/Stück abgesetzt werden kann. Eine Kostenanalyse ergab, dass die variablen Stückkosten (k_v) 17,50 EUR betragen. Die Fixkosten der Periode belaufen sich auf 100.000 EUR.

1. Mit welchem Gewinn/Verlust wird für die kommende Periode gerechnet?
2. Bei welcher Verkaufsmenge und bei welchem Erlös liegt die Gewinnschwelle? (rechnerische Lösung)
3. Stellen Sie die Kosten- und Erlösentwicklung für eine Produktionsmenge von 0 bis 30 000 Stück in einem Koordinatensystem grafisch dar.
   Kennzeichnen Sie die Gewinnschwelle, den geplanten Erlös und den sich bei diesem Erlös ergebenden Gewinn.

Aufgabe 5 Gewinnschwelle – Gewinnmaximum – Umsatzrentabilität – Anpassung an Nachfrageänderungen

PDF vel.plus/BHBILIF27

1. Die Firma Objektmöbel Franz Hummel e. K. produziert Holztische in unterschiedlichen Größen und Ausführungen. Für das im Hauptwerk gefertigte Modell „Kantina" wurden folgende Werte ermittelt:
   - Auslastungsgrad: 70 %
   - Gesamte variable Kosten (linearer Verlauf der Gesamtkostenkurve): 98.000 EUR
   - Gesamte Fixkosten: 50.000 EUR

   Die Kapazitätsgrenze liegt bei 800 Tischen pro Monat. Der Verkaufspreis pro Tisch beträgt 300 EUR.
   a) Ermitteln Sie rechnerisch die Gewinnschwelle und die Höhe des maximalen Gewinns.
   b) Stellen Sie die Kosten- und Erlössituation grafisch dar. Es ist davon auszugehen, dass die produzierten Tische auch alle abgesetzt werden können.
   Kennzeichnen Sie im Schaubild die Gewinnschwelle und die Gewinn- bzw. Verlustzone.
   c) Die Unternehmensleitung strebt eine Umsatzrentabilität von 20 % an. Die Umsatzrentabilität wird wie folgt ermittelt: Gewinn · 100/Umsatz.
   Bei welcher Stückzahl wird dieses Ziel erreicht?
2. Für das Modell „Latta", das in einem Zweigwerk gefertigt wird, hat das Unternehmen eine neue kratzfestere Oberflächenbeschichtung entwickelt. Es wird damit gerechnet, dass der Absatz dieses Modells stark zunehmen wird. Der erhöhte Absatz soll durch Überstunden aufgefangen werden. Das führt zu einer Erhöhung der variablen Stückkosten um 35 % für diejenige Produktionsmenge, die über 200 Tische/Monat hinausgeht.
   Die Kapazitätsgrenze (mit Überstunden) liegt im Zweigwerk bei 250 Tischen pro Monat.
   a) Ergänzen Sie die folgende für das Modell „Latta" geltende Kostentabelle:

Tische pro Monat	K_f	K_v	K_g	k_v	k_g
100			67.000 EUR		
200			109.000 EUR		
210					

   b) Begründen Sie den Verlauf der Stückkosten bei einer Erhöhung der Produktionsmenge von 100 auf 200 und von 200 auf 210 Tische.
   c) Unter welcher Voraussetzung ist es sinnvoll, den gestiegenen Absatz allein durch Überstunden zu decken? Erörtern Sie weitere Möglichkeiten des Unternehmens, den gestiegenen Absatz zu decken.

4 Kostenartenrechnung

Kompetenzen:

- *die Stufen der Kosten- und Leistungsrechnung beschreiben*
- *kalkulatorische Kosten berechnen*
- *das Unternehmensergebnis, das neutrale Ergebnis und das Betriebsergebnis berechnen*
- *die Notwendigkeit kostenrechnerischer Korrekturen erklären*

EA 1
S. 252

Beginnen Sie Ihren Kompetenzerwerb zum Thema *Kalkulatorische Kosten* mit der Erarbeitungsaufgabe EA 1.

4.1 Kalkulatorische Kosten

4.1.1 Berücksichtigung kalkulatorischer Kosten

Die **Finanzbuchhaltung** eines Unternehmens hat u. a. das Ziel, das Ergebnis (Gewinn/Verlust) eines Unternehmens durch die **Gegenüberstellung von Aufwendungen und Erträgen** zu ermitteln. Dabei wird nicht danach gefragt, inwieweit das festgestellte Ergebnis auf **betriebsbedingten** Ursachen beruht. Die Kosten- und Leistungsrechnung hingegen stellt fest, welches Ergebnis ausschließlich auf die Betriebstätigkeit eines Unternehmens zurückzuführen ist. Durch **Gegenüberstellung von Kosten und Leistungen wird das Betriebsergebnis** ermittelt.

Das Betriebsergebnis (Betriebsgewinn/Betriebsverlust) ergibt sich durch Gegenüberstellung von Kosten und Leistungen.

Bei der Ermittlung von Kosten und Leistungen greift die Kosten- und Leistungsrechnung auf die in der Finanzbuchhaltung bereits erfassten Werte zurück. Es gibt aber Kostenarten, die in der Finanzbuchhaltung überhaupt nicht oder in anderer Höhe als Aufwand berücksichtigt werden. In der Kostenrechnung ist jedoch eine Berücksichtigung **aller Kosten** erforderlich, weil nur dann der in direktem Zusammenhang mit der Produktionstätigkeit eines Unternehmens stehende Güterverbrauch erfasst wird.

Kosten, denen in der Finanzbuchhaltung gar kein Aufwand oder ein Aufwand in anderer Höhe gegenübersteht, werden als kalkulatorische Kosten bezeichnet.

Zusatzkosten – Anderskosten

Kalkulatorische Kosten	
Zusatzkosten	**Anderskosten (unechte Zusatzkosten)**
= Kosten, denen in der Finanzbuchhaltung kein Aufwand entspricht	= Kosten, die zwar mit Aufwendungen verbunden sind, in ihrer Höhe aber nicht mit den entsprechenden Aufwendungen in der Finanzbuchhaltung übereinstimmen
kalkulatorischer Unternehmerlohn[1]	kalkulatorische Abschreibungen, kalkulatorische Zinsen

1 Der kalkulatorische Unternehmerlohn ist nicht Gegenstand des Bildungsplanes.

4.1.2 Kalkulatorische Abschreibungen

Bilanzielle Abschreibungen

Der in der Gewinn- und Verlustrechnung eines Unternehmens ausgewiesene Abschreibungsbetrag (= **bilanzielle oder buchhalterische Abschreibung**) enthält den Aufwand für den im laufenden Geschäftsjahr eingetretenen Werteverlust für Vermögensgegenstände (z. B. Maschinen). Der Abschreibungsbetrag wurde dabei durch Schätzung der **voraussichtlichen betriebsgewöhnlichen Nutzungsdauer** bzw. auf der Grundlage der von der Finanzverwaltung herausgegebenen **AfA-Tabellen** (Abschreibungstabellen) ermittelt. Gesetzliche Grundlagen der bilanziellen Abschreibungen sind das **Handelsgesetzbuch** (HGB) und das **Einkommensteuergesetz** (EStG). Diese Gesetze schreiben vor, dass die **Anschaffungskosten** als Abschreibungsgrundwert nicht überschritten werden dürfen.

HGB § 253 (1)

Vermögensgegenstände sind höchstens zu den Anschaffungs- oder Herstellungskosten vermindert um Abschreibungen ... anzusetzen.

EStG § 6 (1), Satz 1

Wirtschaftsgüter des Anlagevermögens, die der Abnutzung unterliegen, sind mit den Anschaffungs- oder Herstellungskosten, vermindert um die Absetzung für Abnutzung ... anzusetzen.

Die Summe der bilanziellen (buchhalterischen) Abschreibungsbeträge am Ende der Nutzungsdauer entspricht den ursprünglich für das Anlagegut angefallenen Anschaffungskosten. Diese bilanziellen Abschreibungen können von der tatsächlichen Wertminderung der Anlagegüter im Produktionsprozess erheblich abweichen.

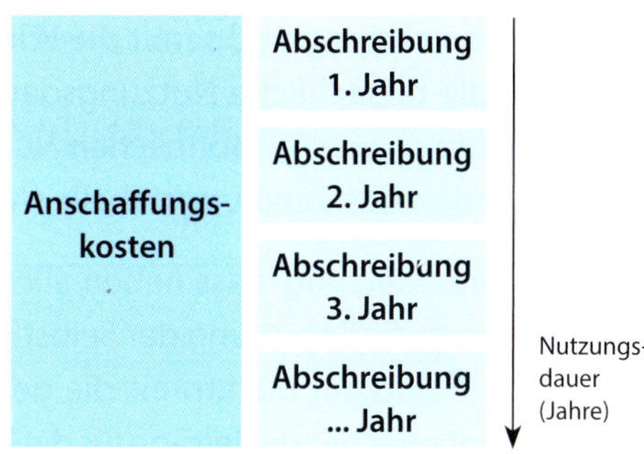

Kalkulatorische Abschreibungen

Finanzbuchhaltung und Kosten- und Leistungsrechnung haben unterschiedliche Zielsetzungen. Der Betrag, der in der Finanzbuchhaltung als Abschreibungsaufwand ermittelt wurde, kann nicht in gleicher Höhe in die Kosten- und Leistungsrechnung übernommen werden, da er nicht die **tatsächliche Wertminderung** der Anlagegüter widerspiegelt.

In der Kostenrechnung werden die Wertminderungen als Abschreibungen berücksichtigt, die in ursächlichem Zusammenhang mit der betrieblichen Leistungserstellung stehen (= kalkulatorische Abschreibungen).

Bilanzielle und kalkulatorische Abschreibung einer Poliermaschine

Eine mobile Poliermaschine (Anschaffungskosten 210.000 EUR) wird aufgrund gesetzlicher Vorschriften in der Finanzbuchhaltung über 6 Jahre mit jährlich gleich bleibenden Beträgen abgeschrieben. Nach einer vorliegenden Schätzung ist damit zu rechnen, dass sich die Wiederbeschaffungskosten der Maschine am Ende der Nutzungsdauer auf 280.000 EUR belaufen und die **tatsächliche** Nutzungsdauer 7 Jahre beträgt. HGB § 253 (1) EStG § 6 (1) S. 1

Bilanzielle Abschreibung

$$\frac{210.000 \text{ EUR}}{6 \text{ Jahre}} = 35.000 \text{ EUR/Jahr}$$

Kalkulatorische Abschreibung

$$\frac{280.000 \text{ EUR}}{7 \text{ Jahre}} = 40.000 \text{ EUR/Jahr}$$

Kalkulatorische Kosten

Zusatzkosten (kein Aufwand in der GuV)	**Anderskosten (= unechte Zusatzkosten) (Aufwand in der GuV ≠ Kosten in KLR)**

Arten kalkulatorischer Kosten

	Kalkulatorischer Unternehmerlohn (= Zusatzkosten)	**Kalkulatorische Abschreibungen** (= Anderskosten)	**Kalkulatorische Zinsen** (= Anderskosten)
Zielsetzung	Erfassung des Wertes der Arbeitsleistung eines Einzelunternehmers oder von Gesellschaftern von Personengesellschaften	Erfassung der tatsächlichen Wertminderung, die in ursächlichem Zusammenhang mit der Produktionstätigkeit eines Betriebes steht	Zinsen für das Eigenkapital, das der Unternehmer dem Unternehmen zur Verfügung stellt (Verzichtskosten = Opportunitätskosten)
Berechnung	Gehalt eines vergleichbaren Angestellten	lineare Abschreibung von den Wiederbeschaffungskosten, Berücksichtigung der tatsächlichen Nutzungsdauer	betriebsnotweniges Kapital · landesüblicher Zinssatz

Checken Sie Ihre Kompetenz mit der Ich-kann-Liste.

Öffnen Sie hierzu den nebenstehenden **QR-Code** oder geben Sie folgenden Link ein: https://vel.plus/BHBILIF28

ERARBEITUNGSAUFGABEN

zu Kapitel 4.1 Kalkulatorische Kosten

EA 1 Zweck und Notwendigkeit kalkulatorischer Kosten

Anton Brucker ist Inhaber eines Sportgeschäfts und bietet seinen Kunden u. a. auch die Beflockung von T-Shirts an. Obwohl sich zwischenzeitlich am selben Ort die „Shirt-Short GmbH" niedergelassen hat, fürchtet er beim Verkauf beflockter T-Shirts keinen Umsatzrückgang. Er ist der Meinung, die beflockten T-Shirts aus nachstehenden Gründen kostengünstiger als die Shirt-Short GmbH anbieten zu können:

- Da er das Sportgeschäft ausschließlich zusammen mit seiner Frau und seinem Sohn betreibt, entstehen keine Aufwendungen für Fremdpersonal.
- Da die Betriebseinrichtung vollständig mit Eigenkapital finanziert ist, fallen keine Fremdkapitalzinsen an.
- Da sich das Sportgeschäft im Wohnhaus von Herrn Brucker befindet, fällt keine Miete an.

Nehmen Sie Stellung zu der Meinung von Herrn Brucker, dass sein Betrieb kostengünstiger produzieren kann als die Shirt-Short GmbH.

WIEDERHOLUNG DES GRUNDWISSENS

vel.plus/BHBILIF29

zu Kapitel 4.1 Kalkulatorische Kosten

4.1.1 Berücksichtigung kalkulatorischer Kosten

1. Fassen Sie die Unterschiede von Gewinn- und Verlustrechnung und Betriebsergebnisrechnung zusammen.
2. Nennen Sie drei Arten kalkulatorischer Kosten.

4.1.2 Kalkulatorische Abschreibung

1. Nennen Sie die Zielsetzung, die mit der Berücksichtigung kalkulatorischer Abschreibung verfolgt wird.
2. Erklären Sie den Unterschied von nominaler und realer Kapitalerhaltung.
3. Stellen Sie dar, weshalb die kalkulatorische Abschreibung von den Wiederbeschaffungskosten berechnet wird.

4.1.3 Kalkulatorische Zinsen

1. Geben Sie an, welche Zinsen in der Finanzbuchhaltung erfasst werden.
2. Erläutern Sie die Berechnung kalkulatorischer Zinsen.

ANWENDUNGS- UND ÜBUNGSAUFGABEN

zu Kapitel 4.1 Kalkulatorische Kosten

Aufgabe 1 Kalkulatorische Abschreibung von den Wiederbeschaffungskosten

HILFE vel.plus/BHBILIF30

Ein Industriebetrieb beschafft im Januar des laufenden Jahres eine vollautomatische Drehbank, deren Anschaffungskosten 780.000 EUR betragen (Nutzungsdauer lt. amtlicher Abschreibungstabelle 6 Jahre). Es wird erwartet, dass die Wiederbeschaffungskosten am Ende der tatsächlichen Nutzungsdauer von 7 Jahren auf 945.000 EUR ansteigen werden.

1. Berechnen Sie die bilanzmäßigen und die kalkulatorischen Abschreibungen für das erste Nutzungsjahr, wenn jeweils linear abgeschrieben wird.
2. Wie hoch sind im vorliegenden Fall die Grundkosten, der Zweckaufwand sowie die Zusatzkosten?
3. Unter welcher Voraussetzung ist bei der kalkulatorischen Abschreibung auf die Wiederbeschaffungskosten die reale Kapitalerhaltung gesichert?

Aufgabe 2 Bilanzielle und kalkulatorische Abschreibung

PDF vel.plus/BHBILIF31

In der Bilanz zum 31.12.21 eines Reiseunternehmens ist das Anlagevermögen insgesamt in Höhe von 1,8 Mio. EUR ausgewiesen. Darunter befindet sich ein Omnibus, der im Januar 2019 angeschafft wurde (für die bilanziellen Abschreibungen zu Grunde gelegte Nutzungsdauer 6 Jahre). Der Omnibus wurde bilanziell linear abgeschrieben. Zum 31.12.21 betrug der Buchwert 192.000 EUR.

1. Berechnen Sie die Anschaffungskosten des Omnibusses.
2. Welche kalkulatorische Abschreibung (lineare Abschreibung) ist für die Jahre 2019 bis 2021 jeweils anzusetzen, wenn davon auszugehen ist, dass die Wiederbeschaffungskosten jährlich um 5 % steigen und die kalkulatorische Nutzungsdauer des Omnibusses 9 Jahre beträgt?
3. Wie hoch sind in den einzelnen Nutzungsjahren jeweils Grundkosten, Zusatzkosten, Zweckaufwand und neutraler Aufwand?
4. Welche Änderungen würden sich im Vergleich zur linearen Abschreibung bei 3. ergeben, wenn die bei 1. ermittelten Anschaffungskosten geometrisch degressiv mit 25 % abgeschrieben würden?

Aufgabe 3 Kalkulatorische Zinsen[1]

Errechnen Sie aus folgenden Angaben (soweit nicht anderes angegeben, der Schlussbilanz zum 31.12. d. J. entnommen) die kalkulatorischen Zinsen einer Kolbenfabrik. Der kalkulatorische Zinssatz beträgt 10 %.

- Grundstücke und Gebäude: 320.000 EUR; davon: spekulativ zum Weiterverkauf erworbenes Baugelände: 45.000 EUR; an Betriebsfremde vermietete Garagen: 25.000 EUR
- Maschinen: 150.000 EUR; kalkulatorischer Restwert: 160.000 EUR; davon: stillgelegte Maschinen 30.000 EUR
- durchschnittlich gebundene Roh-, Hilfs- und Betriebsstoffe: 85.000 EUR
- Forderungen: 20.000 EUR (Jahresdurchschnittswert)
- Flüssige Mittel (Kasse, Bankguthaben): 20.000 EUR (Jahresdurchschnittswert)
- Eigenkapital: 485.000 EUR
- Darlehensverbindlichkeiten: 90.000 EUR
- Anzahlungen von Kunden: 4.000 EUR
- Zinsloses Darlehen: 1.000 EUR

1 Der Bildungsplan verlangt keine Berechnung des betriebsnotwendigen Kapitals.

4.2 Abgrenzungsrechnung

Die Kosten- und Leistungsrechnung (KLR) greift bei der Datenbeschaffung auf die in der Finanzbuchhaltung erfassten Werte zurück. Hierdurch werden Mehrfacharbeiten in der Datenerfassung vermieden.

Das Ziel der **Finanzbuchhaltung** besteht u. a. darin, durch Gegenüberstellung von **Aufwendungen** und **Erträgen** das **Gesamtergebnis** (Unternehmensergebnis) zu ermitteln. Die **KLR** weist hingegen durch Gegenüberstellung von **Kosten** und **Leistungen** das **Betriebsergebnis** aus. Dazu müssen die aus der Finanzbuchhaltung übernommenen Daten in folgender Weise überprüft und ggf. korrigiert werden:

- Handelt es sich bei den aus der Finanzbuchhaltung übernommenen **Aufwendungen** teilweise oder in vollem Umfang gleichzeitig auch um **Kosten**?
- Handelt es sich bei den aus der Finanzbuchhaltung übernommenen **Erträgen** teilweise oder in vollem Umfang gleichzeitig auch um **Leistungen**?

Diese Abgrenzung zwischen Aufwendungen und Kosten einerseits und Erträgen und Leistungen andererseits geschieht im Rahmen der **Abgrenzungsrechnung**.

> **!** **Ziel der Abgrenzungsrechnung ist es, auf der Basis der aus der Finanzbuchhaltung übernommenen Aufwendungen und Erträge die Höhe der Kosten und Leistungen zu ermitteln.**

Verhältnis zwischen Aufwendungen und Kosten: Vier Möglichkeiten

Bei der Abgrenzung zwischen **Aufwendungen** und **Kosten** lassen sich vier **Grundfälle** unterscheiden:

Mögliches Verhältnis zwischen Höhe der Aufwendungen und Höhe der Kosten			
Aufwand = Kosten ↓	Aufwendungen, aber keine Kosten ↓	Kosten, aber keine Aufwendungen ↓	Kosten ≷ Aufwendungen ↓
Zweckaufwand = Grundkosten ❶	neutraler Aufwand ❷	Zusatzkosten ❸	Anderskosten/ Andersaufwand ❹

Die Abgrenzungsrechnung kann in **Tabellenform (Ergebnistabelle)** durchgeführt werden. Sie erfolgt üblicherweise in **zwei voneinander getrennten Rechnungskreisen**. Zunächst wird in einem **Rechnungskreis I** (Finanzbuchhaltung) das **Gesamtergebnis (Gewinn/ Verlust)** durch Gegenüberstellung von **Aufwendungen** und **Erträgen** festgestellt. In einem **Rechnungskreis II** wird auf der Grundlage des Gesamtergebnisses durch entsprechende Korrekturen festgestellt, welches Ergebnis allein auf **die eigentliche Tätigkeit des Betriebes** zurückzuführen ist **(Betriebsergebnis)**[1]. Davon zu trennen ist das Ergebnis, welches auf betriebsfremden, periodenfremden oder außergewöhnlichen Einflüssen beruht **(Neutrales Ergebnis)**. Betriebsergebnis und Neutrales Ergebnis ergeben das **Gesamtergebnis**.

1 Das Betriebsergebnis wird häufig auch als operatives Ergebnis bezeichnet.

Fall	Grundfälle		Beispiele
❶	aufwandsgleiche Kosten oder kostengleicher Aufwand	Grundkosten = Zweckaufwand Zweckaufwand 3.220 Tsd. EUR Grundkosten 3.220 Tsd. EUR	Verbrauch von Rohstoffen 3.220 Tsd. EUR Kosten für Rohstoffe 3.220 Tsd. EUR Aufwendungen für Rohstoffe 3.220 Tsd. EUR
❷	Aufwendungen, jedoch keine Kosten	neutrale Aufwendungen neutraler Aufwand 80 Tsd. EUR | Zweckaufwand 0 EUR Grundkosten 0 EUR	Zerstörung des Fertigwarenlagers durch einen Brand 80 Tsd. EUR Kosten 0 Tsd. EUR Aufwand (Verluste aus Schadensfällen) 80 Tsd. EUR
❸	Kosten, jedoch keine Aufwendungen	Zusatzkosten Zweckaufwand 0 EUR Grundkosten 0 EUR | Zusatzkosten 120 Tsd. EUR	kalkulatorischer Unternehmerlohn eines Einzelunternehmers[1] 120 Tsd. EUR Kosten 120 Tsd. EUR Aufwand 0 Tsd. EUR
❹	Kosten ungleich Aufwand (Anderskosten bzw. Andersaufwand)	a) Kosten > Aufwand bilanzielle Abschreibungen (= Andersaufwand) 160 Tsd. EUR Zweckaufwand 160 Tsd. EUR Grundkosten 160 Tsd. EUR | Zusatzkosten 120 Tsd. EUR kalkulatorische Abschreibung (= Anderskosten) 280 Tsd. EUR b) Kosten < Aufwand bilanzielle Abschreibung (= Andersaufwand) 580 Tsd. EUR neutraler Aufwand 100 Tsd. EUR | Zweckaufwand 480 Tsd. EUR Grundkosten 480 Tsd. EUR kalkulatorische Abschreibung (= Anderskosten) 480 Tsd. EUR	a) kalkulatorische Abschreibung (= Kosten) 280 Tsd. EUR bilanzielle Abschreibung (= Aufwand) 160 Tsd. EUR b) kalkulatorische Abschreibung (= Kosten) 480 Tsd. EUR bilanzielle Abschreibung (= Aufwand) 580 Tsd. EUR

Aufg. 1
S. 261

1 Der Ansatz eines kalkulatorischen Unternehmerlohns kommt nur bei Einzelunternehmen und Personengesellschaften vor. Geschäftsführer bzw. Vorstandsmitglieder von Kapitalgesellschaften beziehen Gehalt, weil sie einen Arbeitsvertrag abgeschlossen haben. Ein Einzelunternehmer bezieht hingegen kein Gehalt, sondern hat Anspruch auf den erzielten Gewinn. Damit aber in der Kalkulation ein entsprechender Betrag für seine Arbeitsleistung berücksichtigt wird, wird in der Kostenrechnung ein kalkulatorischer Unternehmerlohn angesetzt, der aber keinen Einfluss auf die Höhe des ausgewiesenen Jahresergebnisses hat.

Abgrenzungsrechnung für die vier Grundfälle

Die Abgrenzungsrechnung für die vier Fälle aus vorstehender Tabelle (S. 256) führt zu folgendem Ergebnis:

Fall	**Rechnungskreis I**	**Rechnungskreis II**					
	Ergebnisbereich (GuV)	Abgrenzungsbereich				KLR-Bereich	
	Finanzbuchhaltung Kontenklasse 5 bis 7	**unternehmensbezogene Abgrenzungen**		**kostenrechnerische Korrekturen**		**Kosten und Leistungen**	
		neutrale		**verrechnete**			
		Aufwendungen	**Erträge**	**Aufwendungen**	**Kosten**	**Kosten**	**Leistungen**
❶	Kto. 600 Aufwendungen für Rohstoffe 3.220 Tsd. EUR					3.220 Tsd. EUR	
❷	Kto. 693 Verluste aus Schadensfällen 80 Tsd. EUR	80 Tsd. EUR					
❸	kalkulatorischer Unternehmerlohn (GuV nicht betroffen)				120 ⟷ Tsd. EUR	120 Tsd. EUR	
❹ a)	Kto. 650 Abschreibungen auf Sachanlagen 160 Tsd. EUR			160 Tsd. EUR	280 ⟷ Tsd. EUR	280 Tsd. EUR	
b)	Kto. 650 Abschreibung auf Sachanlagen 580 Tsd. EUR			580 Tsd. EUR	480 ⟷ Tsd. EUR	480 Tsd. EUR	
	Gesamtergebnis (Unternehmensergebnis)	Ergebnis aus unternehmensbezogenen Abgrenzungen		Ergebnis aus kostenrechnerischen Korrekturen		**Betriebsergebnis**	
		Abgrenzungsergebnis (Neutrales Ergebnis)					

Erläuterungen zu den vier Grundfällen:

Fall	**Erläuterung**
❶	Der Verbrauch von Rohstoffen stellt sowohl **Kosten** als auch **Aufwand** dar. Im Kosten- und Leistungsbereich und in der Gewinn- und Verlustrechnung (Ergebnisbereich) wird jeweils ein Betrag in gleicher Höhe berücksichtigt.
❷	Die durch einen Brand eingetretene Wertminderung im Fertigwarenlager steht in keinem Zusammenhang zur betrieblichen Leistungserstellung. Deshalb findet der Vorgang im **Kosten- und Leistungsbereich keine Berücksichtigung.** Da es sich aber um eine Wertminderung handelt, liegt ein Aufwand vor, der sich im Ergebnisbereich niederschlägt.
❸	Der Verbrauch des Produktionsfaktors Arbeit steht in unmittelbarem Zusammenhang zur betrieblichen Leistungserstellung. Daher handelt es sich um Kosten (Kosten- und Leistungsbereich s. o.). Aufwand liegt nicht vor, da Einzelunternehmer und Gesellschafter von Personengesellschaften kein Gehalt beziehen. Kalkulatorischer Unternehmerlohn stellt demnach in vollem Umfange Zusatzkosten („zusätzliche" Berücksichtigung im Kosten- und Leistungsbereich) dar. Im Abgrenzungsbereich (Spalte Kostenrechnerische Korrekturen) muss eine „Ausgleichsbuchung" in gleicher Höhe erfolgen, um die Ergebnisse der Rechnungskreise I und II aneinander anzupassen.

Fall	Erläuterung
④ a)	Die kalkulatorische Abschreibung in Höhe von 280 Tsd. EUR stellt in vollem Umfange Kosten dar (Berücksichtigung im KLR-Bereich). In der Gewinn- und Verlustrechnung darf im vorliegenden Fall aber aufgrund gesetzlicher Bewertungsvorschriften lediglich ein Betrag von 160 Tsd. EUR angesetzt werden. Demnach enthält der Kosten- und Leistungsbereich den an der tatsächlichen Wertminderung orientierten höheren Betrag von 280 Tsd. EUR. Um die Ergebnisse aus Rechnungskreis I und Rechnungskreis II aneinander anzupassen, müssen in der Spalte Kostenrechnerische Korrekturen entsprechende „Ausgleichsbuchungen" (Saldo des Korrekturbetrages: 120 Tsd. EUR) vorgenommen werden.
b)	Die bilanzielle Abschreibung übersteigt im vorliegenden Fall die kalkulatorische Abschreibung um 100 Tsd. EUR (Aufwand ist größer als Kosten). Demnach muss die Spalte Kostenrechnerische Korrekturen in gleicher Weise wie bei 4 a) einen entsprechenden Korrekturbetrag (Saldo des Korrekturbetrages: 100 Tsd. EUR) enthalten.

Bei der Abgrenzung zwischen **Erträgen und Leistungen** lassen sich in entsprechender Weise die gleichen Grundfälle unterscheiden (z. B. sind Umsatzerlöse *ertragsgleiche Leistungen oder leistungsgleicher Ertrag*).

Abgrenzungsrechnung – Abgrenzungstabelle

Abgrenzungsrechnung

Die Kurt Liebknecht OHG, Stuttgart, stellte im abgelaufenen Geschäftsjahr verschiedene Elektrozubehörteile für die Konsumgüterindustrie her. Die Finanzbuchhaltung schließt das Geschäftsjahr mit folgenden Aufwendungen und Erträgen ab:

Aufwendungen (EUR)		**Erträge (EUR)**	
Aufwendungen für Rohstoffe	3.480.000	Umsatzerlöse für Fertigerzeugnisse	8.400.000
Aufwendungen für Hilfsstoffe	240.000	Bestandserhöhung	80.000
Aufwendungen für Betriebsstoffe	100.000	Zinsen und ähnliche Erträge	60.000
Fertigungslöhne	1.930.000		
Gehälter für Angestellte	740.000		
soziale Abgaben	420.000		
Abschreibungen auf Sachanlagen	580.000		
Verluste aus dem Abgang von Anlagevermögen (AV)	80.000		
Zinsaufwendungen	160.000		
Steuern (Kostensteuern)	120.000		
Fremdinstandhaltung	290.000		
sonstige Aufwendungen (kostenwirksam)	70.000		
Summen	**7.700.000**		**8.540.000**

Aus der **Kosten- und Leistungsrechnung** liegen folgende Angaben vor:

Kalkulatorische Abschreibungen	500 Tsd. EUR

Aus diesen Angaben lassen sich das Gesamtergebnis, das Neutrale Ergebnis (Abgrenzungsergebnis) und das Betriebsergebnis tabellarisch wie folgt darstellen (in 1.000 EUR):

Abgrenzungstabelle (in 1.000 EUR)

Finanzbuchhaltung			**Abgrenzungsbereich**				**KLR-Bereich**	
			unternehmensbezogene Abgrenzungen		kostenrechnerische Korrekturen			
			neutrale		verrechnete			
Konten	Aufwendungen −	Erträge +	Aufwendungen −	Erträge +	Aufwendungen −	Kosten +	Kosten −	Leistungen +
Umsatzerlöse		8.400						8.400
Bestandserhöhung		80						80
Zinserträge		60		60				
Aufwendungen für Rohstoffe	3.220						3.220	
Aufwendungen für Hilfsstoffe	240						240	
Aufwendungen für Betriebsstoffe	100						100	
Fertigungslöhne	1.680						1.680	
Gehälter für Angestellte	740						740	
soziale Abgaben	420						420	
Abschreibungen	580				580	500	500	
Verluste aus dem Abgang AV	80		80					
Zinsaufwand[1]	160						160	
Betriebliche Steuern (Kostensteuern)	120						120	
Fremdinstandhaltung	290						290	
sonstige Aufwendungen	70						70	
	7.700	**8.540**	**80**	**60**	**580**	**500**	**7.540**	**8.480**
Gewinn/Verlust	**840**							
Neutrales Ergebnis				**20**		**80**		
Betriebsergebnis							**940**	
	8.540	**8.540**	**80**	**80**	**580**	**580**	**8.480**	**8.480**
Gesamtergebnis	**=**		**Neutrales Ergebnis**			**+**	**Betriebsergebnis**	
840	**=**		**− 100**			**+**	**940**	

Erläuterungen zur tabellarischen Abgrenzungsrechnung in drei Schritten:

1. Schritt: Direkte Verrechnung zwischen Ergebnisrechnung und Kosten- und Leistungsrechnung: Aus der Gewinn- und Verlustrechnung werden zunächst alle **Zweckaufwendungen** (z. B. Rohstoffverbrauch) **und Zweckerträge** (z. B. Umsatzerlöse) in die Betriebsergebnisspalte als **Grundkosten** und **Grundleistungen** übertragen.

2. Schritt: Unternehmensbezogene Abgrenzungen: Die **neutralen Aufwendungen und Erträge** (z. B. Zinserträge, Verluste aus Anlageverkäufen unter Buchwert) werden in die Spalte **unternehmensbezogene Abgrenzungen** aus der Gewinn- und Verlustrechnung übernommen.

3. Schritt: Kostenrechnerische Korrekturen: Die **Zusatzkosten** und **Zusatzleistungen werden** in den KLR-Bereich und den Abgrenzungsbereich (Kostenrechnerische Korrekturen) übernommen. Liegen **Aufwendungen vor, deren Höhe von der Höhe der erfassten Kosten abweicht (Anderskosten), werden diese als verrechnete Aufwendungen** erfasst. (Im Beispiel errechnet sich bei den Abschreibungen ein „Mehraufwand" von 80.000 EUR als Differenz zwischen 580.000 EUR verrechneten Aufwendungen und 500.000 EUR verrechneten Kosten.)

Aufg. 2 S. 261

Aufg. 3 S. 262

1 Im vorliegenden Beispiel wird angenommen, dass der Zinsaufwand gleichzeitig in vollem Umfang auch Kosten darstellt.

Gesamtergebnis	=	**Betriebsergebnis +/– Neutrales Ergebnis**		
Neutrales Ergebnis (Abgrenzungsergebnis)	=	**unternehmensbezogene Abgrenzung**	**+**	**kostenrechnerische Korrekturen**
Betriebsergebnis	=	**Leistungen – Kosten**		

Zusammenfassende Übersicht zu Kapitel 4.2: Abgrenzungsrechnung

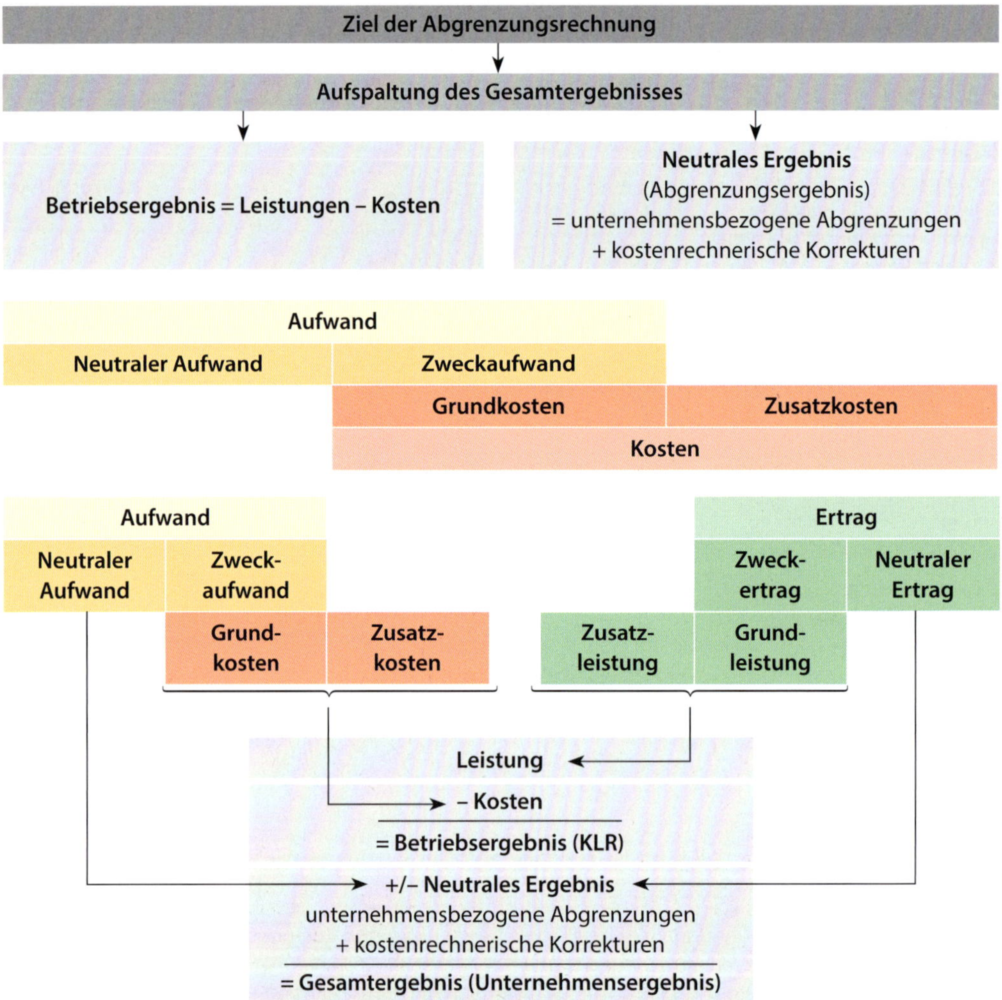

Checken Sie Ihre Kompetenz mit der Ich-kann-Liste.

Öffnen Sie hierzu den nebenstehenden **QR-Code**
oder geben Sie folgenden Link ein: https://vel.plus/BHBILIF32

vel.plus/BHBILIF33

WIEDERHOLUNG DES GRUNDWISSENS

zu Kapitel 4.2 Abgrenzungsrechnung

1. Erläutern Sie, aus welchen Teilergebnissen sich das Gesamtergebnis eines Unternehmens zusammensetzt.
2. Erklären Sie den Unterschied von Betriebsergebnis und Neutralem Ergebnis.

3. Stellen Sie dar, welchem Ziel die Abgrenzungsrechnung dient.
4. Geben Sie wieder, aus welchen Spalten eine Abgrenzungstabelle besteht.
5. Erläutern Sie, was unter unternehmensbezogenen Abgrenzungen zu verstehen ist.
6. Erläutern Sie, was unter kostenrechnerischen Korrekturen zu verstehen ist.

ANWENDUNGS- UND ÜBUNGSAUFGABEN

zu Kapitel 4.2 Abgrenzungsrechnung

Aufgabe 1 Kalkulatorische Kosten – Abgrenzungsrechnung

In einem Textilunternehmen sind zum Ende des laufenden Geschäftsjahres noch folgende Abgrenzungen vorzunehmen:

vel.plus/BHBILIF34

(1) Bilanzielle Abschreibungen .... 739.000 EUR
Kalkulatorische Abschreibungen .... 675.000 EUR
(2) Diebstahl aus dem Warenlager .... 33.820 EUR
(3) gezahlte Bankzinsen für Kreditgewährung .... 12.000 EUR
kalkulatorische Zinsen .... 43.000 EUR

1. Ordnen Sie die oben aufgeführten Sachverhalte mit Beträgen den Begriffen Neutrale Aufwendungen, Zweckaufwand, Grundkosten, Zusatzkosten zu *(Tabelle siehe Arbeitsblatt)*.
2. Unterscheiden Sie bilanzielle und kalkulatorische Abschreibungen im Hinblick auf
   - die Bezugsgröße (Bemessungsgrundlage) der jeweiligen Abschreibung
   - den Zweck der Abschreibung und das Abschreibungsverfahren
   - die Nutzungsdauer und
   - die Beachtung gesetzlicher Vorschriften.
3. Erläutern Sie, weshalb eine Trennung zwischen Aufwendungen und Erträgen einerseits bzw. Kosten und Leistungen andererseits für das Unternehmen von Bedeutung ist.

Aufgabe 2 Auswertung einer Abgrenzungstabelle

Eine OHG erstellt monatlich eine Gewinn- und Verlustrechnung sowie eine Abgrenzungstabelle. Für den Monat Dezember des laufenden Jahres liegt folgendes Ergebnis vor: (Angaben in Tsd. EUR)

vel.plus/BHBILIF35

Ergebnisbereich der Finanzbuchhaltung			Abgrenzungsbereich				KLR-Bereich	
Konten	Aufwendungen	Erträge	unternehmensbezogene Abgrenzungen		kostenrechnerische Korrekturen		Kosten	Leistungen
			neutrale		verrechnete			
			Aufw.	Erträge	Aufw.	Kosten		
	–	+	–	+	–	+	–	+
Umsatzerlöse		9.520						9.520
Materialaufwand	5.700						5.700	
Löhne	2.000						2.000	
soziale Abgaben	380						380	
Abschreibung	400				400	350	350	
Verlust aus Abgang von Anlagevermögen	90		90					

Ergebnisbereich der Finanzbuchhaltung			Abgrenzungsbereich				KLR-Bereich	
Konten	Aufwendungen	Erträge	unternehmensbezogene Abgrenzungen		kostenrechnerische Korrekturen		Kosten	Leistungen
			neutrale		verrechnete			
			Aufw.	Erträge	Aufw.	Kosten		
	–	+	–	+	–	+	–	+
Fremdinstandhaltung (regelmäßige Wartung)	390						390	
Büromaterialverbrauch	40						40	
Erträge aus der Auflösung von Rückstellungen		70		70				
Zinsaufwand	110				110	160	160	
Nachzahlung betrieblicher Steuern	20		20					
Mieterträge		300		300				
Summen	**9.130**	**9.890**	**110**	**370**	**510**	**510**	**9.020**	**9.520**

1. Ermitteln Sie das Gesamtergebnis, das Betriebsergebnis und das neutrale Ergebnis.
2. Begründen Sie, weshalb für die Position Abschreibung kostenrechnerische Korrekturen erforderlich waren.
3. Welche Aussagen lassen sich aus dem Verhältnis der ermittelten Zahlen für das Betriebsergebnis und das neutrale Ergebnis im Hinblick auf die eigentliche betriebliche Tätigkeit machen?

Aufgabe 3 Gesamtergebnis – Betriebsergebnis – Neutrales Ergebnis (Abgrenzungsergebnis)

vel.plus/BHBILIF36

Die Ergebnisrechnung der Textilfabrik Heinz Konzelmann GmbH weist (z. T. zusammengefasst) für das abgelaufene Quartal folgende Salden aus (in Tsd. EUR):

Kontenbezeichnung	Aufwendungen in Tsd EUR	Erträge in Tsd EUR
Umsatzerlöse		12.696
Mieterträge		18
Aufwendungen für Rohstoffe	2.940	
Aufwendungen für Hilfs- und Betriebsstoffe	780	
Fertigungslöhne	3.720	
Gehälter und Hilfslöhne	1.860	
Abschreibungen auf Sachanlagen	612	
Aufwendungen für Gewährleistung *(in vollem Umfang kostenwirksam)*	18	
Zinsaufwendungen	12	
sonstige Aufwendungen *(in vollem Umfang kostenwirksam)*	774	

Folgende kalkulatorischen Kosten sind noch zu verrechnen:

Kalkulatorische Abschreibungen	498.000 EUR	Kalkulatorische Zinsen	36.000 EUR

1. Erstellen Sie die Ergebnistabelle.[1]
2. Ermitteln Sie das Gesamtergebnis, das Betriebsergebnis und das neutrale Ergebnis.

1 Der Bildungsplan verlangt nicht ausdrücklich die Erstellung einer Ergebnistabelle. Vielmehr soll eine vorgegebene Ergebnistabelle analysiert werden können.

4.3 Kostenarten nach der Zurechnung auf die Kostenträger

4.3.1 Einzelkosten

Die von einem Betrieb hergestellten Erzeugnisse (Produkte) werden als Kostenträger bezeichnet.

Nach der **Zurechenbarkeit** der Kosten auf die Kostenträger sind **Einzelkosten und Gemeinkosten** zu unterscheiden.

Einzelkosten sind Kosten, die sich aufgrund von Belegen (Stücklohnberechnung, Stücklisten, Materialentnahmescheine, Fremdrechnungen) ohne allzu großen Arbeitsaufwand dem einzelnen Erzeugnis oder Auftrag direkt zurechnen lassen.

Zu den Einzelkosten gehören:

- Fertigungsmaterial (Rohstoffverbrauch, Verbrauch von Fertigteilen)
- Fertigungslöhne

Sondereinzelkosten lassen sich ebenso wie alle anderen Einzelkosten (z.B. Fertigungsmaterial, Fertigungslöhne) aufgrund von Belegen erfassen. Sie können aber nicht immer jedem einzelnen Kostenträger, sondern meist nur dem jeweiligen Gesamtauftrag oder der gesamten Produktgruppe zugerechnet werden.

- Sondereinzelkosten der Fertigung (Spezialmodelle, Spezialwerkzeuge, Stücklizenzgebühren usw.)
- Sondereinzelkosten des Vertriebs (Spezialverpackung, Luftfrachten, Transportversicherungen, Kosten für produktbezogene Werbekampagne usw.)

Einzelkosten eines Herstellers von Blechbehältern

Materialverbrauch: Für die Herstellung eines Blechbehälters lässt sich anhand der Stückliste genau berechnen, welche Teile in welcher Menge benötigt werden. Da sich der Materialverbrauch genau berechnen und bewerten lässt, handelt es sich um **Einzelkosten.**

Mengenstückliste			
Teile-Nr.: **101**	Bezeichnung: **Blechbehälter**		
Teile-Nr.:	**Bezeichnung**	**Menge**	**Mengeneinheit**
102	Schalen	2	St
103	Scharniere	2	St
104	Nieten	4	St

Fertigungslöhne: In der Fertigung erhalten die Arbeitnehmer pro Blechbehälter einen Betrag von 0,40 EUR. Da sich diese Lohnkosten den einzelnen Blechbehältern direkt zuordnen lassen, handelt es sich um **Einzelkosten.**

4.3.2 Gemeinkosten

Gemeinkosten sind Kosten, die sich nicht oder nur mit großem Arbeitsaufwand unmittelbar einem Kostenträger zurechnen lassen.

Aufg. 1 und 2 S. 265 f.

Gemeinkosten treten nur in Unternehmen auf, die mehrere verschiedenartige Produkte herstellen (**Mehrproduktunternehmen**).

Gemeinkosten einer Fabrik für Verpackungsmaterial

- Gehalt des Geschäftsführers
- kalkulatorische Abschreibungen für den Fuhrpark
- Gehalt des Leiters der Abteilung Beschaffung
- Maschinenöl (Betriebsstoff)
- Leim (Hilfsstoff)

} fallen für alle Verpackungsmaterialien an und können z. B. nicht einem einzelnen Karton direkt zugerechnet werden

4.3.3 Verhalten von Einzel- und Gemeinkosten bei Änderung der Beschäftigung

Über das Verhalten einzelner Kostenarten (Einzel- und Gemeinkosten) bei Änderungen des Beschäftigungsgrades lässt sich keine allgemeingültige Aussage formulieren. Zwar werden die meisten **Einzelkosten** den **variablen Kosten** zugerechnet. Bei den Einzelkosten des Vertriebs für eine produktbezogene Werbung (z. B. Werbeanzeigen für T-Shirts) ist dies aber beispielsweise nicht der Fall. In gleicher Weise ist die Zurechnung der **Gemeinkosten** zu den fixen oder variablen Kosten jeweils vom Einzelfall abhängig.

	Einzelkosten	Gemeinkosten
variable Kosten	Fertigungsmaterial (z. B. Stoffe bei der Produktion von T-Shirts); Sondereinzelkosten der Fertigung (z. B. Anfertigen eines Musters); Sondereinzelkosten des Vertriebs (z. B. Spezialverpackung)	Betriebsstoffe (z. B. Stromverbrauch als **laufzeitabhängige** Stromkosten der für die Herstellung von T-Shirts eingesetzten Nähmaschinen); Hilfsstoffe (z. B. Stofffarbe)
fixe Kosten	Erzeugnisbezogene fixe Kosten wie beispielsweise Sondereinzelkosten des Vertriebs (z. B. Kosten für die Werbung für T-Shirts = produktbezogene Werbung)	Betriebsstoffe (z. B. Zählergebühr als **laufzeitunabhängige** Stromkosten der für die Herstellung von T-Shirts eingesetzten Nähmaschinen); Abschreibungen für die Maschinen

! **Alle Einzelkosten werden im Normalfall als variabel angesehen.**
Gemeinkosten können sowohl fixe als auch variable Bestandteile enthalten.

Zusammenfassende Übersicht zu Kapitel 4.3: Kostenarten nach der Zurechnung auf die Kostenträger

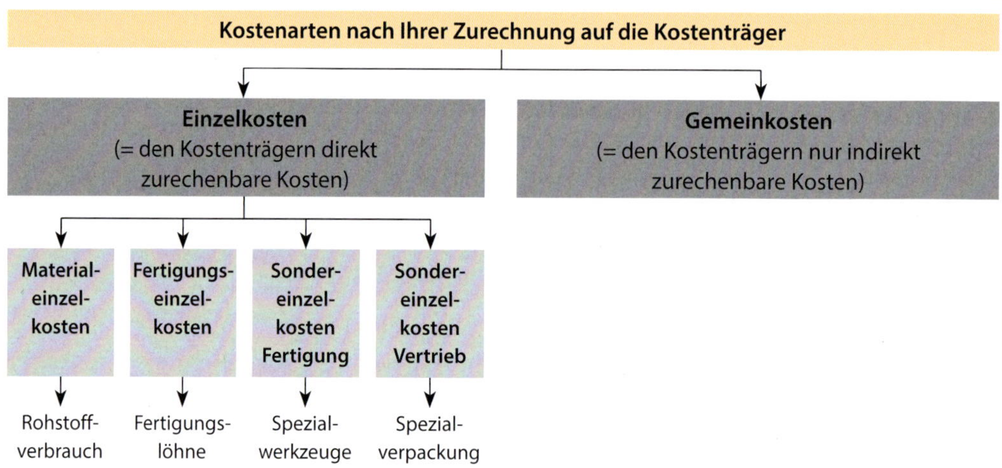

Verhalten von Einzel- und Gemeinkosten auf Änderungen der Beschäftigung

variabel		fix	
Einzelkosten	Rohstoffverbrauch, Fertigungslöhne	**Einzelkosten**	einige Sondereinzelkosten des Vertriebs (z. B. Kosten für produktbezogene Werbung)
Gemeinkosten	Stromverbrauch, Verbrauch von Schmieröl	**Gemeinkosten**	Abschreibungen auf Maschinen

Checken Sie Ihre Kompetenz mit der Ich-kann-Liste.

Öffnen Sie hierzu den nebenstehenden **QR-Code** oder geben Sie folgenden Link ein: https://vel.plus/BHBILIF37

WIEDERHOLUNG DES GRUNDWISSENS

vel.plus/BHBILIF38

zu Kapitel 4.3 Kostenarten nach der Zurechnung auf die Kostenträger

4.3.1 Einzelkosten

1. Erklären Sie den Begriff Einzelkosten.
2. Nennen Sie Beispiele für Kostenarten, die als Einzelkosten zu betrachten sind.
3. Nennen Sie Beispiele für Sondereinzelkosten der Fertigung und Sondereinzelkosten des Vertriebs.

4.3.2 Gemeinkosten

1. Erläutern Sie, was unter Gemeinkosten zu verstehen ist.
2. Nennen Sie Beispiele für Kostenarten, die als Gemeinkosten zu betrachten sind.

4.3.3 Verhalten von Einzel- und Gemeinkosten bei Änderung der Beschäftigung

1. Nennen Sie jeweils ein Beispiel für fixe und variable Einzelkosten und für fixe und variable Gemeinkosten.

ANWENDUNGS- UND ÜBUNGSAUFGABEN

zu Kapitel 4.3 Kostenarten nach der Zurechnung auf die Kostenträger

Aufgabe 1 Kostenarten – Einzelkosten – Sondereinzelkosten – Gemeinkosten

PDF vel.plus/BHBILIF39

In der Kostenrechnung eines Industriebetriebs werden u. a. folgende Kostenarten erfasst:

- Rohstoffverbrauch
- Hilfsstoffverbrauch
- Betriebsstoffverbrauch
- Fertigungslöhne
- Gehälter
- kalkulatorische Abschreibung
- vom Umsatz berechnete Provisionen für Handelsvertreter
- Kosten für produktbezogene Werbung
- Lizenzgebühren (Stücklizenzen)
- Verpackungskosten (Spezialbehälter)
- Instandhaltungskosten.

Ordnen Sie diese Kostenarten in das nachfolgende Schema ein (auf einem gesonderten Blatt).

Kostenarten	Kosten nach der Zurechenbarkeit auf die Kostenträger		
	Einzelkosten	Sondereinzelkosten	Gemeinkosten
Rohstoffverbrauch	?	?	?
	...	...	...

Aufgabe 2 Einzel- und Gemeinkosten

PDF vel.plus/BHBILIF41

Als Ergebnis der Abgrenzungsrechnung wurden in der Metallwarenfabrik Klein GmbH für das zurückliegende Quartal folgende Werte ermittelt:

Fertigungslöhne	280.200 EUR
Arbeitgeberanteil zur Sozialversicherung (Löhne)	55.480 EUR
Gehälter	70.230 EUR
Arbeitgeberanteil zur Sozialversicherung (Gehälter)	21.280 EUR
Hilfslöhne (einem Kostenträger nicht direkt zurechenbar)	83.450 EUR
Arbeitgeberanteil zur Sozialversicherung (Hilfslöhne)	23.230 EUR
Büromaterialverbrauch	34.870 EUR
kalkulatorische Abschreibungen	57.600 EUR
kalkulatorische Zinsen	60.000 EUR
Ausgangsfrachten	55.800 EUR
Rohstoffkosten	380.000 EUR
Hilfs- und Betriebsstoffkosten	40.980 EUR
vom Umsatz berechnete Provisionen für Handelsvertreter	27.500 EUR

Einer Branchenstatistik ist zu entnehmen, dass in dieser Branche der Anteil der Einzelkosten an den Gesamtkosten durchschnittlich 64 % beträgt.

1. Wie hoch ist der Anteil der Einzelkosten an den Gesamtkosten (in %) bei der Metallwarenfabrik Klein e. K.?
2. Vergleichen Sie die in 1. errechnete Lösung mit dem Branchenwert und beurteilen Sie das Ergebnis.

5 Kostenstellenrechnung: Ermittlung von Gemeinkostenzuschlagssätzen

Kompetenzen:

- *die Kostenstellenrechnung unter Zuhilfenahme des Betriebsabrechnungsbogens anwenden*
- *anhand des Betriebsabrechnungsbogens die Gemeinkostenzuschlagssätze als Grundlage für die kostenorientierte Preisbildung berechnen*

5.1 Bildung von Kostenstellen

Bei einem **Mehrproduktunternehmen** besteht ein Hauptproblem der Kostenrechnung darin, die **Gemeinkosten**, die für mehrere oder alle Produkte gemeinsam anfallen, dennoch den einzelnen **Kostenträgern** (Produkten) möglichst verursachungsgerecht zuzurechnen. Die Einrichtung von **Kostenstellen** bietet dazu Ansatzmöglichkeiten.

Eine Kostenstelle ist ein räumlich, organisatorisch und verantwortungsmäßig abgegrenzter Teilbereich eines Betriebes, an dem Kosten entstehen und erfasst werden (z. B. Lackiererei eines Metall verarbeitenden Betriebs).

Den einzelnen Kostenstellen werden die dort anfallenden **Gemeinkosten** (z. B. Gehalt des Leiters der Lackiererei, Abschreibungen für die Lackiermaschine) möglichst verursachungsgerecht zugewiesen. Dahinter steht die Absicht, solche Produkte, die bei ihrer Herstellung eine bestimmte Kostenstelle stärker in Anspruch nehmen als andere, auch mit einem entsprechend höheren Anteil der in dieser Kostenstelle anfallenden Gemeinkosten zu belasten. Ohne Kostenstellenrechnung müssten alle Gemeinkosten im gleichen Verhältnis auf die Erzeugnisse verrechnet werden, was aber i. d. R. der tatsächlichen Verursachung nicht entspricht. Außerdem werden durch die Aufgliederung des Betriebs in Kostenstellen überschaubare Verantwortungsbereiche geschaffen, die sich für eine laufende **Kostenkontrolle** eignen. Abweichungen von den geplanten Kosten sind dabei vom Leiter der Kostenstelle (z. B. Werkstattleiter, Abteilungsleiter) zu verantworten.

Aufgabe der Kostenstellenrechnung ist es, in Mehrproduktunternehmen, in denen die Produkte die einzelnen Kostenstellen unterschiedlich stark beanspruchen, eine möglichst verursachungsgerechte Zurechnung der Gemeinkosten auf die Kostenträger vorzubereiten. Außerdem soll eine Kontrolle der Gemeinkosten durch Schaffung von Verantwortungsbereichen ermöglicht werden.

Die Kostenerfassung in den einzelnen Kostenstellen ist umso aussagekräftiger, je überschaubarer die Kostenstellen sind. Insofern wäre die Ermittlung der Gemeinkosten für jeden einzelnen Arbeitsplatz als Kostenstelle die geeignetste Lösung (Platzkostenrechnung). Einer Kostenstellenbildung nach Arbeitsplätzen widersprechen jedoch Wirtschaftlichkeitsüberlegungen. Je mehr Kostenstellen gebildet werden, desto umfangreicher sind auch die damit verbundenen Verrechnungs- und Kontrollarbeiten. Wie stark der Betrieb tatsächlich in einzelne Kostenstellen gegliedert wird, hängt u. a. von der Betriebsgröße und dem Fertigungsprogramm ab.

Der Bildung von Kostenstellen können nachstehende Überlegungen zugrunde gelegt werden:

1. **Raumorientierte Gesichtspunkte:** Die Bildung der Kostenstellen ist davon abhängig, an welchen Orten innerhalb eines Betriebes die Kosten entstanden sind (z. B. Werkstatt I, Werkstatt II, ... Eigenlager, Fremdlager, Werksvertretung Ost, Werksvertretung Süd etc.)
2. **Rechnungsorientierte Gesichtspunkte:** Zusammenfassung mehrerer Maschinen zu einer Kostenstelle, deren Kostensituation ähnlich ist.
3. **Funktionsorientierte Gesichtspunkte:** Gleichartige Tätigkeiten werden zu einer Kostenstelle zusammengefasst (z. B. Materialkostenstelle, Verwaltungskostenstelle etc.)

Die Bildung von Kostenstellen erfolgt hauptsächlich nach **Funktionsbereichen** (funktionsorientierte Gesichtspunkte), wobei aber auch zusätzlich noch weitere Gesichtspunkte (z. B. Raumorientierung) berücksichtigt werden können. Bei den nach den **vier Funktionsbereichen** Material, Fertigung, Verwaltung und Vertrieb gegliederten Kostenstellen handelt es sich um **Hauptkostenstellen** (Endkostenstellen).

Bildung von Kostenstellen nach Funktionsbereichen			
Material	Fertigung	Verwaltung	Vertrieb

! Bei der weit verbreiteten Kostenstellenbildung nach Funktionsbereichen werden im Normalfall folgende vier Hauptkostenstellen unterschieden:
1 Material **2 Fertigung** **3 Verwaltung** **4 Vertrieb**

! Hauptkostenstellen (Endkostenstellen) geben ihre Leistungen und die dabei entstandenen Gemeinkosten in der Regel unmittelbar an die Erzeugnisse (Kostenträger) ab.

Aufgabenbereiche innerhalb der vier Hauptkostenstellen			
Kostenstelle Material	**Kostenstelle Fertigung**	**Kostenstelle Verwaltung**	**Kostenstelle Vertrieb**
▪ Einkauf von Roh-, Hilfs- und Betriebsstoffen ▪ Materialannahme, Materialprüfung ▪ Materiallagerung ▪ Materialausgabe, Materialverwaltung	▪ Arbeitsplanung, Arbeitsvorbereitung ▪ Erstellung von Stücklisten ▪ Maschineneinrichtung ▪ Produktion, Produktionssteuerung/Produktionsüberwachung	▪ Personaleinstellung, Personalverwaltung ▪ Lohnabrechnung, Lohnbuchhaltung ▪ Betriebsabrechnung, Kalkulation ▪ Geschäftsleitung	▪ Auslieferung, Versand ▪ Kundenberatung, Kundenbetreuung ▪ Reklamationsbearbeitung ▪ Werbung
Materialgemeinkosten	**Fertigungsgemeinkosten**	**Verwaltungsgemeinkosten**	**Vertriebsgemeinkosten**
= in den vier Hauptkostenstellen anfallende Gemeinkosten			

Zusammenfassende Übersicht zu Kapitel 5.1: Bildung von Kostenstellen

Aufgaben von Kostenstellen

Bereitstellung von Informationen für die Kostenträgerrechnung	Ziel: Verteilung der Gemeinkosten auf die Kostenstellen **Bildung von Kostenstellen**	Kontrolle der Gemeinkosten durch Schaffung von Verantwortungsbereichen

↓

Bildung von Kostenstellen nach Funktionsbereichen
Material, Fertigung, Verwaltung, Vertrieb

↓

Kostenstellen nach Funktionsbereichen sind Hauptkostenstellen (Endkostenstellen)
Sie geben Leistungen direkt an **Kostenträger** (Erzeugnisse) ab

Checken Sie Ihre Kompetenz mit der Ich-kann-Liste.

Öffnen Sie hierzu den nebenstehenden **QR-Code**
oder geben Sie folgenden Link ein: https://vel.plus/BHBILIF41

WIEDERHOLUNG DES GRUNDWISSENS

vel.plus/BHBILIF42

zu Kapitel 5.1 Bildung von Kostenstellen

1. Erläutern Sie die Aufgaben der Kostenstellenrechnung.
2. Begründen Sie, weshalb die Gemeinkosten auf die Kostenstellen verteilt werden.
3. Nennen Sie die vier Hauptkostenstellen.

5.2 Betriebsabrechnungsbogen (BAB)

Der Betriebsabrechnungsbogen ist ein organisatorisches Mittel, um die Gemeinkosten eines Unternehmens auf die Kostenstellen zu verteilen.

Mit Hilfe des Betriebsabrechnungsbogens (BAB) wird die Aufteilung der Gemeinkosten auf die Kostenstellen vorgenommen.

Schematischer Aufbau eines BAB

Gemeinkostenarten (aus der Betriebsergebnis- und Kostenartenrechnung)	**Kostenstellen** Material	Fertigung	Verwaltung	Vertrieb
... kalkulatorische Abschreibung Miete Gehälter ...	↓	↓	↓	↓
Summen der Gemeinkosten	Summe Material-gemeinkosten (MGK)	Summe Fertigungs-gemeinkosten (FGK)	Summe Verwaltungs-gemeinkosten (VwGK)	Summe Vertriebs-gemeinkosten (VtGK)

Werden als Kostenstellen nur die vier Hauptkostenstellen Material, Fertigung, Verwaltung und Vertrieb verwendet, handelt es sich um einen einfachen einstufigen BAB.

Ein **erweiterter BAB** liegt vor, wenn die Hauptkostenstellen weiter aufgegliedert werden (z. B. Aufgliederung der Hauptkostenstelle Fertigung in die Kostenstellen Werkstatt 1: Schweißerei, Werkstatt 2: Lackiererei usw.) Ein **mehrstufiger BAB** liegt vor, wenn neben den Hauptkostenstellen auch noch Hilfskostenstellen berücksichtigt werden.[1]

Vorgehensweise zur Erstellung eines BAB

1. Schritt

Aufbauend auf der Betriebsergebnisrechnung (Rechnungskreis II: Spalte Kosten- und Leistungsbereich) wird im Rahmen der Kostenartenrechnung eine Trennung in Einzel- und Gemeinkosten vorgenommen. Die entsprechenden **Gemeinkostenarten** werden in die erste Spalte des **BAB** übernommen.

2. Schritt

Die Summen dieser Gemeinkosten werden möglichst verursachungsgerecht auf die Kostenstellen verteilt. Für diese Verteilung sind zwei Verfahren möglich:

❶ Lässt sich genau belegen, welche Kostenstelle welchen Anteil an der jeweiligen Gemeinkostensumme hat, so ist eine **direkte** Verteilung der Gemeinkosten auf die Kostenstellen möglich. Die Kostenverteilung erfolgt dabei anhand von Belegen oder anderen Nachweisen wie Materialentnahmescheinen, Lohn- und Gehaltslisten, Anlagekarteien, Stromzählern oder Fahrtenbüchern. Da sich die Gemeinkosten in diesem Falle direkt einzelnen Kostenstellen zuordnen lassen, wird von **Stelleneinzelkosten** gesprochen.

Stelleneinzelkosten

- Stromkosten, falls der Stromverbrauch für eine bestimmte Kostenstelle aus Stromzwischenzählern abgelesen werden kann
- Abschreibungen für eine Maschine, die nur von einer bestimmten Fertigungsstelle benutzt wird
- Gehalt eines Lagerleiters (Kostenstelle Material) oder Werkstattleiters (Kostenstelle Fertigung)

❷ Lassen sich die Gemeinkosten **nicht** unmittelbar einer Kostenstelle zurechnen, so muss eine Verteilung über **Verteilungsschlüssel** vorgenommen werden. In diesem Fall handelt es sich bei den Gemeinkosten um **Kostenstellengemeinkosten (Schlüsselkosten)**.

Kostenstellengemeinkosten

- Miete oder Abschreibung für ein Betriebsgebäude wird nach m^2 auf die Kostenstellen Material (Lager), Fertigung (Werkstätten) usw. verteilt
- Heizkosten nach der Zahl der Heizkörper
- kalkulatorische Abschreibungen auf Maschinen und Einrichtungen nach dem Wert des in den einzelnen Kostenstellen investierten Kapitals

1 Der Bildungsplan sieht nur die Behandlung eines einfachen einstufigen BAB vor.

> **Kostenstelleneinzelkosten werden direkt auf die Kostenstellen verteilt, Kostenstellengemeinkosten werden mit Hilfe von Verteilungsschlüsseln verrechnet.**

Beispiele für Verteilungsschlüssel zur Verteilung der Gemeinkosten						
Gemeinkostenarten	**Gemeinkosten (EUR)**	**Verteilungsschlüssel**	**Kostenstellen**			
			Material	**Fertigung**	**Verwaltung**	**Vertrieb**
Strom	12.000	Zwischenzähler	2.000 kWh	70.000 kWh	4.000 kWh	4.000 kWh
Gehälter	425.000	Gehaltslisten	25.000 EUR	230.000 EUR	135.000 EUR	35.000 EUR
Miete	11.700	Flächen in m²	–	–	600 m²	300 m²
...						

Hinweis: Für die Kostenstellen Material und Fertigung ist keine Miete angefallen.

3. Schritt

Ermittlung der Summe der Gemeinkosten insgesamt (Summe Spalte 1) und der Summen in den einzelnen Hauptkostenstellen: Materialgemeinkosten (MGK), Fertigungsgemeinkosten (FGK), Verwaltungsgemeinkosten (VwGK) und Vetriebsgemeinkosten (VtGK).

Betriebsabrechnungsbogen

Gemeinkostenarten	**Gemeinkosten** (EUR)	**Verteilungsschlüssel**	**Kostenstellen**			
			Material (EUR)	**Fertigung** (EUR)	**Verwaltung** (EUR)	**Vertrieb** (EUR)
Strom	12.000	Zwischenzähler	300	10.500	600	600
Hilfsstoffe	200.000	Entnahmescheine		200.000		
Betriebsstoffe	359.000	Maschinenlaufzeiten/ Verbrauchsbelege	30.000	300.000	15.000	14.000
Gehälter	425.000	Gehaltslisten	25.000	230.000	135.000	35.000
kalkulatorische Abschreibung	290.000	Anlagekartei	30.000	180.000	60.000	20.000
Miete	11.700	Flächen in m²			7.800	3.900
sonstige Kosten	227.000	Belege	9.000	18.000	110.000	90.000
Summe der Gemeinkosten	1.524.700		94.300 MGK	938.500 FGK	328.400 VwGK	163.500 VtGK

Aufg. 1 S. 273

Zusammenfassende Übersicht zu Kapitel 5.2: Betriebsabrechnungsbogen (BAB)

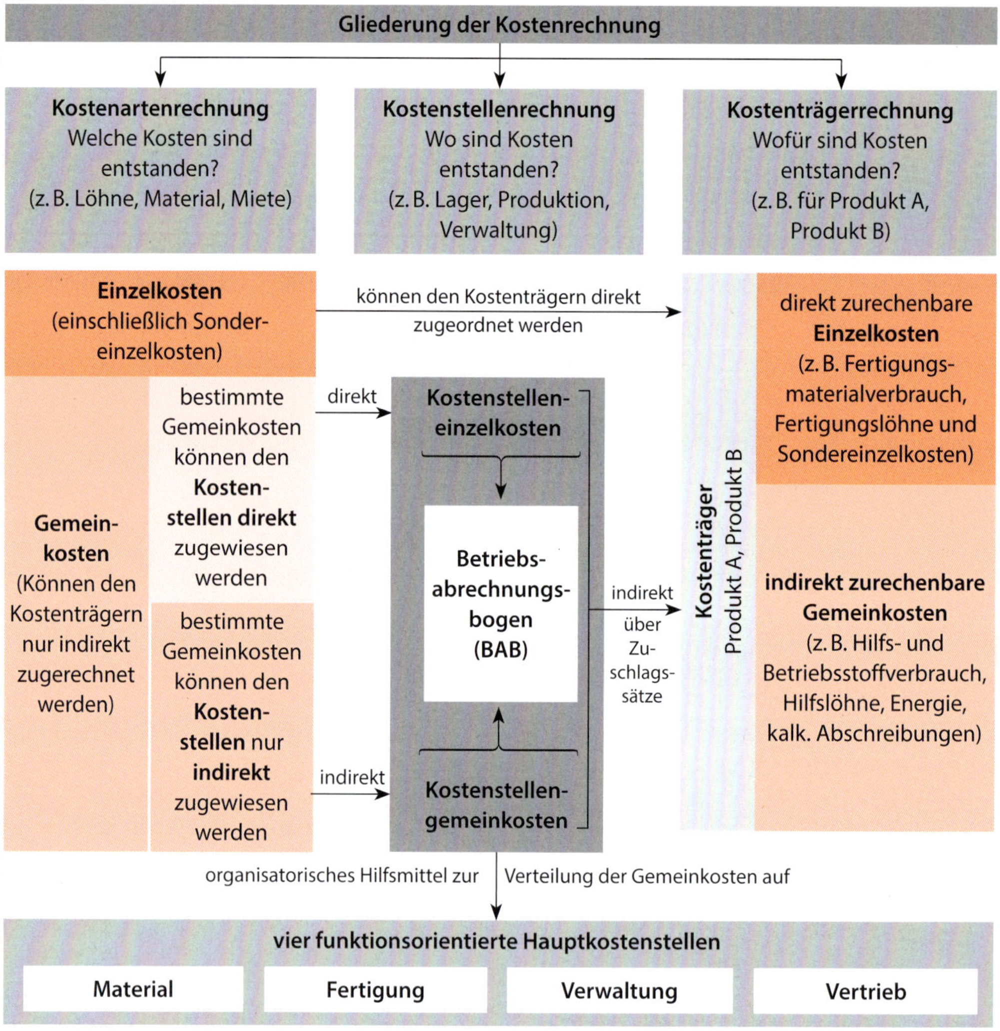

Checken Sie Ihre Kompetenz mit der Ich-kann-Liste.

Öffnen Sie hierzu den nebenstehenden **QR-Code**
oder geben Sie folgenden Link ein: https://vel.plus/BHBILIF43

vel.plus/BHBILIF44

WIEDERHOLUNG DES GRUNDWISSENS

zu Kapitel 5.2 Betriebsabrechnungsbogen (BAB)

1. Geben Sie an, welche Aufgabe ein Betriebsabrechnungsbogen hat.
2. Erläutern Sie den Aufbau eines Betriebsabrechnungsbogens.
3. Geben Sie an, welcher Zusammenhang zwischen der Höhe der Materialeinzel- und Materialgemeinkosten besteht.
4. Nennen Sie Beispiele für Schlüssel zur Verteilung von Gemeinkosten.

ANWENDUNGS- UND ÜBUNGSAUFGABEN

zu Kapitel 5.2 Betriebsabrechnungsbogen (BAB)

Aufgabe 1 BAB: Verteilung der Gemeinkosten

Der Abgrenzungstabelle (Auszug) der Möbelfabrik Möschle GmbH für das vergangene Geschäftsjahr sind folgende Zahlen zu entnehmen:

PDF vel.plus/BHBILIF45

Konten	...	KLR-Bereich	
	...	Kosten (EUR)	Leistungen (EUR)
...			
Rohstoffverbrauch		800.000	
Gemeinkostenmaterial		120.000	
Stromkosten		32.000	
Fertigungslöhne		600.000	
Hilfslöhne		60.000	
Gehälter		280.000	
Raumkosten		15.000	
Betriebssteuern		160.000	
kalkulatorische Abschreibungen		240.000	
Zinsen (in vollem Umfang Kosten)		640.000	

1. Stellen Sie fest, bei welchen der aufgeführten Kosten es sich um Gemeinkosten handelt.
2. Was ist unter Stelleneinzelkosten und Stellengemeinkosten zu verstehen und auf welcher Grundlage werden diese im Betriebsabrechnungsbogen jeweils verteilt?
3. Übertragen Sie die Zahlen aus der Kosten- und Leistungsrechnung in einen BAB und verteilen Sie unter Verwendung der nachstehend aufgeführten Belege und Verteilungsschlüssel die Gemeinkosten auf die vier Kostenstellen.

Gemeinkosten	Zahlen der KLR (EUR)	Kostenstellen			
		Material	Fertigung	Verwaltung	Vertrieb
Stelleneinzelkosten lt. Belegen					
Gemeinkostenmaterial	120.000	20.000 EUR	90.000 EUR	5.000 EUR	5.000 EUR
Stromkosten	32.000	2 000 kWh	70 000 kWh	4 000 kWh	4 000 kWh
Gehälter	280.000	25.000 EUR	142.000 EUR	68.000 EUR	45.000 EUR
Zinsen	640.000	80.000 EUR	456.000 EUR	48.000 EUR	56.000 EUR
kalkulatorische Abschreibungen	240.000	15.000 EUR	190.000 EUR	17.000 EUR	18.000 EUR
Stellengemeinkosten lt. Verteilungsschlüssel					
Raumkosten	15.000	400 qm	1 800 qm	200 qm	100 qm
Hilfslöhne	60.000	1	4	–	1
Betriebssteuern	160.000	20 %	60 %	10 %	10 %

5.3 Ermittlung von Zuschlagssätzen für die Gemeinkosten (Istzuschläge)

Zweck von Gemeinkostenzuschlagssätzen

Während die Einzelkosten den Kostenträgern direkt zugerechnet werden können, erfolgt die Zurechnung der Gemeinkosten über den Umweg der im BAB ausgewiesenen Kostenstellen. Hierzu werden für die Gemeinkosten der einzelnen Kostenstellen Zuschlagssätze berechnet.

> **Da die Gemeinkosten nicht direkt den Kostenträgern zugerechnet werden können, muss die Zurechnung indirekt erfolgen. Das kann mit Hilfe von Zuschlagssätzen geschehen.**

Für die Ermittlung der Zuschlagssätze muss eine Bezugsgröße **(Zuschlagsgrundlage)** gewählt werden. Diese soll gewährleisten, dass die Gemeinkosten den Kostenträgern möglichst **verursachungsgerecht** zugerechnet werden. Das bedeutet, dass die einzelnen Kostenträger (Erzeugnisse) nur mit den Gemeinkosten belastet werden sollen, die sie tatsächlich auch verursacht haben.

> **Bei der Verwendung von Zuschlagssätzen ist die Wahl der „richtigen" Zuschlagsgrundlage das Hauptproblem für eine möglichst verursachungsgerechte Zurechnung der Gemeinkosten auf die Kostenträger.**

Material- und Fertigungsgemeinkosten

Im Material- und Fertigungsbereich werden in der Regel die entsprechenden Einzelkosten als Zuschlagsgrundlage verwendet.

Gemeinkosten	Zuschlagsgrundlage
Materialgemeinkosten	Materialeinzelkosten (Verbrauch an Fertigungsmaterial)
Fertigungsgemeinkosten	Fertigungseinzelkosten (Fertigungslöhne)

Zuschlagssätze

❶ **Materialgemeinkosten-zuschlagssatz (MGKZ)**

$$\text{MGKZ} = \frac{\text{Materialgemeinkosten} \cdot 100}{\text{Materialeinzelkosten (z.B. Fertigungsmaterial)}}$$

❷ **Fertigungsgemeinkosten-zuschlagssatz (FGKZ)**

$$\text{FGKZ} = \frac{\text{Fertigungsgemeinkosten} \cdot 100}{\text{Fertigungseinzelkosten (z.B. Fertigungslöhne)}}$$

Erläuterungen zur Berechnung

Für die **Materialgemeinkosten** wird angenommen, dass sie in ihrer Höhe proportional abhängig sind vom Wert des verbrauchten Fertigungsmaterials (Materialeinzelkosten). Deshalb bilden die **Materialeinzelkosten** die Zuschlagsgrundlage zur Berechnung des Zuschlagssatzes für die Materialgemeinkosten.
Für die **Fertigungsgemeinkosten** wird eine proportionale Abhängigkeit zu den Fertigungslöhnen (Fertigungseinzelkosten) unterstellt. Die **Fertigungseinzelkosten** bilden deshalb die Zuschlagsgrundlage zur Berechnung des Zuschlagssatzes für die Fertigungsgemeinkosten.

> **Für die Kostenstellen Material und Fertigung werden in der Regel die Einzelkosten (Fertigungsmaterial bzw. Fertigungslöhne) als Zuschlagsgrundlage gewählt.**

Bei der Verrechnung der Material- und Fertigungsgemeinkosten mit Hilfe von Zuschlagssätzen wird unterstellt, dass sich diese Gemeinkosten im gleichen Verhältnis (= proportional) wie die als Zuschlagsgrundlage verwendeten Einzelkosten verändern.

Verwaltungs- und Vertriebsgemeinkosten

Im Verwaltungs- und Vertriebsbereich gibt es keine Einzelkosten, die als geeignete Bezugsgröße dienen könnten. Deshalb werden für die Verwaltungs- und Vertriebsgemeinkosten **ersatzweise die Herstellkosten** der Produktion (= Summe aller Material- und Fertigungskosten aller in der Periode hergestellten Erzeugnisse) als Zuschlagsgrundlage verwendet.

Gemeinkosten	Zuschlagsgrundlage
Verwaltungsgemeinkosten	Herstellkosten der Produktion
Vertriebsgemeinkosten	Herstellkosten der Produktion

Um die Herstellkosten als Bezugsgröße zu ermitteln, muss zunächst eine **Gesamtkalkulation** aller bei der **Herstellung** in der Abrechnungsperiode angefallenen Kosten vorgenommen werden.

Berechnung der Herstellkosten

	Materialeinzelkosten	**Materialkosten**
+	**Materialgemeinkosten**	
+	**Fertigungseinzelkosten**	**Fertigungskosten**
+	**Fertigungsgemeinkosten**	
+	**Sondereinzelkosten der Fertigung**[1]	
=	**Herstellkosten**[2]	

Zuschlagssätze

❶ Verwaltungsgemeinkosten-zuschlagssatz (VwGKZ)

$$\text{VwGKZ} = \frac{\text{Verwaltungsgemeinkosten} \cdot 100}{\text{Herstellkosten}}$$

❷ Vertriebsgemeinkosten-zuschlagssatz (VtGKZ)

$$\text{VtGKZ} = \frac{\text{Vertriebsgemeinkosten} \cdot 100}{\text{Herstellkosten}}$$

Erläuterungen zur Berechnung

Aufg. 1 S. 279

Verwaltungsgemeinkosten (z. B. Gehälter für die Geschäftsleitung und das Büropersonal) stehen in direktem Zusammenhang mit allen betrieblichen Funktionsbereichen. Die Zuschlagsgrundlage zur Berechnung des Zuschlagssatzes für die Verwaltungsgemeinkosten bilden deshalb alle Kosten, die im Rahmen der Herstellung der Erzeugnisse während einer bestimmten Abrechnungsperiode z. B. Monat, Quartal, Jahr (= **Herstellkosten**) entstanden sind.
Für die Berechnung des Zuschlagssatzes der Vertriebsgemeinkosten gilt der gleiche Zusammenhang wie für die Verwaltungsgemeinkosten. Deshalb werden auch in diesem Fall die **Herstellkosten** als Zuschlagsgrundlage verwendet.

1 Beispiele für Sondereinzelkosten der Fertigung: Konstruktionskosten, Speziallackierung eines Pkw
2 Mit dem Begriff Herstellkosten (HK) sind im vorliegenden Zusammenhang immer die Herstellkosten der Produktion gemeint.

> **!** **Für die Kostenstellen Verwaltung und Vertrieb werden in der Regel die Herstellkosten als Zuschlagsgrundlage gewählt.**

> **!** **Bei der Verrechnung der Verwaltungs- und Vertriebsgemeinkosten mit Hilfe von Zuschlagssätzen wird unterstellt, dass sich diese Gemeinkosten im gleichen Verhältnis (= proportional) wie die als Zuschlagsgrundlage verwendeten Herstellkosten verändern.**

Berechnung der Gemeinkostenzuschläge mit Hilfe des BAB

Gemeinkostenarten (aus der Betriebsergebnis- und Kostenartenrechnung)	**Kostenstellen**			
	Material (EUR)	**Fertigung** (EUR)	**Verwaltung** (EUR)	**Vertrieb** (EUR)
... kalkulatorische Abschreibung Miete Gehälter ...	↓	↓	↓	↓
Summen der Gemeinkosten (= x %)	Summe Material-gemeinkosten (MGK)	Summe Fertigungs-gemeinkosten (FGK)	Summe Verwaltungs-gemeinkosten (VwGK)	Summe Vertriebs-gemeinkosten (VtGK)
Zuschlagsgrundlagen **(= 100 %)**	Material-einzelkosten (MEK): Kosten für Fertigungs-material (FM)	Fertigungs-einzelkosten (FEK): Fertigungs-löhne (FL)	Herstellkosten (HK)	Herstellkosten (HK)
Zuschlagssätze	MEK ≙ 100 % MGK ≙ x % MGKZ = $\frac{MGK \cdot 100}{MEK}$	FEK ≙ 100 % FGK ≙ x % FGZ = $\frac{FGK \cdot 100}{FEK}$	HEKO ≙ 100 % VwGK ≙ x % VwGKZ = $\frac{VwGK \cdot 100}{HK}$	HEKO ≙ 100 % VtGK ≙ x % VtGKZ = $\frac{VtGK \cdot 100}{HK}$

Die aus den Zahlen des BAB ermittelten Zuschlagssätze werden als **Istgemeinkostenzuschlagssätze** bezeichnet, da sie auf den in der vergangenen Periode **tatsächlich angefallenen Kosten** beruhen. Diese Zuschlagssätze aus der **Vergangenheit** werden u. a. dazu benötigt, um **vor** Beginn der Herstellung von Erzeugnissen oder vor Ausführung von Aufträgen die für diese Kostenträger **voraussichtlich** anfallenden **Selbstkosten** zu kalkulieren (**Vorkalkulation**).

> **!** **Die aus Vergangenheitswerten ermittelten Istgemeinkostenzuschlagssätze bilden die Grundlage für die Kalkulation der Selbstkosten und für die Erstellung von Kostenvoranschlägen (Kalkulation des Angebotspreises) für Aufträge, die die kommende Periode betreffen.**

> **!** **Werden die bei der Herstellung und dem Vertrieb eines Erzeugnisses voraussichtlich anfallenden Gemeinkosten dem Kostenträger (Erzeugnis) mit Hilfe von Gemeinkostenzuschlagssätzen zugerechnet, so liegt eine Zuschlagskalkulation vor.**

Betriebsabrechnungsbogen mit Berechnung der Gemeinkostenzuschlagssätze

Aufg. 2 und 3 S. 279 f.

Gemein-kostenarten	Gemein-kosten (EUR)	Verteilungs-grundlage	Kostenstellen			
			Material (EUR)	Fertigung (EUR)	Verwaltung (EUR)	Vertrieb (EUR)
Strom	12.000	Zwischen-zähler	300	10.500	600	600
Hilfsstoffe	200.000	Entnahme-scheine		200.000		
Betriebs-stoffe	359.000	Maschinen-laufzeiten/ Verbrauchs-belege	30.000	300.000	15.000	14.000
Gehälter	425.000	Gehaltslisten	25.000	230.000	135.000	35.000
kulatorische Abschreibung	290.000	Anlagekartei	30.000	180.000	60.000	20.000
Miete	11.700	Flächen in m^2			7.800	3.900
sonstige Kosten	227.000	Belege	9.000	18.000	110.000	90.000
Summe der Gemein-kosten	**1.524.700**		**94.300** MGK	**938.500** FGK	**328.400** VwGK	**163.500** VtGK
Zuschlags-grundlagen (= 100 %)			943.000 **Fertigungs-material**	1.173.125 **Fertigungs-löhne**	3.148.925[1] **Herstellkosten**	3.148.925[1] **Herstellkosten**
Zuschlags-sätze			10 % **Materialge-meinkosten-zuschlagssatz**	80 % **Fertigungs-gemein-kosten-zuschlagssatz**	10,4 % **Verwaltungs-gemein-kosten-zuschlagssatz**	5,2 % **Vertriebs-gemein-kosten-zuschlagssatz**

1 HK = FM (943.000) + MGK (94.300) + FL (1.173.125) + FGK (938.500) = 3.148.925

Zusammenfassende Übersicht zu Kapitel 5.3:
Ermittlung von Zuschlagssätzen für die Gemeinkosten (Istzuschläge)

Einzelkosten → **Direkte** Zurechnung auf die Kostenträger

Gemeinkosten → Zurechnung auf die Kostenträger über **Zuschlagssätze**
↓
Berechnung aus den Zahlen im BAB als **Istzuschläge**

Materialgemeinkostenzuschlagssatz (MGKZ)	$= \frac{\text{Materialgemeinkosten} \cdot 100}{\text{Materialeinzelkosten}}$
Fertigungsgemeinkostenzuschlagssatz (FGKZ)	$= \frac{\text{Fertigungsgemeinkosten} \cdot 100}{\text{Fertigungseinzelkosten}}$
Verwaltungsgemeinkostenzuschlagssatz (VwGKZ)	$= \frac{\text{Verwaltungsgemeinkosten} \cdot 100}{\text{Herstellkosten}}$
Vertriebsgemeinkostenzuschlagssatz (VtGKZ)	$= \frac{\text{Vertriebsgemeinkosten} \cdot 100}{\text{Herstellkosten}}$

Berechnung der Herstell- und der Selbstkosten

  Materialeinzelkosten
\+ Materialgemeinkosten
\+ Fertigungseinzelkosten
\+ Fertigungsgemeinkosten
\+ Sondereinzelkosten der Fertigung
= Herstellkosten
\+ Verwaltungsgemeinkosten
\+ Vertriebsgemeinkosten
= Selbstkosten

Betriebsabrechnungsbogen (BAB)			
vier Hauptkostenstellen			
Material	**Fertigung**	**Verwaltung**	**Vertrieb**

vier Istgemeinkostenzuschlagssätze dienen u. a. zur Kalkulation der Selbstkosten künftiger Aufträge (Vorkalkulation)

Checken Sie Ihre Kompetenz mit der Ich-kann-Liste.

Öffnen Sie hierzu den nebenstehenden **QR-Code** oder geben Sie folgenden Link ein: https://vel.plus/BHBILIF46

vel.plus/BHBILIF47

WIEDERHOLUNG DES GRUNDWISSENS

zu Kapitel 5.3 Ermittlung von Zuschlagssätzen für die Gemeinkosten (Istzuschläge)

1. Geben Sie an, wie jeweils Einzel- und Gemeinkosten den Kostenträgern zugerechnet werden.
2. Nennen Sie die Zuschlagsgrundlagen, die für die Gemeinkosten der vier Kostenstellen jeweils gewählt werden.
3. Geben Sie an, wie die Gemeinkostenzuschlagssätze ermittelt werden.
4. Geben Sie das Schema zur Berechnung der Herstellkosten wieder.
5. Geben Sie an, welcher Zusammenhang zwischen den Gemeinkosten und der jeweiligen Zuschlagsgrundlage unterstellt wird.
6. Erklären Sie den Begriff „Istzuschlagssatz" und geben Sie an, wofür diese Zuschlagssätze benötigt werden.

ANWENDUNGS- UND ÜBUNGSAUFGABEN

zu Kapitel 5.3 Ermittlung von Zuschlagssätzen für die Gemeinkosten (Istzuschläge)

Aufgabe 1 Gemeinkostenzuschlagssätze

HILFE vel.plus/BHBILIF48

Die Alu-Präzisionsteile GmbH in Schwäbisch Gmünd errechnete für das vergangene Quartal für die Hauptkostenstellen folgende Gemeinkosten:

Material	76.000 EUR
Fertigung	876.800 EUR
Verwaltung	345.480 EUR
Vertrieb	138.192 EUR

Im gleichen Zeitraum wurden für Fertigungslöhne 1.753.600 EUR bezahlt. Der Rohstoffverbrauch belief sich auf 1,9 Mio. EUR.

Ermitteln Sie die Gemeinkostenzuschlagssätze.

Aufgabe 2 Betriebsabrechnungsbogen – Zuschlagssätze

PDF vel.plus/BHBILIF49

Der Rechnungskreis II eines Industriebetriebes weist für das vergangene Quartal folgende Kosten aus:

Kostenarten	(EUR)	Kostenarten	(EUR)
Fertigungsmaterial	130.240	Gehälter	85.600
Hilfsstoffe	25.000	soziale Abgaben	39.000
Betriebsstoffe	7.200	kalkulatorische Abschreibung	19.200
Fertigungslöhne	133.200	betriebliche Steuern	8.800
Hilfslöhne	36.000	sonst. betriebliche Aufwendungen	20.000

1. Erstellen Sie auf der Grundlage der nachstehenden Angaben zur Verteilung der Gemeinkosten einen Betriebsabrechnungsbogen.

Kostenart	Material	Fertigung	Verwaltung	Vertrieb
Kostenstelleneinzelkosten				
Hilfsstoffe	400 EUR	21.400 EUR	–	3.200 EUR
Betriebsstoffe	480 EUR	3.640 EUR	1.720 EUR	1.360 EUR
Hilfslöhne	2.780 EUR	31.460 EUR	560 EUR	1.200 EUR
Gehälter	3.200 EUR	10.800 EUR	40.600 EUR	31.000 EUR
soziale Abgaben	1.300 EUR	21.100 EUR	11.880 EUR	4.720 EUR
sonst. betriebl. Aufwendungen	2.120 EUR	4.480 EUR	10.000 EUR	3.400 EUR
Kostenstellengemeinkosten				
Anlagewerte für die Verteilung der kalk. Abschreibung	125.000 EUR	175.000 EUR	75.000 EUR	25.000 EUR
betriebliche Steuern	–	3 :	2	–

2. Errechnen Sie die vier Gemeinkostenzuschlagssätze.
3. Ermitteln Sie das Betriebsergebnis für das zurückliegende Quartal, wenn die Umsatzerlöse 610.000 EUR betragen haben.

Aufgabe 3 Betriebsabrechnungsbogen mit Excel

PDF vel.plus/BHBILIF50

Ein Industriebetrieb erstellt seinen Betriebsabrechnungsbogen mit Hilfe des Tabellenkalkulationsprogramms Microsoft Excel. Nachstehender Bildschirmauszug enthält die für die Abrechnung wesentlichen Informationen:

D28 =

	A	B	C	D	E	F	G	H	I	J
1	Einstufiger Betriebsabrechnungsbogen									
2										
3	Gemeinkostenarten	Kosten	Verteilungsschlüssel				Kostenstellen			
4							Material	Fertigung	Verwaltung	Vertrieb
5		EUR	M	F	Vw	Vt	EUR	EUR	EUR	EUR
6	Gemeinkostenmaterial	70 000	2	8		1				
7	Energiekosten	35 300	2	6	4	3				
8	Hilfslöhne	42 800	1	7	5	2				
9	Gehälter	74 680		5	6	1				
10	Sozialkosten	10 680	1	12	11	3				
11	Instandhaltungen	32 200	1	5	2	2				
12	betriebliche Steuern[1]	10 300	1	4	2	1				
13	Werbung	12 800	1		3	5				
14	kalk. Abschreibungen	24 000	1	9	2	1				
15	kalk. Zinsen	14 000	1	7	2	1				
16	sonstige Kosten	38 950	2	10	5	3				
17	**Summe Gemeinkosten**	365 710								
18										
19	**Zuschlagsgrundlagen**						240 000	180 000		
20										
21	**Zuschlagssätze**									
22										

1. Vervollständigen Sie mit Hilfe eines Tabellenkalkulationsprogramms oder des vorstrukturierten Arbeitsblatts den vorstehenden BAB.
   Hinweis: Die Sozialkosten (Personalzusatzkosten) werden in voller Höhe als Gemeinkosten verrechnet.
2. Aufgrund neuer Tarifabschlüsse erhöhen sich die Personalkosten und die Personalzusatzkosten jeweils um 3,2 %. Ermitteln Sie die Auswirkungen auf die Gemeinkosten-Zuschlagssätze.

1 Betriebliche Steuern: Gewerbesteuer, Kfz-Steuer, Grundsteuer

6 Vollkostenrechnung in Form der Zuschlagskalkulation

Kompetenzen:

- *im Rahmen der kostenorientierten Preisermittlung mithilfe der Zuschlagskalkulation den Verkaufspreis eines Produktes ermitteln*
- *die Bedeutung des Ergebnisses der kostenorientierten Preisermittlung für ein Unternehmen erklären*
- *die Nachkalkulation anwenden*
- *Normal- und Istkosten eines Produkts vergleichen*
- *Gründe für Kostenabweichungen erklären*
- *die Vollkostenrechnung in Form der Zuschlagskalkulation beurteilen*

6.1 Zuschlagskalkulation

Stellt ein Unternehmen mehrere verschiedenartige Produkte her (Mehrproduktunternehmen), müssen die Gemeinkosten den Kostenträgern möglichst verursachungsgerecht zugerechnet werden. Dies wird im Rahmen der **Zuschlagskalkulation** dadurch versucht, indem die **Gemeinkosten** mithilfe von **Zuschlagssätzen** auf die Kostenträger verteilt werden. Die **Einzelkosten** (Fertigungsmaterial, Fertigungslöhne, Sondereinzelkosten) werden dagegen jedem Kostenträger direkt zugerechnet.

! **Bei einer Zuschlagskalkulation werden die Einzelkosten (Fertigungsmaterial, Fertigungslöhne, Sondereinzelkosten) direkt auf die Erzeugnisse verrechnet. Die Verrechnung der Gemeinkosten erfolgt dagegen mit Hilfe von Zuschlagssätzen.**

Voraussetzung für die Anwendung einer Zuschlagskalkulation mit **mehreren Zuschlagssätzen** (= differenzierende Zuschlagskalkulation) ist eine auf einem BAB aufbauende **Kostenstellenrechnung**. Die Anzahl der Kostenstellen und die dort gewählten Zuschlagsgrundlagen bestimmen Umfang und Inhalt des Kalkulationsschemas.

Zusammenfassende Übersicht zu Kapitel 6.1: Zuschlagskalkulation

Kostenverrechnung bei der Zuschlagskalkulation:	**Einzelkosten: direkte Verrechnung auf die Erzeugnisse**
	Gemeinkosten: indirekte Verrechnung auf die Erzeugnisse über Zuschlagssätze

Checken Sie Ihre Kompetenz mit der Ich-kann-Liste.

Öffnen Sie hierzu den nebenstehenden **QR-Code** oder geben Sie folgenden Link ein: https://vel.plus/BHBILIF51

vel.plus/BHBILIF52

WIEDERHOLUNG DES GRUNDWISSENS

zu Kapitel 6.1 Zuschlagskalkulation

1. Erläutern Sie, wie Einzel- und Gemeinkosten im Rahmen der Zuschlagskalkulation auf die Erzeugnisse verrechnet werden.
2. Geben Sie wieder, warum eine auf einem BAB aufbauende Kostenstellenrechnung Voraussetzung für die Anwendung einer (differenzierenden) Zuschlagskalkulation ist.

6.2 Gesamtkalkulation mit Istkosten

Ausgangspunkt für die Gesamtkalkulation mit Istkosten sind die in einer Rechnungsperiode (Monat, Quartal, Geschäftsjahr) tatsächlich entstandenen **Einzelkosten**. Wird die Summe der Einzelkosten um die in dieser Rechnungsperiode angefallenen Gemeinkosten vermehrt, ergeben sich die **Selbstkosten**. Davon zu unterscheiden sind die **Herstellkosten**, die lediglich die Einzel- und Gemeinkosten des Material- und Fertigungsbereichs, nicht aber die Verwaltungs- und Vertriebsgemeinkosten umfassen. Die Höhe der einzelnen Gemeinkostenarten (Material-, Fertigungs-, Verwaltungs- und Vertriebsgemeinkosten) ist aus dem BAB ersichtlich. Bei all diesen Einzel- und Gemeinkosten handelt es sich um **Istkosten**, die in der letzten Rechnungsperiode tatsächlich angefallen sind.

Gesamtkalkulation mit Istkosten

Die Abgrenzungstabelle eines Industriebetriebes enthält für das dritte Quartal folgende Einzelkosten (Isteinzelkosten):

Fertigungsmaterial	330.000 EUR
Fertigungslöhne	188.000 EUR

Für den gleichen Zeitraum sind nachstehendem Betriebsabrechnungsbogen (Auszug) folgende Informationen zu entnehmen:

Gemeinkosten	Gesamtkosten	Kostenstellen			
		Material	Fertigung	Verwaltung	Vertrieb
...	...	...			
...	...	...			
Summe der Gemeinkosten	190.000 EUR	66.000 EUR MGK	94.000 EUR FGK	33.900 EUR VwGK	20.340 EUR VtGK
Zuschlagsgrundlagen		330.000 EUR Fertigungsmaterial	188.000 EUR Fertigungslöhne	678.000 EUR Herstellkosten	
Istgemeinkostenzuschlagssätze		20 %	50 %	5 %	3 %

Aufg. 1 S. 283

Aus dem vorliegenden Zahlenmaterial lässt sich folgende Gesamtkalkulation erstellen:

	Fertigungsmaterial	330.000 EUR
+	Materialgemeinkosten	66.000 EUR
+	Fertigungslöhne	188.000 EUR
+	Fertigungsgemeinkosten	94.000 EUR
=	**Herstellkosten**	**678.000 EUR**
+	Verwaltungsgemeinkosten	33.900 EUR
+	Vertriebsgemeinkosten	20.340 EUR
=	**Selbstkosten**	**732.240 EUR**

Die Gesamtkalkulation mit Istkosten hat die Aufgabe, auf der Grundlage der in einer Rechnungsperiode entstandenen Isteinzelkosten und der für diese Periode vorliegenden Istgemeinkosten die insgesamt entstandenen Herstell- und Selbstkosten zu ermitteln.

Zusammenfassende Übersicht zu Kapitel 6.2: Gesamtkalkulation mit Istkosten

Schema für eine Gesamtkalkulation mit Istkosten

	Materialeinzelkosten
+	**Materialgemeinkosten**
+	**Fertigungseinzelkosten**
+	**Fertigungsgemeinkosten**
+	**Sondereinzelkosten der Fertigung**
=	**Herstellkosten**
+	**Verwaltungsgemeinkosten**
+	**Vertriebsgemeinkosten**
+	**Sondereinzelkosten des Vertriebs**
=	**Selbstkosten**

Checken Sie Ihre Kompetenz mit der Ich-kann-Liste.

Öffnen Sie hierzu den nebenstehenden **QR-Code** oder geben Sie folgenden Link ein: https://vel.plus/BHBILIF53

WIEDERHOLUNG DES GRUNDWISSENS

vel.plus/BHBILIF54

zu Kapitel 6.2 Gesamtkalkulation mit Istkosten

1. Beschreiben Sie, welche Aufgabe eine Gesamtkalkulation auf der Grundlage von Istkosten hat.
2. Stellen Sie das Schema für eine Gesamtkalkulation mit Istkosten dar.

ANWENDUNGS- UND ÜBUNGSAUFGABEN

zu Kapitel 6.2 Gesamtkalkulation mit Istkosten

Aufgabe 1 BAB und Gesamtkalkulation mit Istkosten

vel.plus/BHBILIF55

Die Franz Harter OHG stellt für die Zahnmedizin verschiedene Kunststoff-Präzisionsteile her. Für die Betriebsabrechnung stehen folgende Zahlen zur Verfügung:

Fertigungsmaterial	732.800 EUR
Hilfs- und Betriebsstoffe	16.000 EUR
Fertigungslöhne	366.400 EUR
Gehälter	300.000 EUR
kalkulatorische Abschreibung	126.000 EUR
kalkulatorische Zinsen	120.000 EUR
Sonstige Gemeinkosten	354.000 EUR

1. Verteilen Sie die Gemeinkosten auf die Kostenstellen Material, Fertigung, Verwaltung und Vertrieb nach folgendem Schlüssel: 2 : 3 : 12 : 8.
2. Berechnen Sie die Gemeinkostenzuschlagssätze.
3. Erstellen Sie eine Gesamtkalkulation und berechnen Sie die Herstellkosten und die Selbstkosten.

❶ Ermittlung durch Rückwärtsrechnung, um wie viel EUR die Material- und/oder Lohnkosten für einen wettbewerbsfähigen Angebotspreis gesenkt werden müssen.

❷ Verringerung des ursprünglich gewünschten Gewinnzuschlags, so dass der Angebotspreis niedriger ausfällt.

Diese beiden Alternativen können mit Hilfe der **kalkulatorischen Rückrechnung** bzw. der **Differenzkalkulation** überprüft werden.

Kalkulatorische Rückrechnung und Differenzkalkulation einer Büromöbelfabrik

Die Möbelfabrik Bürodesign GmbH (vgl. Bsp. S. 285) muss wegen der starken Konkurrenz den Zielverkaufspreis des Schreibtisches auf 1.200,00 EUR senken.

Zuschlagssätze und Fertigungseinzelkosten bleiben unverändert.

Materialgemeinkostenzuschlag:	25 %
Fertigungsgemeinkostenzuschlag:	120 %
Fertigungseinzelkosten:	200 EUR

Verwaltungsgemeinkostenzuschlag 15 %, Vertriebsgemeinkostenzuschlag 10 %, Gewinnzuschlag 26 %, Kundenskonto 2 %.

Aufg. 2 S. 291

Die Geschäftsleitung will wissen,

1. wie teuer unter den gegebenen Bedingungen das Fertigungsmaterial höchstens sein darf.
2. wie hoch der verbleibende Gewinnzuschlag ist, wenn trotz intensiver Preisverhandlungen der Preis für das Fertigungsmaterial unverändert bei 320,00 EUR bleibt.

Sowohl die **kalkulatorische Rückrechnung** als auch die **Differenzkalkulation** basieren auf dem aus der Vorwärtskalkulation bekannten Kalkulationsschema. Bei der **Rückwärtskalkulation** sind stufenweise – ausgehend vom Listen- bzw. Zielverkaufspreis – die Materialkosten oder die Fertigungslöhne zu ermitteln.

1. Kalkulatorische Rückrechnung – Ermittlung des Höchstbetrags für das Fertigungsmaterial

1		Fertigungsmaterial	100 % ↑		245,34 EUR ↑	
2	+	Materialgemeinkosten	25 %		61,33 EUR	
3	=	Materialkosten	125 %			306,67 EUR
4		Fertigungslöhne		100 % ↑	200,00 EUR	
5	+	Fertigungsgemeinkosten		120 %	240,00 EUR	
6	=	Fertigungskosten				440,00 EUR
7		Herstellkosten	100 % ↑			746,67 EUR
8	+	Verwaltungsgemeinkosten	15 %			112,00 EUR
9	+	Vertriebsgemeinkosten	10 %			74,67 EUR
10	=	Selbstkosten	125 %	100 % ↑		933,33 EUR
11	+	Gewinnzuschlag		26 %		242,67 EUR
12	=	Barverkaufspreis	98 % ↑	126 %		1.176,00 EUR
13	+	Kundenskonto	2 %			24,00 EUR
14	=	Zielverkaufspreis	100 %			1.200,00 EUR

Die Kosten für das Fertigungsmaterial dürfen höchstens 245,34 EUR betragen.

Bei der **Differenzkalkulation** zur Ermittlung des verbleibenden Gewinnzuschlags werden

- zunächst wie bei der Vorwärtskalkulation die Selbstkosten
- dann wie bei der Rückwärtskalkulation der Barverkaufspreis

ermittelt. Die Differenz zwischen Selbstkosten und Barverkaufspreis ergibt den kalkulierten Gewinn. Wird dieser Betrag als Prozentsatz bezogen auf die Selbstkosten ausgedrückt, ergibt sich der Gewinnzuschlag (bzw. Verlustabschlag).

2. Differenzkalkulation – Ermittlung des verbleibenden Gewinnzuschlags

	Fertigungsmaterial	100 %		320,00 EUR	
+	Materialgemeinkosten	25 %		80,00 EUR	
=	Materialkosten	125 %			400,00 EUR
	Fertigungslöhne		100 %	200,00 EUR	
+	Fertigungsgemeinkosten		120 %	240,00 EUR	
=	Fertigungskosten		240 %		440,00 EUR
	Herstellkosten	100 %			840,00 EUR
+	Verwaltungsgemeinkosten	15 %			126,00 EUR
+	Vertriebsgemeinkosten	10 %			84,00 EUR
=	Selbstkosten	125 %	100 %		1.050,00 EUR
+	Gewinnzuschlag		12 %		126,00 EUR
=	Barverkaufspreis	98 %	112 %		1.176,00 EUR
+	Kundenskonto	2 %			24,00 EUR
=	Zielverkaufspreis	100 %			1.200,00 EUR

Unter den gegebenen Bedingungen lässt sich bei unveränderten Kosten für das Fertigungsmaterial in Höhe von 320,00 EUR ein Gewinn in Höhe von 126,00 EUR erzielen (Gewinnzuschlagssatz: 12 %).

Aufg. 3 bis 5 S. 291 f.

Zusammenfassende Übersicht zu Kapitel 6.3: Kostenträgerstückrechnung als Vorkalkulation: Kalkulation mit Normalgemeinkostenzuschlagssätzen

Kostenträgerstückrechnung als Vorkalkulation

- unmittelbare Verrechnung der Einzelkosten auf die Erzeugnisse
- Verrechnung der voraussichtlich anfallenden Gemeinkosten mithilfe von Normalgemeinkostenzuschlagssätzen

Aufgaben der Kostenträgerstückrechnung (Kalkulation)

Ermittlung

- des Mindestangebotspreises (Kostendeckung)
- des Mindestangebotspreises zur Erzielung eines Mindestgewinns
- der Höchstgrenze für Material-, Fertigungs- und Herstellkosten bei vorgegebenem Verkaufspreis

Anwendung der Zuschlagskalkulation

Vorwärtskalkulation (Verkaufskalkulation)
Ermittlung des kalkulierten Verkaufspreises (Angebotspreis)

Rückwärtskalkulation (Kalkulatorische Rückrechnung)
Ermittlung der Kosten, die für das Fertigungsmaterial oder die Fertigungslöhne höchstens anfallen dürfen

Differenzkalkulation
Ermittlung des Gewinns oder Gewinnzuschlags bei gegebenen Kosten und gegebenem Verkaufspreis

Vorwärts-, Rückwärts- und Differenzkalkulation			
	Vorwärtskalkulation (Verkaufskalkulation)	**Rückwärtskalkulation (Kalkulatorische Rückrechnung)**	**Differenzkalkulation**
Ziel	Ermittlung des kalkulierten Verkaufspreises (Angebotspreis)	Ermittlung der Kosten, die für Fertigungsmaterial höchstens anfallen dürfen	Ermittlung des Gewinns oder des Gewinnzuschlags bei gegebenen Kosten und gegebenem Verkaufspreis
Berechnungsschema	Fertigungsmaterial	Fertigungsmaterial	Fertigungsmaterial
	+ Materialgemeinkosten v. H.	+ Materialgemeinkosten a. H.	+ Materialgemeinkosten v. H.
	= **Materialkosten**	= **Materialkosten**	= **Materialkosten**
	Fertigungslöhne	Fertigungslöhne	Fertigungslöhne
	+ Fertigungsgemeinkosten v. H.	+ Fertigungsgemeinkosten a. H.	+ Fertigungsgemeinkosten v. H.
	= **Fertigungskosten**	= **Fertigungskosten**	= **Fertigungskosten**
	= **Herstellkosten**	= **Herstellkosten**	= **Herstellkosten**
	+ Verwaltungsgemeinkosten v. H.	+ Verwaltungsgemeinkosten a. H.	+ Verwaltungsgemeinkosten v. H.
	+ Vertriebsgemeinkosten v. H.	+ Vertriebsgemeinkosten a. H.	+ Vertriebsgemeinkosten v. H.
	= **Selbstkosten**	= **Selbstkosten**	= **Selbstkosten**
	+ Gewinn v. H.	+ Gewinn a. H.	+ Gewinn v. H.
	= **Barverkaufspreis**	= **Barverkaufspreis**	= **Barverkaufspreis**
	+ Kundenskonto i. H.	+ Kundenskonto v. H.	+ Kundenskonto v. H.
	= **Zielverkaufspreis**	= **Zielverkaufspreis**	= **Zielverkaufspreis**
	+ Kundenrabatt i. H.	+ Kundenrabatt v. H.	+ Kundenrabatt v. H.
	= **Listenverkaufspreis netto**	= **Listenverkaufspreis netto**	= **Listenverkaufspreis netto**

Checken Sie Ihre Kompetenz mit der Ich-kann-Liste.

Öffnen Sie hierzu den nebenstehenden **QR-Code** oder geben Sie folgenden Link ein: https://vel.plus/BHBILIF56

ERARBEITUNGSAUFGABE

zu Kapitel 6.3 Kostenträgerstückrechnung als Vorkalkulation: Kalkulation mit Normalgemeinkostenzuschlagssätzen

EA 1 Zuschlagskalkulation – Betriebsabrechnungsbogen

PDF vel.plus/BHBILIF57

Die Schreinerei Schwär hat bisher ausschließlich Holzregale eines bestimmten Typs hergestellt. Die einzelnen Regale können nach dem Baukastensystem kombiniert und zu Regalwänden erweitert werden. Durch das Auftreten mehrerer Billiganbieter besteht inzwischen ein scharfer Wettbewerb in diesem Marktsegment. Aus diesem Grund hat die Schreinerei Schwär zu Beginn des laufenden Jahres den Betrieb vergrößert und ihr Produktionsprogramm diversifiziert. Neben insgesamt drei Grundtypen von Regalen werden seitdem auch Spiel- und Sportgeräte aus Holz gefertigt. Die Regale müssen aus Konkurrenzgründen weiterhin besonders günstig angeboten werden.

1. Im letzten Quartal des vergangenen Jahres wurden ausschließlich 3 900 gleichartige Regale hergestellt und verkauft. Die Gesamtkosten beliefen sich in diesem Zeitraum auf 131.000 EUR. Wie hoch waren die Selbstkosten je Regal?

2. Warum kann das bisher verwendete Verfahren zur Ermittlung der Selbstkosten nach der Erweiterung des Produktionsprogramms nicht mehr angewandt werden?

3. Zur Ermittlung der Selbstkosten für die einzelnen Erzeugnisse soll künftig eine Zuschlagskalkulation angewandt werden. Die Gesamtkosten während des ersten Quartals des laufenden Jahres betrugen 247.000 EUR. Aus der Lohnbuchhaltung weiß Herr Schwär, dass davon 110.000 EUR auf Personalkosten entfielen.
   Aus der Finanzbuchhaltung liegen ihm darüber hinaus Informationen vor, dass im selben Zeitraum 90.000 EUR für die Beschaffung und den Verbrauch von Material (Roh-, Hilfs- und Betriebsstoffe einschließlich Energie und Treibstoff) angefallen sind.
   a) Welche zusätzlichen Informationen benötigt Herr Schwär für eine Zuschlagskalkulation und woher kann er sich diese Informationen beschaffen?
   b) Eine Analyse der Material- und Personalkosten ergibt, dass im ersten Quartal des laufenden Jahres die Fertigungslöhne 50.000 EUR und die Kosten für das Fertigungsmaterial 80.000 EUR betragen haben. Herr Schwär möchte für Vergleichszwecke die Selbstkosten zunächst mithilfe eines einfachen Kalkulationsverfahrens ermitteln. Die Verrechnung **sämtlicher** Gemeinkosten soll dabei durch einen prozentualen Zuschlag auf die Summe aus Fertigungslohn und Fertigungsmaterial erfolgen (summarische Zuschlagskalkulation). Ermitteln Sie den Zuschlagssatz.
   c) Wie hoch wären bei Anwendung der summarischen Zuschlagskalkulation die Selbstkosten für
      - ein Regal Standardtyp C
        (Fertigungsmaterial: 23,40 EUR; Fertigungslöhne: 5,60 EUR)
      - ein Sportgerät
        (Fertigungsmaterial: 13,00 EUR; Fertigungslöhne: 23,00 EUR)?
   d) Im Vergleich zur Regalproduktion müssen für die Herstellung der Sport- und Spielgeräte mehr Maschinen und mehr Arbeitszeit eingesetzt werden. Andererseits ist der Materialbedarf bei diesen Geräten vergleichsweise geringer als bei den Regalen.
      Warum genügt es im vorliegenden Fall nicht mit einem einzigen Zuschlagssatz zu rechnen?

4. Um die **Gemeinkosten** den Kostenträgern verursachungsgerechter zurechnen zu können, geht Herr Schwär von folgender Überlegung aus:
   Zunächst soll festgestellt werden, wo die Gemeinkosten im Betrieb entstanden sind. Dazu muss der Betrieb in verschiedene Kostenverursachungsbereiche **(Kostenstellen)** eingeteilt werden. In einem zweiten Schritt soll dann berücksichtigt werden, in welchem Umfang die einzelnen Erzeugnisse die verschiedenen Bereiche beanspruchen und damit zur Entstehung der Gemeinkosten in den einzelnen Kostenstellen beitragen.

   Entsprechend den betrieblichen Grundfunktionen unterscheidet Herr Schwär folgende vier Kostenverursachungsbereiche (Kostenstellen):
   - **Material** (Beschaffung, Warenannahme, Lagerung)
   - **Fertigung** (Vorbereitung, Durchführung und Kontrolle der Fertigung)
   - **Verwaltung** (kaufmännische Leitung, Rechnungswesen, Personalabteilung)
   - **Vertrieb** (Fertigwarenlager, Werbung, Verkauf, Versand)

   In einem Tabellenformular, das als **Betriebsabrechnungsbogen (BAB)** bezeichnet wird, nimmt er die Aufteilung der Gemeinkosten auf die vier Kostenstellen vor. Ziel ist es, anstelle eines einzigen Zuschlagssatzes vier Zuschlagssätze zu ermitteln und somit die Gemeinkosten nicht pauschal in einer Summe, sondern nach Kostenstellen getrennt, den Kostenträgern zuzurechnen (differenzierende Zuschlagskalkulation).

   Bei der Verteilung der Gemeinkosten auf die vier Kostenstellen stellt Herr Schwär fest, dass einige Gemeinkosten anhand vorliegender Belege den Kostenstellen direkt zugerechnet werden können. Andere Gemeinkosten lassen sich dagegen nur indirekt mit Hilfe eines Verteilungsschlüssels auf die Kostenstellen umlegen.

Für die Verteilung der Gemeinkosten auf die vier Kostenstellen stellt Herr Schwär zunächst folgende Daten zusammen:

Gemeinkostenart	Gesamtbetrag (EUR)	Verteilungsgrundlage	Kostenstellen			
			Material	Fertigung	Verwaltung	Vertrieb
Gehälter	40.000	Gehaltslisten	4.000 EUR	12.000 EUR	18.000 EUR	6.000 EUR
Hilfslöhne	20.000	Stunden laut Lohnzettel	350 Std.	800 Std.	60 Std.	40 Std.
Hilfsstoffe	10.000	Entnahmeschein	1.000 EUR	9.000 EUR		
Strom	3.000	kWh	6000 kWh	14000 kWh	3000 kWh	2000 kWh
kalkulatorische Abschreibungen	25.000	Verhältnis des investierten Kapitals laut Anlagenkartei	2.000 EUR	19.000 EUR	3.000 EUR	1.000 EUR
Kfz-Kosten	5.000	km	5050 km	450 km	1500 km	8000 km
Reparaturen	2.000	Rechnungen	300 EUR	1.500 EUR	200 EUR	–
sonstige Gemeinkosten	12.000	direkt	4.000 EUR	5.500 EUR	1.500 EUR	1.000 EUR
Summe	**117.000**					

a) Erstellen Sie den Betriebsabrechnungsbogen nach folgendem Muster:

Gemeinkostenart	Gesamtbetrag (EUR)	Kostenstellen			
		Material	Fertigung	Verwaltung	Vertrieb
Gehälter ... usw.	40.000 ...				
Summe	**117.000**				

b) Ermitteln Sie die vier Gemeinkostenzuschlagssätze unter Berücksichtigung folgender Zuschlagsgrundlagen

Gemeinkostenzuschlagssatz	Zuschlagsgrundlage (Bezugsgrößen)
Materialgemeinkostenzuschlagssatz	Fertigungsmaterial
Fertigungsgemeinkostenzuschlagssatz	Fertigungslöhne
Verwaltungsgemeinkostenzuschlagssatz	Herstellkosten
Vertriebsgemeinkostenzuschlagssatz	Herstellkosten

c) Erläutern Sie die vier ermittelten Zuschlagssätze und prüfen Sie, inwieweit durch deren Verwendung eine verursachungsgerechte Verteilung der Gemeinkosten auf die Kostenträger erfolgt.

d) Ermitteln Sie mit Hilfe der differenzierenden Zuschlagskalkulation die Selbstkosten für ein Regal und ein Sportgerät entsprechend den Angaben in Aufgabe 3 c).

e) Vergleichen Sie die Ergebnisse von Aufgabe 4 d) mit denen von Aufgabe 3 c) und erläutern Sie die Unterschiede.

vel.plus/BHBILIF58

WIEDERHOLUNG DES GRUNDWISSENS

zu Kapitel 6.3 Kostenträgerstückrechnung als Vorkalkulation: Kalkulation mit Normalgemeinkostenzuschlagssätzen

1. Stellen Sie dar, welche Fragen sich mithilfe der Kostenträgerstückrechnung (Kalkulation) beantworten lassen.
2. Erklären Sie, wie sich Normalgemeinkostenzuschlagssätze ermitteln lassen und wofür sie benötigt werden.

3. Erläutern Sie den Grundaufbau einer Zuschlagskalkulation.
4. Geben Sie an, wozu eine kalkulatorische Rückrechnung erforderlich ist.
5. Nennen Sie die Größen, die jeweils mithilfe der Vorwärts-, Rückwärts- und Differenzkalkulation berechnet werden.
6. Beschreiben Sie jeweils den Aufbau des Schemas einer Vorwärts-, Rückwärts- und Differenzkalkulation.
7. Geben Sie zu jedem unter 6. beschriebenen Schema an, mit welcher Art von Prozentrechnung (vom Hundert, im Hundert, auf Hundert) die einzelnen Zuschläge zu berechnen sind.

ANWENDUNGS- UND ÜBUNGSAUFGABEN

zu Kapitel 6.3 Kostenträgerstückrechnung als Vorkalkulation: Kalkulation mit Normalgemeinkostenzuschlagssätzen

Aufgabe 1 Kalkulation in einer Schulmöbelfabrik

Die Schulleitung des Wirtschaftsgymnasiums Stuttgart-West beabsichtigt, ein Klassenzimmer neu zu bestuhlen. Das Schulverwaltungsamt der Stadt Stuttgart bittet daher die Schulmöbelfabrik Greinacher um ein Angebot für die Lieferung von 30 Stühlen.

PDF vel.plus/BHBILIF59

Die Schulmöbelfabrik legt ihrer Kalkulation folgende Daten zugrunde:

Materialeinzelkosten pro Stuhl	30 EUR	Fertigungslöhne pro Stuhl	20 EUR
Materialgemeinkosten	10 %	Fertigungsgemeinkosten	20 %
Verwaltungsgemeinkosten	15 %	Vertriebsgemeinkosten	5 %
Gewinn	8 ⅓ %	Kundenrabatt	10 %
Kundenskonto	3 %		

Ermitteln Sie den Angebotspreis (Listenverkaufspreis) für 30 Stühle.

Aufgabe 2 Vorwärtskalkulation – Berechnung von Gewinnzuschlag und Fertigungsmaterial

Die Velolux GmbH Karlsruhe legt der Kalkulation eines Dachfensters folgende Kalkulationswerte zugrunde:

PDF vel.plus/BHBILIF60

Fertigungsmaterial	220 EUR	Fertigungslöhne	140 EUR
Materialgemeinkosten	12,5 %	Fertigungsgemeinkosten	15 %
Verwaltungsgemeinkosten	10 %	Vertriebsgemeinkosten	8 %
Gewinnzuschlag	25 %	Kundenskonto	2 %
Kundenrabatt	5 %		

1. Berechnen Sie den Listenverkaufspreis.
2. Ein Konkurrenzunternehmen bietet ein Dachfenster gleicher Größe und Ausstattung zu einem Listenpreis von 650 EUR an. Die Velolux GmbH will diesen Preis des Konkurrenten um 50,00 EUR unterbieten.
   a) Wie hoch ist in diesem Fall der Gewinn in Euro und in Prozent (auf zwei Stellen gerundet), wenn alle anderen Kalkulationsdaten unverändert bleiben?
   b) Wie hoch dürfen die Kosten für das Fertigungsmaterial höchstens sein, wenn der ursprüngliche Gewinnzuschlag von 25 % und alle anderen Kalkulationsdaten unverändert bleiben sollen?

Aufgabe 3 Berechnung der Zuschlagssätze – Gewinn eines Erzeugnisses

Der BAB eines kleinen Industriebetriebes enthält folgende Zahlen:

PDF vel.plus/BHBILIF61

Gemeinkostenarten	Kosten EUR	Material EUR	Fertigung EUR	Verwaltung/Vertrieb EUR
Summe	134.570	23.725	48.000	62.845

An Einzelkosten wurden ermittelt:

Fertigungsmaterial	182.500 EUR
Fertigungslöhne	60.000 EUR

1. Berechnen Sie die Zuschlagssätze für die Gemeinkosten (Zuschlagssätze ganzzahlig aufrunden).

2. Wie hoch ist der Gewinn des Unternehmens in EUR und Prozent beim Verkauf einer Maschine, für die 4.000 EUR Fertigungsmaterial, 1.000 EUR Fertigungslöhne angefallen sind und für die ein Barverkaufspreis von 9.600 EUR erzielt wurde?

   Es werden die unter 1. ermittelten Zuschlagssätze verwendet.

Aufgabe 4 Rückwärtsrechnung – Berechnung der Kosten für Fertigungsmaterial

PDF vel.plus/BHBILIF62

Ein Importeur bietet ein Elektrogerät zum Listenpreis von 1.250 EUR netto an. Wie viel EUR darf das Fertigungsmaterial einen deutschen Elektrogerätehersteller höchstens kosten, wenn mit folgenden Kosten bzw. Zuschlägen kalkuliert wird:

Materialgemeinkosten 10 %, Fertigungslöhne 300,00 EUR, Fertigungsgemeinkosten 132 %, Verwaltungs- und Vertriebsgemeinkosten insgesamt 20 %, Kundenskonto 3 %, Kundenrabatt 10 % und Gewinn 12,5 %?

Aufgabe 5 Angebot einer Maschinenfabrik – Berechnung des Gewinns

PDF vel.plus/BHBILIF63

Eine Maschinenfabrik erhält eine Anfrage zur Produktion einer Spezialbohrmaschine nach einem vorgegebenen Konstruktionsplan.

1. Erstellen Sie nach folgenden Angaben das Angebot:

Einzelkosten:	
Material	100,00 EUR
Sondereinzelkosten der Fertigung	15,00 EUR
Fertigungslöhne	220,00 EUR
Gemeinkostenzuschläge:	
Materialgemeinkosten	10 %
Fertigungsgemeinkosten	60 %
Verwaltungsgemeinkosten	8 %
Vertriebsgemeinkosten	6 %
sonstige Zuschläge:	
Gewinn	12,5 %
Kundenskonto	2 %

2. Bei der Fertigstellung der Bohrmaschine ergeben sich folgende Änderungen, die für die Nachkalkulation zu berücksichtigen sind:
   Die Preise für das Fertigungsmaterial haben sich um 4 % erhöht und die Fertigungslöhne sind um 8 % gestiegen. Durch Rationalisierungsmaßnahmen konnten folgende Zuschlagssätze herabgesetzt werden:
   Fertigungsgemeinkosten um 2 Prozentpunkte, Verwaltungsgemeinkosten um 3 Prozentpunkte, Vertriebsgemeinkosten um 0,5 Prozentpunkte.
   Die übrigen Zuschlagssätze blieben unverändert.
   Wie viel Prozent beträgt der tatsächliche Gewinn, wenn die Maschine zum Angebotspreis ausgeliefert wurde?

6.4 Kostenträgerstückrechnung als Nachkalkulation: Kalkulation mit Istgemeinkostenzuschlagssätzen

Die **Vorkalkulation** hat die Aufgabe, die **voraussichtlichen Selbstkosten** und den **Angebotspreis** zu ermitteln. Bestandteile dieser Kalkulation sind die aus den Stücklisten und den Arbeitsplänen (Zeitstudien) zu entnehmenden **Einzelkosten** sowie die **Normalgemeinkostenzuschlagssätze** (Durchschnitt der Istgemeinkostenzuschlagssätze vergangener Perioden).

Nach Beendigung der Produktion und nach Vorliegen der nachträglich ermittelten **Istgemeinkostenzuschlagssätze** wird eine **Nachkalkulation** vorgenommen. Die Nachkalkulation basiert auf den tatsächlich entstandenen Einzelkosten eines Auftrags oder einer Erzeugnisgruppe und den **Istgemeinkostenzuschlagssätzen** aus dem BAB. Ergeben sich bei der Gegenüberstellung von Vor- und Nachkalkulation Abweichungen bei einzelnen Kostenarten, so muss analysiert werden, welche Gründe dafür maßgebend waren. Gegebenenfalls sind entsprechende Maßnahmen zu ergreifen.

! **Die Nachkalkulation hat die Aufgabe, die tatsächlich angefallenen Kosten für einen Auftrag oder eine Erzeugnisgruppe zu ermitteln und den bei der Vorkalkulation berücksichtigten Normalkosten gegenüberzustellen.**

Nachkalkulation eines Schreibtischs (Fortsetzung Bsp. von S. 285 f.)

Nach Fertigstellung der Schreibtische wurden folgende Kosten festgestellt:

Tatsächlich angefallene Einzelkosten je Stück (Istkosten)		
Fertigungsmaterial	320,00 EUR	entsprechen den der Stückliste und dem Arbeitsplan entnommenen Werten der Vorkalkulation
Fertigungslöhne	200,00 EUR	

Im Rahmen des BAB wurden für das letzte Quartal folgende **Istgemeinkostenzuschlagssätze** ermittelt:

Gemeinkosten	**Istgemeinkostenzuschlagssätze lt. BAB**	
Materialgemeinkosten	MKGZ	20 %
Fertigungsgemeinkosten	FGKZ	130 %
Verwaltungsgemeinkosten	VwGKZ	20 %
Vertriebsgemeinkosten	VtGKZ	15 %

	Normalzuschlagssätze, Gewinnzuschlag und Preisnachlässe	**Vorkalkulation**		**Istzuschlagssätze lt. BAB, Gewinnsatz**	**Nachkalkulation**
Fertigungsmaterial lt. Stückliste		320,00 EUR			320,00 EUR
+ Materialgemeinkosten	25,0 %	80,00 EUR		20,0 %	64,00 EUR
= **Materialkosten**			**400,00** EUR		**384,00** EUR
Fertigungslöhne lt. Arbeitsplan		200,00 EUR			200,00 EUR
+ Fertigungsgemeinkosten	120,0 %	240,00EUR		130,0 %	260,00 EUR
= **Fertigungskosten**			**440,00** EUR		**460,00** EUR

	Normalzuschlagssätze, Gewinnzuschlag und Preisnachlässe	Vorkalkulation		Istzuschlagssätze lt. BAB, Gewinnsatz	Nachkalkulation
Herstellkosten			**840,00** EUR		**844,00** EUR
+ Verwaltungsgemeinkosten	15,0 %	126,00 EUR		20,0 %	168,80 EUR
+ Vertriebsgemeinkosten	10,0 %	84,00 EUR		15,0 %	126,60 EUR
= **Selbstkosten**			**1.050,00** EUR		**1.139,40** EUR
+ Gewinn	26,0 %		273,00 EUR	**16,1**	183,60 EUR
= Barverkaufspreis			**1.323,00** EUR	↓	**1.323,00** EUR
+ Kundenskonto	2,0 %		27,00 EUR		
= Zielverkaufspreis			**1.350,00** EUR		
+ Kundenrabatt	25,0 %		450,00 EUR		
= Listenverkaufspreis netto			**1.800,00** EUR		

Berechnung des Gewinnsatzes

1.139,40 EUR entsp. 100 %
183,60 EUR entsp. x %

x = 16,1 %

Aufg. 1 und 2 S. 295 f.

Ergebnis: Die tatsächlich entstandenen Selbstkosten in Höhe von 1.139,40 EUR sind um 89,40 EUR höher als die im Rahmen der Vorkalkulation ermittelten Selbstkosten von 1.050,00 EUR. Deshalb beträgt der tatsächlich erzielte Gewinn lediglich 183,60 EUR (16,1 % der Selbstkosten) und nicht wie kalkuliert 273,00 EUR. Da die tatsächlich entstandenen Fertigungsgemeinkosten um 10 Prozentpunkte höher sind als die kalkulierten Fertigungsgemeinkosten, muss analysiert werden, worauf die Differenz zurückzuführen ist. Gleiches gilt für die jeweils um 5 Prozentpunkte höheren Verwaltungs- und Vertriebsgemeinkosten.

Zusammenfassende Übersicht zu Kapitel 6.4: Kostenträgerstückrechnung als Nachkalkulation: Kalkulation mit Istgemeinkostenzuschlagssätzen

Kalkulationsarten

Vorkalkulation (Kalkulation mit Normalkosten)
Ermittlung des voraussichtlichen Angebotspreises

Nachkalkulation (Kalkulation mit Istkosten)
Ermittlung der tatsächlich entstandenen Kosten für ein Erzeugnis

Vergleich zwischen Normalkosten und Istkosten

↓

Abweichungsanalyse

Checken Sie Ihre Kompetenz mit der Ich-kann-Liste.

Öffnen Sie hierzu den nebenstehenden **QR-Code**
oder geben Sie folgenden Link ein: https://vel.plus/BHBILIF64

WIEDERHOLUNG DES GRUNDWISSENS

vel.plus/BHBILIF65

zu Kapitel 6.4 Kostenträgerstückrechnung als Nachkalkulation: Kalkulation mit Istgemeinkostenzuschlagssätzen

1. Beschreiben Sie die Aufgabe einer Nachkalkulation.
2. Erläutern Sie, wie eine Nachkalkulation aufgebaut ist.

ANWENDUNGS- UND ÜBUNGSAUFGABEN

zu Kapitel 6.4 Kostenträgerstückrechnung als Nachkalkulation: Kalkulation mit Istgemeinkostenzuschlagssätzen

Aufgabe 1 Vor- und Nachkalkulation in einem Industriebetrieb

PDF vel.plus/BHBILIF66

Ein Industriebetrieb kalkulierte einen Auftrag unter Berücksichtigung folgender Angaben: Fertigungsmaterial 1.280 EUR, Fertigungslöhne 2.800 EUR, Materialgemeinkosten 12,5 %, Fertigungsgemeinkosten 160 %, Verwaltungs- und Vertriebsgemeinkosten zusammen 25 %, Gewinn 20 %, Kundenskonto 2 %.

1. Ermitteln Sie den Angebotspreis.
2. Vergleichen Sie den in einer Vor- und Nachkalkulation ermittelten Gewinn (in EUR und in Prozent), wenn der Kunde nach Skontoabzug 13.080 EUR bezahlt. Als tatsächliche Kosten sind angefallen: Materialgemeinkosten 120 EUR, Fertigungsgemeinkosten 3.176 EUR, Verwaltungs- und Vertriebsgemeinkosten 1.594 EUR. Bei den Einzelkosten ergaben sich keine Abweichungen.

Aufgabe 2 Vor- und Nachkalkulation für ein Mountainbike – Ermittlung des tatsächlich erzielten Gewinns

PDF vel.plus/BHBILIF67

Der Fahrradhersteller Speed-Bike erstellt auf der Grundlage der zuvor durch die Fahrradhändler ermittelten Kunden-Messdaten körpergerechte Mountainbikes.

Der Vorkalkulation eines solchen Mountainbikes werden folgende Normalzuschlagssätze zugrunde gelegt:

- Materialgemeinkosten 8 %
- Verwaltungsgemeinkosten 4 %
- Fertigungsgemeinkosten 40 %
- Vertriebsgemeinkosten 3 %

Auf der Grundlage der Konstruktionszeichnung wurde für das Fertigungsmaterial ein Betrag von 380 EUR ermittelt. An Fertigungslöhnen fallen laut Arbeitszeitstudien 120 EUR an. Das Unternehmen arbeitet mit einem Gewinnzuschlag von 9 %. Den Kunden wird ein Rabatt in Höhe von 8 % sowie bei Zahlung innerhalb von 14 Tagen ab Rechnungseingang 2 % Skonto gewährt.

Nach Fertigstellung des Mountainbikes konnten dem Betriebsabrechnungsbogen (BAB) nachstehende Ist-Zuschlagssätze für die Istgemeinkosten entnommen werden:

Materialgemeinkosten	6 %
Fertigungsgemeinkosten	38 %
Verwaltungsgemeinkosten	3 %
Vertriebsgemeinkosten	2 %

1. Stellen Sie in einer Übersicht zur Vor- und Nachkalkulation die Normalkosten und die Istkosten einander gegenüber.
2. Berechnen Sie den tatsächlich erzielten Gewinn in EUR und in Prozent (Gewinnsatz).

Insgesamt ergibt sich bei den Selbstkosten eine **Unterdeckung** in Höhe von 1.148 EUR. Das bedeutet, dass im Monat März tatsächlich 1.148 EUR mehr Gemeinkosten (Ist-Gemeinkosten) angefallen sind als den Aufträgen in diesem Zeitraum unter Verwendung der **Normalgemeinkostenzuschlagssätze** zugerechnet wurden. Vor diesem Hintergrund sollte Ursachenforschung betrieben werden, warum in den einzelnen Kostenstellen die Höhe der tatsächlich angefallenen Gemeinkosten **(Ist-Gemeinkosten)** von der Höhe der mit Hilfe der Normalzuschlagssätze kalkulierten Gemeinkosten **(Normal-Gemeinkosten)** abgewichen ist.

Sind die mit Normalzuschlagssätzen kalkulierten Gemeinkosten (Normalgemeinkosten) höher als die tatsächlichen Gemeinkosten (Istgemeinkosten), so liegt eine Kostenüberdeckung vor. Sind die Normalgemeinkosten dagegen niedriger als die Istgemeinkosten liegt eine Kostenunterdeckung vor.

Bei einer Kostenüberdeckung hat die entsprechende Kostenstelle weniger Gemeinkosten verursacht als normalerweise anfallen. Bei einer Kostenunterdeckung hat die entsprechende Kostenstelle dagegen überdurchschnittlich hohe Gemeinkosten verursacht. Die Ursachen dafür müssen näher untersucht werden.

Kostenüberdeckung: Normalgemeinkosten > Istgemeinkosten
Kostenunterdeckung: Normalgemeinkosten < Istgemeinkosten

Ursachen für Kostenabweichungen

Aufg. 2
S. 302

Eine Abweichung der **Istgemeinkosten von den Normalgemeinkosten** kann folgende Ursachen haben:

❶ Verbrauchs-/Mengenabweichung: Veränderungen beim Verbrauch von Material des Gemeinkostenbereiches

Zu einer Kostenabweichung kommt es, wenn eine Kostenstelle gegenüber der Ausgangssituation, zu der ein Gemeinkostenzuschlag errechnet wurde, wirtschaftlicher oder unwirtschaftlicher arbeitet. So führt beispielsweise ein sparsamerer Umgang mit Hilfsstoffen oder Energie zu einer Überdeckung, weil die am Ende einer Abrechnungsperiode festgestellten Istgemeinkosten geringer sind als die Normalgemeinkosten.

❷ Preisabweichung: Preisänderungen für Material des Gemeinkostenbereichs (z. B. Hilfsstoffe, Betriebsstoffe) oder Änderung von Hilfslöhnen und Gehältern

Preiserhöhungen für Hilfs- und Betriebsstoffe oder Erhöhungen von Hilfslöhnen und Gehältern führen zu einer höheren Belastung der entsprechenden Kostenstelle mit Gemeinkosten und damit zu höheren Zuschlagssätzen. Bei Preissenkungen für diese Güter würden dagegen weniger Gemeinkosten anfallen.

❸ Beschäftigungsabweichungen

Erhöht sich der Beschäftigungsgrad (= Erhöhung der Produktionsmenge), so ist damit eine entsprechende Erhöhung der variablen Kosten verbunden. Für die Einzelkosten (z. B. Materialkosten) wird üblicherweise angenommen, dass sich diese im gleichen Verhältnis verändern wie die Produktionsmenge (proportional variable Kosten). Da sich aber die **Gemeinkosten** – anders als die Einzelkosten – sowohl aus fixen als auch aus variablen

Bestandteilen zusammensetzen, führt eine Änderung der Produktionsmenge bei diesen Kosten lediglich zu einer Änderung der darin enthaltenen variablen Kosten. Bei der Verwendung von Gemeinkostenzuschlagssätzen wird aber unterstellt, dass sich **alle** Gemeinkosten in gleicher Weise verändern wie die Einzelkosten.

Da sich aber in Wirklichkeit die Gemeinkosten (wegen der darin enthaltenen Fixkosten) langsamer verändern als die Einzelkosten, weichen bei Produktionsmengen, die nicht der Normalbeschäftigung entsprechen, Normal- und Istzuschlagssätze voneinander ab.

$$GKZ = \frac{\text{Gemeinkosten} \; (\text{fixe Kosten = konstant} \;\; \text{var. Kosten})}{\text{Einzelkosten = variable Kosten}} \cdot 100$$

Bei einer Produktionsausdehnung steigen die Einzelkosten (= Nenner des Bruchs) schneller als die Gemeinkosten (= Zähler des Bruchs), so dass die Istzuschlagssätze sinken. Bei einer Produktionsminderung sinken dagegen die Einzelkosten schneller als die Gemeinkosten, so dass die Istzuschlagssätze steigen.

Beschäftigungsschwankungen sind daher immer mit Abweichungen der Normalgemeinkosten von den Istgemeinkosten, d. h. mit Kostenüber- oder Kostenunterdeckung verbunden.

Kostenüber- und Kostenunterdeckung bei Beschäftigungsänderung

Für einen Industriebetrieb wird angenommen, dass für die aus fixen und variablen Kosten bestehenden Gemeinkosten der Kostenstelle Material folgende Kostenfunktion gilt:

MGK = 5.000 + 3 x (K_f = 5.000 EUR, k_v = 3 EUR/Stück)
Die Materialkosten (Einzelkosten) betragen 10 EUR/Stück.

MGK: 8.000 EUR	
K_{fix} 5.000 EUR	K_{var} 3.000 EUR

Das Unternehmen berechnet bei einer Produktionsmenge von 1.000 Stück den Zuschlagssatz für die Materialgemeinkosten, der künftig als Normalzuschlagssatz verwendet werden soll:

Materialeinzelkosten (1.000 Stück à 10 EUR/Stück)	10.000 EUR	
Materialgemeinkosten (MGK = 5.000 + 3 · 1.000)	8.000 EUR	(= 80 %)
Materialkosten	18.000 EUR	

Ergebnis: Der Normalzuschlagssatz für die Materialgemeinkosten beträgt 80 %.

Beträgt die tatsächliche Produktionsmenge in der nächsten Periode aber beispielsweise 2.000 Stück, ergeben sich auf der Grundlage des ermittelten Normalzuschlagssatzes von 80 % folgende Materialgemeinkosten (Normalkosten):

Materialeinzelkosten (2.000 Stück à 10 EUR/Stück)	20.000 EUR
Materialgemeinkosten 80 % (Normalkosten)	→ 16.000 EUR
Materialkosten auf Normalkostenbasis	36.000 EUR
Tatsächliche Materialgemeinkosten (Istkosten): (MGK = 5.000 + 3 · 2.000)	→ 11.000 EUR

MGK: 11.000 EUR	
K_{fix} 5.000 EUR	K_{var} 6.000 EUR

Ergebnis: Das Unternehmen unterstellt bei der Berechnung der Materialgemeinkosten (Normalkosten), dass sich die Materialgemeinkosten in gleicher Weise verändern wie die Materialeinzelkosten (Proportionalisierung der in den Gemeinkosten enthaltenen fixen Kosten). Daher führt eine Erhöhung der Beschäftigung (höhere Produktionsmenge) dazu, dass zu viele Gemeinkosten (hier: 16.000 EUR statt 11.000 EUR) verrechnet werden (**Überdeckung**).

! **Ursache für Kostenabweichungen aufgrund von Beschäftigungsschwankungen ist die bei der Anwendung von Zuschlagssätzen eintretende Proportionalisierung der in den Gemeinkosten enthaltenen fixen Kosten. Es wird so getan, als ob sich diese fixen Kosten proportional zu den Einzelkosten ändern. In Wirklichkeit bleiben die Fixkosten aber konstant.**

Eine zunehmende Beschäftigung führt zu einer Überdeckung (Normalgemeinkosten übersteigen die Istgemeinkosten). Ursache: Die in den Gemeinkosten enthaltenen Fixkosten erhöhen sich nicht, so dass die Istgemeinkosten niedriger als die bei der Vorkalkulation mit Hilfe der Normalzuschlagssätze verrechneten Gemeinkosten sind.

Eine rückläufige Beschäftigung führt zu einer Unterdeckung (Istgemeinkosten übersteigen die Normalgemeinkosten). Ursache: Die in den Gemeinkosten enthaltenen Fixkosten verringern sich nicht, so dass die Istgemeinkosten höher als die bei der Vorkalkulation mit Hilfe der Normalzuschlagssätze verrechneten Gemeinkosten sind.

Aufg. 3 S. 302
Aufg. 4 S. 302

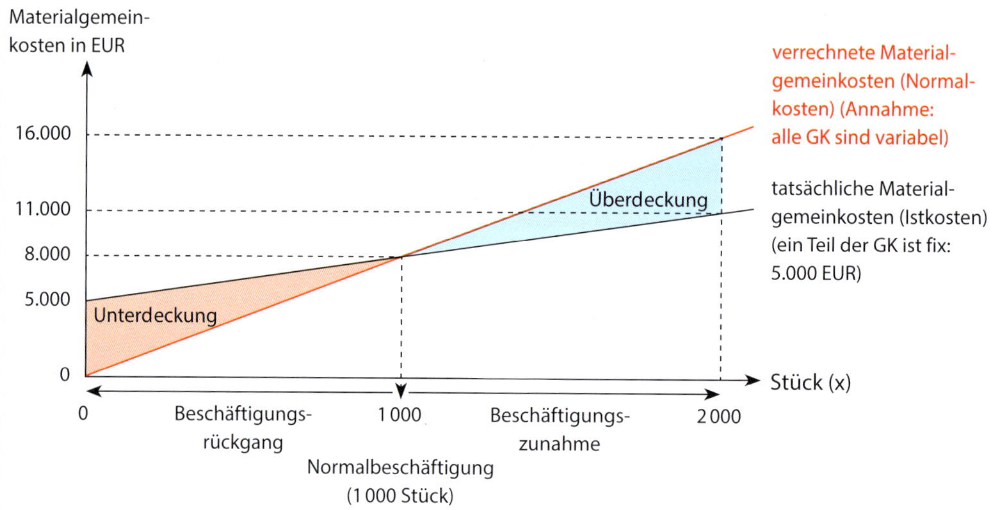

Vergleich Istkostenrechnung – Normalkostenrechnung

Istkostenrechnung	Normalkostenrechnung
▪ ermittelt die tatsächlichen Kosten einer abgelaufenen Rechnungsperiode ▪ ermöglicht keine Angebotskalkulation, da sich Istkosten auf die Vergangenheit beziehen ▪ Kostenkontrolle im Rahmen einer Gesamtkalkulation ist nicht möglich, da Kostenvorgaben fehlen	▪ ermittelt die „normalen" Kosten auf der Grundlage von Durchschnittssätzen aus der Vergangenheit ▪ Angebotskalkulation erfolgt auf der Grundlage von Normalkosten ▪ Vergleich von Ist- und Normalkosten ermöglicht eine Kostenkontrolle

Zusammenfassende Übersicht zu Kapitel 6.5: Gesamtkalkulation mit Normal- und Istgemeinkostenzuschlagssätzen – Kostenabweichungen

Aufgabe einer Gesamtkalkulation

↓

Gegenüberstellung der in einem bestimmten Zeitraum angefallenen Istkosten mit den Normalkosten

Ziel einer Gesamtkalkulation

↓

Feststellung und Analyse von Abweichungen der Gemeinkosten

Kostenüberdeckung: **Normalgemeinkosten > Istgemeinkosten**	**Kostenunterdeckung:** **Normalgemeinkosten < Istgemeinkosten**

Ursachen

Veränderung der Gemeinkosten durch

Verbrauchs- und Mengenabweichung	**Preisabweichung**	**Beschäftigungsabweichung**
Veränderungen beim Verbrauch von Gütern und Diensten des Gemeinkostenbereichs	Preisänderungen für die zur Leistungserstellung erforderlichen Güter des Gemeinkostenbereichs	Schwankung der Produktionsmenge

Checken Sie Ihre Kompetenz mit der Ich-kann-Liste.

Öffnen Sie hierzu den nebenstehenden **QR-Code**
oder geben Sie folgenden Link ein: https://vel.plus/BHBILIF68

WIEDERHOLUNG DES GRUNDWISSENS

vel.plus/BHBILIF69

zu Kapitel 6.5: Gesamtkalkulation mit Normal- und Istgemeinkostenzuschlagssätzen – Kostenabweichungen

1. Geben Sie an, welches Ziel mit einer Gesamtkalkulation verfolgt wird.
2. Erläutern Sie, welche Kostenabweichungen zwischen Ist- und Normalkosten im Rahmen der Kostenkontrolle untersucht werden.
3. Erklären Sie, was jeweils unter einer Kostenüber- und Kostenunterdeckung zu verstehen ist.
4. Nennen Sie drei mögliche Gründe für eine Abweichung von Normal- und Istkosten.
5. Erklären Sie, warum eine zunehmende Beschäftigung im Normalfall zu einer Überdeckung führt.
6. Erklären Sie, warum eine rückläufige Beschäftigung im Normalfall zu einer Unterdeckung führt.

ANWENDUNGS- UND ÜBUNGSAUFGABEN

zu Kapitel 6.5: Gesamtkalkulation mit Normal- und Istgemeinkostenzuschlagssätzen – Kostenabweichungen

Aufagbe 1 Normalkalkulation – Istkalkulation

PDF vel.plus/BHBILIF70

Ein Fertigungsbetrieb für landwirtschaftliche Maschinen kalkuliert mit folgenden Normalzuschlagssätzen:

Materialgemeinkostenzuschlag:	10 %	Fertigungsgemeinkostenzuschlag:	160 %
Verwaltungsgemeinkostenzuschlag:	15 %	Vertriebsgemeinkostenzuschlag:	10 %

Zur Überprüfung dieser Zuschlagssätze werden die Istkosten des letzten Abrechnungszeitraums (Monat Januar) herangezogen:

Fertigungsmaterial	540.000 EUR	Fertigungslöhne	320.000 EUR
Sondereinzelkosten der Fertigung	25.000 EUR	Fertigungsgemeinkosten lt. BAB	532.400 EUR
Materialgemeinkosten lt. BAB	64.200 EUR	Vertriebsgemeinkosten lt. BAB	124.600 EUR
Verwaltungsgemeinkosten lt. BAB	185.000 EUR	Sondereinzelkosten des Vertriebs	18.650 EUR

Ermitteln Sie mit Hilfe eines Tabellenkalkulationsprogramms oder des vorstrukturierten Arbeitsblatts für den Monat Januar

- die Selbstkosten auf Normal- und auf Istkostenbasis,
- die Kostenüber- bzw. Kostenunterdeckung je Kostenstelle,
- die gesamte Kostenüber- bzw. Kostenunterdeckung.

Aufgabe 2 Kostenabweichungen – Gründe für Abweichungen

PDF vel.plus/BHBILIF71

Der BAB eines Industriebetriebes weist am Ende der Rechnungsperiode folgende Summen auf:

Kostenarten	Kostenstellen			
	Material (EUR)	Fertigung (EUR)	Verwaltung (EUR)	Vertrieb (EUR)
Summe Einzelkosten	168.000	304.000		
Summe Ist-Gemeinkosten	25.000	72.000	48.000	58.000

Das Unternehmen hat bei der Vorkalkulation folgende Normalzuschlagssätze verwendet:
Materialgemeinkosten 13 %, Fertigungsgemeinkosten 28 %, Verwaltungsgemeinkosten 8 %, Vertriebsgemeinkosten 9 %.

1. Ermitteln Sie die Kostenüber- bzw. Kostenunterdeckung je Hauptkostenstelle.
2. Nennen Sie für jede der festgestellten Abweichungen mögliche Gründe.

Aufgabe 3 Ermittlung von Kostenabweichungen

Eine Maschinenfabrik arbeitete im 1. Quartal mit Normalbeschäftigung. Sie hatte für den Fertigungsbereich insgesamt 100.000 EUR Einzelkosten und 120.000 EUR Gemeinkosten ermittelt. Es wird angenommen, dass die Einzelkosten in voller Höhe variable Kosten darstellen. Bei den Gemeinkosten handelt es sich dagegen zu 75 % um fixe Kosten. Im 2. Quartal kalkuliert der Betrieb alle Aufträge mit dem Fertigungsgemeinkostenzuschlag des 1. Quartals.

Da im 2. Quartal ein Beschäftigungsrückgang um 50 % eintrat, sanken die angefallenen Einzelkosten von 100.000 EUR auf 50.000 EUR.

1. Mit welchem FGKZ hat der Betrieb seine Erzeugnisse im 2. Quartal kalkuliert?
2. Ermitteln sie die Höhe der Kostenabweichung, die sich im vorliegenden Fall aufgrund des Beschäftigungsrückgangs bei den Gemeinkosten ergeben hat.
3. Wie hoch hätte der richtige FGKZ im 2. Quartal sein müssen?

Aufgabe 4 Beschäftigungsabweichungen

PDF vel.plus/BHBILIF72

Für den Verlauf der Ist-Fertigungsgemeinkosten eines Industriebetriebes gilt folgende Gleichung:

FGK = 6.000 + 4 x (FGK = Fertigungsgemeinkosten, x = Produktionsmenge)

An Fertigungslöhnen fallen in diesem Betrieb 10 EUR/Stück an.

1. Zeichnen Sie die Kurve der Ist-Gemeinkosten für eine Produktionsmenge von 0 bis 5 000 Stück.
2. Ermitteln Sie den Zuschlagssatz für die Fertigungsgemeinkosten, wenn die derzeitige Produktionsmenge 2 000 Stück beträgt.
3. Zeichnen Sie die Kurve für die verrechneten Gemeinkosten (Normal-Gemeinkosten) unter Verwendung des unter 2. ermittelten Zuschlagssatzes für eine Produktionsmenge von 0 bis 5 000 Stück.
4. Errechnen Sie den Betrag der Kostenabweichung, falls die Produktionsmenge 5 000 Stück beträgt und wenn davon auszugehen ist, dass der in 2. errechnete Zuschlagssatz als Normalzuschlag verwendet wird.
5. Erklären Sie, wie es zu der unter 4. festgestellten Kostenabweichung kommt.

6.6 Kritik an der Vollkostenrechnung in Form der Zuschlagskalkulation

Die Vollkostenrechnung in Form der Zuschlagskalkulation hat u. a. folgende Aufgaben:

- Verursachungsgerechte Verteilung der Gemeinkosten auf die Kostenträger
- Ermittlung des Angebotspreises
- Kostenkontrolle

Diese Aufgaben kann die Vollkostenrechnung in Form der Zuschlagskalkulation nur eingeschränkt lösen. Nachstehende Übersicht enthält die wesentlichen Kritikpunkte:

Kritik an der Vollkostenrechnung in Form der Zuschlagskalkulation

- Eine verursachungsgerechte Verteilung bestimmter Gemeinkosten auf die Kostenstellen ist nicht möglich (z. B. Kostenstellengemeinkosten).
- Die bei der Ermittlung der Zuschlagssätze unterstellte Abhängigkeit der Gemeinkosten von den Einzel- bzw. den Herstellkosten trifft häufig nicht zu (z. B. unterstellte Abhängigkeit der Verwaltungsgemeinkosten von den Herstellkosten). Daher ist die Zurechnung der Gemeinkosten auf die Kostenträger mithilfe von Zuschlagssätzen nicht immer verursachungsgerecht.
- Eine verursachungsgerechte Zurechnung der Gemeinkosten auf die Kostenträger mithilfe von Zuschlagssätzen ist insbesondere dann problematisch, wenn die Gemeinkosten im Verhältnis zu den Einzelkosten sehr hoch (und daher die Zuschlagssätze ebenfalls sehr hoch) sind.
- Werden dieselben Zuschlagssätze bei unterschiedlichen Beschäftigungsgraden angewandt, wird unterstellt, dass sich nicht nur die variablen Gemeinkosten, sondern auch die fixen Gemeinkosten proportional zur Zuschlagsgrundlage (Einzel- bzw. Herstellkosten) verändern. Dieser Fehler (Proportionalisierung der Fixkosten) führt bei Beschäftigungsänderungen zu Abweichungen zwischen Vor- und Nachkalkulation (Kostenüber-/Kostenunterdeckung).
- Bei Beschäftigungsschwankungen kommt es zu einer nicht marktgerechten Preisgestaltung. Bei abnehmender Beschäftigung steigen die Zuschlagssätze wegen der in den Gemeinkosten enthaltenen Fixkosten. Das führt zu einer Erhöhung der kalkulierten Angebotspreise, obwohl die Marktsituation eher eine Preissenkung erforderlich machen würde. Der umgekehrte Zusammenhang gilt für eine Zunahme der Beschäftigung.

  Lösung: Deckungsbeitragsrechnung (vgl. Kap. 7)

WIEDERHOLUNG DES GRUNDWISSENS

vel.plus/BHBILIF73

zu Kapitel 6.6 Kritik an der Vollkostenrechnung in Form der Zuschlagskalkulation

1. Nennen Sie die wesentlichen Kritikpunkte an der Vollkostenrechnung in Form der Zuschlagskalkulation.
2. „Das Hauptproblem der Zuschlagskalkulation besteht in der Wahl einer geeigneten Zuschlagsgrundlage." Erläutern Sie diese Aussage.
3. Erläutern Sie den Kritikpunkt „Proportionalisierung der Fixkosten".

7 Teilkostenrechnung in Form der Deckungsbeitragsrechnung[1]

Kompetenzen:

- *zur absatzorientierten Preisfindung den Deckungsbeitrag eines Produktes ermitteln*
- *die Bedeutung des Produktdeckungsbeitrags für die Preisuntergrenze beurteilen*
- *die Eignung der Deckungsbeitragsrechnung als Entscheidungshilfe für das Produktionsprogramm diskutieren*

7.1 Deckungsbeitragsrechnung als Stückrechnung

Unterschied zwischen Voll- und Teilkostenrechnung

Im Rahmen der Vollkostenrechnung wird zwischen Einzel- und Gemeinkosten unterschieden. Bei der Vollkostenrechnung werden sämtliche Kosten auf die Kostenträger verrechnet.

Die **Deckungsbeitragsrechnung** als eine Form der **Teilkostenrechnung** gliedert die Kosten in deren fixe und variable Bestandteile. Nur die variablen Kosten werden den einzelnen Produkten (Kostenträgern) zugerechnet. Die **fixen Kosten** fallen dagegen unabhängig von der Produktionsmenge in gleich bleibender Höhe an. Sie stellen Kosten der Betriebsbereitschaft dar und können bei einem Mehrproduktunternehmen nicht verursachungsgerecht auf die einzelnen Kostenträger verteilt werden.

Bei der Deckungsbeitragsrechnung werden nur die variablen Kosten den einzelnen Produkten (Kostenträgern) zugerechnet, da sich nur diese Kosten bei unterschiedlichen Produktionsmengen ändern.

Deckungsbeitrag

In diesem Kostenrechnungssystem spielen **Deckungsbeiträge** eine zentrale Rolle. Der **Deckungsbeitrag je Stück** (db) wird berechnet, indem vom Preis eines Produktes dessen variable Stückkosten abgezogen werden.

Nettoverkaufspreis je Stück (p)
– variable Kosten je Stück (k_v)
= Deckungsbeitrag je Stück (db)

1 Neben der Deckungsbeitragsrechnung gibt es noch weitere Teilkostenrechnungssysteme. Diese sind jedoch nicht Gegenstand des Bildungsplanes.

Deckungsbeitragsrechnung einer Fahrradfabrik

Ein Fahrradhersteller produziert Rennräder und Mountainbikes. Aus Wettbewerbsgründen ist er gezwungen, den Barverkaufspreis je Stück, zu dem er die Mountainbikes dem Großhandel anbietet, von 550,00 EUR auf 500,00 EUR zu senken. Die variablen Kosten betragen 300,00 EUR. Kann die Produktion zu den gegebenen Bedingungen zumindest vorübergehend aufrechterhalten werden?

Berechnung des Deckungsbeitrags pro Stück (db)

	Barverkaufspreis (Nettoverkaufspreis)	500,00 EUR
–	variable Kosten	300,00 EUR
=	**Deckungsbeitrag (db)**	**200,00 EUR**

Grafische Darstellung

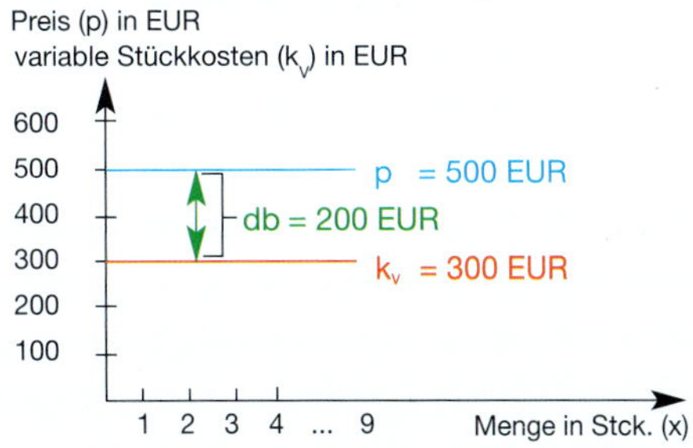

Ergebnis: Der Verkaufspreis eines Stücks (p) übersteigt die variablen Stückkosten (k_v) um 200 EUR (= Deckungsbeitrag db). Damit leistet jedes einzelne verkaufte Stück einen Beitrag zur Deckung der auch ohne Produktion anfallenden fixen Kosten in Höhe von 200 EUR. Demnach kann – zumindest kurzfristig – die Produktion aufrechterhalten werden. Wenn dagegen die Produktion ganz eingestellt wird, entfällt dieser Deckungsbeitrag und es entsteht ein Verlust in Höhe der Fixkosten.

Aufg. 1 S. 306

! **In Höhe des Deckungsbeitrags leistet das Produkt einen Beitrag zur Deckung der ohnehin anfallenden fixen Kosten eines Unternehmens.**

Zusammenfassende Übersicht zu Kapitel 7.1: Deckungsbeitragsrechnung als Stückrechnung

Deckungsbeitragsrechnung (= Form der Teilkostenrechnung)

↓

Aufteilung der Kosten in deren fixe und variable Bestandteile

↓

Verrechnung der variablen Kosten auf die Kostenträger

Deckungsbeitragsrechnung als Stückrechnung:

	Nettoverkaufspreis je Stück (p)
–	variable Kosten je Stück (k_v)
=	Deckungsbeitrag je Stück (db)

Checken Sie Ihre Kompetenz mit der Ich-kann-Liste.

Öffnen Sie hierzu den nebenstehenden **QR-Code**
oder geben Sie folgenden Link ein: https://vel.plus/BHBILIF74

WIEDERHOLUNG DES GRUNDWISSENS

vel.plus/BHBILIF75

zu Kapitel 7.1 Deckungsbeitragsrechnung als Stückrechnung

1. Erläutern Sie den Unterschied von Voll- und Teilkostenrechnung.
2. Geben Sie an, welche Kosten in der Deckungsbeitragsrechnung den Kostenträgern zugerechnet werden.

3. Erläutern Sie, weshalb in der Teilkostenrechnung die fixen Kosten nicht den Kostenträgern zugerechnet werden.
4. Nennen Sie die Formel zur Berechnung des Deckungsbeitrags pro Stück.
5. Geben Sie an, welche Bedeutung ein positiver Stückdeckungsbeitrag für das Unternehmen hat.

ANWENDUNGS- UND ÜBUNGSAUFGABEN

zu Kapitel 7.1 Deckungsbeitragsrechnung als Stückrechnung

Aufgabe 1 Produktionsentscheidung eines Herstellers von Garagentoren

? HILFE vel.plus/BHBILIF76

Ein Hersteller von Garagentoren produziert monatlich 500 Tore. Es fallen 50.000 EUR Fixkosten an. Die variablen Stückkosten betragen 650 EUR.

1. Berechnen Sie die Selbstkosten pro Garagentor.
2. Aus Wettbewerbsgründen kann der Hersteller derzeit die Tore nur zu folgenden Bedingungen an den Handel verkaufen: Listenverkaufspreis (ohne Umsatzsteuer): 800,00 EUR.

   Es muss außerdem ein Kundenrabatt von 10 % und ein Skonto von 2 %, der regelmäßig in Anspruch genommen wird, gewährt werden.

   Ermitteln Sie den Barverkaufspreis (Nettoverkaufspreis) und entscheiden Sie, ob unter diesen Bedingungen die Tore weiterproduziert werden sollen.
3. Welcher Rabatt (in EUR und in %) kann höchstens gewährt werden, wenn davon auszugehen ist, dass der Verkaufspreis mindestens die variablen Kosten decken muss?

7.2 Ergebnisermittlung mithilfe der Deckungsbeitragsrechnung

Ergebnisermittlung mithilfe der Deckungsbeitragsrechnung in einer Fahrradfabrik

Einem Hersteller von Fahrrädern *(vgl. S. 305)* liegen für das zweite Quartal folgende Daten vor:

Ausgangssituation:

	Mountainbikes	Rennräder
Produktions- und Absatzmenge (x)	6 000 Stück	4 000 Stück
Barverkaufspreis je Stück (p)	500,00 EUR	700,00 EUR
variable Kosten je Stück (k_v)	300,00 EUR	480,00 EUR
gesamte fixe Kosten des Betriebes für das zweite Quartal (K_f)	1.280.000 EUR	

Berechnung des Betriebsergebnisses mithilfe der Deckungsbeitragsrechnung:

	Mountainbikes	Rennräder
Stückpreis (p) · Menge (x) = Erlöse (E)	500 · 6 000 = 3.000.000 EUR	700 · 4 000 = 2.800.000 EUR
– variable Kosten (K_v) = k_v · x	– 300 · 6 000 = 1.800.000 EUR	– 480 · 4 000 = 1.920.000 EUR
= Gesamtdeckungsbeitrag (DB) = db · x	200 · 6 000 = 1.200.000 EUR	220 · 4 000 = 880.000 EUR
	2.080.000 EUR	
– gesamte fixe Kosten des Betriebes (K_f)	– 1.280.000 EUR	
= Betriebsgewinn	800.000 EUR	

Ergebnis: Das Produkt Mountainbike leistet einen Beitrag zur Deckung der gesamten fixen Kosten des Betriebes in Höhe von 1.200.000 EUR. Das Produkt Rennräder leistet einen Deckungsbeitrag in Höhe von 880.000 EUR. Da die Gesamtdeckungsbeiträge der beiden Produkte (2.080.000 EUR) die fixen Kosten des Betriebes (1.280.000 EUR) um 800.000 EUR übersteigen, entsteht in dieser Höhe ein Betriebsgewinn.

Zur Ermittlung des **Betriebsergebnisses** auf der Grundlage einer Deckungsbeitragsrechnung müssen die gesamten fixen Kosten des Unternehmens von der Summe der Deckungsbeiträge abgezogen werden.

Ermittlung des Betriebsergebnisses mithilfe der Deckungsbeitragsrechnung:

	Erlöse (E)
–	**gesamte variable Kosten (K_v)**
=	**Deckungsbeiträge (Gesamtdeckungsbeitrag DB)**
–	**fixe Kosten des gesamten Betriebes (K_f)**
=	**Betriebsergebnis**

Aufg. 1 S. 308

Zusammenhang von Umsatzerlösen, Gesamtdeckungsbeitrag und Betriebsergebnis

Erlöse (E) = $p_1 \cdot x_1 + p_2 \cdot x_2 + p_3 \cdot x_3 \ldots\ldots\ldots + p_n \cdot x_n$

p_1 = Preis Gut_1
x_1 = Menge Gut_1

5.800.000 EUR

variable Gesamtkosten
($K_v = x_1 \cdot k_{v1} + x_2 \cdot k_{v2} \ldots. + x_n \cdot k_{vn}$)
3.720.000 EUR

Gesamtdeckungsbeitrag (DB) = $db_1 \cdot x_1 + db_2 \cdot x_2 \ldots. + db_n \cdot x_n$)
(Summe aller Produktdeckungsbeiträge)
2.080.000 EUR

gesamte fixe Kosten (K_f)
1.280.000 EUR

Betriebsergebnis
$G = E - K_v - K_f$
800.000 EUR

Zusammenfassende Übersicht zu Kapitel 7.2:
Ergebnisermittlung mithilfe der Deckungsbeitragsrechnung

Betriebsergebnis = Erlöse (E) – gesamte variable Kosten (K_v) – gesamte fixe Kosten (K_f)

↓

Betriebsergebnis = Gesamtdeckungsbeitrag (DB) – gesamte fixe Kosten (K_f)

Checken Sie Ihre Kompetenz mit der Ich-kann-Liste.

Öffnen Sie hierzu den nebenstehenden **QR-Code** oder geben Sie folgenden Link ein: https://vel.plus/BHBILIF77

vel.plus/BHBILIF78

WIEDERHOLUNG DES GRUNDWISSENS

zu Kapitel 7.2 Ergebnisermittlung mithilfe der Deckungsbeitragsrechnung

1. Erläutern Sie, wie das Betriebsergebnis auf der Grundlage der Deckungsbeitragsrechnung ermittelt wird.
2. Beschreiben Sie den Zusammenhang, der zwischen Betriebsergebnis und Gesamtdeckungsbeitrag besteht.

ANWENDUNGS- UND ÜBUNGSAUFGABEN

zu Kapitel 7.2 Ergebnisermittlung mithilfe der Deckungsbeitragsrechnung

Aufgabe 1 Deckungsbeitrag und Betriebsergebnis

PDF vel.plus/BHBILIF79

Eine Schuhfabrik produziert u. a. fünf Schuhmodelle, für die die folgenden Daten vorliegen:

Nr.	Modell	Geplante Absatzmenge pro Monat	Stückpreis (EUR)	Variable Stückkosten (EUR)
1	A	420	40	18
2	B	900	20	10
3	C	200	38	28
4	D	600	28	15
5	E	350	30	18

Die monatlichen Fixkosten betragen 20.000 EUR.

1. Ermitteln Sie den Deckungsbeitrag und das Betriebsergebnis (Gewinn/Verlust), wenn die geplanten Mengen tatsächlich abgesetzt werden können.
2. Die Geschäftsleitung überlegt, das Produktionsprogramm auf drei Modelle zu begrenzen.
   a) Welche beiden Modelle sollten für diesen Fall aus dem Produktionsprogramm gestrichen werden? Begründen Sie Ihre Entscheidung.
   b) Ermitteln Sie den sich nach dieser Entscheidung ergebenden Deckungsbeitrag sowie das Betriebsergebnis.
3. Bei allen drei verbleibenden Modellen besteht genügend Nachfrage, so dass auch erhöhte Produktionsmengen abgesetzt werden könnten. Die durch die Bereinigung des Produktionsprogramms frei werdenden Kapazitäten sollen für die Produktionsausdehnung bei einem der verbleibenden Modelle genutzt werden.
   a) Bei welchem Modell soll die Produktionsmenge ausgedehnt werden?
   b) Ermitteln Sie den sich nach dieser Entscheidung ergebenden Deckungsbeitrag sowie das Betriebsergebnis, wenn die zusätzliche Produktions- und Absatzmenge bei diesem Modell (vgl. a) 550 Paar Schuhe beträgt.

7.3 Kurzfristige und langfristige Preisuntergrenze

Die fixen Kosten fallen unabhängig von der Beschäftigungssituation – selbst bei Stillstand der Anlagen – in unveränderter Höhe an. Daher muss ein nach Gewinn strebendes Unternehmen bei kurzfristiger Betrachtung die Produktion so lange nicht einstellen (bzw. einen entsprechenden Produktionsauftrag so lange nicht ablehnen), wie der Stückpreis (p) über den variablen Stückkosten (k_v) liegt. **Der Deckungsbeitrag pro Stück (db) ist in diesem Fall positiv.**

Preispolitik einer Zementfabrik bei Vollkostenrechnung und Deckungsbeitragsrechnung

Aufgrund einer ungünstigen Entwicklung im Bausektor ist bei einem Baustoffhersteller die Kapazität der Zementproduktion mit einer monatlichen Produktions- und Absatzmenge von 20 000 Sack Zement nur zur Hälfte ausgelastet. Bei der Zementproduktion liegt – bezogen auf einen Monat – folgende Kostensituation vor:

Kosten	Insgesamt	je Sack
variable Kosten	44.000 EUR	2,20 EUR
fixe Kosten der Zementproduktion	20.000 EUR	1,00 EUR
Selbstkosten	64.000 EUR	3,20 EUR

Beim bisherigen Verkaufspreis von 3,00 EUR ergibt sich ein Erlös von monatlich 20 000 Sack · 3,00 EUR = 60.000 EUR. Die Verkaufsabteilung schlägt vor, den bisherigen Verkaufspreis, der bereits unter den Selbstkosten liegt, noch weiter zu senken, um im Preiskampf mit der Konkurrenz Wettbewerbsvorteile zu erzielen und den Absatz zu erhöhen.

Problem: Soll der Baustoffhersteller die Zementproduktion einstellen, weil die Erlöse die Kosten nicht decken oder kann der Preis noch weiter gesenkt werden?

Aufg. 1 S. 312

Entscheidung auf der Grundlage der Vollkostenrechnung:

Verkaufspreis (p)	3,00 EUR
– Stückkosten (k)	3,20 EUR
Stückverlust	**– 0,20 EUR**

Situation bei
Einstellung der Produktion:
Verlust: 20.000 EUR monatlich

Begründung:
Kosten der Betriebsbereitschaft (fixe Kosten) fallen auch bei Stilllegung an, sofern das Unternehmen nicht aufgelöst wird.

Entscheidung auf der Grundlage der Deckungsbeitragsrechnung:

Verkaufspreis (p)	3,00 EUR
– variable Kosten pro Stück (k_v)	2,20 EUR
Deckungsbeitrag je Stück (db)	**0,80 EUR**

Situation bei
Aufrechterhaltung der Produktion:

Erlös (p · x)	60.000 EUR	
– variable Kosten (K_v)	44.000 EUR	
= Deckungsbeitrag	**16.000 EUR**	
– fixe Kosten	20.000 EUR	
Verlust	**4.000 EUR**	**monatl.**

Ergebnis: Bei einer Entscheidung auf Basis der **Vollkostenrechnung** würde sich das Unternehmen dafür entscheiden, die Zementproduktion einzustellen, weil die Stückkosten (3,20 EUR) höher sind als der Stückerlös (3,00 EUR). Der Verlust in Höhe der Fixkosten beträgt in diesem Fall monatlich 20.000 EUR.
Bei einer Entscheidung auf Basis der **Deckungsbeitragsrechnung** wird die Zementproduktion aufrechterhalten, weil der Verkaufspreis pro Stück höher ist als die variablen Kosten pro Stück. Es wird ein positiver Deckungsbeitrag (= Beitrag zur Deckung der Fixkosten) in Höhe von 16.000 EUR erzielt. Der Verlust beträgt in diesem Fall lediglich 4.000 EUR monatlich.

Kurzfristige Preisuntergrenze

Bei positivem Deckungsbeitrag je Stück (db) leistet jedes verkaufte Stück einen Beitrag in Höhe seines db zur Deckung der fixen Kosten und trägt damit zur Verbesserung des Betriebsergebnisses bei. Würde das Unternehmen die Produktion dieses Erzeugnisses einstellen (bzw. einen entsprechenden Auftrag ablehnen), wäre der Gesamtgewinn geringer bzw. der Gesamtverlust größer. Kurzfristig ist es daher ausreichend, wenn der Verkaufspreis (p)

Verkaufspreis (p)	3,00 EUR
– variable Kosten je Stück (k_v)	2,20 EUR
Deckungsbeitrag je Stück (db)	0,80 EUR

fixe Gesamtkosten 20.000 EUR									
db 0,80 EUR	db 0,80 EUR	db 0,80 EUR	db 0,80 EUR	db 0,80 EUR	db 0,80 EUR	db 0,80 EUR	db …	db …	db …

Ergebnis: Jeder verkaufte Sack Zement trägt mit 0,80 EUR zur Deckung der fixen Gesamtkosten in Höhe von 20.000 EUR bei. Um bei unveränderter Preis- und Kostensituation die Fixkosten vollständig zu decken, müsste die Absatzmenge auf 5.000 Sack Zement pro Monat gesteigert werden
(20.000 EUR/0,80 EUR je Sack = 25.000 Sack).

für ein Produkt lediglich die variablen Kosten je Stück (k_v) deckt (= **kurzfristige Preisuntergrenze**). **$PUG_k \rightarrow p = k_v$**

Die kurzfristige (absolute) Preisuntergrenze (PUG_k) ist erreicht, wenn der Verkaufspreis die variablen Kosten pro Stück gerade noch deckt.

$PUG_k \rightarrow$ Verkaufspreis (p) = variable Stückkosten (k_v)

Preissenkung unter die kurzfristige Preisuntergrenze

Im vorliegenden Beispiel liegt die kurzfristige Preisuntergrenze bei 2,20 EUR. Vorübergehend könnte der Verkaufspreis je Sack Zement bis auf diese Höhe gesenkt werden. Erst bei einer noch weiteren Preissenkung auf z. B. 2,00 EUR wäre der Verlust höher als bei Einstellung der Produktion. Dies könnte auch durch eine Ausdehnung der Produktions- und Absatzmenge nicht ausgeglichen werden. Im Gegenteil: Für den Fall, dass der Preis (p) unter den variablen Stückkosten (k_v) liegt, ist der Verlust umso höher, je höher die Absatzmenge ist.

Preis: 2,00 EUR Variable Stückkosten: 2,20 EUR Fixkosten: 20.000 EUR			
Produktionsmenge	**0**	**20.000**	**40.000**
Erlöse	0 EUR	40.000 EUR	80.000 EUR
– variable Kosten	0 EUR	44.000 EUR	88.000 EUR
= Deckungsbeitrag	0 EUR	– 4.000 EUR	– 8.000 EUR
– Fixkosten	– 20.000 EUR	– 20.000 EUR	– 20.000 EUR
= Betriebsergebnis	**– 20.000 EUR**	**– 24.000 EUR**	**– 28.000 EUR**

Liegt der Stückpreis unter den variablen Stückkosten, ist der Deckungsbeitrag negativ, d. h.,

- es wird nicht nur **kein Beitrag** zur **Deckung der Fixkosten** geleistet, sondern
- es werden sogar die **variablen Kosten nicht in voller Höhe gedeckt.**

In einem solchen Fall sollte normalerweise die Produktion dieses Erzeugnisses eingestellt bzw. der Auftrag abgelehnt werden.

Die Kenntnis der **kurzfristigen Preisuntergrenze** ist vor allem dann bedeutsam, wenn ein Unternehmen einem intensiven Preiswettbewerb ausgesetzt ist. In diesem Fall muss den Verhandlungsführern der Preisspielraum bzw. die kurzfristige Preisuntergrenze bekannt sein, um entscheiden zu können, ob ein Auftrag gerade noch angenommen werden kann oder nicht.

Langfristige Preisuntergrenze

Langfristig muss ein Unternehmen alle Kosten – also fixe und variable Kosten – decken. **Die langfristige Preisuntergrenze (PUG_l)** ist erreicht, wenn der Preis die entstandenen Selbstkosten je Stück (Stückkosten) deckt:

Die langfristige Preisuntergrenze (PUG_l) ist erreicht, wenn der Verkaufspreis die gesamten Stückkosten (k_g) deckt.

Für den Fall, dass die Fixkosten in voller Höhe einem einzelnen Produkt zurechenbar sind (Einproduktunternehmen), lässt sich die langfristige Preisuntergrenze wie folgt ermitteln:

$$\text{gesamte Stückkosten} = \frac{\text{fixe Gesamtkosten}}{\text{Produktionsmenge}} + \text{variable Stückkosten}$$

$$PUG_l \rightarrow p = k_g = \frac{K_f}{x} + k_v = k_f + k_v \qquad p = k_f + k_v$$

Preisuntergrenze und Beschäftigungsgrad

Die kurzfristige Preisuntergrenze ist vom **Beschäftigungsgrad** (Produktionsmenge) unabhängig. Demgegenüber ändert sich die langfristige Preisuntergrenze in Abhängigkeit vom Beschäftigungsgrad (BG).

Fixkostendegression bei Erhöhung des Beschäftigungsgrades

Bei Ausdehnung der Produktion (= Erhöhung des Beschäftigungsgrades) verteilen sich die Fixkosten auf eine größere Stückzahl. Der Fixkostenanteil je Stück (k_f) nimmt ab. Da sich die Stückkosten (k_g) aus dem Fixkostenanteil je Stück und den variablen Stückkosten zusammensetzen ($k_g = k_f + k_v$), sinken in diesem Fall die Stückkosten (Fixkostendegression, Gesetz der Massenproduktion). Bei einer Produktionseinschränkung (= Verringerung des Beschäftigungsgrades) ergibt sich der umgekehrte Effekt.

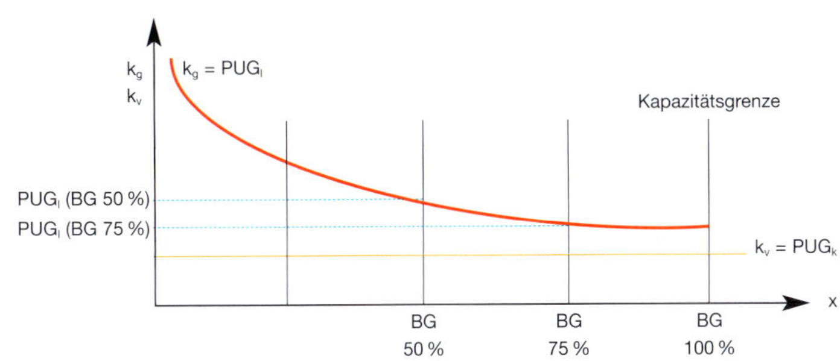

Die Abhängigkeit der langfristigen Preisuntergrenze vom Beschäftigungsgrad führt bei Preisentscheidungen zu folgendem Problem:

- Ein sinkender Beschäftigungsgrad führt zu steigenden Stückkosten und damit zu einer Erhöhung der langfristigen Preisuntergrenze.
- Ein steigender Beschäftigungsgrad führt zu sinkenden Stückkosten und damit zu einer Verringerung der langfristigen Preisuntergrenze.

Eine an der Entwicklung der **langfristigen Preisuntergrenze** orientierte Preispolitik ist aber **nicht marktgerecht**. Wenn der Beschäftigungsgrad sinkt (= Rückgang von Produktion und Absatz), müsste – um die Absatzmöglichkeiten wieder zu verbessern – der Preis gesenkt und nicht erhöht werden. Andererseits muss bei einer Erhöhung des Beschäftigungsgrades (= Zunahme von Produktion und Absatz) nicht zusätzlich noch der Preis gesenkt werden, um die Absatzmöglichkeiten zu verbessern.

Zusammenfassende Übersicht zu Kapitel 7.3: Kurzfristige und langfristige Preisuntergrenze

Preisuntergrenzen

Kurzfristige (absolute) Preisuntergrenze (PUG_k):	Langfristige Preisuntergrenze (PUG_l):
Verkaufspreis (p) deckt genau die variablen Stückkosten (k_v)	Verkaufspreis (p) deckt die gesamten (fixe und variable) Stückkosten (k_g)
$PUG_k \rightarrow p = k_v$	$PUG_l \rightarrow p = \frac{K_f}{\text{Produktionsmenge}} + k_v = k_g$

Checken Sie Ihre Kompetenz mit der Ich-kann-Liste.

Öffnen Sie hierzu den nebenstehenden **QR-Code**
oder geben Sie folgenden Link ein: https://vel.plus/BHBILIF80

vel.plus/BHBILIF81

WIEDERHOLUNG DES GRUNDWISSENS

zu Kapitel 7.3 Kurzfristige und langfristige Preisuntergrenze

1. Stellen Sie dar, was unter der kurzfristigen (absoluten) Preisuntergrenze zu verstehen ist.
2. Erläutern Sie die Bedeutung von Informationen zur kurzfristigen Preisuntergrenze.
3. Geben Sie an, wann ein Unternehmen die langfristige Preisuntergrenze erreicht.
4. Erläutern Sie den Zusammenhang zwischen Produktionsmenge und langfristiger Preisuntergrenze.
5. Begründen Sie, weshalb die Produktionsmenge keinen Einfluss auf die kurzfristige Preisuntergrenze hat.

ANWENDUNGS- UND ÜBUNGSAUFGABEN

zu Kapitel 7.3 Kurzfristige und langfristige Preisuntergrenze

Aufgabe 1 Preisuntergrenze, Stückkosten, Stückgewinn und Gesamtgewinn

HILFE vel.plus/BHBILIF82

Bei 100 %iger Kapazitätsauslastung können in einem Industriebetrieb monatlich 6 500 Einheiten eines Zuliefererteils für die Kfz-Produktion hergestellt werden. Die fixen Kosten dafür betragen 260.000 EUR, die variablen Kosten bei voller Auslastung 520.000 EUR je Monat. Der Verkaufspreis (ohne USt) beträgt 150 EUR je Einheit.

1. Ermitteln Sie die kurzfristige Preisuntergrenze.
2. Ermitteln Sie die Stückkosten, den Stückgewinn und den Gesamtgewinn bei voller Kapazitätsauslastung.
3. Ermitteln Sie die langfristige Preisuntergrenze, wenn davon auszugehen ist, dass sich die an der Kapazitätsgrenze produzierte Stückzahl verkaufen lässt.
4. Ermitteln Sie die Stückkosten, den Stückgewinn und den Gesamtgewinn bei einer Auslastung von 40 %.

7.4 Anwendung der Deckungsbeitragsrechnung bei Produktions- und Absatzentscheidungen

EA 1
S. 316

Beginnen Sie Ihren Kompetenzerwerb zum Thema *Anwendung der Deckungsbeitragsrechnung bei Produktions- und Absatzentscheidungen* mit der Erarbeitungsaufgabe EA 1.

7.4.1 Produktförderung – Produkteliminierung

Produktförderung und Produkteliminierung in einem Holz verarbeitenden Betrieb

Ein Holz verarbeitender Betrieb stellt in einem Zweigwerk ausschließlich Lagerregale in drei Grundtypen her. Für den letzten Monat gelten folgende Daten:

	Verkaufspreis je Stück EUR	Variable Kosten pro Stück (k_v) EUR	Fixe Kosten der Regalproduktion EUR	Absatz Stück
Typ R 01	180,00	110,00		150
Typ R 02	260,00	160,00	**16.400**	100
Typ R 03	310,00	232,00		50

Produktförderung

Fall 1: Rangfolge der Produktförderung

Da freie Kapazitäten vorhanden sind, könnten Produktion und Absatz eines der drei Regaltypen um monatlich 30 Stück gesteigert werden. Auf welches der drei Modelle sollen die verkaufsfördernden Maßnahmen zur Absatzsteigerung konzentriert werden?

	Typ R 01	Typ R 02	Typ R 03
Stückdeckungsbeitrag ($db = p - k_v$) in EUR	db = 180,00 – 110,00 = 70,00 EUR	db = 260,00 – 160,00 = 100,00 EUR	db = 310,00 – 232,00 = 78,00 EUR
Rangfolge der Absatzförderung	❸	❶	❷

Da das Regal vom Typ R 02 den höchsten Deckungsbeitrag pro Stück (db) erbringt, sollten die freien Kapazitäten zur vermehrten Produktion dieses Produktes genutzt werden.

Auswirkungen auf das Gesamtergebnis

	Typ R 01	Typ R 02	Typ R 03	Summe
Erlös ($p \cdot x$)				68.500 EUR
– variable Kosten (K_v) ($K_v = k_v \cdot x$)				– 44.100 EUR
– Deckungsbeitrag (DB)				24.400 EUR
– fixe Kosten (K_f)				– 16.400 EUR
= bisheriges Betriebsergebnis				8.000 EUR
+ zusätzlicher Deckungsbeitrag aus Produktionserhöhung Regal Typ R 02				3.000 EUR
= künftiges Betriebsergebnis				11.000 EUR

Bei Ausnutzung der freien Kapazitäten zur Produktion des Regals Typ R 02 (= **Produkt mit höchstem Deckungsbeitrag je Stück, db)** erhöht sich das monatliche Betriebsergebnis von 8.000 EUR auf 11.000 EUR (ohne Berücksichtigung der Kosten für die Verkaufsförderung). Bei allen anderen Alternativen wäre das Betriebsergebnis niedriger.

! **Die Förderungswürdigkeit einzelner Produkte innerhalb eines Produktionsprogramms hängt von der Rangfolge der Deckungsbeiträge je Stück (db) der einzelnen Produkte ab. Das Produkt mit dem höchsten Deckungsbeitrag je Stück (db) ist am förderungswürdigsten.**

Produkteliminierung

Fall 2: Rangfolge bei Sortimentsbereinigung (Produkteliminierung)

Als Alternative zur Ausweitung der Regalproduktion wird aus Gründen der Risikostreuung erwogen, ein neues Sportgerät aus Holz in das Produktionsprogramm aufzunehmen. Die bisherigen freien Produktionskapazitäten reichen dafür aber nicht aus. Eine Erweiterung der Produktionskapazitäten soll aber noch nicht vorgenommen werden. Da absehbar ist, dass die Nachfrage nach Regalen künftig rückläufig sein wird, soll einer der drei Regaltypen aus dem Produktionsprogramm herausgenommen werden, um die notwendigen freien Kapazitäten zu schaffen. Wegen unterschiedlicher Qualität und Ausfertigung beanspruchen alle drei Regaltypen trotz unterschiedlicher Produktionsmengen die Produktionskapazitäten in gleichem Umfang. Die Geschäftsleitung hat zu entscheiden, welcher Regaltyp künftig nicht mehr produziert werden soll.

	Typ R 01	Typ R 02	Typ R 03
Stückdeckungsbeitrag ($db = p-k_v$) in EUR	db = 180,00 – 110,00 = 70,00 EUR	db = 260,00 – 160,00 = 100,00 EUR	db = 310,00 – 232,00 = 78,00 EUR
Deckungsbeitrag der Produktgruppe in EUR $DB = E-K_v = db \cdot x$	DB = 70,00 · 150 Stk. = 10.500,00 EUR	DB = 100,00 · 100 Stk. = 10.000,00 EUR	DB = 78,00 · 50 Stk. = 3.900,00 EUR
Rangfolge der Sortimentsbereinigung (Produkteliminierung)	❸	❷	❶

Da das Regal vom Typ R 03 den niedrigsten Gesamtdeckungsbeitrag (DB) aller drei Produktgruppen erbringt, sollte dieses Produkt zur Schaffung freier Kapazitäten aus dem Produktionsprogramm herausgenommen werden.

Auswirkungen auf das Gesamtergebnis

	Typ R 01	Typ R 02	Typ R 03	Summe
Erlös ($p \cdot x$)	180 EUR · 150 St. = 27.000 EUR	260 EUR · 100 St. = 26.000 EUR	310 EUR · 50 St. = 15.500 EUR	**68.500 EUR**
– **variable Kosten (K_v) ($K_v = k_v \cdot x$)**	110 EUR · 150 St. = 16.500 EUR	160 EUR · 100 St. = 16.000 EUR	232 EUR · 50 St. = 11.600 EUR	**– 44.100 EUR**
– **Deckungsbeitrag (DB)**	70 EUR · 150 St. = 10.500 EUR	100 EUR · 100 St. = 10.000 EUR	78 EUR · 50 St. = 3.900 EUR	**24.400 EUR**
– **fixe Kosten (K_f)**				**– 16.400 EUR**
= **bisheriges Betriebsergebnis**				**8.000 EUR**
– **Deckungsbeitrag wegen Aufgabe der Produktion von Regal Typ R 03**			78,00 EUR · 50 Stück	**– 3.900 EUR**
= **künftiges Betriebsergebnis**				**4.100 EUR**

Wird die Produktion des Regals Typ R 03 (= **Produktgruppe mit niedrigsten Gesamtdeckungsbeitrag DB aller Produktgruppen)** eingestellt, verringert sich das monatliche Betriebsergebnis von 8.000 EUR auf lediglich 4.100 EUR. Bei allen anderen Alternativen wäre das Betriebsergebnis noch niedriger.

Die Entscheidung, welche Produktgruppe bei einer Sortimentsbereinigung aus dem Produktionsprogramm gestrichen werden soll (= Produkteliminierung), hängt von der Rangfolge der Produktgruppen hinsichtlich der **Gesamtdeckungsbeiträge** (DB) ab.

! **Bei Eliminierung eines Produkts aus dem Produktionsprogramm hängt die Entscheidung von der Rangfolge der Gesamtdeckungsbeiträge (DB) der einzelnen Produktgruppen ab. Die Produktgruppe mit dem niedrigsten Gesamtdeckungsbeitrag (DB) wird als erste eliminiert.**

Grundsätzlich gilt bei Entscheidungen über das Produktionsprogramm:

Aufg. 1
S. 318

! **Produkte mit negativem Deckungsbeitrag werden aus dem Produktionsprogramm gestrichen. Ohne die Weiterproduktion dieser Produkte ergibt sich ein höheres Betriebsergebnis.**

! **Verfügt ein Unternehmen über freie Kapazitäten, ist es nur dann vorteilhaft, ein neues Produkt in das Produktionsprogramm aufzunehmen, wenn dessen Deckungsbeitrag positiv ist.**

7.4.2 Annahme von Zusatzaufträgen

Entscheidung über den Zusatzauftrag eines Möbelproduzenten

Ein Möbelproduzent stellt in einem Zweigwerk ausschließlich Schreibtische her, die zum Nettoverkaufspreis von 500 EUR an den Fachhandel abgegeben werden. Die Monatskapazität für dieses Produkt beträgt 5 000 Stück. Derzeit arbeitet das Unternehmen mit einem Beschäftigungsgrad von 80 %. Die Fixkosten betragen 500.000 EUR, die variablen Stückkosten 250 EUR.
In dieser Situation ist über die Anfrage eines Fachhändlers zu entscheiden, der vorübergehend monatlich 800 Schreibtische zu 300 EUR abnehmen würde.

Lösung:

1. Betriebsergebnis bei Ablehnung des Auftrags		**2. Betriebsergebnis bei Annahme des Auftrags**	
Erlöse (4 000 Stück · 500 EUR)	2.000.000 EUR	zusätzliche Erlöse (800 Stck. · 300 EUR)	240.000 EUR
– variable Kosten (4 000 Stück · 250 EUR)	1.000.000 EUR	– variable Kosten (800 Stck. · 250 EUR)	200.000 EUR
= Deckungsbeitrag ohne Zusatzauftrag	**1.000.000 EUR**	**= Deckungsbeitrag durch Zusatzauftrag**	**40.000 EUR**
– fixe Kosten	500.000 EUR	+ Betriebsgewinn ohne Zusatzauftrag	500.000 EUR
= Betriebsgewinn bei Ablehnung des Zusatzauftrags	**500.000 EUR**	**= Betriebsgewinn mit Zusatzauftrag**	**540.000 EUR**

Ergebnis:
Obwohl die Stückkosten sogar bei einer Kapazitätsauslastung von 100 % mit 350 EUR (100 EUR Fixkosten je Stück* + 250 EUR variable Kosten) um 50 EUR über dem Abnahmepreis des Fachhändlers liegen, empfiehlt sich die Annahme des Auftrags. Der Betriebsgewinn für diesen Schreibtisch erhöht sich bei Annahme des Auftrags um 40.000 EUR.

* $k_{fix} = \frac{K_{fix}}{x} = \frac{500.000 \text{ EUR}}{5\,000 \text{ Stck.}} = 100 \text{ EUR/Stück}$

Grafische Darstellung

Aufg. 2 bis 5
S. 318 ff.

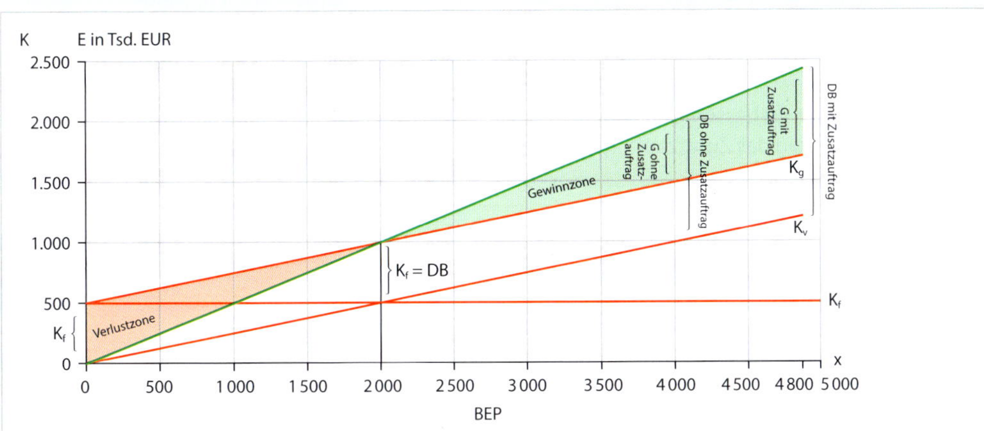

Ist die Kapazität eines Betriebes nicht voll ausgelastet, empfiehlt sich die Annahme eines Zusatzauftrags, wenn die variablen Stückkosten geringer sind als der Stückpreis, da in diesem Fall ein positiver Deckungsbeitrag vorliegt. Ist dies der Fall, führt die Annahme des Zusatzauftrags zu einer Verbesserung des Betriebsergebnisses.

Ist die Annahme eines Zusatzauftrags nur durch Erweiterung der bestehenden Kapazität möglich, so entstehen für die Anpassung der Kapazität **sprungfixe Kosten** (z. B. kalkulatori-

ANWENDUNGS- UND ÜBUNGSAUFGABEN

zu Kapitel 7.4 Anwendung der Deckungsbeitragsrechnung bei Produktions- und Absatzentscheidungen

Aufgabe 1 Absatzpolitische Entscheidungen auf der Grundlage der Deckungsbeitragsrechnung

PDF vel.plus/BHBILIF86

Ein Textilbetrieb stellt vier verschiedene Modelle von Mänteln her. Für den vergangenen Monat liegen folgende Daten vor:

Modell	Absatz (Stück)	Verkaufspreis je Stück in EUR	variable Kosten je Stück in EUR
A	300	200,00	150,00
B	400	450,00	300,00
C	200	600,00	650,00
D	100	700,00	400,00

Die monatlichen Fixkosten für die Mantelproduktion betragen 80.000 EUR.

1. Ermitteln Sie die Deckungsbeiträge je Stück und der einzelnen Produktgruppen.
2. Ermitteln Sie das Betriebsergebnis für die Mantelproduktion mit Hilfe der Deckungsbeitragsrechnung.
3. Es sollen weiterhin alle vier Modelle produziert werden. Die Unternehmensleitung beabsichtigt aber, geeignete absatzpolitische Maßnahmen auf die beiden erfolgversprechendsten Modelle zu konzentrieren. Dadurch soll die Absatzmenge dieser beiden Modelle um jeweils 100 Stück monatlich gesteigert werden. Es wird damit gerechnet, dass sich aufgrund dieser absatzpolitischen Maßnahmen die variablen Kosten dieser Modelle um jeweils 10 % erhöhen. Da für die Produktionsausweitung zusätzliche Maschinen angeschafft werden müssen, steigen gleichzeitig die monatlichen Fixkosten um 15 % (sprungfixe Kosten).
   Zugunsten welcher beiden Modelle würden Sie sich entscheiden? Überprüfen Sie Ihre Entscheidung durch einen Vergleich des nach dieser Maßnahme erzielten Betriebsergebnisses mit dem in der Ausgangssituation erzielten Betriebsergebnis (siehe Aufg. 2).
4. Die Unternehmensleitung möchte nach der Absatzförderung (vgl. 3) das Produktionsprogramm auf drei Modelle straffen. Dadurch könnten im Vergleich zu 3. fixe und sprungfixe Kosten abgebaut und die monatlichen Fixkosten auf 85.000 EUR gesenkt werden.

   Auf welches Modell soll Ihrer Meinung nach künftig verzichtet werden? Überprüfen Sie Ihre Entscheidung, indem Sie das nach der Straffung des Produktionsprogramms erzielte Betriebsergebnis mit dem Ergebnis von Aufg. 3 vergleichen.

Aufgabe 2 Entscheidung über Zusatzaufträge

? HILFE vel.plus/BHBILIF87

Ein Betrieb steht vor der Entscheidung, Zusatzaufträge von neuen Kunden anzunehmen. Die Fertigungsstelle I hat noch Produktionsreserven. Die Kalkulation des dort hergestellten Erzeugnisses sieht wie folgt aus:

	Listenverkaufspreis	200 EUR
–	Preisnachlässe (im Durchschnitt 4 %)	8 EUR
=	Barverkaufspreis	192 EUR
–	variable Kosten	100 EUR
=	Deckungsbeitrag	92 EUR

Zu welchem Mindest-Listenverkaufspreis können Zusatzaufträge für dieses Erzeugnis angenommen werden?

Aufgabe 3 Zusatzauftrag – sprungfixe Kosten

Bei einem Hersteller von Waschmaschinen ergibt sich für die Produktion und den Absatz von 800 Maschinen des Typs Siwamat folgendes Bild:

Umsatzerlöse	480.000 EUR
variable Kosten	288.000 EUR
Deckungsbeitrag	192.000 EUR
fixe Kosten	200.000 EUR
Verlust	8.000 EUR

Es geht der zusätzliche Auftrag eines Exporteurs über 600 Maschinen ein. Der Hersteller ist in der Lage, die insgesamt 1 400 Maschinen ohne Kapazitätserweiterung herzustellen. Allerdings verlangt der Exporteur für die 600 Maschinen einen Rabatt in Höhe von 20 % auf den üblichen Preis.

1. Entscheiden Sie, ob der Auftrag angenommen werden soll. Wie hoch ist das Betriebsergebnis bei Annahme des Auftrags?
2. Prüfen Sie, ob sich die Entscheidung ändert, wenn ab einer Produktionsmenge von 801 Maschinen mit zusätzlichen Fixkosten (sprungfixe Kosten) in Höhe von 140.000 EUR gerechnet werden muss.

Aufgabe 4 Auswirkungen eines Zusatzauftrages auf das Betriebsergebnis

PDF vel.plus/BHBILIF88

Die Mineralbrunnen-AG kalkulierte bisher nur nach dem System der Vollkostenrechnung. Konkurrenzdruck und Konjunkturschwankungen zwingen die Geschäftsleitung zur Einführung der Deckungsbeitragsrechnung.

1. Eine Kundenbefragung ergab, dass neben dem Eigenprodukt Mineralwasser auch 30 000 Kästen fremdbezogener Fruchtsaft pro Jahr abgesetzt werden können. Ermitteln Sie das voraussichtliche Betriebsergebnis mittels Deckungsbeitragsrechnung, wenn folgende Daten erwartet werden:

	Mineralwasser	**Fruchtsaft**
Absatzmenge in Kasten	240.000	30.000
Verkaufspreis je Kasten in EUR	4,00	14,00
variable Kosten je Kasten in EUR	2,05	–
Bezugspreis je Kasten in EUR	–	7,00
Fixkosten des Betriebes	370.000 EUR	

2. Kostensteigerungen führen bei Mineralwasser zu einer Erhöhung der variablen Kosten je Kasten um 0,45 EUR. Gleichzeitig wäre ein Großabnehmer bereit, pro Jahr 40 000 Kästen Mineralwasser zu einem Preis von 3,00 EUR je Kasten zusätzlich abzunehmen.
   a) Soll die Mineralbrunnen AG diese Lieferverpflichtung eingehen? Begründen Sie rechnerisch Ihre Entscheidung.
   b) Erläutern Sie, wie sich das Betriebsergebnis verändert.
   c) Warum wird in der Praxis dieses theoretische Ergebnis nicht zu erreichen sein?

Aufgabe 5 Gewinnschwelle – Zusatzauftrag

PDF vel.plus/BHBILIF95

Ein Hersteller von Dunstabzugshauben produziert derzeit monatlich 8 000 Abzugshauben. Seine Kapazität ist auf eine Monatsproduktion von 10 000 Stück ausgelegt. Eine Untersuchung ergab folgende Kostenstruktur:

variable Kosten pro Stück (k_v):

Material	98,00 EUR
variable Materialgemeinkosten	3,00 EUR
variable Fertigungsgemeinkosten	28,00 EUR
variable Fertigungseinzelkosten	1,00 EUR
variable Verwaltungs- und Vertriebskosten	2,00 EUR
	132,00 EUR
fixe Kosten pro Monat:	240.000,00 EUR

1. Ermitteln Sie bei einem Verkaufspreis pro Abzugshaube von 176,00 EUR den Deckungsbeitrag pro Stück, den gesamten Deckungsbeitrag sowie das Betriebsergebnis bei der derzeitigen Auslastung.
2. Berechnen Sie den Erlös, den das Unternehmen erzielen muss, um seine Gewinnschwelle zu erreichen.
3. Bei der beschriebenen Beschäftigungssituation (8 000 Hauben) erreicht das Unternehmen die Anfrage eines neuen Kunden, der monatlich 2 000 Hauben abnehmen will. Der Kunde begrenzt den Preis auf netto 145,00 EUR.

   Um wie viel EUR ändern sich Deckungsbeitrag sowie Betriebsergebnis pro Monat, falls der Auftrag angenommen wird?

7.5 Optimales Produktionsprogramm in Engpasssituationen: Relative Deckungsbeitragsrechnung

EA 1
S. 323

Beginnen Sie Ihren Kompetenzerwerb zum Thema *Optimales Produktionsprogramm in Engpass-situationen* mit der Erarbeitungsaufgabe EA 1.

Übersteigt die Zahl der Produktionsaufträge die Kapazität des Betriebes, entstehen **Engpässe**, d.h. es können nicht alle Produktionsaufträge berücksichtigt werden. In diesem Fall sind die **absoluten Deckungsbeiträge** (= Deckungsbeiträge ohne Berücksichtigung der Engpasssituation) **keine geeignete Grundlage** für die Entscheidung, welche Produkte in welchen Mengen produziert werden sollen.

Optimales Produktionsprogramms bei Engpässen

Eine Armaturenfabrik produziert u.a. Druckminderer in zwei verschiedenen Ausführungen. Aufgrund von Facharbeitermangel und gestiegener Nachfrage kann das Unternehmen nicht mehr alle Aufträge erfüllen. Der Kostenrechnung für das zurückliegende Quartal sind folgende Zahlen zu entnehmen:

	Produkt A	Produkt B
Verkaufspreis je Einheit, netto	100,00 EUR	160,00 EUR
variable Kosten je Einheit	70,00 EUR	120,00 EUR
Fertigungszeit je Einheit	20 Minuten	40 Minuten

Die Fixkosten betragen 50.000 EUR je Monat und können nur der Gesamtheit aller Produkte zugerechnet werden.

Lösungsschritte zur Ermittlung des optimales Produktionsprogramms bei Engpässen:

1. Schritt: Ermittlung der absoluten Deckungsbeiträge

	Produkt A	Produkt B
Verkaufspreis je Einheit, netto	100,00 EUR	160,00 EUR
– variable Kosten je Einheit	– 70,00 EUR	– 120,00 EUR
= Deckungsbeiträge je Produkteinheit) (= **absolute Deckungsbeiträge**)	**30,00 EUR**	**40,00 EUR**

Beide Deckungsbeiträge sind positiv. Produkt B weist jedoch den höheren **absoluten Deckungsbeitrag** auf.

2. Schritt: Ermittlung der relativen Deckungsbeiträge

Das Produkt mit dem höheren Deckungsbeitrag (Produkt B) beansprucht den Engpassbereich 40 Minuten je Stück, während das Produkt mit dem niedrigeren Deckungsbeitrag (Produkt A) lediglich 20 Minuten je Stück Produktionszeit erfordert. Demnach ist für die Bestimmung der Produktförderung entscheidend, wie hoch die Deckungsbeiträge pro Minute des Engpassbereichs sind **(relative Deckungsbeiträge)**:

relative Deckungsbeiträge	Produkt A	Produkt B
Deckungsbeitrag pro Minute (Engpasseinheit)	30,00 EUR/20 Min. **= 1,50 EUR/Min.**	40,00 EUR/40 Min. **= 1,00 EUR/Min.**

Soll die vorhandene Kapazität allein durch Produktion nur eines der beiden Produkte ausgelastet werden, entscheidet sich die Armaturenfabrik für das Produkt A. Da der **Deckungsbeitrag je Minute** bei Produkt A $\left(\frac{100 - 70}{20} = 1{,}50 \text{ EUR/Min.}\right)$ größer als bei Produkt B $\left(\frac{160 - 120}{40} = 1{,}00 \text{ EUR/Min.}\right)$ ist, wird bei dieser Vorgehensweise ein höherer Gewinn erzielt als im umgekehrten Fall.

Ergebnis: Möchte das Unternehmen seinen Gewinn maximieren, so ist – eine entsprechende Absatzmenge vorausgesetzt – die Herstellung des Produktes A dem Produkt B vorzuziehen, da in diesem Falle pro Produktionsminute ein Deckungsbeitrag von 1,50 EUR erwirtschaftet wird.
Das sind – bezogen auf eine Produktionsminute – 0,50 EUR mehr als bei Produkt B.

Liegen Produktionsengpässe vor, so sind die Deckungsbeiträge je Einheit des Engpassfaktors (relative Deckungsbeiträge) zu ermitteln. Je höher der relative Deckungsbeitrag einer Erzeugniseinheit ist, desto förderungswürdiger ist das entsprechende Produkt.

$$\text{relativer Deckungsbeitrag je Stück} = \frac{\text{absoluter Stückdeckungsbeitrag (db)}}{\text{benötigte Einheiten des Engpassfaktors (z. B. Min. je Stück)}}$$

Fehlentscheidung bei absoluter Deckungsbeitragsrechnung

Optimales Produktionsprogramm eines Uhrenherstellers bei ausgelasteten Kapazitäten

Das Produktionsprogramm eines Herstellers von Digitaluhren enthält vier Produkttypen. Die für das dritte Quartal absetzbaren Mengen, die variablen Stückkosten und die Stückpreise sind nachstehender Tabelle zu entnehmen:

Produktbezeichnung	Absatzmenge Stück	Stückpreis EUR	variable Stückkosten EUR	db je Stück EUR
A	60 000	75	37	38
B	74 500	60	32	28
C	58 000	52	28	24
D	54 000	45	36	9

Die fixen Kosten pro Quartal belaufen sich auf 200.000 EUR.

Alle Produkttypen durchlaufen **die gleiche Montageabteilung**. In dieser Abteilung stehen pro Quartal 10.000 Stunden zur Verfügung. Für die Montage werden folgende Zeiten je Gehäuse benötigt:

Produktbezeichnung	Montagezeit je Stück
A	3,0 Min. = 0,05 Std.
B	7,2 Min. = 0,12 Std.
C	6,0 Min. = 0,10 Std.
D	4,2 Min. = 0,07 Std.

1. Produktionsprogramm auf der Grundlage absoluter Deckungsbeiträge

Produkttyp	Montagezeit je Stück	Menge Soll	Montagezeit Soll	Menge Ist	Montagezeit Ist	db je Stück	Gesamt DB
A	0,05 Std.	60 000 St.	3 000 Std.	60 000 St.	3 000 Std.	38 EUR	2.280.000 EUR
B	0,12 Std.	74 500 St.	8 940 Std.	58 333 St.	7 000 Std.	28 EUR	1.633.324 EUR
C	0,10 Std.	58 000 St.	5 800 Std.	0 St.	0 Std.	24 EUR	0 EUR
D	0,07 Std.	54 000 St.	3 780 Std.	0 St.	0 Std.	9 EUR	0 EUR
			21 520 Std.		**10 000 Std.**		**3.913.324 EUR**

Ergebnis: Wird die Produktförderung nach der Höhe der Stückdeckungsbeiträge (= absolute Deckungsbeiträge) vorgenommen, so werden die Produkttypen C und D nicht produziert. Von Produkttyp B werden lediglich 58.333 Stück produziert.

2. Produktionsprogramm auf der Grundlage relativer Deckungsbeiträge

Produktbezeichnung	Montagezeit je Stück	relativer DB = db je Stunde
A	3,0 Min. = 0,05 Std.	(38/3,0) · 60 = 760,00 EUR
B	7,2 Min. = 0,12 Std.	(28/7,2) · 60 = 233,33 EUR
C	6,0 Min. = 0,10 Std.	(24/6,0) · 60 = 240,00 EUR
D	4,2 Min. = 0,07 Std.	(9/4,2) · 60 = 128,57 EUR

Erfolgt die Produktförderung nach der Höhe der relativen Deckungsbeiträge, so ergibt sich nachstehendes Produktionsprogramm:

Aufg. 1 S. 324
Aufg. 2 S. 324

Produkttyp	Montagezeit je Stück	Menge Soll	Montagezeit Soll	Menge Ist	Montagezeit Ist	relativer dB (db je Std. Montagezeit)	Gesamt DB
A	0,05 Std.	60 000 St.	3 000 Std.	60 000 St.	3 000 Std.	760,00 EUR	2.280.000 EUR
C	0,10 Std.	58 000 St.	5 800 Std.	58 000 St.	5 800 Std.	240,00 EUR	1.392.000 EUR
B	0,12 Std.	74 500 St.	8 940 Std.	10 000 St.	1 200 Std.	233,33 EUR	280.000 EUR
D	0,07 Std.	54 000 St.	3 780 Std.	0 St.	0 Std.	128,57 EUR	0 EUR
			21 520 Std.		**10 000 Std.**		**3.952.000 EUR**

Ergebnis: Wird die Produktionsentscheidung auf der Grundlage der relativen Deckungsbeiträge getroffen, so werden die vier Produkttypen in der Rangfolge A, C, B, D produziert. Wegen des bestehenden Kapazitätsengpasses in der Abteilung Montage wird auf die Produktion von Produkttyp D vollständig verzichtet. Von Produkttyp B werden lediglich 10 000 Stück produziert.

Durch die Produktionsentscheidung auf der Grundlage der relativen Deckungsbeiträge lässt sich das Betriebsergebnis im Vergleich zur Entscheidung bei absoluter Deckungsbeitragsrechnung um 38.676 EUR (3.952.000 EUR – 3.913.324 EUR) verbessern.

Zusammenfassende Übersicht zu Kapitel 7.5:
Optimales Produktionsprogramm in Engpasssituationen: Relative Deckungsbeitragsrechnung

Engpasssituation: Kapazität des Betriebes reicht nicht, um die Produkte in den gewünschten (absetzbaren) Mengen zu produzieren

↓

Entscheidung: Welche Produkte sind mit welchen Mengen zu produzieren?

↓

Entscheidungsgrundlage: Relative Deckungsbeiträge

$$\text{relativer Deckungsbeitrag} = \frac{\text{absoluter Deckungsbeitrag (db)}}{\text{benötigte Einheiten des Engpassfaktors (z. B. Minuten je Stück)}}$$

Produktionsentscheidung: Reihenfolge der Produktförderung ist abhängig von der Höhe der relativen Deckungsbeiträge

Checken Sie Ihre Kompetenz mit der Ich-kann-Liste.

Öffnen Sie hierzu den nebenstehenden **QR-Code** oder geben Sie folgenden Link ein: https://vel.plus/BHBILIF89

ERARBEITUNGSAUFGABE

zu Kapitel 7.5 Optimales Produktionsprogramm in Engpasssituationen: Relative Deckungsbeitragsrechnung

EA 1 Entscheidung über das optimale Produktionsprogramm bei Engpasssituationen

PDF vel.plus/BHBILIF90

In einem Industriebetrieb soll das Produktionsprogramm für das kommende Jahr erstellt werden. Aufgrund der Marktsituation wird mit folgender Produktions- und Absatzmenge je Tag gerechnet:

Erzeugnis	A	B	C	D	E
Stück	40	60	150	60	80

Die Verkaufspreise und die variablen Stückkosten für die einzelnen Erzeugnisse sind nachstehender Tabelle zu entnehmen:

Erzeugnisse	A	B	C	D	E
Verkaufspreis je Stück in EUR	125	90	150	121	140
Variable Kosten je Stück in EUR	135	60	110	85	90

1. Ermitteln Sie den Gesamtdeckungsbeitrag für das gewinnmaximale Produktionsprogramm.
2. Die Lackiererei wird von den einzelnen Erzeugnissen mit nachstehenden Fertigungszeiten beansprucht:

	A	B	C	D	E
Fertigungszeit je Stück in Min.	15	6	5	12	20

   Im Rahmen des Dreischichtbetriebs wird die Lackiererei an einem Arbeitstag 24 Stunden betrieben.

   Berechnen Sie, ob die Kapazität ausreicht, um die einzelnen Erzeugnisse mit den jeweils geplanten Mengen (vgl. 1.) zu produzieren.
3. Der Produktionsleiter schlägt vor, das Produktionsprogramm zu straffen und nur vom Erzeugnis mit dem höchsten Stückdeckungsbeitrag die höchstmögliche Menge zu produzieren.

   Welche Menge lässt sich unter den gegebenen Bedingungen (24 Stunden pro Tag) von diesem Erzeugnis herstellen und welcher Gesamtdeckungsbeitrag wird dabei erzielt?
4. Der Controller behauptet, die vom Produktionsleiter vorgeschlagene Zusammenstellung des Produktionsprogramms führe nicht zum bestmöglichen Betriebsergebnis. Aus seiner Sicht trägt ein hoher Stückdeckungsbeitrag dann nicht unbedingt zur Verbesserung des Betriebsergebnisses bei, wenn das Erzeugnis vergleichsweise lange Fertigungszeiten erfordert. Entscheidend für die Zusammenstellung des Produktionsprogramms sei vielmehr der pro Fertigungsminute erzielbare Deckungsbeitrag eines Erzeugnisses.

   Berechnen sie die Deckungsbeiträge pro Fertigungsminute (= relative Deckungsbeiträge), die sich mit den für das Produktionsprogramm infrage kommenden Erzeugnissen erzielen lassen, und bestimmen Sie die Rangfolge der zu produzierenden Erzeugnisse.
5. Mit welchen Mengen sollten die einzelnen Erzeugnisse auf der Grundlage des unter 4. ermittelten Ergebnisses produziert werden?
6. Ermitteln Sie den Gesamtdeckungsbeitrag, der sich aufgrund des unter 5. festgestellten Ergebnisses ergibt und vergleichen Sie das Ergebnis mit dem unter 3. ermittelten Deckungsbeitrag.

vel.plus/BHBILIF91

WIEDERHOLUNG DES GRUNDWISSENS

zu Kapitel 7.5 Optimales Produktionsprogramm in Engpasssituationen: Relative Deckungsbeitragsrechnung

1. Geben Sie an, wann eine Engpasssituation vorliegt.
2. Erklären Sie den Begriff „absoluter Deckungsbeitrag".
3. Erläutern Sie, warum sich bei Engpasssituationen das optimale Produktionsprogramm nicht nach der Höhe der absoluten Deckungsbeiträge bestimmen lässt.
4. Geben Sie an, wie sich der relative Deckungsbeitrag eines Erzeugnisses berechnen lässt.
5. Nennen Sie die Entscheidungsregel zur Produktförderung bei einer Engpasssituation.

ANWENDUNGS- UND ÜBUNGSAUFGABEN

zu Kapitel 7.5 Optimales Produktionsprogramm in Engpasssituationen: Relative Deckungsbeitragsrechnung

Aufgabe 1 Betriebsergebnis – Verwendung frei gewordener Kapazität einer Spielwarenfabrik

PDF vel.plus/BHBILIF92

Eine Spielwarenfabrik fertigte im zurückliegenden Quartal Holzbaukästen in zwei Ausführungen. Dabei enthält der Erweiterungskasten B weniger, aber kompliziertere Teile als der Grundkasten A. Der Kostenrechnung sind folgende Daten zu entnehmen:

	Grundkasten A	Erweiterungskasten B
Verkaufspreis je Einheit netto	90 EUR	72 EUR
variable Kosten insgesamt	61.500 EUR	112.500 EUR
Produktionsmenge	2 300 Stück	3 750 Stück
Produktionsdauer je Einheit	80 Minuten	210 Minuten

1. Errechnen Sie den Deckungsbeitrag je Stück und insgesamt für den Grundkasten A und den Erweiterungskasten B.
2. Durch Nachfragerückgang eines anderen Erzeugnisses stehen im Monat zusätzlich 300 Stunden freie Kapazität für die Holzbaukästen Typ A und Typ B zur Verfügung. Welchen Typ würden Sie vorziehen, wenn für beide Holzbaukästen genügend Nachfrage vorhanden ist?
   Um welchen Betrag verändert sich durch diese zusätzliche Produktion das Betriebsergebnis?

Aufgabe 2 Sortimentspolitik auf der Basis der Deckungsbeitragsrechnung – Absoluter Deckungsbeitrag – Relativer Deckungsbeitrag – Engpasssituation – Zusatzauftrag

PDF vel.plus/BHBILIF93

Die Kollektion einer Textilfabrik umfasst u. a. fünf Kleidermodelle, für die folgende Daten vorliegen:

Nr.	Modell	geplante Absatzmenge je Monat	Stückpreis p (EUR)	variable Stückkosten k_v (EUR)
1	A	420	400	180
2	B	900	200	100
3	C	200	380	280
4	D	600	280	150
5	E	350	300	180

Die monatlichen Fixkosten betragen 200.000 EUR.

A. Absoluter Deckungsbeitrag und Sortimentspolitik

1. Ermitteln Sie den Deckungsbeitrag und das Betriebsergebnis (Gewinn/Verlust), wenn alle Aufträge ausgeführt werden können.
2. Die Geschäftsleitung überlegt, das Produktionsprogramm bei Kleidern auf drei Modelle zu reduzieren.

a) Welche beiden Modellen sollten Ihrer Meinung nach für diesen Fall aus der Kollektion gestrichen werden? Begründen Sie Ihre Aussage.

b) Ermitteln Sie den sich nach dieser Entscheidung ergebenden Deckungsbeitrag.

3. Für den Fall einer Straffung des Produktionsprogramms (vgl. 2.) würden Kapazitäten frei. Dadurch könnten Produktion und Absatz eines Modells bei gleich bleibenden Fixkosten um monatlich 300 Stück gesteigert werden.

a) Bei welchem Modell sollte diese Produktionsausweitung vorgenommen werden?

b) Begründen Sie mit rechnerischem Nachweis, ob die Straffung des Produktionsprogramms und die Mehrproduktion eines Modells gegenüber der Ausgangssituation (vgl. 1) gerechtfertigt ist.

B. Relativer Deckungsbeitrag und Produkteliminierung aufgrund von Engpasssituationen

4. Aus Sortiments- und Risikogründen sieht die Geschäftsleitung von einer Änderung des Produktionsprogramms ab. Es werden nach wie vor alle fünf Kleidermodelle entsprechend der Ausgangssituation angeboten. Aufgrund der Produktionsausdehnung bei Mänteln ergibt sich aber in der Näherei ein Engpass. Für die Kleiderproduktion stehen nur noch 5.000 Fertigungsstunden pro Monat zur Verfügung. Die einzelnen Kleidermodelle benötigen je Stück folgende Bearbeitungszeiten in der Näherei:

Nr.	Modell	Näharbeiten in Stunden je Kleid
1	A	3,4
2	B	1,8
3	C	2,2
4	D	2,5
5	E	2,5

a) Ermitteln Sie unter Berücksichtigung der Engpasssituation das optimale Produktionsprogramm und den entsprechenden Deckungsbeitrag.

b) Wie groß wäre der Unterschied, wenn sich die Geschäftsleitung bei der Zusammenstellung des Produktionsprogramms nicht an den relativen, sondern an den absoluten Deckungsbeiträgen je Stück orientieren würde?

5. Welche Änderungen würden sich gegenüber dem Ergebnis von 4. ergeben, wenn die Aufträge für die einzelnen Modelle unteilbar sind, d. h. entweder ganz oder gar nicht angenommen werden können?

7.6 Vollkostenrechnung und Deckungsbeitragsrechnung: Vergleichender Überblick

Ein **einzelnes Kostenrechnungssystem** (Voll- oder Teilkostenrechnung) kann die an die Kostenrechnung gestellten Aufgaben (z. B. Preisermittlung, Vorbereitung und Kontrolle betrieblicher Entscheidungen, Ergebnisermittlung) nicht vollständig lösen. Die Unternehmensleitung kann die gewünschten Informationen nur erhalten, wenn sie auf **beide Kostenrechnungssysteme** gleichzeitig zurückgreifen kann.

Vollkostenrechnung in Form der Zuschlagskalkulation	Teilkostenrechnung in Form der Deckungsbeitragsrechnung
Aufteilung der Kostenarten in Einzel- und Gemeinkosten	Aufspaltung der Kostenarten in deren fixe und variable Bestandteile
Verrechnung aller Kosten auf die Kostenträger	Verrechnung lediglich der variablen Kosten auf die Kostenträger
Ermittlung der Herstellkosten, der Selbstkosten und des Angebotspreises möglich	Herstellkosten, Selbstkosten und Angebotspreis werden nicht ermittelt

Vollkostenrechnung in Form der Zuschlagskalkulation	Teilkostenrechnung in Form der Deckungsbeitragsrechnung
liefert keine exakten Informationen darüber, in welchem Umfang Produktions- und Absatzentscheidungen den Gewinn eines Unternehmens beeinflussen	Instrument, das exakte Informationen über die Auswirkungen betrieblicher Produktions- und Absatzentscheidungen vermittelt: ■ kurz- und langfristige Preisuntergrenzen ■ optimales Produktionsprogramm bei freien Kapazitäten und Engpässen ■ Annahme von Zusatzaufträgen ■ Eigenfertigung oder Fremdbezug

Kritik an der Vollkostenrechnung in Form der Zuschlagskalkulation	Kritik an der Teilkostenrechnung in Form der Deckungsbeitragsrechnung
■ Veränderung des Beschäftigungsgrades wird nicht berücksichtigt ■ fehlerhafte Preispolitik bei Beschäftigungsschwankungen ■ unterstellte Abhängigkeit von Gemeinkosten und Einzelkosten ist problematisch ■ verursachungsgerechte Verteilung bestimmter Gemeinkosten auf die Kostenträger ist nicht möglich	■ Trennung zwischen fixen und variablen Kosten ist nicht immer eindeutig möglich (Problem des Zeitraums, für welchen die fixen Kosten anfallen) ■ Marktpreis als Voraussetzung zur Berechnung des Deckungsbeitrags liegt nicht immer vor ■ Herstellkosten nach den Vorschriften des Steuerrechts sind nicht ermittelbar ■ langfristig muss aus dem Produktionsprogramm ein Gewinn erzielt werden (d. h. Vollkostendeckung ist Voraussetzung)

Zusammenfassende Übersicht zu Kapitel 7.9:
Vollkostenrechnung und Deckungsbeitragsrechnung: Vergleichender Überblick

Vollkostenrechnung	Deckungsbeitragsrechnung
↓	↓
keine Aufteilung der Gesamtkosten in fixe und variable Bestandteile	Aufteilung der Gesamtkosten in fixe und variable Bestandteile
↓	↓
Verrechnung der gesamten Kosten auf die Kostenträger	Verrechnung der variablen Kosten auf die Kostenträger (Verursacherprinzip)
↓	↓
Auftrag wird angenommen, wenn die gesamten Kosten gedeckt sind	Auftrag wird angenommen, wenn variable Kosten gedeckt sind
↓	↓
Gefahr von Fehlentscheidungen	($db = p - k_v > 0$)
	↓
	Gefahr von Fehlentscheidungen geringer

vel.plus/BHBILIF94

WIEDERHOLUNG DES GRUNDWISSENS

zu Kapitel 7.6 Vollkostenrechnung und Deckungsbeitragsrechnung: Vergleichender Überblick

1. Beschreiben Sie anhand von drei Merkmalen den Unterschied von Voll- und Teilkostenrechnung.
2. Erläutern Sie, welche Informationen zu den Auswirkungen betrieblicher Entscheidungen die Teilkostenrechnung in Form der Deckungsbeitragsrechnung liefert.

Zusammenfassende Übersicht zu Kapitel 7.4 - 7.6: Anwendung der Deckungsbeitragsrechnung

Anwendungsbereiche der Deckungsbeitragsrechnung					
Instrument der Preispolitik	**Sortimentsentscheidungen**	**Zusatzauftrag**		**Optimales Produktionsprogramm**	
kurzfr. PUG:	Produktförderung:	Kapazität		Kapazität	
$p = k_v$		frei (kein Engpass)	*beschränkt*[1] *(Engpass)*	frei (kein Engpass)	beschränkt (Engpass)
langfr. PUG $p = k_g$	Rangfolge entsprechend der Höhe von db		*Kapazitätserweiterung mit (sprung-)fixen Kosten*		
Verbesserung des Ergebnisses, wenn gilt:	Produkteliminierung:	Annahme des Auftrags, wenn gilt:	*Annahme des Auftrags, wenn gilt:*	Rangfolge entsprechend der Höhe von	Rangfolge entsprechend der Höhe von
$db > 0$	Rangfolge entsprechend der Höhe von DB	$db_{Zusatz} > 0$	$DB_{Zusatz} > K_{fixZusatz}$	db	$\frac{db}{\text{Engpass}}$ (z. B. Min.)
				absoluter Deckungsbeitrag	relativer Deckungsbeitrag
Kap. 7.3 Aufg. 1 S. 312	Kap. 7.4 EA 1 S. 316 Aufg. 1 S. 318	Kap. 7.5 EA 1 S. 323 Aufg. 1 und Aufg. 2 S. 324			

1 Diese Problemstellung ist im Bildungsplan nicht ausdrücklich erwähnt.

TASKS FOR APPLICATION AND PRACTICE

for chapter 1 Communication policy goals

Task 1 Communication policy goals

1. Match the following examples to the communication policy goals. Explain.
   a) On Black Friday, many retailers and online shops have discounts to attract shoppers.
   b) During the Olympic Games, the logo of the consumer goods corporation Procter&Gamble appeared in every stadium. It simply read "P&G" without any additional text.
   c) Brita, a water filter manufacturer, announces every year how many single-use plastic bottles have been saved because of the use of its filter system. The company's current goal is 20 billion bottles a year.
   d) "Cares for what matters" is the slogan used by Mercedes-Benz in its TV ad featuring Alicia Keys with her children in the new S-Class. https://www.youtube.com/watch?v=RF6eWPeZ3OA

www

VIDEO vel.plus/BHBILIG24

2. Find other examples of current communication policy with one of these goals. Explain why you think a specific communication policy goal is central to the companies concerned.

2 Communication policy tools

Competences:

- *explaining communication policy tools*
- *discussing their implementation with consideration of intercultural aspects*
- *analysing how communication policies influence customers' buying behaviour*
- *explaining methods to monitor the effectiveness of advertising*
- *evaluating the effectiveness of communication policy tools with consideration of economic, ethical, legal and intercultural aspects*

Start developing your competences concerning the topic *communication policy tools* with introductory exercise IE 1.

IE 1
p. 352

Communication policy tools				
Advertising	**Sales promotion**	**Public relations**[1]	**Sponsorship**	**Digital communication policy**
People and their conscious or unconscious wants are manipulated in order to draw their attention to products and to induce potential customers to purchase the product.	■ **aimed at employees**[1]**:** sales training, product demonstrations (e.g. for sales staff, representatives, etc.) ■ **aimed at customers:** customer magazines, samples, product demonstrations, competitions, etc.	An enterprise informs the general public about itself in order to generate trust (image building). PR activities include the corporate website and social media channels, factory tours and press conferences on current issues.	An enterprise (sponsor) makes money or material resources available to the sponsored party (e.g. a sports club). In return, the sponsored party renders an image-promoting service (e.g. a corporate logo on its shirts).	There are digital versions of all other tools. However, digital communication also offers some new features, such as more **target-specific communication** and the use of **influencers**, i.e. opinion leaders with a suitable reputation and reach for advertising purposes.

2.1 Advertising

Advertising goals

Advertising is the targeted manipulation of people such that they behave in line with the sales targets of the advertising enterprise and are induced to make a purchase.

Objectives of different types of advertising			
Introductory advertising	**Advertising for growth**	**Maintenance advertising**	**Reminder advertising**
Making new products known (creating wants and needs)	Increasing market share (winning new customers, additional purchases by existing customers)	Stabilising the existing market share (stopping customer switching to competitors)	Ensuring the customer's permanent awareness of a product that's been launched on the market

1 Not part of the curriculum.

Personalised advertising is aimed directly at an individual or a company (one-to-one advertising).

Personalised advertising

Travelling sales representatives of a vacuum cleaner manufacturer are sent to selected households to demonstrate the product and its advantages. Customers who state they need some time to think about purchasing a vacuum cleaner receive a personal letter and a phone call a few days later.

Online marketing enables **mass and personalised advertising** to be carried out at the same time. Instead of showing a banner advertisement for headphones to every user of a social media platform, only those previously looking for headphones using a search engine receive this ad. As a result, a large group of people *interested* in the product will be reached without the costs of mass advertising.

© silvabom – stock.adobe.com

- **Types of advertising by target group**

In a push strategy, advertising is aimed at traders. A manufacturer may target a wholesaler. The wholesaler in turn targets retailers with its advertisement. Retailers do some advertising aimed at consumers.

The opposite is a pull strategy, in which consumers are directly targeted. Their demand causes retailers to look for a product available from a wholesaler or manufacturer.

- **Special types of advertising**

Product placement means that a product, service or brand is involved in the plot of a film, TV show, video game or music video, or placed in a magazine or newspaper article. Although the advertising is paid for, it is often not apparent, that it is in fact advertising.

Staatsvertrag für Rundfunk und Telemedien (RStV) § 7 Abs. 7
UWG § 5a (6)

Actors, TV presenters etc. are opinion leaders. Product placement tries to use their popularity and credibility for advertising purposes. The audience may not even notice the advertising; nevertheless, it may still work, perhaps precisely for this reason. In Germany and many other countries, the use of product placement must be indicated at the beginning and end of a production, by a decleration such as "Promotional consideration provided by ..." or "Includes paid promotion".

Product placement in a James Bond film

The main character wears a particular suit and watch, and drives a certain car. The manufacturers of these products either pay for this or provide their products free of charge for the production of the film.

© MGM/Courtesy Everett Collection

Sensation marketing comprises creative forms of marketing that try to surprise and thrill consumers, creating massive attention.

Reaching consumers with traditional advertising campaigns is not easy as they are already confronted with advertising all day long. **Guerrilla marketing** is a strategy that uses unconventional one-off campaigns to reach attention.

Guerrilla marketing

1. A BMW Mini placed vertically on the wall of a shop in London.
2. A Miele vacuum cleaner on a billboard looks like it was vacuuming a hot-air balloon.
3. A gymnastics mat in a sports stadium was designed in the shape of Pepperidge Farm toast bread.

Advertising plan

"Half my advertising is a waste – I just don't know which half" is a common complaint in the advertising business.

There is no way of predicting whether a particular advertising effort will have the desired result. When setting up the details of the **advertising plan,** the intention is to define the measures for the advertising campaign more clearly on the basis of advertising objectives. This provides an effective tool for checking the success of advertising activities. If necessary, corrective action can be taken, especially when it becomes obvious that the planned objectives cannot be achieved. Normally the advertising plan contains the information indicated on the right.

Target group:	**Who** is the target of advertising (e.g. consumers, retailers, specialist shops, tradespeople, consultants)?
Advertised product:	**What** is to be advertised (a specific product, a range of products or a company as a whole)?
Advertiser:	**Who** plans and executes the advertising campaign (the manufacturer or an advertising agency)?
Advertising content:	**What** is the **message** of the advertising (product information company information)?
Advertising medium:	**What media** are chosen to transmit the advertising message (brochures, radio, TV, etc.)? Ideally, an advertising medium should be chosen that best appeals to the target group.
Advertising period:	**When** is advertising to be carried out? Advertising for products that are subject to seasonal fluctuations may be conducted during the season (pro-cyclical) or out of season (counter-cyclical).
Area of distribution:	**Where** should the advertising activities take place (towns, countries)?

Advertising plan of a manufacturer of gardening tools

Target group:	home owners
Advertised product:	lawnmower
Advertiser:	manufacturer does the advertising
Advertising content:	product information
Advertising medium:	brochure
Advertising period:	spring
Area of distribution:	Bavaria
Reach:	500 000 households
Advertising budget:	€80,000

Reach:	**Number of people** reached by the advertising. We can differentiate between *target-specific reach* and *reach in the whole population*.
Advertising budget:	**What size budget** is available for advertising? The following methods are feasible for setting an advertising budget: ① *Affordable method:* The advertising budget depends on how much the business can afford to spend. Profit in the prior period is usually the most important factor for the fiscal means available for advertising. ② *Percentage of sales method:* The advertising budget is determined as a percentage of sales. Alternatively, it may be determined as a percentage of profit. ③ *Competitor parity method:* A business spends a similar amount on advertising to its competitors in order to stay competitive. ④ *Objective and task method:* Advertising expenditure is determined according to marketing objectives. However, the company still has to take the financial and competitive situation into account.

Advertising period for seasonal products

① A ski manufacturer advertises the new model Race Carver X/80 during the ski season from October to January (pro-cyclical advertising).

② A manager of holiday homes in Spain advertises out of the bathing season from February to April (counter-cyclical advertising).

© MEV Agency UG

Examples of setting the advertising budget

① **Affordable method**
A brewery advertises its beer during various TV sports broadcasts (reminder advertising). The aim is to stabilise sales. Every month, the same amount of money is spent on advertising, regardless of sales (as long as the brewery can afford it).

② **Percentage of sales method**
A manufacturer of jewellery intends to use 2 per cent of the previous year's sales revenue as its advertising budget for the upcoming year.

③ **Competitive parity method**
A fashion company has estimated the advertising budget of its biggest competitor in the market for ladies' fashion. Its own advertising budget is set at 110 per cent of its competitor's.

④ **Objective and task method**
A food manufacturer sets quite a large advertising budget for a new product, a lactose-free ice-cream, to support its market launch.

© MEV Agency UG

Monitoring advertising effectiveness

■ Choosing advertising media

Advertising can only be successful if it reaches relevant target groups. As different media have different audiences, it is very important to make an informed choice and consider both the number of people that consume a medium and the cost of an advert.

The **cost per thousand impressions** (cost per mille, CPM) formula can be used for a cost comparison of advertising media. This is indicative of the price to be paid to reach a target group of 1,000 (readers, listeners, viewers) with the chosen medium. CPM gives a first clue of advertising effectiveness, especially if a company knows what part of the audience of a certain medium belongs to its target groups.

! cost per mille

$$CPM = \frac{\text{total campaign spend} \cdot 1000}{\text{number of impressions}}$$

Cost per mille of a ZDF 30-second ad viewed by 14m viewers

$$CPM = \frac{€678 \cdot 30 \cdot 1{,}000}{14{,}000{,}000} = €1.45$$

Cost per mille of a full-page ad in FAZ

$$CPM = \frac{€69{,}920 \cdot 1{,}000}{960{,}000} = €72.83$$

Costs of selected advertising media as a basis for planning advertising activities

Task 2 p. 355

	Airtime	Days of broadcast	Euros per second
TV station			
ARD	7:58pm	Mon-Sat	2,130
ZDF	6:25pm	Mon-Fri	678
ProSieben MAXX	7:45pm	Mon-Fri	57
Radio station			
SWR 3	7–8am	Mon-Fri	143
antenne 1 Neckarburg Rock&Pop	24 hours	Mon-Sun	4.20
	Frequency	**Readers**	**Price per page in euros**
Newspapers and magazines			
Frankfurter Allgemeine	daily	960,000	69,920
Spiegel	weekly	5.2m	82,700

The AIDA formula

Concerning the effectiveness of advertising, advertising psychologists have found that the effects of advertising are particularly positive if the advertising activities adhere to the stages of the **AIDA formula** explained in the box on the right.

Task 3 p. 355

[A] ttention	⇒ create attention
[I] nterest	⇒ raise interest
[D] esire	⇒ trigger desire to buy
[A] ction	⇒ initiate act of purchase

Advertising according to the AIDA formula

A manufacturer of electric juice extractors is planning these activities for the different stages of the AIDA formula:

Stage [A]: In the draft version of the leaflet **attention** is generated for the juice extractor with the question: "What is the simplest way to improve my health?"

Stage [I]: In order to raise the **interest** of potential customers, special tasting stands are to be placed in shopping centres.

Stage [D]: To increase the **desire** to buy, the draft leaflet contains a reference to a person's daily vitamin requirement.

Stage [A]: The **action** to buy is to be initiated by introductory promotion activities in which the product is offered for sale at 10 per cent below the normal retail price.

Indicators of advertising effectiveness

Advertising content and advertising material should influence the potential buyer in the intended manner. The ultimate goal of advertising is to have a positive impact on sales revenue, profit and market share. These are direct indicators of advertising effectiveness. However, when the marketing department of a company assesses whether an advertising activity was successful or not, it will first look at the impact on the other stages of the AIDA formula. These are **indirect** indicators of advertising effectiveness. The results help to gain experience for future advertising activities.

Indirect indicators of advertising effectiveness

ArabiCUP offers coffee dispensers to companies. Its new product features reusable coffee cups. A survey of its past advertising activities yielded the following results:

The target group consists of	280 companies
Attention was created with	240 companies
Interest was raised with	220 companies
The intention to buy was stated by	180 companies
The product was actually bought by	160 companies

Here are a few indicators for advertising effectiveness:

What's the percentage of people in the target group ...

A Create attention

... whose attention was caught by an advertising activity?

$$\text{degree of attention} = \frac{\text{number of people addressed} \cdot 100}{\text{number of people in the target group}}$$

$$\text{degree of attention} = \frac{240 \cdot 100}{280} = 85.7\,\%$$

I Raise interest

... that are interested in the advertised product?

$$\text{degree of interest} = \frac{\text{number of people interested in the product} \cdot 100}{\text{number of people in the target group}}$$

$$\text{degree of interest} = \frac{220 \cdot 100}{280} = 78.6\,\%$$

D Trigger desire to buy

... that have the desire to buy the product?

$$\text{degree of desire} = \frac{\text{number of people with the desire to buy} \cdot 100}{\text{number of people in the target group}}$$

$$\text{degree of desire} = \frac{180 \cdot 100}{280} = 64.3\,\%$$

A Initiate act of purchase ... that have actually bought the product?

$$\text{degree of purchase} = \frac{\text{number of actual purchasers} \cdot 100}{\text{number of people in the target group}}$$

$$\text{degree of purchase} = \frac{160 \cdot 100}{280} = 57.1\,\%$$

Finally, **direct** indicators of advertising effectiveness are considered. There must be a reasonable correlation between the costs and the success of the advertising activities. If the cost of an advertising activity is as high as the increase in revenue achieved by it or even higher, the advertising activity is clearly not economically viable. According to the principle of economic viability, the advertising company has to try to achieve the advertising objectives at the lowest possible costs (economic principle). Its success can be measured using the following formula for the economic viability of advertising:

$$\text{economic viability of advertising} = \frac{\text{increase in revenue in EUR}}{\text{advertising costs in EUR}}$$

It is not possible to determine the impact of an advertising activity on profit or other company objectives using this indicator.

The change in market share (based on revenue or sales volume) after an advertising campaign is another direct indicator of advertising effectiveness.

$$\text{market share} = \frac{\text{revenue in EUR} \cdot 100}{\text{total market revenue in EUR}}$$

or

$$\text{market share} = \frac{\text{sales volume} \cdot 100}{\text{total market sales volume}}$$

2.2 Sales promotion

Advertising, however good it may be, cannot be successful if for example the sales staff of an enterprise can't give prospective customers detailed information about the quality of a product or if the product is not adequately positioned in the sales area.

Task 4 p. 356
Task 5 p. 356

Measures that support the advertising activities of an enterprise and thereby promote sales at the point of sale are referred to as sales promotion.

While advertising is meant to arouse customers' interest in the product, promotional activities are intended to persuade customers to decide to purchase the product.

Examples of sales promotion activities

A chewing gum manufacturer provides sales agents with free samples of new flavours. It offers discounts to retailers and prints '20% off this week' coupons on advertising material.

The following are the main target groups of promotional activities:

- sales promotion for salespeople
- sales promotion for resellers
- sales promotion for consumers[1]

Sales promotion activities of a dairy

A dairy has developed a new probiotic type of yoghurt. Eating it regularly can strengthen the body's defence system. The enterprise carries out the following sales promotion measures:

1. for its sales agents and sales reps

   In a seminar, the staff are trained to conduct sales talks about the new product. They are informed about the effective biological elements of the ingredients. All field workers are given a sales manual with information about the ingredients (protein, carbohydrates, fibres, etc.) of the new product. For sales of the new product, they will be granted a sales premium of 0.5 per cent.

2. for consumers:

   In a number of supermarkets, the dairy puts up tasting stands offering customers free samples of the new yoghurt. Customers are invited to share their thoughts about the different flavours as well as to take part in a sweepstake. All participants receive coupons and the winners are invited to visit Stockholm, the home of the dairy.

© missmimimina – stock.adobe.com

2.3 Sponsorship

Sponsorship is financial or material support for an organisation by an enterprise. In return, the sponsored organisation supports the enterprise's communication policy goals.

Many organisations in the fields of sports, culture and charity rely on sponsorship to fund their activities. Sponsorships are different from donations. Sponsors want these organisations to spread their company or brand names in return (e.g. on a shirt or car). They hope to gain awareness and profit from the positive image of the sponsored organisation and show social responsibility. Ideally, the images of the sponsored party and of the sponsor fit together well in order to enable an image transfer, e.g. a sporty, modern image for a furniture retailer.

Sponsorship

Docklands Stadium in Melbourne was renamed "Marvel Stadium" after a deal with Marvel's parent company Walt Disney. The name "Marvel Stadium" is written on every ticket and used in media coverage of football and cricket matches as well as concerts.

© Jackie Davies – stock.adobe.com

1 According to the curriculum, the focus is on customer-based sales promotion.

2.4 Digital communication policy

Digital communication is manifold. It comprises online communication, social media and mobile communication. As technology and applications advance rapidly, new forms will emerge and others disappear.

© MEV Agency UG

! Digital communication comprises the use of all digital media, including computers, smartphones and other devices, for marketing purposes.

Digital communication		
Online communication	**Social media**	**Mobile communication**
company website	social networks	company apps
e-mail	media sharing sites	QR code marketing
display e.g. banner ads on websites	blogs	Bluetooth marketing
affiliate marketing	forums and communities	Appstore marketing
search engine advertising	rating platforms	

■ Characteristics of digital communication

The fundamental difference between analogue and digital communication is that digital communication enables **interactivity**, i.e. two-way communication. Unlike the viewers of a TV commercial, users of digital media can click on "like" or respond in another way.

In social media, communication takes place not only between company and consumer but also between different consumers. Content generated by the company may mix with user-generated content (e.g. customer reviews or selfies that also show a product). Consumers tend to trust other consumers more than companies. This "digital word-of-mouth" may lead to **viral marketing**, i.e. advertising that works without any further effort by the company because users share it. It spreads rapidly without being paid for by the company. On the other hand, it can't be controlled by the company.

Digitalisation affects all parts of the AIDA formula:

- **A** Online advertising (e.g. in videos or on news pages) creates attention.
- **I** Interested people often enter certain keywords into search engines or comparison portals. The advertiser's own product should emerge somwehere at the top of the list.
- **D** Even small companies are able to support the desire to buy by transporting their rational or emotional message inexpensively using audio and video.
- **A** Deals and special offers may be communicated by, say, a company app and can directly lead to sales.

Company **apps** are used for both communication and distribution. Features may include current special offers, discounts, lotteries or recipes as well as the possibility to voice complaints or ask questions. Apps help companies to retain customers and collect data (e.g. customer interests, location data).

Digital communication makes it possible to provide extensive information on any kind of product. However, approaching customers *personally* and taking their *individual* wants and needs into account is not easy in digital communication. Interactive filters are one way of doing so. The more a company knows about a customer, the better suited its recommendations. You may be familiar with Amazon's feature "Customers who viewed this item also viewed..."

Companies can gather detailed information on customer groups, such as what they search for, what they like, their doubts and questions. This may result in more **target group specific communication**. Consumers have to consider what data they are prepared to disclose. Generally speaking, the storage and use of personalised data is only allowed with consent.

Usually, a consumer gets in touch with the product a few times before deciding to order it on the internet. These occasions are referred to as **touchpoints**.

Touchpoints before an e-commerce order

In a training session, a footballer notices that one of his teammates is wearing new boots of a particular brand. As his own boots are worn out, he asks his teammate to rate them and then searches the internet for these boots. He finds out about the materials used on the manufacturer's website. He uses a search engine to find a price comparison website. Doing that, he comes across the online shop of a sporting goods retailer, reads the product details, studies the customer reviews and decides to buy.

The touchpoints on this "customer journey" are the football pitch (noticing a desire), the manufacturer's website, the search engine, the price comparison website and the retailer's online shop.

Creating the desired touchpoints (e.g. blogs, forums, social media, price comparison websites, ads, search engines or company websites) is therefore an important criterion in all decisions concerning the advertising plan. In the end, it is often hard to tell which touchpoint was critical for the actual purchase decision.

Affiliate marketing, a fast-growing segment, offers this possibility. An adverting medium (e.g. a news website) acts like a sales agent. It receives remuneration for each click or purchase, usually without a fixed sum. One advantage for the advertiser (or "merchant") is that it only pays for successful advertising, not for wastage. Moreover, it knows exactly which communication led to purchases. An advantage for the "affiliate" is that it receives payments over a longer period of time, not only once. Affiliate marketing is a typical source of income for influencers.

! **Influencer marketing means that companies engage people with a certain reputation, influence and reach to support their communication policy. Influencers multiply the message of the advertiser using their social media channels.**

Companies may look for an **influencer** that aligns with the brand image on their own or hire an agency. Typical influencers include YouTubers, athletes, celebrities, journalists and experts in any field. The most important qualification is a large amount of followers. In many cases, they are seen as role models by their followers. They spread advertising messages on social media like Facebook, Instagram, Snapchat, YouTube or TikTok.

Influencer

Bibi Claßen is one of the best-known German influencers. She runs BibisBeautyPalace, one of the most-subscribed YouTube channels in Germany. Her followers are mainly young people interested in topics like fashion and cosmetics.

Influencers with extensive reach earn similar sums to celebrities for their testimonials in traditional media. Influencers with lower reach may only receive free sample products.

Critics say that influencers often do no disclose their connections to brands correctly. Furthermore, they target easily influenceable people like children and teenagers, pretending to give advice like a friend when they are in fact selling something.

Web analytics

Digital media offer new ways to monitor advertising effectiveness. Extensive data can be obtained almost in real-time.

! Web analytics involves activities to track, measure, and evaluate digital marketing campaigns.

Once again, a very important indicator or "metric" is **CPM**, the cost per thousand impressions.

! cost per mille

$$\text{CPM} = \frac{\text{total campaign spend} \cdot 1000}{\text{number of impressions}}$$

Cost per mille of a Google display ad

Cost of the ad: $9,360; number of impressions: 3,000,000

$$\text{CPM} = \frac{\$9{,}360 \cdot 1{,}000}{3{,}000{,}000} = \$3.12$$

Cost per click of an Instagram ad

Cost of the ad: $32,040; number of clicks: 9,000

$$\text{CPC} = \frac{\$32{,}040}{9{,}000} = \$3.56$$

Cost per lead of a banner ad on a news website

Cost of the ad: $56,000; number of leads: 280

$$\text{CPL} = \frac{\$56{,}000}{280} = \$200.00$$

Costs for selected online media as a basis for planning advertising activities

	Average CPC	Average CPM
Platform		
Google Search Ads	$2.32	$38.40
Google Display Ads	$0.67	$3.12
Facebook Ads	$1.35	$8.60
Instagram Ads	$3.56	$8.96
Twitter Ads	$0.38	$6.46
LinkedIn Ads	$5.26	$6.59
Pinterest Ads	$1.50	$30.00

cf. https://www.topdraw.com/insights/is-online-advertising-expensive/

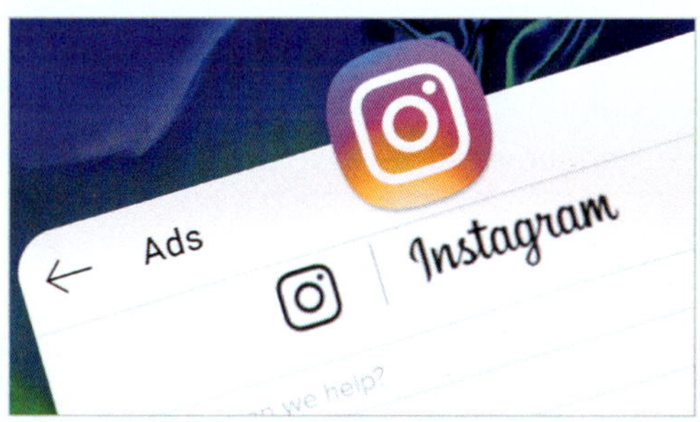

Even more common in online advertising is **cost per click** (CPC). This means, that a company pays for each click on its advertisement. The advantage of this scheme is that campaigns that do not lead to much consumer interest are cheaper.

> !
> cost per click
> $$\text{CPC} = \frac{\textbf{total campaign spend}}{\textbf{number of clicks}}$$

In B2B advertising, **cost per lead** (CPL) is the most common scheme. Potential customers are referred to as leads if you have some kind of contact information, such as an email address, because the potential customer has asked for further information or an offer. Even though leads are more likely to generate a sale, these are not customers yet. A scheme where only actual orders generated by an ad are paid for is called **cost per order** (CPO).

Advertising effectiveness is not only a matter of costs. There are a number of other indicators. For example, the **click-through-rate** (CTR) indicates the percentage of visitors who actually click on a link on an ad.

> !
> click-through-rate
> $$\text{CTR} = \frac{\textbf{number of clicks}}{\textbf{number of visitors}}$$

Qualitative indicators should be added to the quantitative indicators mentioned above to obtain a complete picture of a marketing activity.

Other web analytics indicators	
Quantitative	**Qualitative**
■ page visits ■ unique page visitors (excluding multiple visits) ■ time spent on site ■ likes, comments, shares ■ click-through-rate ■ use of hashtags ■ new subscribers ■ sales ■ repeat sales ■ number of online ratings	■ mentions ■ positive/negative sentiment ■ customer satisfaction ■ loyalty ■ content of ratings

2.5 Target group specific communication policy

All advertising activities must be clearly targeted at the relevant group of people (target group).

As you have learned in chapter D1, market segments may be differentiated by geographical, demographic, psychographic and sociographic factors. **Socio-demographic factors** include age, gender, ethnicity, religion, family size, education, occupation, income and social class.

> ***Target groups***
>
> Communication directed at American working class mums with a healthy lifestyle needs to be very different from coummunication aimed at British upper-class single women fond of fashion, even if the same product is to be sold.

Marketers have to consider the current situation in the target market and also changes in these characteristics, e.g. demographic change or the development of social classes, and adapt their communication policy accordingly.

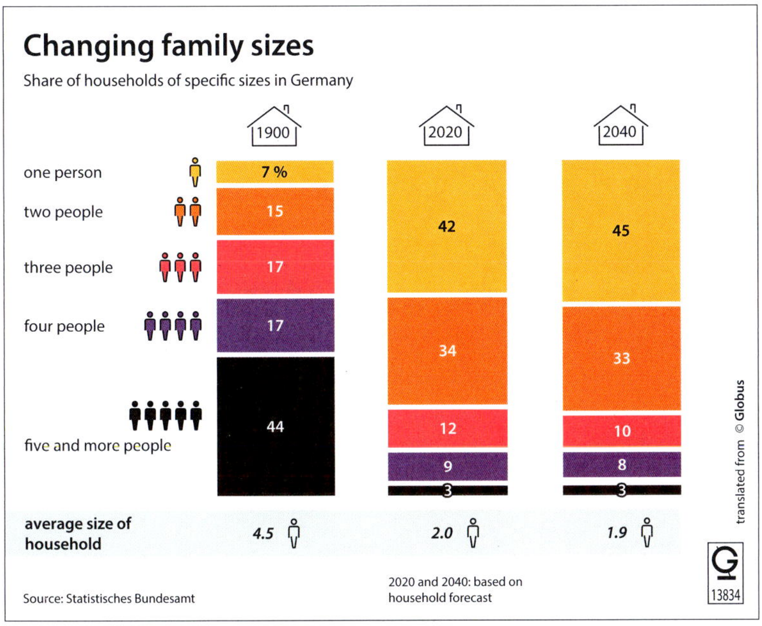

There are large differences in the use of media by different age groups. A media plan must reflect this fact. If the target group is senior citizens, digital communication may work. However, instead of social media, advertisements on the pages of e-mail providers or booking websites would be preferable.

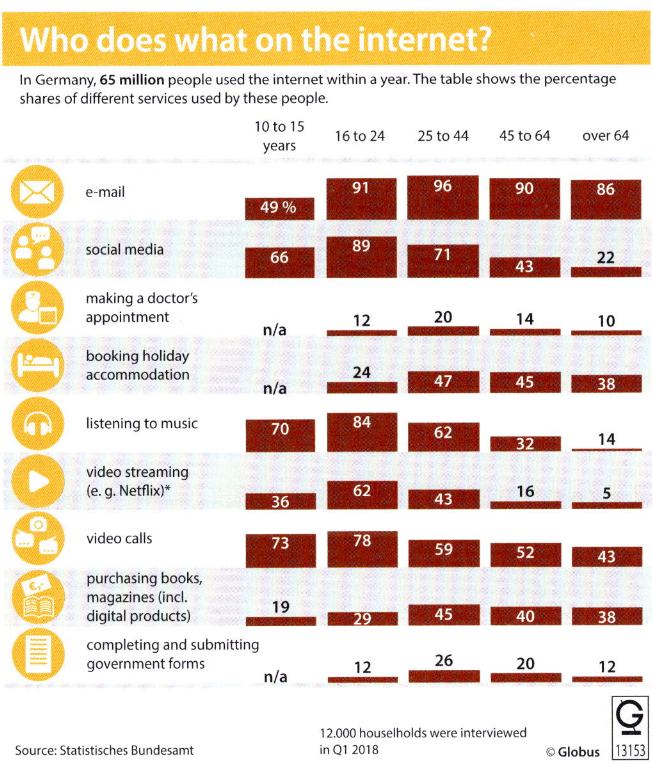

Marketers have to consider **cultural drivers** if they want to sell internationally. Marketing departments of large MNCs are therefore typically made up of **diverse** teams with **intercultural competence**.

> **Culture is a specific system of orientation for a nation, a society, an organisation or group. It gives meaning and sets possibilities as well as limits of action.**
> cf. Thomas, Interkulturelle Handlungskompetenz p. 118.

Cross-cultural differences may cause serious errors. Colours for example have very different connotations in different countries. To Chinese people, red stands for luck. To Europeans, it may be associated with aggression, yet also with love.

Brand names have to be checked for intercultural blunders.

Brand names and their connotations in different cultures

The American manufacturer of personal care-products Clairol tried to sell a curling iron in Germany under its brand name Mist Stick, which apparently didn't go well.

© Dusko – stock.adobe.com

Examples of companies with marketing gaffes caused by language and translation problems receive a lot of attention. However, the real problems of intercultural marketing go far beyond that. Wants and needs in different cultures may be very different. This may require different products and different communication. Marketers should also learn about customs and habits.

Cultural habits and product policy

Americans tend to go shopping once a week by car and have large refrigerators. Spaniards go shopping more often during the week to have fresh products. Coca Cola overlooked this when it tried to introduce large two-litre bottles on the Spanish market, ignoring shopping habits and typical refrigerator sizes.

for cultural standards see Economics and Business Basics chapter 4.1

In **communication policy**, there are certain taboos in each culture. Cultural standards help to understand their background. For example, in cultures where hierarchy is an important **cultural standard** (e.g. in China), it is important not to undermine the role of parents or other authorities. Remember Thomas' cultural standards method you studied in your first year. These standards are one way to check whether a communication policy is appropriate for a culture.

Task 6 p. 357

Cultural standards according to Alexander Thomas

Germany	USA	China
▪ Task orientation	▪ Equal opportunities	▪ Hierarchy
▪ Rules and regulations	▪ Action orientation	▪ Guile and tactics
▪ Directness/truth	▪ Easy going	▪ Saving face
▪ Interpersonal distance	▪ Achievement orientation	▪ Harmony in social relations
▪ Internalised control	▪ Individualism	▪ Personal networks (Guanxi)
▪ Time management	▪ Social support ("nice guy")	▪ Bureaucracy
▪ Separation of personal and public domains	▪ Minimisation of interpersonal distance	▪ Personal and situational validity of rules and principles

A "soft start" of a product that may not work perfectly but is sold at a discount works well in China. The Chinese can handle ambiguity quite well. In the United States, too, "beta versions" of software are not unusual, matching the cultural standard "action orientation". However, the German cultural standards of "rules and regulations" as well as "internalised control" don't go well with soft starts.

Cultural standards and communication policy

In an individualistic culture like the USA, advertising often stresses the customer's uniqueness and how a product and service serves their wants and needs. JetBlue, an American airline, has the following slogan: "You above all." In China, harmony in social relations is one of the cultural standards. The collective is more important than the individual. China Airline's slogan is "Journey with a caring smile".

© Mateusz – stock.adobe.com

In Western cultures, it is vital to avoid racist and sexist connotations.

Taboos in communication policy

H&M sold a hoodie that said "COOLEST MONKEY IN THE JUNGLE". In H&M's online shop, a picture showed a Black child wearing it. H&M was accused of racism at for example large protests in South Africa.

2.6 Ethical and legal constraints in communication

What is acceptable in communication and what is not? The most basic answers to that question are laid down in laws and regulations. For example, untrue and misleading statements are forbidden by law. However, many answers depend on the opinions of the various stakeholders: the public, NGOs, consumers, employees, etc. These are ethical questions.

Task 7 p. 357

Task 8 p. 358

- **Truthfulness in advertising**

  Advertising materials must not contain any statements that do not apply to the advertised product. Moreover, important product information must not be withheld. According to the German **Act against Unfair Competition (UWG)**, any measures that strongly impair the interests of competitors or consumers are inadmissible. However, even if an advertising message is legal, consumers may still perceive it as misleading, which in turn harms the company's credibility. Examples of such messages are collected by Foodwatch, an NGO.

  UWG §5

  The **German Advertising Standards Council** enforces a code of conduct on all advertising activities. It was founded by the German advertising industry as a means of voluntary self-control and, in case of conflict, can be appealed to in addition to a court of law. The British counterparts are called the **Advertising Standards Authority** (ASA) and the Internet Advertising Bureau (IAB UK).

  Comparing verifiable and typical qualities of a product in advertising (e.g. functions of technical equipment, prices) with those of a competitor product **(comparative advertising)** does not constitute an infringement of the law, neither in Germany nor in Britain. However, comparative advertising must not disparage or degrade a competitor.

Block diagram for chapter 2: Communication policy tools

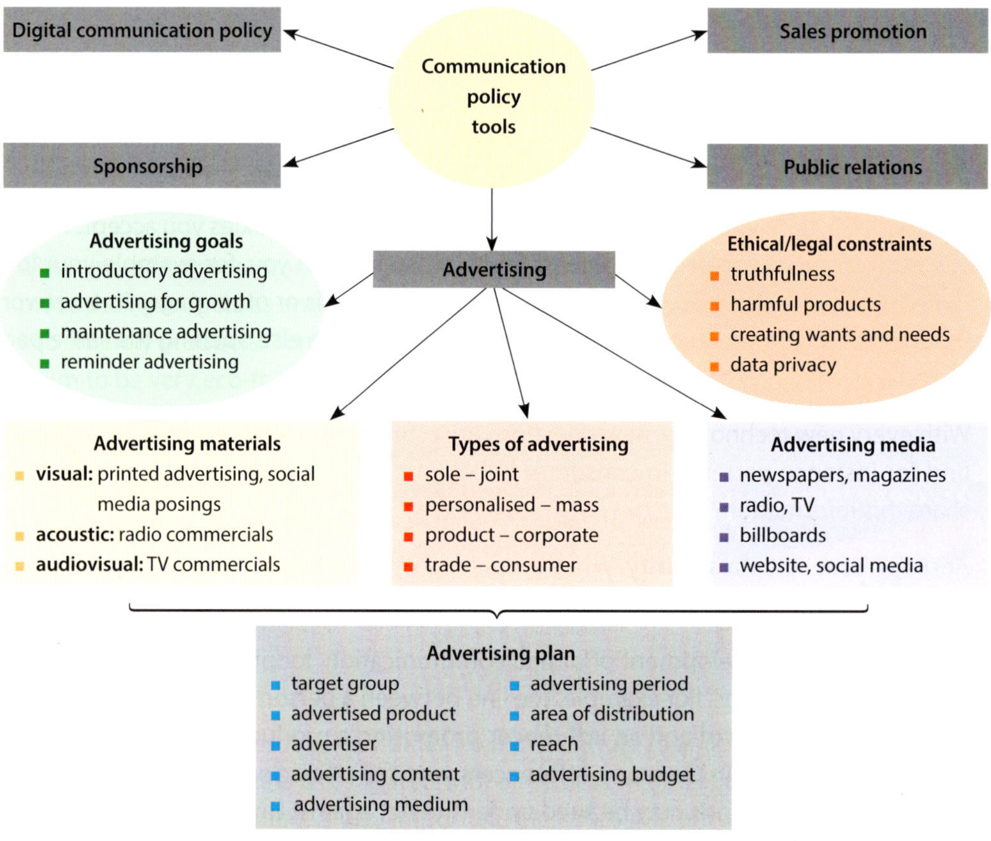

Strengths and weaknesses of communication policy tools

	Strengths	Weaknesses
Advertising	▪ largest reach ▪ numerous possibilities ▪ increase brand awareness ▪ differentiate from competitors	▪ relatively high costs ▪ no feedback possible
Sales promotion	▪ increases intent to purchase ▪ motivates sales staff	▪ relatively high costs ▪ only useful in combination with other measures
Public relations	▪ enhances public perception of the company ▪ distinguishes the company from others	▪ does not lead directly to sales ▪ limited reach
Sponsorship	▪ enhances public perception of the company, brand or product ▪ conveys emotions related to the brand	▪ relatively high costs ▪ limited design possibilities
Digital communication policy	▪ enables two-way communication ▪ offers possibilities for a large reach with a small budget ▪ new possibilities for targeting specific customers and monitoring effectiveness	▪ hard to build customer loyalty ▪ high costs for sustainable success ▪ risk of communication not being controlled by the company (e.g. shitstorms)

KEY TERMS TRANSLATED

vel.plus/BHBILIG04

Act against Unfair Competition	Gesetz gegen den unlauteren Wettbewerb (UWG)	introductory advertising	Einführungswerbung
advertisements (ads)	Anzeigen	joint advertising	Gemeinschaftswerbung
advertising	Werbung	maintenance advertising	Erhaltungswerbung
advertising budget	Werbeetat	manipulation	Beeinflussung
advertising for growth	Expansionswerbung	market share	Marktanteil
advertising material	Werbemittel	mass advertising	Massenwerbung
advertising media	Werbeträger, Werbemedien	monitoring advertising effectiveness	Werbeerfolgskontrolle
advertising period	Streuzeit	point of sale	Verkaufsstelle
advertising pillars	Litfaß-Säulen	promotional packaging	Werbeverpackungen
advertising plan	Werbeplan	public relations (PR)	Öffentlichkeitsarbeit
area of distribution	Streukreis	reach	Reichweite
billboards	Plakatwände	reminder advertising	Erinnerungswerbung
click-through-rate	Klickrate	remuneration	Vergütung
comparative advertising	vergleichende Werbung	sales agent	Handelsvertreter
corporate advertising	Firmenwerbung	sales literature	Prospekte
cost per click	Kosten pro Klick	sales promotion	Verkaufsförderung
cost per lead	Kosten pro Kundenkontakt	socio-demographic factors	soziodemografische Faktoren
cost per thousand impressions	Tausenderkontaktpreis	sponsorship	Sponsoring
cross-cultural differences	interkulturelle Unterschiede	supplements	Zeitungsbeilagen
cultural drivers	kulturelle Einflussfaktoren	target group	Zielgruppe
cultural standards	Kulturstandards	target group specific communication	zielgruppenspezifische Kommunikation
customer journey	Customer Journey, Kundenreise	touchpoint	Touchpoint, Kontaktpunkt
economic viability	Werbewirtschaftlichkeit	trade advertising	Händlerwerbung
German Advertising Standards Council	Deutscher Werberat	(travelling) sales rep	Reisende, Reisender
in-company servicing and repair	werkseigene Wartung	wastage, waste coverage	Streuverlust
influencer	Influencer, Einflussnehmer	web analytics	Web Controlling
interactivity	Interaktivität	word-of-mouth	Mundpropaganda

Oft werden die englischen Begriffe dieses Kapitels auch im Deutschen verwendet.

Check your competences with a **self-assessment list**.

Scan the **QR-Code** or use the following link: vel/plus/BHBILIG05

INTRODUCTORY EXERCISE

for chapter 2 Communication policy tools

IE 1 Communication policy of a beverage manufacturer

© MicroOne – stock.adobe.com

Cabeza Corporation is a London-based beverage manufacturer. Recently, it developed an energy drink, a still fast-growing product group. The new product (which has no brand name yet) is aimed at young men aged 20 to 29 with a sporty though not health-conscious lifestyle. Energy drinks are known as image and status symbols. Experts warn that Cabeza's recipe (like those of many of its competitors) may lead to heart desease and affect brain development, especially among young people.

The following possibilities for its communication policy are being considered:

a) Presenting a positive image of the company Cabeza to the public – for example as a young, innovative company, a company with social responsibility and a reliable employer – on various channels.

b) Supporting clubs and events, the company's brand name being displayed at venues in return.

c) Beverages are chiefly sold by retailers. Therefore, being listed by retailers and having Cabeza's drinks attractively displayed on the shelves is important to the company.

d) For the success of any foodstuff, taste is crucial. Therefore, in a new campaign, customers are invited to try Cabeza's energy drink.

e) Addressing customers in both an informative and an emotional way, creating some kind of interaction between the company and its customers either directly or with the help of celebrities.

Work in groups of 3–4 people.

1. First, think of a brand name which sounds appealing to the target group and doesn't exist yet. It should be easy to read, pronounce and memorise. For the future growth of the company, the brand name should also be attractive in other cultures. Also, come up with a suitable advertising slogan.
2. Look at the block diagram on p. 350. Match the communication policy tools to the possibilities described in a) to e).
3. Gather ideas on how communication policy tools could be concretely implemented, e.g. what kind of digital communication may work best or where to launch sales promotion activities.
4. Market research has found that "stressed parents" are a market segment with high potential. Both product and communication policy would have to be adapted to target this segment. Name possible changes that need to be made in order to reach the corresponding target group.
5. Read about the AIDA formula in this chapter. Develop a concept for a 15-seconds YouTube ad targeting either "men aged 20 to 29" or "stressed parents". Alternative task: Produce such a video on your smartphone or tablet.
6. Consider another group's concept or video.
   - Judge whether all the steps of the AIDA formula have been implemented properly.
   - Assess the effectiveness of the campaign and whether the brand name, advertising slogan and communication policy chosen take intercultural aspects as well as ethical and legal constraints into account.
7. Suggest ways to monitor whether your advertising campaign is effective.

vel.plus/BHBILIG06

REVISION OF BASIC KNOWLEDGE

for chapter 2 Communication policy tools

1. List the tools used in communication policy.
2. Name different types of advertising.
3. List different kinds of advertising material.

4. Name some advertising media.
5. Explain the terms "reach" and "wastage".
6. Outline the information that should be contained in an advertising plan.
7. List methods that can be used to decide on the level of the advertising budget.
8. Describe the use of sales promotion.
9. Explain the AIDA formula.
10. Give the formula for calculating the price per thousand.
11. List other indicators of advertising effectiveness especially for digital communication.
12. Make an example of mutual advantages of sponsorship.
13. Give examples of differences between digital advertising and traditional advertising.
14. Describe how target groups can be specifically addressed.
15. Give examples of cross-cultural differences causing problems in marketing communication.
16. Provide examples of ethical and legal constraints in marketing.
17. Name the German law regulating admissible and inadmissible methods of advertising.

TASKS FOR APPLICATION AND PRACTICE

for chapter 2 Communication policy tools

Task 1 Selection of advertising material – magazine advertising

A detergent producer has lauched a new mild detergent. It is distinguished by the fact that it protects the fibres of clothes and is the most sustainable product on the market. An intensive advertising campaign is to be started in the next quarter.

PDF vel.plus/BHBILIG07

HILFE vel.plus/BHBILIG08

1. The following table shows the results of a representative survey. It lists the criteria companies usually apply to determine the advertising budget.

How the advertising budget is determined in practice					
Criteria for determining the budget	Frequency of use				
	exclusively %	predominantly %	sometimes %	rarely %	not at all %
percentage of sales	6	23	14	10	47
percentage of profit/ contribution margin	2	9	18	13	58
relation to market share	2	14	21	13	50
competitor parity	–	3	11	14	71
objective and task	21	47	21	5	5
affordable	18	35	20	5	22
other criteria	5	8	12	4	71

As a member of the marketing department, it is your task to make a proposal for the advertising budget. First, choose the most suitable criterion from the list to determine the advertising budget in the case at hand. Give reasons.

2. The advertising budget for print media advertisements is set at 165,000 euros for the forthcoming quarter. This amount is to be used for repeated adverts in women's magazines and elsewhere. It is planned to place the advertisements in three successive issues of selected magazines. An advertising agency will be engaged with the details of the campaign. The following data are available for selected magazines:

No.	Magazine	Price per full page (four-colour printing) (€)	CPM (total readership) (€)	Target group share (housewives) as a percentage of total readership
1	Woman's Weekly	13,000	81.25	90
2	Sheila	38,000	118.75	80
3	Carmen	24,000	70.59	75
4	Home and Garden	23,000	46.00	55
5	Fashion News	17,500	54.69	70

For each of the magazines, work out the total number of readers per issue *(rounding to the nearest thousand).*

3. Decide which magazines should be chosen to place three advertisements each.
For your decision use the target group specific CPM (price per 1,000 reader contacts of the target group "housewives").
4. Sum up the advertising plan for the introductory phase in a table.
5. After the introductory phase, the new mild detergent has already achieved a considerable market share. Now the decision needs to be made whether to broaden the advertising campaign to include one of the tabloids as well. Two papers have been selected and this data is available:

Newspaper	Daily circulation	Costs of an advertising campaign (one third of a page in black and white)	Readers per issue	Target group share (housewives) as a percentage of total readership
ZAZ	1m	€120,000	2.5m	60%
Southern Express	1m	€100,000	2.2m	50%

It is thought that, as a result of an advertising campaign in 'ZAZ', 40 per cent of the potential customers (housewives) will actually buy a box of the mild detergent in the next quarter. For 'Southern Express', this share is estimated to be 50 per cent.

The mild detergent is sold to retailers at an average price of €1.25 per box. The variable costs per unit are €0.50.

Enter the results of your calculations into a table (see sample below) to show whether additional advertising in one of the two tabloids in the next quarter will pay off. If necessary, decide whether the advertisements should appear in 'ZAZ' or 'Southern Express'.

	ZAZ	Southern Express
number of housewives among the readership		
additional sales volume in next quarter		
additional turnover in next quarter		
– additional variable costs in next quarter		
– additional costs for advertising in next quarter		
= additional contribution margin in next quarter		

Task 2 Planning advertising activities – advertising media

Délibéré Corporation, a producer of mascara, has decided to reach its target groups by advertising in magazines. Four magazines have been selected for the advertising campaign. The prices per page and the number of copies (circulation) are shown in the table below.

vel.plus/BHBILIG09

Magazine	Price per page (€)	Circulation
Paris Sweetheart	26,000	400,000
Emy	24,000	350,000
Fit&Quick	28,000	500,000
Fashion Victim	22,000	300,000

It is assumed that each issue is fully sold and that each copy is read by one person only.

1. Calculate which advertising medium should be used if the decision depends solely on the best price per thousand impressions (CPM).
2. The percentage of female readers is known for each magazine. See the list below:
   Paris Sweetheart: 60% Fit&Quick: 50%
   Emy: 70% Fashion Victim: 75%
   Make a decision if the target group only consists of adult females.
3. There is a budget for magazine advertising in the first quarter of 200,000 euros. For reasons of spreading, the management decides to advertise in the two magazines with the most favourable target group specific price per thousand impressions. Decide which two magazines are to be used and how often the advertisement should be placed.
4. 'Emy' has an alternative offer: an online ad on the magazine's website with a CPM of 20 euros. Name advantages and disadvantages.
5. Délibéré recently decided to use social media advertising to reach a younger target group aged 14 to 29. Calculate how many clicks the company could create on either Instagram or Twitter with a budget of $8,000. Use the table on page 343. Evaluate the result.
6. Come up with further suitable advertising media and an activity for sales promotion to boost the sales volume of Délibéré's mascara.

Task 3 Advertising effectiveness, AIDA formula

SmokyMarky Inc. is unhappy with the latest sales figures. Revenue only increased by 9 per cent from 6m euros in the previous year despite its intensive advertising campaign for its gas barbecue Marky200.

© arinahabich – stock.adobe.com

vel.plus/BHBILIG10

The advertising campaign in newspapers and magazines cost 250,000 euros. SmokyMarky expected revenue to increase by at least 750,000 euros and market share to reach at least 10 per cent. The target group is middle and higher income families.

The marketing department has produced the following data about advertising effectiveness:

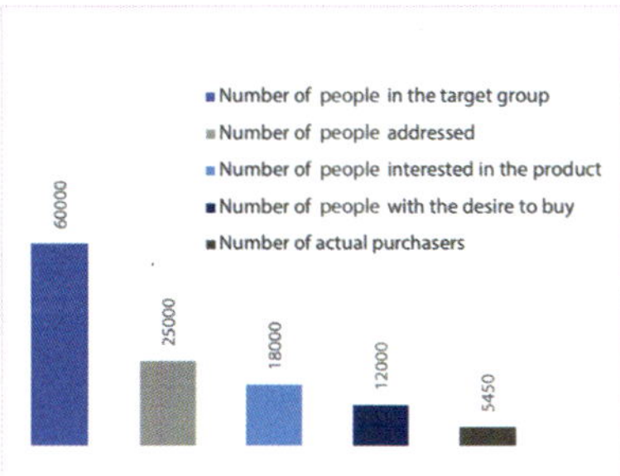

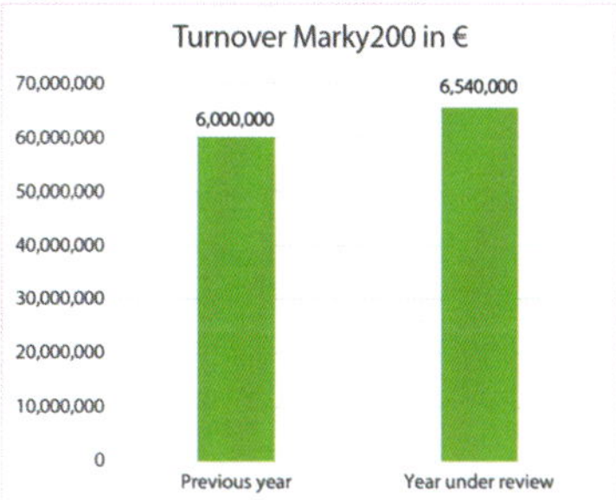

1. Check whether the expected increase in revenue was achieved. Take this as a basis for an initial evaluation of the advertising campaign.
2. Determine the following key figures to monitor advertising effectiveness:
   - degree of attention
   - degree of interest
   - degree of desire
   - degree of purchase
3. Analyse the key figures determined using the AIDA formula. Make proposals on how to improve advertising effectiveness.
4. Calculate the economic viability of advertising. Compare the result to the target value of the company for this key figure.
5. Calculate the market share before and after the advertising campaign. Include this key figure in your evaluation from subtask 1.
6. Develop a strategy to increase sales volume using digital communication.

Task 4 Communication policy tools

1. Explore one of the following communication policy tools:
   - sales promotion
   - sponsorship
   - public relations
   - digital communication policy
   - influencer marketing
   - product placement

   Choose a concrete example to illustrate and include both advantages and critical issues.
2. Prepare a presentation in class. Make sure you have a logical structure, talk clearly and visualise your findings.

Task 5 Advertising activities – sales promotion – pricing strategy of a jam manufacturer

Westerman, Ltd, a medium-sized producer of jams and marmalades, hasn't achieved any significant sales increases in recent years. Adopting a suggestion made by one of its field staff a few months ago, the enterprise started to develop a new low-fat spread which is also suitable for diabetics and produced on a fruit and coconut basis. The product is now ready to be launched. Initially, it will be distributed exclusively through health food shops.

© Pixel-Shot – stock.adobe.com

The market research institute GEKA has been asked to develop a marketing strategy. It believes the product will only succeed if it is positioned in the upper quality and premium price segment with a distinct health image. It also thinks it is vital for the market launch to be supported by sales promotion measures and intensive target group specific advertising.

1. Make suggestions to Westerman as to what form the sales promotion measures should take.
2. Explain what four groups in particular should be targeted by the advertising measures.
3. Make suggestions for the advertising media to reach these target groups with the lowest possible waste coverage.
4. In agreement with retailers, the final market launch was carried out with a special "introductory price" of €1.98 per 400 ml jar. This special offer was limited to eight weeks. The price was 20 per cent below the final retail price of €2.48 per unit.
   a) Name Westerman's objectives pursued with this pricing strategy.
   b) Name two risks which are associated with pursuing this strategy.
   c) Describe what criteria may have been relevant to Westerman when setting the final retail price (state four possibilities).

5. A potential major customer – a discount supermarket chain – would be prepared to list the product, but only at a substantially lower retail price. Explain under what terms Westerman might be prepared to accept such an offer.

Task 6 Target group specific communication policy

© contrastwerkstatt – stock.adobe.com

HILFE vel.plus/BHBILIG11

Fascia Gym GmbH is a rapidly expanding chain of fitness centres based in Germany. The company plans to open gyms worldwide. Here are a few insights into the advertising messages it currently uses on various communication channels (already translated):

- Book your fitness equipment 3 days in advance and we'll guarantee it's available!
- You know you've put on weight! Do something about it!

Moreover, there are guidelines for sales promotion activities in city centres:

- Each sales promotion team consists of a team leader responsible for the activity's success and two team members.
- Present Fascia Gym as a reputable company even though it offers discount prices. Use formal language and don't engage in private conversation.
- Stick to the sales promotion handbook, especially concerning the above-mentioned advertising messages and customer benefits you mention in conversations.

1. Look up German cultural standards on page 346. Find out which parts of Fascia Gym's communication policy are shaped by German cultural standards.
2. Fascia Gym plans to open fitness centres in the United States and China using the same messages and guidelines. Check whether this approach is appropriate.
3. The management board is discussing which age group Fascia Gym should focus on in its marketing. Evaluate the graph and suggest a long-term strategy.

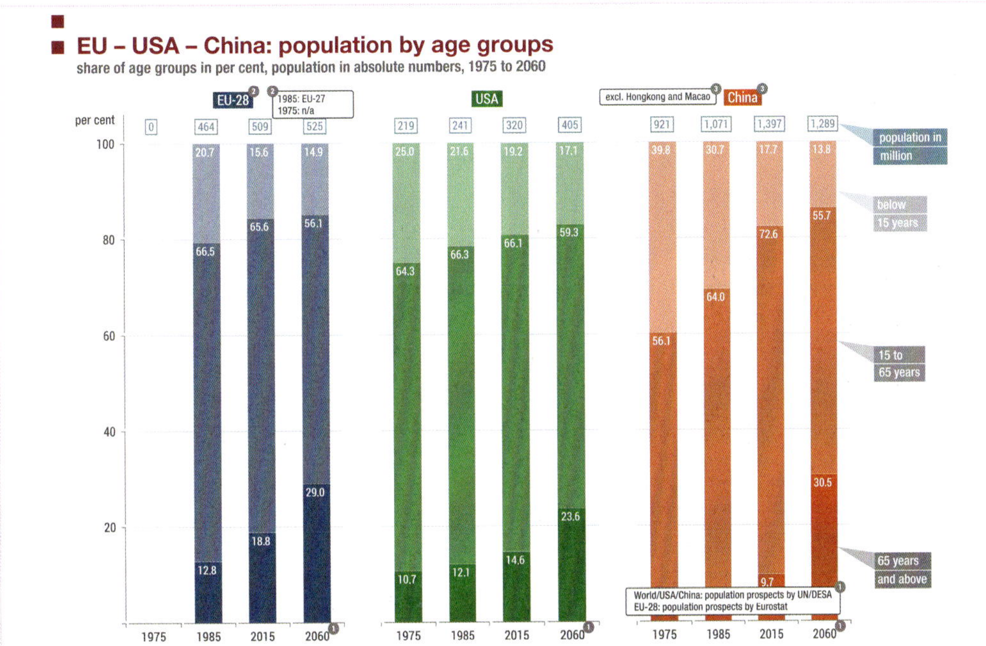

Source: United Nations – Department of Economic and Social Affairs, Population Division (2017): World Population Prospects: The 2017 Revision;
Eurostat: Online-Datenbank: Demographische Veränderung (09/2018), Population (01/2018, 09/2018)
Lizenz: Creative Commons by-nc-nd/3.0/de
Bundeszentrale für politische Bildung 2018 | www.bpb.de

Task 7 Admissible and inadmissible advertising

Please decide whether the following advertising measures are admissible or not according to German law. Name the rights the injured party may have.

1. In its sales literature, a food supermarket advertises French red wine by saying: *"Only a few cartons left. Limited to 3 cartons per person."* In actual fact, the store still has large quantities in stock.

People and institutions involved in the distribution of products are referred to as channel members.[1]

Direct sales

Direct sales[1] **means a company sells its products to its customers without any intermediaries such as retailers.**

Direct sales are used in the distribution of capital goods such as aircraft. In many cases, these products are highly complex and need to be explained in great detail. The producer's technical staff may be the only ones capable of providing services such as professional advice and training for operators. In cases like this, **direct shipment** is used, which does not require any channel members. In service distribution, many banks and insurance companies use direct sales to a large extent.

© Mateusz – stock.adobe.com

Some consumer goods producers decide to use direct sales because they can control all aspects of distribution themselves. Tupperware, for instance, relies exclusively on direct sales.

Direct sales may be performed by **internal channel members** (belonging to the company) or by external **sales agents** or brokers. Sales agents and brokers merely accompany the flow of products to customers; they do not *own* them at any point. This differentiates them from intermediaries such as wholesalers and retailers.

- **Internal channel members**
  - **Management**
    Members of the company management are involved in distribution if the company is rather small and only has a limited number of customers or if very valuable goods are distributed.
  - **Sales representatives**
    Travelling sales representatives[2] are employed by a company and belong to its sales force. Usually, sales reps receive a fixed salary and their travelling expenses are reimbursed. As an incentive, part of their salary may depend on the revenue they generate (**sales commission**). It is forbidden for a sales rep to do business in the same industry for a competing company. A sales rep performs a number of tasks: brokering purchase orders or even concluding contracts, customer care, observing the market, receiving payments (depending on their legal status).

    Unlike sales agents, sales reps are bound by their employer's instructions. As they only sell the products of one company, they usually have a good knowledge of the products.
  - **Sales branches**
    Sales branches or subsidiaries are part of the company, both legally and economically. Operating sales branches requires a lot of organisation and capital. Mainly large companies use them in order to be "close to their customers" and to advise them directly.

---

1 also referred to as "channel participants". The term "sales distributor" may lead to confusion as it commonly refers to independent companies that have a close business relationship with one or more manufacturers and often exclusively buy and sell the products of a manufacturer in a region, e.g. a Coca Cola distributor.

1 The terms "direct" and "indirect" distribution are not used consistently in textbooks.

2 often abbreviated "sales reps", formerly referred to as travelling salesmen

- **Call centres**

With services becoming increasingly important, many companies now decide to offer customer service by telephone. Call centres are used to handle large amounts of customer enquiries. They may be operated by the company itself or outsourced to a service provider. In English speaking countries, call centres are often outsourced abroad to, say, the Philippines, India or Mexico. In the case of outsourcing, call centres belong to external channel members.

Call centres may handle all conversations from pre-sales information to processing orders. Call agents ring up potential customers to offer products and services or to make and appointment with a sales rep.

In the EU, cold calling (calling people without prior consent) is forbidden by law. In Germany, fines up to 50,000 euros are possible for offenders. However, the rules are different in the USA and the UK, for example. There, cold calling is generally legal as long as the person has not opted out.

UWG § 7 (2) Nr. 2, § 20

- **E-commerce**[1]

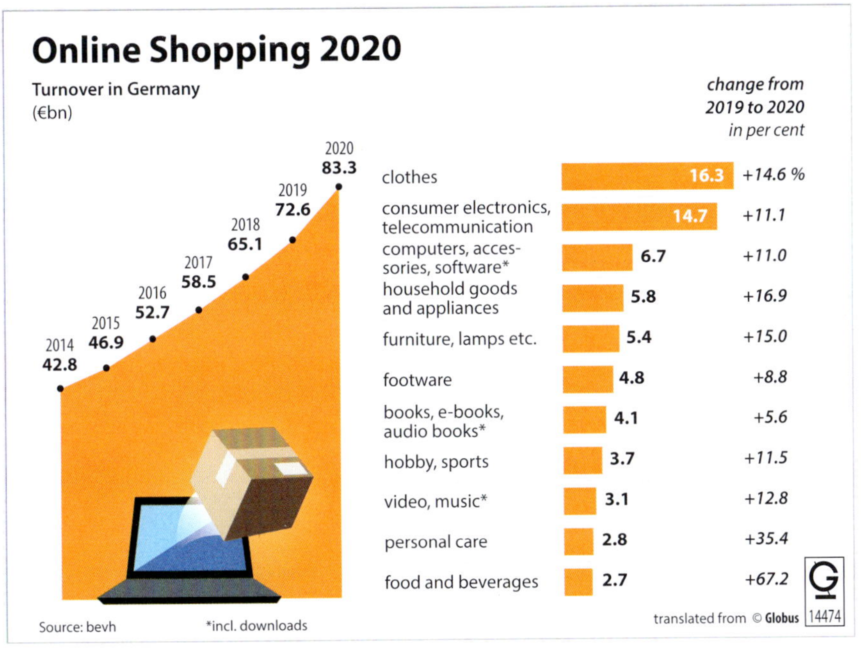

> **E-commerce comprises all buying and selling conducted via the internet or other online services.**

A company's online shop is also part of direct sales. The whole process from presenting a product to ordering and paying for it is conducted electronically. Usually, a buyer places the items they have selected into a virtual shopping cart and concludes the order by clicking the "pay" button. Payments take place by credit card, bank transfer, or by using a payment service like PayPal. E-commerce also includes all kinds of services, such as online banking.

1 Electronic Commerce

There is a trend towards **direct sales** (bypassing wholesalers and retailers) as a result of growing e-commerce. But at the same time, platforms such as Uber, booking.com and Lieferando/Just Eat, have become very influential. In both cases, **monopolisation** is an issue. Network effects lead to just one supplier (or platform) dominating the whole market and eliminating competition.

Advantages of e-commerce include its 24/7 availability, flexibility and enormous product range. Moreover, distribution costs (e.g. branches) can be reduced.

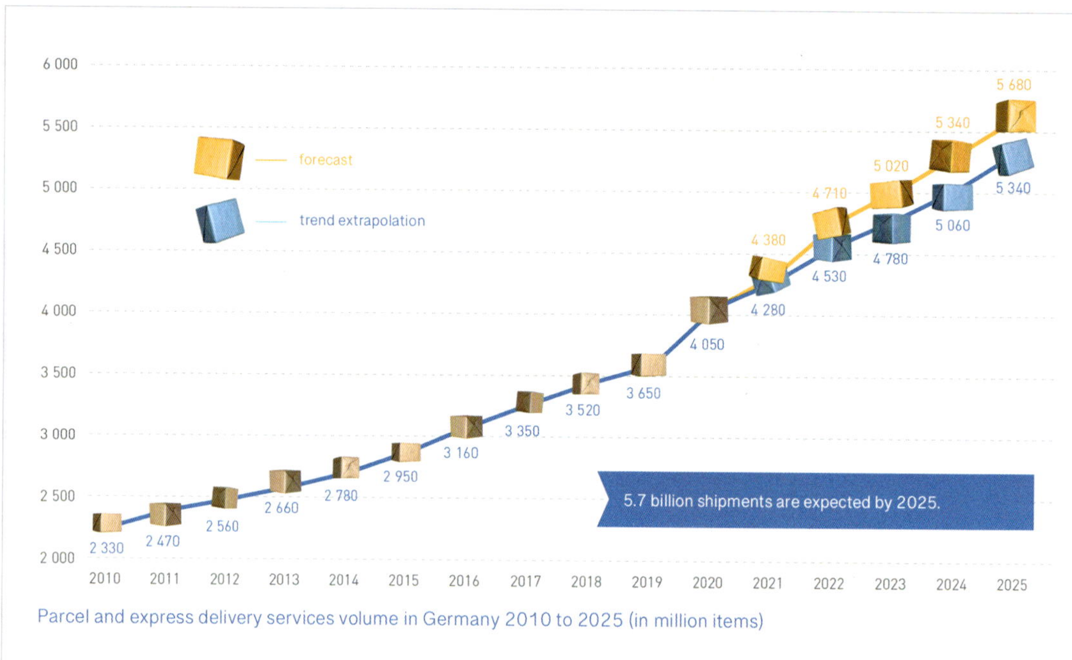

Parcel and express delivery services volume in Germany 2010 to 2025 (in million items)

Source: Bundesverband Paket und Expresslogistik e. V. (BIEK)

Many consumers underestimate the amount of logistics necessary to ensure short delivery times as well as the related ecological disadvantages. This problem is even made worse by the high number of returns.

With the advent of the internet, many start-up companies were founded which based their business model purely on e-commerce. Examples include *Amazon.com, Inc.* and *Zalando AG*. Such enterprises are referred to as **pure-click companies**. On the other hand, long-established enterprises which use physical stores as distribution channels are referred to as **bricks-and-mortar companies**. If such traditional companies add e-commerce as a supplementary distribution channel, they are called **brick-and-click companies**. Two examples are *H&M Hennes & Mauritz AB and GAP, Inc.* The emergence of **click-to-brick companies** is a fairly recent development. Having started as pure-clicks, they later began to show presence in physical retail chains or even opened their own physical stores.

Example of a click-to-brick company: Amazon.com, Inc.

The e-commerce giant developed from selling books online to selling everything "from A to Z" in its online shop, as the arrow in Amazon's logo indicates.
However, Amazon also started or bought retailers such as Amazon Books, Whole Foods (an organic grocery store) and Amazon Go (a convenience store). There are even plans to open large department stores selling clothing, consumer electronics and household items for example.

© dpa/Andrej Sokolow

External channel members

If external channel members are assigned to distribute products and services, it is their task to conclude or broker contracts. An external channel member is legally independent and may act in their own name.

Sales agents

A sales agent[1] is self-employed and assigned to either **broker** deals on behalf of a company (on behalf and for the account of a third party; business agent) or to **conclude** contracts on behalf of a company (agent authorised to contract).

GewO § 64
HGB § 84

! Sales agents are self-employed people able to organise their activities and working hours independently. They do not work constantly for a specific company in return for a salary.

Instead of a fixed salary, sales agents receive **sales commission**, i.e. payment that depends on their turnover. This is the main reason why this distribution channel is so popular. The selling company only pays by results, which motivates sales agents to maximise their revenue. Sales agents usually have a good knowledge of the market as they often sell different products from different manufacturers.

Sales reps and sales agents have the same functions. The difference is in their legal position: a sales rep is an employee of a company (with a work contract) and therefore an *internal* channel member (belonging to the company). A sales agent is self-employed (with an agency contract) and therefore an *external* channel member.

Task 3 p. 374
Task 4 p. 374
Task 5 p. 375
Task 6 p. 376

Cost comparison: Sales rep vs. sales agent

A company pays 2,000 euros per month as a fixed salary to a sales rep plus a **sales commission** of 5 per cent of the brokered monthly sales. Alternatively, a sales agent would be able to perform the same distribution tasks in return for sales commission of 10%.
Decide, under what circumstances a company should opt for a sales rep or a sales agent.

Mathematical solution:

$$2{,}000 + 0.05\,x = 0.1\,x$$
$$0.05\,x = 2{,}000$$
$$x = 40{,}000$$

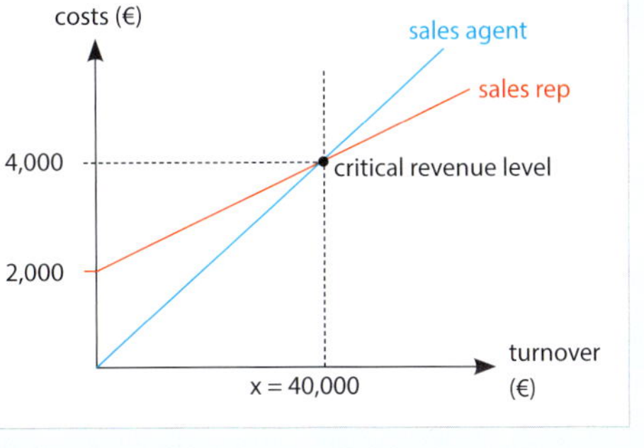

1 also referred to as a "commercial agent"

Result:
The services of a sales agent pay off if the monthly turnover remains below 40,000 euros.
If monthly revenue exceeds this amount, employing a sales rep would be more cost-effective.

HGB
§ 86 ff.

Rights and obligations of a sales agent	
Rights	Obligations
■ commission payment (for contracts brokered or concluded) ■ reimbursement of expenses ■ provision of necessary documents (price lists, advertising material, etc.)	■ brokering or concluding contracts ■ notification of ongoing deals ■ duty to observe secrecy ■ due diligence

- **Authorised dealers**

Authorised dealers "kind of" belong to the company. To customers, they appear just like sales branches, because usually they only sell for one company and even use the brand name of that company. In fact, they are independent companies that conclude a contract with a manufacturer. They pledge to sell the manufacturer's products using a certain marketing concept and sometimes also offer services.

Direct distribution using authorised dealers

Car dealers are responsible for the sale of cars and spare parts of their partners – car manufacturers (BMW, Ford, VW, etc.). Furthermore, they offer services like repairs and car servicing.

Task 7
p. 377

- **Franchising** (cf. chapter B5)

Germany's largest franchisors (excerpt)

	Industry	Franchises
McDonald's	Fast Food	1 450
Tui	Travel	1 070
Schülerhilfe	Education	1 000
Fressnapf	Retail	868
Burger King	Fast Food	750
Clever fit	Fitness	385
Kamps	Bakery	380
Quick Schuh	Retail	369
OBI	Retail	350
Town&Country	Property developer	300

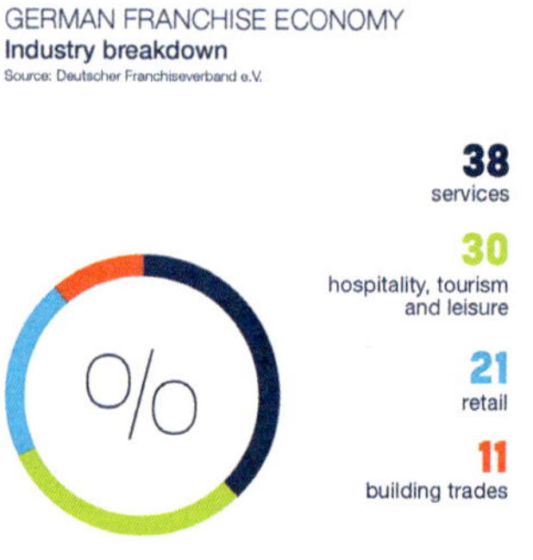

© Dmitry Naumov – stock.adobe.com

Franchising is a distribution channel where a company (**franchisor**) cooperates with some other companies (**franchisees**) based on a **franchise agreement**. The franchisor is usually a well-known company with a powerful brand. Franchisees are responsible for distributing the franchisor's goods or services using its brand, logo and its business concept. Usually, they have the exclusive right to sell its products in a certain area. The impression created among the public is that the whole operation is just one single corporation.

Franchising is a mixture of direct and indirect distribution. On the one hand, it works much like direct sales. On the other hand, a legally independent trading company acts as an intermediary between manufacturer and customer, which is a feature of indirect sales.

The franchisor controls the whole corporate image and is entitled to give directives to franchisees on certain issues. Strategic and organisational decisions as well as procurement and sales decisions are usually up to the franchisor.

The franchisee acts in their own name and for their own account, and hopes to make a profit (but may incur a loss instead).

For a franchisee, the franchising agreement limits its decision-making scope but on the other hand, it receives support from the franchisor regarding organisation, advertising, sales promotion, procurement and decisions on the product range.

The **franchise fee** (royalty) usually depends on turnover. In many cases, an initial franchise fee has to be paid at the beginning of the partnership.

Trade shows

Trade shows are gatherings for the exchange of goods and information.

Trade fairs, exhibitions, exchanges and auctions belong to trade shows[1].

Trade fairs are events with features of markets. Usually, goods are traded for resale or for commercial use on the basis of samples.

Another purpose of trade fairs is to demonstrate the economic capabilities and culture of a country.

Exhibitions are events for showcasing and informing the public, e.g. about the latest innovations.

Selling goods and services is not the main objective of exhibitions.

The focus of most trade fairs and exhibitions is on B2B. However, many of them are open to the general public (for part of the duration).

Trade fairs and exhibitions

Hannover Fair	Hanover, Germany
International Toy Fair	Nuremberg, Germany
Kolkata International Book Fair	Kolkata, India
Euroflora	Genoa, Italy
International Mobility Show (IAA)	Munich, Germany
North American International Auto Show	Detroit, USA
Internationale Funkausstellung (IFA)	Berlin, Germany
International Consumer Electronics Show	Las Vegas, USA
Genoa International Boat Show	Genoa, Italy
Paris Air Show	Paris, France

1 Trade shows, trade fairs and exchanges are sometimes used synonymously.

Indirect sales

! Distribution using intermediaries ("middlemen") such as retailers and wholesalers is referred to as indirect sales. An intermediary buys and resells in their own name and for their own account.

The diagram shows how the number of contacts is reduced when intermediaries are present. Think of 10 suppliers and 100 demanders. The number of contacts with an intermediary is 110. Without it, there would be 1 000 contacts.

The main reasons for choosing indirect sales are:

- Intermediaries already have a marketing concept.
- It's too expensive for a manufacturer to directly supply consumers scattered over a wide geographical area.
- Products are only saleable because they are part of a product range. Offering only one product would not be attractive to customers.
- Distribution using intermediaries significantly reduces the number of contacts.

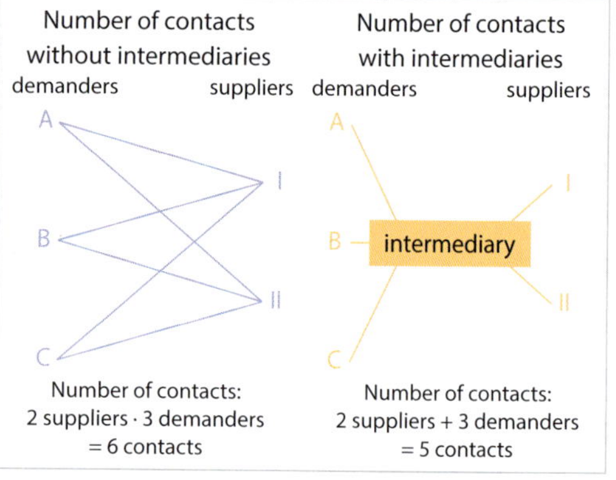

There are four ways in which a manufacturer can work together with intermediaries.

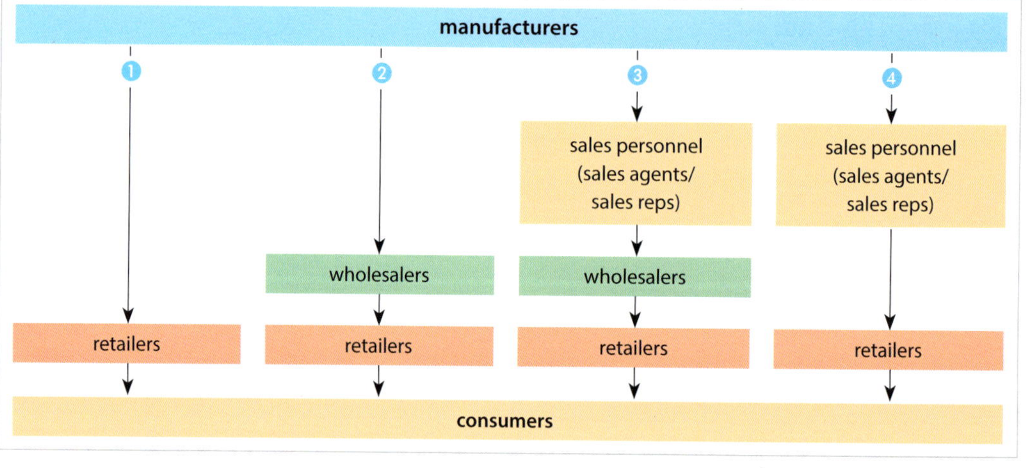

- **Mail-order**

  Mail-order is a traditional business using catalogues instead of a sales force. Mail-order companies act as retailers or wholesalers. However, instead of having shops open to the public, they deliver on order. In most cases, these companies first buy in bulk and then sell them individually. In some cases, the companies never actually have the products they sell. Instead, they only order an item when they receive an order, and have it sent to the customer directly. This is called **drop-shipping**.

  Thanks to the internet, not only catalogues but also additional services such as customer reviews, manuals and advice can all be provided online.

Intermediaries fulfil a number of essential functions within the indirect distribution chain:

- **Spatial convenience**
  Retailers near customers facilitate purchasing these products.
- **Time convenience**
  Intermediaries help to bridge the gap between the time of production and the time of use of products by storing them.
- **Product range**
  Retailers and wholesalers choose products and compile an assortment (a product range) reflecting the wants and needs of their customers.
- **Consulting**
  When making decisions, intermediaries' sales staff consult the customers.
- **Service**
  Some products cannot be sold to consumers without the option to contact customer service.
- **Credit**
  Some customers require a long payment term. Re-sellers, for instance, often pay their bills only after they have re-sold at least some of the products.

A long supply chain using agents, wholesalers and retailers, for example, does not necessarily mean that the products are ultimately more expensive. On the contrary: if all the organisations in the supply chain work proficiently, a long supply chain may be the most efficient way to bring a product to market.

Functions of intermediaries

1. **Spatial convenience**
   Retailers offer products from all over the world. Consumers have easy access to them all close to home.
2. **Time convenience**
   A fruit wholesaler buys apples in autumn, stores them and sells them all year round to meet the continuous demand.
3. **Product range**
   A furniture retailer offers not only tables, beds and shelves, but also installation material, matching carpets, curtains and interior decor.
4. **Consulting**
   An electrical shop consults customers about the functions of different types of coffee machines.
5. **Service**
   An office market sells photocopiers and provides customer service (e.g. repairs).
6. **Credit**
   A car dealer offers finance to every customer.

Multi-channelling

Many companies use multiple distribution channels simultaneously in order to reach different market segments, such as consumers and business customers, or customers who want to order immediately on the one hand and customers who'd rather personally examine and compare products on the other.

Multi-channelling[1] means using different distribution channels at the same time, such as an online shop (a direct distribution channel) as well as wholesalers and retailers (an indirect distribution channel).

Apple's distribution channels

All Apple products are available *directly* in Apple Stores in major cities as well as on apple.com. However, they are also sold *indirectly* by wholesalers, retailers and telecom companies.

© Viewfinder – stock.adobe.com

More and more customers have **touchpoints** in different distribution channels. For example, they might see a new electric shaver in a city-centre shopping centre, find out more about it in the company's online shop, and finally examine and buy it at an outlet centre. As a result, the line between different distribution channels is blurred.

Many companies try to offer a seamless shopping experience in multiple channels to profit from this trend. Retailers offer to order clothes which are not in stock in the customer's size, smart mirrors show additional information about the article of clothing a customer is trying on, and discounts are offered to those who post photos of their new clothes in social networks.

For companies, a positive side-effect of multi-channel retailing is that they generate customer data in their shops that is connected to data from other sources such as social media, the company website, loyalty programmes and smartphones. This opens up new possibilities for a target group specific communication policy and customer retention.

3.3 Decisive factors

Criteria

The decision for a distribution channel depends on a number of criteria:

Product-related factors	Customer-related factors	Competitor-related factors	Company-related factors
▪ storability ▪ transportability ▪ need for explanation and testing	▪ demand frequency ▪ geographical distribution	▪ competitor distribution channels	▪ marketing concept ▪ existing distribution channels ▪ funds for investment

Very expensive **investment goods** such as special-purpose machines mean the manufacturer has to spend a lot of time **consulting** the customer since they are frequently custom-built. As a result, direct distribution is the only option.

© Blue Planet Studio – stock.adobe.com

Consumer goods, however, are distributed both directly and indirectly.

Covering the whole market with **sales branches** is very expensive. Even so, it's advisable for high-demand, **high-turnover** products requiring detailed **explanation** such as building materials (e.g. tiles).

© rh2010 – stock.adobe.com

1 also referred to as "omni-channel retailing"

Alternative distribution channels for goods with these characteristics are **franchising** and **authorised dealers**. For a manufacturer, these channels are more cost-effective, since the partners pay for (most of) the **investments** needed and also take some of the risk. On the other hand, they also claim part of the profit. Examples include authorised car dealers and fast-food franchises.

© Vasyl – stock.adobe.com

E-commerce and **call centres** are the distribution channels requiring the lowest **investment**. They can be operated from the company's headquarters or by service providers. And they allow a **large market** to be covered at relatively low cost. The downside is that it's almost impossible to **examine and test** products, and scope for sales advice is also limited. Typical examples are electricity, magazine subscriptions and books.

Sales reps and **sales agents** also require little **investment**, but are able to provide **advice** and – depending on the product – take **samples** with them. The main difference is that **sales agents** do not receive a fixed salary. They are paid according to their success. Insurance companies typically work with sales agents.

© shadowbird – stock.adobe.com

Trade fairs and **exhibitions** are other ways to **experience** goods and services first hand, although only once a year or every few years. They are advisable for goods that are not demanded **frequently** enough to justify sales branches. An example is construction machinery.

© mandritoiu – stock.adobe.com

Products that are demanded **very often** are mostly distributed using **wholesalers and retailers**. Their main advantage is to **break bulk**, put together a **product range,** and make products available on the spot. Moreover, these merchants have supply chains that can also handle **perishable** goods, which is not the case for all distribution channels. Retailers may also be specialised in presenting certain products and **advising** customers. In addition, they take on part of the **sales risk**. A disadvantage of working with merchants is that the manufacturer has less influence over presentation, pricing, service, etc.

Existing distribution channels and those used by **competitors** may also influence a company's choice of distribution channel. For example, mobile phone operators tend to have branches in every town simply because their competitors do as well.

It goes without saying that distribution channels must fit the **overall marketing concept**. For example, a company focusing on the target group "old-age pensioners" and a premium pricing strategy would be ill-advised to rely on e-commerce as a distribution channel, even if there is only little **need for explanation** and the **customers are scattered** all over the country.

Choosing a distribution channel is a complex decision. Generally speaking, companies try to guarantee the **availability of products** for customers while **minimising costs** for transportation, storage and personnel.

Decisive factors for e-commerce

Task 8 p. 377

The most relevant question for many companies nowadays is whether and how to use e-commerce as a distribution channel.

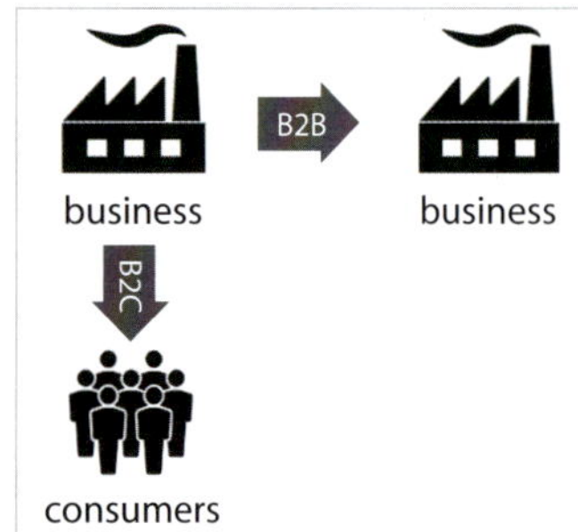

E-commerce can be divided into two different types: **business-to-consumer** (B2C) and **business-to-business** (B2B). Consumers are addressed differently from business customers. A big difference is that on B2C markets, most products are standardised and do not require much **explanation**. Products on B2B markets are frequently technically complex and therefore do require detailed explanation. Services such as consulting, installation and maintenance are crucial on many B2B markets; without them, there'd often be no deal. Moreover, the **number of customers** is a lot smaller on B2B markets. Direct sales using technical sales personnel (sales agents or sales reps) is therefore a common solution. Even so, parts of the distribution process may still be executed by e-commerce. Apart from direct sales using electronic data exchange, e-commerce platforms (e.g. Mercateo, Amazon Business, Fiverr) play an important role in B2B distribution.

More and more technical features are being used to try and compensate for the lack of consulting that comes with e-commerce: filters, a product configurator, videos, call centres, and more recently video calls and virtual reality are all ways to enhance an online shop.

In B2C distribution, the most common channels are the company's own **online shop**, online retailers (e.g. Zalando, Otto, MediaMarkt) and **online marketplaces** (e.g. Yatego).

In B2B distribution, **delivery reliability** is extremely important. Goods must always be delivered on time and undamaged. Otherwise, customers may suffer from production interruptions, causing substantial costs and reduced revenue.

Before offering their products online, enterprises evaluate the risks and opportunities of ecommerce. The table below lists the main advantages and disadvantages of selling online.

Task 9 p. 378
Task 10 p. 378

Evaluation of e-commerce activities

Advantages	Disadvantages
▪ It is easier to offer a broad range. ▪ Customers can access the website at any time they like (24/7) and from home. ▪ Geographical coverage is expanded, and the business may find it easier to expand its activities to other countries. ▪ Cost savings due to fewer physical stores and sales personnel. ▪ Customer relations can be managed more easily since customers must provide some personal data when shopping online.	▪ Considerable investment in website design and a sound logistics infrastructure are required. ▪ Many customers may want to touch, feel or simply try products before buying them. ▪ Customers may be reluctant to enter their personal data, such as a credit card number. ▪ Many customers return their purchases, which is costly for an e-commerce company. ▪ There is a high risk of payment defaults, online fraud and other types of cybercrime. ▪ Customer data is exposed to possible hacker attacks.
→ The extra distribution channel is an opportunity to increase sales and market share.	→ High costs and risks are involved in selling online.

Block diagram for chapter 3: Distribution policy

Distribution policy
= decisions necessary to move the goods from the producer to the consumer or user

decisions on

distribution channels
(acquisitive distribution)

- **direct sales** – Products are sold directly to the customers.
- **indirect sales** – Intermediaries that buy and resell are used.

logistics
(physical distribution)

- storage and transportation actions to the final customer

distribution channels

direct sales

internal channel members

- management
- sales reps
- sales branches
- call centres*
- e-commerce*

*also external

external channel members

- sales agents
- authorised dealers
- franchising

trade shows

- trade fairs
- exhibitions

indirect sales

using wholesalers and retailers

distribution and logistics in e-commerce

B2B

- direct shipping
- online shops
- online marketplaces

B2C

- online shops
- mail order
- online marketplaces

direct sales

indirect sales

impacts on society

- bypassing wholesalers and retailers
- monopolisation
- ecological disadvantages

decisive factors for distribution channels

product-related

- storability
- transportability
- need for explanation

customer-related

- demand frequency
- geographical distribution

competitor-related

- competitor distribution channels

company-related

- marketing concept
- existing distribution channels
- funds for investment

vel.plus/BHBILIG12

KEY TERMS TRANSLATED

assortment, product range	Sortiment	franchisor	Franchisegeber
authorised dealer	Vertragshändler	intermediaries	Absatzmittler, Zwischenhändler
(to) break bulk	Waren kleiner abpacken	investment goods	Investitionsgüter
bricks-and-mortar company	konventionelles (nicht online) Unternehmen	mail-order	Versandhandel
(to) broker deals	Verträge vermitteln	managerial authority	Weisungsbefugnis
(to) conclude contracts	Verträge abschließen	platform	Plattform
consumer goods	Konsumgüter	pure-click company	Online-Unternehmen
cost of sales	Wareneinsatz	retailer	Einzelhändler
(in)direct sales	(in)direkter Absatz	retail price	(End-)Verkaufspreis
direct shipment	Direktversand	sales agent	Handelsvertreter
distribution	Distribution, Vertrieb	sales branch	Verkaufsniederlassung
distribution channels	Vertriebskanäle	sales commission	Verkaufsprovision
e-commerce	E-Commerce, elektronischer Geschäftsverkehr	touchpoint	touchpoint, Berührpunkt
franchise fee, royalty	Franchisegebühr	(travelling) sales rep, sales representative	Reisender, Reisende
franchisee	Franchisenehmer	wholesaler	Großhändler

Check your competences with a self-assessment list.

Scan the **QR-Code** or use the following link: vel/plus/BHILIG13

vel.plus/BHBILIG14

REVISION OF BASIC KNOWLEDGE

for chapter 3 Distribution policy

3.1 Tasks of distribution policy

1. Name objectives of distribution policy.
2. Explain the difference between acquisitive distribution and physical distribution.

3.2 Distribution channels

1. Define the term "distribution channel".
2. Explain the difference between direct and indirect sales.
3. Name internal channel members.
4. Name external channel members.
5. Explain the following terms:
   - sales reps
   - sales branches

- authorised dealers
- e-commerce
- call centre
- sales agents
- franchising
- trade fairs
- retailers
- wholesalers

7. List three rights and three obligations of a sales agent.
8. Compare the employment of a sales rep to a sales agent.
9. Explain how e-commerce is different from other distribution channels.
10. Outline the functions of intermediaries.
11. Describe the basic idea of multi-channelling.

3.3 Decisive factors

1. Give examples for the following decisive factors:
   - product-related factors
   - customer-related factors
   - competitor-related factors
   - company-related factors
2. Describe the decision for a distribution channel according to the minimum or maximum principle.
3. Give three advantages and three disadvantages of e-commerce as a distribution channel.

TASKS FOR APPLICATION AND PRACTICE

for chapter 3 Distribution policy

Task 1 Decisions on distribution channels

1. Explain the tasks of distribution policy using the following example and appropriate technical terms:
   A winegrower runs his own warehouse. He sells wine to private customers via its online shop. Parcel services deliver private orders directly. Wholesalers are delivered using a forwarding company.

PDF vel.plus/BHBILIG15

2. Explain which distribution channels (direct or indirect) you consider appropriate for the following producers and their products.

© topntp – stock.adobe.com

a)	Winegrower	wine
b)	Leather goods factory	handbags
c)	Engineering factory	CNC milling machines
d)	Detergents producer	laundry detergents (washing powder and liquids)
e)	Tractor factory	lawn tractor

Task 2 Distribution channels

Telbat-Case, Inc. is a start-up company that was only founded last year in Vancouver, Canada. It produces tablet bags for all major models made of felt and leather. All bags are sold via the company's online shop. The assortment features many variants and functions such as shock-protected, extra bags for accessories like a charging cable and pen or with a strap that turns the tablet bag into a handbag. Even custom designs (e.g. using company colours and logos) are possible.

In line with the company's expansion strategy, the founders also want to address new target groups.

© dvoevnore – stock.adobe.com

To this end, the following additional distribution channels are under consideration:

- flagship stores in Canada's five largest cities
- taking part in consumer trade fairs
- using sales agents
- distribution via specialist shops for leather goods

Market research identified the following target groups as especially attractive:

- companies providing their employees with tablets
- pupils using their own tablets at school
- senior citizens using their tablets primarily for online shopping and reading newspapers

Initially, the focus is only on the domestic market. The market research report does not state any geographical priorities regarding any of the target groups.

1. Assign the distribution channels to the categories of indirect and direct sales (internal and external channel members).
2. Discuss which distribution channel is the most appropriate for each of the target groups. Take different criteria into account.

Task 3 Quantitative comparison between sales reps and commission agents

BikeBridge, PLC is an Irish manufacturer of bike bags. In the sales territory Leinster, its sales revenue amounts to €90,000 per month. The field staff consists exclusively of sales agents receiving a sales commission of 5 per cent without fixed remuneration.

In an ongoing restructuring process, BikeBridge wants to reduce its personnel in the sales and distribution department. There are plans to lay off a well-respected employee with plenty of experience in sales. Alternatively, this employee may be sent to the sales territory Leinster as a travelling sales rep instead of sales agents.

The company is prepared to pay a monthly fixed salary of €2,000 as well as a 3 per cent turnover commission.

1. Determine whether the use of a sales rep is financially preferable.
2. Calculate the turnover where the costs for a sales rep and sales agents are exactly the same.

Task 4 Comparison between sales reps and sales agents – decision matrix

PDF vel.plus/BHBILIG16

? HILFE vel.plus/BHBILIG17

For more than 20 years, MEDTEC, Ltd has been making different kinds of medical equipment. Hospitals and doctors' surgeries are among its key customers. Its high-quality products are exclusively sold by sales reps. The company now sees additional sales potential for its newly developed, fully automatic blood pressure and heart beat monitor DIAGNOST de Luxe. This is due to the noticeable health and wellness trend among the population. The appliance is easy to handle by medical laypersons and is suitable for use at home. The appliance is to be sold in pharmacies and medical supply stores. A market analysis commissioned by MEDTEC has revealed that the company can assume annual sales of between 750,000 and 900,000 euros for the new product based on a list price of 75 euros and a recommended retail price of 119 euros. The current number of sales reps is inadequate for intensive coverage of the new target group.

MEDTEC is therefore also looking at the possibility of selling its DIAGNOST de Luxe with the assistance of sales agents and wants to find out whether this alternative might be more cost-effective than employing additional sales reps. The sales agents are to be granted sales commission of 10 per cent. The sales reps receive a fixed gross salary of 1,750 euros per month plus monthly expenses of 250 euros and 1.5 per cent sales commission.

In addition, the monthly costs of employee benefits for the sales reps (employer's share of social security contributions, other social benefits, company car) amount to 600 euros. The quantity of units sold per annum is expected to reach 4000 units per sales rep.

1. Prepare a decision matrix using the table below to assist with the decision-making process and decide whether you would employ a sales rep or engage the services of a sales agent.

   (Importance (I) with a weighting of 1 = unimportant to 5 = extremely important; Rating (R) with a score of 0 = poor to 3 = excellent)
2. Calculate how many sales reps would be required to achieve the annual sales revenue in the present case.
3. Work out the costs involved for a sales rep or a sales agent if the annual sales revenue is 750,000 or 900,000 euros.

4. Decide whether MEDTEC should turn to a sales rep or a sales agent for the sales of its product DIAGNOST de Luxe. Use both the cost comparison and the criteria in the decision matrix.

Decision criteria	Weighting (I)	Sales channel			
		Sales rep		Sales agent	
		Rating (R)	WS = I · R	R	WS = I · R
(1) Sales competence					
(2) Commitment/ level of self-interest					
(3) Product knowledge					
(4) Customer care/ customer support					
(5) Control and supervision by the company					
(6) Flexibility					
(7) Market knowledge/ market monitoring					
(8) Scope of product range/ complementary products					
	Total				
	Ranking				

Task 5 Selling via sales reps and sales agents

The furniture manufacturer Storz is planning to produce the home gym station VELOBIL. Strengthening the back muscles is the main aim of this sports equipment. Therefore, it's aimed at a health-oriented target group. Made sustainably out of beechwood, the product has an exclusive appearance.

HILFE vel.plus/BHBILIG18

After the product design phase, 50 units are made for test purposes and sold in Storz's own furniture store, which is situated near a motorway. As the results of the test are promising, distribution is to be started first of all in furniture outlets in a restricted sales area.

Jana Storz, the sole owner of the company, wants to know how many sales agents she will need to sell VELOBIL in this area.

The following information is available for the decision-making process:

Annual total sales of the outlets to be approached (€m)	Number of outlets	Desirable number of visits annually per outlet	Total number of necessary visits
up to 0.50	93	6	
up to 0.75	32	10	
over 0.75	4	15	
	129		

A sales agent who, at the same time, also works for other producers of toys and sports equipment could make approximately 600 visits per year to furniture outlets which could be considered suitable for the sale of VELOBIL. A sales rep who only works for Storz could cover the sales territory alone.

1. a) Work out how many agents would be required to cover this sales area.

   b) Explain why some outlets are to be visited six times and others fifteen times.

2. Jana Storz reckons that initially the monthly sales for VELOBIL will be between 11,000 and 16,000 euros. Storz considers the options of employing one sales rep to cover the area or using the services of several sales agents.

   A sales rep receives a gross salary of 2,000 euros per month plus trust-based travelling expenses of 800 euros. A sales agent receives a commission of 20 per cent of sales.

a) Calculate what level of monthly sales is required to make the employment of a sales rep worthwhile rather than engaging the services of a sales agent (critical revenue level).

b) Produce a coordinate system with costs on the vertical axis (1cm = 500 euros) and revenue on the horizontal axis (1cm = 2,500 euros). Sketch the costs of a sales rep as one curve and the costs of the sales agents necessary as a second curve (up to revenue of 25,000 euros). Prove that your graphical solution matches the result of your calculation.

c) The sales rep demands a sales commission of 10 per cent instead of trust-based travelling expenses of 800 euros. Produce a similar coordinate system like in subtask 2b) and compare the costs for sales agents to the new costs for a sales rep.

Work out the critical revenue level mathematically and graphically for this option.

3. Jana Storz starts to distribute another home gym station called ROWBIL.

After a few years, the sales statistics show the following results:

	Velobil: price per piece = €75			Rowbil: price per piece = €125			Velobil + Rowbil		
Year	Unit sales (pieces)	Revenue (€)	Profit (€)	Unit sales (pieces)	Revenue (€)	Profit (€)	Total revenue	Total profit	Profit margin (profit as a percentage of turnover)
1	3,000	225,000	75,000	2,000	250,000	25,000	475,000	100,000	21.05%
2	2,900	217,500	72,500	2,500	312,500	31,250	530,000	103,750	19.58%
3	2,800	210,000	70,000	3,000	375,000	37,500	585,000	107,500	18.38%
4	2,700	202,500	67,500	3,500	437,500	43,750	640,000	111,250	17.38%
5	2,600	195,000	65,000	4,000	500,000	50,000	695,000	115,000	16.55%

Change in %		... from year ... to year ...			
		1 to 2	2 to 3	3 to 4	4 to 5
Velobil	Revenue	−3⅓%	−3.45%	−3.57%	−3.70%
	Profit	−3⅓%	−3.45%	−3.57%	−3.70%
Rowbil	Revenue	+25⅓%	+20%	+16⅔%	+14.28%
	Profit	+25⅓%	+20%	+16⅔%	+14.28%
Total	Revenue	+11.58%	+10.38%	+9.40%	+8.59%
	Profit	+3.75%	+3.61%	+3.49%	+3.48%

Analyse the different developments of total revenue and total profit.

4. Storz explains these developments by sales agents working harder to sell ROWBIL.

a) Explain why sales agents may be more motivated to sell ROWBIL that VELOBIL.

b) Having read the statistics, Jana Storz proposes to her sales agents to calculate their commission on the basis of the profit made with a product. Explain why Storz makes this proposal.

Task 6 Distribution decision of a wine growers association

Kurpfälzer Winzerkeller eG produces and distributes wine made by a number of local vineyards. For decades now, it has also exported wine to different countries.

In its search for new markets, it has learned that its wine is hardly available on the East Coast of the USA, even though the USA is a key market for German wine exporters.

As a first step, it wants to approach restaurants. Two alternatives are being discussed:

Alternative 1: Sales agents that work in the distribution of alcoholic and non-alcoholic beverages on the East Coast receive sales commission of 20%. A sales agent is able to carry out 450 visits to potential customers.

Alternative 2: A sales rep who only works for Kurpfälzer Winzerkeller eG would be able to cover the market alone. They would receive a monthly gross salary of 2,000 euros (13 instalments annually), 80 euros in monthly travel expenses and sales commission of 5%.

Furthermore, the following information supports their decision-making:

Annual revenue of restaurants (€'000)	Number of restaurants	Desirable number of visits annually per restaurant	Total number of visits necessary per year
up to 50	46	6	
up to 75	20	10	
more than 75	3	15	

1. Determine the number of sales agents necessary to cover the market on the East Coast.
2. Analyse the two alternatives and decide which one is more advantageous for Kurpfälzer Winzerkeller.

Task 7 Franchising – sales branches

Regula and Reto Schmutz are siblings. Two years ago, they founded Zurich-Sneakers AG together. The company develops sneakers which are produced sustainably, fair and vegan in Pakistan. In fact, it is the only Swiss company with a product like this. Thirty per cent of its products are distributed via the company's online shop; seventy per cent are sold in its store in central Zurich.

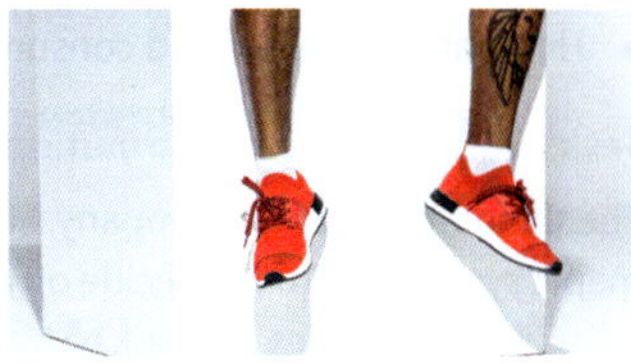

© LIGHTFIELD STUDIOS – stock.adobe.com

HILFE vel.plus/BHBILIG19

Two options are being discussed for the further expansion of the company:

- Opening branches in southern German cities
- Building up a franchise system with partners in these cities

In both cases, annual turnover of 450,000 euros per branch or franchise operation is estimated. This figure would correspond to cost of sales of 150,000 euros. Further information is provided in the following table.

Opening an additional sales branch	Granting a franchise licence
Operating costs per branch (personnel, rent, financing etc.): €120,000	Licence fee (royalties): 3.5% of turnover Marketing fee: 1% of turnover Other fees (cash register system, IT etc.) 0.5% of turnover There is no initial franchise fee.
	Sales of goods to each franchise: €300,000 annually assuming estimated turnover is reached (minimum purchase: €200,000)
Costs of marketing, IT and other central services: €10,000	Costs of marketing, IT and other central services: €10,000

1. Describe the relationship between franchisor and franchisee.
2. Compare the two possibilities with regard to the capital required, the motivation of the responsible staff, and the level of control of the Schmutz siblings over their distribution organisation.
3. Compare the estimated profits per branch of the two options. Interpret the results. Besides profit, consider the business risk as well.
4. After weighing up the arguments, decide which option the siblings should ultimately take.

Task 8 E-commerce

Ayshe Erkek owns a franchise business. She is the franchisor and has five franchisees, namely five perfume outlets in the SaarLorLux region, which includes parts of four different European countries. They are run by five different franchisees. For advertising purposes, the cosmetics outlets have a common website. However, their customers have not previously been able to buy a range of perfumes on the internet. Ms Erkek is considering setting up an online shop that is run by herself without the participation of her franchisees.

© Monkey Business – stock.adobe.com

Tasks 3
p. 381

Depending on market conditions and the objectives, an enterprise must decide for example to what extent advertising activities, pricing, guarantees and others are to be used. The same question applies to the various tools as well. It has to choose the types of advertising activities, decide what advertising media should be used, and set the budget.

In most cases, it is not possible to determine the optimal combination of marketing instruments. There are simply too many decisions to be made with many interdependencies. It would be impossible for a company to try out all possible combinations. On the other hand, the same marketing objective can be achieved with a different marketing mix. Changes in the market imply the continuous adjustment of the marketing mix.

Block diagram for chapter 4: Marketing mix

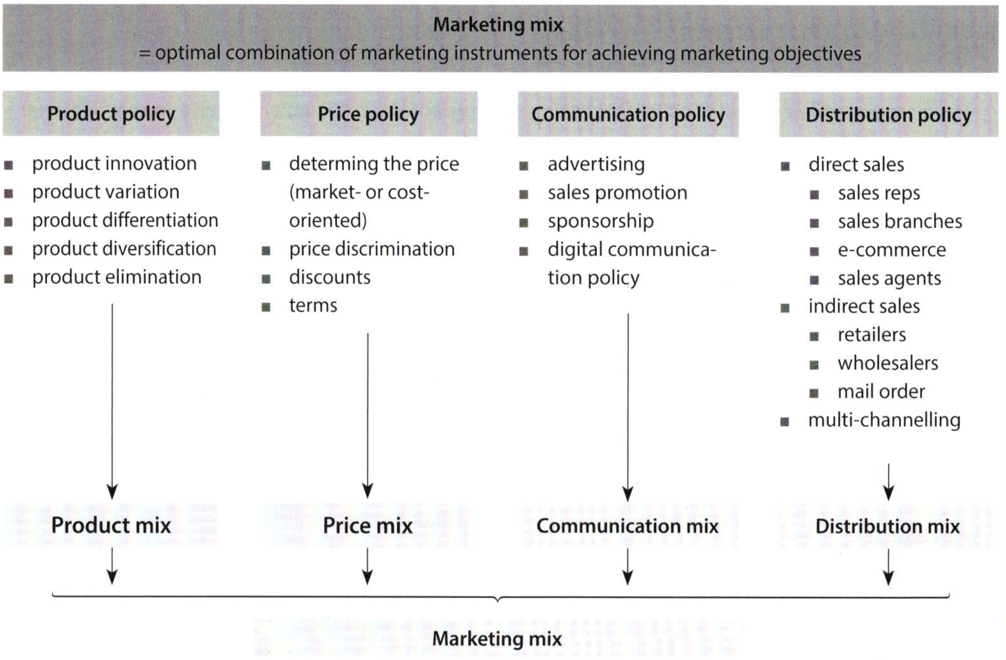

Check your competences with a self-assessment list.

Scan the **QR-Code** or use the following link: vel/plus/BHBILIG21

vel.plus/BHBILIG22

REVISION OF BASIC KNOWLEDGE

for chapter 4 Marketing mix

1. Explain the term "marketing mix".
2. Give the two basic issues which must be considered when using combined marketing instruments.
3. Go back to the example above and find out which marketing instruments Dugdale, Ltd uses and in what combination (marketing mix).
4. Explain why the optimal combination of marketing instruments can't usually be determined.

TASKS FOR APPLICATION AND PRACTICE

for chapter 4 Marketing mix

Task 1 Design of a marketing mix

PlantzPower, Ltd. offers herbal food supplements. Its range of products includes protein powder, vitamin products, and superfood mixes. The company has found out that its products are chiefly bought by athletes aged 16 to 39. It buys large packages directly from the manufacturer's online shop, which is currently the only distribution channel. Communication policy relies on male influencers with a focus on bodybuilding and sports.

© Pixel-Shot – stock.adobe.com

The company wants to redesign its marketing mix to gain more athletic female customers.

Make a proposal for each marketing instrument (each 'P') to bring it in line with PlantzPower's aim to reach athletic women aged 16 to 29.

Task 2 Marketing instruments – marketing mix

Platypus Beer is a brewery based in Melbourne, Australia. For many years, it offered two types, lager and premium ale, in different bottles.

A few years ago, "Platypus non-alcoholic" was launched on the market. In recent years, however, all efforts to raise the revenue of its beer styles have failed.

The founder and CEO of Platypus PLC, Charles Platypus Sr., aged 82, recently suffered a stroke. His son, Charles Platypus Jr., has assumed his responsibilities and became the new sole proprietor. Mr Platypus Jr. wants to make changes to the range of products.

© Rido – stock.adobe.com

1. Name and explain the corresponding technical terms for the following initiatives:
   a) Taking "Platypus non-alcoholic", which hasn't produced a profit yet, off the market.
   b) Developing an all-new, caffeinated, neon yellow beer for a younger target group that is to be sold exclusively in bars and clubs.
   c) Introducing diet versions of PlatypusLager and PlatypusAle.
   d) Profiting from the trend towards organic products: Mr Platypus Jr. is thinking about buying an organic farm and intends to build an organic supermarket next to the brewery.
2. Mr Platypus Jr. reads an article in a trade journal about the increasing relevance of marketing to companies. The article focuses on the marketing mix.
   a) Name the instruments of the marketing mix.
   b) Make proposals for Platypus's marketing mix. Explain which two parts you would stress.
   c) Evaluate the significance of market research for decisions on the marketing mix of a company.
   d) Platypus wants to conduct market research on its own. You have been asked to prepare a survey. Formulate four suitable questions.

Task 3 Product life cycle – use of marketing instruments

A producer of professional cameras has recorded the following development of prices and sales volume for the phases between product development and the product being taken off the market.

Phase	1	2	3	4	5	6
Sales price (€/unit)	0	1,000	900	800	650	500
Sales volume	0	10,000	35,000	75,000	70,000	40,000

? HILFE vel.plus/BHBILIG23

1. The figures in the table show the use of a specific marketing instrument. Name the corresponding measure for each phase.
2. Make proposals for marketing policies in the areas
   a) product policy
   b) advertising policy

   for each phase.
3. Estimate for each phase how the marketing policies from subtask 2 will affect costs and profit.

vel.plus/BHBILIH02

WIEDERHOLUNG DES GRUNDWISSENS

zu Kapitel 1 Investitionsarten und Investitionsrechnung im Überblick

1.1 Investitionsarten

1. Erläutern Sie, was unter einer Investition zu verstehen ist.
2. Beschreiben Sie, was unter Sachinvestitionen zu verstehen ist und wie sie sich einteilen lassen.
3. Unterscheiden Sie zwischen Brutto-, Netto- und Ersatzinvestitionen.

1.2 Investitionsrechnungsverfahren

1. Beschreiben Sie den Zweck der Investitionsrechnung.
2. Unterscheiden Sie statische und dynamische Investitionsrechenverfahren.

2 Statische Investitionsrechnung am Beispiel der Kostenvergleichsrechnung

Kompetenzen:

- *statische Investitionsrechnungsverfahren anwenden*
- *die aus der Kostenvergleichsrechnung folgenden Investitionsentscheidungen erläutern*
- *die Vor- und Nachteile der Kostenvergleichsrechnung beschreiben*

2.1 Ermittlung der entscheidungsrelevanten Kosten

Die Kostenvergleichsrechnung stellt die Kosten verschiedener Investitionsobjekte einander gegenüber. Diejenige Investitionsalternative, die die geringeren Kosten verursacht, ist die vorteilhaftere.

In den Kostenvergleich werden üblicherweise die **Kapitalkosten** und die **Betriebskosten** einer Investition einbezogen.

Zu den **Kapitalkosten** gehören insbesondere die **kalkulatorischen Abschreibungen** und die **kalkulatorischen Zinsen**.

Kalkulatorische Abschreibungen

In der Investitionsrechnung werden die kalkulatorischen Abschreibungen üblicherweise **linear** vom **Anschaffungswert** und nicht vom Wiederbeschaffungswert berechnet. Falls sich ein **Restwert** (Schrottwert, Liquidationserlös) ergibt, muss dieser vom **Anschaffungswert abgezogen** werden, da während der Nutzungsdauer lediglich eine Wertminderung in Höhe der Differenz zwischen Anschaffungs- und Restwert eintritt.

$$\textbf{Abschreibung} = \frac{\textbf{Anschaffungswert – Restwert}}{\textbf{Nutzungsdauer}}$$

Kalkulatorische Abschreibung

AW: 100.000 EUR tatsächliche ND: 10 Jahre
RW: 10.000 EUR

$$\text{Abschreibung pro Jahr} = \frac{100.000 - 10.000}{10} = \mathbf{9.000\ EUR}$$

Kalkulatorische Zinsen

Für das im Investitionsobjekt gebundene Kapital werden **kalkulatorische Zinsen** ermittelt. Durch diese Zinskosten wird der entgangene Zinsertrag berücksichtigt, der erzielt worden wäre, wenn das Kapital nicht in Sachanlagen investiert, sondern anderweitig Zins bringend angelegt worden wäre (= **Alternativkosten, Opportunitätskosten**).

Das am Anfang investierte Kapital verringert sich während der Nutzungsdauer aufgrund der Wertminderung (Abschreibung) stetig. Am Ende der Nutzungsdauer ist es auf null oder auf einen sich möglicherweise ergebenden Restwert (Schrottwert, Liquidationserlös) gesunken.

In Höhe der Abschreibungen wird Kapital freigesetzt (= Desinvestition). Das geschieht, indem die Gegenwerte für die Abschreibungen, die in die Preise einkalkuliert sind, über die Umsatzerlöse als liquide Mittel zurückfließen. Nur der jeweilige Restwert stellt dann noch gebundenes Kapital dar. Die kalkulatorischen Zinsen werden daher üblicherweise auf der Basis des während der Nutzungsdauer **durchschnittlich gebundenen Kapitals** nach der Formel **(Anschaffungswert + Restwert)/2** berechnet.[1]

Ermittlung der kalkulatorischen Zinsen

$$\textbf{Zinsen} = \frac{\textbf{(Anschaffungswert + Restwert)}}{\textbf{2}} \cdot \textbf{Zinssatz/100}$$

AW: 100.000 EUR
RW: 10.000 EUR
Zinssatz: 10 %

$$\text{Zinsen pro Jahr} = \frac{100.000 + 10.000}{2} \cdot 0{,}1 = \textbf{5.500 EUR}$$

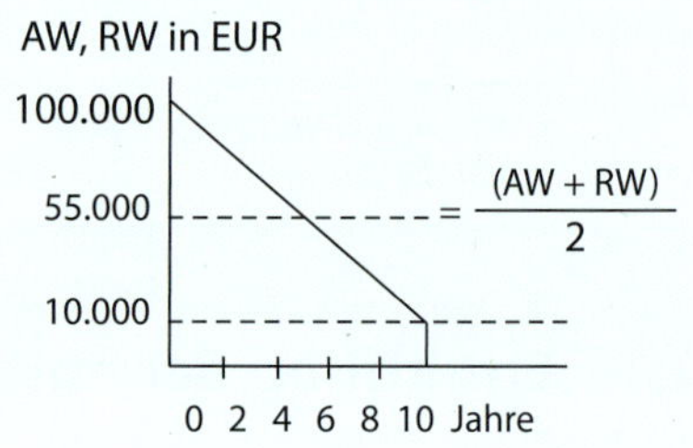

Fixe und variable Kosten – Kostenfunktion

Alle übrigen im Zusammenhang mit der Investition anfallenden Kosten werden den **Betriebskosten** zugerechnet. **Kapital- und Betriebskosten** lassen sich wie folgt in **fixe und variable Kosten** aufteilen:

Kostenvergleichsrechnung bei der Metallbau GmbH

Ermittlung der für eine Investitionsentscheidung relevanten Kosten:
Produktionsanlage zur Herstellung von bisher fremdbezogenen Metallteilen

Anschaffungswert: 100.000 EUR **Produktionsmenge:** 20 000 Stück/Jahr
Nutzungsdauer: 10 Jahre **Zinssatz:** 10 %
Restwert: 10.000 EUR

Kosten	insgesamt EUR	fixe Kosten EUR	variable Kosten EUR
Kapitalkosten pro Jahr			
■ kalkulatorische Abschreibungen	9.000	9.000	
■ kalkulatorische Zinsen	5.500	5.500	
Betriebskosten pro Jahr (bei 20 000 St.)			
■ Gehälter	10.500	10.500	
■ Löhne	110.000		110.000
■ Materialverbrauch	200.000		200.000
■ Instandhaltung	2.000	2.000	
■ Raumkosten	1.000	1.000	
■ Energieverbrauch	5.500		5.500
■ sonstige Kosten	12.500	2.000	10.500
Gesamtkosten (K_g)	**356.000**	**30.000**	**326.000**
Stückkosten (k_g) bei 20 000 Stück/Jahr	**17,80**	**1,50**	**16,30**

1 Die Herleitung dieser Formel ist im Lehrerhandbuch erläutert.

Ziel ist die Herleitung einer **Kostenfunktion** folgender Art:

$$K_g = K_f + k_v \cdot x$$

Für den vorliegenden Fall ergibt sich folgende Kostenfunktion: $K_g = 30.000 + 16{,}30 \cdot x$

2.2 Vergleich von Investitionsalternativen – Kritische Produktionsmenge

Ein Vergleich zwischen zwei Investitionsalternativen kann sich auf die Gesamtkosten K_g (= Kostenvergleich pro Periode) oder auf die Stückkosten k_g (= Kostenvergleich pro Leistungseinheit) beziehen.

Kostenstruktur bei verschiedenen Produktionsverfahren (Rationalisierung)

Aufg. 1 S. 490

	Anlage I		**Anlage II**	
Anschaffungswert (EUR)	100.000		200.000	
Nutzungsdauer (Jahre)	10		10	
Restwert (EUR)	0		10.000	
voraussichtliche tatsächliche Auslastung (Stück/Jahr)	20 000		20 000	
Zinssatz in %	10		10	
Kapitalkosten				
Abschreibungen pro Jahr (EUR)	10.000		19.000	
Zinsen vom Ø gebundenen Kapital (EUR)	5.000		10.500	
sonstige **fixe Betriebskosten** (EUR)	15.000		17.500	
fixe Kosten		30.000		47.000
variable Betriebskosten (EUR)		326.000		295.000
Gesamtkosten (EUR)		**356.000**		**342.000**
Kostendifferenz Gesamtkosten (EUR)	**14.000**			
Stückkosten (EUR)	356.000/20 000 = **17,80**		342.000/20 000 = **17,10**	
Kostendifferenz Stückkosten (EUR)	**0,70**			
variable Stückkosten (EUR)	326.000/20 000 = **16,30**		295.000/20 000 = **14,75**	
Kostenfunktion	K_g **I = 30.000 + 16,30 · x**		K_g **II = 47.000 + 14,75 · x**	

Ergebnis: Die Anlage II verursacht bei einer jährlichen Produktionsmenge von 20 000 Stück um 14.000 EUR geringere Kosten pro Jahr. Sie ist daher unter Kostengesichtspunkten der Anlage I vorzuziehen. Die Kostenstruktur der beiden Anlagen deuten darauf hin, dass es sich bei der Anlage I um ein arbeitsintensiveres Produktionsverfahren als bei Anlage II handelt: geringe Fixkosten, dafür aber höhere variable Stückkosten (z. B. Fertigungslöhne).

Entscheidungskriterium

Beim Vergleich zweier Investitionsalternativen auf der Basis der Kostenvergleichsrechnung gilt als Entscheidungskriterium:

Entscheidungskriterium: $K\,I \lesseqgtr K\,II$

Wenn die voraussichtliche **tatsächliche Produktionsmenge** pro Jahr nicht der maximal möglichen Produktionsmenge entspricht, ist nur ein Kostenvergleich je Stück sinnvoll.

Kritische Menge

Aufg. 2 S. 391

In der Praxis schwanken die jährlichen Produktionmengen. Sie entsprechen häufig auch nicht den maximal möglichen Produktionsmengen. Von besonderer Bedeutung ist deshalb die Frage, **ab welcher Produktionsmenge** die Anlage II günstiger als die Anlage I ist (= kritische Produktionsmenge, Übergangsmenge). Dafür muss die Menge bestimmt werden, bei der die Kosten beider Anlagen gleich sind.

$$K_g\,I = K_g\,II$$
$$K_f\,I + k_v\,I \cdot x = K_f\,II + k_v\,II \cdot x$$
$$k_v\,I \cdot x - k_v\,II \cdot x = K_f\,II - K_f\,I$$

Kritische Menge x_0:

$$x_0 = \frac{K_f\,II - K_f\,I}{k_v\,I - k_v\,II}$$

Berechnung der kritischen Menge

$$30.000 + 16{,}30\,x = 47.000 + 14{,}75\,x$$
$$16{,}30\,x - 14{,}75\,x = 47.000 - 30.000$$

$$x_0 = \frac{47.000 - 30.000}{16{,}30 - 14{,}75} = \frac{17.000}{1{,}55} = 10\,968 \text{ Stück}$$

Grafische Ermittlung der kritischen Menge

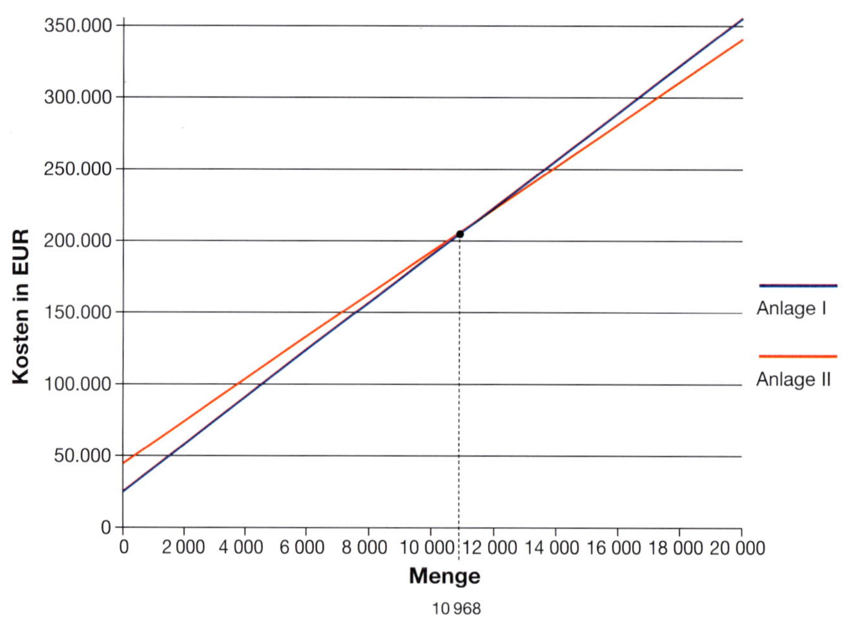

Aufg. 3 S. 390

Ergebnis: Bis zu einer Produktionsmenge von 10 967 Stück ist die Anlage I kostengünstiger. Das ist dadurch bedingt, dass bei Anlage I niedrigere Fixkosten und höhere variable Kosten anfallen als bei Anlage II. Ab einer Produktionsmenge von 10 969 Stück wird die Anlage II aufgrund der Fixkostendegression (= abnehmender Fixkostenanteil je Stück) kostengünstiger. Die kritische Menge (Übergangsmenge) liegt im Schnittpunkt der beiden Kostenkurven. Die Kostenkurve $K_g\,I$ beginnt wegen der geringeren Fixkosten (30.000 EUR) bei einem niedrigeren Y-Achsenabschnitt als die Kostenkurve $K_g\,II$ (Fixkosten: 47.000 EUR). Da die Kostenkurve $K_g\,I$ aber wegen der höheren variablen Stückkosten ($k_v\,I$ = 16,30 EUR) eine größere Steigung als die Kostenkurve $K_g\,II$ hat ($k_v\,II$ = 14,75 EUR), ergibt sich ein Schnittpunkt zwischen beiden Kurven. Bei der entsprechenden Produktionsmenge von 10 968 Stück sind die Kosten beider Anlagen gleich hoch.

2.3 Beurteilung der Kostenvergleichsrechnung

Die Kostenvergleichsrechnung ist ein in der Praxis weit verbreitetes und relativ leicht anwendbares Investitionsrechnungsverfahren. Sie kann eine grobe Grundlage für Investitionsentscheidungen liefern, zeichnet sich aber durch folgende Nachteile aus:

Nachteile der Kostenvergleichsrechnung

- Kurzfristigkeit des Kostenvergleichs: Die Kostenentwicklung (z. B. Entwicklung der Lohn- und Energiekosten) im Zeitablauf bleibt unberücksichtigt.
- Die Auflösung der Kosten in fixe und variable Bestandteile ist nicht immer einfach und genau.
- Erträge aus der Investition bleiben unberücksichtigt. Daher bleiben sowohl Erlöse als auch Gewinne außer acht.
- Qualitäts- und Preisunterschiede zwischen den mit den alternativen Anlagen hergestellten Erzeugnissen bleiben unberücksichtigt.
- Ein ggf. nach Ende der Investitionsdauer anfallender Restwert der Anlage wird nur bei der Ermittlung von Abschreibung und Zinsen, nicht aber als Erlös berücksichtigt.

Zusammenfassende Übersicht zu Kapitel 2: Statische Investitionsrechnung am Beispiel der Kostenvergleichsrechnung

Entscheidungsrelevante Kosten

Kapitalkosten		**Betriebskosten**
kalkulatorische Abschreibungen	**kalkulatorische Zinsen**	▪ Löhne, Gehälter, Personalnebenkosten ▪ Materialverbrauch ▪ Instandhaltung ▪ Raumkosten ▪ Energieverbrauch ▪ ...
linear vom Anschaffungswert (ggf. abzüglich Restwert) (AW – RW)/ND	vom Ø gebundenen Kapital (AW + RW)/2	

↓ **fixe Kosten** (Kapitalkosten; Betriebskosten teilweise) | **variable Kosten** (Betriebskosten)

$$K_g = K_f + k_v \cdot x$$

↓

Entscheidungskriterium bei Vergleich von zwei Investitionsalternativen:

$$K_g\,I \lesseqgtr K_g\,II$$

↓

kritische Menge: $K_g\,I = K_g\,II \rightarrow x_0 = (K_f\,II - K_f\,I)/(k_v\,I - k_v\,II)$

Probleme der Kostenvergleichsrechnung

- Künftige Kostenentwicklung wird nicht berücksichtigt.
- Erträge, Erlöse, Gewinn, Rentabilität werden nicht berücksichtigt.
- Kapitaleinsatz wird nur im Rahmen der Abschreibung berücksichtigt.
- Kurzfristiger Vergleich: Ein Jahr ist u. U. nicht repräsentativ.
- Aufteilung in fixe und variable Kosten schwierig.

Checken Sie Ihre Kompetenz mit der Ich-kann-Liste.

Öffnen Sie hierzu den nebenstehenden **QR-Code** oder geben Sie folgenden Link ein: https://vel.plus/BHBILIH03

vel.plus/BHBILIH04

WIEDERHOLUNG DES GRUNDWISSENS

zu Kapitel 2 Statische Investitionsrechnung am Beispiel der Kostenvergleichsrechnung

2.1 Ermittlung der entscheidungsrelevanten Kosten

1. Nennen Sie Beispiele für Kapitalkosten und Betriebskosten.
2. Erläutern Sie die Berechnungsweise der kalkulatorischen Abschreibungen.
3. Erläutern Sie die Berechnungsweise der kalkulatorischen Zinsen.
4. Leiten Sie die Kostenfunktion aus den entscheidungsrelevanten Kosten eines Investitionsobjekts her.

2.2 Vergleich von Investitionsalternativen – Kritische Produktionsmenge

1. Nennen Sie das Entscheidungskriterium bei Vergleich zweier Investitionsalternativen.
2. Erläutern Sie, was unter der „kritischen Produktionsmenge" zu verstehen ist und wie sie ermittelt wird.

2.3 Beurteilung der Kostenvergleichsrechnung

1. Nennen Sie Vor- und Nachteile der Kostenvergleichsrechnung.

ANWENDUNGS- UND ÜBUNGSAUFGABEN

zu Kapitel 2 Statische Investitionsrechnung am Beispiel der Kostenvergleichsrechnung

Aufgabe 1 Vergleich von zwei Investitionsalternativen – Kritische Menge

PDF vel.plus/BHBILIH05

In einem Metall verarbeitenden Betrieb steht die Anschaffung einer neuen Maschine zur Herstellung von Drehteilen an. Folgende beiden Investitionsalternativen stehen zur Wahl:

	Anlage I	Anlage II
Anschaffungswert (EUR)	180.000	240.000
Restwert (EUR)	0	0
Nutzungsdauer (Jahre)	8	8
Auslastung (Stück pro Jahr)	40 000	40 000
Zinssatz (%)	10	10
Raumkosten (EUR pro Jahr)	2.000	2.000
Instandhaltung (EUR pro Jahr)	2.200	2.500
Gehälter (EUR pro Jahr)	8.000	9.000
Löhne (EUR pro Jahr)	70.000	40.000
Material (EUR pro Jahr)	140.000	128.000
Energie (EUR pro Jahr)	7.700	11.200
sonstige fixe Betriebskosten (EUR pro Jahr)	3.000	4.500
sonstige variable Betriebskosten (EUR pro Jahr)	3.100	2.400

1. Welche der beiden Drehmaschinen ist bei einer Jahresproduktion von 40 000 Drehteilen kostengünstiger?
2. Berechnen Sie die kritische Produktionsmenge (Übergangsmenge).

Aufgabe 2 Kostenstrukturen bei verschiedenen Produktionsverfahren

PDF vel.plus/BHBILIH06

Die Feintechnik GmbH hat bisher bestimmte Metallteile von einem Zulieferer zum Stückpreis von 15,00 EUR bezogen. Der Lieferer hat eine Preiserhöhung auf 20,00 EUR je Stück angekündigt. Das veranlasst die Geschäftsführung, Überlegungen zur Eigenfertigung anstelle des bisherigen Fremdbezugs anzustellen. Dazu stehen zwei Produktionsanlagen zur Auswahl.

	Halbautomat	Vollautomat
Kapazität pro Jahr in Stück	10 000	10 000
Anschaffungswert in EUR	60.000	200.000
Restwert in EUR	0	0
Nutzungsdauer in Jahren	10	10
Fixkosten pro Jahr (außer Abschreibungen und kalk. Zinsen) EUR	2.000	5.000
Lohnkosten je Stück in EUR	7,00	0,50
Materialkosten je Stück in EUR	3,00	2,00
Kalkulationszinssatz in %	10	10

1. Ermitteln Sie die Gesamtkosten und die Kosten je Stück bei einem Jahresbedarf von 2 000 Stück für die Fälle a) Fremdbezug, b) Halbautomat, c) Vollautomat.
2. Ermitteln Sie die kritischen Mengen für die drei Alternativen. Für welche Alternative soll sich die Feintechnik GmbH entscheiden, wenn mit einem Anstieg des Jahresbedarfs gerechnet wird?
3. Stellen Sie die kritischen Mengen für die drei Alternativen in einem Koordinatensystem grafisch dar.

Aufgabe 3 Kostenvergleichsrechnung bei unterschiedlicher Auslastung

Ein Transportunternehmen möchte einen neuen Lkw anschaffen. Wegen der unterschiedlichen Ausstattung und Einsatzmöglichkeiten ist die jährliche Kilometerleistung der beiden in Frage kommenden Fahrzeuge unterschiedlich.

PDF vel.plus/BHBILIH07

	Lkw I	Lkw II
Anschaffungswert (EUR)	480.000	540.000
Nutzungsdauer (Jahre)	8	8
Restwert im Ende der Nutzungsdauer (EUR)	180.000	140.000
jährliche Kilometerleistung	250 000	200 000
Kalkulationszinssatz in %	10	10
variable Kosten je km (EUR)	1,75	1,70
fixe Kosten pro Jahr (ohne Abschreibungen und Zinsen) EUR	67.500	60.000

1. Nennen Sie Beispiele für variable und fixe Kosten, die für einen Lkw anfallen.
2. Erläutern Sie, warum im vorliegenden Fall ein Vergleich anhand der Gesamtkosten pro Jahr nicht aussagekräftig ist.
3. Ermitteln Sie, welcher Lkw kostengünstiger ist.

3 Statische Amortisationsrechnung

Kompetenzen:

- *statische Investitionsrechnungsverfahren anwenden*
- *die Amortisationszeit einer Einzelinvestition berechnen können*
- *bei Vorliegen mehrerer Investitionsalternativen eine begründete Investitionsentscheidung treffen*
- *die Amortisationszeit einer Rationalisierungsinvestition berechnen können*
- *die Vor- und Nachteile der statischen Amortisationsrechnung beschreiben*

3.1 Ziel der Amortisationsrechnung

Im Rahmen der Amortisationsrechnung wird festgestellt, in welchem **Zeitraum** sich eine Investition amortisiert[1], d.h. wie lange es dauert, bis die ursprünglichen **Investitionsausgaben** durch daraus künftig folgende **Einzahlungsüberschüsse** (Einzahlungen – Auszahlungen) gedeckt sind (= **Zeitraum des Kapitalrückflusses**)[2]. Der entsprechende Zeitraum wird als **Amortisationszeit** oder **Wiedergewinnungszeit** bezeichnet. Je kürzer die Amortisationszeit ist, desto geringer erscheint das Investitionsrisiko. Deshalb sollen die Ausgaben für die Investition in möglichst kurzer Zeit durch Einzahlungsüberschüsse aus der Investition ausgeglichen werden.

Die Amortisationszeit ist der Zeitraum, innerhalb dessen das für die Investition eingesetzte Kapital (Investitionsausgaben) zurückgeflossen ist. Der Rückfluss erfolgt über die künftigen Einzahlungsüberschüsse, die durch die Investition entstehen. Diejenige Investitionsalternative mit der geringeren Amortisationszeit ist die vorteilhaftere.

3.2 Amortisationszeit für eine Einzelinvestition

Ermittlung der Einzahlungsüberschüsse

Bei der Amortisationsrechnung stehen die finanzwirtschaftlichen Größen **Einzahlungen** und **Auszahlungen** im Mittelpunkt. Als Anschaffungsauszahlung der Investition (= Kapitaleinsatz) werden die **Anschaffungskosten** eines Investitionsobjektes herangezogen. Da bei den statischen Verfahren der Investitionsrechnung aber keine künftigen Zahlungsströme, sondern nur Kosten und Leistungen berücksichtigt werden, müssen die Einzahlungsüberschüsse der Investition auf indirektem Wege ermittelt werden. Ausgangspunkt ist der sich aus einer Investition ergebende jährliche Gewinn. Dieser ergibt sich aus der Differenz

1 amortir *(franz.)*: tilgen
2 Die Amortisationsrechnung wird daher auch als Kapitalrückflussrechnung, Pay-back-Rechnung oder Pay-off-Rechnung bezeichnet.

zwischen den mit der Investition einhergehenden Umsatzerlösen und den dabei entstandenen Kosten: G = E – K. Dieser Gewinn muss in **Einzahlungsüberschüsse** umgerechnet werden.

Kapitalrückfluss bei einer Erweiterungsinvestition

In einem Kunststoff verarbeitenden Betrieb wird für eine Erweiterungsinvestition mit einem Kapitaleinsatz von 1,4 Mio. EUR gerechnet. Durch die Investition steigt der Umsatz voraussichtlich um 800.000 EUR jährlich. Die jährliche Abschreibung für das Investitionsobjekt beträgt 280.000 EUR. Alle übrigen mit der Investition verbundenen Kosten (Löhne, Strom, Materialverbrauch) sind auszahlungswirksam und werden auf 440.000 EUR pro Jahr geschätzt.

Gewinnermittlung für eine Erweiterungsinvestition

Kosten			**Leistungen**	
Sonstige Kosten (z. B. Löhne, Material) = jährliche Auszahlungen aus der Investition		440.000 EUR	Umsatzerlöse = jährliche Einzahlungen aus der Investition	800.000 EUR
Einzahlungsüberschuss 360.000 EUR	Abschreibungen	280.000 EUR		
	Gewinn	80.000 EUR		
Summe		800.000 EUR	Summe	800.000 EUR

Ergebnis: Von den aus der Erweiterungsinvestition erzielten Umsatzerlösen in Höhe von 800.000 EUR pro Jahr stehen nach Abzug der auszahlungswirksamen Kosten (440.000 EUR pro Jahr) Mittel in Höhe von 360.000 EUR/Jahr zur Verfügung.

Es wird unterstellt, dass alle durch die Investition entstehenden Umsatzerlöse zu **Einzahlungen** führen. Zur Ermittlung des jährlichen **Einzahlungsüberschusses** müssen von den **Umsatzerlösen** alle mit der Investition zusammenhängenden **auszahlungswirksamen Kosten** abgezogen werden. Die Berechnung kann auch auf der Basis des mit der Investition erzielten jährlichen **Gewinns** (= Beitrag zum Betriebsergebnis) erfolgen. Der Gewinn ergibt sich als Differenz zwischen Umsatzerlösen und Gesamtkosten. In diesen von den Umsatzerlösen abgezogenen Kosten ist aber auch die **nicht auszahlungswirksame Abschreibung** enthalten. Daher muss dieser Abschreibungsbetrag wieder zum Gewinn hinzugerechnet werden. Unter der Annahme, dass Gewinn und Abschreibung während der Nutzungsdauer im Durchschnitt unverändert bleiben (= konstanter Jahresgewinn und lineare kalkulatorische Abschreibung), stellt die Summe aus beiden Beträgen den **durchschnittlichen jährlichen Kapitalrückfluss** dar.[1]

Amortisationszeit

Die Amortisationszeit (t_W) einer Investition ergibt sich in diesem Fall wie folgt[2]:

!

$$\textbf{Amortisationszeit } (t_W) = \frac{\textbf{Anschaffungsauszahlungen – Restwert}}{\textbf{Ø Gewinn pro Jahr + jährl. Abschreibung}} = \frac{\textbf{Anschaffungsauszahlungen – Restwert}}{\textbf{Ø Kapitalrückfluss pro Jahr}}$$

1 Neben der kalkulatorischen Abschreibung müssten eigentlich auch die kalkulatorischen Zinsen, soweit sie die tatsächlichen Zinszahlungen übersteigen, zum Gewinn hinzugezählt werden. Im Rahmen der statischen Amortisationsrechnung bleiben diese Zinsen aber in der Regel unberücksichtigt. Die wegen der Abnahme des investierten Rest-Kapitals fallenden Zinsen widersprechen nämlich der Annahme jährlich konstanter Kapitalrückflüsse.

2 **t** steht für tempus *(lat.)*: Zeit; **w** steht für Wiedergewinnung

Wird auch ein **Restwert** (RW) des Investitionsobjektes berücksichtigt, muss in der obigen Formel die Anschaffungsauszahlung um den Restwert vermindert werden, da nur der Differenzbetrag zu amortisieren ist. Auch die kalkulatorischen Abschreibungen sind dann – wie bei der Kostenvergleichsrechnung – lediglich vom Differenzbetrag zwischen Anschaffungs- und Restwert zu berechnen.

Entscheidungskriterium

Bei einer Entscheidung über eine **Einzelinvestition** gilt jedes Investitionsobjekt als vorteilhaft, das die vorgegebene maximale Amortisationszeit $t_{W\,max}$ nicht überschreitet.

! **Entscheidungskriterium: $t_W \leq t_{W\,max}$**

3.3 Vergleich von Investitionsalternativen

Aufg. 1 S. 398

Bei einem Vergleich zwischen zwei Investitionsalternativen I und II ist das Investitionsobjekt mit der kürzeren Amortisationszeit (t_W) das vorteilhaftere.

! **Entscheidungskriterium: $t_W\,I \lesseqgtr t_W\,II$**

Amortisationsrechnung: Vergleich von Investitionsalternativen

Die Anschaffung einer neuen Kunststoffpresse in einem Kunststoff verarbeitenden Betrieb soll sich nach Vorgaben der Geschäftsleitung spätestens in 2,5 Jahren (= $t_{W\,max}$) amortisieren. Es stehen zwei Investitionsalternativen zur Auswahl:

	Anlage I	Anlage II
Anschaffungsauszahlung (EUR)	90.000	140.000
Restwert (EUR)	6.000	0
Nutzungsdauer (Jahre)	6	8
Gewinn pro Jahr (EUR)	28.000	38.000

Die Abschreibungen und Rückflussbeträge ergeben sich wie folgt:

	Anlage I	Anlage II
Gewinn pro Jahr (EUR)	28.000	38.000
Abschreibung pro Jahr (EUR)	14.000	17.500
Ø Kapitalrückfluss pro Jahr	42.000	55.500

Daraus ergeben sich folgende Amortisationszeiten:

	Anlage I	Anlage II
Amortisationszeit	$t_W I = \frac{90.000 - 6.000}{42.000} = 2$ Jahre	$t_W II = \frac{140.000}{55.500} = 2{,}5$ Jahre

Ergebnis: Die Anlage I ist der Anlage II vorzuziehen, da sie eine um 0,5 Jahre kürzere Amortisationszeit aufweist und die Vorgaben der Geschäftsleitung (Amortisationszeit $t_{W\,max} \leq 2{,}5$ Jahre) erfüllt.

3.4 Amortisationszeit für eine Rationalisierungsinvestition

Ermittlung der Auszahlungsminderung

Aufg. 2 S. 398

Für eine Rationalisierungsinvestition (= Ersatz einer noch funktionsfähigen Anlage) kann die Vorteilhaftigkeit statt an den Kapitalrückflüssen beider Anlagen vereinfachend anhand der **Auszahlungsminderung**, die durch die neue Anlage entsteht, beurteilt werden. Sind die Umsatzerlöse bei beiden Anlagen gleich hoch, wird zunächst festgestellt, um wie viel die Kosten der neuen Anlage niedriger als die der alten Anlage sind. In dieser Kostendifferenz ist aber auch die unterschiedliche Abschreibungshöhe der beiden Anlagen enthalten. Der nicht auszahlungswirksame Betrag, um den die Abschreibung der neuen Anlage höher als die der alten Anlage ist, muss als zusätzliche Auszahlungsminderung hinzugezählt werden.

Amortisationsrechnung bei einer Rationalisierungsinvestition

	alte Anlage		neue Anlage		Differenz
Erlöse pro Jahr in EUR	50.000		50.000		0
– Gesamtkosten pro Jahr in EUR	30.000		20.000		(–) 10.000
davon Abschreibung		*3.000*		*5.000*	
= Gewinn pro Jahr in EUR	20.000		30.000		(+) 10.000
+ Abschreibung	3.000		5.000		(+) 2.000
= Kapitalrückfluss pro Jahr in EUR	**23.000**		**35.000**		**(+) 12.000**

Der jährliche Kapitalrückfluss ist bei der neuen Anlage um 12.000 EUR höher.
Vereinfachte Berechnung: Wird der Vorteil der neuen Anlage nicht an der Höhe des Kapitalrückflusses, sondern an der Höhe der **Auszahlungsminderung** gemessen, ergibt sich folgende vereinfachte Berechnung, die aber zum selben Ergebnis führt:

in EUR	alte Anlage	neue Anlage	Kosten-einsparung durch neue Anlage	zusätzliche Abschreibung durch neue Anlage
Gesamtkosten pro Jahr	30.000	20.000	10.000	
Abschreibung pro Jahr	3.000	5.000		2.000
Auszahlungsminderung pro Jahr			**12.000**	

Bei Anschaffung der neuen Anlage ergibt sich eine jährliche Auszahlungsminderung in Höhe von 12.000 EUR.

Amortisationszeit

Die entscheidende Frage lautet: Wie lange dauert es, bis der mit der neuen Maschine verbundene **Kapitaleinsatz** durch die **Auszahlungsminderung** amortisiert wurde? Ist auch ein Liquidationserlös, der sich möglicherweise beim Verkauf der alten Anlage ergibt, zu berücksichtigen, wird die Anschaffungsauszahlung der neuen Anlage um den Restwert der alten Anlage (RW) vermindert, da nur der Differenzbetrag (= zusätzlicher Kapitaleinsatz) zu amortisieren ist.

$$\text{Amortisationszeit bei Rationalisierungsinvestition } (t_w) = \frac{\text{Anschaffungsauszahlung}_{neu} - \text{Restwert}_{alt}}{\text{Kosteneinsparung + zusätzliche Abschreibung}} = \frac{\text{zusätzlicher Kapitaleinsatz}}{\text{Ø jährliche Auszahlungsminderung}}$$

ANWENDUNGS- UND ÜBUNGSAUFGABEN

zu Kapitel 3 Statische Amortisationsrechnung

Aufgabe 1 Vergleich von zwei Investitionsalternativen anhand der Amortisationszeit

HILFE
vel.plus/BHBILIH10

In einer Maschinenfabrik stehen zwei Investitionsobjekte zur Auswahl. Die Geschäftsleitung erwartet eine Amortisation innerhalb von drei Jahren.

	Anlage I	Anlage II
Anschaffungsauszahlung (EUR)	205.000	270.000
Nutzungsdauer (Jahre)	6	8
Restwert (EUR)	10.000	15.000
Gewinn pro Jahr (EUR)	42.000	48.000

1. Begründen Sie, warum die Abschreibungen bei der Berechnung der Amortisationszeit berücksichtigt werden müssen.
2. Ermitteln Sie die Amortisationszeit für beide Investitionsobjekte und treffen Sie eine Entscheidung.

Aufgabe 2 Beurteilung einer Rationalisierungsinvestition anhand der Amortisationsrechnung

HILFE
vel.plus/BHBILIH11

Ein Holz verarbeitender Betrieb plant eine Rationalisierungsinvestition. Der Anschaffungsauszahlung für die neue Anlage beläuft sich auf 540.000 EUR. Es wird von einer 10-jährigen Nutzungsdauer ausgegangen. Die jährliche Kosteneinsparung beträgt 104.000 EUR. Die alte Anlage mit einer Restnutzungsdauer von vier Jahren und einer jährlichen Abschreibung von 30.000 EUR würde derzeit einen Liquidationserlös von 100.000 EUR erbringen.

Die neue Anlage soll sich nach Möglichkeit innerhalb der Restnutzungsdauer der alten Anlage amortisiert haben. Prüfen Sie, ob diese vorgegebene Amortisationszeit erreicht werden kann.

4 Dynamische Investitionsrechnung am Beispiel der Kapitalwertmethode

Kompetenzen:

- *den Einsatz dynamischer Investitionsrechnungsverfahren beurteilen*
- *Investitionsalternativen mithilfe der Kapitalwertmethode vergleichen*
- *die aus der Kapitalwertmethode folgenden Investitionsentscheidungen begründen*
- *die Vor- und Nachteile der Kapitalwertmethode beschreiben*

4.1 Finanzmathematische Grundlagen

Die **statischen Verfahren** der Investitionsrechnung berücksichtigen vorrangig die **je Periode durchschnittlich** anfallenden **Kosten, Erlöse und Gewinne** einer Investition. Die **dynamischen Verfahren** der Investitionsrechnung beziehen dagegen **periodengenau** die **Ein- und Auszahlungen** (Zahlungsströme) **aller Perioden** ein, während derer das Investitionsgut genutzt wird. Durch **Abzinsung** der künftigen Ein- und Auszahlungen auf den Zeitpunkt des Investitionsbeginns wird der **Barwert** (Gegenwartswert zum Zeitpunkt t_0) ermittelt. Die zu unterschiedlichen Zeitpunkten und in unterschiedlicher Höhe anfallenden künftigen Ein- und Auszahlungen werden dadurch vergleichbar gemacht.

Der Grundgedanke der dynamischen Investitionsrechnung lautet:

> **!** **Ein- oder Auszahlungen zu unterschiedlichen Fälligkeitszeitpunkten haben einen unterschiedlichen Wert. Heute verfügbares Geld ist mehr wert als künftiges. Der Unterschied ist durch den (Zinses-)Zins bedingt.**

Kalkulationszinssatz

Grundlage aller dynamischen Investitionsrechnungsverfahren ist daher die **Zinseszinsrechnung** (Barwertberechnung). Für die Abzinsung wird ein **Kalkulationszinssatz** benötigt. Bei der Festlegung des Kalkulationszinssatzes kann sich der Investor an folgenden Vergleichsgrößen orientieren:

- gegenwärtiger Zinssatz am Kapitalmarkt vermehrt um einen Risikozuschlag,
- Zinssatz, mit dem sich das Eigen- oder Fremdkapital des Unternehmens derzeit verzinst,
- eine vom Investor vorgegebene **Mindestverzinsung.**

Barwertformel

Barwertformel

Fragestellung: Wie hoch muss zum gegenwärtigen Zeitpunkt t_0 das Anfangskapital K_0 (= Barwert) sein, um bei einem Zinssatz von p und einer Laufzeit von n ein Endkapital von K_n zu erreichen?

Abzinsung

K_0		K_n
Anfangskapital (Barwert)	n Jahre	Endkapital
X EUR		**100.000 EUR**

K_n = Endkapital
n = Laufzeit
i = p/100

K_0 = Anfangskapital
p = Zinssatz
q = 1 + p/100 = 1 + i

$$K_0 = \frac{K_n}{\left(1 + \frac{p}{100}\right)^n} = \frac{K_n}{(1+i)^n} = \frac{1}{q^n} \cdot K_n$$

Barwert für K_n = 100.000, p = 5 %, n = 5 Jahre

$$K_0 = \frac{1}{1{,}05^5} \cdot 100.000 = 78.352{,}62 \text{ EUR}$$

4.2 Kapitalwertmethode: Ermittlung des Kapitalwertes für eine Einzelinvestition

Aufg. 1 S. 406

Das am weitesten verbreitete Verfahren der dynamischen Investitionsrechnung ist die **Kapitalwertmethode**.

! Der Kapitalwert (C_0) einer Investition ist die Barwertsumme (Gegenwartswert) aller durch diese Investition verursachten Zahlungen (Einzahlungsüberschüsse – Anschaffungsauszahlungen).

Kapitalwertformel

Der **Kapitalwert** einer Investition ergibt sich wie folgt:

C_0 = Kapitalwert
A_0 = Anschaffungsauszahlungen
t_0 = heutiger Zeitpunkt (Gegenwart)
Ü = Einzahlungsüberschuss:
$Ü_1, Ü_2, Ü_3, \ldots Ü_n$ = regelmäßige (jährliche) Einzahlungsüberschüsse während der Laufzeit n
t = 1, 2, ..., n = Zahlungszeitpunkte der Überschüsse (Jahresende 1 bis n)
p = Kalkulationszinssatz
i = p/100
q = 1 + p/100 = 1 + i
$1/q^n$ bzw. q^{-n} = Abzinsungsfaktor[1]
L_t = Liquiditätserlös zum Zeitpunkt t

!

$$C_0 = -A_0 + Ü_1 \cdot \frac{1}{q^1} + Ü_2 \cdot \frac{1}{q^2} + Ü_3 \cdot \frac{1}{q^3} + \ldots + Ü_n \cdot \frac{1}{q^n} = -A_0 + \sum_{t=1}^{n} Ü_t \cdot \frac{1}{q^t}$$

Ist ein **Liquidationserlös** L zum Zeitpunkt t zu berücksichtigen (z. B. beim Verkauf der Maschine am Ende der Laufzeit), so muss die Kapitalwertformel ergänzt werden, indem der auf den heutigen Tag (t_0) abgezinste Liquidationserlös ($L_t \cdot 1/q^t$) hinzugezählt wird:

!

$$C_0 = -A_0 + \sum_{t=1}^{n} Ü_t \cdot \frac{1}{q^t} + L_t \cdot \frac{1}{q^t}$$

1 Eine Tabelle mit entsprechenden Auf- und Abzinsungsfaktoren ist im Anhang abgedruckt und wird bei der Abiturprüfung bereit gestellt.

Kriterium für die Wahl einer Investitionsalternative ist die Höhe des Kapitalwertes C_0. Eine Investition ist umso vorteilhafter, je höher ihr Kapitalwert ist.

Berechnung des Kapitalwerts

Bei der METABA GmbH soll über die Anschaffung einer neuen Produktionsanlage entschieden werden. Die Anschaffungsauszahlungen betragen 100.000 EUR. Der Kalkulationszinssatz beträgt 10 %. Die während der 5-jährigen Nutzungsdauer anfallenden Ein- und Auszahlungen sind geschätzt.

Aufg. 2 S. 406

Zahlungszeitpunkt (Jahresende) t	Einzahlungen (E) EUR	Auszahlungen (A) EUR	Einzahlungsüberschüsse (Ü) EUR	Abzinsungsfaktor[1] $1/q^t$ bzw. q^{-t}	Barwerte EUR
1	100.000	70.000	30.000	0,909091	27.273
2	110.000	60.000	50.000	0,826446	41.322
3	100.000	70.000	30.000	0,751315	22.539
4	100.000	80.000	20.000	0,683013	13.660
5	110.000	80.000	30.000	0,620921	18.628
Barwertsumme der Einzahlungsüberschüsse:					**123.422**
– Anschaffungsauszahlungen: A_0					**100.000**
= Kapitalwert: C_0					**+ 23.422**

Ergebnis: Der Kapitalwert der Investition ist positiv. Die Investition ist daher vorteilhaft. Das eingesetzte Kapital bleibt erhalten und verzinst sich zum Kalkulationszinssatz von 10 %. Darüber hinaus wird ein Überschuss erzielt, dessen Barwert 23.422 EUR beträgt.

Entscheidungskriterium

Bei einer **Einzelinvestition** gilt jedes Investitionsobjekt als **vorteilhaft**, dessen Kapitalwert **größer** als 0 ist.

! **Entscheidungskriterium bei Einzelinvestition: $C_0 > 0$**

Höhe des Kapitalwertes	Bedeutung	Vorteilhaftigkeit der Investition
Kapitalwert ist positiv $C_0 > 0$ z. B. C_0 = 10.000 EUR	Der Investor erhält ▪ sein investiertes Kapital zurück, ▪ eine Verzinsung des Kapitals in Höhe des Kalkulationszinssatzes, ▪ einen zusätzlichen Überschuss, dessen Barwert 10.000 EUR beträgt.	**vorteilhaft**
Kapitalwert ist null $C_0 = 0$	Der Investor erhält ▪ sein investiertes Kapital zurück, ▪ eine Verzinsung des Kapitals in Höhe des Kalkulationszinssatzes. Ein Überschuss wird nicht erzielt.	Es ist **gleichgültig**, ob diese Investition getätigt oder die Investitionssumme anderweitig zum Kalkulationszinssatz angelegt wird.
Kapitalwert ist negativ $C_0 < 0$ z. B. C_0 = – 10.000 EUR	Der Investor erhält ▪ sein investiertes Kapital nicht bzw. nicht in vollem Umfang zurück und/oder ▪ nicht die erwartete Verzinsung des Kapitals in Höhe des Kalkulationszinssatzes.	**nicht vorteilhaft**

1 Eine Tabelle mit entsprechenden Auf- und Abzinsungsfaktoren ist im Anhang abgedruckt und wird auch in der Abiturprüfung bereit gestellt.

4.3 Vergleich von Investitionsalternativen – Differenzinvestition

Aufg. 3
S. 406

Bei einem Vergleich zwischen zwei Investitionsalternativen I und II ist das Investitionsobjekt mit dem höheren Kapitalwert das vorteilhaftere.

> **Entscheidungskriterium beim Vergleich zweier Investitionsobjekte: $C_0^{I} \lesseqgtr C_0^{II}$**
> **Dabei muss gelten: $C_0 \geq 0$**

Differenzinvestitionen

Zwei Investitionsobjekte sind aber nur dann direkt vergleichbar, wenn für beide Alternativen das während der Nutzungsdauer gebundene Kapital gleich hoch ist. Unterscheiden sich die Anschaffungsauszahlungen von zwei Investitionsobjekten, so muss in den Vorteilhaftigkeitsvergleich folgende Überlegung einbezogen werden: Der Differenzbetrag zwischen den Anschaffungsauszahlungen der beiden Alternativen kann (tatsächlich oder gedanklich) zinsbringend angelegt werden **(= Differenzinvestition)**. Eine solche **Differenzinvestition** kann beispielsweise in Form einer (fiktiven) **Finanzinvestition** (z. B. Anlage auf dem Kapitalmarkt in festverzinslichen Wertpapieren) erfolgen.

> **Eine Differenzinvestition ist eine zusätzliche Investition, um Investitionsalternativen mit unterschiedlichen Anschaffungsauszahlungen vergleichbar zu machen.**

Differenzinvestition bei unterschiedlichen Anschaffungsauszahlungen

Bei unterschiedlichen Anschaffungsauszahlungen von zwei Investitionsalternativen (z. B. Anlage I 120.000 EUR, Anlage II 80.000 EUR) wird davon ausgegangen, dass der Unterschiedsbetrag (Differenz) zwischen den Anschaffungsauszahlungen (hier: 40.000 EUR) in eine (fiktive) Anlage III investiert wird. Dahinter steckt folgende Überlegung: Um überhaupt eine Auswahl zwischen Anlage I und Anlage II treffen zu können, muss davon ausgegangen werden, dass der Investor in der Lage ist, jede der beiden Investitionsalternativen zu finanzieren. Wählt der Investor die Anlage I (Anschaffungsauszahlungen: 120.000 EUR), so verzichtet er nicht nur auf die Anlage II (Anschaffungsauszahlungen: 80.000 EUR), sondern zusätzlich auch auf eine dritte Investition (Anlage III) mit Anschaffungsauszahlungen in Höhe von 40.000 EUR (= Differenzbetrag der Anschaffungsauszahlungen von Anlage I und Anlage II). Die Wahl zwischen Anlage I und Anlage II beruht also in Wirklichkeit auf einem Vergleich zwischen Anlage I einerseits und Anlage II und III andererseits.

Der Kapitalwert der Differenzinvestition wird zum Kapitalwert des Investitionsobjekts mit den geringeren Anschaffungsauszahlungen hinzugezählt. Auf diese Weise können die Anschaffungsauszahlungen beider Investitionsalternativen einander angepasst und die Investitionsobjekte vergleichbar gemacht werden.[1]

> **Um zwei Investitionsobjekte mit unterschiedlichen Anschaffungsauszahlungen vergleichbar zu machen, wird der Kapitalwert der Differenzinvestition zum Kapitalwert des Investitionsobjekts mit den geringeren Anschaffungsauszahlungen hinzugezählt. Die Summe dieser beiden Kapitalwerte wird mit dem Kapitalwert der anderen Investitionsalternative verglichen.**

Wenn aber davon ausgegangen wird, dass bei Anwendung der Kapitalwertmethode überschüssige liquide Mittel immer zum Kalkulationszinssatz angelegt werden, brauchen für die Ermittlung der vorteilhafteren Investitionsalternative keine Differenzinvestitionen berücksichtigt zu werden. Da die Kapitalwerte solcher zum Kalkulationszinssatz verzinsten Investitionen null sind, haben

1 Das gilt nicht nur bei Investitionsobjekten mit unterschiedlichen Anschaffungsauszahlungen, sondern auch bei unterschiedlicher Nutzungsdauer. Dies ist aber nicht Gegenstand des Bildungsplans.

sie keinen Einfluss auf die Investitionsentscheidung. Es genügt in diesem Fall vielmehr, die Kapitalwerte der Investitionsalternativen ohne Berücksichtigung einer Differenzinvestition miteinander zu vergleichen und die Investitionsalternative mit dem höheren Kapitalwert zu wählen.

Differenzinvestition in Form einer Finanzinvestition – Verzinsung zum Kalkulationszinssatz

Die Differenz der Anschaffungsauszahlungen zwischen Anlage I und Anlage II in Höhe von 40.000 EUR (siehe Bsp. oben) wird (gedanklich) in festverzinslichen Wertpapieren mit einer Verzinsung zum Kalkulationszinssatz von 10 % angelegt. Der Einfachheit halber wird angenommen, dass die Nutzungsdauern der Anlagen und damit auch die Anlagedauer der Finanzinvestition auf 2 Jahre beschränkt sind. Anders als bei Sachinvestitionen, die während der Nutzungsdauer an Wert verlieren und daher am Ende keinen oder nur einen geringeren Liquidationserlös als die Anschaffungsauszahlungen aufweisen, wird der in die festverzinslichen Wertpapiere investierte Betrag am Ende der Anlagedauer in voller Höhe zurückgezahlt. Der „Liquidationserlös" (L_t) der Finanzinvestition entspricht somit den „Anschaffungsauszahlungen" (A_0). Der Kapitalwert C_0 der Finanzinvestition in Höhe von 0 EUR lässt sich wie folgt nachweisen:

Anschaffungsauszahlungen (A_0): 40.000 EUR — Liquidationserlös ($L_{t=2}$): 40.000 EUR
jährliche Einzahlungsüberschüsse ($Ü_t$): 10 % von A_0 — Kalkulationszinssatz: 10 %

$$C_0 = -A_0 + Ü1 \cdot 1/q^1 + Ü_2 \cdot 1/q^2 + L_2 \cdot 1/q^2$$
$$C_0 = -40.000\text{ EUR} + 4.000\text{ EUR} \cdot 0{,}909091 + 4.000 \cdot 0{,}826446 + 40.000 \cdot 0{,}826446$$
$$C_0 = -40.000\text{ EUR} + 3.636\text{ EUR} + 3.306\text{ EUR} + 33.058\text{ EUR} = 0$$

Der Kapitalwert beträgt deshalb null, weil die Ermittlung der Einzahlungsüberschüsse genau mit demselben Zinssatz erfolgt, der auch für Barwertermittlung (Abzinsung der Überschüsse) verwendet wird.

! **Der Kapitalwert einer Investition, die sich zum Kalkulationszinssatz verzinst, ist null.**

! **Wird angenommen, dass jederzeit in beliebigem Umfang ergänzende Investitionen getätigt werden können, die sich genau zum Kalkulationszinssatz verzinsen, kann auf die Berücksichtigung von Differenzinvestitionen verzichtet werden.**

Differenzinvestition mit Kapitalwert > 0

Wird dagegen davon ausgegangen, dass der Investor ausnahmsweise ergänzende Investitionen zu einem höheren als dem von ihm gewählten Kalkulationszinssatz tätigen kann, ist der Kapitalwert der **Differenzinvestition** – wie im folgenden Beispiel dargestellt – zu berücksichtigen.

Investitionsentscheidung mit Differenzinvestition

Bei der METABA GmbH stehen folgende beiden Investitionsobjekte zur Auswahl.

	Anlage I	Anlage II
Anschaffungsauszahlungen (EUR)	120.000	80.000
Nutzungsdauer (Jahre)	5	5
Liquidationserlös (EUR)	12.000	0
laufende Einzahlungsüberschüsse (Ü)	siehe nachfolgende Tabelle	
Kalkulationszinssatz	10 %	

Zur Ermittlung der Vorteilhaftigkeit ist es notwendig, die Differenz zwischen den Anschaffungsauszahlungen der beiden Anlagen in Höhe von 40.000 EUR durch eine Differenzinvestition zu berücksichtigen. Im vorliegenden Fall wird angenommen, dass diese fiktiven 40.000 EUR in eine Anlage investiert werden könnten, die ebenfalls 5 Jahre genutzt wird, danach einen geschätzten Liquidationserlös von 5.000 EUR erzielt und zu den in der folgenden Tabelle dargestellten geschätzten jährlichen Einnahmeüberschüssen führt.

Zeitpunkt (Jahresende)	Abzinsungsfaktor $1/q^t$ bzw. q^{-t}	Anlage I		Anlage II		Differenzinvestition	
		Überschüsse (Ü) in EUR	Barwert in EUR	Überschüsse (Ü) in EUR	Barwert in EUR	Überschüsse (Ü) in EUR	Barwert in EUR
1	0,909091	30.000	27.273	20.000	18.182	8.000	7.273
2	0,826446	45.000	37.190	25.000	20.661	10.000	8.264
3	0,751315	40.000	30.053	25.000	18.783	15.000	11.270
4	0,683013	45.000	30.736	25.000	17.075	20.000	13.660
5	0,620921	35.000	21.732	20.000	12.148	20.000	12.148
Summe		195.000	146.984	115.000	87.119	73.000	52.885
Liquidationserlös	0,620921	12.000	7.451	0	0	5.000	3.105
Barwertsumme der Überschüsse			154.435		87.119		55.990
– Anschaffungsauszahlungen			120.000		80.000		40.000
					7.119		**15.990**
= **Kapitalwert**			**34.435**			**23.109**	

Ergebnis: Für die Metallbau GmbH ist es günstiger, sich für die Anlage I zu entscheiden. Der Kapitalwert dieser Anlage beträgt 34.435 EUR. Er ist um 11.326 EUR höher als der sich aus der Summe der Kapitalwerte von Anlage II (7.119 EUR) und der Differenzinvestition (15.990 EUR) ergebende Kapitalwert von 23.109 EUR.

Bei Wahl der Anlage I erhält das Unternehmen

- die investierten 120.000 EUR zurück,
- eine Verzinsung dieses eingesetzten Kapitals in Höhe von 10 %.
- einen zusätzlichen Überschuss, dessen Barwert 34.435 EUR beträgt.

4.4 Beurteilung der Kapitalwertmethode

Im Gegensatz zu den Verfahren der statischen Investitionsrechnung werden bei der Kapitalwertmethode als einem dynamischen Investitionsrechnungsverfahren die zukünftigen Zahlungen zeitlich und betragsmäßig einzeln erfasst. Dadurch wird die Investitionsentscheidung erheblich sicherer. Allerdings ergeben sich bei der Anwendung der Kapitalwertmethode u. a. folgende Probleme:

Probleme bei Anwendung der Kapitalwertmethode
■ Die Zahlungen sind häufig nicht einem einzigen Investitionsprojekt direkt zurechenbar. ■ Ungewissheit der zukünftigen Zahlungen, die nach Höhe und zeitlichem Anfall prognostiziert werden müssen. Nicht alle jährlichen Ein- und Auszahlungen fallen am Ende der einzelnen Perioden $t_1, t_2, t_3 \dots t_n$ an. ■ Die Wahl des Kalkulationszinssatzes hängt stark von den subjektiven Zielen (Mindestverzinsung) des Investors ab. ■ Alle Zahlungen werden ein und demselben Zinssatz unterworfen (= Kalkulationszinssatz). Das beinhaltet die Annahme, dass zu diesem Kalkulationszinssatz beliebig viel Kapital beschafft und angelegt werden kann. Diese Annahme trifft nur für einen vollkommenen Kapitalmarkt, auf dem Soll- und Habenzinssatz gleich hoch sind, zu und ist nicht realistisch.

Zusammenfassende Übersicht zu Kapitel 4:
Dynamische Investitionsrechnung am Beispiel der Kapitalwertmethode

Kapitalwert

Kalkulationszinssatz p

$i = p/100$ ↓ $q = 1 + i = 1 + p/100$

Barwert (K_0) einer künftigen Zahlung: $K_0 = K_n \cdot 1/q^n$

↓ $1/q^n$ bzw. q^{-n} = Abzinsungsfaktor

Kapitalwert (C_0) = Barwertsumme aller durch die Investition verursachten Zahlungen

A_0 = Anschaffungsauszahlungen

Ü = Einzahlungsüberschüsse

$$C_0 = \sum_{t=1}^{n} Ü_t \cdot \frac{1}{q^t} - A_0 + L_t \cdot \frac{1}{q^t}$$

L_t = Liquidationserlös zum Zeitpunkt t

$C_0 > 0$	$C_0 = 0$	$C_0 < 0$
↓	↓	↓
Investition ist vorteilhaft.	**Indifferenz**	**Investition ist nicht vorteilhaft.**

Vergleich von Investitionsalternativen

Je höher der Kapitalwert, desto vorteilhafter ist die Investition.

Differenzinvestition

- Wird bei unterschiedlichen Anschaffungsauszahlungen der Investitionsobjekte berücksichtigt, um diese vergleichbar zu machen.
- Der Kapitalwert der Differenzinvestition wird dem Kapitalwert der Investitionsalternative mit den geringeren Anschaffungsauszahlungen hinzugezählt.

Checken Sie Ihre Kompetenz mit der Ich-kann-Liste.

Öffnen Sie hierzu den nebenstehenden **QR-Code** oder geben Sie folgenden Link ein: https://vel.plus/BHBILIH12

WIEDERHOLUNG DES GRUNDWISSENS

vel.plus/BHBILIH13

zu Kapitel 4 Dynamische Investitionsrechnung am Beispiel der Kapitalwertmethode

4.1 Finanzmathematische Grundlagen

1. Vergleichen Sie die Verfahren der statischen und der dynamischen Investitionsrechnung.
2. Begründen Sie, warum in Zukunft zu zahlende Beträge weniger wert sind als gegenwärtige.
3. Erläutern Sie die Berechnungsweise des Barwertes (Gegenwartswertes) einer zukünftigen Zahlung.

4.2 Kapitalwertmethode: Ermittlung des Kapitalwertes für eine Einzelinvestition

1. Erläutern Sie, was unter dem Kapitalwert einer Investition zu verstehen ist.
2. Erläutern Sie die Berechnungsweise des Kapitalwertes einer Investition.
3. Nennen Sie das Entscheidungskriterium bei einer Einzelinvestition.
4. Vergleichen Sie die Fälle, wenn der Kapitalwert einer Investition a) positiv b) null c) negativ ist.

4.3 Vergleich von Investitionsalternativen – Differenzinvestition

1. Nennen Sie das Entscheidungskriterium bei mehreren Investitionsalternativen.
2. Beschreiben Sie, in welchen Fällen Differenzinvestitionen berücksichtigt werden müssen.
3. Beschreiben Sie die Besonderheit, die bei der Ermittlung des Kapitalwertes einer Finanzinvestition zu berücksichtigen ist.

4.4 Beurteilung der Kapitalwertmethode

1. Nennen Sie Vor- und Nachteile der Kapitalwertmethode.

ANWENDUNGS- UND ÜBUNGSAUFGABEN

zu Kapitel 4 Dynamische Investitionsrechnung am Beispiel der Kapitalwertmethode

Aufgabe 1 Kapitalwertmethode: Vergleich zwischen Sach- und Finanzinvestition

PDF vel.plus/BHBILIH14

Ein Unternehmen verfügt über liquide Mittel in Höhe von 200.000 EUR. Wegen mittelfristig geplanter anderweitiger Investitionen wird überlegt, ob dieser Betrag vorübergehend für zwei Jahre in festverzinslichen Wertpapieren mit einer Verzinsung von 8 % p. a. angelegt oder zur Anschaffung einer gebrauchten Produktionsanlage mit einer Restnutzungsdauer von 2 Jahren verwendet werden soll. Es wird geschätzt, dass im Zusammenhang mit der Produktionsanlage folgende Ein- und Auszahlungen anfallen:

	Anschaffungszeitpunkt t_0	Ende des ersten Jahres t_1	Ende des zweiten Jahres t_2
Auszahlungen in EUR	200.000	100.000	100.000
Einzahlungen in EUR		200.000	230.000

Ein Liquidationserlös für die Produktionsanlage fällt nicht an. Als Kalkulationszinssatz wird der Zinssatz für festverzinsliche Wertpapiere verwendet.
Ermitteln Sie die Kapitalwerte der beiden Investitionsalternativen und erläutern Sie das Ergebnis.

Aufgabe 2 Anwendung der Kapitalwertmethode beim Kauf eines Lkw

PDF vel.plus/BHBILIH15

Eine Spedition beabsichtigt ein neues Spezialfahrzeug zum Preis von 600.000 EUR anzuschaffen. Mit dem Lkw-Hersteller wird vereinbart, dass der Rechnungspreis in zwei gleichen Jahresraten bezahlt werden kann (erste Rate bei Auslieferung, zweite Rate ein Jahr später). Für den neuen Lkw wird eine Nutzungsdauer von 5 Jahren angenommen. Danach kann er voraussichtlich zum Restwert von 100.000 EUR verkauft werden.

Es wird mit folgenden Einzahlungsüberschüssen durch den Lkw-Einsatz gerechnet:

Jahr	01	02	03	04	05
Einzahlungsüberschüsse in EUR	100.000	150.000	200.000	150.000	170.000

Prüfen Sie mithilfe der Kapitalwertmethode, ob sich die Anschaffung bei einem Kalkulationszinssatz von 10 % lohnt.

Aufgabe 3 Vergleich von Investitionsalternativen mit unterschiedlichen Anschaffungsauszahlungen – Differenzinvestition

PDF vel.plus/BHBILIH16

Die METABA GmbH will eine neue Maschine anschaffen. Für die Investitionsentscheidung wird ein Kalkulationszinssatz von 10 % zugrunde gelegt. Es stehen zwei Alternativen zur Verfügung:

		Anlage I	Anlage II
Anschaffungsauszahlungen in EUR		90.000	60.000
Einzahlungsüberschüsse während der 5-jährigen Nutzung in EUR	$Ü_1$	20.000	20.000
	$Ü_2$	30.000	20.000
	$Ü_3$	40.000	20.000
	$Ü_4$	30.000	20.000
	$Ü_5$	15.000	15.000
erwarteter Liquidationserlös in EUR		5.000	0

1. Ermitteln Sie die Kapitalwerte der beiden Investitionen.
2. Geschäftsführer Abele möchte aufgrund des Ergebnisses von 1. die Anlage I anschaffen. Geschäftsführer Bäuerle bezweifelt die Richtigkeit einer solchen Entscheidung und weist darauf hin, dass die Anschaffungsaus-

zahlungen für die Anlage I um 50 % höher sind als bei Anlage II. Er schlägt vor, die Anlage II anzuschaffen und die ersparten 30.000 EUR in ein anderes Investitionsobjekt zu investieren.
Beurteilen Sie die Einwände von Herrn Bäuerle.

3. Die 30.000 EUR könnten in ein anderes Investitionsobjekt investiert werden, das ebenfalls eine Laufzeit von fünf Jahren hat und zu folgenden Einzahlungsüberschüssen führen würde.

Jahr 1	Jahr 2	Jahr 3	Jahr 4	Jahr 5
5.000 EUR	6.000 EUR	10.000 EUR	15.000 EUR	15.000 EUR

Ermitteln Sie den Kapitalwert dieser Differenzinvestition. Welche Investitionsentscheidung sollte die METABA GmbH treffen?

4. Würde sich die Investitionsentscheidung ändern, wenn der Differenzbetrag in Höhe von 30.000 EUR zinsbringend zum Kalkulationszinssatz am Kapitalmarkt angelegt würde? Begründen Sie Ihre Aussage.

5. Wie hoch muss der Kapitalwert der Differenzinvestition mindestens sein, damit die Anlage II vorteilhafter ist?

Lernbereich I

Jahresabschluss und Kennzahlenanalyse

1 Adressaten und deren Interesse am Jahresabschluss

Kompetenzen:

- *verschiedene Interessengruppen am Jahresabschluss beachten*

1 Adressaten und deren Interesse am Jahresabschluss

Der Jahresabschluss richtet sich an verschiedene Adressaten, die jeweils ein unterschiedliches Interesse an den Informationen haben, die einem Jahresabschluss zu entnehmen sind.

Adressaten des Jahresabschlusses

Eigentümer (Gesellschafter, Aktionäre)	Gläubiger (Banken, Lieferer)	Künftige Investoren (Kapitalanleger)	Finanzbehörde (Fiskus)

Informationsbedürfnis der Eigentümer

Die **Eigentümer eines Unternehmens** (z.B. Aktionäre, Gesellschafter) haben in erster Linie ein Interesse, dem Jahresabschluss **Informationen zur Vermögens- und Gewinnsituation** für das zurückliegende Geschäftsjahr entnehmen zu können. Dem Jahresabschluss kommt deshalb die Aufgabe zu, die nach den Regeln ordnungsmäßiger Buchführung[1] erfassten Geschäftsvorfälle zu **dokumentieren (Dokumentationsfunktion des Jahresabschlusses)**. Damit auch zu einem späteren Zeitpunkt noch auf diese Informationen zurückgegriffen werden kann, müssen die Unterlagen geordnet aufbewahrt werden. Darüber hinaus soll der Jahresabschluss aber auch Informationen über zu **erwartende Ergebnisse (Erfolgspotenziale)** liefern.

HGB §§ 238–245

HGB §§ 257–261

! Eigentümer eines Unternehmens sind insbesondere an Informationen zur Vermögens- und Gewinnsituation interessiert. Diese sind dem Jahresabschluss zu entnehmen.

Informationsbedürfnis der Gläubiger

Die Gläubiger (Lieferer, Banken) erwarten aus dem Jahresabschluss Informationen zur **wirtschaftlichen Lage** sowie zur **Zahlungsfähigkeit (Liquidität)** eines Unternehmens. Auf der Grundlage dieser Informationen entscheiden sie über die Gewährung oder Verlängerung von Krediten. Vor dem Hintergrund einer möglichst problemlosen Tilgung eines Kredits durch den Schuldner sind die Gläubiger daran interessiert, dass die dem Jahres-

1 Bei den Grundsätzen ordnungsmäßiger Buchführung (GoB) handelt es sich um Regeln, nach denen Geschäftsvorfälle aufzuzeichnen und im Jahresabschluss darzustellen sind. Sie sind nicht in Gesetzen formuliert, sondern leiten sich aus den Gepflogenheiten ab, die sich im Laufe der Zeit hinsichtlich Buchführung und Jahresabschluss ergeben haben und von einem „ordentlichen und gewissenhaften Kaufmann" zu beachten sind. Sie sind in gleicher Weise wie Gesetze rechtsverbindlich.

abschluss zu entnehmende Vermögens- und Gewinnsituation keinesfalls zu günstig ausgewiesen wird.

> **Gläubiger (Kreditgeber) entscheiden u. a. auf der Grundlage der Informationen aus dem Jahresabschluss über eine Kreditgewährung.**

Informationsbedürfnis der künftigen Investoren (Kapitelanleger)

Für die Anlageentscheidung von Kapitalanlegern ist bedeutsam, dass im Jahresabschluss Vermögen und Verbindlichkeiten **angemessen** dargestellt werden **(Fair Presentation)**. Eine eher vorsichtige Bewertung von Vermögen und Schulden trägt ihrem Informationsbedürfnis weniger Rechnung. Allerdings ist es auch im Interesse der Kapitalanleger, dass im Jahresabschluss ein **realistischer (also kein überhöhter)** Gewinn ausgewiesen wird.

Informationsbedürfnis der Finanzbehörde (Fiskus)

Das im Jahresabschluss ausgewiesene Ergebnis ist für die Finanzbehörde Grundlage für die Erhebung von **Gewinnsteuern** (Einkommensteuer, Körperschaftsteuer, Gewerbesteuer). Aus steuerrechtlicher Sicht ist die Erfassung eines den **tatsächlichen Verhältnissen** entsprechenden Ergebnisses (Gewinn oder Verlust) sicherzustellen.

Zusammenfassende Übersicht zu Kapitel 1: Adressaten und deren Interesse am Jahresabschluss

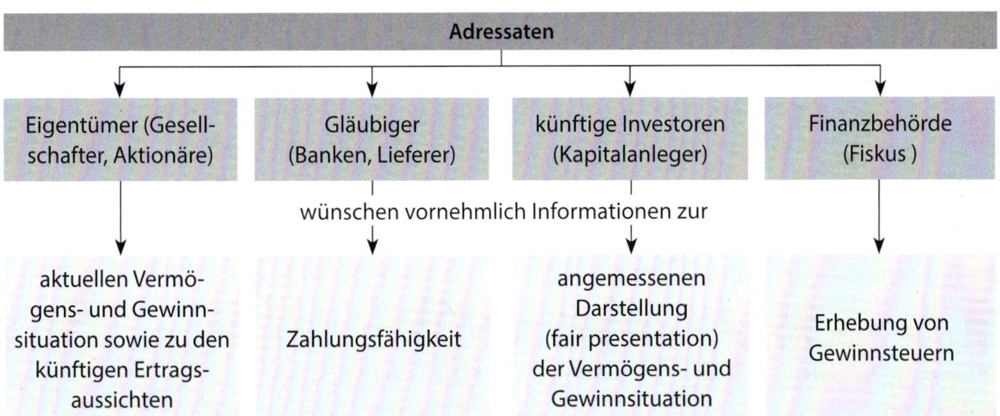

Checken Sie Ihre Kompetenz mit der Ich-kann-Liste.

Öffnen Sie hierzu den nebenstehenden **QR-Code**
oder geben Sie folgenden Link ein: https://vel.plus/BHBILII01

WIEDERHOLUNG DES GRUNDWISSENS

vel.plus/BHBILII02

zu Kapitel 1 Adressaten und deren Interesse am Jahresabschluss

1. Nennen Sie die Adressaten eines Jahresabschlusses.
2. Geben Sie an, welches Informationsbedürfnis am Jahresabschluss die einzelnen Adressaten jeweils haben.

2 Grundlegende Vorschriften zur Erstellung von Jahresabschlüssen

Kompetenzen:

- *grundlegende Vorschriften, die bei der Erstellung von Jahresabschlüssen zu beachten sind, nennen*
- *das Bewertungsprinzip der kaufmännischen Vorsicht nach HGB und dem True-and-Fair-View-Prinzip der internationalen Rechnungslegung nach IFRS (International Financial Reporting Standards) gegenüberstellen*

Handelsbilanz

HGB § 238 ff.

! Die auf der Grundlage handelsrechtlicher Vorschriften erstellte Bilanz ist die Handelsbilanz[1]. Die gesetzlichen Grundlagen sind im Handelsgesetzbuch (HGB) enthalten.

Der Jahresabschluss eines einzelnen im Handelsregister eingetragenen Unternehmens **(Einzelabschluss)** muss in jedem Fall auf der Grundlage der HGB-Vorschriften erstellt werden.[2]

Mit der Handelsbilanz wird der wirtschaftliche Erfolg eines Geschäftsjahres festgestellt. Den handelsrechtlichen Vorschriften liegt das **Prinzip des Gläubigerschutzes** zugrunde. Die **Fremdkapitalgeber** werden im HGB als wichtige Zielgruppe angesehen. Gleichzeitig wird aber auch dem **Informationsbedürfnis** der **Eigenkapitalgeber** Rechnung getragen.

Das nach den Vorschriften des Handelsrechts ermittelte und in der **Handelsbilanz** ausgewiesene Jahresergebnis bildet die Grundlage für die **Gewinnausschüttung** an die Kapitaleigner (z. B. Aktionäre einer AG).

Die Beachtung der Vorschriften im HGB hat folgende Auswirkungen auf die Bilanz und die Gewinn- und Verlustrechnung:

1. Das **Vermögen** in der Bilanz ist eher zu **niedrig** ausgewiesen.
2. Das **Fremdkapital** in der Bilanz ist eher zu **hoch** ausgewiesen.
3. In der Gewinn- und Verlustrechnung wird ein **vorsichtig** ermitteltes (tatsächlich realisiertes) **Ergebnis** ausgewiesen.

Steuerbilanz

Der in der Gewinn- und Verlustrechnung ermittelte Gewinn ist **Grundlage der Besteuerung**. Zusätzlich zu den handelsrechtlichen Vorschriften enthält das **Einkommensteuergesetz (EStG)** eine Reihe ergänzender Vorschriften, die im Wesentlichen bewirken, dass der Gewinn eines Unternehmens **nicht zu niedrig** ausgewiesen wird.

---

1 Der Ausdruck „Handelsbilanz" ist missverständlich. Damit ist nicht nur die Bilanz gemeint, sondern der gesamte Jahresabschluss, der neben der Bilanz auch noch die Gewinn- und Verlustrechnung und – je nach Rechtsform des Unternehmens – noch weitere Bestandteile enthält.

2 Vom Einzelabschluss ist der Konzernabschluss zu unterscheiden.

Die für Zwecke der Besteuerung erstellte Bilanz (Steuerbilanz) ist eine aus der Handelsbilanz abgeleitete Bilanz. Die gesetzlichen Grundlagen für deren Erstellung sind im Einkommensteuergesetz (EStG) enthalten.

Kaufleute, die nach dem HGB buchführungspflichtig sind, müssen nicht nur eine **Handelsbilanz**, sondern zusätzlich eine **Steuerbilanz** erstellen.

IAS/IFRS-Bilanz

Künftige Kapitalanleger sind darauf bedacht, Informationen über die **tatsächliche** Vermögens- und Gewinnsituation eines Unternehmens zu erhalten **(true and fair presentation)**. Ein auf der Grundlage der Vorschriften des Handelsrechts erstellter Jahresabschluss kann die für eine Anlageentscheidung erforderlichen Informationen aber nicht liefern, da Vermögen und Schulden eher **vorsichtig** bewertet wurden **(Vorsichtsprinzip)**.

Ausgewählte Beispiele zu unterschiedlichen Bewertungsvorschriften nach HGB und IAS/IFRS		
	Handelsbilanz	**IAS/IFRS**
Bewertungsobergrenze für Vermögensgegenstände	Obergrenze sind – auch bei nachträglicher Wertsteigerung – in jedem Fall die Anschaffungs- oder Herstellungskosten § 253 (1) HGB.	Eine Überschreitung der Anschaffungs- und Herstellungskosten bei nachträglicher Wertsteigerung ist möglich (Neubewertung nach IAS 16.31).
Ausweis nicht realisierter Gewinne	Nicht realisierte Gewinne dürfen nicht ausgewiesen werden (strenges Realisationsprinzip) § 252 (1) Nr. 4 HGB.	Realisierbarkeit des Gewinns (nicht die tatsächliche Realisierung) ist Voraussetzung für den Gewinnausweis (gemildertes Realisationsprinzip).

Die Anwendung der nach Handelsrecht und IAS/IFRS teilweise unterschiedlichen Bewertungsvorschriften führt dazu, dass der nach Handelsrecht ermittelte Gewinn von dem nach IAS/IFRS ermittelten Gewinn abweichen kann. Wird z. B. nach IAS/IFRS ein noch nicht durch einen Verkaufsvorgang tatsächlich realisierter (aber wahrscheinlicher) Gewinn trotzdem als Gewinn ausgewiesen oder ein Grundstück aufgrund von Wertsteigerungen zu einem höheren Wert als den Anschaffungskosten in der Bilanz angesetzt, so führt das dazu, dass der in der Handelsbilanz ausgewiesene Gewinn niedrigerer ist als der nach den IAS/IFRS-Vorschriften ermittelte Gewinn. Nach HGB dürfen nämlich aufgrund des Vorsichtprinzips nicht realisierte Gewinne nicht ausgewiesen und Vermögensgegenstände höchstens zu den Anschaffungs- oder Herstellungskosten bewertet werden.

Eine IAS/IFRS-Bilanz liefert künftigen Kapitalanlegern Informationen zur tatsächlichen Vermögens- und Gewinnsituation.

Auf der Grundlage der sog. IAS-Verordnung des Europäischen Parlaments **müssen** sämtliche **kapitalmarktorientierte Unternehmen** (= Aktiengesellschaften, deren Aktien am Kapitalmarkt gehandelt werden) ihre **Konzernabschlüsse**[1] nach **IAS/IFRS** erstellen. Der **Einzel-**

1 Bei einem Konzernabschluss werden alle zu einem Konzern gehörenden Unternehmen zu einem fiktiven Unternehmen zusammengefasst.

abschluss muss dagegen in jedem Fall den HGB-Vorschriften entsprechen (= Grundlage für die Gewinnverwendung). Zusätzlich kann aber der für die Veröffentlichung vorgesehene Einzelabschluss derartiger Unternehmen auch auf der Basis von IAS/IFRS erstellt werden **(Wahlrecht)**.

Zusammenfassende Übersicht zu Kapitel 2: Grundlegende Vorschriften zur Erstellung von Jahresabschlüssen

	Handelsbilanz	IAS/IFRS-Bilanz	Steuerbilanz
Anwendungspflicht für …	Einzelabschluss aller im Handelsregister eingetragenen Unternehmen (§ 242 (1) HGB)	Konzernabschluss aller kapitalmarktorientierten Unternehmen (IAS-Verordnung der EU Nr. 1606/2002)	alle nach § 141 (1) AO buchführungspflichtigen Unternehmen
hauptsächliche Adressaten	Gläubiger, Anteilseigner	künftige Kapitalanleger	Finanzbehörde
Ziele	Gläubigerschutz und Information der Anteilseigner	tatsächliche Vermögens- und Gewinnsituation	Grundlage für die Erhebung von Gewinnsteuern
Bewertung	Vorsichtsprinzip ↓ Festlegung von Wert**obergrenzen**	true and fair presentation	Vermeidung eines zu niedrigen Gewinnausweises ↓ Festlegung von Wert**untergrenzen**

Checken Sie Ihre Kompetenz mit der Ich-kann-Liste.

Öffnen Sie hierzu den nebenstehenden **QR-Code**
oder geben Sie folgenden Link ein: https://vel.plus/BHBIILII03

vel.plus/BHBILII04

WIEDERHOLUNG DES GRUNDWISSENS

zu Kapitel 2 Grundlegende Vorschriften zur Erstellung von Jahresabschlüssen

1. Erläutern Sie, was unter einer Handelsbilanz zu verstehen und welche gesetzliche Grundlage für deren Erstellung zu beachten ist.
2. Geben Sie die Zielsetzungen an, die mit den handelsrechtlichen Vorschriften verfolgt werden.
3. Geben Sie an, was unter einer Steuerbilanz zu verstehen ist und welche gesetzliche Grundlage für deren Erstellung zu beachten ist.
4. Geben Sie an, welche Absicht mit der Erstellung einer IAS/IFRS-Bilanz verfolgt wird und welches die Grundlagen für deren Erstellung sind.
5. Nennen Sie Beispiele für voneinander abweichende Bewertungsregeln nach HGB und IAS/IFRS.

3 Jahresabschluss von Kapitalgesellschaften[1]

Kompetenzen:

- *die Bestandteile des Jahresabschlusses einer nach HGB bilanzierenden, kapitalmarktorientierten Aktiengesellschaft erfassen*
- *die Bedeutung der periodengerechten Ergebnisermittlung erkennen*
- *die Bedeutung eines Geschäftsberichts einer kapitalmarktorientierten Aktiengesellschaft erkennen*

3.1 Bestandteile des Jahresabschlusses

3.1.1 Überblick – Kapitalgesellschaften nach Größenklassen

Kapitalgesellschaften sind verpflichtet, einen umfangreicheren Jahresabschluss als buchführungspflichtige Einzelunternehmen und Personengesellschaften zu erstellen.

Der Umfang des Jahresabschlusses ist u. a. davon abhängig, ob die Kapitalgesellschaft als **kleinst, klein, mittelgroß oder groß** einzustufen ist. Für die Zuordnung zu einer bestimmten Größenklasse müssen **mindestens zwei der drei** nachstehenden Merkmale an zwei aufeinander folgenden Abschlussstichtagen erfüllt sein: HGB § 267, § 267a

	Kleinste Kapitalgesellschaft[2]	Kleine Kapitalgesellschaft[2]	Mittelgroße Kapitalgesellschaft[2]	Große Kapitalgesellschaft
Bilanzsumme (nach Abzug eines auf der Aktivseite ausgewiesenen Fehlbetrags)	≤ 350.000 EUR	≤ 6.000.000 EUR	> 6.000.000 EUR ≤ 20.000.000 EUR	> 20.000.000 EUR
Umsatzerlöse (in den zwölf Monaten vor dem Abschlussstichtag)	≤ 700.000 EUR	≤ 12.000.000 EUR	> 12.000.000 EUR ≤ 40.000.000 EUR	> 40.000.000 EUR
Arbeitnehmer (im Jahresdurchschnitt)	≤ 10 Arbeitnehmer	≤ 50 Arbeitnehmer	> 50 Arbeitnehmer ≤ 250 Arbeitnehmer	> 250 Arbeitnehmer

Eine Kapitalgesellschaft gilt stets als **groß**, wenn sie einen **organisierten Markt** (z. B. Wertpapierbörse) durch von ihr ausgegebene Wertpapiere in Anspruch nimmt oder die Zulassung zum Börsenhandel beantragt hat. HGB 267 (3), 264d

1 Beim digitalen Begleitmaterial befindet sich der HGB-Jahresabschluss einer AG.
2 Diese Lerninhalte dienen lediglich der Einordnung des relevanten Themas "Große Kapitalgesellschaft", sind jedoch laut Bildungsplan nicht gefordert.

Bestandteile des Jahresabschlusses						
§ 242 (3) HGB ■ **buchführungspflichtige Einzelunternehmen**[1] ■ **Personengesellschaften**[1]	Bilanz § 266 HGB[1]	GuV-Rechnung § 275 HGB[2]				
§ 267a HGB ■ **kleinste Kapitalgesellschaften**[1]	Bilanz § 266 HGB Gem. § 266 (1) S. 4 HGB verkürzte Bilanz möglich	GuV-Rechnung § 275 HGB Gem. § 275 (5) HGB verkürzte GuV-Rechnung möglich	Anhang § 284 ff. HGB Gem. § 264 (1) S. 5 HGB nicht erforderlich, wenn bestimmte Angaben unter der Bilanz ausgewiesen werden			
§ 264 (1) HGB ■ **kleine Kapitalgesellschaften**[1]	Bilanz § 266 HGB	GuV-Rechnung § 275 HGB	Anhang §§ 284 ff., § 326 (1) HGB			
§ 264 (1) S. 4, § 267 HGB ■ **mittelgroße und große Kapitalgesellschaften**[1]	Bilanz § 266 HGB	GuV-Rechnung § 275 HGB	Anhang §§ 284 ff. HGB	Lagebericht* § 289 HGB		
§ 264 (1) S. 2, § 264d HGB ■ **kapitalmarktorientierte Kapitalgesellschaften**[2]	Bilanz § 266 HGB	GuV-Rechnung § 275 HGB	Anhang §§ 284 ff. HGB	Lagebericht* § 289 HGB	Kapitalflussrechnung	Eigenkapitalspiegel

* Der Lagebericht gehört nicht zum Jahresabschluss im engeren Sinne.

HGB § 284 (1)

Unabhängig von ihrer Größe müssen Kapitalgesellschaften ihren Jahresabschluss um einen **Anhang** erweitern. Davon sind Kleinstkapitalgesellschaften unter bestimmten Voraussetzungen ausgenommen. Der Anhang bildet mit der **Bilanz** und der **Gewinn- und Verlustrechnung** eine **Einheit**. Er enthält Erläuterungen zu den einzelnen Posten der Bilanz und der Gewinn- und Verlustrechnung. Insbesondere muss dort angegeben werden, wie die einzelnen Werte des Vermögens und der Schulden ermittelt wurden (Bewertungsmethoden). **Kapitalmarktorientierte Kapitalgesellschaften**[3] sind darüber hinaus noch verpflichtet, den Jahresabschluss um eine **Kapitalflussrechnung** und einen **Eigenkapitalspiegel** zu erweitern.[4]

HGB § 264d

! **Kapitalgesellschaften (außer Kleinstkapitalgesellschaften unter bestimmen Voraussetzungen) sind verpflichtet, ergänzend zur Bilanz und GuV-Rechnung in einem Anhang zu erläutern, wie die einzelnen Werte des Vermögens und der Schulden ermittelt wurden. Der Anhang ist bei diesen Gesellschaften Bestandteil des Jahresabschlusses. Kapitalmarktorientierte Kapitalgesellschaften erstellen zusätzlich noch eine Kapitalflussrechnung und einen Eigenkapitalspiegel.**

1 Nach dem derzeit gültigen Bildungsplan sind die Vorschriften hinsichtlich Umfang, Aufstellung und Offenlegung des Jahresabschlusses lediglich bei kapitalmarktorientierten Aktiengesellschaften zu behandeln.
2 Die Gliederungsvorschriften der §§ 266, 275 HGB sind nur für Kapitalgesellschaften verbindlich. Im Rahmen der Grundsätze ordnungsmäßiger Buchführung und Bilanzierung lehnen sich andere Unternehmen aber daran an.
3 Als kapitalmarktorientiert gelten alle Unternehmen und gegebenenfalls deren Tochtergesellschaften, deren Wertpapiere jeglicher Art (z. B. Aktien) auf einem organisierten Kapitalmarkt (z. B. Börse) zugelassen sind.
4 Der Bildungsplan sieht die Erstellung einer Kapitalflussrechnung und eines Eigenkapitalspiegels nicht vor.

3.1.2 Bilanz

Gliederung der Bilanz für große und mittelgroße Kapitalgesellschaften gem. § 266 HGB:

HGB § 266

Aufg. 1 S. 425

Aktiva	Passiva
A. Anlagevermögen: **I. Immaterielle Vermögensgegenstände:** 1. selbstgeschaffene gewerbliche Schutzrechte und ähnliche Rechte und Werte; 2. entgeltlich erworbene Konzessionen, gewerbliche Schutzrechte und ähnliche Rechte und Werte sowie Lizenzen an solchen Rechten und Werten; 3. Geschäfts- oder Firmenwert; 4. geleistete Anzahlungen; **II. Sachanlagen:** 1. Grundstücke, grundstücksgleiche Rechte und Bauten einschließlich der Bauten auf fremden Grundstücken; 2. technische Anlagen und Maschinen; 3. andere Anlagen, Betriebs- und Geschäftsausstattung; 4. geleistete Anzahlungen und Anlagen im Bau; **III. Finanzanlagen:** 1. Anteile an verbundenen Unternehmen; 2. Ausleihungen an verbundene Unternehmen; 3. Beteiligungen; 4. Ausleihungen an Unternehmen, mit denen ein Beteiligungsverhältnis besteht; 5. Wertpapiere des Anlagenvermögens; 6. sonstige Ausleihungen.	**A. Eigenkapital:** **I. Gezeichnetes Kapital;** **II. Kapitalrücklage;** **III. Gewinnrücklagen:** 1. gesetzliche Rücklage; 2. Rücklage für Anteile an einem herrschenden oder mehrheitlich beteiligten Unternehmen; 3. satzungsmäßige Rücklagen; 4. andere Gewinnrücklagen; **IV. Gewinnvortrag/Verlustvortrag;** **V. Jahresüberschuss/Jahresfehlbetrag.** **B. Rückstellungen:** 1. Rückstellungen für Pensionen und ähnliche Verpflichtungen; 2. Steuerrückstellungen; 3. sonstige Rückstellungen.
B. Umlaufvermögen: **I. Vorräte:** 1. Roh-, Hilfs- und Betriebsstoffe; 2. unfertige Erzeugnisse, unfertige Leistungen; 3. fertige Erzeugnisse und Waren; 4. geleistete Anzahlungen. **II. Forderungen und sonstige Vermögensgegenstände:** 1. Forderungen aus Lieferungen und Leistungen; 2. Forderungen gegen verbundene Unternehmungen; 3. Forderungen gegen Unternehmen mit denen ein Beteiligungsverhältnis besteht; 4. sonstige Vermögensgegenstände. **III. Wertpapiere:** 1. Anteile an verbundenen Unternehmen; 2. sonstige Wertpapiere. **IV. Kassenbestand, Bundesbankguthaben, Guthaben bei Kreditinstituten, Schecks.**	**C. Verbindlichkeiten:** 1. Anleihen, davon konvertibel; 2. Verbindlichkeiten gegenüber Kreditinstituten 3. erhaltene Anzahlungen auf Bestellungen; 4. Verbindlichkeiten aus Lieferungen und Leistungen; 5. Verbindlichkeiten aus der Annahme gezogener Wechsel und der Ausstellung eigener Wechsel; 6. Verbindlichkeiten gegenüber verbundenen Unternehmen; 7. Verbindlichkeiten gegenüber Unternehmen mit denen ein Beteiligungsverhältnis besteht; 8. sonstige Verbindlichkeiten, davon aus Steuern, davon im Rahmen der sozialen Sicherheit. **D. Rechnungsabgrenzungsposten.** **E. Passive latente Steuern.**
C. Rechnungsabgrenzungsposten. **D. Aktive latente Steuern.** **E. Aktiver Unterschiedsbetrag aus der Vermögensverrechnung.**	

Erläuterungen einzelner Bilanzpositionen:

Aktivseite

A. Anlagevermögen (= Vermögensgegenstände, die dazu bestimmt sind, dem Unternehmen langfristig zur Verfügung zu stehen)

- **I. 1. Selbst geschaffene gewerbliche Schutzrechte etc.:** *z. B. selbst entwickeltes Patent*
- **I. 2. entgeltlich erworbene Konzessionen, gewerbliche Schutzrechte etc:** *Rechte, die entgeltlich erworben wurden (z. B. Produktionsrechte in Form einer Lizenz).*
- **I. 3. Geschäfts- oder Firmenwert:** *Betrag, der beim Kauf eines Unternehmens über den Substanzwert (tatsächliches Eigenkapital) hinaus bezahlt werden musste (= derivativer Firmenwert).*
- **III. 1. Anteile an verbundenen Unternehmen:** *Anteile z. B. in Form von Aktien an einem verbundenen Unternehmen (vgl. § 271 (2) HGB). Wesentlich: Die Anteile müssen dazu bestimmt sein, dauernd dem Geschäftsbetrieb zu dienen. Ist das nicht der Fall, dann müssen Anteile an einem verbundenen Unternehmen im Umlaufvermögen ausgewiesen werden (vgl. Position B. III, 1.).*
- **III. 2. Ausleihungen an verbundene Unternehmen:** *Wie bei den Anteilen muss es sich beim Schuldner um ein verbundenes Unternehmen gem. § 271 (2) HGB handeln. Zusätzliche Bedingung: Daueranlage (falls kurzfristige Ausleihung erfolgt Bilanzierung unter Pos. B. III, 2 – Umlaufvermögen).*
- **III. 3. Beteiligungen:** *Anteile an anderen Unternehmen, die dazu bestimmt sind, dem eigenen Geschäftsbetrieb im Rahmen einer <u>dauerhaften Geschäftsverbindung</u> zu dienen (vgl. § 271 (1) HGB).*
- **III. 5. Wertpapiere des Anlagevermögens:** *Wertpapiere, die einer <u>längerfristigen</u> Kapitalanlage dienen (z. B. Bundesanleihen, Industrieobligationen, Aktien).*

B. Umlaufvermögen (= Vermögensgegenstände, die dazu bestimmt sind, dem Unternehmen nur kurzfristig zur Verfügung zu stehen)

- **III. 2. sonstige Wertpapiere:** *z. B. Geldmarktpapiere.*

C. Rechnungsabgrenzungsposten

Aktive Rechnungsabgrenzungsposten: *Aufwendungen, die ein künftiges Geschäftsjahr betreffen, aber bereits im alten Geschäftsjahr zu Auszahlungen geführt haben (z. B. Miete für Januar des neuen Geschäftsjahres wird bereits im Dezember des alten Geschäftsjahres an den Vermieter überwiesen).*

HGB § 274 (1)

D. Aktive latente Steuern:

Künftige Steuerentlastung aufgrund von unterschiedlichen Wertansätzen in Handels- und Steuerbilanz.

E. Aktiver Unterschiedsbetrag aus der Vermögensverrechnung:

Vermögensgegenstände zur Erfüllung von Schulden aus Altersvorsorgeverpflichtungen. Diese Vermögensgegenstände sind im Insolvenzfall dem Zugriff aller Gläubiger entzogen. Sie entstehen, wenn der Zeitwert dieser Vermögensgegenstände den Betrag der Schulden übersteigt (§ 246 (2) S. 2 HGB).

Passivseite

C. Verbindlichkeiten

1. **Anleihen, davon konvertibel:** *Anleihen = langfristige, am öffentlichen Kapitalmarkt aufgenommene Verbindlichkeiten (z. B. Schuldverschreibungen). Konvertible (austauschbare) Anleihen = Wandelschuldverschreibungen, bei denen den Gläubigern ein Umtausch- oder Bezugsrecht auf Aktien zusteht.*

D. Rechnungsabgrenzungsposten

Passive Rechnungsabgrenzungsposten: *Erträge, die ein künftiges Geschäftsjahr betreffen, aber bereits im alten Geschäftsjahr zu Einzahlungen geführt haben (z. B. Zinserträge, die erst im Januar des neuen Geschäftsjahres fällig sind, gehen bereits im Dezember des alten Geschäftsjahres ein).*

E. Passive latente Steuern: HGB § 274 (1)

Künftige Steuerbelastung aufgrund von unterschiedlichen Wertansätzen in Handels- und Steuerbilanz.

Anlagenspiegel

Kapitalgesellschaften sind verpflichtet, in die Bilanz oder den Anhang einen **Anlagenspiegel** aufzunehmen, aus dem hervorgeht, wie sich die einzelnen Bilanzpositionen **des Anlagevermögens** vom Zeitpunkt der Anschaffung bis zum Ausscheiden entwickelt haben. Dadurch wird die Aussagefähigkeit des Jahresabschlusses verbessert. HGB 284 (3)

! **Der Anlagenspiegel zeigt, wie sich die einzelnen Bilanzpositionen des Anlagevermögens vom Zeitpunkt der Anschaffung bis zum Bilanzstichtag bzw. bis zum Ausscheiden entwickelt haben.**

3.1.3 Gewinn- und Verlustrechnung

Kapitalgesellschaften sind verpflichtet, die Gewinn- und Verlustrechnung in **Staffelform** aufzustellen. Gegenüber der Kontoform hat die Staffelform den Vorteil größerer Übersichtlichkeit. Das Zustandekommen der einzelnen Ergebnisse (gewöhnliche Geschäftstätigkeit, außerordentliches Ergebnis, Jahresüberschuss) ist sofort erkennbar. HGB § 275

Demgegenüber können buchführungspflichtige **Einzelkaufleute** und **Personengesellschaften** zwischen **Staffelform** und **Kontoform** wählen.

Zum 31.12. des Geschäftsjahres ermittelt die Metallwarenfabrik AG anhand der Geschäftsbuchführung und der Kosten- und Leistungsrechnung folgende Zahlen:

	In EUR	Erläuterungen/Beispiele
Umsatzerlöse	100.000	Konto 500 Umsatzerlöse
Herstellkosten der zur Erzielung der Umsatzerlöse erbrachten Leistungen	72.000	Herstellkosten laut Kosten- und Leistungsrechnung (ohne kalkulatorische Zusatzkosten) abzüglich Mehrbestände bzw. zuzüglich Minderbestände an fertigen und unfertigen Erzeugnissen
Vertriebskosten	1.800	Vertreterprovisionen, Kosten für Werbung
Allgemeine Verwaltungskosten	11.000	Gehälter des Verwaltungsbereichs
sonstige betriebliche Erträge	2.000	Verkauf eines gebrauchten Pkw über dessen Buchwert
sonstige betriebliche Aufwendungen	1.200	Verkauf eines gebrauchten Pkw unter dessen Buchwert
Erträge aus Beteiligungen	800	Gewinnausschüttungen eines Unternehmens, bei dem ein Beteiligungsverhältnis besteht
Erträge aus anderen Wertpapieren	2.200	Dividenden aus einer vorübergehenden Anlage in Aktien einer AG
Zinsaufwendungen	5.000	Kreditzinsen für einen Bankkredit
Gewerbesteuer	1.600	Steuern, deren Höhe vom Gewinn eines Unternehmens abhängig ist (Gewinnsteuern); diese Steuern sind nicht abzugsfähig
Körperschaftsteuer	1.800	
Kraftfahrzeugsteuer	2.000	abzugsfähige Steuern (Aufwandsteuern)

Die Metallwarenfabrik AG entscheidet sich dafür, die Gewinn- und Verlustrechnung nach dem **Umsatzkostenverfahren**[1] zu veröffentlichen (§ 275 (3) HGB:

Gewinn- und Verlustrechnung der Metallwarenfabrik AG nach dem Umsatzkostenverfahren (§ 275 (3) HGB):

		in Tsd. EUR
1.	Umsatzerlöse	+ 100.000
2.	Herstellungskosten der zur Erzielung der Umsatzerlöse erbrachten Leistungen	– 72.000
3.	Bruttoergebnis vom Umsatz	+ 28.000
4.	Vertriebskosten	– 1.800
5.	allgemeine Verwaltungskosten	– 11.000
6.	sonstige betriebliche Erträge[2]	+ 2.000
7.	sonstige betriebliche Aufwendungen	– 1.200
8.	Erträge aus Beteiligungen, davon aus verbundenen Unternehmen	+ 800
9.	Erträge aus anderen Wertpapieren und Ausleihungen des Finanzanlagevermögens, davon aus verbundenen Unternehmen	+ 2.200

1 Nach § 275 (1) HGB kann die Gewinn- und Verlustrechnung wahlweise nach dem Gesamtkostenverfahren und nach dem Umsatzkostenverfahren dargestellt werden. Die großen Aktiengesellschaften verwenden vorwiegend das Umsatzkostenverfahren.

2 Die in den sonstigen betrieblichen Erträgen und sonstigen betrieblichen Aufwendungen enthaltenen außerordentlichen Aufwendungen und Erträge sind im Anhang anzugeben (§ 285 Nr. 31 HGB). Aufwendungen und Erträge sind dann außerordentlich, wenn sie ungewöhnlich, selten und von einigem Gewicht sind.

10.	sonstige Zinsen und ähnliche Erträge, davon aus verbundenen Unternehmen		
11.	Abschreibungen auf Finanzanlagen und auf Wertpapiere des Umlaufvermögens		
12.	Zinsen und ähnliche Aufwendungen, davon an verbundene Unternehmen	–	5.000
13.	Steuern vom Einkommen und vom Ertrag	–	3.400
14.	Ergebnis nach Steuern[1]	+	10.600
15.	sonstige Steuern	–	2.000
16.	Jahresüberschuss/Jahresfehlbetrag	+	8.600

Aufg. 2 S. 425

3.1.4 Anhang

Der Anhang hat die Aufgabe, bestimmte in der Bilanz und Gewinn- und Verlustrechnung ausgewiesene Positionen zu erläutern, um damit den Adressaten des Jahresabschlusses zusätzliche Informationen zur Vermögens- und Ertragslage der Kapitalgesellschaft zu verschaffen.

In den Anhang müssen z. B. folgende Angaben aufgenommen werden:

- Angaben zu einzelnen Posten der Bilanz oder Gewinn- und Verlustrechnung, für die ein **Bewertungswahlrecht** wahrgenommen wurde
- die angewandten Bilanzierungs- und Bewertungsmethoden (z. B. Abschreibungsmethode, Festlegung der Nutzungsdauer für abzuschreibende Vermögensgegenstände)
- die Grundlagen für die Umrechnung z. B. von Fremdwährungsverbindlichkeiten in Euro.

Da aus der Bilanz nicht ersichtlich ist, wann (innerhalb welchen Zeitraums) die Verbindlichkeiten des Unternehmens fällig und wie diese gegebenenfalls gesichert sind, muss der Anhang auch Angaben enthalten über

HGB § 285

- den Gesamtbetrag der Verbindlichkeiten mit einer Restlaufzeit von mehr als fünf Jahren und
- den Gesamtbetrag der Verbindlichkeiten, die durch Pfandrechte oder ähnliche Rechte gesichert sind.

3.1.5 Lagebericht

Mittelgroße und große Kapitalgesellschaften müssen **neben dem Jahresabschluss** noch einen **Lagebericht** aufstellen. Der **Lagebericht** enthält Angaben zum Geschäftsverlauf der Kapitalgesellschaft, wobei aber auf einzelne Positionen des Jahresabschlusses kein Bezug genommen wird. Das Ziel des Lageberichts besteht vielmehr in einer **umfassenden Gesamtwürdigung** des Unternehmens.

HGB § 289

HGB § 264 (1) S. 4

Der Lagebericht ist nicht Bestandteil des Jahresabschlusses einer Kapitalgesellschaft.

1 Diese Postenbezeichnung ist irreführend, da es sich gerade nicht um ein Ergebnis **nach allen Steuern** handelt, sondern auch noch Beträge unter dem Posten „sonstige Steuern“ ausgewiesen werden.

3.2 Aufstellung und Offenlegung des Jahresabschlusses

HGB § 243 (3)

Für alle Unternehmen – unabhängig von der Rechtsform – gilt, dass der Jahresabschluss innerhalb der einem ordentlichen Geschäftsgang entsprechenden Zeit aufzustellen ist. Da **Kapitalgesellschaften** als juristische Personen selbst nicht handlungsfähig sind, sind deren gesetzliche Vertreter (bei der AG: Vorstand) für die Erstellung (= Aufstellung) des Jahresabschlusses verantwortlich. Der Jahresabschluss einer AG ist **festgestellt** und damit **rechtsverbindlich**, wenn er vom Aufsichtsrat gebilligt wird. Damit ist auch die Höhe des **Bilanzgewinns** festgestellt, der der Hauptversammlung zur Beschlussfassung über die Verwendung vorgelegt wird.

HGB § 264 (1)

Je nach Art und Größe des Unternehmens sind für den Zeitraum der Aufstellung und Offenlegung besondere Vorschriften zu beachten:

Große und mittelgroße Kapitalgesellschaften

HGB § 264 (1) S. 3
HGB § 316 (1)
HGB § 325 (1a)

Der Jahresabschluss sowie der Lagebericht **großer und mittelgroßer Kapitalgesellschaften** sind **innerhalb der ersten drei Monate** des neuen Geschäftsjahres für das vergangene Geschäftsjahr **aufzustellen**. Darüber hinaus sind die gesetzlichen Vertreter verpflichtet, den mit dem **Bestätigungsvermerk des Abschlussprüfers** versehenen Jahresabschluss sowie weitere Unterlagen (z. B. Lagebericht, Bericht des Aufsichtsrats, Vorschlag und Beschluss über Ergebnisverwendung) einzureichen. Das muss in elektronischer Form beim **Betreiber des elektronischen Bundesanzeigers**[1] erfolgen und hat **unverzüglich** nach Vorlage an die Gesellschafter – spätestens jedoch **innerhalb von 12 Monaten** – zu geschehen. Der Betreiber des elektronischen Bundesanzeigers übermittelt die Informationen an das **Unternehmensregister**[2], wo sie der Öffentlichkeit auch im Internet zugänglich gemacht werden.

Kapitalmarktorientierte Kapitelgesellschaften

HGB § 264 (1) S. 3
HGB § 325 (4)

Kapitalmarktorientierte Kapitalgesellschaften (z. B. Aktiengesellschaften, deren Aktien am Kapitalmarkt gehandelt werden) sind verpflichtet, ihren Jahresabschluss **innerhalb von drei Monaten** aufzustellen und **innerhalb von vier Monaten** offen zu legen.

www

1 Betreiber des elektronischen Bundesanzeigers ist die Bundesanzeiger Verlagsgesellschaft mbH in Köln: https://www.bundesanzeiger.de/
2 Abruf von Daten publikationspflichtiger Unternehmen: www.unternehmensregister.de
Abruf von Namen/Adressen insolventer Unternehmen/Personen: www.insolvenzbekanntmachungen.de

Zusammenfassende Übersicht zu Kapitel 3: Jahresabschluss von Kapitalgesellschaften

Bestandteile des Jahresabschlusses

für Kapitalgesellschaften
(§ 264 HGB)

Bilanz (§ 266 HGB)	**Gewinn- und Verlustrechnung** (§ 275 HGB)	**Anhang** (§ 284 HGB) (Sonderregelung bei Kleinstkapitalgesellschaften § 264 (1) S. 5 HGB)

bei kapitalmarktorientierten Kapitalgesellschaften zusätzlich
(§ 264 HGB)

Kapitalflussrechnung	**Eigenkapitalspiegel**

zusätzlich bei mittelgroßen und großen Kapitalgesellschaften:

Lagebericht

(nicht Bestandteil des Jahresabschlusses)

Aufstellung und Offenlegung von Jahresabschlüssen der Kapitalgesellschaften

	Kapitalgesellschaften	
	große und mittelgroße	**kapitalmarktorientierte**
Aufstellung innerhalb des neuen Geschäftsjahres	innerhalb von **drei Monaten** HGB § 264 (1) S. 3	
Offenlegung innerhalb des neuen Geschäftsjahres	spätestens bis zum Ablauf des **zwölften Monats** HGB § 325 (1a) S. 1	spätestens bis zum Ablauf des **vierten Monats** HGB § 325 (4)

Checken Sie Ihre Kompetenz mit der Ich-kann-Liste.

Öffnen Sie hierzu den nebenstehenden **QR-Code** oder geben Sie folgenden Link ein: https://vel.plus/BHBILII05

vel.plus/BHBILII06

WIEDERHOLUNG DES GRUNDWISSENS

zu Kapitel 3 Jahresabschluss von Kapitalgesellschaften

3.1 Bestandteile des Jahresabschlusses

3.1.1 Überblick – Kapitalgesellschaften nach Größenklassen

1. Geben Sie an, wovon es abhängig ist, ob eine Kapitalgesellschaft als kleinst, klein, mittelgroß oder groß einzustufen ist.
2. Nennen Sie die Voraussetzungen, unter denen eine Kapitalgesellschaft auf jeden Fall als groß einzustufen ist.
3. Nennen Sie die Bestandteile, aus denen sich der Jahresabschluss von großen und kapitalmarktorientierten Kapitalgesellschaften zusammensetzt.
4. Nennen Sie zwei Rechtsformen, bei welchen es sich um Kapitalgesellschaften handelt.

3.1.2 Bilanz

1. Beschreiben Sie, wie die Bilanz einer großen Kapitalgesellschaft aufgebaut ist.
2. Geben Sie an, welche Informationen dem Anlagespiegel entnommen werden können.

3.1.3 Gewinn- und Verlustrechnung

1. Geben Sie an, in welcher Form Kapitalgesellschaften ihre Gewinn- und Verlustrechnung aufstellen müssen.
2. Erläutern Sie, wodurch sich das Ergebnis nach Steuern und der Jahresüberschuss unterscheiden.

3.1.4 Anhang

1. Beschreiben Sie die Aufgabe eines Anhangs.
2. Nennen Sie Beispiele für Angaben, die in den Anhang aufzunehmen sind.

3.1.5 Lagebericht

1. Geben Sie an, welche Kapitalgesellschaften einen Lagebericht erstellen müssen.
2. Nennen Sie die Informationen, welche dem Lagebericht zu entnehmen sind.

3.1.6 Kapitalflussrechnung

1. Geben Sie an, bei welchen Kapitalgesellschaften eine Kapitalflussrechnung Bestandteil des Jahresabschlusses ist.
2. Nennen Sie das Ziel, das mit einer Kapitalflussrechnung verfolgt wird.
3. Geben Sie an, auf welche Weise sich der Cash-Flow ermitteln lässt.

3.1.7 Eigenkapitalspiegel

1. Geben Sie an, bei welchen Kapitalgesellschaften ein Eigenkapitalspiegel Bestandteil des Jahresabschlusses ist.
2. Beschreiben Sie den Aufbau eines Eigenkapitalspiegels.

3.2 Aufstellung und Offenlegung des Jahresabschlusses

1. Geben Sie an, wer für die Erstellung des Jahresabschlusses bei Aktiengesellschaften verantwortlich ist.
2. Erläutern Sie, wann der Jahresabschluss einer AG festgestellt und damit rechtsverbindlich ist.
3. Nennen Sie die Frist für die Aufstellung von Jahresabschluss und Lagebericht großer und mittelgroßer Kapitalgesellschaften.
4. Geben Sie an, wo und innerhalb welcher Frist der Jahresabschluss eingereicht werden muss.
5. Geben Sie an, was kapitalmarktorientierte Kapitalgesellschaften hinsichtlich Erstellung und Offenlegung des Jahresabschlusses zu beachten haben.

ANWENDUNGS- UND ÜBUNGSAUFGABEN

zu Kapitel 3 Jahresabschluss von Kapitalgesellschaften

Aufgabe 1 Bilanz einer Kapitalgesellschaft

Erstellen Sie aus den nachfolgenden Angaben die Bilanz einer Kapitalgesellschaft nach § 266 (1) Satz 3 HGB:

PDF vel.plus/BHBILII07

	EUR
Vorräte	190.000
Gezeichnetes Kapital	200.000
Forderungen und sonstige Vermögensgegenstände	125.000
Gewinnrücklagen	25.000
Wertpapiere	40.000
Flüssige Mittel	28.000
Verbindlichkeiten gegenüber Kreditinstituten	173.000
Finanzanlagen	76.000
Immaterielle Vermögensgegenstände	17.500
Passive Rechnungsabgrenzungsposten	6.000
Kapitalrücklage	40.000
Jahresüberschuss	?
Sonstige Verbindlichkeiten	21.000
Sachanlagen	222.500
Verbindlichkeiten aus Lieferungen und Leistungen	98.500
Rückstellungen	40.000
Aktive Rechnungsabgrenzungsposten	4.500

HGB § 266 (1)

Aufgabe 2 Erstellung einer Gewinn- und Verlustrechnung nach dem Umsatzkostenverfahren

Zum 31.12. des Geschäftsjahres ermittelt die Württemberger Maschinenfabrik AG anhand der Geschäftsbuchführung und der Kosten- und Leistungsrechnung folgende Zahlen:

PDF vel.plus/BHBILII08

HGB § 275 (1) u. (3)

	EUR
Umsatzerlöse	125.800.000
Herstellkosten der zur Erzielung der Umsatzerlöse erbrachten Leistungen	70.000.000
Vertriebskosten	2.000.000
allgemeine Verwaltungskosten	1.200.000
Verluste aus Anlageabgängen	9.000.000
Erträge aus Beteiligungen	12.000.000
Zinsaufwendungen	4.000.000
Körperschaft- und Gewerbesteuer	18.000.000
sonstige Steuern	1.000.000

Erstellen Sie die Gewinn- und Verlustrechnung nach dem Umsatzkostenverfahren.

Aufgabe 3 Erstellung einer vereinfachten Kapitalflussrechnung eines Aluminiumwerkes[1]

vel.plus/BHBILII09

Die vorläufige Gewinn- und Verlustrechnung der Aluwerke Hohentwiel AG enthält folgende Informationen:

Auszug aus der GuV-Rechnung der Aluwerke Hohentwiel AG

Aufwendungen		Erträge	
Roh-, Hilfs- und Betriebsstoffaufwand	800.000	Umsatzerlöse	1.600.000
Abschreibung auf Sachanlagen	240.000	Bestandsveränderung	120.000
sonstige Aufwendungen (auszahlungswirksam)	180.000	aktvierte Eigenleistung	32.000
Jahresüberschuss	630.000	Erträge aus der Auflösung von Rückstellungen	60.000
		sonstige Erträge (einzahlungswirksam)	38.000
	1.850.000		1.850.000

Erstellen Sie eine Kapitalflussrechnung nach der direkten und der indirekten Methode.

Aufgabe 4 Eigenkapitalveränderungsrechnung einer Aktiengesellschaft[1]

vel.plus/BHBILII10

Zum 01.01. d.J. weist die Mannheimer Motorenwerke AG folgende Anfangsbestände für ihre Eigenkapitalkonten aus:

Gezeichnetes Kapital	6.000.000 EUR	Gesetzliche Rücklage	200.000 EUR
Kapitalrücklagen	120.000 EUR	andere Gewinnrücklagen	300.000 EUR
		Gewinnvortrag	32.000 EUR

Der auf der Grundlage des Handelsrechts ermittelte Jahresüberschuss für das laufende Geschäftsjahr betrug 580.000 EUR.

Vorstand und Aufsichtsrat haben den Jahresabschluss festgestellt und den höchst möglichen Betrag in die anderen Gewinnrücklagen eingestellt. Die Dividende für das laufende Geschäftsjahr betrug 307.000 EUR.

1. Erstellen Sie die Eigenkapitalveränderungsrechnung.
2. Wie hoch ist die freiwillige Selbstfinanzierung zum 31.12. d.J.?

1 Der Bildungsplan sieht die Erstellung einer Kapitalflussrechnung und eines Eigenkapitalspiegels nicht vor.

4 Grundsätze der Rechnungslegung

Kompetenzen:

- *die Bedeutung einheitlicher Bewertungsprinzipien für gleichartige Bilanzpositionen erläutern*
- *die unterschiedlichen Bewertungsprinzipien bei HGB und IFRS mit Beispielen erläutern*
- *die begrenzte Aussagekraft von Jahresabschlüssen erläutern*

4.1 Grundsätze der Rechnungslegung nach HGB

4.1.1 Grundsätze ordnungsmäßiger Bilanzierung

Die Bilanzadressaten (z. B. Anteilseigner, Gläubiger, Staat, Mitarbeiter) sind daran interessiert, einen **möglichst genauen Einblick in die Vermögens- und Ertragslage** eines Unternehmens zu erhalten. Deshalb ist es erforderlich, bei der Erstellung des Jahresabschlusses (= Bilanzierung) bestimmte Regeln zu beachten. Diese Regeln werden als **Grundsätze ordnungsmäßiger Bilanzierung bezeichnet** und leiten sich aus den Grundsätzen ordnungsmäßiger Buchführung ab.

Aufg. 1 S. 429

HGB § 243 (1)

Die Regeln, die bei der Erstellung des Jahresabschlusses (= Bilanzierung) zu beachten sind, werden als Grundsätze ordnungsmäßiger Bilanzierung bezeichnet[1].

Grundsatz der Bilanzklarheit

Der Grundsatz der Bilanzklarheit verlangt, dass der Jahresabschluss klar und übersichtlich aufzustellen ist.

Da für **Kapitalgesellschaften** je nach Größe eine Mindestgliederung von Bilanz und Gewinn- und Verlustrechnung vorgeschrieben ist, entsprechen diese Unternehmen dem Grundsatz der Bilanzklarheit bereits durch die Einhaltung der entsprechenden Gliederungsvorschriften. Darüber hinaus wird der Bilanzklarheit durch die Angaben im Anhang zusätzlich entsprochen.

HGB § 243 (1) und (2)

Buchführungs- und bilanzierungspflichtige Einzelunternehmen und Personenhandelsgesellschaften sind gesetzlich nicht verpflichtet, die für Kapitalgesellschaften vorgegebene Gliederung einzuhalten. Die Grundsätze ordnungsmäßiger Buchführung (GoB) verpflichten diese Unternehmen jedoch zu einer Gliederung, die es erlaubt, die Vermögens- und Kapitalstruktur sowie die Ertragslage eines Unternehmens zu beurteilen. Deshalb lehnen sich diese Unternehmen an die für Kapitalgesellschaften geltenden Gliederungsvorschriften an.

Verstöße gegen den Grundsatz der Bilanzklarheit

- Änderung der Gliederung von Periode zu Periode
- Wechsel der Bezeichnung für einzelne Vermögensgegenstände und Schulden

1 Im Gesetz (HGB §§ 264, 278, 463, EStG § 5) wird von den **Grundsätzen ordnungsmäßiger Buchführung (GoB)** gesprochen. Die Grundsätze ordnungsmäßiger **Bilanzierung** sind Bestandteil der GoB.

Grundsatz der Bilanzwahrheit

Die Einhaltung dieses Bilanzierungsgrundsatzes soll bewirken, dass die **Vermögenslage eines Unternehmens** nicht zu günstig dargestellt wird.

> ! **Eine Bilanz gilt als wahr, wenn sie alle Werte vollständig und richtig erfasst.**

Eine Bilanz wird als richtig angesehen, wenn die nach Handels- und Steuerrecht gültigen Bewertungsvorschriften eingehalten werden.

Verstöße gegen den Grundsatz der Bilanzwahrheit

- Bilanzierung nicht oder nicht mehr vorhandener Bestände an Erzeugnissen
- Bildung unerlaubter Rückstellungen

Werden Sachverhalte in der Bilanz **vorsätzlich** unwahr oder irreführend ausgewiesen, um die Vermögens- und Ertragslage des Unternehmens zu verfälschen, so liegt eine **Bilanzfälschung** vor. Bilanzfälschungen gelten als strafbare Handlungen.

Grundsatz der Bilanzkontinuität

HGB § 252 (1) Nr. 1

Damit die Bilanzadressaten zeitlich aufeinander folgende Bilanzen vergleichen können, dürfen die für die Bilanzerstellung geltenden Regeln von Periode zu Periode nicht unterschiedlich angewandt werden.

Die **formelle Bilanzkontinuität** ist gewahrt, wenn das äußere Bild des Jahresabschlusses nicht verändert wird (Beibehaltung der Gliederung für die Bilanz und die Gewinn- und Verlustrechnung). Darüber hinaus muss die Schlussbilanz eines Geschäftsjahres identisch mit der Eröffnungsbilanz des kommenden Jahres sein **(Bilanzidentität)**.

Verstöße gegen die formelle Bilanzkontinuität

- Der Bilanzstichtag wird von Jahr zu Jahr willkürlich geändert
- Die Bilanz ist gegenüber der Vorperiode weniger tief gegliedert (Zusammenfassung von Vermögensgegenständen)

HGB § 246 (3) § 252 (1) Nr. 6

Die **materielle Bilanzkontinuität** (Prinzip des Wertzusammenhangs) ist gewahrt, wenn die Methoden zur Bewertung von Vermögen und Schulden (Bewertungsmethoden) und die Ansatzmethoden beibehalten werden (= **Bewertungs- bzw. Ansatzstetigkeit**).

Verstöße gegen die materielle Bilanzkontinuität

Ohne sachlichen Grund und ohne Hinweis im Anhang werden die neu erworbenen Fahrzeuge im laufenden Geschäftsjahr linear abgeschrieben, obwohl solche Vermögensgegenstände bislang degressiv abgeschrieben wurden.

Hinweis: *In der Handelsbilanz darf ungeachtet steuerlicher Vorschriften wahlweise linear, degressiv oder nach der Leistung abgeschrieben werden.*

Zusammenfassende Übersicht zu Kapitel 4.1.1: Grundsätze ordnungsmäßiger Bilanzierung

Grundsätze ordnungsmäßiger Bilanzierung

Bilanzklarheit	**Bilanzwahrheit**	**Bilanzkontinuität**	
klare und übersichtliche Gliederung des Jahresabschlusses (Bilanz und Gewinn- und Verlustrechnung)	vollständige und richtige Erfassung von Vermögen und Schulden	**formelle** ■ Beibehaltung der gewählten Bilanzgliederung ■ Bilanzidentität (Schlussbilanz = Eröffnungsbilanz)	**materielle** ■ Stetigkeit der Bilanzierungs- und Bewertungsmethoden (Wertzusammenhang) ■ Ansatzstetigkeit ■ Bewertungsstetigkeit

Checken Sie Ihre Kompetenz mit der Ich-kann-Liste.

Öffnen Sie hierzu den nebenstehenden **QR-Code**
oder geben Sie folgenden Link ein: https://vel.plus/BHBILII11

WIEDERHOLUNG DES GRUNDWISSENS

vel.plus/BHBILII12

zu Kapitel 4.1.1 Grundsätze ordnungsmäßiger Bilanzierung

1. Geben Sie an, was unter den Grundsätzen ordnungsmäßiger Bilanzierung zu verstehen ist.
2. Erläutern Sie den Grundsatz der Bilanzklarheit.
3. Erläutern Sie den Grundsatz der Bilanzwahrheit.
4. Erläutern Sie den Unterschied von formeller und materieller Bilanzkontinuität.
5. Nennen Sie Beispiele für Verstöße gegen die formelle und materielle Bilanzkontinuität.

ANWENDUNGS- UND ÜBUNGSAUFGABEN

zu Kapitel 4.1.1 Grundsätze ordnungsmäßiger Bilanzierung

Aufgabe 1 Grundsätze ordnungsmäßiger Bilanzierung

HILFE vel.plus/BHBILII13

Prüfen Sie, ob die Textilmaschinen AG bei der Erstellung des Jahresabschlusses den Bewertungsgrundsätzen für die Handelsbilanz entsprochen hat.

1. Es wird festgestellt, dass die Wertansätze der Eröffnungsbilanz des Geschäftsjahres nicht mit den Wertansätzen der Schlussbilanz des vergangenen Geschäftsjahres übereinstimmen. HGB § 246
2. Das Unternehmen weist im Umlaufvermögen Wertpapiere zum Kaufkurs aus, obwohl zwischenzeitlich der Kurs erheblich gesunken ist. Mit dem Bilanzausweis zum höheren Betrag soll erreicht werden, dass die Vermögenslage günstig dargestellt wird. HGB § 252
3. Die Wertansätze für das Vorratsvermögen (fertige und unfertige Erzeugnisse) wurden im laufenden Geschäftsjahr unter Einbeziehung der Verwaltungsgemeinkosten berechnet, während im Vorjahr darauf verzichtet wurde.
4. Am 15. Dezember d. J. erhält die Textilmaschinen AG von einem Lieferer Steuergeräte (Fertigteile). Da die Rechnung für diese Sendung erst im Januar des neuen Jahres eingeht, wird der Geschäftsvorfall erst im neuen Geschäftsjahr gebucht.

4.1.2 Grundsätze ordnungsmäßiger Bewertung (Bewertungsprinzipien)

Prinzip der kaufmännischen Vorsicht

Zu hoch bewertetes Vermögen bzw. zu niedrig bewertete Schulden haben einen zu günstigen Ergebnisausweis zur Folge.

Zusammenhang von Vermögensbewertung und Ergebnisausweis

Eine GmbH hat auf einen Pkw wegen falsch geschätzter Nutzungsdauer 8.400 EUR abgeschrieben. Die nach der tatsächlichen Nutzungsdauer sich ergebende Abschreibung beläuft sich auf 14.400 EUR.

Der Pkw wird in der Bilanz um 6.000 EUR zu hoch ausgewiesen. Der in der Gewinn- und Verlustrechnung ausgewiesene Abschreibungsaufwand ist um diesen Betrag zu niedrig. Demnach wird die Vermögens- und Ertragslage des Unternehmens zu günstig dargestellt.

Mögliche Folgen:

- Substanzverlust des Unternehmens, falls zu hoch ausgewiesener Gewinn an die Unternehmenseigner ausgeschüttet wird.
- Gläubiger gewähren auf der Grundlage nicht vorhandener Vermögenswerte Kredite, die bei zutreffender Bewertung nicht gewährt worden wären.

HGB § 252 (1) Nr. 4

Insbesondere unter dem Gesichtspunkt des **Gläubigerschutzes** aber auch im Interesse der Erhaltung der **Unternehmenssubstanz** verlangt das **Prinzip der kaufmännischen Vorsicht**, dass die Vermögensgegenstände und die Verbindlichkeiten vorsichtig zu bewerten sind. Alle **vorhersehbaren Risiken und Verluste**, die bis zum Abschlussstichtag entstanden sind, müssen berücksichtigt werden.

! Das Stichtagsprinzip besagt, dass das Vermögen und die Schulden grundsätzlich zu den zu einem bestimmten Bilanzstichtag geltenden Werten anzusetzen sind.

HGB § 252 (1) Nr. 4

Aber auch Risiken und Verluste, die zwischen dem Bilanzstichtag und dem Tag der Aufstellung der Bilanz bekannt werden, müssen bei der Bilanzerstellung berücksichtigt werden (Durchbrechung des Stichtagsprinzips).

Bewertung einer Kundenforderung bei Eröffnung eines Insolvenzverfahrens

Bilanzstichtag: 31.12.2021 Bilanzerstellung: 31.03.2022

Am 12.01.2022 erhält eine Metallwarenfabrik die Nachricht, dass über das Vermögen eines Kunden das Insolvenzverfahren eröffnet wurde. Es ist davon auszugehen, dass die Kundenforderung in Höhe von 8.600 EUR vollständig ausfällt.

Obwohl diese Information erst nach dem Bilanzstichtag (31.12.2021) eingeht, muss sie für die Bilanzerstellung noch berücksichtigt werden, weil davon auszugehen ist, dass die Zahlungsschwierigkeiten des Kunden bereits zum Zeitpunkt des Bilanzstichtages vorhanden waren.
Folge: Die Forderung muss abgeschrieben werden und darf in der Schlussbilanz nicht mehr als Vermögensgegenstand erscheinen.

! Das Stichtagsprinzip wird durchbrochen, wenn dem Unternehmen zwischen Bilanzstichtag und dem Tag der Bilanzerstellung Informationen zugehen, die im Rahmen einer vorsichtigen Bewertung zu berücksichtigen sind.

Aus der Beachtung des **Prinzips der kaufmännischen Vorsicht** lassen sich vier **Bewertungsprinzipien** ableiten:

Aus dem Vorsichtsprinzip abgeleitete Prinzipien			
Realisationsprinzip	Imparitätsprinzip	Niederstwertprinzip	Höchstwertprinzip

Realisations- und Imparitätsprinzip

Realisationsprinzip

Gewinne dürfen im Normalfall nur ausgewiesen werden, wenn sie z. B. durch einen tatsächlichen Verkauf von Vermögensgegenständen bis zum Bilanzstichtag bereits realisiert sind.

Nicht realisierte Gewinne

Wertpapiere, die vor einiger Zeit für 60.000 EUR gekauft wurden, haben am Bilanzstichtag einen Wert von 68.000 EUR. HGB § 252 (1) Nr. 4
Der Unterschiedsbetrag von 8.000 EUR stellt einen noch nicht realisierten Gewinn dar, weil ein Verkauf noch nicht stattgefunden hat. Die Wertpapiere dürfen daher lediglich mit dem Betrag von 60.000 EUR in der Schlussbilanz berücksichtigt werden.

Imparitätsprinzip

Das **Imparitätsprinzip**[1] verlangt, dass nicht realisierte Gewinne und **drohende Verluste** jeweils anders behandelt werden müssen. Im Sinne einer vorsichtigen Bewertung müssen **drohende Verluste** – anders als noch nicht realisierte Gewinne – auch dann schon berücksichtigt werden, wenn sie noch gar nicht eingetreten, aber wahrscheinlich sind. HGB § 252 (1) Nr. 4

Drohender Verlust

Ein Kaufmann hat im Jahre 2019 ein Grundstück für 200.000 EUR erworben. 2022 erleidet das Grundstück eine erhebliche Werteinbuße, da in unmittelbarer Nähe eine Müllverbrennungsanlage gebaut wird. Das Grundstück lässt sich nach dem Bau der Müllverbrennungsanlage nur noch für 160.000 EUR verkaufen. Der sich abzeichnende Verlust in Höhe von 40.000 EUR muss ausgewiesen werden. Das Grundstück muss außerplanmäßig abgeschrieben werden, auch wenn es der Kaufmann in der Hoffnung auf einen späteren Wertzuwachs jetzt nicht verkaufen will. HGB § 253 (3) S. 5

Niederstwertprinzip

! **Das Niederstwertprinzip besagt, dass von zwei oder mehreren in Frage kommenden Werten der niedrigere Wert genommen werden muss (= strenges Niederstwertprinzip) oder genommen werden darf (= gemildertes Niederstwertprinzip).**

Aufg. 1 S. 436
Aufg. 2 S. 436

Niederstwertprinzip	
gemildertes Niederstwertprinzip	strenges Niederstwertprinzip

1 Imparität *(lat.)*: Ungleichheit

Gemildertes Niederstwertprinzip

HGB § 253 (3) S. 6

Das gemilderte Niederstwertprinzip räumt Unternehmen ein **Wahlrecht** bei der Bewertung von **Finanzanlagen des Anlagevermögens** (z. B. dauerhafte Beteiligung an einer AG) ein, wenn eine am Abschlussstichtag festgestellte **Wertminderung** nur als **vorübergehend** einzustufen ist. In diesem Fall **darf** von zwei möglichen Werten der niedrigere Wert angesetzt werden **(Bewertungswahlrecht)**. Will ein Unternehmen im Rahmen des ihm zustehenden Bewertungswahlrechts den niedrigeren Wert in der Bilanz ansetzen, so ist eine **außerplanmäßige Abschreibung** vorzunehmen. Bei allen anderen Formen des Anlagevermögens besteht bei vorübergehender Wertminderung kein Wahlrecht.

Dadurch soll die übermäßige Bildung stiller Rücklagen vermieden werden. Diese würden nämlich den Aktionären einer AG oder den Gesellschaftern einer GmbH als nicht ausschüttungsfähiger Gewinn vorenthalten (Anlegerschutz).

! Für die Bewertung von Finanzanlagen des Anlagevermögens gilt das gemilderte Niederstwertprinzip (Bewertungswahlrecht).

Bewertungsmöglichkeiten von Wertpapieren des Anlagevermögens bei einer vorübergehenden Wertminderung

HGB § 253 (3) S. 6

Die Automobil AG ist an einem ihrer Zulieferer – der Felgen und Reifen AG – in Höhe von 860.000 EUR durch Aktienbesitz beteiligt. Wegen einer Absatzschwäche ist der Wert der Beteiligung zum Ende des laufenden Geschäftsjahres **vorübergehend** um 10 % gesunken. Die Automobil AG hat gem. § 253 (3) S. 6 HGB folgende Bewertungsmöglichkeiten:

❶ Beibehaltung des bisherigen Wertansatzes (Verzicht auf eine außerplanmäßige Abschreibung)	860.000 EUR
oder (Wahlrecht)	
❷ Ansatz des niedrigen Wertes (Vornahme einer außerplanmäßigen Abschreibung in Höhe von 86.000 EUR)	774.000 EUR

Strenges Niederstwertprinzip

HGB § 253 (4), § 253 (3) S. 5

Das **strenge Niederstwertprinzip** ist grundsätzlich für die **Bewertung des Umlaufvermögens** anzuwenden. Bei der Bewertung von **Vermögensgegenständen des Anlagevermögens** muss das strenge Niederstwertprinzip dagegen nur beachtet werden, wenn die eingetretene Wertminderung **von Dauer** ist.

Anhaltspunkt für eine dauernde Wertminderung ist, dass diese mehr als die Hälfte der Restnutzungsdauer oder länger als 5 Jahre anhält.

Bewertung von Wertpapieren des Umlaufsvermögens bei einer vorübergehenden Wertminderung

HGB § 253 (4) S. 1

Die Automobil AG (siehe oben) hat mit derzeit nicht benötigten flüssigen Mitteln in Höhe von 600.000 EUR Aktien der Siemens AG gekauft. Zum Ende des laufenden Geschäftsjahres ist der Wert der kurzfristigen Kapitalanlage auf 580.000 EUR gesunken.

Die Automobil AG muss gem. § 253 (4) S. 1 HGB eine außerplanmäßige Abschreibung vornehmen und die Wertpapiere – auch bei einer nur vorübergehenden Wertminderung – mit dem niedrigeren Wert von 580.000 EUR in ihrem Jahresabschluss ausweisen.

Tritt bei Vermögensgegenständen des Anlagevermögens eine dauernde Wertminderung ein, so muss eine außerplanmäßige Abschreibung vorgenommen werden. Bei einer vorübergehenden Wertminderung ist eine außerplanmäßige Abschreibung nur bei Finanzanlagen möglich (Wahlrecht).

Im Unterschied zur Bewertung von Finanzanlagen des Anlagevermögens (gemildertes Niederstwertprinzip) gilt für das **Umlaufvermögen** auch bereits bei **vorübergehender Wertminderung** das **strenge Niederstwertprinzip**: Von zwei möglichen Werten (z.B. ursprüngliche bzw. fortgeführte Anschaffungskosten, niedrigerer Börsen- oder Marktpreis am Abschlussstichtag) **muss immer der niedrigere** angesetzt werden. HGB § 253 (4)

Strenges Niederstwertprinzip: Wertminderungen bei Vermögensgegenständen des Umlaufvermögens

HGB § 253 (4)

Zur vorübergehenden Kapitalanlage hat die Heilbronner Chemie GmbH im Oktober 2018 3.000 Aktien der Erfurter Schuhfabrik AG zu 120 EUR/Stück erworben.
Hinweis: Anschaffungsnebenkosten wie z.B. Kaufspesen bleiben unberücksichtigt.

1. Zu welchem Betrag sind die Aktien in der Schlussbilanz des Geschäftsjahres 2021 auszuweisen, wenn der Börsenkurs **am Bilanzstichtag** (31.12.)
   a) 140 EUR/Stück
   b) 110 EUR/Stück
   beträgt?

Aufg. 3 S. 436

Aufg. 4 S. 436

2. Zu Beginn des Monats Februar 2022 veröffentlicht die Erfurter Schuhfabrik AG die Ergebnisse für das vierte Quartal des Geschäftsjahres 2021. Daraufhin sinkt der Aktienkurs. Er beträgt am 8. Februar 2022 (Tag der Bilanzerstellung) 115 EUR/Stück. Zu welchem Betrag sind die Aktien in der Schlussbilanz des Geschäftsjahres 2021 in diesem Fall auszuweisen?
   Wie wird durch die Bewertung das Unternehmensergebnis jeweils beeinflusst?

Lösung:
Für die Bewertung des Umlaufvermögens ist das strenge Niederstwertprinzip anzuwenden. Dies gilt auch dann, wenn die Wertminderung nur vorübergehend ist.

1. **a) Kurs am Bilanzstichtag ist auf 140 EUR/Stück gestiegen:**
   Bewertung zu den niedrigeren Anschaffungskosten (Wertobergrenze).
   3.000 Aktien à 120 EUR/Aktie = 360.000 EUR (= Bilanzansatz)
   Das Unternehmensergebnis wird nicht beeinflusst, da der Bilanzansatz den Anschaffungskosten entspricht.

   b) Kurs am Bilanzstichtag ist auf 110 EUR/Stück gefallen:
   Der Bewertung muss zwingend der niedrigere Börsenkurs zugrunde gelegt werden (Vorsichtsprinzip, strenges Niederstwertprinzip).
   3.000 Aktien à 110 EUR/Aktie = 330.000 EUR (= Bilanzansatz)
   Das Unternehmensergebnis wird negativ beeinflusst, da eine außerplanmäßige Abschreibung auf den niedrigeren Börsenpreis am Abschlussstichtag in Höhe von 30.000 EUR vorgenommen werden muss.

2. **Kurs am Tag der Bilanzerstellung (08. Febr. 2022) ist auf 115 EUR/Stück gefallen, da Ende Januar 2022 bekannt wurde, dass ein im Dezember 2021 angenommener Großauftrag nur mit Verlust abgewickelt werden kann.**
   Obwohl sich der niedrigere Börsenkurs erst nach dem Bilanzstichtag eingestellt hat, stellt auch in diesem Fall der niedrigere Börsenkurs die Grundlage der Bewertung dar. Im Rahmen des Vorsichtsprinzips werden Verluste, die zwischen Bilanzstichtag und dem Tag der Bilanzerstellung eingetreten sind, bereits am Bilanzstichtag berücksichtigt (Verlustantizipation gem. § 252 (1) Nr. 4 HGB), wenn der Grund für deren Entstehung im alten Geschäftsjahr liegt. Das führt im vorliegenden Fall zu einer Durchbrechung des Stichtagsprinzips.
   3.000 Aktien à 115 EUR/Aktie = 345.000 EUR (= Bilanzansatz)
   Das Unternehmensergebnis wird negativ beeinflusst, da eine außerplanmäßige Abschreibung in Höhe von 15.000 EUR vorgenommen werden muss.

HGB
§ 253 (4)

Für die Bewertung des Umlaufvermögens gilt das strenge Niederstwertprinzip: Von zwei infrage kommenden Werten (ursprüngliche bzw. fortgeführte Anschaffungskosten oder Tageswert) ist stets der niedrigere anzusetzen.

Höchstwertprinzip

HGB
§ 253 (1) S. 2

Die Beachtung des Vorsichtsprinzips führt bei der Bewertung von Verbindlichkeiten dazu, dass von zwei oder mehreren infrage kommenden Werten der jeweils höhere anzusetzen ist (Höchstwertprinzip). Außerdem sind Verbindlichkeiten zu ihrem Erfüllungsbetrag anzusetzen.

Für die Bewertung von Verbindlichkeiten gilt das Höchstwertprinzip: Von zwei infrage kommenden Werten ist stets der höhere anzusetzen.

Fremdwährungsverbindlichkeiten

Höchstwertprinzip bei der Bewertung von Verbindlichkeiten

Die Firma Heinz Berger KG hat am 03. August d. J. bei einer amerikanischen Bank einen Kredit in Höhe von 30.000 USD und einer Laufzeit von zwei Jahren aufgenommen. Anhand des am Tag der Kreditaufnahme geltenden Dollarkurses von 1,30 USD/EUR lässt sich eine Darlehensverbindlichkeit von 23.076,92 EUR errechnen (30.000 USD/1,30 USD/EUR).
Aufgrund einer zum 31.12. d. J. eingetretenen Änderung des Dollarkurses auf 1,25 USD/EUR beträgt der Wert der Verbindlichkeit zum Ende des Geschäftsjahres umgerechnet 24.000 EUR.

Ergebnis: Die Verbindlichkeit muss nach dem Höchstwertprinzip bewertet werden. Die Beachtung dieses Prinzips führt in der Schlussbilanz zum 31.12. d. J. zu einem Wertansatz der Verbindlichkeiten in Höhe von 24.000 EUR.

HGB
§ 256a

Das Höchstwertprinzip muss ausnahmsweise nicht eingehalten werden, wenn Verbindlichkeiten in fremder Währung (Fremdwährungsverbindlichkeiten) eine Restlaufzeit von einem Jahr oder weniger haben.

In diesem Fall sind die Fremdwährungsverbindlichkeiten mit dem Wert am Abschlussstichtag zu bewerten, unabhängig davon, ob dieser höher oder niedriger als der Wert zum Zeitpunkt des Zugangs ist.

Zusammenfassende Übersicht zu Kapitel. 4.1.2: Grundsätze ordnungsmäßiger Bewertung (Bewertungsprinzipien)

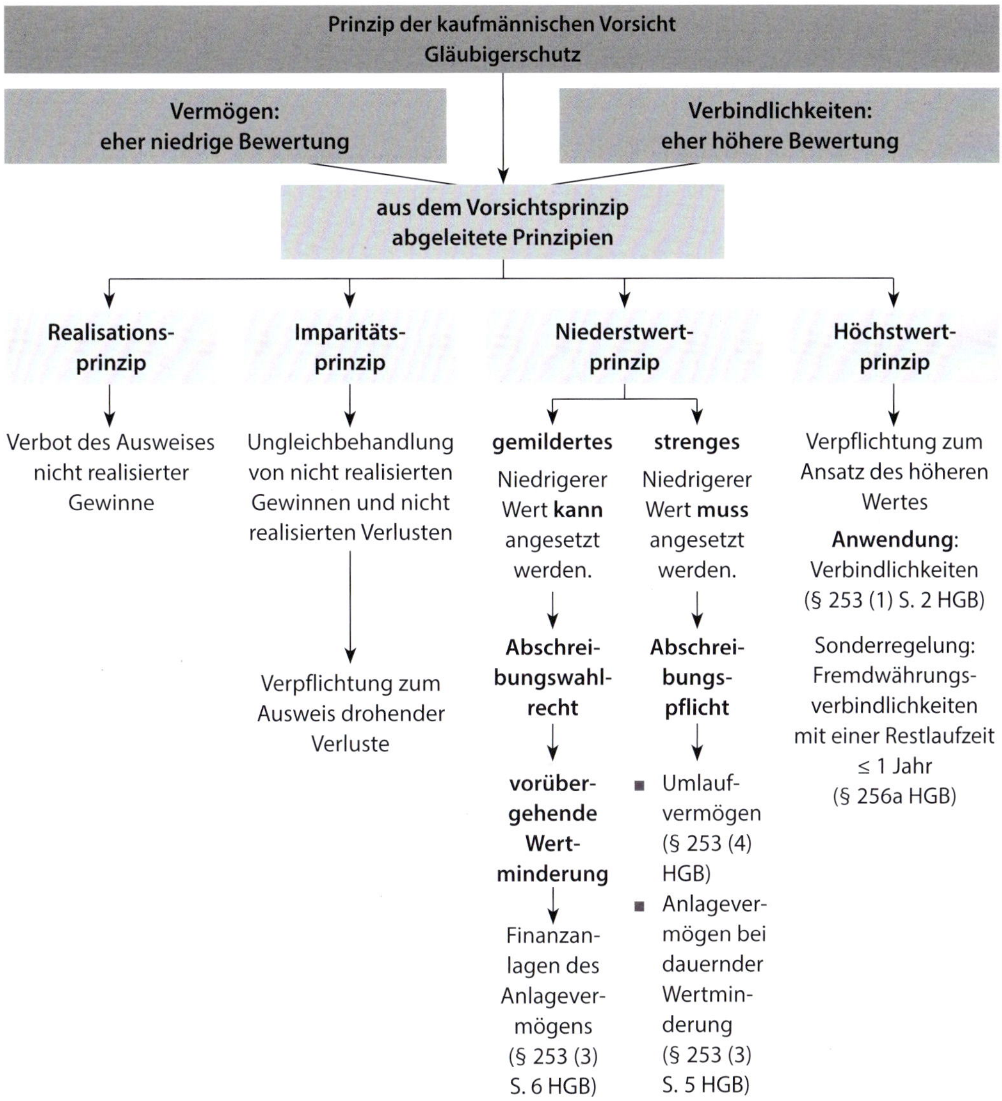

Checken Sie Ihre Kompetenz mit der Ich-kann-Liste.

Öffnen Sie hierzu den nebenstehenden **QR-Code**
oder geben Sie folgenden Link ein: https://vel.plus/BHBILII14

WIEDERHOLUNG DES GRUNDWISSENS

vel.plus/BHBILII15

zu Kapitel 4.1.2 Grundsätze ordnungsmäßiger Bewertung (Bewertungsprinzipien)

Prinzip der kaufmännischen Vorsicht

1. Begründen Sie, weshalb zu hoch bewertetes Vermögen bzw. zu niedrig bewertete Schulden zu einem günstigeren Ergebnisausweis führen.
2. Erläutern Sie das Stichtagsprinzip.

3. Nennen Sie ein Beispiel für die Durchbrechung des Stichtagsprinzips.
4. Nennen Sie vier Prinzipien, die aus dem Vorsichtsprinzip abgeleitet werden.

Realisations- und Imparitätsprinzip

1. Erläutern Sie anhand je eines Beispiels das Realisationsprinzip und das Imparitätsprinzip.

Niederstwertprinzip

1. Erläutern Sie das strenge und das gemilderte Niederstwertprinzip.
2. Erläutern Sie, wie Finanzanlagen des Anlagevermögens im Fall einer vorübergehenden Wertminderung bewertet werden können.
3. Geben Sie an, in welchen Fällen Vermögensgegenstände mit dem niedrigeren Zeitwert am Bilanzstichtag bewertet werden müssen.

Höchstwertprinzip

1. Erläutern Sie das Höchstwertprinzip und geben Sie an, für welche Bewertungsvorgänge es zu beachten ist.

ANWENDUNGS- UND ÜBUNGSAUFGABEN

zu Kapitel 4.1.2 Grundsätze ordnungsmäßiger Bewertung (Bewertungsprinzipien)

Aufgabe 1 Verstöße gegen Bewertungsprinzipien

? HILFE vel.plus/BHBILII16

Prüfen Sie, ob in nachstehenden Fällen ein Verstoß gegen die Bewertungsprinzipien vorliegt.

1. Wertpapiere des Umlaufvermögens wurden im Vorjahr mit den Anschaffungskosten in der Bilanz angesetzt. Da der Kurs in der Zwischenzeit um 20 % gestiegen ist, werden sie in der laufenden Schlussbilanz zum höheren Wert bewertet.
2. HGB § 252 (1) Über das Vermögen eines Großkunden wurde im laufenden Geschäftsjahr das Insolvenzverfahren eröffnet. Nach einer Information des Insolvenzverwalters ist damit zu rechnen, dass die gesamte Forderung verloren ist. Bis zum endgültigen Abschluss des Insolvenzverfahrens in ca. 2 Jahren wird die Forderung in Höhe von 240.000 EUR in der Bilanz ausgewiesen.

Aufgabe 2 Bewertungsprinzipien – Vorsichtsprinzip

? HILFE vel.plus/BHBILII17

Die Heidelberger Zementfabrik AG musste dringend erforderliche Instandhaltungsmaßnahmen an ihren technischen Anlagen, die eigentlich im Sommer während der Betriebsferien hätten durchgeführt werden sollen, verschieben. Im laufenden Geschäftsjahr musste darauf verzichtet werden, weil dem Serviceunternehmen versehentlich kein Auftrag erteilt wurde. Deshalb werden die erforderlichen Arbeiten erst im nächsten Geschäftsjahr durchgeführt. Die Kosten dieser Instandhaltungsmaßnahmen werden auf 150.000 EUR geschätzt.

Erläutern Sie die Auswirkungen auf den Jahresabschluss des laufenden Jahres, wenn die Arbeiten voraussichtlich

HGB § 249 (1)

1. im Februar des nächsten Jahres,
2. im Mai des nächsten Jahres durchgeführt werden.

Aufgabe 3 Außerplanmäßige Abschreibung eines Unfallwagens

PDF vel.plus/BHBILII18

Ein Unternehmen hat im Januar 2021 einen Pkw zum Nettopreis von 54.000 EUR angeschafft. Die betriebsgewöhnliche Nutzungsdauer beträgt sechs Jahre. Der Pkw wird linear abgeschrieben. Im Laufe des Jahres 2022 wird der Pkw durch einen Unfall beschädigt. Nach Vornahme der Reparatur wird dessen Wert von einem Sachverständigen auf 30.000 EUR geschätzt.

Erstellen Sie den Abschreibungsplan.

Aufgabe 4 Bewertung von Wertpapieren bei sinkendem Wert

Die Ehinger Schuhfabrik AG hat in der Bilanz des Jahres 2022 folgende Kapitalanlagen zu bewerten:

HGB § 253 (3)

Anlagevermögen (Pos. Finanzanlagen): Beteiligungen an der Offenbacher Lederwarenfabrik AG in Höhe von 360.000 EUR. Im Jahr 2022 ist der Wert der Beteiligung dauerhaft um 20 % gesunken.

Umlaufvermögen (Pos. Wertpapiere): Aktien der Heidelberger Baumaschinenfabrik AG in Höhe von 68.000 EUR. Zum 31.12.2022 beträgt der Wert dieser Aktien 64.000 EUR. Es ist davon auszugehen, dass die Wertminderung nur vorübergehend ist und der Kurs der Aktien im Laufe des Geschäftsjahres 2023 wieder steigen wird.

1. Mit welchem Wert sind die Wertpapiere des Anlage- und Umlaufvermögens jeweils in der Bilanz der Schuhfabrik zum 31.12.2022 anzusetzen?
2. Wie müsste bewertet werden, wenn davon auszugehen ist, dass die Wertminderung bei der Beteiligung nicht dauerhaft ist?

HGB
§ 253 (3)
S. 6

4.2 Grundsätze der Rechnungslegung nach IFRS[1]

4.2.1 Zielsetzungen von HGB und IFRS im Vergleich

Aus den Zielsetzungen eines nach HGB oder IAS/IFRS erstellten Jahresabschlusses leiten sich jeweils unterschiedliche Grundsätze zur Bewertung von Vermögen und Verbindlichkeiten ab.

Zielsetzungen von HGB und IFRS

HGB	IFRS
↓	↓
Gläubigerschutz	**Anlegerschutz**
Die handelsrechtlichen Vorschriften verfolgen als Rechnungslegungszweck vorrangig den **Gläubigerschutz**. Die **Fremdkapitalgeber** werden im HGB als wichtigste Adressengruppe angesehen.	Die Vorschriften von IFRS sind **anlegerorientiert**. Die Hauptadressaten der Rechnungslegung sind **Eigenkapitalgeber (Anleger)**. Der **Anlegerschutz** (Investorenschutz) ist das vorrangige Ziel der Rechnungslegung.

Informationsgehalt von Jahresabschlüssen

Unterscheidungsmerkmal	Abschluss nach HGB	Abschluss nach IFRS
vorrangiges Rechnungslegungsprinzip	Gläubigerschutz ↓ Vorsichtsprinzip ist bestimmend	Anlegerschutz ↓ Vorsichtsprinzip hat nur nachrangige Bedeutung
Ausweis von Vermögen und Verbindlichkeiten	Vermögen: eher zu niedrig Verbindlichkeiten: eher zu hoch	angemessene Darstellung **(fair Presentation)** von Vermögen und Verbindlichkeiten **fair value**[2] – **Bewertung** von Vermögen und Verbindlichkeiten zum gegenwärtigen Marktwert; unverzinsliche Forderungen und Verbindlichkeiten werden mit dem **Barwert**[3] angesetzt.

1 IFRS: International Financial Reporting Standards; bis 2001: IAS: International Accounting Standards
2 Der Begriff fair value kann mit Markt-, Verkehrswert oder beizulegendem Zeitwert übersetzt werden, wobei sich in Deutschland der Begriff Marktwert durchgesetzt hat.
3 Unter **Barwert** ist der **heutige (aktuelle) Wert** künftiger Zahlungen zu verstehen. z. B. hat eine Forderung, die erst in 5 Jahren fällig ist, zum gegenwärtigen Zeitpunkt einen geringeren Wert. Die in 5 Jahren fällige Forderung muss demnach mit einem Kalkulationszinsfuß abgezinst werden (Vgl. Kapitel Investitionsrechnung).

Ergebnis lt. GuV-Rechnung	eher zu niedrig	eher realistischer, aber nicht überhöhter Ergebnisausweis
Eignung der Informationen für Anlageentscheidungen	nur bedingt geeignet, da in der Bilanz ausgewiesenes Vermögen und Verbindlichkeiten nicht dem tatsächlichen Wert entsprechen	eher geeignet, da in der Bilanz ein möglichst **vollständiger Substanzwert**[1] abgebildet wird; Anleger erhält ein wahres und **angemessenes**[2] **Bild (true and fair view)**

4.2.2 Ausgewählte Bewertungsunterschiede (HGB – IAS/IFRS)

Fall 1: Ausübung eines Bilanzierungswahlrechts

Die Mitarbeiter der Cannstatter Maschinenfabrik AG haben ein EDV-Programm zur Investitionsplanung erstellt. Der Marktwert dieser Software wird auf 800.000 EUR veranschlagt.

Bewertung nach HGB

Die selbst erstellte Software (= immaterielles Wirtschaftsgut) kann – muss aber nicht – als Aktivposten in die Bilanz aufgenommen werden (§ 248 (2) HGB). Es besteht ein **Bilanzierungswahlrecht**.

Bewertung nach IFRS

Gem. IFRS 38 ist ein immaterieller Vermögenswert anzusetzen, wenn es wahrscheinlich ist, dass dem Unternehmen der **künftige wirtschaftliche Nutzen** aus dem Vermögenswert zufließen wird und die Herstellungskosten verlässlich bewertet werden können. Sind diese Bedingungen erfüllt, so beträgt der Bilanzansatz (Bilanzposition: Immaterielle Vermögensgegenstände) 800.000 EUR.

Aufgrund der unterschiedlichen Bewertungsvorschriften von HGB und IAS/IFRS kann der Bilanzansatz im vorliegenden Fall unterschiedlich ausfallen: In der Handelsbilanz nach HGB kann auf den Bilanzansatz vollständig verzichtet werden **(Bilanzierungswahlrecht)**, während in der nach IFRS erstellten Bilanz unter den gegebenen Bedingungen die Software als Vermögensgegenstand ausgewiesen werden **muss**.

Fall 2: Niederstwertprinzip – Fair Value

Die Canstatter Maschinenfabrik AG hat zur kurzfristigen Kapitalanlage am 03. März 2022 Aktien zu Anschaffungskosten von 120 000 EUR erworben.

Wie sind die Aktien (= Wertpapiere des Umlaufvermögens) am Abschlussstichtag (31.12.2022) zu bewerten, wenn deren Wert zum Abschlussstichtag

a) 135.000 EUR

b) 110.000 EUR

beträgt?

---

1 Substanzwert: Betrag der aufgewendet werden müsste, um das Unternehmen heute zum Tageswert zu erwerben.

2 „Angemessenheit" stellt eine Einschränkung dar: Es wird nicht die **tatsächliche Vermögenslage** (Unternehmenswert als Ertragswert) abgebildet, sondern ein **Substanzwert zum Abschlussstichtag**. Um den Ertragswert eines Unternehmens zu ermitteln, muss die Summe der Barwerte (Abzinsung mit dem Kalkulationszinsfuß) aller in Zukunft erzielten Nettoerträge ermittelt werden.

Bewertung nach HGB

a) **Wert am Abschlussstichtag 135.000 EUR**
Bilanzansatz: **135.000 EUR**

Die Anschaffungskosten sind für die Bewertung im Normalfall die Wertobergrenze gem. § 253 (1) HGB.

b) **Wert am Abschlussstichtag 110.000 EUR**

Bilanzansatz: **110.000 EUR**

strenges Niederstwertprinzip gem. § 253 (3) HGB.

Bewertung nach IFRS

a) **Wert am Abschlussstichtag 135.000 EUR**

Da es sich um eine kurzfristige Kapitalanlage handelt, sind die Wertpapiere zum Verkauf bestimmt. Deswegen werden diese zum "Fair Value" (Marktwert) von 135.000 EUR bewertet (IAS 39).

Aufg. 1 S. 440

b) **Wert am Abschlussstichtag 110.000 EUR**

Bilanzansatz: **110.000 EUR**

Kursverlust in Höhe von 25.000 EUR ist zu berücksichtigen (IAS 39).

Die Vorschriften zur Bewertung der Aktien (hier: Wertpapiere des Umlaufvermögens) nach HGB und IFRS sind unterschiedlich. Die Beachtung des strengen Niederstwertprinzips nach HGB kann aber gegebenenfalls zum gleichen Bilanzansatz wie die Bewertung zum Fair Value nach IFRS führen.

Zusammenfassende Übersicht zu Kapitel 4.2: Grundsätze der Rechnungslegung nach IAS/IFRS

Vergleich HGB – IAS/IFRS		
	HGB	**IAS/IFRS**
Ziel der Rechnungslegung	Ermittlung des Jahresergebnisses u. a. für Ausschüttung und Steuern (Maßgeblichkeit der Handelsbilanz für die Steuerbilanz – EStG § 5)	wahres und angemessenes Bild für die Anleger („true und fair view“)
Adressaten	Aktionäre, Gläubiger, Finanzbehörde (Steuerbilanz)	Eigenkapitalgeber (Anteilseigner), Investoren
vorrangiges Rechnungslegungsprinzip	**Gläubigerschutz** Vorsichtsprinzip dominiert durch ▪ Realisationsprinzip ▪ Niederstwertprinzip ▪ Höchstwertprinzip	**Anlegerschutz**, periodengerechter Ergebnisausweis, Vorsichtsprinzip ist untergeordnet. **fair presentation** = angemessene Darstellung des Vermögens und der Schulden **true and fair view** = wahres und angemessenes Bild **fair value** = Bewertung von Vermögen und Verbindlichkeiten mit dem gegenwärtigen Marktwert
Realisationsprinzip bei gewinnen	strenge Auslegung Gewinnausweis im Normalfall erst nach Realisierung	gemilderte Auslegung
Folge	Vermögen wird eher zu niedrig ausgewiesen; GuV weist ein vorsichtig ermitteltes (eher niedriges) Ergebnis aus	Es wird versucht, den vollständigen Substanzwert (= Betrag, der aufgewendet werden müsste, um ein derartiges Unternehmen heute zum Tageswert zu erwerben) wiederzugeben und ein realistisches (kein überhöhtes) Ergebnis auszuweisen.

Checken Sie Ihre Kompetenz mit der Ich-kann-Liste.

Öffnen Sie hierzu den nebenstehenden **QR-Code**
oder geben Sie folgenden Link ein: https://vel.plus/BHBILII19

vel.plus/BHBILII20

WIEDERHOLUNG DES GRUNDWISSENS

zu Kapitel 4.2 Grundsätze der Rechnungslegung nach IAS/IFRS

4.2.1 Zielsetzungen von HGB und IAS/IFRS im Vergleich

1. Geben Sie an, welche Zielsetzungen mit den Vorschriften von HGB und IFRS jeweils verfolgt werden.
2. Vergleichen Sie den Informationsgehalt von Jahresabschlüssen, die nach HGB und IFRS erstellt werden.
3. Erläutern Sie die Begriffe Fair Presentation und Fair Value.

4.2.2 Ausgewählte Bewertungsunterschiede (HGB – IAS/IFRS)

1. Beschreiben Sie die Bewertungsunterschiede zwischen HGB und IFRS, die sich bei der Ausübung eines Bilanzierungswahlrechts ergeben können, wenn dieses Wahlrecht bei der Bewertung von Software ausgeübt wird.
2. Beschreiben Sie die Bewertungsunterschiede zwischen HGB und IFRS, die sich im Zusammenhang mit dem Niederstwertprinzip bzw. der Bewertung mit dem Fair Value Prinzip ergeben können.

ANWENDUNGS- UND ÜBUNGSAUFGABEN

zu Kapitel 4.2 Grundsätze der Rechnungslegung nach IAS/IFRS

Aufgabe 1 Realisationsprinzip nach HGB und IAS/IFRS

Die Farbwerke Homann AG haben im März d. J. zur vorübergehenden Anlage flüssiger Mittel Aktien im Wert von 280.000 EUR erworben. Zum 31.12. d. J. (Ende des Geschäftsjahres) beläuft sich der Wert dieser Kapitalanlage auf 320.000 EUR.

IAS 39

1. Zu welchem Bilanzansatz sind die Aktien in einem nach IAS/IFRS erstellten Jahresabschluss auszuweisen?

HGB § 250 (1), § 253 (4)

2. Zu welchem Wert müssten die Aktien in einem auf der Grundlage des HGB erstellten Jahresabschlusses ausgewiesen werden?
3. Zu welchem Wert müssten die Aktien in einem nach HGB bzw. IAS/IFRS erstellten Jahresabschluss jeweils ausgewiesen werden, wenn der Wert am Bilanzstichtag auf 260.000 EUR gesunken ist?

5 Jahresabschlussanalyse

Kompetenzen:

- *anhand einer Strukturbilanz ausgewählte Kennzahlen zur finanziellen Lage einer Aktiengesellschaft ermitteln und die Ergebnisse im Branchen- und Zeitvergleich beurteilen*

5.1 Ziele und Mittel der Jahresabschlussanalyse

5.2 Aufbereitung von Bilanz und Ergebnisrechnung

5.3 Auswertung der Bilanz (Bilanzanalyse)

- *anhand einer aufbereiteten Ergebnisrechnung einer Aktiengesellschaft ausgewählte Ergebniskennzahlen ermitteln und die Ergebnisse im Branchen- und Zeitvergleich beurteilen*

5.4 Auswertung der Gewinn- und Verlustrechnung (Ergebnisanalyse)

- *zur Aussagekraft der Kennzahlen kritisch Stellung nehmen*

5.5 Begrenzte Aussagekraft der Jahresabschlussanalyse

5.1 Ziele und Mittel der Jahresabschlussanalyse

Ziele der Jahresabschlussanalyse

Unter Jahresabschlussanalyse wird die Aufbereitung und Auswertung des Jahresabschlusses zur Beurteilung der gegenwärtigen und zur Prognose der zukünftigen Unternehmenslage verstanden.

Die Jahresabschlussanalyse erfüllt insbesondere für die Eigenkapitalgeber folgende drei Funktionen:

Funktionen der Jahresabschlussanalyse		
Informationsfunktion	**Kontrollfunktion**	**Steuerungsfunktion**
Die Jahresabschlussanalyse ist ein Verfahren zur Gewinnung von Informationen über die wirtschaftliche Lage eines Unternehmens.	Die Jahresabschlussanalyse ermöglicht den Kapitalgebern, ihre Zielgrößen mit den tatsächlichen Istgrößen zu vergleichen und nach Abweichungsursachen zu suchen.	In Abhängigkeit von den Ursachen für die Abweichung von Ziel- und Istgrößen ziehen Kapitalgeber möglicherweise ihr Kapital aus dem Unternehmen ab oder stellen kein neues Kapital zur Verfügung.

Schwerpunkt einer Jahresabschlussanalyse ist es, die schwer überschaubaren Datenmengen eines Jahresabschlusses zu aussagekräftigen Kennzahlen zu verdichten.

Außer für die Eigenkapitalgeber sind die Informationen aus einer Jahresabschlussanalyse auch für andere Interessengruppen bedeutsam.

Interessengruppen	Bedeutsame Informationen einer Jahresabschlussanalyse
Eigenkapitalgeber	Gewinnentwicklung, künftige Möglichkeit zur Gewinnausschüttung, derzeitiger und künftiger Wert der Unternehmensbeteiligung
Fremdkapitalgeber	Fähigkeit des Unternehmens, den Zins- und Tilgungsverpflichtungen pünktlich nachzukommen
Lieferer	Fähigkeit des Unternehmens, den Zahlungsverpflichtungen pünktlich nachzukommen
Kunden	Fähigkeit des Unternehmens, günstige Einkaufskonditionen zu gewähren und den Lieferverpflichtungen vertragsgemäß nachzukommen
Arbeitnehmer	Fähigkeit des Unternehmens, sichere Arbeitsplätze und eine angemessene Entlohnung zu garantieren
Staat	Beitrag des Unternehmens zum Steueraufkommen und zur Schaffung von Arbeitsplätzen

Kennzahlen als Hilfsmittel der Jahresabschlussanalyse

Kennzahlen verdichten die komplexe betriebswirtschaftliche Realität.

> **!** **Kennzahlen sind zu Maßgrößen verdichtete Informationen, die in konzentrierter Form Auskunft über zahlenmäßig erfassbare Sachverhalte geben.**

Arten von Kennzahlen		
absolute Zahlen	**Verhältniszahlen**	
Absolute Zahlen sind Einzelzahlen, Summen, Differenzen oder Mittelwerte. Sie werden direkt dem Jahresabschluss ohne Umformung entnommen (z. B. Umsatzerlöse) oder entstehen im Rahmen der Jahresabschlussanalyse (z. B. Cashflow). Die Aussagekraft von absoluten Kennzahlen ist meist begrenzt, weil ein Beurteilungsmaßstab fehlt.	Verhältniszahlen entstehen bei der Durchführung der Jahresabschlussanalyse, indem zwei absolute Zahlen in Quotientenform zueinander in Beziehung gesetzt werden. Es lassen sich verschiedene Arten von Verhältniszahlen unterscheiden:	
	Gliederungszahlen	**Beziehungszahlen**
	Es werden Teilmengen zur Gesamtmenge ins Verhältnis gesetzt. Die Gesamtmenge wird dabei gleich 100 gesetzt. *Beispiel: Eigenkapitalquote: Anteil des Eigenkapitals am Gesamtkapital*	Es werden Größen zueinander ins Verhältnis gesetzt, zwischen denen ursächliche Zusammenhänge bestehen. *Beispiel: Verschuldungsgrad: Verhältnis von Fremdkapital zu Eigenkapital*

Kennzahlenvergleich

Da Kennzahlen für sich allein betrachtet nur eine begrenzte Aussagekraft haben, schließt sich an die Ermittlung der Kennzahlen ein **Kennzahlenvergleich** an. Dazu können u. a. folgende Vergleichsgrößen herangezogen werden:

Zeit- und Entwicklungsvergleich	Betriebs- und Branchenvergleich	Soll-Ist-Vergleich
Vergleich mit Kennzahlen vergangener Perioden	Vergleich mit Kennzahlen anderer Unternehmen	Vergleich der tatsächlichen Werte mit „Normalgrößen"

Umstrukturierung von Bilanz und GuV-Rechnung

Die nach den Vorschriften von HGB oder IAS/IFRS erstellten und veröffentlichten Bilanzen und GuV-Rechnungen eignen sich wegen der Fülle der oft unübersichtlichen und unstrukturierten Daten nicht unmittelbar für die Ermittlung aussagekräftiger Kennzahlen. Dazu müssen Bilanz und GuV-Rechnung durch Zusammenfassung einzelner Positionen vereinfacht, anders gegliedert (umstrukturiert) und unter Berücksichtigung von Angaben aus dem Anhang ergänzt werden.

Zusammenfassende Übersicht zu Kapitel 5.1: Ziele und Mittel der Jahresabschlussanalyse

Funktion der Jahresabschlussanalyse		
Information	**Kontrolle**	**Steuerung**

Verwendung von **Kennzahlen**

absolute Kennzahlen	**Verhältniszahlen**	
z. B. Umsatz, Jahresüberschuss, Cashflow	z. B. vertikale Bilanzkennzahlen Fremdkapital/Eigenkapital	z. B. horizontale Bilanzkennzahlen Anlagevermögen/Eigenkapital

Verwendung von **Kennzahlen**

Zeit und-Entwicklungsvergleiche	**Betriebs- und Branchenvergleiche**	**Soll-Ist-Vergleiche**

Checken Sie Ihre Kompetenz mit der **Ich-kann-Liste**.

Öffnen Sie hierzu den nebenstehenden **QR-Code**
oder geben Sie folgenden Link ein: https://vel.plus/BHBILII21

WIEDERHOLUNG DES GRUNDWISSENS

vel.plus/BHBILII22

zu Kapitel 5.1 Ziele und Mittel der Jahresabschlussanalyse

1. Erläutern Sie, was unter einer Jahresabschlussanalyse zu verstehen ist.
2. Geben Sie an, welche Funktionen eine Jahresabschlussanalyse erfüllt.
3. Nennen Sie die Interessengruppen, für die die Informationen einer Jahresabschlussanalyse bedeutsam sind.
4. Unterscheiden Sie verschiedene Arten von Kennzahlen.
5. Unterscheiden Sie verschiedene Arten von Kennzahlenvergleichen.

5.2 Aufbereitung von Bilanz und Ergebnisrechnung

5.2.1 Strukturbilanz als Grundlage der Bilanzanalyse

Bilanz der HAGA AG

Die HAGA AG stellt Rasenmäher und andere Arbeitsgeräte für Haus und Garten her. Zum 31.12.2023 liegt folgende Bilanz vor.

Bilanz der HAGA AG zum 31.12.2023
in (Mio. EUR)

Aktiva	**2023**	**2022**	**Passiva**	**2023**	**2022**
A. Anlagevermögen			**A. Eigenkapital**		
I. Sachanlagen			I. Gez. Kapital	100	90
1. Grundstücke, Bauten	68	51	II. Kapitalrücklage	15	10
2. techn. Anlagen, Maschinen	110	91	III. Gewinnrücklagen		
3. Betr. u. Geschäftsausst.	9	10	1. gesetzl. Rücklage	5	5
			2. andere Gewinnrücklagen	57	55
II. Finanzanlagen			IV. Gewinnvortrag	0	0
1. Beteiligungen	30	18	V. Jahresüberschuss	21	–1
B. Umlaufvermögen			**B. Rückstellungen**		
I. Vorräte			1. Pensionsrückstellungen	11	10
1. Roh-, Hilfs- und Betriebsst.	10	5	2. sonst. Rückstellungen	1	2
2. unfertige Erzeugnisse	31	15			
3. fertige Erzeugnisse	40	25	**C. Verbindlichkeiten**		
II. Forderungen			1. Anleihen	13	1
1. Ford. aus Lieferungen	95	70	2. Verb. g. Kreditinstituten	81	78
III. Kasse, Bankguthaben	2	7	3. Verb. aus Lieferungen	91	37
	395	292		395	292

Auszüge aus den Erläuterungen zur Bilanz im Anhang

1. *Das Grundkapital ist in 2 Mio. auf den Inhaber lautende nennwertlose Stammaktien aufgeteilt.*
2. *Bei den Anleihen und den Bankverbindlichkeiten handelt es sich um Verbindlichkeiten mit einer Restlaufzeit von mehr als fünf Jahren.*
3. *Die Pensionsrückstellungen sind langfristig. Die sonstigen Rückstellungen haben eine Restlaufzeit von unter einem Jahr.*
4. *Der Wegfall einer als voraussichtlich dauerhaft angesehenen Wertminderung auf Grundstücke machte es erforderlich, den Buchwert der Grundstücke innerhalb der gesetzlichen Bewertungsvorschriften um 17 Mio. EUR zu erhöhen.*
5. *Die für den geplanten Expansionskurs notwendigen Investitionen im Maschinenpark beliefen sich auf 38 Mio. EUR. Die Finanzierung erfolgte durch die Ausgabe junger Aktien im Verhältnis 9:1 zu einem Emissionskurs von 75,00 EUR.*
6. *Zum Erwerb einer Mehrheitsbeteiligung an der Solo AG, die 12 Mio. EUR erforderte, sowie zur Tilgung einer Restschuld in Höhe von 1 Mio. EUR wurde eine Anleihe in Höhe von 13 Mio. EUR aufgelegt.*
7. *Der Vorstand empfiehlt, den sich nach der höchstmöglichen Zuführung zu den anderen Gewinnrücklagen ergebenden Bilanzgewinn wie im Vorjahr vollständig an die Aktionäre auszuschütten.*

Aufbereitung der Bilanz – Strukturbilanz

Damit die im Rahmen des Jahresabschlusses erstellte Bilanz gezielt analysiert und ausgewertet werden kann, muss sie durch **Zusammenfassung von Bilanzpositionen** und eine **vereinfachte Gliederung** aufbereitet werden. Dazu wird aus der ursprünglichen Bilanz eine **Strukturbilanz** abgeleitet, aus der die wesentlichen Vermögens- und Kapitalverhältnisse deutlich werden.

> **!** **Durch Aufbereitung der Originalbilanz kann eine Strukturbilanz erstellt werden. Dadurch wird die Bilanz besser analysierbar und mit den Bilanzen anderer Perioden und/oder Unternehmen vergleichbar.**

Auf der Aktivseite wird zwischen Anlage- und Umlaufvermögen und auf der Passivseite zwischen Eigen- und Fremdkapital unterschieden. Das Umlaufvermögen wird üblicherweise nach dem Grad der Flüssigkeit in Vorräte, Forderungen und liquide Mittel und das Fremdkapital nach der Fristigkeit in langfristiges und kurzfristiges Fremdkapital unterteilt.

Aktiva	Strukturbilanz Passiva
Anlagevermögen Umlaufvermögen ■ Vorräte ■ Forderungen ■ liquide Mittel	Eigenkapital Fremdkapital ■ langfristiges Fremdkapital ■ kurzfristiges Fremdkapital

Für die HAGA AG ergibt sich daraus folgende Strukturbilanz:

Strukturbilanz als Grundlage der Bilanzanalyse

Aktiva **Strukturbilanz der HAGA AG zum 31.12.2023** *(in Mio. EUR)* **Passiva**

	2023		2022			2023		2022	
	in Mio. EUR	in %	in Mio. EUR	in %		in Mio. EUR	in %	in Mio. EUR	in %
Anlagevermögen					**Eigenkapital**	**198***	**50,1**	**164**	**56,2**
1. Sachanlagen	187	47,3	152	52,1	langfristiges Fremdkapital	105	26,6	89	30,5
2. Finanzanlagen	30	7,6	18	6,2	kurzfristiges Fremdkapital	92*	23,3	39	13,4
gesamtes Anlagevermögen	**217**	**54,9**	**170**	**58,2**	**gesamtes Fremdkapital**	**197**	**49,9**	**128**	**43,8**
Umlaufvermögen									
1. Vorräte	81	20,5	45	15,4					
2. Forderungen	95	24,1	70	24,0					
3. liquide Mittel	2	0,5	7	2,4					
gesamtes Umlaufvermögen	**178**	**45,1**	**122**	**41,8**					
Gesamtsumme Aktiva	**395**	**100,0**	**292**	**100,0**	**Gesamtsumme Passiva**	**395**	**100,0**	**292**	**100,0**

* Es wird davon ausgegangen, dass die Ausschüttung des Bilanzgewinns (10,5 Mio. EUR) noch nicht beschlossen ist.
Hinweis: Der aktuelle Bildungsplan erfordert keine eigenständige Erstellung einer Strukturbilanz. Diese dient jedoch als Grundlage der Bilanzanalyse.

5.2.2 Strukturierte Gewinn- und Verlustrechnung als Grundlage der Ergebnisanalyse

Strukturierte GuV-Rechnung

Für eine betriebswirtschaftliche Analyse ist das in § 275 HGB für den Jahresabschluss vorgeschriebene Gliederungsschema nicht ausreichend. Um den **nachhaltig erzielbaren Erfolg** zu ermitteln (= Ziel der Ergebnisanalyse), müssen beispielsweise die folgenden in der GuV-Rechnung ausgewiesenen Positionen korrigiert werden (siehe nächste Seite).

- Die betrieblichen Steuern (GuV-Position 16) sind betriebsbedingte Aufwendungen und müssen in das **Betriebsergebnis** eingehen.
- Die in den sonstigen betrieblichen Erträgen (GuV-Position 4) und in den Abschreibungen (GuV-Position 7) enthaltenen ungewöhnlichen und untypischen Geschäftsvorfälle müssen herausgefiltert und dem **außerordentlichen Ergebnis** zugeordnet werden (z. B. Abschreibungen auf Gegenstände des Umlaufvermögens, Zuschreibungen nach Wegfall einer vermuteten Wertminderung bei Aktiva, erfolgswirksame Auflösung von Rückstellungen).
- Die sonstigen betrieblichen Aufwendungen müssen um neutrale Aufwendungen korrigiert werden.
- Bei Abschreibungen auf Finanzanlagen und Wertpapiere des Umlaufvermögens (GuV-Position 12) handelt es sich um außerplanmäßige Abschreibungen, die nicht mit dem eigentlichen Geschäftszweck („gewöhnliche Geschäftstätigkeit") zusammenhängen.

Gliederungsschema GuV-Rechnung § 275 (2) HGB	
Umsatzerlöse	(1)
Erhöhung oder Verminderung des Bestands an fE und uE	(2)
andere aktivierte Eigenleistungen	(3)
sonstige betriebliche Erträge	(4)
Materialaufwand	(5)
Personalaufwand	(6)
Abschreibungen	(7)
sonstige betriebliche Aufwendungen	(8)
Erträge aus Beteiligungen	(9)
Erträge aus Wertpapieren und Ausleihungen des Finanzanlagevermögens	(10)
sonstige Zinsen und ähnliche Erträge	(11)
Abschreibungen auf Finanzanlagen u. Wertpapiere des UV	(12)
Zinsen und ähnliche Aufwendungen	(13)
Steuern vom Einkommen und Ertrag	(14)
sonstige Steuern	(16)
Jahresüberschuss/Jahresfehlbetrag	(17)

Schema einer strukturierten Ergebnisrechnung		
Bezeichnung der Position		**Nr.** HGB § 275 (2)
	Umsatzerlöse	1
+/–	Bestandsänderungen uE, fE	2
+	aktivierte Eigenleistungen	3
Gesamtleistung		
–	Materialaufwand	5
–	Personalaufwand	6
–	Abschreibungen auf Anlagevermögen	7a
–	sonst. betriebl. Aufwendungen	8
–	sonst. Steuern	19
Ordentliches Betriebsergebnis		
+	Finanzerträge	9, 10, 11
–	Finanzaufwendungen	12, 13
Finanzergebnis		
Ergebnis der gewöhnlichen Geschäftstätigkeit.[1]		
+	außerordentliche Erträge	15
–	außerordentliche Aufwendungen	16
+	sonst. betriebliche Erträge	4
–	Abschreibungen auf Umlaufvermögen	7b
Außerordentliche Ergebnis[1]		
Gesamtergebnis vor Ertragssteuern		
–	Steuern vom Einkommen und Ertrag	14
Jahresüberschuss/Jahresfehlbetrag		17

Durch eine entsprechende Umgliederung ergibt sich das folgende Schema einer strukturierten Ergebnisrechnung:

❶ **Ordentliches Betriebsergebnis:**
Gegenüberstellung der regelmäßig anfallenden Aufwendungen und Erträge, die sich aus der Erzeugung und dem Vertrieb der dem Geschäftszweck dienenden Erzeugnisse ergeben. Dieses ordentliche (im Gegensatz zum außerordentlichen) Betriebsergebnis wird auch als **operatives Ergebnis** bezeichnet. Es gibt den Gewinn bzw. Verlust aus dem **Kerngeschäft**, also dem eigentlichen Geschäftszweck eines Unternehmens an.

❷ **Finanzergebnis:**
Zusammenfassung aller Finanzgeschäfte, die durch die betriebliche Tätigkeit verursacht werden (z. B. Erträge aus Beteiligungen und Wertpapieren, Zinsen aus Einlagen bei Banken, Zinsaufwendungen für Kredite).

❸ **Außerordentliches Ergebnis**[1]:
Zusammenfassung aller periodenfremden, außerordentlichen, nicht betrieblichen oder ausschließlich bewertungsbedingten Aufwendungen und Erträge, soweit diese nicht im Finanzergebnis enthalten sind. Dazu gehören u. a. Abschreibungen auf das Umlaufvermögen sowie Erträge durch Zuschreibung auf Aktiva und erfolgswirksame Auflösungen von Rückstellungen.

Gewinn- und Verlustrechnung der HAGA AG

Für die HAGA AG liegt für das Jahr 2023 folgende Gewinn- und Verlustrechnung vor:

Gewinn- und Verlustrechnung 2023
(in Mio. EUR)

1.	Umsatzerlöse	386
2.	Erhöhung des Bestands an fertigen und unfertigen Erzeugnissen	31
3.	sonstige betriebliche Erträge	25
4.	Aufwendungen für Roh-, Hilfs- und Betriebsstoffe	– 217
5.	Löhne und Gehälter	– 179
6.	Aufwendungen für Altersversorgung	– 1
7.	Abschreibungen	– 16
8.	sonstige betriebliche Aufwendungen	– 1
9.	Zinsaufwendungen	– 10
10.	Erträge aus Beteiligungen	13
11.	Steuern vom Einkommen und vom Ertrag	– 9
12.	**Ergebnis nach Steuern**	**22**
13.	sonstige Steuern	– 1
14.	**Jahresüberschuss**	**21**

Auszüge aus den Erläuterungen zur GuV-Rechnung im Anhang

1. *Die „sonstigen betrieblichen Erträge" enthalten Erträge in Höhe von 17 Mio. EUR aus der Zuschreibung auf die Position Grundstücke nach Wegfall einer als voraussichtlich dauerhaft angesehenen Wertminderung auf Grundstücke. Die übrigen sonstigen betrieblichen Erträge sind zahlungswirksam.*
2. *Die Abschreibungen enthalten außerplanmäßige Abschreibungen auf Maschinen in Höhe von 4 Mio. EUR.*
3. *Die „sonstigen betrieblichen Aufwendungen" ergeben sich aus den Verlusten aus dem Abgang von Vermögensgegenständen des Anlagevermögens.*
4. *Die Erträge aus Beteiligungen stammen aus einer Mehrheitsbeteiligung an der Solo AG.*

1 Die GuV-Gliederung nach § 275 HGB wurde erstmals für das Geschäftsjahr 2016 so geändert, dass weder das *Ergebnis der gewöhnlichen Geschäftstätigkeit* noch das *Außerordentliche Ergebnis* ausgewiesen werden. Die außerordentlichen Erträge/Aufwendungen sind vielmehr künftig in den GuV-Positionen „sonstige betriebliche Erträge" bzw. „sonstige betriebliche Aufwendungen" enthalten. Diese HGB-Änderung hat aber keinen Einfluss auf eine zum Zweck der Ergebnisanalyse aufbereitete GuV. In einer solchen strukturierten GuV werden diese Zwischenergebnisse nach wie vor ermittelt und ausgewiesen.

Eine strukturierte Ergebnisrechnung zeigt die einzelnen Erfolgsquellen, aus denen sich das Gesamtergebnis zusammensetzt.

Aufbereitete Gewinn- und Verlustrechnung der HAGA AG (vgl. Bsp. S. 447)

für 2023 in Mio. EUR			
Umsatzerlöse	386		
Erhöhung des Bestands an fertigen und unfertigen Erzeugnissen	31		
Gesamtleistung	**417**		
Materialaufwand	– 217		
Personalaufwand	– 180		
planmäßige Abschreibungen	– 12		
betriebliche Steuern	– 1		
Ordentliches Betriebsergebnis		**7**	
Erträge aus Beteiligungen	13		
Zinsaufwendungen	– 10		
Finanzergebnis		**3**	
Ergebnis der gewöhnlichen Geschäftstätigkeit			**10**
Zuschreibungen	17		
Verluste aus Anlagenabgang	– 1		
außerplanmäßige Abschreibungen	– 4		
sonstige betriebliche Erträge	8		
Außerordentliches Ergebnis			**20**
Gesamtergebnis vor Steuern			**30**
Steuern vom Einkommen und Ertrag (KSt, GewSt)			– 9
Jahresüberschuss nach Steuern			**21**

Zusammenfassende Übersicht zu Kapitel 5.2: Aufbereitung von Bilanz und Ergebnisrechnung

Bilanz nach HGB § 266		GuV-Rechnung nach HGB § 275		
Zusammenfassung Umstrukturierung	Vereinfachung Umgliederung	Umgliederung		Umstrukturierung
Strukturbilanz		**strukturierte Ergebnisrechnung**		
Anlagevermögen Umlaufvermögen ▪ Vorräte ▪ Forderungen ▪ liquide Mittel	Eigenkapital Fremdkapital ▪ langfristig ▪ kurzfristig	ordentliches Betriebsergebnis (operatives Ergebnis)	Finanzergebnis	außerordentliches Ergebnis

Checken Sie Ihre Kompetenz mit der Ich-kann-Liste.

Öffnen Sie hierzu den nebenstehenden **QR-Code** oder geben Sie folgenden Link ein: https://vel.plus/BHBILII24

vel.plus/BHBILII24

WIEDERHOLUNG DES GRUNDWISSENS

zu Kapitel 5.2 Aufbereitung von Bilanz und Ergebnisrechnung

5.2.1 Strukturbilanz als Grundlage der Bilanzanalyse

1. Beschreiben Sie den Aufbau einer Strukturbilanz und geben Sie an, welchem Zweck eine solche Bilanz dient.

5.2.2 Strukturierte Gewinn- und Verlustrechnung als Grundlage der Ergebnisrechnung

1. Beschreiben Sie die Änderungen, die an einer nach § 275 (2) HGB erstellten GuV-Rechnung vorgenommen werden müssen, um den nachhaltig erzielbaren Erfolg auszuweisen.
2. Erläutern Sie, was unter dem operativen Ergebnis bzw. dem ordentlichen Betriebsergebnis zu verstehen ist.
3. Nennen Sie Geschäftsvorfälle, die das Finanzergebnis in einer Strukturergebnisrechnung beeinflussen.
4. Nennen Sie Geschäftsvorfälle, die das außerordentliche Ergebnis in einer Strukturergebnisrechnung beeinflussen.

5.3 Auswertung der Bilanz (Bilanzanalyse)

Beginnen Sie Ihren Kompetenzerwerb zum Thema *Auswertung der Bilanz (Bilanzanalyse)* mit der Erarbeitungsaufgabe EA 1.

EA 1 S. 456

5.3.1 Analyse der Kapitalstruktur

Eigenkapitalquote, Fremdkapitalquote, Verschuldungsgrad

Zur Analyse der Kapitalstruktur werden Positionen der Passivseite zueinander ins Verhältnis gesetzt (= vertikale Kennzahlen).

Aufg. 1 S. 457

Kennzahlen zur Kapitalstruktur	Kapitalstruktur der HAGA AG 2023
$\text{Eigenkapitalquote} = \frac{\text{Eigenkapital}}{\text{Gesamtkapital}} \cdot 100$	$\text{Eigenkapitalquote} = \frac{198\text{ Mio.}}{395\text{ Mio.}} \cdot 100 = 50{,}1\,\%$
$\text{Fremdkapitalquote} = \frac{\text{Fremdkapital}}{\text{Gesamtkapital}} \cdot 100$	$\text{Fremdkapitalquote} = \frac{197\text{ Mio.}}{395\text{ Mio.}} \cdot 100 = 49{,}9\,\%$
$\text{Verschuldungsgrad} = \frac{\text{Fremdkapital}}{\text{Eigenkapital}} \cdot 100$	$\text{Verschuldungsgrad} = \frac{197\text{ Mio.}}{198\text{ Mio.}} \cdot 100 = 99{,}5\,\%$

Insbesondere der Verschuldungsgrad (= Verschuldungsquote) wird häufig auch statt als Prozentwert als reine Verhältniszahl angegeben (z. B. Verschuldungsgrad 0,9).

Kennzahlen der Kapitalstruktur geben Auskunft über die Herkunft und Zusammensetzung des Kapitals.

Für potenzielle Kapitalgeber (Eigentümer, Gläubiger, Lieferer) geben diese Kennzahlen erste Anhaltspunkte für ein mögliches Finanzierungsrisiko. Anhand dieser Kennzahlen lässt sich einschätzen, inwieweit das Unternehmen künftig in der Lage sein wird, seinen Verpflichtungen zur Begleichung von Schulden nachzukommen.

Grundsätzlich gilt:

Ein Unternehmen ist finanziell umso stabiler, weniger krisenanfällig und unabhängiger, je höher der Eigenkapitalanteil ist.

Ein hoher Fremdkapitalanteil hat nicht nur Tilgungs- sondern auch Zinsbelastungen zur Folge.

Beurteilungsmaßstab und Aussagekraft

Banken beurteilen bei Kreditwürdigkeitsprüfungen die **Eigenkapitalquote** häufig anhand folgender Kriterien:

Branchenabhängige Vorgaben für die Eigenkapitalquote			
Branche	**gut**	**mittel**	**schlecht**
produzierendes Gewerbe	> 30 %	20–30 %	< 20 %
Handel	> 25 %	15–25 %	< 15 %
sonst. Dienstleistungen	> 25 %	20–25 %	< 20 %

Kapitalstruktur bei der HAGA AG

Bei der HAGA AG *(vgl. S. 444 u. 445)* besteht das Gesamtkapital 2023 zu 50,1 % aus Eigenkapital und zu 49,9 % aus Fremdkapital. Das Fremdkapital beträgt 99,5 % des Eigenkapitals. Die Kennzahlen der HAGA AG zur Kapitalstruktur sind damit überdurchschnittlich gut. Allerdings ist auffällig, dass die Eigenkapitalquote trotz der 2023 vorgenommenen Kapitalerhöhung gegen Einlagen von 56,2 % (2022) auf 50,1 % (2023) gesunken und damit der Verschuldungsgrad von 77,6 % (2022) auf 99,5 % (2023) gestiegen ist. Das ist dadurch bedingt, dass im Jahr 2023 Fremdkapital mehr als doppelt so stark zugenommen hat wie das Eigenkapital.

Zum Vergleich: Bei deutschen Unternehmen liegt die durchschnittliche Eigenkapitalquote bei 18 % bis 20 %. Ein solcher Eigenkapitalanteil wird als zu gering angesehen. Dieser Wert wird stark durch die häufig unterkapitalisierten mittelständischen GmbHs beeinflusst. Die meisten börsennotierten Aktiengesellschaften haben eine Eigenkapitalquote von mehr als 30 %.

Aussagekraft von Kennzahlen zur Kapitalstruktur	
Stärken	**Schwächen**
▪ leicht zu ermittelnde Kennzahlen, die Art und Zusammensetzung des Kapitals darstellen ▪ bei Vergleich mit anderen Unternehmen und den Branchendurchschnitten hilfreiche Kennzahlen für die relative finanzielle Stärke eines Unternehmens	▪ stark branchen- und bewertungsabhängig, branchenübergreifende Vergleiche kaum möglich ▪ stille Rücklagen als Teil des Eigenkapitals werden nicht ausgewiesen ▪ nicht bilanzwirksame Finanzierungsformen (z. B. Leasing) werden nicht berücksichtigt

Bilanzkurs

Aufg. 2 S. 457

Für einen (potenziellen) Aktionär kann der aus den Bestandteilen des Eigenkapitals abgeleitete **Bilanzkurs** von Bedeutung sein. Ein Aktionär ist nicht nur am Grundkapital einer AG, sondern an deren gesamten Eigenkapital (also auch an den Kapital- und Gewinnrücklagen und am Gewinnvortrag) beteiligt. Rücklagen und Gewinnvortrag sind dem Aktionär zustehende Bestandteile des Eigenkapitals, auf deren Ausschüttung er aufgrund gesetzlicher Vorschriften oder freiwillig verzichtet hat. Der auf das gesamte ausgewiesene Eigenkapital bezogene Wert einer Aktie wird durch den Bilanzkurs ausgedrückt.

!

$$\textbf{Bilanzkurs in Prozent} = \frac{\textbf{bilanziertes Eigenkapital}}{\textbf{Grundkapital}} \cdot 100$$

$$\textbf{Bilanzkurs (Eigenkapital je Aktie)} = \frac{\textbf{bilanziertes Eigenkapital}}{\textbf{Zahl der Aktien}}$$

Der Bilanzkurs gibt das Verhältnis des in der Bilanz ausgewiesenen Eigenkapitals zum Grundkapital an (= Eigenkapital in % des Grundkapitals). Er kann auch durch den Anteil je Aktie am ausgewiesenen Eigenkapital ausgedrückt werden.

Der Börsenkurs, der sich durch Angebot und Nachfrage ergibt, liegt üblicherweise über dem Bilanzkurs. Das kann zum Teil darauf zurückzuführen sein, dass die Aktionäre vermuten, die AG verfüge über stille Rücklagen (= in der Bilanz nicht ausgewiesenes Eigenkapital). Ein anderer Teil der Differenz ist möglicherweise auf günstige Absatz- und Gewinnerwartungen oder andere spekulative Gründe zurückzuführen.

Stille Rücklagen liegen vor, wenn der in der Bilanz ausgewiesene Buchwert von
- **Vermögensgegenstände geringer ist als ihr tatsächlicher Wert (= Unterbewertung von Aktiva)**
- **Verbindlichkeiten höher ist als ihr tatsächlicher Wert (= Überbewertung von Passiva).**

Bilanzkurs der HAGA AG (vgl. Bsp. S. 444 u. 445)

2022	2023
$\frac{\text{164 Mio. bilanziertes Eigenkapital}}{\text{90 Mio. Grundkapital}} \cdot 100 = 182{,}2\,\%$ 182,2 % von 50 EUR (= fiktiver Nennwert einer Aktie) = 91,11 EUR	$\frac{\text{198 Mio. bilanziertes Eigenkapital}}{\text{100 Mio. Grundkapital}} \cdot 100 = 198\,\%$ 198 % von 50 EUR (= fiktiver Nennwert einer Aktie) = 99,00 EUR
oder	
$\frac{\text{164 Mio. bilanziertes Eigenkapital}}{\text{1,8 Mio. Aktien}} = 91{,}11$ EUR je Aktie	$\frac{\text{198 Mio. bilanziertes Eigenkapital}}{\text{2 Mio. Aktien}} = 99{,}00$ EUR je Aktie

Der Bilanzkurs ist gestiegen, weil das bilanzierte Eigenkapital von 2022 auf 2023 stärker gestiegen ist als das Grundkapital. Der Börsenkurs liegt Ende 2022 mit 105 EUR nur geringfügig über dem Bilanzkurs. Das ist aus Sicht der Unternehmensleitung enttäuschend. Wenn angenommen wird, dass die Differenz von 6 EUR zwischen Bilanz- und Börsenkurs ausschließlich auf vermutete stille Rücklagen zurückzuführen ist, lassen sich die vermuteten stillen Rücklagen wie folgt berechnen:

$$(105\text{ EUR} - 99\text{ EUR}) \cdot 2\text{ Mio. Aktien} = 12\text{ Mio. EUR}$$

Der Bilanzkurs hat nur geringe Aussagekraft. Ein Vergleich zwischen Börsen- und Bilanzkurs lässt keine genauen Rückschlüsse auf die Höhe der vermuteten stillen Rücklagen zu.

5.3.2 Finanzierungsanalyse

Deckungsgrade

Während die Analyse der Kapitalstruktur auf vertikale Kennzahlen zurückgreift, wird die Finanzlage anhand horizontaler Kennzahlen beurteilt. Bei dieser Betrachtung steht die Forderung nach **fristenkongruenter[1] Finanzierung** im Vordergrund. Damit ist gemeint, dass die Dauer der Kapitalbindung die Dauer der Kapitalüberlassung nicht überschreiten soll.

Langfristig an das Unternehmen gebundenes Anlagevermögen soll durch langfristig verfügbares Kapital (insbesondere Eigenkapital) gedeckt sein.

1 kongruent *(lat.)*: übereinstimmend, deckungsgleich

Andernfalls kann ein Unternehmen gezwungen sein, Anlagevermögen zu veräußern, um kurzfristige Verbindlichkeiten tilgen zu können.

Die Überprüfung der Einhaltung der Fristengleichheit erfolgt mithilfe der **Goldenen Finanzierungsregel** bzw. der durch einzelne Bilanzpositionen konkretisierten **Goldenen Bilanzregel**.

Goldene Finanzierungsregel	Goldene Bilanzregel
$\frac{\text{Langfristiges Kapital}}{\text{Langfristiges Vermögen}} \geq 1$	$\frac{\text{Eigenkapital + langfr. Fremdkapital}}{\text{Anlagevermögen + langfr. Umlaufvermögen}} \geq 1$

Bei langfristig gebundenem Umlaufvermögen handelt es sich um Mindestbestände an Fertigungsmaterial (eiserne Reserve).

Aus diesen Regeln ergeben sich folgende Finanzierungskennzahlen (Deckungsgrade):

Finanzierungskennzahlen (Deckungsgrade)	Deckungsgrade der HAGA AG 2023
$\text{Anlagendeckungsgrad I} = \frac{\text{Eigenkapital}}{\text{Anlagevermögen}} \cdot 100$	$\text{Anlagendeckungsgrad I} = \frac{198 \text{ Mio.}}{217 \text{ Mio.}} \cdot 100 = 91{,}2\,\%$
$\text{Anlagendeckungsgrad II} = \frac{\text{Eigenkap. + langfr. Fremdkap.}}{\text{Anlagevermögen}} \cdot 100$	$\text{Anlagendeckungsgrad II} = \frac{303 \text{ Mio.}}{217 \text{ Mio.}} \cdot 100 = 139{,}6\,\%$

! Finanzierungskennzahlen (Deckungsgrade) geben Auskunft darüber, in welchem Umfang das langfristig gebundene Vermögen durch langfristig verfügbares Kapital gedeckt ist.

Je höher der Deckungsgrad, umso mehr wird der Forderung nach Fristenkongruenz entsprochen. Beträgt der Anlagendeckungsgrad mehr als 100 %, werden auch Teile des Umlaufvermögens langfristig finanziert.

Beurteilungsmaßstab und Aussagekraft

Banken beurteilen bei Kreditwürdigkeitsprüfungen die **Anlagendeckung** für das produzierende Gewerbe häufig anhand folgender Kriterien:

Vorgaben für Anlagendeckungsgrade			
Deckungsgrade	gut	mittel	schlecht
Anlagendeckungsgrad I	> 90 %	60–90 %	< 60 %
Anlagendeckungsgrad II	> 150 %	110–150 %	< 110 %

Anlagendeckung (vgl. Bsp. S. 444 u. 445)

Bei der HAGA AG ist 2023 das Anlagevermögen zu 91,2 % durch Eigenkapital und zu 139,6 % durch Eigen- und langfristiges Fremdkapital gedeckt. Der Anlagendeckungsgrad I hat sich von 96,5 % (2022) auf 91,2 % (2023) und der Anlagendeckungsgrad II von 148,8 % (2022) auf 139,6 % (2023) verringert. Die bei der Analyse der Kapitalstruktur aufgedeckte Verschlechterung der langfristigen Finanzierung der HAGA AG wird durch diese Veränderung der Anlagendeckungsgrade bestätigt. Es ergeben sich allerdings noch keine negativen Auswirkungen auf die fristenkongruente Finanzierung, da der Anlagendeckungsgrad II größer als 100 % ist.

Aussagekraft von Finanzierungskennzahlen (Deckungsgrade)	
Stärken	**Schwächen**
■ Berechnung der Einhaltung des Grundsatzes der Fristenkongruenz ■ Kontrollinstrument zur Aufrechterhaltung der Liquidität	■ stille Rücklagen als Teil des Eigenkapitals werden nicht berücksichtigt ■ Beim Anlagendeckungsgrad II wird unterstellt, dass aus der Nutzung des Vermögens Kapital freigesetzt wird, das für Verzinsung und Tilgung des langfristigen Fremdkapitals genutzt werden kann. Möglicherweise erfolgt die Kapitalfreisetzung aber nicht rechtzeitig oder nicht in der erforderlichen Höhe, um daraus den Kapitaldienst zu finanzieren.

5.3.3 Liquiditätsanalyse

Liquiditätskennzahlen

! **Unter Liquidität ist die Fähigkeit eines Unternehmens zu verstehen, seinen Zahlungsverpflichtungen fristgerecht nachkommen zu können.**

Zur Berechnung der **Liquidität 1. Grades** werden die liquiden Mittel (Kassenbestand, Bankguthaben) ins Verhältnis zu den kurzfristigen Verbindlichkeiten gesetzt. Diese Kennzahl wird auch als **Barliquidität** bezeichnet.

$$\text{Liquidität 1. Grades (Barliquidität)} = \frac{\text{liquide Mittel (Kassenbestand, Bankguthaben)}}{\text{kurzfristige Verbindlichkeiten}} \cdot 100$$

Die **Liquidität 2. Grades** berücksichtigt zusätzlich zu den liquiden Mitteln (und ggf. den Wertpapieren des Umlaufvermögens) auch die kurzfristigen Forderungen. Diese Kennzahl wird auch als **einzugsbedingte Liquidität** bezeichnet, da die kurzfristigen Forderungen erst eingezogen und dadurch in liquide Mittel umwandelt werden müssen. Das Zahlungsverhalten der Kunden spielt bei dieser Kennzahl eine besondere Rolle.

$$\text{Liquidität 2. Grades (einzugsbedingte Liquidität)} = \frac{\text{liquide Mittel + kurzfr. Forderungen}}{\text{kurzfristige Verbindlichkeiten}} \cdot 100$$

Für die **Liquidität 3. Grades** werden zusätzlich noch die Vorräte einbezogen. Da die Vorräte erst verkauft (umgesetzt) werden müssen, um in kurzfristige Forderungen oder Einzahlungen (= liquide Mittel) überführt zu werden, wird diese Kennzahl auch als **umsatzbedingte Liquidität** bezeichnet. Da zumindest mittelfristig alle Vorräte – also auch Roh-, Hilfs- und Betriebsstoffe – nach Verarbeitung und Verkauf zu flüssigen Mitteln werden, gehen in diese Kennzahl nicht nur die halbfertigen und fertigen Erzeugnisse, sondern auch die Materialbestände ein. Bei der Ermittlung dieser Kennzahl dürfen allerdings unverkäufliche Bestände („Ladenhüter“) nicht berücksichtigt werden.

$$\text{Liquidität 3. Grades (umsatzbedingte Liquidität)} = \frac{\text{liquide Mittel + kurzfr. Forderungen + Vorräte}}{\text{kurzfristige Verbindlichkeiten}} \cdot 100$$

Häufig wird zur Ermittlung der Liquidität 3 das gesamte Umlaufvermägen ins Verhältnis zu den kurzfristigen Verbindlichkeiten gesetzt.

> **!** **Liquiditätskennzahlen geben Auskunft darüber, in welchem Umfang am Bilanzstichtag kurzfristige Zahlungsausgänge (kurzfristige Verbindlichkeiten) durch liquide Mittel oder durch mehr oder weniger leicht in liquide Mittel umwandelbare Gegenstände des Umlaufvermögens gedeckt sind.**

Beurteilungsmaßstab und Aussagekraft

Für die Beurteilung der Liquiditätskennzahlen werden häufig folgende Mindestwerte zugrunde gelegt:

Liquidität 1. Grades (Barliquidität)	**Liquidität 2. Grades (einzugsbedingte Liquidität)**	**Liquidität 3. Grades (umsatzbedingte Liquidität)**
1 : 5-Regel (Cash Ratio) Mindestens ein Fünftel der kurzfristigen Verbindlichkeiten soll durch liquide Mittel gedeckt sein. Richtwert: mindestens 20 % (Vorgabe ist aber schwierig)	**1 : 1-Regel (Quick Ratio)** Die kurzfristigen Verbindlichkeiten sollen in vollem Umfang durch liquide Mittel und kurzfristige Forderungen gedeckt sein. Richtwert: mindestens 100 %	**2 : 1-Regel (Current Ratio)** Höchstens die Hälfte des Umlaufvermögens soll durch kurzfristiges Fremdkapital finanziert sein. Kennzahl: 150 % bis 200 %

Abweichend von diesen Regeln beurteilen Banken bei Kreditwürdigkeitsprüfungen die **Liquidität** häufig anhand folgender Kriterien:

Vorgaben für die Liquidität			
Liquidität	gut	mittel	schlecht
Liquidität 1	> 90 %	50–90 %	< 50 %
Liquidität 2	> 110 %	90–110 %	< 90 %
Liquidität 3	> 170 %	130–170 %	< 130 %

Liquidität der HAGA AG zum 31.12.2023 (vgl. Bsp. S. 444 u. 445)

Bei der HAGA AG hat sich die Liquiditätslage verschlechtert.

	2022	**2023**
Liquiditätsgrad 1	17,9 %	2,1 %
Liquiditätsgrad 2	197,4 %	105,4 %
Liquiditätsgrad 3	312,8 %	193,5 %

Die kurzfristigen Verbindlichkeiten sind erheblich schneller gestiegen als das Umlaufvermögen. Während die Liquidität 2. und 3. Grades auch 2023 annähernd die Norm erfüllt, liegt die Liquidität 1. Grades erheblich darunter. Wenn sich diese Tendenz nach 2023 fortsetzt, sind ernsthafte Liquiditätsschwierigkeiten zu erwarten.

Liquidität 1. Grades (Barliquidität) $= \frac{2 \text{ Mio.}}{92 \text{ Mio.}} \cdot 100 = 2{,}1\,\%$

Liquidität 2. Grades (einzugsbedingte Liquidität) $= \frac{97 \text{ Mio.}}{92 \text{ Mio.}} \cdot 100 = 105{,}4\,\%$

Liquidität 3. Grades (umsatzbedingte Liquidität) $= \frac{178 \text{ Mio.}}{92 \text{ Mio.}} \cdot 100 = 193{,}5\,\%$

Aussagekraft von Liquiditätskennzahlen
Schwächen
■ Zeit**punkt**betrachtung zum Bilanzstichtag (Stichtagsliquidität) ■ keine Aussagen über künftige Liquidität ■ GuV-Rechnung wird nicht berücksichtigt. Die Bilanz enthält aber nicht alle Größen, die Auswirkung auf die Liquidität haben (z. B. fällige Lohn-, Miet- und Steuer**nachzahlungen**) ■ Konflikt zwischen Liquidität und Rentabilität nicht berücksichtigt (hohe Liquidität belastet die Rentabilität, da die liquiden Mittel nicht zinsbringend angelegt sind)

Die beschränkte Aussagekraft der aus der Bilanz abgeleiteten Liquiditätskennzahlen hat zu einer dynamischen Betrachtung der Liquidität mithilfe der **Cashflow-Analyse** (siehe Kapitel 5.4.4) geführt.

Zusammenfassende Übersicht zu Kapitel 5.3: Auswertung der Bilanz (Bilanzanalyse)

Bilanzkennzahlen		
Kapitalstruktur	**Finanzierung**	**Liquidität**
Eigenkapitalquote $= \frac{\text{Eigenkapital}}{\text{Gesamtkapital}} \cdot 100$	**Goldene Finanzierungsregel** $= \frac{\text{langfristiges Kapital}}{\text{langfristiges Vermögen}} \geq 1$	**Liquiditätsgrad 1** $= \frac{\text{liquide Mittel}}{\text{kurzfr. Verbindlichk.}} \cdot 100$
Fremdkapitalquote $= \frac{\text{Fremdkapital}}{\text{Gesamtkapital}} \cdot 100$	**Goldene Bilanzregel** $= \frac{\text{Eigenkap. + langfr. Fremdkapital}}{\text{Anlageverm. + langfr. Umlaufvermögen}} \geq 1$	**Liquiditätsgrad 2** $= \frac{\text{liquide Mittel + kurzfr. Forderungen}^{*)}}{\text{kurzfr. Verbindlichk.}} \cdot 100$ *) einschließlich WP des UV
Verschuldungsgrad $= \frac{\text{Fremdkapital}}{\text{Eigenkapital}} \cdot 100$	**Anlagendeckungsgrad I** $= \frac{\text{Eigenkapital}}{\text{Anlagevermögen}} \cdot 100$	**Liquiditätsgrad 3** $= \frac{\text{Umlaufvermögen}}{\text{kurzfr. Verbindlichk.}} \cdot 100$
Bilanzkurs in % | Eigenkapital je Aktie $\frac{\text{Eigenkapital}}{\text{Grundkapital}} \cdot 100$ | $\frac{\text{Eigenkapital}}{\text{Zahl der Aktien}}$	**Anlagendeckungsgrad II** $= \frac{\text{Eigenkap. + langfr. Fremdkapital}}{\text{Anlagevermögen}} \cdot 100$	

Checken Sie Ihre Kompetenz mit der Ich-kann-Liste.

Öffnen Sie hierzu den nebenstehenden **QR-Code**
oder geben Sie folgenden Link ein: https://vel.plus/BHBILII25

ERARBEITUNGSAUFGABE

zu Kapitel 5.3 Auswertung der Bilanz (Bilanzanalyse)

EA1 Bilanzanalyse

Die aufbereitete Schlussbilanz des Fahrradherstellers Mobil AG weist folgende Daten auf:

Aktiva **Strukturbilanz der Mobil AG zum 31.12.20..** (in Tsd. EUR) **Passiva**

	Berichtsjahr	Vorjahr		Berichtsjahr	Vorjahr
Anlagevermögen			**Eigenkapital**	**1.800**	**2.000**
1. Sachanlagen	1.800	1.800	kurzfristiges Fremdkapital	620	520
2. Finanzanlagen	200	300	langfristiges Fremdkapital	1.580	1.280
gesamtes Anlageverm.	**2.000**	**2.100**	**gesamtes Fremdkapital**	**2.200**	**1.800**
Umlaufvermögen					
1. Vorräte	1 200	1.000			
2. kurzfr. Forderungen	600	400			
3. liquide Mittel	200	300			
gesamtes Umlaufverm.	**2.000**	**1.700**			
Gesamtsumme Aktiva	**4.000**	**3.800**	**Gesamtsumme Passiva**	**4.000**	**3.800**

1. Ermitteln Sie für das Vorjahr und das Berichtsjahr folgende Bilanzkennzahlen:
   - Eigenkapitalquote, Fremdkapitalquote, Verschuldungsgrad
   - Anlagendeckungsgrad I und II
   - Liquidität 1., 2. und 3. Grades.

   Was sagen diese Kennzahlen und deren Entwicklung aus?
2. Vergleichen Sie die ermittelten Werte mit den von Banken bei der Kreditwürdigkeitsprüfung von Industriebetrieben zugrunde gelegten Richtwerten (vgl. Kap. 5.3).
3. Beurteilen Sie anhand der Kennzahlen die wirtschaftliche Lage und Entwicklung der MOBIL AG. Begründen Sie Ihre Aussagen.

vel.plus/BHBILII26

WIEDERHOLUNG DES GRUNDWISSENS

zu Kapitel 5.3 Auswertung der Bilanz (Bilanzanalyse)

5.3.1 Analyse der Kapitalstruktur

1. Nennen Sie drei Bilanzkennzahlen zur Analyse der Kapitalstruktur und deren Berechnungsweise.
2. Geben Sie an, welche Werte diese Kennzahlen in einem Industriebetrieb mindestens aufweisen sollen, damit sie als „gut“ angesehen werden können.
3. Nennen Sie Stärken und Schwächen der Aussagekraft von Kennzahlen zur Kapitalstruktur.
4. Erläutern Sie, was der Bilanzkurs angibt und wie er berechnet wird.
5. Geben Sie an, welche Gründe vorliegen können, wenn der Börsenkurs über dem Bilanzkurs liegt.

5.3.2 Finanzierungsanalyse

1. Erläutern Sie, was unter der „goldenen Finanzierungsregel“ bzw. unter der „goldenen Bilanzregel“ zu verstehen ist.
2. Unterscheiden Sie zwischen Anlagendeckungsgrad I und Anlagendeckungsgrad II. Geben Sie an, wie diese Kennzahlen berechnet werden.
3. Geben Sie an, welche Werte die Deckungsgrade in einem Industriebetrieb mindestens aufweisen sollen, damit sie als „gut“ angesehen werden können.
4. Nennen Sie Stärken und Schwächen der Aussagekraft von Finanzierungskennzahlen.

5.3.3 Liquiditätsanalyse

1. Erläutern Sie, was unter Liquidität zu verstehen ist.
2. Unterscheiden Sie die Kennzahlen zur Liquidität ersten, zweiten und dritten Grades.
3. Geben Sie an, welche Werte die Liquiditätsgrade mindestens aufweisen sollen, damit sie als „gut“ angesehen werden können.
4. Nennen Sie Schwächen der Aussagekraft von Liquiditätskennzahlen.

ANWENDUNGS- UND ÜBUNGSAUFGABEN

zu Kapitel 5.3 Auswertung der Bilanz (Bilanzanalyse)

Aufgabe 1 Bilanzkennzahlen – Strukturbilanz

HILFE vel.plus/BHBILII27

Das Anlagevermögen eines Industriebetriebes beträgt 2 Mio. EUR. Das sind 50 % des Gesamtvermögens. Der Anlagendeckungsgrad I beträgt 70 %.

1. Berechnen Sie die Eigenkapitalquote, die Fremdkapitalquote und den Verschuldungsgrad.
2. Berechnen Sie den Anlagendeckungsgrad II, wenn 60 % des Fremdkapitals langfristig zur Verfügung stehen.
3. Berechnen Sie die Liquidität 1., 2. und 3. Grades, wenn die Vorräte 60 % und die Forderungen 35 % des Umlaufvermögens betragen.
4. Warum ist insbesondere die Aussagekraft von Liquiditätskennzahlen sehr eingeschränkt?
5. Beurteilen Sie die wirtschaftliche Lage des Unternehmens anhand der Kennzahlen.

Aufgabe 2 Bilanz- und Börsenkurs – Stille Rücklagen – Anlagendeckung

Die Bilanz der MÖBA AG weist nach der Gewinnverwendung unten stehende Eigenkapitalpositionen aus. Der Börsenkurs für eine 5,00 EUR-Aktie liegt derzeit bei 19,80 EUR.

Gezeichnetes Kapital	5,0 Mio. EUR
Kapitalrücklage	1,0 Mio. EUR
gesetzliche Rücklage	0,5 Mio. EUR
andere Gewinnrücklagen	4,0 Mio. EUR
Gewinnvortrag	0,1 Mio. EUR
Summe	**10,6 Mio. EUR**

1. Ermitteln Sie den Bilanzkurs in Prozent und den Eigenkapitalanteil je Aktie.
2. Wie hoch sind die vermuteten stillen Rücklagen, wenn davon auszugehen ist, dass die Hälfte des Unterschiedes zwischen Bilanz- und Börsenkurs auf vermuteten stillen Rücklagen beruht?
3. Welche anderen Ursachen kann die Abweichung zwischen Bilanz- und Börsenkurs haben?
4. Welche Auswirkungen haben stille Rücklagen bei der Beurteilung von Kennzahlen zur Anlagendeckung?

Aufgabe 3 Kreditwürdigkeit und Prüfung

Laden Sie einen Experten zu einem Fachvortrag „Kreditwürdigkeitsprüfung und Rating“ ein.

5.4 Auswertung der Gewinn- und Verlustrechnung (Ergebnisanalyse)

5.4.1 Rentabilität

Rentabilitätskennzahlen

Das Verhältnis von Gewinn zu eingesetztem Kapital wird als Rentabilität bezeichnet.

Aufg. 1
S. 468

Die Rentabilität ist ein Beurteilungsmaßstab für die Verzinsung des eingesetzten Kapitals.

Je nach Betrachtungsweise lassen sich auf der Grundlage von Bilanz und Gewinn- und Verlustrechnung verschiedene Rentabilitätskennzahlen ermitteln.

Eigenkapitalrentabilität

Zur Ermittlung der Eigenkapitalrentabilität wird der Gewinn als Prozentsatz des Eigenkapitals ausgedrückt.

$$\text{Eigenkapitalrentabilität} = \frac{\text{Gewinn}}{\text{Eigenkapital}} \cdot 100$$

Sofern das Eigenkapital am Jahresanfang und am Jahresende bekannt ist, sollte nach Möglichkeit statt des Anfangskapitals das durchschnittliche Eigenkapital zwischen den beiden Bilanzstichtagen als Bezugsgrundlage gewählt werden. Der während des Jahres anfallende Gewinn erhöht nämlich laufend das Eigenkapital, so dass auf diese Weise das während eines Geschäftsjahres **durchschnittlich** eingesetzte Eigenkapital berücksichtigt wird.

$$\text{Ø Eigenkapital} = (\text{Anfangsbestand} + \text{Endbestand}) / 2$$

Die Eigenkapitalrentabilität gibt an, mit wie viel Prozent sich das von den Eigentümern eines Unternehmens zur Verfügung gestellte Kapital (= Eigenkapital) verzinst.

Gesamtkapitalrentabilität

Zur Ermittlung der Gesamtkapitalrentabilität wird der Gewinn zuzüglich der Fremdkapitalzinsen als Prozentsatz des Gesamtkapitals ausgedrückt.

Auch in diesem Fall sollte nach Möglichkeit statt des Anfangskapitals das durchschnittliche Gesamtkapitals als Bezugsgrundlage gewählt werden.

$$\text{Gesamtkapitalrentabilität} = \frac{\text{Gewinn} + \text{Fremdkapitalzinsen}}{\text{Gesamtkapital}} \cdot 100$$

Das insgesamt eingesetzte Kapital hat neben dem Jahresüberschuss auch die Mittel zur Begleichung der Fremdkapitalzinsen erwirtschaftet. Da diese Zinsen bei der Gewinnermittlung als Aufwand abgezogen wurden, werden sie bei der Ermittlung der Gesamtkapitalrentabilität zum Jahresüberschuss hinzugerechnet.

Die Gesamtkapitalrentabilität gibt an, mit wie viel Prozent sich das in einem Unternehmen insgesamt eingesetzte Kapital verzinst.

Umsatzrentabilität

Zur Ermittlung der Umsatzrentabilität wird der Gewinn als Prozentsatz des Umsatzes ausgedrückt.

Aufg. 1 S. 468

$$\text{Umsatzrentabilität} = \frac{\text{Gewinn}}{\text{Umsatz}} \cdot 100$$

Die Umsatzrentabilität gibt an, wie viel Prozent des Umsatzes auf den Gewinn entfallen (Umsatzrendite).

Die Umsatzrentabilität eignet sich insbesondere zur Beurteilung des wirtschaftlichen Erfolgs eines Unternehmens im Vergleich zu anderen Unternehmen der Branche.

Beurteilungsmaßstab und Aussagekraft

Banken beurteilen bei Kreditwürdigkeitsprüfungen die **Rentabilität** häufig anhand folgender Kriterien:

Vorgaben für die Eigenkapitalrentabilität			
Branche	**gut**	**mittel**	**schlecht**
alle Branchen	> 30 %	10–30 %	< 10 %
Die Eigenkapitalrentabilität wird als ausreichend angesehen, wenn der marktübliche Zinssatz (Kapitalmarktzinssatz für langfristig angelegtes Kapital) und eine dem Unternehmensrisiko entsprechende Prämie (ggf. einschließlich eines Unternehmerlohns) erwirtschaftet wurde. Langfristig soll die Eigenkapitalrentabilität deutlich über dem Kapitalmarktzinssatz liegen.			

Branchenabhängige Vorgaben für die Gesamtkapitalrentabilität			
Branche	**gut**	**mittel**	**schlecht**
produzierendes Gewerbe	> 12 %	8–10 %	< 8 %
Handel	> 14 %	8–14 %	< 8 %
sonst. Dienstleistungen	> 12 %	6–12 %	< 6 %

Branchenabhängige Vorgaben für die Umsatzrentabilität			
Branche	**gut**	**mittel**	**schlecht**
produzierendes Gewerbe	> 8 %	4–8 %	< 4 %
Handel	> 5 %	2–5 %	< 2 %
sonst. Dienstleistungen	> 12 %	6–12 %	< 6 %

Rentabilität der HAGA AG (vgl. Bsp. S. 445 u. 448)

Bei der HAGA AG hat sich 2023 das durchschnittliche Eigenkapital mit 11,6 % und das durchschnittliche Gesamtkapital mit 9,0 % verzinst. Das kann als gerade noch zufriedenstellend angesehen werden. 5,4 % des Umsatzes entfielen auf den Gewinn. Auch dieser Wert liegt im mittleren Branchendurchschnitt.

$$\textbf{Eigenkapitalrentabilität} = \frac{21 \text{ Mio.}}{181 \text{ Mio.}} \cdot 100 = 11{,}6\ \%$$

$$\textbf{Gesamtkapitalrentabilität} = \frac{21 \text{ Mio.} + 10 \text{ Mio.}}{343{,}5 \text{ Mio.}} \cdot 100 = 9{,}0\ \%$$

$$\textbf{Umsatzrentabilität} = \frac{21 \text{ Mio.}}{386 \text{ Mio.}} \cdot 100 = 5{,}4\ \%$$

Aussagekraft von Rentabilitätskennzahlen	
Stärken	**Schwächen**
▪ Eigenkapitalrentabilität: für branchenübergreifende Vergleiche geeignet ▪ Gesamtkapitalrentabilität: für branchenübergreifende Vergleiche geeignet ▪ Umsatzrentabilität: – Umsatz weitgehend frei von bilanzpolitischen Einflüssen – reagiert sensibel auf Veränderungen und signalisiert Fehlentwicklungen frühzeitig, da sowohl Markteinflüsse (Absatzmenge, Preis) als auch betriebsinterne Faktoren (Aufwendungen) berücksichtigt werden – gut geeignet für Betriebsvergleiche innerhalb derselben Branche	▪ Eigenkapitalrentabilität: – Verschuldung wird nicht berücksichtigt – bilanzpolitische Maßnahmen (Bilanzierungswahlrechte) können Ergebnis verfälschen ▪ Gesamtkapitalrentabilität: stark abhängig von bilanzpolitischen Maßnahmen (s. o.) ▪ Umsatzrentabilität: stark produkt- und branchenabhängig

5.4.2 Return on Investment

Aufg. 3 S. 469

Einzelkennzahlen haben den Nachteil, dass sie isoliert oft einen nur geringen Aussagewert aufweisen. Daher werden häufig Größen, die sich ergänzen oder abhängig voneinander sind, zu einem **Kennzahlensystem** zusammengefasst. Das älteste und bekannteste betriebswirtschaftliche **Kennzahlensystem** ist das **DuPont-System**[1] zur Ermittlung des **Return on Investment (ROI)**.

ROI-Aufspaltung: Umsatzrentabilität und Kapitalumschlagshäufigkeit

Der **Return on Investment** (ROI) ist eine aus der Umsatzrentabilität und der Umschlagshäufigkeit des Kapitals zusammengesetzte Kennzahl. Das Verhältnis von Umsatz zu Gesamtkapital **(Kapitalumschlagshäufigkeit)** gibt an, wie oft das eingesetzte Kapital in einer Periode über die Umsatzerlöse zurückgeflossen ist.[2]

Der Return on Investment (ROI) gibt Auskunft über den Erfolg des im Unternehmen gebundenen Kapitals (Kapitalrendite).

$$\text{Return on Investment} = \frac{\text{Gewinn}}{\text{Umsatz}} \cdot \frac{\text{Umsatz}}{\text{Gesamtkapital}} \cdot 100$$

Auf den ersten Blick ist es nahe liegend, den Umsatz aus der obigen Formel zu kürzen, so dass lediglich das Verhältnis von Gewinn zu Gesamtkapital übrig bleibt. Sinnvolle Aussagen lässt der ROI aber nur zu, wenn die **Entwicklung des Zusammenwirkens** der beiden Faktoren analysiert wird. Die Aufspaltung auf die beiden Komponenten ermöglicht es, die Ursachen für Ergebnisveränderungen genauer festzustellen.

1 Diese Form der Berechnung wurde erstmals 1919 vom amerikanischen Chemieunternehmen DuPont angewandt.
2 In der Fachliteratur herrscht Uneinigkeit darüber, ob neben dem Gewinn auch die Fremdkapitalzinsen berücksichtigt werden sollen. In diesem Fall würde der ROI der Gesamtrentabilität entsprechen. Der Grund für die uneinheitliche Vorgehensweise liegt darin, dass bei der erstmaligen ROI-Berechnung keine Fremdkapitalzinsen berücksichtigt wurden, weil das Chemieunternehmen DuPont damals nicht mit verzinslichem Fremdkapital gearbeitet hat.

Die Formel für den Return on Investment lässt die Wechselwirkungen zwischen Gewinn, Umsatz und Gesamtkapital erkennen.

Weitere Aufspaltung des ROI: ROI-Baum

Eine weitere Aufspaltung der Umsatzrentabilität zeigt die verschiedenen Kosteneinflussfaktoren. Eine Aufspaltung des Kapitalumschlages gibt Auskunft über das Anlage- und Umlaufvermögen.

Return on Investment und seine Einflussfaktoren (ROI-Baum)

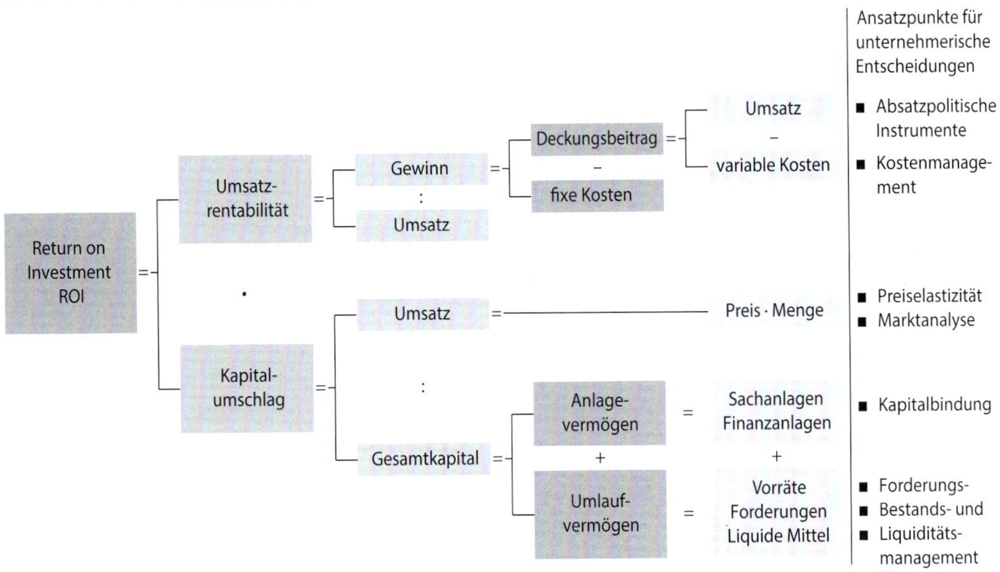

Wenn der Gewinn bei gleich bleibendem Umsatz sinkt (= geringere Gewinnspanne), sinkt die Umsatzrentabilität. Um trotzdem einen unveränderten ROI zu erzielen, muss die Kapitalumschlagshäufigkeit steigen. Eine Erhöhung der Kapitalumschlagshäufigkeit kann wiederum durch eine Umsatzsteigerung und/oder eine Verringerung des Kapitaleinsatzes erreicht werden. Je höher die Umschlagshäufigkeit ist, desto geringer kann die Gewinnspanne sein, um einen vorgegebenen ROI (= Kapitalrendite) zu erzielen. Aufg. 3 S. 469

Return on Investment der HAGA AG

Für die HAGA AG *(vgl. Bsp. S. 445 und 448)* ergibt sich – bezogen auf das durchschnittliche Gesamtkapital für 2023 ein ROI von 6,1 %.

$$\textbf{ROI} = \frac{21 \text{ Mio.}}{386 \text{ Mio.}} \cdot \frac{386 \text{ Mio.}}{343{,}5 \text{ Mio.}} \cdot 100 = 6{,}1\,\%$$

Eine Analyse der einzelnen Faktoren führt zu folgendem Ergebnis:

Umsatzrentabilität	Kapitalumschlagshäufigkeit	ROI
5,44 %	1,12	6,1 %

Diese Ergebnisse deuten darauf hin, dass die Kapitalumschlagshäufigkeit sehr niedrig ist. Der Umsatz hat mit der im Jahr 2023 vorgenommenen Eigenkapitalerhöhung und der zusätzlichen Verschuldung (noch) nicht in entsprechendem Maße Schritt gehalten.

5.4.3 Zusammenhang zwischen Verschuldungsgrad und Eigenkapitalrentabilität: Leverage-Effekt

Aufg. 4
S. 470

Die Höhe der Eigenkapitalrentabilität hängt u.a. von der Höhe des eingesetzten Fremdkapitals und dessen Verzinsung ab. Die Wirkungen vermehrten Fremdkapitaleinsatzes (= Erhöhung des Verschuldungsgrades) auf die Eigenkapitalrentabilität wird als **Leverage[1]-Effekt** (Hebel-Effekt) bezeichnet. Das folgende Beispiel verdeutlicht den Zusammenhang zwischen Verschuldungsgrad, Eigen- und Gesamtkapitalrentabilität.

Positive Hebelwirkung des Fremdkapitals

Leverage-Effekt

Ein Unternehmen mit einem Gesamtkapital von 100.000 EUR, das vollständig aus Eigenkapital besteht, erzielt einen Gewinn von 10.000 EUR (Fall 1). Eigen- und Gesamtkapitalrentabilität betragen in diesem Fall 10 %. Werden Teile des Eigenkapitals unter sonst unveränderten Bedingungen nach und nach durch Fremdkapital (Zinssatz 7 %) ersetzt (Fälle 2 bis 4), ergeben sich folgende Eigenkapitalrentabilitäten:

	Fall 1	Fall 2	Fall 3	Fall 4
Gesamtkapital in EUR	100.000	100.000	100.000	100.000
Fremdkapital in EUR	0	25.000	50.000	75.000
Eigenkapital in EUR	100.000	75.000	50.000	25.000
Verschuldungsgrad (FK/EK) in %	0	33	100	300
Gewinn vor Zinsen in EUR	10.000	10.000	10.000	10.000
Fremdkapitalzinsen in EUR (7 % vom FK)	0	1.750	3.500	5.250
Gewinn nach Zinsen in EUR	10.000	8.250	6.500	4.750
Eigenkapitalrentabilität in %	10	11	13	19
Gesamtkapitalrentabilität in %	10	10	10	10

Ergebnis: Mit zunehmendem Verschuldungsgrad steigt die Eigenkapitalrentabilität. Das Fremdkapital wirkt wie ein Hebel zur Erhöhung der EK-Rentabilität (Leverage-Effekt). Das ist aber nur möglich, weil im vorliegenden Beispiel der Zinssatz für das Fremdkapital (7 %) geringer als die Gesamtrentabilität (10 %) ist. Der mit dem Fremdkapital erzielte Gewinn ist also höher als die Kosten für die Überlassung des Fremdkapitals.

! **Der Leverage-Effekt besagt, dass bei zusätzlichem Einsatz von Fremdkapital anstelle von Eigenkapital (= steigender Verschuldungsgrad) die Eigenkapitalrentabilität zunimmt, solange der Zinssatz für das gesamte Fremdkapital niedriger als die Gesamtkapitalrentabilität ist.**

Dieser Zusammenhang lässt sich auch durch folgende Formel darstellen:

! **EK = Eigenkapital**
FK/EK = Verschuldungsgrad
R_{EK} = Eigenkapitalrentabilität
P_{FK} = Zinssatz für Fremdkapital

Leverage Formel

$$R_{EK} = R_{GK} + \frac{FK}{EK} \cdot (R_{GK} - P_{FK})$$

FK = Fremdkapital
R_{GK} = Gesamtkapitalrentabilität

Ist der Zinssatz (P_{FK}) für das gesamte Fremdkapital kleiner als die Gesamtrentabilität (R_{GK}), lässt sich durch die Erhöhung des Verschuldungsgrades (FK/EK) die Eigenkapitalrentabilität R_{EK} erhöhen.

1 Leverage *(engl.)*: Hebelwirkung

Negative Hebelwirkung des Fremdkapitals (Leverage risk)

Der Leverage-Effekt kann sich aber auch in umgekehrter Richtung auswirken. Sinkt die Gesamtkapitalrentabilität unter den Fremdkapitalzinssatz, so **sinkt** die Eigenkapitalrentabilität umso stärker, je höher der Verschuldungsgrad ist. Es kann sogar zu einer Verminderung des Eigenkapitals kommen, wenn durch die Fremdkapitalzinsen Verluste entstehen.

> ! **Liegt der Zinssatz für das gesamte Fremdkapital über der Gesamtrentabilität, sinkt mit zunehmendem Einsatz von Fremdkapital zulasten vom Eigenkapital (= zunehmender Verschuldungsgrad) die Eigenkapitalrentabilität (Leverage risk).**

Grenzen des Leverage-Effekts in der Praxis

Das theoretische Ziel, durch eine Erhöhung des Verschuldungsgrades eine möglichst hohe Eigenkapitalrentabilität zu erzielen, ist in Wirklichkeit nicht erreichbar. Ein Kreditgeber würde bei zunehmendem Verschuldungsgrad

- wegen des erhöhten Risikos höhere Zinsen verlangen, so dass eine negative Wirkung des Leverage-Effektes eintreten kann,
- aus Sicherheitsgründen auf der Einhaltung bestimmter horizontaler Finanzierungsregeln (z. B. Anlagendeckungsgrad I) bestehen. Dadurch wird die Möglichkeit zur Ausnutzung des Leverage-Effektes eingeschränkt.

5.4.4 Cashflow-Analyse

> ! **Der Cashflow ist der Überschuss der Einzahlungen über die Auszahlungen (Einzahlungsüberschuss) in einer Periode.**

Aufg. 5 S. 470

Dieser Einzahlungsüberschuss steht für die Finanzierung von Investitionen, zur Schuldentilgung oder zur Aufrechterhaltung der Liquidität zur Verfügung.

> ! **Der Cashflow gibt darüber Auskunft, in welchem Umfang ein Unternehmen Mittel aus eigener Kraft zur Finanzierung von Investitionen oder zur Tilgung von Schulden aufbringen kann (Innenfinanzierungskraft).**

Ermittlung des Cashflows anhand der indirekten Methode (Praktikerformel)

Zur direkten Ermittlung des Cashflows müssten von den Einzahlungen eines Geschäftsjahres die Auszahlungen abgezogen werden. Da die dafür erforderlichen Daten für Außenstehende nicht zugänglich sind, wird der Cashflow meistens **indirekt** aus den Größen der GuV-Rechnung wie folgt ermittelt.

Ausgangspunkt ist der in der GuV-Rechnung ausgewiesene Gewinn bzw. Jahresüberschuss. Der Gewinn gibt aber keine Auskunft über die **Zahlungsfähigkeit** des Unternehmens. Einerseits mindern Abschreibungen und die Bildung von Rückstellungen den Gewinn, ohne dass sie im selben Jahr zu einem Zahlungsmittelabfluss wie bei den anderen Aufwandsarten (z. B. Löhne, Materialaufwand, Energie) führen. Andererseits erhöhen Zuschreibungen und die erfolgswirksame Auflösung von Rückstellungen den Gewinn, ohne dass sie zu einem Zahlungsmittelzufluss führen. Um vom Gewinn auf den Einzahlungsüberschuss schließen zu können, muss der Gewinn um nicht liquiditätswirksame Aufwendungen und Erträge korrigiert werden. In der einfachsten und zugleich gebräuchlichsten Form der Cashflow-Berechnung beschränkt sich die Korrektur auf Abschreibungen/Zuschreibungen einerseits und auf die Erhöhung/Verminderung langfristiger Rückstellungen (insbesondere Pensionsrückstellungen) andererseits[1]. Abschreibungen und Rückstellungen, die den Gewinn zwar verringern, nicht aber zu Auszahlungen geführt haben, werden wieder hinzugezählt. Zuschreibungen und die erfolgswirksame Auflösung von Rückstellungen, die den Gewinn zwar erhöht, nicht aber zu Einzahlungen geführt haben, werden wieder abgezogen. Diese Form der Cashflow-Berechnung wird auch als **Praktikerformel** bezeichnet.

	Cashflow-Berechnung anhand der indirekten Methode (Praktikerformel)
	Gewinn nach Steuern (Jahresüberschuss)
+	Abschreibungen
–	Zuschreibungen
+	Erhöhung der langfristigen Rückstellungen
–	Verminderung der langfristigen Rückstellungen
=	**Brutto-Cashflow**
–	Gewinnausschüttung
=	**Netto-Cashflow**

! **Der Cashflow gibt Auskunft über die Ertrags- und Innenfinanzierungskraft eines Unternehmens.**

Cashflow der HAGA AG

Für die HAGA AG *(vgl. Bsp. S. 448)* ergibt sich im Jahr 2023 folgender Cashflow:

Jahresüberschuss	21,0 Mio. EUR
+ Abschreibungen	16,0 Mio. EUR
– Zuschreibungen	17,0 Mio. EUR
+ Erhöhung der langfr. Rückstellungen	1,0 Mio. EUR
= **Brutto-Cashflow**	**21,0 Mio. EUR**
– Gewinnausschüttung	10,5 Mio. EUR
= **Netto-Cashflow**	**10,5 Mio. EUR**

Der HAGA AG stehen im Jahr 2023 10,5 Mio. EUR zur Innenfinanzierung, Schuldentilgung und Liquiditätssicherung zur Verfügung. Das ist angesichts des langfristigen Fremdkapitals in Höhe von 94 Mio. EUR, für das Zins- und Tilgungsleistungen erbracht werden müssen, sehr wenig.

1 Auf die Berücksichtigung anderer nicht zahlungwirksamer Aufwendungen (z. B. Bestandsminderungen an FE und UE) und Erträge (z. B. Bestanderhöhungen an FE und UE, aktivierte Eigenleistungen) wird bei dieser einfachen Form der Cashflow-Berechnung verzichtet.

Aussagekraft des Cashflows

Aussagekraft des Cashflows	
Stärken	**Schwächen**
▪ Der Cashflow ist weniger durch bilanzpolitische Maßnahmen manipulierbar als der Jahresüberschuss. ▪ Ein steigender JÜ bei weniger stark steigendem oder sogar sinkendem Cashflow gilt als Warnsignal (Ausnützung von Bewertungsspielräumen zu JÜ-Erhöhung). ▪ Der Cashflow zeigt, inwieweit z. B. Abschreibungen den JÜ beeinflussen.	▪ Häufig wird stillschweigend unterstellt, der Cashflow sei in liquider Form vorhanden. Teile des Cashflow können aber schon wieder oder noch investiert sein (z. B. in Erzeugnissen oder Forderungen). ▪ Für den Vergleich von Unternehmen mit unterschiedlich hohem Anlagevermögen und unterschiedlich hohen Abschreibungen liefert der Cashflow keine vergleichbaren Informationen. ▪ Im Gegensatz zum JÜ, dessen Art der Ermittlung im HGB genau festgelegt ist, gibt es über 20 verschiedene Arten zur Berechnung eines Cashflows.

5.4.5 Ergebnis vor Zinsen und Ertragsteuern: EBIT und EBITDA

EBIT

EBIT bedeutet *Earnings before Interest and Taxes* (Ergebnis vor Zinsen und Ertragsteuern). Diese international sehr gebräuchliche absolute Kennzahl soll das **ordentliche Betriebsergebnis** widerspiegeln. Zu ihrer Ermittlung wird der Gewinn um außerordentliche Erfolgsvorgänge, Zinsen und Ertragsteuern bereinigt.

Aufg. 5 S. 470

EBIT-Rechnung	
	Jahresüberschuss *lt. GuV-Rechnung*
±	außerordentliches Ergebnis
	+ *außerordentlicher Aufwand*
	− *außerordentliche Erträge*
+	Ertragssteuern
±	Finanzergebnis
	+ *Zinsaufwendungen*
	− *Zinserträge*
=	**EBIT** *(Earnings before Interest and Taxes)*
+	planmäßige Abschreibungen
=	**EBITDA**

EBITDA

Werden zum EBIT die Abschreibungen hinzugezählt ergibt sich die ebenfalls sehr gebräuchliche Kennzahl **EBITDA**: Ergebnis vor Zinsen, Steuern und Abschreibungen *(Earnings before Interest, Taxes, Depreciation and Amortization)*. Das **EBITDA** ist eine **Cashflow-Größe**. Sie gibt – sofern keine Veränderung der langfristigen Rückstellungen vorliegt – den Einzahlungsüberschuss aus dem eigentlichen Betriebszweck (= operatives Geschäft) an. Dieser **Einzahlungsüberschuss** steht für Investitionen, Schuldentilgung und Gewinnausschüttung zur Verfügung.

Aussagekraft des EBIT – EBIT-Marge

Die Kennzahl EBIT ermöglicht den Vergleich von Unternehmen mit unterschiedlicher Rechtsform und Kapitalausstattung. Durch die Addition der zur Ermittlung des Jahresüberschusses abgezogenen Ertragsteuern wird zudem ein internationaler Vergleich der Ertragskraft unabhängig von den jeweiligen Steuersätzen in den einzelnen Ländern möglich. Anhand des EBIT kann somit das Betriebsergebnis verschiedener Geschäftsjahre und/oder Unternehmen direkt verglichen werden, ohne dass die Resultate durch schwankende Steuersätze, Zinsaufwendungen oder sonstige außerordentliche Faktoren verzerrt werden. Aussagekräftig wird die Kennzahl EBIT aber erst in Verbindung mit anderen Erfolgsgrößen (z. B. Umsatz) und den mit Hilfe des EBIT gebildeten neuen Kennzahlen (z. B. EBIT-Marge).

!

$$\textbf{EBIT-Marge} = \frac{\textbf{EBIT}}{\textbf{Umsatz}} \cdot \textbf{100}$$

Die EBIT-Marge zeigt, wie viel Prozent des Umsatzes auf das ordentliche Betriebsergebnis (= operativer Gewinn) entfallen.

Die **EBIT-Marge** gibt Auskunft über die **Ertragskraft** eines Unternehmens.

EBIT der HAGA AG

Jahresüberschuss *lt. GuV*	21 Mio. EUR
+ außerordentliche Aufwendungen	5 Mio. EUR
– außerordentliche Erträge	25 Mio. EUR
+ Ertragsteuern	9 Mio. EUR
+ Zinsaufwendungen	10 Mio. EUR
– Zinserträge	13 Mio. EUR
= **EBIT**	7 Mio. EUR
+ planmäßige Abschreibungen	12 Mio. EUR
= **EBITDA**	19 Mio. EUR

$$\textbf{EBIT-Marge} = \frac{7\text{ Mio. EUR}}{386\text{ Mio. EUR}} \cdot 100 = 1{,}81\,\%$$

Für die HAGA AG *(vgl. Bsp. S. 447 bzw. 448)* ergibt sich im Jahr 2023 ein EBIT in Höhe von 7 Mio. EUR. Wird dieser Betrag um die planmäßigen Abschreibungen erhöht, ergibt sich ein EBITDA von 19 Mio. EUR. Wird das EBIT auf den Umsatz bezogen ergibt sich eine EBIT-Marge von 7 Mio./386 Mio. · 100 = 1,81 %. Das bedeutet: Ein Umsatz von 100 EUR trägt 1,81 EUR zum ordentlichen Betriebsergebnis (= operativer Gewinn) bei.

Aussagekraft des EBIT

Stärken

- International weit verbreitete Kennzahl.
- Lässt Rückschlüsse auf das ordentliche Betriebsergebnis (= operatives Geschäft) zu.
- Insbesondere bei zusätzlicher Verwendung anderer Kennzahlen (z. B. Umsatz) werden aussagekräftige Vergleiche der operativen Ergebnisse im Zeitablauf und mit anderen Unternehmen möglich.
- Verzerrungen durch steuerliche Einflüsse werden ausgeschaltet.

Zusammenfassende Übersicht zu Kapitel 5.4: Auswertung der Gewinn- und Verlustrechnung (Ergebnisanalyse)

Rentabilitätskennzahlen

Eigenkapitalrentabilität	Gesamtkapitalrentabilität	Umsatzrentabilität
$\frac{\text{Gewinn}}{\text{Eigenkapital}} \cdot 100$	$\frac{\text{Gewinn + Fremdkapitalzinsen}}{\text{Gesamtkapital}} \cdot 100$	$\frac{\text{Gewinn}}{\text{Umsatz}} \cdot 100$

Zusammenwirken von Kennzahlen	
Return on Investment	**Leverage-Effekt**
$\frac{\text{Gewinn}}{\text{Umsatz}} \cdot \frac{\text{Umsatz}}{\text{Gesamtkapital}} \cdot 100$	Eigenkapitalrentabilität kann bei zunehmendem Verschuldungsgrad steigen, wenn der Fremdkapitalzinssatz niedriger als die Gesamtkapitalrentabilität ist.

International gebräuchliche Kennzahlen	
Innenfinanzierungskraft	**Ertragskraft**
Cashflow	**EBIT** (Ergebnis vor Zinsen und Ertragsteuern)
Gewinn (Jahresüberschuss) + Abschreibungen – Zuschreibungen + Erhöhung der langfristigen Rückstellungen – Verminderung der langfristigen Rückstellungen = Brutto-Cashflow – Gewinnausschüttung = Netto-Cashflow	Jahresüberschuss *lt. GuV-Rechnung* ± außerordentliches Ergebnis + *außerordentlicher Aufwand* − *außerordentliche Erträge* + Ertragssteuern ± Finanzergebnis + *Zinsaufwendungen* − *Zinserträge* = **EBIT** *(Earnings before Interest and Taxes)* + Abschreibungen = **EBITDA** *(Earnings before Interest, Taxes, Depreciation and Amortization)* $\text{EBIT-Marge} = \frac{\text{EBIT} \cdot 100}{\text{Umsatz}}$

Checken Sie Ihre Kompetenz mit der Ich-kann-Liste.

Öffnen Sie hierzu den nebenstehenden **QR-Code**
oder geben Sie folgenden Link ein: https://vel.plus/BHBILII28

WIEDERHOLUNG DES GRUNDWISSENS

vel.plus/BHBILII29

zu Kapitel 5.4 Auswertung der Gewinn- und Verlustrechnung (Ergebnisanalyse)

5.4.1 Rentabilität

1. Erläutern Sie, was unter Rentabilität zu verstehen ist.
2. Erläutern Sie, wie die Eigenkapitalrentabilität berechnet wird und was diese Größe aussagt.
3. Erläutern Sie, wie die Gesamtkapitalrentabilität berechnet wird und was diese Größe aussagt.
4. Erläutern Sie, wie die Umsatzrentabilität berechnet wird und was diese Größe aussagt.
5. Geben Sie an, welche Werte die drei Rentabilitätskennzahlen in einem Industriebetrieb mindestens aufweisen sollen, damit sie als „gut“ angesehen werden können.
6. Nennen Sie Stärken und Schwächen der Aussagekraft von Rentabilitätskennzahlen.

5.4.2 Return on Investment

1. Erläutern Sie, wie der Return on Investment berechnet wird und was diese Größe aussagt.
2. Beschreiben Sie das Kennzahlensystem von DuPont mit der Kennzahl Return on Investment.
3. Stellen Sie den ROI-Baum dar und zeigen Sie an ihm die Stellschrauben auf, mit denen der ROI verbessert werden kann.

5.4.3 Zusammenhang zwischen Eigenkapitalrentabilität und Verschuldungsgrad: Leverage-Effekt

1. Erläutern Sie, was der Leverage-Effekt besagt.
2. Erläutern Sie, in welchem Fall sich der Leverage-Effekt negativ auswirkt (Leverage-risk).
3. Begründen Sie, warum der Ausnutzung des Leverage Effekts in der Praxis enge Grenzen gesetzt sind.

5.4.4 Cashflow-Analyse

1. Erläutern Sie, was unter dem Cashflow zu verstehen ist und was diese Größe aussagt.
2. Erläutern Sie, wie der Cashflow nach der indirekten Methode (Praktikerformel)berechnet wird.

5.4.5 Ergebnis vor Zinsen und Ertragsteuern: EBIT und EBITDA

1. Erläutern Sie, was EBIT bedeutet, wie es berechnet wird und was diese Kennzahl ausweist.
2. Erläutern Sie, was EBITDA bedeutet und was diese Kennzahl aussagt.
3. Erläutern Sie, wie die EBIT-Marge berechnet wird und was diese Kennzahl aussagt.
4. Nennen Sie Stärken der Aussagekraft des EBIT.

ANWENDUNGS- UND ÜBUNGSAUFGABEN

zu Kapitel 5.4 Auswertung der Gewinn- und Verlustrechnung (Ergebnisanalyse)

Aufgabe 1 Rentabilitätskennzahlen

? HILFE vel.plus/BHBILII30

Aus dem Jahresabschluss einer Maschinenfabrik sind folgende Informationen zu entnehmen:

(in 1.000 EUR)	Berichtsjahr	Vorjahr
Gezeichnetes Kapital	4.000	4.000
Gesamtes Eigenkapital	6.600	6.400
Fremdkapital	14.100	13.100
Jahresüberschuss	920	
Bilanzgewinn	720	
Umsatzerlöse	43.200	
Zinsaufwendungen	330	

1. Ermitteln Sie für das Berichtsjahr
   - die Eigenkapitalrentabilität,
   - die Gesamtkapitalrentabilität,
   - die Umsatzrentabilität,
   - den Return on Investment,
   - den Bilanzkurs.
2. Was sagen diese Kennzahlen jeweils aus?
3. Welche Auswirkung haben stille Rücklagen bei der Beurteilung von Rentabilitätskennzahlen?
4. Eine Branchenfachzeitschrift gibt die durchschnittliche Umsatzrentabilität für diese Branche mit 4,0 an. Auf welche Ursachen kann die Abweichung der unter Teilaufgabe 1 ermittelten Umsatzrentabilität zurückzuführen sein und mit welchen Maßnahmen könnte die Umsatzrentabilität der Maschinenfabrik verbessert werden?

Aufgabe 2 Rentabilität des Kapitals und des Umsatzes einer Aktiengesellschaft

? HILFE vel.plus/BHBILII31

Auszug aus den zusammengefassten Jahresabschlüssen einer AG (in Mio. EUR):

Aktiva	Jahr 3	Jahr 2	Jahr 1
Anlagevermögen	8,0	8,5	8,5
Umlaufvermögen	22,0	20,0	17,5
Summe	**30,0**	**28,5**	**26,0**

Passiva	Jahr 3	Jahr 2	Jahr 1
Gezeichnetes Kapital	11,0	11,0	11,0
Gewinnrücklagen	5,5	5,0	4,5
Bilanzgewinn	3,0	2,0	1,5
Rückstellungen	5,5	5,0	4,0
Verbindlichkeiten	5,0	5,5	5,0
Summe	**30,0**	**28,5**	**26,0**
Zinsaufwendungen	**0,5**	**0,6**	**0,55**

Der ausgewiesene Bilanzgewinn wurde jeweils im ersten Quartal des Folgejahres in voller Höhe an die Aktionäre ausgeschüttet.

1. Berechnen Sie die Rentabilität des Eigenkapitals für die Jahre 2 und 3.
2. Berechnen Sie die Rentabilität des Gesamtkapitals für die Jahre 2 und 3.
3. Welche Auswirkungen auf die Eigen- und Gesamtkapitalrentabilität hätten sich im Jahr 3 ergeben, wenn während des Jahres im Rahmen einer Kapitalerhöhung Fremdkapital teilweise durch Eigenkapital ersetzt worden wäre?
4. Wie hoch muss im Jahr 3 der Umsatz gewesen sein, wenn die Umsatzrentabilität 2,5 % betrug?
5. In welcher Branche ist die AG vermutlich tätig, wenn die ermittelten Kennzahlen als branchenüblich angesehen werden können? Begründen Sie Ihre Aussage.

Aufgabe 3 Return on Investment (ROI)

Für die Fahrzeugbau AG liegen folgende Daten vor:

Eigenkapital	Fremdkapital	Gewinn	Umsatz	Fremdkapitalzinsen
AB: 15 Mio. EUR	AB: 15 Mio. EUR	1,5 Mio. EUR	30 Mio. EUR	1,2 Mio. EUR

1. Berechnen Sie die Eigenkapitalrentabilität, die Gesamtrentabilität und den ROI. Erläutern Sie die Ergebnisse.
2. Warum weichen Gesamtrentabilität und ROI voneinander ab?
3. Die Fahrzeugbau AG plant die Materialbeschaffung von Vorratshaltung auf das Just-in-Time-Verfahren umzustellen. Dadurch könnten 6 Mio. EUR, die im Materiallager gebunden sind, freigesetzt werden. Der Gesamtkapitalbedarf verringert sich in dieser Höhe.

   Wie würde sich der ROI durch diese Maßnahme verändern, wenn Jahresüberschuss und Umsatz unverändert bleiben würden? Wodurch ist diese Veränderung bedingt?
4. Für weitere geschäftspolitische Maßnahmen hat das Unternehmen folgende Tabelle aufgestellt:

	1	2	3	4	5	6
Situation	**Umsatz in Mio. EUR**	**Kapitaleinsatz in Mio. EUR**	**Gewinn in Mio. EUR**	**Kapitalumschlag (Sp 1 : Sp 2)**	**Umsatzrentabilität (Sp 3 : Sp 1) · 100**	**Return on Investment (Sp 3 : Sp 2) · 100**
1	10	25	0,8	0,4	8,0 %	3,20 %
2	20	25	1,4	0,8	7,0 %	5,60 %
3	30	30	1,5	1,0	5,0 %	5,00 %
4	40	80	2,0	0,5	5,0 %	2,50 %
5	50	125	1,8	0,4	3,6 %	1,44 %

   a) Worauf ist die Änderung des ROI gegenüber der Ausgangssituation 3 jeweils zurückzuführen?
   b) Nennen Sie Maßnahmen, die die AG ergreifen müsste, um einen angemessenen ROI von mehr als 10 % zu erzielen.

Aufgabe 4 Leverage-Effekt

vel.plus/BHBILII32

Eine Textilfabrik plant die Errichtung eines neuen Zweigwerkes. Dafür entsteht voraussichtlich ein Kapitalbedarf von 10 Mio. EUR. Es bestehen folgende Finanzierungsmöglichkeiten:

a) vollständige Eigenfinanzierung
b) Finanzierung je zur Hälfte mit Eigen- und Fremdkapital
c) Finanzierung mit 75 % Fremdkapital und 25 % Eigenkapital

Das Fremdkapital kann zu einem Zinssatz von 8,0 % beschafft werden. Es wird damit gerechnet, dass sich durch diese Investition ein zusätzlicher Gewinn (vor Abzug der zusätzlichen Fremdkapitalzinsen) in Höhe von 1,2 Mio. EUR ergibt.

1. Ermitteln Sie für alle drei Alternativen die Eigenkapitalrentabilität.
2. Ermitteln Sie für alle drei Alternativen die Gesamtkapitalrentabilität.
3. Welcher Zusammenhang zwischen Eigenkapitalrentabilität und Fremdfinanzierung lässt sich im vorliegenden Fall feststellen? Worauf ist diese Entwicklung zurückzuführen?
4. Die Unternehmensleitung entschließt sich für die Finanzierungsalternative c) (75 % Fremdkapital und 25 % Eigenkapital). Schon im Jahr der Produktionsaufnahme zeichnet sich ab, dass der Gewinn vor Abzug der Zinsen voraussichtlich nicht 1,2 Mio. EUR, sondern nur 0,7 Mio. EUR betragen wird. Ermitteln Sie für diesen Fall die Eigen- und Gesamtkapitalrentabilität. Worauf ist diese Entwicklung zurückzuführen?
5. Formulieren Sie die Bedingung für eine positive Wirkung des Leverage-Effekts.
6. Überprüfen Sie die bei 1. und 4. ermittelte Eigenkapitalrentabilität mit Hilfe der Leverage-Formel (vgl. S. 462).

Aufgabe 5 Cashflow (Praktikerformel)

vel.plus/BHBILII33

Für eine Motorenfabrik liegen für die letzten drei Geschäftsjahre folgende Daten vor.

	03	02	01
Umsatzerlöse	70,0 Mio. EUR	66,0 Mio. EUR	56,0 Mio. EUR
Jahresüberschuss	5,4 Mio. EUR	4,8 Mio. EUR	3,4 Mio. EUR
Abschreibungen auf Sachanlagen	1,4 Mio. EUR	1,2 Mio. EUR	0,9 Mio. EUR
Erhöhung der langfristigen Rückstellungen	0 EUR	0,2 Mio. EUR	0,1 Mio. EUR

1. Ermitteln Sie für alle drei Jahre den Brutto- und den Netto-Cashflow mithilfe der Praktikerformel, wenn jeweils die Hälfte des Jahresüberschusses einbehalten wird.
2. Welche Rückschlüsse auf die Unternehmenslage lässt die Entwicklung des Cashflows zu?

Aufgabe 6 Cashflow, EBIT und EBITDA

Für die MIXTA AG liegt folgende Gewinn- und Verlustrechnung vor:

Gewinn- und Verlustrechnung (in Mio. EUR)	
1. Umsatzerlöse	15
2. sonstige betriebliche Erträge	2
4. Aufwendungen für Roh-, Hilfs- und Betriebsstoffe	– 3,8
5. Löhne und Gehälter	– 6,0
6. Abschreibungen	– 3,0
7. sonstige betriebliche Aufwendungen	– 1,7
8. Zinsaufwendungen	– 0,5
9. Steuern vom Einkommen und vom Ertrag	– 0,7
10. Ergebnis nach Steuern	**1,3**
11. sonstige Steuern	– 0,1
12. Jahresüberschuss	**1,2**

Zusatzinformationen:

1. *Alle Erträge sind zahlungswirksam.*
2. *In den Personalaufwendungen ist eine Zuführung zu den Pensionsrückstellungen in Höhe von 1,0 Mio. EUR enthalten.*

3. *Die Abschreibungen enthalten außerplanmäßige Abschreibungen auf Maschinen in Höhe von 0,2 Mio. EUR.*
4. *Die „sonstigen betrieblichen Aufwendungen" ergeben sich aus den Verlusten aus dem Abgang von Vermögensgegenständen des Anlagevermögens.*

1. Ermitteln Sie den Brutto-Cashflow der Mixta AG für diese Periode (Praktikerformel).
2. Worüber gibt der Brutto-Cashflow Auskunft?
3. Ermitteln Sie das EBIT. Worüber gibt das EBIT Auskunft?
4. Ermitteln Sie das EBITDA. Worüber gibt diese Kennzahl Auskunft?
5. Welcher Zusammenhang besteht zwischen EBITDA und Brutto-Cashflow im vorliegenden Fall?
6. Ermitteln Sie die EBIT-Marge. Worüber gibt diese Kennzahl Auskunft?
7. Beurteilen Sie die Lage des Unternehmens anhand der ermittelten Kennzahlen.

5.5 Begrenzte Aussagekraft der Jahresabschlussanalyse

Die Jahresabschlussanalyse soll Aussagen über Vermögens-, Finanz- und Ertragslage eines Unternehmens ermöglichen. Dabei muss aber die aus folgenden Gründen begrenzte Aussagekraft der Ergebnisse berücksichtigt werden.

Unvollständige Daten	Vergangenheitsbezogene Informationen
Bilanz und GuV-Rechnung enthalten ausschließlich quantitative Daten. Zwar geben Anhang und Lagebericht möglicherweise Auskunft über Forschungs- und Entwicklungsaktivitäten, Marktstellung und andere Sachverhalte, die für die Beurteilung der wirtschaftlichen Lage eines Unternehmens wichtig sind. In die kennzahlenorientierte Jahresabschlussanalyse gehen diese Informationen aber ebenso wenig ein wie die quantitativen Aspekte hinsichtlich Innovationsfähigkeit, Kundentreue, Qualifikation der Mitarbeiter und des Managements. Über die Eigentumsverhältnisse gibt eine Bilanz ebenfalls keine Auskunft. Einerseits werden unter Eigentumsvorbehalt erworbene oder sicherheitsübereignete Vermögensgegenstände bilanziert, während andererseits beispielsweise Leasingobjekte nicht in der Bilanz erscheinen.	Die Informationen sind vergangenheitsbezogen. Die Daten des Jahresabschlusses zeigen die Lage des Unternehmens während des abgelaufenen Geschäftsjahres auf. Demgegenüber soll die Jahresabschlussanalyse aber auch Aussagen für die Zukunft ermöglichen. Dieses Problem wird oft noch dadurch verstärkt, dass die Daten erst mit großer zeitlicher Verzögerung verfügbar sind. Da der Jahresabschluss für mittelgroße und große Gesellschaften erst neun Monate nach Ende des Geschäftsjahres beim Handelsregister eingereicht sein muss und kleine Kapitalgesellschaften wegen fehlender Sanktionsmöglichkeiten ihren Offenlegungspflichten oft nur unzureichend nachkommen, erfolgt die Jahresabschlussanalyse durch externe Analysten oft auf der Basis von veraltetem Material.
Bewertungsabhängigkeit der Daten	**Fehlende Vergleichbarkeit**
Die Daten der Bilanz und GuV-Rechnung sind bewertungsabhängig. Im Abschluss nach HGB hat das Vorsichtsprinzip Vorrang. Ein vorsichtig ermitteltes Vermögen bzw. ein auf dieser Basis ermittelter Gewinn sind für Analysezwecke nicht unbedingt tauglich. Darüber hinaus eröffnet das Handelsrecht Wahlrechte und Gestaltungsmöglichkeiten. Ohne Kenntnis der „Bewertungstendenz" kann ein Jahresabschluss häufig nicht richtig interpretiert werden.	Kennzahlen besitzen für sich allein genommen nur einen geringen Aussagewert. Aus diesem Grund wird versucht, die fehlende Vergleichbarkeit durch die Verwendung von Kennzahlensystemen zu mildern. Ein Analyst kann aber allenfalls vermuten, ob Abweichungen oder Veränderungen tatsächlich auf die Tätigkeit im Unternehmen oder aber auf veränderte Rahmenbedingungen zurückzuführen sind.

Stichtagsbezogene Daten

Die der kennzahlenorientierten Jahresabschlussanalyse zugrunde liegenden Daten sind in der Mehrzahl der Fälle stichtagsbezogen, d. h. sie spiegeln nur die Situation am Bilanzstichtag wider. Dies ist insbesondere bei den Angaben zur Liquidität höchst problematisch. Um verlässliche Aussagen über die Sicherung der Liquidität machen zu können, sind beispielsweise Informationen über zukünftige Zahlungsein- und -ausgänge nötig. Durch Verwendung von Kennzahlen, die aus der GuV-Rechnung abgeleitet sind (Cashflow, EBIT, EBITDA) und sich nicht auf einen Stichtag, sondern auf die gesamte Rechnungsperiode beziehen, wird versucht, diesen Mangel zu mildern.

Zusammenfassende Übersicht zu Kapitel 5.5: Begrenzte Aussagekraft der Jahresabschlussanalyse

Begrenzte Aussagekraft der Jahresabschlussanalyse				
Daten sind unvollständig	Informationen sind auf die Vergangenheit bezogen	Daten sind von Bewertungswahlrechten abhängig	Daten sind häufig nicht miteinander vergleichbar	Daten sind auf den Bilanzstichtag bezogen

Checken Sie Ihre Kompetenz mit der Ich-kann-Liste.

Öffnen Sie hierzu den nebenstehenden **QR-Code**
oder geben Sie folgenden Link ein: https://vel.plus/BHBILII34

Learning area J

Strategic planning and management accounting

1 System of business objectives

Competences:

- *describing a company's system of business objectives as a basis of strategic management* — **1.1 System of business objectives as a managerial starting point**
- *defining and applying the technical terms* — **1.2 Kinds and relationships of business objectives**

1.1 System of business objectives as a managerial starting point

Business objectives are the starting point of all managerial activities. They determine the direction in which the company is led.

An objective is a desired end point in the future. Operational objectives have to be clearly defined concerning content, time frame and degree of achievement.

Visions in business – mission statement

Visions in business

"A vision is a picture of the future which is close enough to be considered as realistic but on the other hand remote enough to arouse enthusiasm for a new, better reality."[1]
The vision of Microsoft founder Bill Gates at the beginning of the 1980s was: "A computer on every desk and in every home". This vision has motivated Microsoft employees for many years. A vision does not define how an objective should be reached. And that's exactly what motivates employees to find a way on their own. The key factors for the realisation of the Microsoft vision have always been an affordable price and, most importantly, the ease with which PCs could be used due to a user-friendly operating system. This vision led to the development of Windows and made Bill Gates one of the richest men in the world.

Quoted after R. Dillerup, R. Stoi, p. 63 (translated)

Business objectives are often not clearly defined or just incomplete. However, this vagueness might be intentional. Here we are talking about **business visions** and **mission statements**. It is especially the big companies that often decide to publish generally accepted basic principles which are meant to represent the internal and external identity of a company.

A vision is the formulation of a desired view on the business's future development. The vision in its brief and general form is an attempt to put business objectives into inspiring words.

1 Boston Consulting Group (BSC), Vision und Strategie, München 1988, p. 7.

Task 1
p. 483 f.

The mission statement provides a written summary of the company's basic principles and values.

Typical content of mission statements:

- Why are we here?
- What do we do and for whom?
- How do we do it?
- How do we deal with our partners?
- How do we treat each other?

These phrases in the mission statement form a **code of conduct** that is intended to provide guidance for all business activities.

The mission statement is aimed at the company's stakeholders:

- employees
- competitors
- owners (shareholders, proprietors)
- government
- creditors (banks)
- society/public
- suppliers and customers

Mission statement of BASF: Increase in value through growth and innovation [excerpt]

BASF is the world's leading chemical company

We combine economic success, social responsibility and environmental protection. Through science and innovation we enable our customers in almost all industries to meet the current and future needs of society.

Our products and system solutions contribute to conserving resources, ensuring healthy food and nutrition and helping to improve the quality of life.

Code of conduct – compliance programme of the BASF group [excerpt]

Employees – We consider our employees to be a key to our success. Our pay and benefits are based on local market conditions and on individual as well as company performance.

Market – We treat our competitors, suppliers and customers in a fair way. We respect the laws and good business practices of the countries in which we operate. BASF does not tolerate any violations of the law. We have clearly defined the limits of our business activities. We do not supply any products for the purpose of producing illegal substances or chemical weapons.

Human rights – We firmly reject all forms of forced and compulsory labour and child labour. We respect human rights and do not accept any form of discrimination.

Surroundings – We want our sites to become part of the community. We want to be accepted as a Good Corporate Citizen and as a reliable partner that acts responsibly and is an attractive employer. With our economic activities and our sponsorship of specific humanitarian, social and cultural events, we contribute to the positive development of society.

Dialogue – We take the opinions of others seriously and encourage constructive dialogue. Basic communication requirements that are valid worldwide ensure openness and transparency at all production sites. Our understanding of openness also means that we inform our neighbours quickly, honestly and comprehensively about possible dangers in the event of a plant malfunction. Our goal is to increase society's trust in what we do, since this is an important condition for our success.

Social Responsibility 2000, BASF (translated)

Strategic objectives

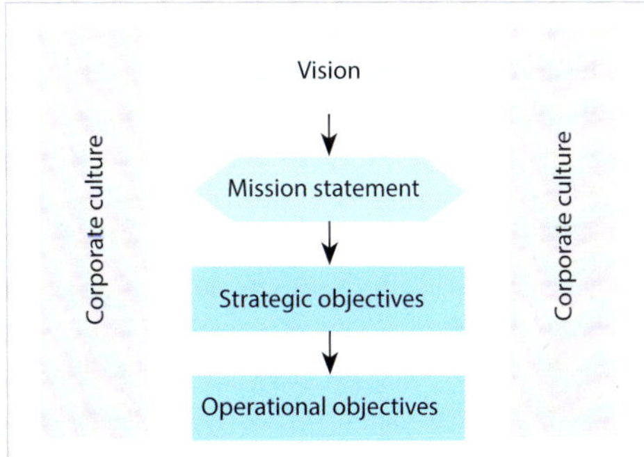

The achievement of **strategic objectives** cannot be measured easily because they do not provide exact information about their content (e.g. profit, sales), time (time frame in which the objectives are to be achieved) or the degree of achievement (e.g. the exact level of the aspired profit).

Thus, clearly defined **operational objectives** have to be derived from strategic objectives for each particular business unit. Only if objectives are measurable by content and time will it be possible to control the degree of achievement (= operational objective).

> **!** **Strategic objectives are defined at the highest enterprise level. They are usually all long-term objectives and their achievement is not directly measurable.**

Strategies of BASF according to its mission statement

- expansion of profitable business fields
- concentration on core competencies
- investment in growing markets
- strengthening long-term competitiveness
- technological and innovative leadership
- committed and qualified employees
- ...

Operationalisation of objectives

Objectives that are defined as guidelines for business units need to be formulated as operational objectives. The best way of doing this is to make them SMART. Smart stands for:

Specific: What is to be achieved (e.g. an increase in sales) is clearly defined.

Measurable: The outcome can be measured in numbers (e.g. profits increased by 10%).

Achievable and **R**ealistic: The company is able to achieve the objective with the available resources given (e.g. money, employees, market conditions, etc.).

Timebound: A deadline is provided by when the objective needs to be achieved (e.g. within 12 months).

> **!** **Operational objectives are clearly defined in terms of content, time and degree of achievement. They are binding requirements for business units and their staff and are fairly short-term.**

Task 2 p. 484

Example of a non-operational objective	→	**Example of an operational objective**
increase of competitiveness (= strategic objective)	Making it SMART ▪ **s**pecific ▪ **m**easurable ▪ **a**chievable ▪ **r**ealistic ▪ **t**imebound	reduction of material costs in production area A (specific/*content*) by 5% (measurable, achievable/*degree of achievement*) within the next business year (realistic, timebound/*time*).

Corporate and divisional objectives

Corporate objectives are derived from the company's mission statement. All activities within the company have to be aligned with these objectives. Corporate objectives need to be broken down and specified for the individual divisions and business departments (= divisional objectives). The crucial elements for successful achievement within the divisions are as follows:

- coordination and agreement between all divisions
- meeting deadlines and making sure that the whole project is kept on track
- everyone working together to achieve a common goal
- provision of adequate resources that are necessary to achieve the objective

! **Divisional objectives are the targets of the individual divisions and business departments that are derived from the overall company objectives (corporate objectives).**

Corporate objectives are broken down into specific targets (divisional objectives)

Corporate objective:
"We aim to become the market leader in headphones within three years."

Divisional objectives:
Productions and operations: "We aim to design a great-looking pair of headphones with a distinctive design by the end of the following year."
Marketing: "We aim to achieve 85% customer awareness of our new product in our target markets by the end of the following year."

1.2 Kinds and relationships of business objectives

Kinds of business objectives

Many companies feel that solely relying on **economic objectives** is not enough and that they should take more responsibility for society as a whole. Moreover, consumers are increasingly aware of the working conditions of manufacturing companies and their suppliers as well as the damage they do to the environment. Therefore, companies also set themselves **social** and **ecological objectives**.

These three areas are often expressed by the terms "**profit, people, planet**".

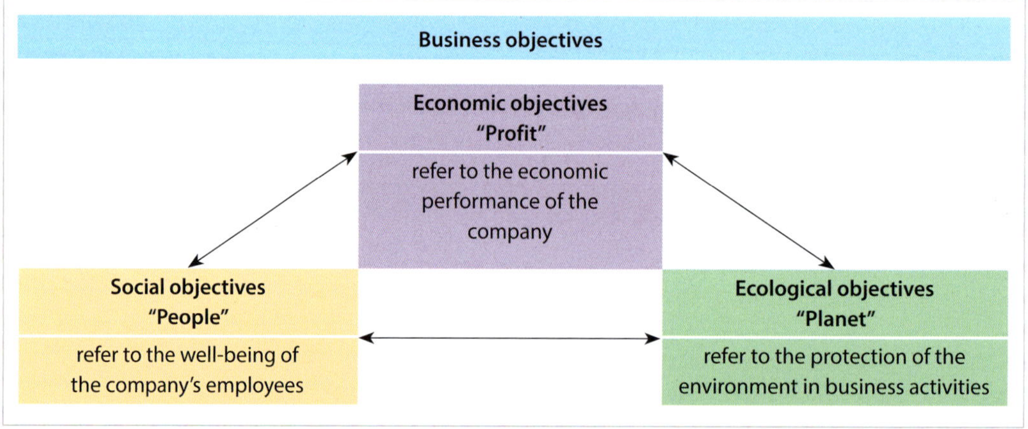

Quantitative and qualitative objectives

Quantitative objectives can be measured in numbers, percentages or amounts of money. In the latter case, the objectives are referred to as "monetary objectives", for example profit and turnover.

Qualitative objectives are hard to describe and measure, for instance employee motivation or a company's image. Whether a qualitative objective has been achieved is always a matter of interpretation.

Renault's business objectives

The French carmaker Renault has announced a number of goals. The multinational company wants to save €10 billion in costs by the end of next year, sell 14 million vehicles and achieve a profit margin close to 6%. These are all **quantitative objectives**.
Moreover, the company plans to introduce new technologies and vehicles and build a more permanent structure for its alliance with Nissan and Mitsubishi. These are **qualitative objectives**.

Economic objectives

Private companies produce goods and services in order to satisfy human needs. In a market economy, companies mainly pursue the economic principle of **profit maximisation**.

! The superior objective of profit-oriented companies is to generate maximum (or at least an appropriate) profit.

In order to achieve the superior objective of profit maximisation, companies also pursue other, subordinate objectives. **Monetary objectives** can be measured in euro or any other currency. These figures provide an extensive insight into the current situation of a company.

Profit mainly depends on sales and costs. Increasing sales and decreasing (minimising) costs are therefore subordinate objectives of profit maximisation.

Superior objective	**Profit (return on equity)**			
	↓		↓	
Subordinate objectives	**Monetary objectives**		**Non-monetary objectives**	
	sales	costs	market share	market power
	productivity	liquidity	quality	customer satisfaction
	value added		...	...

Return on equity (ROE) measures a corporation's profitability by showing how much profit a company generates with the money that the shareholders have invested. The return on equity rate states the interest yield of the capital invested.

! The return on equity rate states the interest yield as a percentage of the capital invested (equity).

$$\text{return on equity} = \frac{\text{profit (€)}}{\text{equity (€)}} \cdot 100 \quad \text{or} \quad \frac{\text{profit (€)}}{\text{Ø equity (€)}} \cdot 100$$

The interest yield of the capital invested is reflected not only by the profit distributed to the shareholders but also by an increase in the company value. If the company value increases, the value of the shares increases, too (= increase of shareholder value). Maximising the shareholder value is increasingly presented as the modern equivalent of profit maximisation, which in itself was seen as a superior objective.

Monetary subordinate objectives: Increasing sales and decreasing costs

In order to achieve the superior objective of profit maximisation, companies also pursue other, subordinate objectives. The profit mainly depends on sales and costs. Increasing sales and decreasing (minimising) costs are therefore subordinate objectives of profit maximisation.

Productivity and profitability

The application of the economic principle requires the economical use of available input factors. This means that the ratio between input factors and production output should be constantly improved. This ratio is called productivity and provides information about efficiency in the use of the input factors (= quantitative efficiency).

Productivity is a way to measure efficiency. It measures the output of a firm in relation to its input.

$$\text{productivity} = \frac{\text{production volume (output)}}{\text{input factors (input)}}$$

Productivity usually refers to certain business units and individual input factors.

Labour productivity	Capital productivity	Material productivity
$= \frac{\text{production volume}}{\text{working hours}}$	$= \frac{\text{production volume}}{\text{working capital}}$	$= \frac{\text{production volume}}{\text{input of raw materials}}$

Although profitability is not the same as profit maximisation, it is still of major significance at all company levels. The relationship between the company's performance and the costs incurred to create this performance define profitability (measured in euros):

Task 3 p. 484 f.

$$\text{profitability} = \frac{\text{performance (€)}}{\text{costs (€)}} \cdot 100 \quad \text{or} \quad \frac{\text{revenue (€)}}{\text{expenses (€)}} \cdot 100$$

When making comparisons and using profitability, bear in mind that an increase in the prices of input factors (= increase of costs), for example, will reduce profitability, even though the business has dealt with input factors economically and productivity has increased.

Creation of value

The basic objective of any productive activity is the creation of value. A measure of the value that is created during the production process is called **value added**. It can be calculated as the difference between a company's gross output (= sales, changes in inventory) and the cost of its intermediate inputs (= energy, raw materials, semi-finished goods and services).

Task 4 p. 485

Calculation of value added

revenues ± change in inventory + internally produced and capitalised assets	**production value**
= **gross output** (= **value of production**)	
– costs of raw materials and supplies – costs of external parts – costs of services (e.g. transport, repairs, advice, insurance)	**intermediate inputs**
= **gross value added**	
– depreciation	
= **net value added**	

Value added is the enhancement that a company puts on its intermediate inputs (i.e. inputs purchased from other companies) during the production process.

Liquidity as a constraint

Securing liquidity comprises the ability to meet any due payment obligations at any time.

Liquidity is not a main objective of a corporation but a necessary constraint that has to be met at any time. Otherwise the company will have to face bankruptcy proceedings, which may lead to its closure. To avoid this, the following condition is crucial:

Opening balance (of liquid funds, cash, bank deposits) + inpayments – outpayments ≥ 0

Non-monetary objectives such as market share and customer satisfaction are very important for the future development of the company and its superior objective.

Non-monetary objectives (cannot be measured directly in money)			
Market- and competition-related objectives	**Customer-related objectives**	**Product-related objectives**	**Staff-related objectives**
▪ increasing market share and market power ▪ becoming market leader ▪ improving image and publicity	▪ gaining new customers ▪ increasing customer satisfaction	▪ increasing product quality ▪ developing new (environmentally-friendly) products	▪ improving working atmosphere ▪ increasing employee satisfaction ▪ promoting further education and staff development ▪ securing jobs

Ecological objectives

Ecological objectives are meant to limit the environmental impact of a business. In times of climate change and rising environmental pollution, more and more corporations are including environmental protection as an additional subordinate objective in their mission statement.

Setting ecological objectives implies minimising or even preventing environmental pollution.

Task 5 p. 485

Environmentally conscious purchasing	Environmentally conscious production	Environmentally conscious sale
▪ Purchasing sustainable materials ▪ Preferring ecologically responsible suppliers ▪ Eco-friendly transport ▪ Eco-friendly storage of hazardous materials	▪ Low-emission manufacturing processes ▪ Returning production residues to the manufacturing process (internal recycling) ▪ Eco-friendly waste disposal ▪ Manufacturing eco-friendly, recyclable products	▪ Using eco-friendly packaging ▪ Reducing packaging ▪ Shipping products using eco-friendly routes and transport ▪ Emphasising products' green credentials in advertising

Social objectives

Social objectives refer to the employees of a company and focus on job security and on granting voluntary employee benefits.

Social objectives (which concern the employees) can be subordinate or additional objectives in relation to the superior objective of profit maximisation. Social objectives have the following intentions:

- to increase the performance of employees by taking measures that are more generous than the legal regulations on worker protection and accident prevention
- to increase the motivation of employees by offering them higher pay and bonuses as well as allowing them a say
- to increase the loyalty and dedication of employees to the company by improving the working atmosphere
- to improve the company's image and reputation in order to become an even more attractive employer

By being involved in different social areas, the company emphasises that it considers itself part of society as a whole. This involvement highlights the company's sense of responsibility and improves its image.

Vaude's social and ecological objectives

The German outdoor outfitter Vaude publishes a "common good balance sheet" every year. It declares that business success is measured not only in economic terms but also in terms of environmental sustainability, social justice and solidarity. Objectives include "human dignity in the supply chain", "self-determined working arrangements" and "the reduction of environmental impact".

https://csr-report.vaude.com/gri-en/csr-standards/economy-for-the-common-good.php

Relationships between business objectives

Task 6 p. 485

Every company pursues a multitude of objectives. There may be different relationships between the objectives.

Complementary objectives promote the accomplishment of other objectives. There is harmony between these objectives.

Example of complementary objectives

- replacing machines with newer ones that save both money and energy

Competitive objectives hinder the accomplishment of other objectives. There is a conflict between these objectives.

Examples of competitive objectives

- reducing environmental pollution and increasing production
- higher spending on advertising to increase market share while trying to increase profit in the short term

Indifferent objectives do not influence each other. There is neither harmony nor conflict between these objectives.

Example of indifferent objectives

- increasing recyclable parts of our products to 90% by the end of the decade while cutting personnel expenditures by one fifth within the next three years

Competition between objectives at an eyeware manufacturer

Task 7 p. 485

Starting situation:	Revenue €1,000,000, costs €700,000, profit €300,000
Objectives:	Superior objective: Profit maximation Subordinate objective: More market power through increased sales
Measures:	Price reduction of 20% on all types of sunglasses
Consequences:	Sales increase to €1,050,000 due to the increased quantity of sunglasses sold (at a lower price) Costs increase to €800,000 due to increased production. → Decrease of profits to €250,000
Result:	**In this case the objectives of maximising sales and profit at the same time compete with each other.**

Means-ends relationship (hierarchy of objectives)

Operational objectives at different levels can be characterised by a hierarchy of objectives. These objectives are in a means-ends relationship. Intermediate objectives are means to accomplish superior objectives and, in turn, subordinate objectives are means to accomplish intermediate objectives.

Example of a means-ends relationship

Increase in sales	superior objective
↑	
Improvement in quality	intermediate objective
↑	
Training for employees	subordinate objective

Block diagram chapter 1: System of business objectives

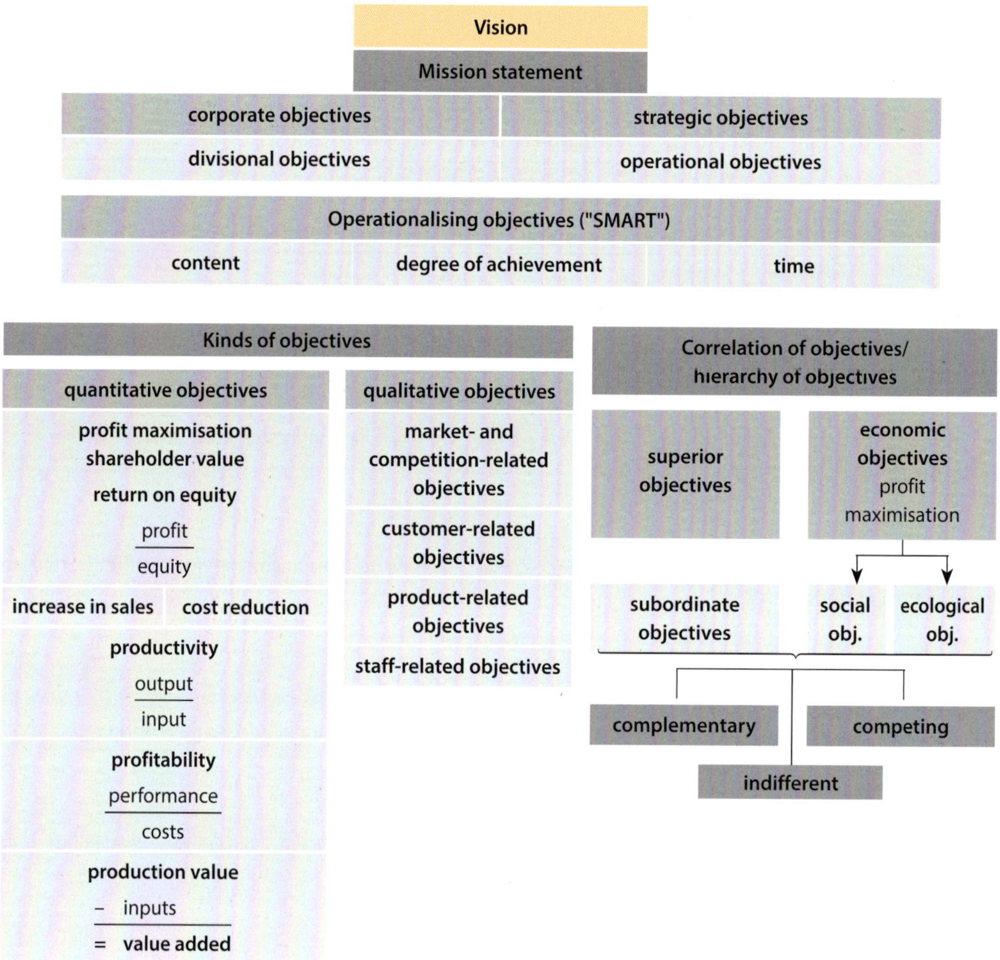

vel.plus/BHBILIJ32

KEY TERMS TRANSLATED

corporate objectives	Unternehmensziele	profitability	Wirtschaftlichkeit, Rentabilität
creation of value	Wertschöpfung		
constraint	Nebenbedingung, Einschränkung	return on equity	Eigenkapitalrentabilität
divisional objectives	Abteilungs-/Bereichsziele	strategic objective	strategisches Ziel
equity	Eigenkapital	subordinate	untergeordnet
mission statement	Unternehmensleitbild	value added	Mehrwert, Wertschöpfung
opening balance	Anfangsbestand	vision	Vision
operational objective	operationalisiertes Ziel		

Check your competences with a **self-assessment list**.

Scan the **QR code** or use the following link: vel.plus/BHBILIJ01

REVISION OF BASIC KNOWLEDGE

vel.plus/BHBILIJ02

for chapter 1 System of business objectives

1.1 System of business objectives as a managerial starting point

1. Explain the term "corporate vision" and give an example.
2. Explain the term "mission statement".
3. Describe what groups of people might be interested in the mission statement of a company.
4. Outline the three conditions for an operational objective.
5. Outline the "SMART" criteria that can be used to operationalise an objective.
6. Explain the difference between corporate and divisional objectives.

1.2 Kinds and relationships of business objectives

1. Distinguish between different kinds of objectives by using the terms "profit, people, planet".
2. Differentiate between qualitative and quantitative objectives.
3. Formulate an objective for each category "profit, people, planet".
4. Define the relationship between a superior and a subordinate objective.
5. Give an example of economic monetary objectives and of non-monetary objectives.
6. Explain the term "productivity".
7. Explain how "profitability" is measured.
8. Explain the concept of "value added".
9. Outline why liquidity is not an objective of business activity but a business constraint.
10. Give examples of ecological objectives of a company. Distinguish between the areas of procurement, production and sales.
11. Explain conflicting objectives using an example.
12. With the help of examples, describe what is meant by "hierarchy of objectives".

TASKS FOR APPLICATION AND PRACTICE

for chapter 1 System of business objectives

Task 1 Vision and mission statement

HILFE vel.plus/BHBILIJ03

1. Explain for each company which of the quotes below is more likely to be the vision and which the mission statement.
   a) IKEA[1]:
      1. "[We want] to offer a wide range of well-designed, functional home furnishing products at prices that are so low that as many people as possible can afford them."
      2. "[We want] to create a better everyday life for as many people as possible – for customers, but also for our employees and the people who work for our suppliers."

1 IKEA: Vision and business concept. https://www.ikea.com/nl/en/this-is-ikea/about-us/vision-and-business-concept-pub9cd02291 (accessed 1 october 2021).

2. Outline the relationship between sales, costs and profits in a formula.
3. The CEO of the company compares the objectives concerning sales and profits with the actual outcome (see results of subtask 1). There is criticism that the only objective reached was that for sales. Explain why the objective of profit increase was not reached, even though sales either rose or at least remained unchanged.
4. Enter the combinations of profit and sales of the five periods into a coordinate system. Use the chart on the right as a sample.

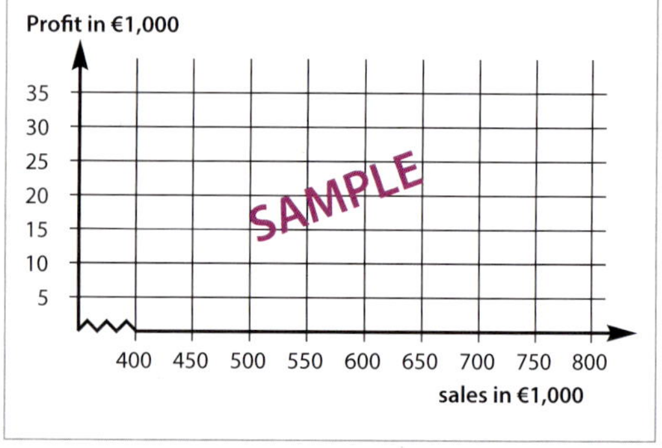

5. On the basis of the following correlations of objectives:
   a) complementary objectives (compatible, supporting each other)
   b) competing objectives (not compatible, hindering each other)
   c) indifferent objectives (independent from each other)

   describe which relationships between sales and profit in the five periods are complementary, competing or indifferent.
6. State the correlations of objectives (complementary, competing, indifferent) of the following objectives:
   a) increasing the market share (in quantitative terms) – increasing sales
   b) increasing sales – increasing profits
   c) reducing costs – increasing profits
   d) improving product quality – improving image
   e) reducing environmental impact – increasing profits
   f) increasing market power – securing jobs

2 Business objectives and stakeholder interests

Competences:

- *examining the interdependencies between management decisions and company stakeholders* — **2.1 Stakeholders and their interests**
- *reflecting upon the significance of responsible managerial behaviour towards all stakeholders* — **2.2 Shareholder vs stakeholder value concept**, **2.3 Corporate management and ethics**

2.1 Stakeholders and their interests

Each corporate activity aims at achieving a defined set of objectives. A core question in this context is:

> **Who determines the objectives of companies, and what interests are the most important in order to achieve them?**

In any company's environment there are several groups of **stakeholders**, who all have different interests and expectations.

> **A stakeholder is any person or entity that has an interest in a company and is either affected by it or can affect the company.**

Regarding their relationship with the company, stakeholders can either be internal or external. **Internal stakeholders**, for example employees, members of the management board and shareholders, are involved in the company and directly contribute to its internal functions. Their interest in the company is based on a direct relationship such as employment or ownership. **External stakeholders** like suppliers, the government or competitors, on the other hand, are affected by the company but do not directly contribute to internal operations.

	Stakeholder	Benefits they bring to the company	Expected rewards
Internal	shareholders	equity	interest yield and increased value of invested capital, voting rights on major issues
Internal	(top) management	corporate management, skills, dedication, performance	income, power, influence, prestige
Internal	employees	manpower, skills	income, securing employment, meaningful job according to skills, appreciation
External	creditors	debt capital	safe capital investment, interest yield and repayment of invested capital
External	suppliers	in-time delivery, high quality of goods	liquidity, stable and fair relationship
External	customers	purchase of goods, brand loyalty	appropriate value-for-money ratio, service, favourable terms
External	state and society	infrastructure (e.g. roads), public safety and order (e.g. legal framework and judiciary)	tax payments, securing employment, social benefits, abiding by legal regulations, promotion of science and culture

As not all of the **stakeholders' interests** can be satisfied equally, management has to deal with the conflicts arising from this situation. When determining business objectives, management has to define the extent to which the different expectations and demands will be taken into account. There are two approaches: the **shareholder value concept** and the **stakeholder value concept**.

2.2 Shareholder vs stakeholder value concept

Shareholder value concept

Principles of the shareholder value concept

Experts in the field of business studies commonly assume that the main corporate decisions are taken by the owners of the company and thus focus their decision on profit maximisation. However, the owners of stock companies, i.e. the shareholders, do not take any corporate decisions. They give up their decision-making power to the management board and other executives. Hence, there is a **separation of ownership** and **decision-making power**. This can lead to conflicts if, for example, the managers pursue their own interests (higher salaries, power, influence) which may not be compatible with the owners' interests. And, in turn, due to a lack of information about corporate decisions, the owners cannot be sure that their interests will be pursued. It is impossible to completely control managerial behaviour by contracts.

Superior objective: Maximising shareholder value

The central postulate of the shareholder value concept is: "The shareholders' financial interests are at the centre of all corporate activities." This leads to the following objective:

> ! **According to the shareholder value approach, maximising shareholders' capital is at the centre of corporate management.**

The value of the capital invested increases as a result of dividend payments on the one hand and through rising share prices on the other hand – with the latter accounting for a larger proportion.

Calculating shareholder value

The assets of a shareholder comprise the following:

> ! **shareholder value = stock market price (at time of purchase) + dividend + price advance**

The shareholder value is equal to the **market value of a company's equity**.

The **company value** is the starting point for calculating the shareholder value.

> ! **company value = market value of total capital**
> **= market value of a company's equity (shareholder value)**
> **+ market value of debt capital**

The equation used to calculate the market value of equity (= shareholder value) is as follows:

> **market value of equity (shareholder value) = company value – market value of debt capital**

Future profits are added to the **company value**. Their present value is calculated by estimating future **cash flows** and discounting them.

Criticising the shareholder value concept

If the managers and not the **owners** themselves are responsible for managerial activities, the **managers** are supposed to act according to the shareholder value concept, which takes account of the interests of the owners. In order to combine the interests of managers with those of the owners, the managers are often given **incentives** in the form of **share options**.

Such share options give the management board and other executives the right to buy company-owned shares at an agreed preferential price. This makes increasing the share prices a key area of focus for managers, which is intended by the owners. Granting **share options** is an additional **motivation factor** for managers to increase the future company value. Companies which compensate their employees with share options normally buy back their own shares. If a company's own shares are bought back on a larger scale, the share price will rise. This is in line with the theory of the shareholder value concept. Even if a company's shares are bought back for the purpose of holding them in treasury or cancelling them, this can contribute to the shareholder value. The share price will increase and if profits do not decrease, the profit per share and the return on equity will increase, too.

Critics point out that granting **share options** means pursuing an unrestrained **pro-shareholder policy** focusing solely on increasing the share price at the expense of other stakeholders (e.g. employees, customers, environmental organisations). Such a corporate policy is criticised for the following reasons:

Shareholders' interests	Profit maximisation	Neglecting social objectives
The policy focuses only on the shareholders' interest of increasing the market value of their investment.	The main objective lies in short-term profit maximisation including the increase of share prices.	Focusing on profit maximisation means neglecting social objectives. Especially the employees' interests are neglected.

> **The shareholder value concept states that corporate management should first and foremost consider the interests of shareholders in their business decisions, i.e. the shareholders' interests in increasing their income and personal assets.**

Task 1
p. 495

The sole concentration on shareholder value has been widely criticised. An alternative is provided by the **stakeholder value** approach.

Stakeholder value concept

Critics have called for the shareholder value model to be replaced with the **stakeholder value concept**, which combines the recognition of both the shareholders' interests **and** the other stakeholders' interests. The management is supposed to take account of a variety of interests (stakeholders: investors, banks, management, employees, customers, suppliers, state and society). According to this approach, the long-term survival of a company is only possible if it is accepted by and integrated into its environment.

This approach can lead to significant long-term benefits for the company.

Examples include:

- Improving the working life of employees might lead to more motivated employees who are more willing to stay with the company.
- Closer collaboration with local communities might be advantageous (e.g. when seeking planning permission for expansion).
- Treating suppliers with respect and guaranteeing them long-term relationships might lead to a more favourable position if, for example, there is a supply shortage.

Task 2
p. 496

The stakeholder value concept states that in the decision-making process, not only the interests of shareholders should be considered, but also (and in particular) those of the company's stakeholders.

Problems of the stakeholder value concept
■ The different interests and expectations of stakeholders lead to very complex processes in the definition of objectives. ■ Conflicts of objectives are very likely. ■ A precise definition of objectives is difficult. ■ Many shareholders demand short-term rewards and believe that decisions should be taken in the best interest of shareholders alone.

2.3 Corporate management and ethics

Recognising and balancing out the diversity of interests poses serious problems for corporate management if it wants to **act responsibly**. Depending on the degree to which legal regulations are observed in order to achieve the business objectives, the following types of corporate behaviour can be distinguished:

Unethical corporate behaviour	Law-abiding corporate behaviour	Law-abiding and ethical corporate behaviour
■ The company's own advantage is ranked higher than societal interests. ■ Laws and regulations are violated if necessary.	■ Laws and regulations are observed. ■ Additional actions in favour of societal interests that go beyond legal provisions are not implemented.	■ Laws and regulations are observed. ■ Ethically correct behaviour is the basis for all business activities.

In the real business world, there is a multitude of approaches as to how to implement economic and business ethics which are mainly based on good, transparent management actions (**good corporate governance**) as well as social and ecological responsibility towards society as a whole (**corporate social responsibility**).

Corporate governance

Task 3
p. 496

Corporate governance comprises all the national and international values and principles of responsible corporate management.

The principles of good corporate governance are supposed to guarantee that management actions are responsible and transparent, that they focus on the long-term success of the company and thus strengthen the confidence of shareholders and investors in capital markets. On the other hand, corporate governance serves companies by providing them with guidance regarding their behaviour and helping them to monitor themselves.

In 2002, the **German Corporate Governance Code** for listed stock companies was passed in order to make the national regulations concerning corporate management and supervision in Germany more transparent. This code restates the most important legal provisions concerning management and supervision and includes the following regulations:

§ 161 Stock Corporation Act[1] (Aktiengesetz) requires the following for the declaration of compliance:

(1) The executive board and supervisory board of the listed company shall declare annually that the recommendations of the "Deutscher Corporate Governance Kodex" published by the Federal Ministry of Justice in the official section of the Federal Gazette have been and are being complied with or which of the Code's recommendations are not being applied and why ...

(2) The declaration shall be permanently accessible to the public on the company's website.

Auszug aus „Deutscher Corporate Governance Kodex" (Abschnitt G)[2]

Der Aufsichtsrat beschließt ein klares und verständliches System zur Vergütung der Vorstandsmitglieder [...]

Die Vergütungsstruktur ist bei börsennotierten Gesellschaften auf eine nachhaltige und langfristige Entwicklung der Gesellschaft auszurichten. Die Vergütung der Vorstandsmitglieder hat zur Förderung der Geschäftsstrategie und zur langfristigen Entwicklung der Gesellschaft beizutragen. [...]

Der Aufsichtsrat soll die Möglichkeit haben, außergewöhnlichen Entwicklungen in angemessenem Rahmen Rechnung zu tragen. In begründeten Fällen soll eine variable Vergütung einbehalten oder zurückgefordert werden können. [...]

- The total compensation of each member of the management board is to be disclosed (published) with the names being specified, unless the general meeting, in a resolution passed by a 75 per cent majority, has provided otherwise. (No. 4.2.4 of the Corporate Governance Code)
- Members of the management or supervisory boards or other persons with executive tasks as well as persons who are close to the above-mentioned groups must report their purchases and sales of corporate shares immediately to the corporation so that these transactions can be made public. (No. 6.6 of the Corporate Governance Code)

1 Bundesministerium der Justiz und für Verbraucherschutz. Aktiengesetz. Übersetzung durch Samson Übersetzungen GmbH, Dr Carmen von Schöning. https://www.gesetze-im-internet.de/englisch_aktg/englisch_aktg.html#p0429
2 Deutscher Corporate Governance Kodex. in der Fassung vom 16. Dezember 2019 https://www.dcgk.de/de/kodex.html.

Dax chief executives (Dax-Vorstandsvorsitzende) with the highest remuneration in 2020[1]:	
Steve Angel, **Linde**	€53.4 million
Niklas Östberg, **Delivery Hero**	€45.7 million
Dr Frank Appel, **Deutsche Post**	€10 million
Joe Kaeser, **Siemens**	€9.3 million
Dr Stefan Oschmann, **Merck**	€9 million
Dax chief executives (Dax-Vorstandsvorsitzende) with the lowest remuneration in 2020:	
Reiner Winkler, **MTU**	€2.8 million
Christian Klein, **SAP**	€2.2 million
Stefan De Loecker, **Beiersdorf**	€2.1 million

Vorstandsgehälter

Das Vergütungsniveau der Spitzenmanager pendelt sich auf hohem Niveau ein. ... Die Kriterien für die erfolgsabhängige Vergütung der DAX-Vorstände orientiert sich trotz der in § 84 AktG geforderten Nachhaltigkeit immer noch in erster Linie am Shareholder Value. Zwar tauchen bei einigen Gesellschaften auch Kunden- oder Mitarbeiterzufriedenheit als Maßstäbe für die Erfolgsbeteiligung der Manager auf. Es fehlen aber Zielgrößen, die auch der gesellschaftlichen Verantwortung der Manager Rechnung tragen. ...

nach Handelsblatt v. 30.03.2010, S. 32

Judging by the average improvement of executive pay (see below) and the discussion about the payment of bonuses in companies that received financial support from the government during the pandemic, the extent to which a "sustainable development" and "extraordinary developments" mentioned in the German Corporate Governance Code are really taken into account by companies is questionable.

Vorstandsgehälter

„Dax-Vorstandsvergütungen 2020 trotz Coronakrise auf Rekordwert
Der neuen Berechnung zufolge erhöhten sich die durchschnittlichen Bezüge der Vorstandsvorsitzenden im Dax zu 2019 um 14,6 Prozent auf den Rekordwert von 8,5 Millionen Euro. Der Vorstandsvorsitzende des Gasekonzerns Linde, Steve Angel, kommt nach nun vorliegenden Zahlen auf rund 53,4 Millionen Euro Gesamtvergütung. Beim Vorstandsvorsitzenden des Essenslieferanten Delivery Hero, Niklas Östberg, sind es nach HKP-Angaben gut 45,7 Millionen Euro."[1]

Corporate social responsibility

Task 4
p. 496

The term **corporate social responsibility** refers not just to good corporate management as corporate government does, but to the **responsibility of companies towards society as a**

1 Haufe. Gehalt zweier Dax-Chefs trotz Coronakrise auf Allzeithoch. 04.05.2021. https://www.haufe.de/personal/hr-management/verguetung-der-dax-30-vorstandsvorsitzenden_80_540142.html (accessed 2 October 2021).

whole. However, there are no universal rules for companies on how to meet this responsibility. Among the several attempts to establish criteria for corporate social responsibility, the **Global Compact** of the United Nations has received the greatest attention by far. So far, more than 12,000 companies worldwide have signed this Global Compact, which includes the following postulates:

Human Rights

- Principle 1: Businesses should support and respect the protection of internationally proclaimed human rights; and
- Principle 2: Make sure that they do not become involved in human rights abuses.

Labour

- Principle 3: Businesses should uphold the freedom of association and the effective recognition of the right to collective bargaining;
- Principle 4: The elimination of all forms of forced and compulsory labour;
- Principle 5: The effective abolition of child labour; and
- Principle 6: The elimination of discrimination in respect of employment and occupation.

Environment

- Principle 7: Businesses should support a precautionary approach to environmental challenges;
- Principle 8: Undertake initiatives to promote greater environmental responsibility; and
- Principle 9: Encourage the development and diffusion of environmentally friendly technologies.

Anti-Corruption

- Principle 10: Businesses should work against corruption in all its forms, including extortion and bribery.

Critics argue that taking part in the Global Compact is voluntary and that there is no controlling body to enforce compliance with the compact.

Ethical behaviour as an economic factor

As is the case with good **corporate governance**, the concept of **corporate social responsibility** is also becoming an important **economic factor**.

Task 5 p. 496

Companies which have made ethical behaviour a core value of their corporate culture have experienced a positive impact of their behaviour in the long run, especially in terms of increasing profits. Studies have proven that most consumers consider the social commitment of companies an important factor in their purchase decisions. Many consumers are even willing to pay a higher price. For investors, social factors also play an important role. According to recent studies, there is a positive relationship between share price development, good corporate governance and compliance with minimum social standards.[1]

1 This can be seen in the development of the Dow Jones Sustainability Index.

Block diagram for chapter 2: Business objectives and stakeholder interests

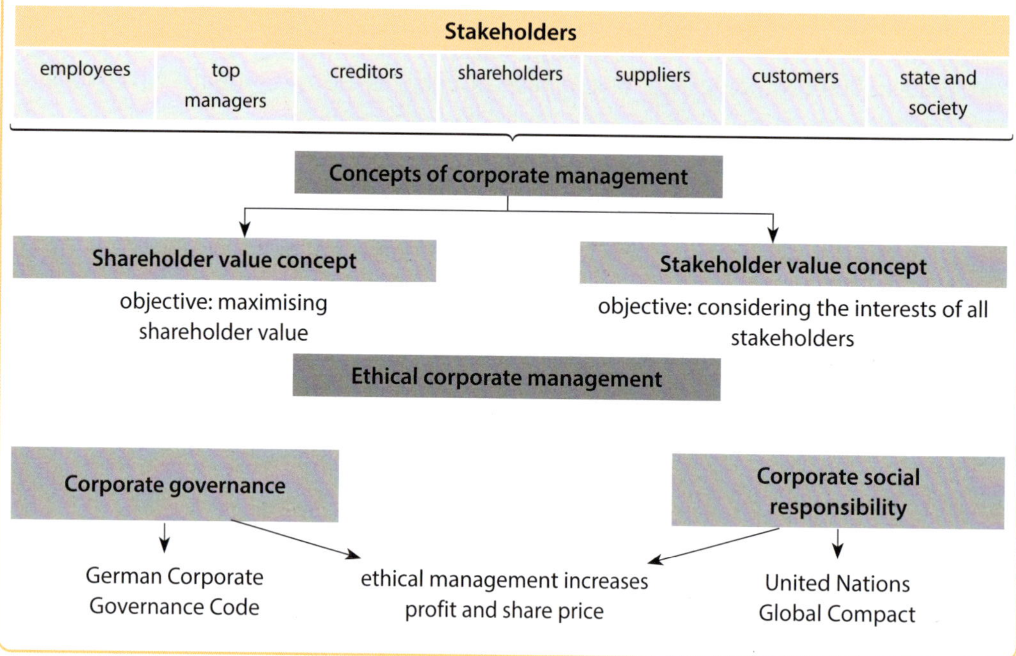

vel.plus/BHBILIJ33

KEY TERMS TRANSLATED

corporate governance	(verantwortungsvolle) Unternehmensführung	management board	Vorstand
		remuneration	Vergütung, Gehalt
corporate social responsibility	gesamtgesellschaftliche Unternehmensverant-wortung	shareholders	Aktionäre
		stakeholders	Anspruchsberechtigte
		stock corporation act	Aktiengesetz
law-abiding	gesetzestreu		

Check your competences with a self-assessment list.

Scan the **QR code** or use the following link: vel.plus/BHBILIJ08

vel.plus/BHBILIJ09

REVISION OF BASIC KNOWLEDGE

for chapter 2 Business objectives and stakeholder interests

2.1 Stakeholders and their interests

1. Define the difference between a stakeholder and a shareholder.
2. Name three different stakeholders and their interests.

2.2 Shareholder vs stakeholder value concept

1. Give the superior objective of corporate management according to the shareholder value concept.
2. Name the components of shareholder value.
3. Describe the relationship between shareholder value, the market value of equity, the market value of debt capital and company value.

4. Outline the criticism of the shareholder value concept.
5. Explain the incentive system of share options.
6. Describe the aims outlined in the stakeholder value concept.
7. Explain drawbacks of the stakeholder value concept.

2.3 Corporate management and ethics

1. Describe three types of companies with regard to their respective ethical behaviour.
2. Define "corporate governance".
3. List the regulations of the German Corporate Governance Code.
4. Define "corporate social responsibility".
5. Describe the content of the United Nations Global Compact.
6. Explain the possible relationship between ethical corporate management and the development of profits and share prices.

TASKS FOR APPLICATION AND PRACTICE

for chapter 2 Business objectives and stakeholder interests

Task 1 Stakeholders and their interests

PDF vel.plus/BHBILIJ10

1. Arrange the following groups of stakeholders of a company and their interests in the table below:

   equity owners (shareholders), creditors, competitors, managers, customers, suppliers, unions, employees, government agencies, action groups, clubs, non-governmental organisations (NGOs), local residents, public

Groups of stakeholders	Interests
Internal stakeholders	
External stakeholders	

2. Explain the intentions of the shareholder value concept. Also describe the meaning of "company value".
3. A main problem of the shareholder value concept is the separation of ownership and management. Explain this problem.
4. Assess the following decisions from the viewpoint of the shareholder value concept and state your reasons:
   a) loss of jobs
   b) avoiding investments in eco-friendly technologies
   c) focus of corporate policy on high share prices
   d) relocation of production facilities to low-wage countries
5. Representatives of the shareholder value concept claim: "It is the core objective of a company to make profits for its shareholders. However, not only owners benefit from such a value-creating objective – stakeholders do as well." Give your opinion.
6. Describe the conflicts of objectives between the interests of shareholders and the stakeholders in the following cases:
   a) Trade unions demand shorter working hours without a reduction in pay and also a profit-sharing scheme.
   b) The former president of the Bundesverband der Deutschen Industrie (BDI) Rogowski calls the employees' right to a say on the supervisory board a "mistake in history".
   c) Consumer associations demand better product quality and more extensive warranties for customers.
   d) Environmental groups call for eco-friendly production techniques.

Task 2 Stakeholder value concept

www

The Linde Group Website

Linde Corporate Responsibility Report 2017

Linde Sustainable Development Report 2020

Linde plc is a chemical company active in the areas of gas, engineering, procurement and construction. On its website[1] and in its corporate responsibility report[2], it mentions that it is in regular contact with its stakeholders through surveys.

It names different areas that its stakeholders come from for example:

- business
- capital markets
- politics

a) List other areas that its stakeholders might come from.

b) Come up with specific examples of stakeholders for the areas Linde operates in.

c) Explain why you think that Linde is in dialogue with its stakeholders.

d) Working in groups, explore Linde's website, CSR report and Sustainable Development Report[3]. Find out what reasons it gives for its interest in its stakeholders. Give examples of how it considers its stakeholders' needs.

Task 3 Corporate governance and Global Compact

www

German Corporate Governance Code

1. Examine what regulations for good, responsible corporate management the German Corporate Governance Code includes besides those mentioned in chapter 2.3. You can find the current version of the Code at: https://www.dcgk.de/en/code.html
2. Examine the annual reports of German stock corporations (e.g. Deutsche Bank, SAP, Deutsche Telekom) to find out what kind of information they include regarding the Corporate Governance Code (cf. AktG §161). Check whether the information required in the Code (e.g. a report on the remuneration level of the management board) is really published or whether the company has "opted out" of it with the help of an exception clause.
3. Browse the internet for companies worldwide that have joined the United Nations Global Compact and find statements on this matter in their annual reports.
4. Find out about the goals, measures and background of the "Netzwerk für Unternehmensverantwortung CorA – Corporate Accountability", a network whose goal is to make multinational corporations live up to their social responsibility (https://www.cora-netz.de/). Prepare a short presentation about it.

Corporate Accountability

Task 4 Corporate social responsibility

www

Bearbeiten Sie das Themenblatt „Unternehmensethik – Eigentum verpflichtet". Das Material ist in Print und als PDF Download frei zugänglich unter https://www.bpb.de/shop/ mit der Bestellnummer 5961.

Unternehmensethik – Eigentum verpflichtet

Task 5 Business ethics and greenwashing

www

a) Find out what "greenwashing" is.

b) Find a current example of greenwashing and contrast it with the specific company's code of conduct or corporate responsibility statement.

1 The Linde Group. Open dialogue with our stakeholders. http://cr_report_2009_de.linde.com/linde/en/home/Grundsaetze/Stakeholder-Dialog.html (accessed 22 October 2021).

2 The Linde Group. Corporate Responsibility Report 2017 p.37 https://www.linde.com/-/media/linde/merger/documents/sustainable-development/2017_linde_corporate_responsibility_report.pdf?la=en (accessed 22 October 2021).

3 The Linde Group. Sustainable Development Report 2020 p.29ff. https://www.linde.com/sustainable-development (accessed 22 October 2021).

3 The need for strategies

Competences:

- *explaining why strategies are necessary for a company's success in a global, constantly-changing business environment* — **3.1 Reasons for strategies**
- *analysing characteristics of successful business strategies* — **3.2 Characteristics of successful strategies**

3.1 Reasons for strategies

In order to be successful in the long run, a company needs to know where it is heading and what it wants to achieve. It is not enough, however, to identify and formulate corporate objectives without formulating a way to reach them. The course of action as well as the resources that are needed to realise it, combined with the long-term objectives of a company, are the key elements of a business strategy.

A strategy involves determining the long-term objectives of a company. It contains the necessary courses of action and the allocation of resources that are essential to achieve these objectives.[1]

The course of action that the business takes depends on many factors. On the one hand, factors within the company play a role. The company has a certain set of **intra-corporate resources and competences** that it can use. The set of resources and competences changes when the company develops new products, invests in new technology or hires new employees. These changes in intra-corporate resources make it necessary to adapt strategies. Therefore, companies need to regularly conduct **internal business analyses** to determine appropriate courses of action and a suitable allocation of resources.

Changes in the **business environment** (e.g. the competition, the economic situation, the market, technological progress, etc.) also need to be taken into consideration when formulating strategies. These **external factors** all have an impact on the business and the success of its strategy.

Example of changes leading to an adaptation of strategies

A small start-up company focusing on the production and direct sales of superfoods in fitness studios sees its sales drop to zero during the Covid-19 pandemic. It therefore hires an IT specialist to set up an online shop.
In this case, **changes in the business environment** such as the temporary closure of fitness studios have caused the business to rethink its sales channel, i.e. the part of its strategy on how to reach its customers. As a consequence, it has also changed its internal resources and competences by hiring an IT specialist and opening an online shop. This **change in intra-corporate resources** can also offer further opportunities that can be incorporated into the company's strategy, for example in the form of a database connecting the business to its suppliers or the use of social media to stay in touch with customers.

1 Chandler, A.: Strategy and Structure. MIT Press, New York (1962)

3.2 Characteristics of successful strategies

Since neither companies nor their business environments are the same or stay the same, there is not just one strategy that makes companies successful. What works for one car manufacturer in 2019 might have disastrous consequences for another one in 2020 if it doesn't match the specific internal and external conditions.

Nevertheless, there are certain **features** that can help to make strategies successful.

Task 1 p. 500

First of all, strategies need to answer three basic questions:[1]

❶ What is our business?

What business areas are and will we be active in? What products or services do we offer now and in the future? What customers will we serve and what solutions will we offer?

❷ How can we outperform our competitors in these areas?

Will we imitate, cooperate with or set ourselves apart from the competition? What are our relative strengths and weaknesses compared to the competition?

❸ What will be our long-term competence basis?

What intra-corporate resources do we have and what potential do they hold in the long run?

When answering these questions, the company needs to think in **scenarios**, meaning it has to consider different possible future developments in order to be prepared for them (see learning area D chapter 2.3 Scenario analysis).

Secondly, the strategies at different levels of the company need to be in harmony and based on a common vision. We can differentiate between **corporate strategy** relating to the company as a whole and **business strategies** relating to the different strategic business units or areas that the company is active in.

Thirdly, as explained in chapter 3.1, strategies need to take **changing internal and external factors into account**. Choices need to be made based on ongoing analyses of the internal business and the external business environment.

1 Schreyögg, G/Koch, J (2020): Management: Grundlagen der Unternehmensführung. 8. Auflage. Springer Wiesbaden. S. 153.

Block diagram for chapter 3: The need for strategies

Strategies

secure	involve	consider
■ the long-term success of a business	■ objectives ■ courses of action ■ the allocation of resources	■ intra-corporate resources and competences ■ the external business environment

Successful strategies

harmonise	consider	think in scenarios	analyse
■ corporate strategy ■ business strategies (for SBUs)	■ business ■ competitors ■ competence basis	■ best case ■ trend ■ worst case	■ internal business ■ the external business environment

KEY TERMS TRANSLATED

vel.plus/BHBILIJ34

business strategy	Geschäftsfeldstrategie	intra-corporate resources	unternehmensinterne Ressourcen
corporate strategy	Gesamtunternehmens-strategie	strategic business unit (SBU)	strategische Geschäfts-einheit
course of action	Vorgehen, Handlungsweise		

Check your competences with a self-assessment list.

Scan the **QR code** or use the following link: vel.plus/BHBILIJ17

REVISION OF BASIC KNOWLEDGE

vel.plus/BHBILIJ18

for chapter 3 The need for strategies

3.1 Reasons for strategies

1. Explain why constantly-changing business environments make strategies necessary.
2. Define what a strategy involves.
3. State the two general fields of analysis that strategies need to consider.

3.2 Characteristics of successful strategies

1. Explain the difference between corporate strategy and business strategy.
2. Name the three questions that a successful strategy has to answer.
3. Explain why management needs to think in scenarios when developing strategies.

Factors	Possible aspects	Possible questions
Social	■ demographic changes ■ lifestyle changes/trends	What might be the consequences of the increasing individualisation of society?
Technological	■ life cycle of technologies ■ changes in information technology	What technological innovations can help us cut costs in the long run?
Economic	■ unemployment rates ■ economic growth	To what extent will changes in the labour market impact our talent pool?
Environmental	■ environmental regulations ■ shortage of natural resources	How do stricter environmental regulations impact our supply chain?
Political	■ political stability or instability ■ international tendencies/alliances	How do political events and trends affect our business environment?
Legal	■ competition regulations ■ fiscal (tax) policies	What regulatory changes will impact our subsidiaries abroad?
Ethical	■ changes in values ■ accepted corporate behaviour	How can we implement higher standards concerning fair working conditions?

Macroeconomic developments

Task 2 p. 513

When considering economic factors, macroeconomic developments concerning prices, wages, the economic situation and the labour market are of interest.

Prices:

Price stability is measured by changes in the consumer price index. Inflation (an increase in the general price level) leads to lower purchasing power among the population, which impacts the company's future sales.

!

$$\textbf{inflation rate} = \frac{\text{new consumer price index} - \text{old consumer price index}}{\text{old consumer price index}} \cdot 100$$

Wages:

The development of wage levels determines companies' labour costs. Depending on the power of trade **unions**, companies might have to negotiate wages with unions and so wages might rise. Also, legislation concerning for example **minimum wages** as well as the employer's contributions to social security affect the labour costs that companies have to pay.

Economic situation:

The economic situation of a country can be represented by means of its **economic activity**. Based on different **economic indicators**, the four phases of the economic cycle (or business cycle) (expansion, peak, contraction, trough) can be determined and predicted.

! **The recurring fluctuations of an economy can be represented in an economic cycle. It typically consists of four stages: expansion, peak, contraction and trough.**

Ideal-typical economic cycle

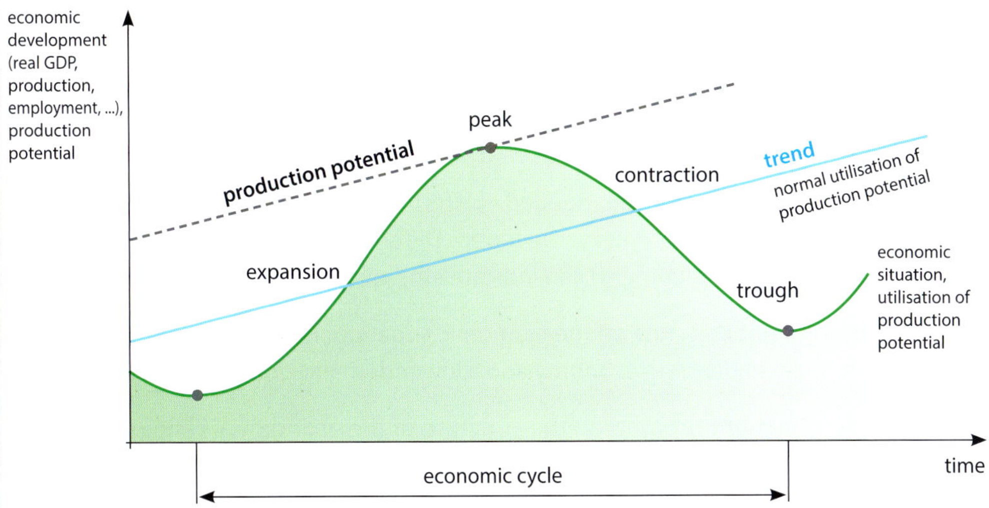

It is relevant for a business to know whether the economy is heading towards a recession or a boom since this will affect their decisions about say, whether to hire employees or to invest. Typical indicators of economic development can be classified according to their timing in relation to the economic cycle.

Economic indicators are economic data that is used to analyse the condition of an economy and to predict future developments.

Leading indicators usually change before the economy as a whole changes and can be used to predict developments. They include stock market prices, money supply, manufacturers' orders, building permits, the consumer expectations index, interest rate spread (difference between short- and long-term interest rates) and business climate index.

Coincident indicators usually change at the same time as the whole economy and can be used to indicate the current situation of the economy. They include real GDP, productivity, personal income, demand for loans and the capacity utilisation rate.

Lagging indicators usually change after the economy as a whole since they are a reaction to the changes. They include employment (unemployment rate, number of job vacancies), the consumer price index, wages and the number of insolvencies.

Development of indicators in different phases of the economic cycle

Indicators / Economic phases	Leading indicators	Coincident indicators	Lagging indicators
Expansion	increasing	slowly increasing	constant, slowly decreasing
Peak/boom	rapidly increasing	increasing	rapidly increasing
Contraction	rapidly decreasing	decreasing	slowly decreasing
Trough/recession	slowly decreasing	slowly decreasing	slowly decreasing, constant

Labour market:

As employees are an important success factor for companies, the availability of the production factor of labour is of interest. It is measured using the **unemployment rate**.

$$\textbf{unemployment rate} = \frac{\text{registered unemployed}}{\text{labour force (= actual number of people available for work)}} \cdot 100$$

Depending on the type of employees needed, the form of unemployment is also of interest, for example when seasonal workers are needed. Different forms of unemployment (e.g. changes in structural unemployment) can indicate emerging skill shortages.

Cyclical unemployment depends on the economic situation. Businesses have a higher demand for labour in an expanding economy and a lower demand during a contraction.

Structural unemployment is based on the structure of the economy. Changes – such as a change away from the secondary (industrial) sector towards the tertiary (service) sector – may lead to a skill mismatch.

Frictional unemployment occurs when people are "in between jobs", i.e. they have either just finished university or quit a job and are currently looking for a (new) job.

Seasonal unemployment occurs in industries such as tourism or construction that are in seasonal demand.

Companies are interested in **labour market policies**, i.e. the government's efforts to secure employment and prevent unemployment. In Germany, for example, the government offers wage cost subsidies to companies for hiring long-term unemployed people as well as short-time work compensation to maintain employment and production in times of crisis.

Competitive analysis

In a narrow sense, external business analysis concerns the direct business environment, i.e. the company's competition, its products, strategies and target groups (= **competitive analysis**). The market position of the company in relation to the competition depends on the market form as well as the relative market share the company holds and market growth.

Market form

The market form that a company operates in is determined by the number and power of competitors. The level of competition increases with the number of suppliers on a market. A supplier facing many competitors will make different decisions than a sole supplier who meets the total demand of the market. This is also reflected in the single supplier's market power, i.e. the company's ability to set a higher price than the price that could prevail in a competitive market.

Typical market forms include:

Polypoly		Oligopoly		Monopoly	
many suppliers	many consumers	few suppliers	many consumers	one supplier	many consumers
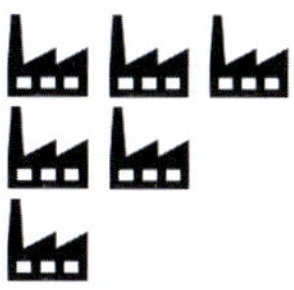	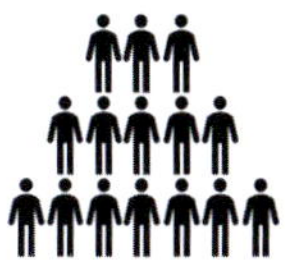		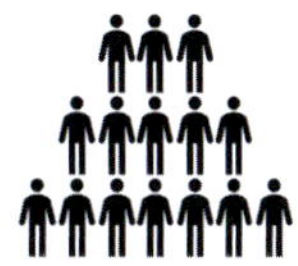		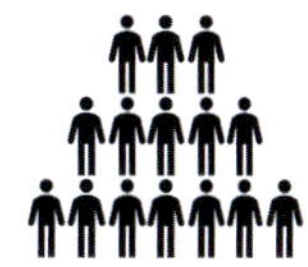
A single supplier (polypolist) provides only a small share of the total supply in the market.		Each individual supplier (oligopolist) provides a fairly large share of the total supply in the market.		There is only one supplier (monopolist) who provides all the supply in the market.	

increasing **market power** of the supplier

Classifying markets by the number of market participants on the supply side and the demand side reveals different market types:

- **A *polypoly* ("perfect competition" or "bilateral polypoly") is characterised by many suppliers and many consumers.**
- **In a (supply) *oligopoly*, a few suppliers meet many consumers.**
- **In a (supply) *monopoly*, the single supplier serves many consumers in the market. Since there is no competition, this supplier has considerable market power[1].**

Market position

When there are more competitors on the market, it is harder for a company to make adequate profits. A company needs to know where it stands compared to its competitors. This can be evaluated with the help of a BCG matrix (portfolio analysis) which examines market growth and the relative market share of a strategic business unit (SBU).

Strategic business units of a company can be divisions of the enterprise that work on specific products or markets (e.g. a geographically clearly defined market, certain customer groups). For these clearly separatable divisions, it is useful to create and implement strategies that are separate and independent from other divisions of the company. Therefore their market position needs to be analysed.

This analysis includes the **external opportunities and threats** in a specific business environment or in relation to specific competition, and **internal strengths and weaknesses** of the business. Typical representation in the form of a coordinate system has an axis for the business environment (market growth) and one for the company itself (the current market share), and so this tool is also called a **growth share matrix**.

for growth share matrix see learning area E chapter 1.2

1 Market power denotes a firm's ability to set a price higher than the price that could prevail in a competitive market.

Market growth	Market share
Market growth is defined as a term to express all the future factors which an enterprise has no control over and which have an impact on market developments. Market growth records the opportunities and risks in the competitive landscape (landscape axis). It is assumed that the diverse risks and opportunities of the competitive landscape can be shown by one single factor: market growth.	The term relative market share shows the market share of a business unit of an enterprise in relation to the market share of the strongest competitor. The strengths and weaknesses of the enterprise, the business unit or the relevant product group are measured by its market position (enterprise axis). Here it is assumed that the strengths and weaknesses can be shown by one single factor: (relative) market share.

!

$$\textbf{market growth} = \frac{\text{expected revenue increase of the overall market in euro}}{\text{current revenue of the overall market in euro}} \cdot 100$$

!

$$\textbf{relative market share} = \frac{\text{revenue of the enterprise in euro}}{\text{revenue of the strongest competitor in euro}} \cdot 100$$

or

$$\frac{\text{market share of the enterprise}}{\text{market share of the strongest competitor}} \cdot 100$$

If the relative market share is higher than 100 percent, the company concerned will be the **market leader**, as no other enterprise can have higher revenues or market share.

The market share also reflects the cost position of the company in the market. A large market share reflects cost advantages or even cost leadership in the market.

Depending on the market share and market growth, the different strategic business units of an enterprise are placed inside a four-field matrix with the following categories: poor dogs, question marks, stars and cash cows – which is the basis for developing suitable strategies for the different SBUs.

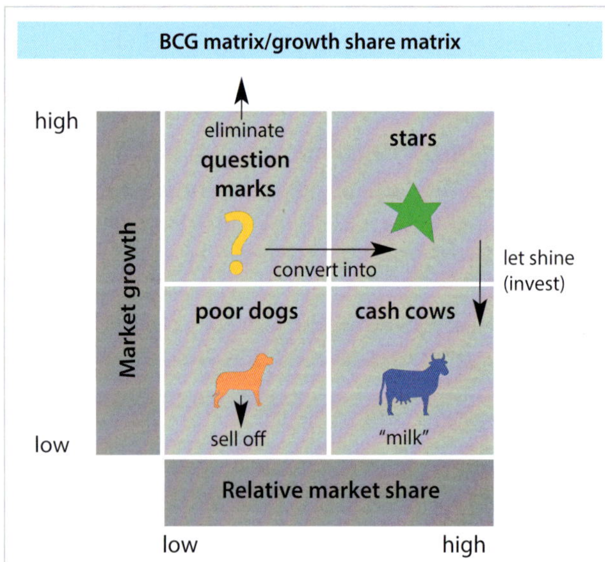

Customer structure

In order to focus on a promising market segment, a company doesn't just need to conduct market research on its prospective customers; it also needs to find out whom the competition is targeting, for example based on their products and marketing mix. The customer structure can be examined using various geographical, demographic, psychographic and sociographic criteria.

Market segmentation can be based on various criteria:

geographical
- region
- neighbourhood

demographic
- age
- gender

psychographic
- lifestyle
- attitude

sociographic
- income
- occupation

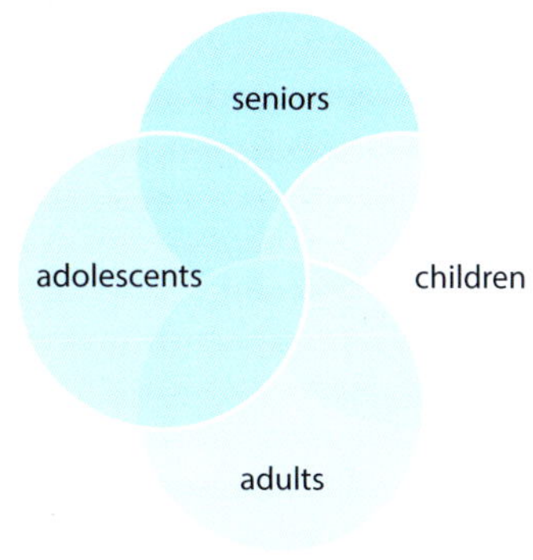

4.2 Market segmentation

Aims of market segmentation

The process of dividing the large mass of potential customers into smaller groups (segments) based on certain criteria is called **market segmentation**. It is necessary in order to realistically estimate the potential sales in a certain segment and to create appropriate strategies, for example in marketing. It allows the target customers' requirements to be better addressed with suitable products and matching promotional and pricing strategies. Furthermore, it allows a distinct approach to different segments.

The aim of market segmentation is to generate higher profits by developing strategies that efficiently address specific groups of customers (segments).

Criteria for market segmentation

Once a company has analysed the global business environment and the competitive environment, it can define the market segments that it wants to target.

Criteria for market segmentation include geography, demography, products and customer requirements and benefits.

Application of criteria for market segmentation

After the external business analysis, a company has concluded that there is a market for all kinds of vegan products, in particular for vegan pet food.

Geography: It decides to focus on the German market with the option to expand to other German-speaking countries such as Austria, Belgium, Luxembourg and Switzerland later.

Customer requirements and benefits: The requirement for vegan products results from the trend to lead a more sustainable lifestyle. Vegan pet food offers customers the benefit of expanding this lifestyle beyond their own diet and feeling good about their purchasing behaviour.

Products: Since average spending on dog food is usually higher than on cat food, and dogs tend to live longer than cats, it decides to focus on dog food since this seems to be the more profitable market.

Demography: It targets 20-to-40-year-old dog owners with a medium to high income and an interest in sustainable living (including a vegan lifestyle).

Choice of market segments

When prospective segments have been identified, they need to be compared in order to choose the most promising one. In the decision process, the current **size of the market segment**, its projected future development in the form of its **growth rate**, the **intensity of competition** and the **legal framework** of the segment have to be considered.

Size of market segment

Depending on the geographical, demographic, sociographic and psychographic characteristics of the customer group, the segment size – the total number of likely buyers of the product or service – can be calculated.

> ! **The segment size is the number of potential buyers of a product or service.**

This number is essential to calculate the potential value (revenues) the segment offers. Though large market segments seem more promising at first sight, the future development of the segment (i.e. its potential growth) has to be considered as well.

Growth rate

A market grows when the demand for a product or service increases. Consequently, the total sales by all companies in the market can increase. A high-growth market offers more potential for profits than one with low growth since low growth can indicate that it has already reached maturity. Furthermore, competition can be less intense on a growing market. Market growth is measured as a percentage change in total revenue of the market.

$$\textbf{market growth} = \frac{\text{expected revenue increase of the overall market in euro}}{\text{current revenue of the overall market in euro}} \cdot 100$$

Intensity of competition

High competition makes a market less attractive for companies. As mentioned before, the market form is an initial indication of the **intensity of competition**, and so a company should always analyse the **number of competitors** and the market share of its main competitors.

However, not only the current number of competitors but also the future market entry of new competitors has to be considered. New competitors often try to gain customers with low introductory prices and special offers, and may lure customers away from the existing companies. The probability of new market entries depends mainly on the barriers to market entry. The higher the barriers, the lower the intensity of competition.

Barriers to market entry include:

- high capital investment to start a business
- high costs of changing suppliers (= switching costs for the customers),
- difficult access to distribution channels
- high customer loyalty

- highly differentiated products
- cost advantages of large companies that already dominate the market

Example of new entrants

It would be relatively easy to start a small specialised consulting agency as the initial costs (the capital investment needed) are rather low. In other cases, the barrier to entry is huge. For example, setting up an internet platform to rival Amazon would cost a fortune (infrastructure, advertising, etc.).

Legal framework

As examined in the global business environment analysis, rules and regulations are of interest when choosing a promising market segment.

! **The legal framework of a market segment includes taxation, environmental regulations, economic policies, subsidies and the duration of approval procedures.**

Taxation is a cost factor for companies and varies from one country to the next. In Germany, companies usually need to pay various corporate taxes (taxes on corporate income):

- **Corporation tax** is fixed at 15% plus solidarity surcharge, adding up to 15.825% on taxable income (profits).
- **Trade tax** is a local tax that has to be paid annually to local authorities. It comprises a base rate of 3.5% and a municipal tax rate that depends on where the business is located. Subject to the location, the overall trade tax will be between 8.75% and 20.3%.

Subsidies are a form of governmental support that is given to households, businesses and other organisations. Direct subsidies come in the form of cash payments, while indirect subsidies include tax relief. A market segment might be especially profitable for a company because the government supports it with low taxes or makes the specific product more attractive for consumers by supporting the purchase financially.

Examples of subsidies

For businesses: Small and medium-sized German enterprises can apply for subsidies if they want to invest in digital technology and train their employees in digital skills.[1]

For households: The German government grants subsidies to buyers of electric cars. Additionally, fiscal benefits are offered in the form of lower taxes (e.g. vehicle taxes and electricity taxes compared to mineral oil taxes).[2]

Environmental regulations can impact the production process of a company by regulating for instance the permitted level of emissions as well as the permitted components of a product.

1 Förderprogramm „Digital Jetzt" des Bundesministeriums für Wirtschaft und Energie (BMWi). https://www.bmwi.de/Redaktion/DE/Dossier/digital-jetzt.html (accessed 28 October 2021).

2 Deutsche Bank Research. Government pays a lot to bring e-mobility forward. (10 August 2021). https://www.dbresearch.com/PROD/RPS_EN-PROD/PROD0000000000519579/Government_pays_a_lot_to_bring_e-mobility_forward.pdf?undefined&realload=BB9yl86FP23xUVwLA0EL9kowxgKbk~E8JSj8gUne/Z5ZkM1VDYmHL3A/NgAEYjZI (accessed 28 October 2021).

Example of environmental regulations

Since July 2021, single-use plastic items such as cutlery, cups, plates and straws have been banned in the EU.

© Iryna80 – stock.adobe.com

Economic policies should be examined before deciding on a market. In Germany, for example, the social market economy combines a free market economy with social policies and regulations providing a framework for fair competition and a welfare state. Different governmental and non-governmental institutions are in place that regulate and monitor for example **competitive policy** (Federal Cartel Office), the **monetary system** (European System of Central Banks) and **international trade** (World Trade Organization).

Businesses need to follow certain legislation such as

- the **Act against Restraints of Competition** which provides antitrust and anticartel regulations to prevent anti-competitive behaviour
- the **Act against Unfair Competition** which prohibits unfair advertising and protects the consumer

The **duration of approval procedures** can keep a company from making profits for several years. For some goods and services, new companies need to obtain licences or regulatory clearance. These processes can be quite complicated and involve to a lot of "red tape" (bureaucracy). Depending on the type of good, there are certain deadlines to meet and supporting documents and written application forms to be submitted that need to be approved by several authorities.

Example of duration of approval procedure

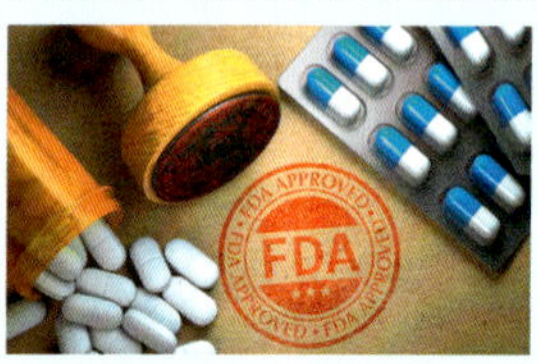

© Maxx-Studio – shutterstock.com

In the pharmaceutical industry, the approval of medication (drugs) takes a long time. In the USA, authorisation must be obtained from the FDA (Food and Drug Administration, a government agency). Besides the facts that the application process is complicated, costly and not all applications are approved at the first attempt, approval can take on average around three years meaning three years without any revenue for the drug.[1]

1 The Pew Charitable Trusts. "FDA Approves More Generic Drugs, but Competition Still Lags" p.6 https://www.pewtrusts.org/-/media/assets/2019/02/fda_approves_more_generic_drugs_but_competition_still_lags.pdf (accessed 28 October 2021).

Task 3 p. 514

Block diagram for chapter 4: External business analysis

External business analysis

Global environmental analysis

- STEEPLE framework
- Macroeconomic developments
  - prices
  - wages
  - economic situation
  - labour market

Competitive analysis

- Market form
- Market position (BCG matrix)
  - market growth
  - relative market share
- Customer structure
  - geographical
  - demographic
  - psychographic
  - sociographic

Market segmentation

= dividing potential customers into smaller, homogeneous groups to efficiently address these segments

Criteria for market segmentation

- geography
- demography
- products
- customer requirements and benefits

Choice of segments based on

- size of segment
- growth rate
- intensity of competition
  - number of competitors
  - barriers to market entry
- legal framework
  - taxation
  - subsidies
  - environmental regulations
  - economic policies
  - duration of approval procedures

KEY TERMS TRANSLATED

vel.plus/BHBILIJ35

Act against Restraints of Competition	Gesetz gegen Wettbewerbsbeschränkungen (GWB)	macroeconomic developments	gesamtwirtschaftliche Entwicklungen
coincident indicator	Gegenwartsindikator	municipal tax rate	Hebesatz
contraction	Abschwung	peak/boom	Hochkonjunktur
corporation tax	Körperschaftsteuer	real GDP (gross domestic product)	reales BIP (Bruttoinlandsprodukt)
economic activity	Konjunktur	solidarity surcharge	Solidaritätszuschlag
economic cycle/business cycle	Konjunkturzyklus	trade tax	Gewerbesteuer
economic indicator	Konjunkturindikator	trough/recession	Konjunkturtief
expansion	Aufschwung	unemployment rate	Arbeitslosenquote, Arbeitslosigkeit
Federal Cartel Office	Bundeskartellamt	Act against Unfair Competition	Gesetz gegen den unlauteren Wettbewerb (UWG)
labour market	Arbeitsmarkt		
labour market policies	Arbeitsmarktpolitik		
lagging indicator	Spätindikator		
leading indicator	Frühindikator		

Check your competences with a self-assessment list.

Scan the **QR code** or use the following link: vel.plus/BHBILIJ20

vel.plus/BHBILIJ21

REVISION OF BASIC KNOWLEDGE

for chapter 4 External business analysis

4.1 Environmental and competitive analysis

1. Name the two fields of an external business analysis.
2. Explain the STEEPLE framework.
3. Name four macroeconomic developments that a global environmental analysis considers.
4. Outline the four typical phases of an economic cycle.
5. Give examples of leading, coincident and lagging indicators.
6. Name different aspects of a competitive analysis.
7. Outline the differences between market forms according to the number of suppliers.
8. Position strategic business units in a growth share matrix.
9. Define a customer structure based on different criteria.

4.2 Market segmentation

1. Explain the relevance of market segmentation.
2. Name and explain criteria for market segmentation.
3. Outline different aspects that the choice of market segments is based on.
4. List different barriers to market entry.
5. Explain different aspects of the legal framework and give examples.
6. Explain how taxes and subsidies influence the choice of a market segment.

TASKS FOR APPLICATION AND PRACTICE

for chapter 4 External business analysis

Task 1 Global environmental analysis

Environmental analysis refers to the fact that the environment of a particular business has become subject to an ever-increasing rate of change.

1. Explain the kinds of development that are important for a company.
2. How can companies take such developments into consideration early on?
3. Explain some of the causes and impacts of changes in the business environment concerning the demand for frozen food. Use the following example:

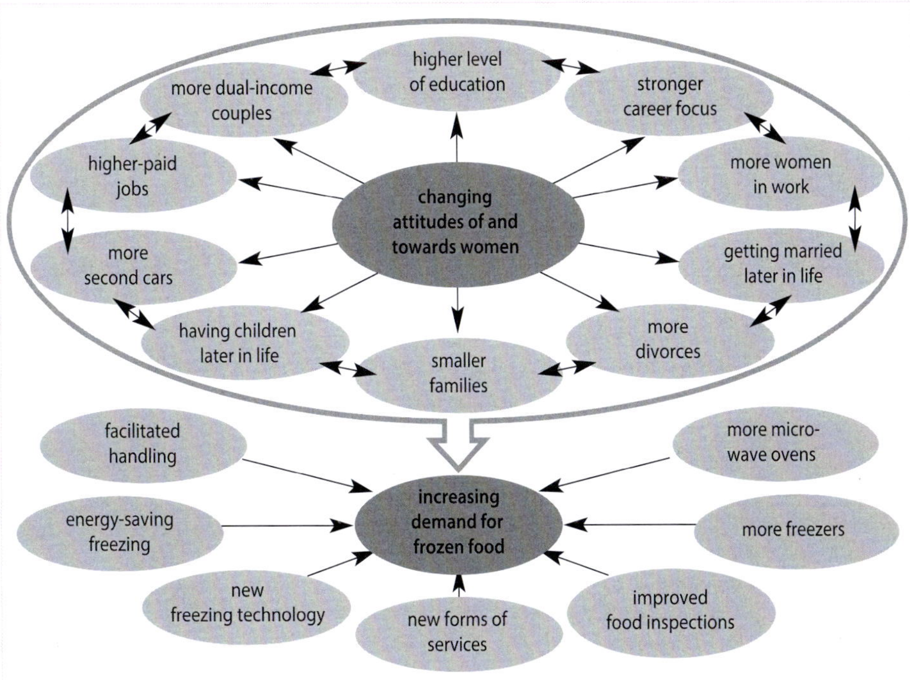

Taken from: H. Steinmann, G. Schreyögg, Management, 6. Aufl. Wiesbaden 2005, p. 182

Task 2 Analysis of macroeconomic developments

The management board of a large automobile manufacturer is analysing the business environment. Read through the forecast excerpts below.

a. Name three economic indicators that are mentioned in the text and categorise them as leading, coincident or lagging indicators.
b. Note down relevant information for the different macroeconomic developments and describe how these developments will likely impact the car manufacturer.
c. Suggest questions the company should ask itself based on your findings.

"The recovery of the German economy needs more time. Ongoing precautionary measures to protect against infection as well as the supply bottlenecks will slow down the catch-up process in the winter ... Once the economic burdens of the pandemic and the supply bottlenecks will have eased in the coming spring, the recovery will regain strength and economic activity will quickly return to normal levels. Overall, GDP will increase by 2.6 percent this year, making up only part of the losses of 2020 when it declined by 4.6 percent. The recovery will become fully visible in the 2022 growth rate of 5.1 percent. In 2023, GDP is expected to increase markedly again by 2.3 percent as some of the previously lost economic activity will be made up for. The high inflation rate of 2.9 percent this year is largely due to temporary factors. However, they are likely to persist until next year and will lead to another strong increase in consumer prices before inflation moderates in 2023. On the labor market, the negative impact of the pandemic will be overcome by next year, the unemployment rate will fall from 5.9 percent in 2020 to 5.1 percent in 2023."

Ademmer, Martin u.a. Economic Outlook. German Economy Autumn 2021. No. 83 (2021/Q3). Kiel Institut für Weltwirtschaft. 23.09.2021.

www

? HILFE

vel.plus/BHBILIJ22

Task 3 External business analysis and market segmentation

A car manufacturer considers entering the electric vehicle industry. Read the given analysis about the electric car market in Germany.

1. Explain why the manufacturer needs to divide the market into different segments.
2. Name four different criteria for market segmentation and find matching examples in the text.
3. Explain how the German (or European) legal framework concerning taxation, environmental regulations, subsidies and other economic policies contributes to the attractiveness of the German electric car market.
4. Evaluate the German electric car market based on its segment size in 2020 and its growth rate under the assumption that on average about 3 million new cars are registered in Germany every year and that one out of two buyers considers buying an electric vehicle.
5. Find out what incentives other European countries use to encourage drivers to buy electric cars.
6. Name possible barriers to entry that a new electric car manufacturer might face when targeting the German market.

"Government pays a lot to bring e-mobility forward

© OceanProd – stock.adobe.com

Demand for electric vehicles has surged ... In 2020, ... electric vehicles ... already accounted for 13.5% of all new car registrations in Germany, compared to 10.5% in the EU as a whole. The uptrend continued during the first half of 2021. Between January and June 2021, more than 22% of all newly registered cars in Germany were electric vehicles ...

The increase in market share is largely due to two reasons. First, supply has recently expanded, seeing that selling electric vehicles makes it easier for carmakers to reach their fleet-wide emission targets. In 2021, carbon emissions by all newly registered cars in the EU must not exceed 95 grams per kilometre on average ... The current regulation foresees fines for carmakers if they miss their specific fleet-wide targets. ...

Second, generous state subsidies have triggered potential buyers' interest. In Germany, electric car purchases are directly subsidised with up to EUR 9,000. ...

In addition to direct purchase grants, owners of electric cars enjoy several fiscal benefits, for example in the form of lower taxes (energy or mineral oil taxes vs electricity taxes, vehicle taxes, CO_2 levy on petrol and diesel, VAT). The tax effect is even larger for company cars. ...

With the aim of helping to build a better charging infrastructure, the government, via KfW, grants subsidies of EUR 900 for the purchase and installation of charging points on private ground. In addition, the government has set apart more than EUR 5 bn for the expansion of the public charging infrastructure. ...

During the past decade, the federal government set itself the target of having one million e-vehicles on the road by 2020 ... the target was reached about half a year later. ... the Ministry for Economic Affairs expect[s] 7.1 million e-vehicles by 2030,...

So far, buyers and drivers of e-cars mostly belong to the higher income strata. ...

Technological progress suggests that [the demand for e-cars will no longer depend on subsidies] in many car segments ... during this decade, as long as electricity prices do not rise significantly. Technological progress should result in lower purchase prices, larger ranges and shorter charging times. ... Moreover, driving a combustion-engine car is likely to become more expensive overall."

Heymann, Eric: Government pays a lot to bring e-mobility forward. (10 August 2021), Deutsche Bank Research. https://www.dbresearch.com/PROD/RPS_EN-PROD/PROD0000000000519579/Government_pays_a_lot_to_bring_e-mobility_forward.pdf?undefined&realload=BB9yl86FP23xUVwLA0EL9kowxgKbk~E8JSj8gUne/Z5ZkM1VDYmHL3A/NgAEYjZl (accessed 28 October 2021).

5 Internal business analysis

Competences:
- *describing and applying instruments of internal business analysis*
- *assessing a company's internal situation based on selected criteria*
- *explaining how the results of an internal business analysis can influence managerial decisions*

5.1 Balance sheet analysis

An internal business analysis assesses the financial stability and the solvency of a business. An analysis of the company's **balance sheet** as well as the **profit and loss statement** allows an evaluation of the company's capital structure, liquidity and profitability with the help of different ratios.

Task 1 p. 532 f.

Ratios concerning the capital structure, liquidity and profitability are at the heart of the financial analysis of a company. They are based on the company's balance sheet and the profit and loss statement.

Balance sheet

A balance sheet records the assets and liabilities of a company at a certain point in time – usually at the end of the business year. The **assets** – the buildings, machines, stocks and cash that the company owns – were bought with funds from different sources. These funds come from the **equity and liabilities** of the company. The **total assets** must equal the **total equity and liabilities**. The International Financial Reporting Standards (IFRS) require certain items in the balance sheet but they don't necessarily have to be set side by side like the two-sided structure of the German version.

A balance sheet summarises an enterprise's assets, equity and liabilities at a certain point in time.

Simplified structure of the balance sheet of a car manufacturer:

Condensed balance sheet CarTastic plc 31 December 2020 (€ million)		
Assets		
Non-current assets	32,000	
Current assets	35,000	
Total assets	***67,000***	
Equity and liabilities		
Equity	24,000	
Liabilities	43,000	
Including non-current liabilities		18,000
Including current liabilities		25,000
Total equity and liabilities	***67,000***	

Further information: Number of shares: 50m; share capital (subscribed capital): €100m

Balance sheet positions

Non-current assets Intangible assets Tangible assets Investments	**Non-current assets** include **intangible assets**, which cannot physically be seen or touched, e.g. a company's goodwill (which is basically the value of the company's reputation), **tangible assets** such as land, buildings, machinery and equipment and **investments**, i.e. financial investments.

Current assets Stocks Debtors (accounts receivable) Cash and bank balances	**Current assets** such as stocks and bank balances can be turned into cash more easily (they are "more liquid"). The three main groups of current assets are **stocks** (materials, finished and unfinished goods), **debtors** (businesses or people that owe the company money) and **cash and bank balances**.

Equity Share capital Retained earnings and reserves	**Equity** consists of **share capital**, which is the money that the owners of a company (in the case of a stock company the shareholders) have paid in order to own part of the company. Furthermore, it contains the **retained earnings and reserves** of a company, which are the profits that were not distributed as dividends but kept within the business.

Non-current liabilities (long-term liabilities) Creditors (amounts due after more than one year) Retirement benefit obligations	**Non-current** or **long-term liabilities**, such as long-term loans, must only be paid back to **creditors** in more than a year's time. **Retirement benefit obligations** will have to be paid in the long run, as well.

Current liabilities Creditors (amounts due within one year)	**Current liabilities** are debts that are due within a year. They are owed to **creditors** such as banks expecting the settlement of overdrafts or suppliers expecting the settlement of invoices.

Analysis of capital structure

Capital providers such as owners, creditors and suppliers can evaluate the financial risk of lending money to the company with the help of capital ratios. To analyse the capital structure of a company, various capital items are set into relation to each other. These ratios show the origin and composition of the company's capital.

Capital ratios offer insights into the origin and composition of the capital and hence about the financial stability of a business.

Equity ratio and debt ratio

Task 2 p. 533

Capital ratios	Capital ratios of CarTastic plc
$\text{equity ratio} = \frac{\text{equity}}{\text{total assets}} \cdot 100$	$\text{equity ratio} = \frac{€24{,}000\text{ m}}{€67{,}000\text{ m}} \cdot 100 = 35.8\%$
$\text{debt ratio} = \frac{\text{liabilities}}{\text{total assets}} \cdot 100$	$\text{debt ratio} = \frac{€43{,}000\text{ m}}{€67{,}000\text{ m}} \cdot 100 = 64.2\%$

Typical benchmark numbers for different industries' equity ratios:			
Industry	**Good**	**Medium**	**Bad**
Manufacturing	> 30%	20–30%	< 20%
Trade	> 25%	15–25%	< 15%
Other services	> 25%	20–25%	< 20%

The ratios vary across industries, e.g. capital-intensive companies tend to have higher debt ratios than others. Generally speaking, the higher the equity ratio, the more stable, less dependent and less crisis-prone the company.

Capital structure of CarTastic plc

CarTastic plc has a good equity ratio. 35.8% of its total assets are funded by equity and the remaining 64.2% by liabilities. Judging by the benchmark numbers, this car manufacturer (manufacturing industry) has a solid capital structure.

Balance sheet rate and book value per share

For investors, it is interesting to see how valuable their stake in the company really is (e.g. in comparison to the current stock price, i.e. the market value per share). The **balance sheet rate** shows the relationship between reported equity and share capital (subscribed capital). It gives an insight into the equity's value in relation to subscribed capital (i.e. share capital). The **book value per share** (BVPS) shows the value of a company on a per-share basis. It is calculated as the ratio of a company's equity divided by the number of shares.

Task 3 p. 533

Ratios	Ratios CarTastic plc
$\text{balance sheet rate} = \frac{\text{reported equity}}{\text{share capital}^{1}} \cdot 100$	$\text{balance sheet rate} = \frac{€24{,}000\text{ m}}{€100\text{ m}} \cdot 100 = 2{,}400\%$
$\text{book value per share} = \frac{\text{reported equity}}{\text{number of shares}^{2}}$	$\text{book value per share} = \frac{€24{,}000\text{ m}}{50\text{ m}} = €480\text{ per share}$

Capital structure of CarTastic plc

CarTastic plc has been a market leader for many years, which is shown by the high percentage of the balance sheet rate. This number is of special interest when compared to previous years. The book value per share is of interest in comparison to the market value per share. The market value per share is usually higher since it also includes speculation about the hidden (undisclosed) reserves of the company as well as future success and profit expectations.

Informative value of capital structure ratios	
Strengths	**Weaknesses**
▪ easily calculated ratios that provide information about the type and composition of the capital ▪ helpful to compare the company with other companies in the same industry and the industrial average to determine the relative financial strength of the company	▪ depend heavily on the industry and valuation – it is almost impossible to compare ratios between industries ▪ forms of financing that are not considered in the balance sheet (e.g. leasing) are not taken into account

1 Share capital = €100m
2 Number of shares = 50m

Financial analysis

The financial analysis examines whether long-term assets are also financed by long-term capital.

> **Non-current assets should be funded by non-current capital, especially equity.**

In order to prevent a company from having to sell non-current assets to pay for current liabilities, it should follow "the golden rule of finance" and more specifically "the golden rule of the balance sheet".

Golden rule of finance	Golden rule of the balance sheet
$\frac{\text{long-term capital}}{\text{long-term assets}} \geq 1$	$\frac{\text{equity + non-current liabilities}}{\text{non-current assets + long-term current assets*}} \geq 1$

* Long-term current assets are minimum stock levels of production materials.

Based on these rules, the following financial ratios can be deduced:

Asset coverage ratios[1]	Ratios CarTastic plc
$\text{asset coverage ratio I} = \frac{\text{equity}}{\text{non-current assets}} \cdot 100$	$\frac{€24{,}000m}{€32{,}000m} \cdot 100 = 75\%$
$\text{asset coverage ratio II} = \frac{\text{equity + non-current liabilities}}{\text{non-current assets}} \cdot 100$	$\frac{€24{,}000m + €18{,}000m}{€32{,}000m} \cdot 100 = 131.3\%$

> **Asset coverage ratios show in how far long-term assets (non-current assets) are funded/covered by long-term available capital.**

Manufacturing industries' asset coverage ratios are often evaluated based on the following benchmarks:

Typical benchmark numbers for manufacturing industries' asset coverage ratios			
	Good	**Medium**	**Bad**
Asset coverage ratio I	> 90%	60–90%	< 60%
Asset coverage ratio II	> 150%	110–150%	< 110%

Asset coverage ratios of CarTastic plc

The asset coverage ratio I shows that only 75% of the company's non-current assets are covered by equity. This percentage falls into the medium ("OK") category. The asset coverage ratio II shows that when long-term liabilities are also taken into account, the financing of long-term assets is also only in the medium range with 131.3%.

1 Also known as "equity-to-fixed-capital ratio" and "equity-to-non-current-assets ratio"

Informative value of asset coverage ratios	
Strengths	**Weaknesses**
■ They allow the preservation of the company's liquidity to be monitored. ■ They allow assessment of whether the time aspects (maturity) of assets and capital match.	■ Undisclosed reserves (which are also part of equity) are not considered. ■ Although with asset coverage ratio II it is assumed that using the assets produces capital that can be used to pay off debt and interest, this might not happen in a timely manner or even at all.

Liquidity analysis

The liquidity analysis examines whether a business can meet its financial obligations, i.e. whether it can pay its debts when they are due. The liquidity ratios enable the solvency of the business to be monitored.

Liquidity is an enterprise's ability to meet its financial obligations on time.

The **cash ratio** shows a company's ability to pay its current liabilities (i.e. payable within a year) with its liquid assets. To calculate the cash ratio, liquid assets such as cash and bank balances are divided by the current liabilities.

$$\textbf{cash ratio} = \frac{\text{liquid assets (cash and bank balances)}}{\text{current liabilities}} \cdot 100$$

In addition to cash and bank balances, the **quick ratio** considers further assets that are "near cash" and can hence be used to immediately settle current liabilities. They include accounts receivable (debtors) and, if applicable, securities which are part of the current assets.

$$\textbf{quick ratio} = \frac{\text{liquid assets + accounts receivable}}{\text{current liabilities}} \cdot 100$$

For the current ratio, stocks are added to the calculation. Stocks such as finished and unfinished products as well as materials first have to be sold to create either accounts receivable or liquid assets which can then be used to meet current payment obligations. Overall these positions make up the current assets, which is why the ratio is called "current ratio".

$$\textbf{current ratio} = \frac{\text{liquid assets + accounts receivable + stocks}}{\text{current liabilities}} \cdot 100$$

$$= \frac{\text{current assets}}{\text{current liabilities}} \cdot 100$$

Liquidity ratios express a company's ability to pay off current liabilities with its liquid assets or assets that can be more or less easily turned into liquid assets.

Minimum values for liquidity ratios		
Cash ratio	**Quick ratio**	**Current ratio**
1 : 5 rule	1 : 1 rule	2 : 1 rule
At least one fifth of the current liabilities should be covered by liquid assets. Reference value: 20%	The current liabilities should be completely covered by liquid assets and accounts receivable. Reference value: 100%	No more than half of current assets should be funded by current liabilities. Reference value: 150% to 200%

Diverging form these rules, banks often use the following benchmarks when assessing the credit-worthiness of businesses based on their liquidity:

Typical benchmark numbers for liquidity ratios			
	Good	**Medium**	**Bad**
Cash ratio	> 90%	50–90%	< 50%
Quick ratio	> 110%	90–110%	< 90%
Current ratio	> 170%	130–170%	< 130%

Liquidity of CarTastic plc

Current assets	€ million
Stocks	14,000
Debtors (accounts receivable)	9,000
Cash and bank balances	12,000

$$\text{cash ratio} = \frac{€12{,}000\text{m}}{€25{,}000\text{m}} \cdot 100 = 48\%$$

$$\text{quick ratio} = \frac{€21{,}000\text{m}}{€25{,}000\text{m}} \cdot 100 = 84\%$$

$$\text{current ratio} = \frac{€35{,}000\text{m}}{€25{,}000\text{m}} \cdot 100 = 140\%$$

The cash ratio and the quick ratio of CarTastic plc are assessed as bad. The current ratio is somewhat better, but still in the lower part of the medium category. If the ratios worsen, the company might encounter liquidity problems.

Informative value of liquidity ratios
Weaknesses
■ Liquidity is only assessed at one point in time. ■ No forecast is possible about future liquidity. ■ The balance sheet does not include all aspects affecting liquidity (e.g. outstanding wages and rents). ■ The conflict between liquidity and profitability is not considered.

The limitations of the liquidity ratios based on the balance sheet are compensated for with the help of cash flow analysis. Cash flow can be calculated based on the profit and loss statement.

5.2 Analysis of the profit and loss statement

Profit and loss statement

The profit and loss statement shows the revenues and expenses (costs) of a business over a period under review. It reveals how much profit the company has made.

Simplified profit and loss statement of CarTastic plc 31 December 2020 (€ million)			
Turnover (revenue)	55,000		
Increase in finished goods, inventories and work in progress	1,500		
Own work capitalised	500		
Cost of materials	– 23,000		
Staff costs*	– 18,000		
Depreciation	– 5,500		
Other operating expenses	– 6,000		
Other taxes	– 400		
Operating result		**4,100**	
Financial revenue (interest income)	7,000		
Financial expenses (interest expenses)	– 5,500		
Financial result		**1,500**	
Result of ordinary activities			**5,600**
Extraordinary income**	15,000		
Extraordinary expenses***	– 13,000		
Extraordinary result			**2,000**
Profit before tax			**7,600**
Taxes on profit	– 2,300		
Profit after tax (net income)			**5,300**

* Including increase in provisions for pensions = 1,800
** Including revaluation of assets = 10,000
*** Including extraordinary depreciation = 4,000

Profitability

The **profitability** of a company can be assessed by measuring its profit in relation to the working capital, i.e. the capital used to generate that profit. It basically shows the interest created with the capital employed.

! **Profitability is a yardstick for measuring the return achieved with the capital employed.**

Task 4 p. 533 f.

Several ratios relating data from the balance sheet and the profit and loss statement can be used to assess a company's profitability.

Return on equity

Return on equity (ROE) shows profit as a percentage of the equity invested. Since equity changes during the year, an average is calculated using the equity at the beginning and end of the period under review.

! **Return on equity shows the interest (in percent) that is achieved with the equity provided by the shareholders/owners of the company.**

$$\text{return on equity} = \frac{\text{profit}}{\text{Ø equity*}} \cdot 100$$

$$\text{* Ø equity} = \frac{\text{opening balance + closing balance}}{2}$$

Return on capital

Return on capital (ROC) shows how well a company is profiting from the capital invested. Besides profit, the company also generated the interest it had to pay for the debt capital, and so this interest has to be (re)added. ROC is of particular interest when analysing the performance of businesses in capital-intensive industries. It basically shows the amount of profit the business generates from €1 of capital – the higher the better.

Return on capital indicates the interest (in percent) achieved with the overall capital employed of the company.

$$\textbf{return on capital} = \frac{\text{profit + interest on debt capital}}{\text{Ø total capital}} \cdot 100$$

Return on sales

Return on sales (ROS) is calculated as the relationship between profits and sales (revenue). It shows the company's operational efficiency since it indicates the profit created from €1 of revenue. An increasing ROS may indicate the increasing efficiency of the company. It is used to compare the profitability of companies within the same industry.

Return on sales indicates how much of the revenue (in percent) is turned into profits.

$$\textbf{return on sales} = \frac{\text{profit}}{\text{revenue}} \cdot 100$$

Return on investment

The ratio **return on investment** (ROI) is a combination of the two ratios return on sales (ROS) and capital turnover (also known as asset turnover). **Capital turnover** indicates how often per period the capital employed is returned to the company through its revenues. It therefore shows how efficiently a company generates revenue.

Return on investment provides information about the success of the total capital employed in the company.

$$\textbf{return on investment} = \frac{\text{profit}}{\text{revenue}} \cdot \frac{\text{revenue}}{\text{Ø total capital}} \cdot 100$$

Instead of cancelling out revenue in the formula for ROI, the interaction between profit, revenue and total capital is of interest when analysing reasons for changes in ROI.

Typical benchmark numbers for profitability			
	Return on equity (ROE)		
Industry	Good	Medium	Bad
All industries	> 30%	10–30%	< 10%

	Return on capital (ROC)		
Industry	Good	Medium	Bad
Manufacturing	> 12%	8–10%	< 8%
Trade	> 14%	8–14%	< 8%
Other services	> 12%	6–12%	< 6%

	Return on sales (ROS)		
Industry	Good	Medium	Bad
Manufacturing	> 8%	4–6%	< 4%
Trade	> 5%	2–5%	< 2%
Other services	> 12%	6–12%	< 6%

Profitability of CarTastic plc

$$\text{return on equity} = \frac{€5{,}300\text{m}}{€24{,}000\text{m}} \cdot 100 = 22.1\%$$

$$\text{return on capital} = \frac{€5{,}300\text{m} + €5{,}500\text{m}}{€67{,}000\text{m}} \cdot 100 = 16.1\%$$

$$\text{return on sales} = \frac{€5{,}300\text{m}}{€55{,}000\text{m}} \cdot 100 = 9.6\%$$

CarTastic plc achieved an interest of 22.1 % on equity which is a mediocre score. 16.1% return on total capital as well as 9.6% return on sales are a good results for a company in manufacturing industry.

Informative value of profitability ratios (return ratios)	
Strengths	**Weaknesses**
▪ return on equity: is useful for comparisons across industries ▪ return on capital: is useful for comparisons across industries ▪ return on sales: is barely affected by accounting measures, hints at undesirable developments early on, and is useful for comparisons within an industry	▪ return on equity: debts are not considered, accounting measures may distort the results ▪ return on capital: strongly influenced by accounting measures ▪ return on sales: depends closely on product and industry

Cash flow

Cash flows in and out of a company. When buying, say, resources, payment has to be made (= outflow) and when goods and services are sold, receipts are made (= inflow). The difference between these outflows and inflows is called cash flow. This cash flow is available to the company to pay off its debts or more generally to uphold liquidity.

! The cash flow is the difference between payments (cash outflow) and receipts (cash inflow) within a period.

Cash flow analysis

Instead of looking at every single payment and receipt, the **indirect method** uses information from the **profit and loss statement**. The calculation starts with the **net income** (or loss) that is then adjusted for **non-cash income and expenses**, i.e. for income and revenue that were not connected to cash changes/transactions.

Task 5 p. 534

Simplified indirect cash flow calculation

	Net income/loss
+	non-cash expenses
–	non-cash income
=	**gross cash flow**
–	profit distribution (dividend payout)
=	**net cash flow**

Typical non-cash expenses

- depreciation of non-current assets
- extraordinary depreciation of current assets
- unplanned depreciation
- depreciation of financial assets and securities (in current assets)
- increase in provisions (accruals) for pensions

Typical non-cash income

- revaluation of non-current assets
- revaluation of current assets
- reversals of provisions (accruals) for pensions

Cash flow-to-revenue ratio

The gross cash flow is often depicted as a percentage of the revenue. This **cash flow-to-revenue ratio** shows what percentage of the revenue is available for investment, paying off debt and distributing dividends.

!

$$\textbf{cash flow-to-revenue ratio} = \frac{\text{gross cash flow}}{\text{revenue}} \cdot 100$$

Cash flow and cash flow-to-revenue ratio of CarTastic plc (€ million)

	Net income	5,300
+	non-cash expenses*	9,500
–	non-cash income**	10,000
=	gross cash flow	4,800
–	profit distribution	2,800
=	net cash flow	2,000

$$\text{Cash flow-to-revenue ratio} = \frac{€4{,}800\text{ m}}{€55{,}000\text{ m}} \cdot 100$$

$$= 8.73\%$$

* 5,500 depreciation + 4,000 extraordinary depreciation + 1,800 increase in provisions for pensions
** 10,000 revaluation of assets

CarTastic plc has €4,800m (8.73% of its revenue) available for its internal financing, paying off debts and for securing its liquidity.

Informative value of cash flows	
Strengths	**Weaknesses**
■ It is almost free from manipulation. ■ Increasing net income combined with declining cash flow can be a red flag. ■ It shows the extent to which depreciation affects net income.	■ Although it is often assumed that cash flow is available as liquid assets, it might be invested in, say, finished goods. ■ It cannot be used to compare companies that have different amounts of non-current assets and depreciations. ■ There are many different ways to calculate cash flow.

EBIT and EBITDA

EBIT stands for "earnings before interest and taxes" and is supposed to reflect the profitability of a company. It reflects a company's **operating income** with net income adjusted for income taxes, interest, and extraordinary income and expenses. It eliminates the impact of income taxes and allows for a more accurate comparison between different companies in different countries and tax systems.

EBITDA (earnings before interest, taxes, depreciation and amortisation) includes an additional adjustment for scheduled ("regular") depreciation and amortisation. Therefore, it can be used to compare companies with a different set/value of non-current assets.

In relation to revenues, EBIT becomes more significant. The EBIT margin shows what percentage of revenue comes from the operating income.

Calculation of EBIT and EBITDA

Task 6 p. 534

Calculation of EBIT and EBITDA for CarTastic plc (€ million)

Net income	5,300	CarTastic plc reaches an EBIT of €4,100m. If it is increased by scheduled depreciation, it reaches and EBITDA of €9,600m.
± extraordinary result		
+ extraordinary expenses	13,000	
− extraordinary income	15,000	
+ taxes on profit	2,300	
± financial result		
+ interest expenses	5,500	
− interest income	7,000	
= EBIT	4,100	
+ scheduled depreciation	5,500	
= EBITDA	9,600	

$$\text{EBIT margin} = \frac{\text{EBIT}}{\text{revenue}} \cdot 100$$

$$\text{EBIT margin} = \frac{€9{,}600\text{m}}{€55{,}000\text{m}} \cdot 100 = 17.45\%$$

Revenue of €100 contributes €17.45 to the operating income.

Informative value of EBIT
Strengths
■ internationally used key figure ■ allows an assessment of operating income ■ especially useful in connection with other key figures such as revenue, allowing a comparison with other companies ■ the impact of the prevailing tax system is eliminated

5.3 Analysis of resources and competences

Resource-based view

Many internal factors besides its financial strengths contribute to the success of a company. Therefore, more aspects have to be taken into consideration when assessing a business and making strategic decisions. Looking back at the definition of strategy, it was noted that a strategy contains the allocation of **resources** that are essential for achieving the company's long-term objectives. These internal resources, in combination with a company's competences and capabilities, are at the heart of the resource-based view of strategy.

Resources are, in the widest sense, all the assets that a company holds[1]. They include tangible assets such as property, plant and equipment, financial resources such as cash and debtors; human resources with their knowledge, skills and the structure of the workforce; as well as intellectual property such as patents, trademarks and brands.

> **A company's resources include tangible and intangible resources.**

The simple presence of these resources is not enough, though. What's crucial is the way they are used to actually create benefit. Efficient use depends on the experience and knowledge of the workforce as well as their cooperative abilities, innovation and flexibility. The term "**competence**" therefore describes the appropriate handling and use of the available resources[2].

> **A company's competences are reflected in the way it handles and uses its resources.**

Only when resources and competences complement each other can they be turned into strategic capabilities.

> **Strategic capabilities are the resources and competences that a company needs to be successful.**

If these resources and competences give the company a lasting advantage over the competition, these **core competences** can lead to a competitive advantage.

Core competences

> **Core competences describe competences based on the resources and capabilities of a company that can be used to create new products and enter new markets.**

Core competences are of high strategic relevance for the company and are usually transferable to new products and/or markets, appreciated by customers, and difficult to imitate or substitute. If competences and resources are to offer a sustained **competitive advantage**, they need to fulfil certain criteria, known as VRIO criteria.

1 Johnson, G./Scholes, K./Whittington, R. (2011): Strategisches Management: Eine Einführung. Analyse, Entscheidungen und Umsetzung. 9., aktualisierte Auflage. München.

2 Ibid.

According to Barney[1], VRIO criteria are defined as follows:

Value: Resources and competences are meant to create a value or benefit for the customer. Usually, they lead to greater efficiency and therefore higher revenues or lower costs. Emphasis is placed on intangible resources since they are usually harder to produce and copy than tangible ones and more likely to create additional value.

Rarity: Rare capabilities are not available to every company. They make it harder for competitors to enter the market or to react to the use of these capabilities. They could be intellectual capital, patents or brands as well as a certain geographical location.

Inimitability: A capability that cannot be copied by the competition (or only at a disproportionately high cost) will make sure that the company preserves its competitive advantage. This is of particular interest for innovative products in which the company profits from a first-mover advantage. Inimitability is often created by one or more of the following features: An enterprise's history (which has a great impact on, say, its corporate culture, management style and internal processes), causal ambiguity (the fact that it is difficult to tell exactly which resource or competence led to the competitive advantage) and social complexity (the complex interpersonal relationships within the company and with external stakeholders).

Organisation: A resource is of no use to a company if it can't take advantage of it because it is badly organised. Processes, policies, management and organisational structures must be introduced that enable resources and competences to be used efficiently.

> ! **Resources and competences that meet the VRIO criteria value, rarity, inimitability and organisation can lead to sustained competitive advantages for a company.**

Resources and competences that contribute to creating a competitive advantage for the company can be found in many different areas. A number of areas are discussed below.

Production capacity

A high production **capacity** (i.e. the potential output that a company can achieve with its given set of resources) can be a strength if the company serves the mass market and tries to gain a competitive advantage by cost leadership. An analysis of the capacity would also involve an evaluation of depreciation on non-current assets and the replacement investments needed in order to better calculate future costs. The **capacity utilisation rate** (in percent) can help to assess production potential.

$$\textbf{capacity utilisation rate} = \frac{\text{actual output}}{\text{potential output}} \cdot 100$$

Technical know-how

In the age of digitalisation and Industry 4.0, the **technical know-how** that a company has must be regularly assessed and updated. The quality of its production technology and its

1 Barney, J. (1991): Firm Resources and Sustained Competitive Advantage. Journal of Management. Vol. 17, No. 1. Los Angeles. And Barney, J./Hesterly, W. (2010) VRIO framework. In Strategic management and competitive advantage (pp. 68–86) new Jersey: Pearson

software for database management and product design is usually related to it efforts in research and development.

Key criteria when assessing technical know-how include the **number of patents and utility models** the company has applied for, its **research and development spending** over time, the **market share** of newly developed products, and its participation in **research and innovation networks.**

A **technology portfolio**[1] can be used to evaluate the various technologies that the company uses. It considers the **attractiveness of these technologies**, i.e. how important they are in the market. Are they new and growing technologies, or are they already in the decline phase of their life cycle? Have they been fully developed yet? Are they applicable in many different contexts?

Besides this external evaluation, the company needs to evaluate the internal **strengths of the technologies**, i.e. how capable the company is of benefitting from the technology. This depends on the **budget** that is available for R&D, the **expertise** the company has in the use of the technology and the ways in which it has secured its rights to use the technology, for example through **patents** and **copyrights**.

> **A technology portfolio helps to assess the technologies that a company uses concerning their attractiveness and their strength.**

Patents and copyrights

Patents grant the exclusive right to use a newly invented product or process. When a company has invested in research and development, it is very important to make sure that the invention cannot be copied and used by competitors. That way, the investment really pays off. **Copyrights** function in a similar way. They protect creative work such as texts, photos and songs from being copied. This can be of interest to companies since copyrighted work created on the job (basically for the employer) is not owned by the author but by the employer. Therefore it makes sense to keep an eye out for innovative products, processes and other works that company employees have created at work in order to protect them for the company.

Workforce structure

Valuable resources and competences lie in the workforce of a company as discussed in connection with the "war for talents". When assessing the workforce of a company, qualitative and quantitative criteria are used.

Qualifications: The qualifications of the workforce depend on each employee's level of education, training, and work experience. Many of these factors are recorded by the company in employees' personnel files, first when they are hired, and later during performance appraisals. Employees can be rated based on their **performance** and their future **potential.** Regular performance interviews and monitoring the achievement of set performance goals inform management about employees' abilities and potential. Although not all qualifications might

1 Buchholz, L. Strategisches Controlling. Grundlagen – Instrument – Konzepte. 3. Auflage. Springer.

be recorded in a central database, middle and lower management often have a fairly good idea of their employees' qualifications.

Quantity: In a personnel flow matrix, the size of the current workforce in different parts of the company is recorded, including its changes through new hires, temporary workers, internal promotions, temporary leaves, layoffs and resignations. The **fluctuation rate** (labour turnover rate) shows the overall change in the number of people working for the company.

!

$$\text{fluctuation rate} = \frac{\text{number of employees who left the company}}{\text{average number of employees}} \cdot 100$$

A high **fluctuation rate** can be a red flag for the company that needs to be examined. Besides being expensive for the company to replace staff (cost of staffing, hiring, training, etc.), it might harm the company's productivity. There might be internal circumstances such as conflicts with co-workers or managers, unsatisfactory wage levels or unclear job descriptions causing people to leave the company – many of which could be avoided or changed if the company was aware of them.

Age: The workforce's age structure should be of interest for personnel planning since most people are likely to retire around a certain age. When they leave, their expertise is lost, and so timely succession planning is needed. Furthermore, a workforce with a mixed age structure is more likely to encompass different skills and experience. The same is true for a diverse workforce in terms of gender, ethnicity, culture, etc.

Block diagram for chapter 5: Internal business analysis

Balance sheet ratios		
Analysis of capital structure	**Financial analysis**	**Liquidity analysis**
equity ratio $= \frac{\text{equity}}{\text{total assets}} \cdot 100$	**golden rule of finance** $= \frac{\text{long-term capital}}{\text{long-term assets}} \geq 1$	**cash ratio** $= \frac{\text{liquid assets}}{\text{current liabilities}} \cdot 100$
debt ratio $= \frac{\text{liabilities}}{\text{total assets}} \cdot 100$	**golden rule of the balance sheet** $= \frac{\text{equity} + \text{non-current liabilities}}{\text{non-current assets} + \text{long-term current assets}} \geq 1$	**quick ratio** $= \frac{\text{liquid assets} + \text{accounts receivable}}{\text{current liabilities}} \cdot 100$
balance sheet rate $= \frac{\text{reported equity}}{\text{share capital}} \cdot 100$	**asset coverage ratio I** $= \frac{\text{equity}}{\text{non-current assets}} \cdot 100$	**current ratio** $= \frac{\text{current assets}}{\text{current liabilities}} \cdot 100$
book value per share $= \frac{\text{reported equity}}{\text{number of shares}} \cdot 100$	**asset coverage ratio II** $= \frac{\text{equity} + \text{non-current liabilities}}{\text{non-current assets}} \cdot 100$	

Profitability ratios			
Return on equity	**Return on capital**	**Return on sales**	**Return on investment**
$= \frac{\text{profit}}{\text{Ø equity*}} \cdot 100$	$= \frac{\text{profit + interest on debt capital}}{\text{Ø total capital}} \cdot 100$	$= \frac{\text{profit}}{\text{revenue}} \cdot 100$	$= \frac{\text{profit}}{\text{revenue}} \cdot \frac{\text{revenue}}{\text{Ø total capital}} \cdot 100$

Internationally used ratios	
Internal financing	**Profitability**
Cash flow	**EBIT**

net income/loss
+ non-cash expenses
− non-cash income
= **gross cash flow**
− profit distribution (dividend payout)
= **net cash flow**
	net income
	± extraordinary result
	  + extraordinary expenses
	  − extraordinary income
	+ taxes on profit
	± financial result
	  + interest expenses
	  − interest income
	= **EBIT**
	+ scheduled depreciation
	= **EBITDA**

Cash flow-to-revenue ratio	**EBIT margin**
$= \frac{\text{gross cash flow}}{\text{revenue}} \cdot 100$	$= \frac{\text{EBIT}}{\text{revenue}} \cdot 100$

Analysis of resources and competences	
Resources + competences → strategic capabilities → core competences → competitive advantage	
↓	↓
■ production capacity ■ technical know-how ■ patents and copyrights ■ workforce structure	**VRIO criteria:** ■ value ■ rarity ■ inimitability ■ organisation

vel.plus/BHBILIJ36

KEY TERMS TRANSLATED

asset coverage ratio	Anlagendeckungsgrad	maturity	Fälligkeit, Fristigkeit
assets	Vermögen/Aktiva	operating result	Betriebsergebnis
balance sheet	Bilanz	own work capitalised	aktivierte Eigenleistungen
balance sheet rate	Bilanzkurs	patents and utility models	Patente und Gebrauchsmuster
benchmark	Richtwert, Maßstab		
book value per share	Eigenkapital je Aktie	profit and loss statement	Gewinn- und Verlustrechnung
capital structure	Kapitalstruktur		
cash flow-to-revenue ratio	Cashflow-Umsatzrate	profit distribution	Gewinnausschüttung
cash ratio	Barliquidität, Liquidität 1. Grades	profitability	Rentabilität
		provisions (accruals)	Rückstellungen

creditors	Verbindlichkeiten
current assets	Umlaufvermögen
current ratio	umsatzbedingte Liquidität, Liquidität 3. Grades
debtors	Forderungen
depreciation (write-down)	Abschreibung
EBIT margin	EBIT Marge
equity	Eigenkapital
extraordinary result	außerordentliches Ergebnis
fixed assets	Sachanlagen
golden rule of finance	Goldene Finanzregel
golden rule of the balance sheet	Goldene Bilanzregel
goodwill	Geschäfts- oder Firmenwert
investments (BE), financial assets (AE)	Finanzanlagen
layoff	Kündigung (vom Unternehmen ausgehend)
liabilities	Verbindlichkeiten/ Passiva
period under review	Berichtszeitraum
quick ratio	einzugsbedingte Liquidität, Liquidität 2. Grades
receipts	Einzahlungen
resignation	Kündigung (vom Mitarbeiter ausgehend)
result of ordinary activities	Ergebnis der gewöhnlichen Geschäftstätigkeit
return on capital	Gesamtkapitalrentabilität
return on equity	Eigenkapitalrentabilität
return on investment	Return on Investment
return on sales	Umsatzrentabilität
revaluation (write-up)	Zuschreibung/Aufwertung
reversal of provisions	Auflösung von Rückstellungen
securities	Wertpapiere
share capital, subscribed capital	Grundkapital, gezeichnetes Kapital
solvency	Zahlungsfähigkeit, Liquidität
stocks (BE), inventories (AE)	Vorräte
tangible assets	Sachanlagen
undisclosed reserves	stille Rücklagen
valuation	Bewertung

Check your competences with a **self-assessment list**.

Scan the **QR code** or use the following link: vel.plus/BHBILIJ23

REVISION OF BASIC KNOWLEDGE

vel.plus/BHBILIJ24

for chapter 5 Internal business analysis

5.1 Balance sheet analysis

1. Name the two main parts of a condensed balance sheet and explain the relationship between them.
2. Explain the difference between equity and liabilities.
3. Name two ratios that can be used to analyse the capital structure of a company and explain how they are calculated.
4. Name strengths and weaknesses of the capital structure ratios.
5. Outline how the balance sheet rate and the book value per share are calculated and explain their relevance.
6. Name the golden rule of finance and the golden rule of the balance sheet.
7. Differentiate between asset coverage ratio I and II.
8. Assess the informative value of asset coverage ratios.
9. Describe the calculation of three different liquidity ratios.
10. Define the main purpose of liquidity ratios.

5.2 Analysis of the profit and loss statement

1. Define the concept of profitability.
2. Explain how return on equity is calculated and what it shows.
3. Explain how return on capital is calculated and what it shows.
4. Explain how return on sales is calculated and what it shows.
5. Explain how return on investment is calculated and what it shows.
6. Name strengths and weaknesses of profitability ratios.
7. Explain the significance of a cash flow analysis.
8. Explain the indirect calculation of a cash flow.
9. Name a cash flow ratio and its significance.
10. Outline the calculation of EBITDA.
11. Explain the calculation and the significance of an EBIT margin.
12. Name three strengths of EBIT.

5.3 Analysis of resources and competences

1. Define resources, competences and capabilities.
2. Describe the relevance of core competences.
3. Describe the VRIO criteria and their relevance for creating a sustained competitive advantage.
4. Explain why the production capacity and the production capacity utilisation rate are relevant figures in an internal business analysis.
5. Describe how technical know-how can be analysed.
6. Explain the importance of applying for patents and copyrights.
7. Outline aspects of the workforce structure that an internal business analysis should include.

TASKS FOR APPLICATION AND PRACTICE

for chapter 5 Internal business analysis

Task 1 Balance sheet analysis

? HILFE
vel.plus/BHBILIJ25

Simplified balance sheet of Mobility plc at 31 December 20XX (€ thousand)		
	Current year	**Last year**
Assets		
Non-current assets		
1. Fixed assets	1,800	1,800
2. Investments	200	300
Total non-current assets	**2,000**	**2,100**
Current assets		
1. Stocks	1,200	1,000
2. Debtors (accounts receivable)	600	400
3. Cash and bank balances	200	300
Total current assets	**2,000**	**1,700**
Total assets	4,000	3,800

Equity and liabilities		
Equity	1,800	2,000
Liabilities		
1. Non-current liabilities	1,580	1,280
2. Current liabilities	620	520
Total liabilities	**2,200**	**1,800**
Total equity and liabilities	4,000	3,800

1. Calculate the following ratios for both years and assess their changes:
   - Equity ratio, debt ratio
   - Asset coverage ratio I and II
   - Cash ratio, quick ratio, current ratio
2. Evaluate the ratios of the current year based on the benchmarks for manufacturing industries.
3. Based on your findings, assess the company's overall economic situation.

Task 2 Analysis of capital structure

HILFE vel.plus/BHBILIJ31

The non-current assets of an industrial company amount to €4m. They make up half the total capital. The asset coverage ratio I is 70%.

1. Calculate equity ratio and debt ratio.
2. Calculate asset coverage ratio II in the case that 60% of liabilities are non-current liabilities.
3. Calculate cash ratio, quick ratio and current ratio in the case that stocks make up 60% of current assets and debtors 35% of current assets.
4. Explain why the informative value of liquidity ratios is very limited.
5. Evaluate the economic situation of the company based on the calculated ratios.

Task 3 Balance sheet rate and book value per share

HILFE vel.plus/BHBILIJ26

The IDEAL Inc. has liabilities of $18m and total assets of $28.6m. Their share capital amounts to $5m. Their stocks have a face value of $5. Currently their stocks are traded at a stock market price of $19.80.

1. Calculate the balance sheet rate and the book value per share.
2. Give possible reasons for the difference between the market value per share and the book value per share.

Task 4 Profitability ratios

A machine producer's profit and loss statement shows the following information:

	Current year (€ thousand)	Last year (€ thousand)
Share capital	8,000	8,000
Equity	13,200	12,800
Liabilities	28,200	26,200
Net income (profit)	1,840	–
Revenue	86,400	–
Interest expenses	660	–

1. Determine the following ratios for the current reporting year:
   - return on equity
   - return on capital
   - return on sales
   - return on investment
   - balance sheet rate

2. Assess the informative value of these ratios.
3. A trade magazine states that the average return on sales in the industry is 4%. Give possible reasons for the company's deviation from this average and suggest measures to improve the return on sales.

Task 5 Cash flow

A machine producer has the following data for the last three business periods:

PDF vel.plus/BHBILIJ27

	Year 3 (€ million)	Year 2 (€ million)	Year 1 (€ million)
Revenue	70.0	66.0	56.0
Net income	5.4	4.8	3.4
Depreciation of fixed assets	1.4	1.2	0.9
Increase in long-term provisions	0	0.2	0.1

1. Calculate the gross and net cash flow for all three years if half of the net income is retained within the company.
2. Determine the cash flow-to-revenue ratio of all three years and interpret it.
3. Assess the position of the company based on the development of the cash flow over the three years.

Task 6 Cash flow and EBIT

STREAM Inc. has the following profit and loss statement:

HILFE vel.plus/BHBILIJ28

Simplified profit and loss statement (€ million)	
Turnover (revenue)	15.0
Other operating income	2.0
Cost of materials	–3.8
Staff costs	–6.0
Depreciation	–3.0
Other operating expenses	–1.7
Interest expenses	–0.5
Result of ordinary activities	**2.0**
Taxes on profit	–0.7
Other taxes	–0.1
Profit after tax (net income)	**1.2**

Additional information:

1. *All income is cash effective (no non-cash income involved)*
2. *Staff costs include an increase in provisions for pensions of €1m.*
3. *Depreciation includes extraordinary depreciation on machines of €0.2m.*
4. *Other operating expenses result from losses based on the disposal of non-current assets.*

1. Determine the gross cash flow and explain the informative value of a gross cash flow.
2. Determine the cash flow-to-revenue ratio and explain its informative value.
3. Determine EBIT and explain its informative value.
4. Determine EBITDA and explain its informative value.
5. Calculate the EBIT margin and explain its informative value.
6. Assess the company's situation based on the ratios determined.

6 Selected instruments for strategic planning

Competences:

6.1 SWOT analysis

- *describing SWOT analysis as a tool to consolidate the results of internal and external business analyses*
- *explaining the structure of a SWOT matrix*
- *carrying out a SWOT analysis*
- *determining strategic competitive advantages and choosing appropriate market segments on the basis of a SWOT analysis*

6.2 Competitive strategies according to Porter

- *explaining and applying competitive strategies*

6.3 Complexity and interdependencies of strategic objectives

- *outlining the effects of strategic objectives and the corresponding measures on all business levels*
- *commenting on the necessity of a continuous process optimisation for the success of a company*

6.1 SWOT analysis

Necessity of analyses and strategies

In order to ensure the existence of a company in the long run, strategic planning is necessary. External and internal business analyses need to be conducted and their results used to develop business strategies that use the company's competitive advantages.

> **!** **Strategic planning aims to ensure the existence of a company in the long run.**

To develop suitable strategies it is necessary:

- to recognise the chances and risks (opportunities and threats) resulting from the business environment early enough and to use this knowledge (external/environmental analysis)
- to analyse the strengths and weaknesses of the business compared to the competition and to draw conclusions from the results (internal/company analysis)
- to ensure the closest possible fit between external and internal circumstances

> **!** **Strategic planning tries to find the best possible fit between the opportunities and threats of the business environment (external circumstances) and the internal strengths and weaknesses of a company (internal circumstances).**

Environmental analysis

Environmental analysis refers to **external** circumstances of the business that have to be examined. This type of analysis is useful to identify changes and trends early on and has to be part of strategic considerations. Opportunities and threats (SWOT) are identified at this stage.

Fields of analysis	Possible questions
Global environmental analysis covers all political, economic, ecological, social and technological events and trends which affect a business.	▪ How do (global) political events and trends affect the business environment? (politics) ▪ What might be the consequences of the increasing individualisation of society? (society) ▪ What are the effects of changing exchange rates? (economy) ▪ What are the impacts of trends in environmental protection? (ecology)
Industry structure analysis is used to examine the key determinants of competition within an industry.	▪ What groups are there within a particular sector? ▪ What competition structures are there in a particular sector? ▪ What kinds of changes are expected and how can they be used?
Market analysis is a tool to scrutinise demand (customer analysis) and supply (competition analysis).	▪ How can customer loyalty to a product and a company be developed and maintained (customer satisfaction)? ▪ What are the requirements of past and future customers? ▪ How are competitors likely to behave?

Company analysis

In the **company analysis**, the **internal** strengths and weaknesses (SWOT) of the company are examined and compared to the most important competitors.

Fields of analysis	Possible questions
examination of internal components such as resources, assets, processes, competences	Where do our strengths lie? (E.g. in people (talents), finances, intellectual property, brand, innovativeness, agility?) Why do our customers choose our products and services?
comparison with main competitors	What are the competences of our business compared to those of our competitors? What differentiates us from the competition (positively and negatively)?

SWOT analysis

SWOT analysis is a comprehensive analysis of the **strengths** and **weaknesses** of a company (internal view) combined with the **opportunities** and **threats** coming from the business environment (external view). This comprehensive analysis reveals important aspects for **strategic planning**.

Task 1
p. 544

		Strengths	**Weaknesses**
		Internal perspective	
Opportunities	***External perspective***	**Developing our strengths-opportunities strategies** ■ Which strengths match which opportunities? ■ How should we use our strengths in order to realise our opportunities?	**Catching up with weaknesses-opportunities strategies** ■ Which strengths can become opportunities? ■ Can weaknesses become strengths?
Threats		**Safeguarding our strengths-threats strategies** ■ Which strengths can compete with which threats? ■ How can we make use of our strengths to prevent risks?	**Avoiding weaknesses-risks strategies** ■ Where are our weaknesses? ■ What kinds of measures can we take to prevent risks?

Strategic planning based on the SWOT analysis

Each of the four fields is considered separately to develop suitable strategies for the company. The most promising field is the one where the company's strengths can be used to take advantage of external opportunities while the field combining the company's weaknesses and external threats is the riskiest one.

> **!** **A business strategy can be described as a basic decision that concerns all areas of a business. A series of measures to achieve the business objectives is derived from this strategy.**

Task 2
p. 544 f.

Although there is no pre-existing set or system of strategies, a business can use different classifications to develop individual strategies. It can decide on suitable market segments, focus on the direction of development, or make use of the company's strategic competitive advantages.

Option 1: Products/markets

Depending on the outcome of a SWOT analysis, a company has different options for how to grow. It needs to decide whether it wants to sell new or existing products in new or existing markets. The Ansoff product-market matrix is a tool that shows four different strategies depending on the choices made.

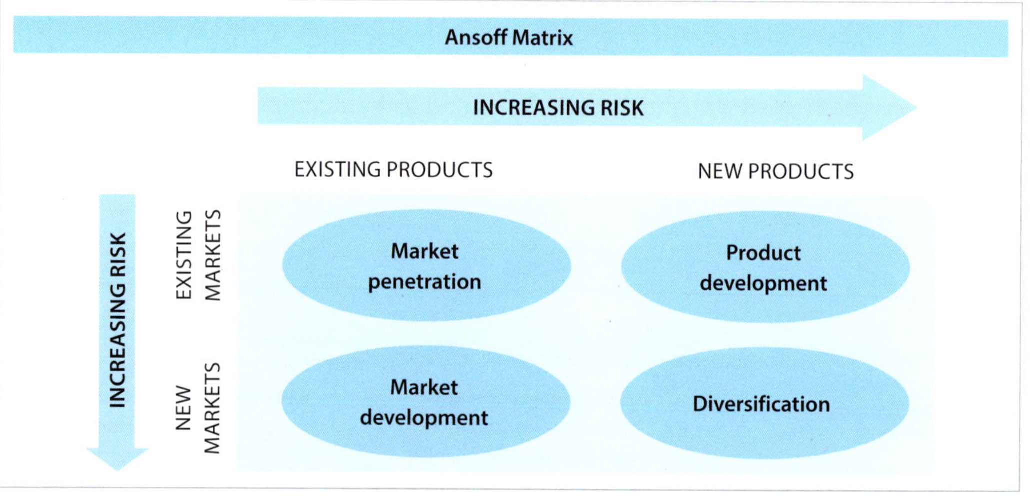

- A **market penetration** strategy aims at increasing sales of existing products in existing markets. This strategy holds the lowest risk.
- A **product development** strategy aims at developing new products and introducing them to existing markets.
- A **market development** strategy focuses on introducing existing products to new markets.
- A **diversification** strategy focuses on introducing new products to new markets. This is the riskiest growth strategy.

Chapter E 1.2

Option 2: Direction of development

(compare strategies resulting from the BCG matrix in chapter E 1.2 Growth share matrix)

- growth strategy (offensive strategy)
- stabilising strategy (price skimming)
- contraction strategy (disinvestment strategy)

Chapter J 6.2

Option 3: Competitive advantages

- cost leadership
- differentiation strategy
- focus on core areas (niche strategy)

A company's **competitive advantage** makes the good or service superior to all the customer's other choices. It can come from **lower costs** (i.e. lower prices for the customer) or from a **unique value** offered by the company and distinguishing it from its competitors.

For the competitive advantage to work, it needs to fulfil different criteria in the two dimensions **effectiveness** (demand/customer side) and **efficiency** (supply/company side).

Effectiveness dimension

A competitive advantage needs to be

- related to a feature that is relevant for the customer
- actually noticed by the customer

Efficiency dimension

A competitive advantage needs to be

- durable (defendable), meaning it cannot be copied by the competition
- economically feasible

relevant noticed	**competitive advantage**	durable economically feasible
effectiveness dimension (demand side)		**efficiency dimension (supply side)**

Shortcomings of SWOT analysis

- Categorising the findings of the analyses into the correct fields can be challenging. If a strength isn't maintained, it can become a weakness. If opportunities are not used at the right time by the business but seized by competitors, they can become a threat to the company.
- The findings might be oversimplified and not reflect the complex interdependencies in the business world.
- The choice of aspects and their classification can be quite subjective.

6.2 Competitive strategies according to Porter

Task 3 p. 545

Although strategies strongly depend on industries and companies, there is, according to Michael Porter[1], a closed system of three groups of generic competitive strategies.

Cost leadership	Differentiation	Focus
Objective: Obtaining a competitive advantage within one industry by keeping costs low. This enables the company to reduce prices and to increase sales or to increase profits with the same price.	Objective: Distinguishing the product to become unique among competitors in its industry (unique selling proposition – USP). The company can protect itself against price reductions by competitors.	Objective: Concentrate on market niches. Unlike the cost leadership or differentiation strategies that focus on the whole industry, this strategy focuses on certain market segments. All measures are aimed at these niches.
Cost leadership does not necessarily mean price leadership. Cost leadership is relevant for companies with automated production plants, such as in the production of steel, cement or chemical products. Aldi is considered to be the cost leader within the food retailing industry.	Some good examples of products with a clear unique selling proposition are Hugo Boss, Rolex, and Mercedes-Benz. Also, the manufacturer of high-quality audio systems Bose has never been affected by the "save and rave" mentality as technical know-how is its unique selling proposition.	Market niches include organic grocery stores and health food shops. Even the development of McDonald's began in a market niche (the desire to eat out and not have to cook at home but without attaching great importance to classy service or comfortable dining).

1 Porter, M. E. (1980): Competitive Strategy. New York.

		Strategic advantage	
		uniqueness from the customer's point of view (unique selling proposition)	cost advantage
Com-petitive scope	industry-wide	differentiation	comprehensive cost leadership
	particular market segment	focusing (niche strategy)	

6.3 Complexity and interdependencies of strategic objectives

Cause-effect relationships in strategy maps

As already explained in chapter *J 1.2 Kinds and relationships of business objectives*, the attainment of an objective often also has an impact on the success of other objectives. An overall corporate strategy is achieved through many "smaller" strategic choices in different strategic business units of the company, on different managerial levels and in different departments. Strategic objectives usually have an impact on all parts of the business and should therefore be considered in a larger context.

Cause-effect relationships can be depicted in flow charts, showing the extent to which the pursuit of one objective positively or negatively affects the pursuit of another one. A *strategy map,* looks at corporate objectives and their interdependencies from different angles. Besides the financial perspective, customers, internal processes and innovation and learning (employees) are considered. These perspectives were developed as part of the balanced scorecard framework for strategic planning.

A strategy map shows the interdependencies between different strategic objectives in the four categories finances, customers, internal processes and innovation and learning.

With profitability as the main strategic objective, the following interdependencies can be derived:

- **Employees** with their skills and motivation can be seen as a starting point. They have a crucial influence on the quantity and quality of internal business processes (training and development perspective).
- Best possible and high-quality process operations and innovation strengths **(process-oriented perspective)** create customer satisfaction and customer loyalty **(customer perspective)**.
- Customer satisfaction is a requirement for financial success **(financial perspective)**. The financial perspective is recorded in a key figure system.

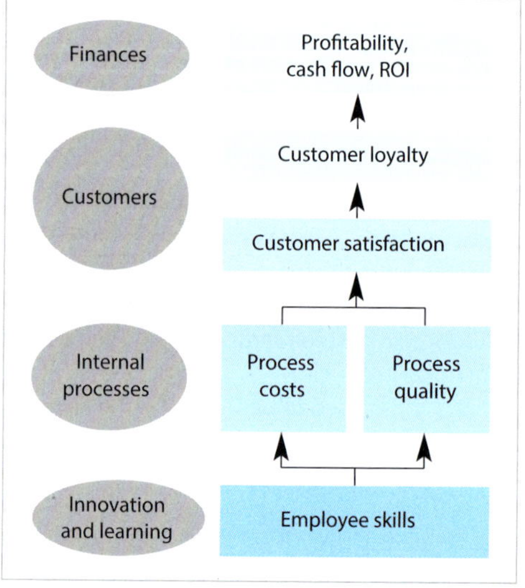

Complexity of simultaneous strategic decisions

Strategies are always connected to **choices**. The *Strategy Choice Cascade* model developed by Lafley and Martin[1] shows the kind of choices that need to be made. It points out that these choices cannot be made successively but must happen simultaneously since they are all interconnected and affect each other (as shown by the arrows in the diagram).

The strategy choice cascade

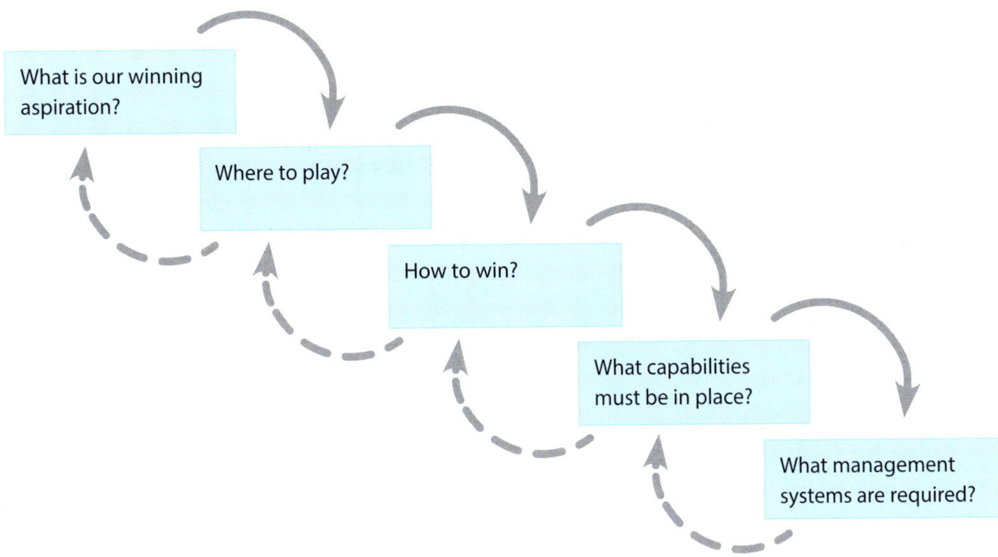

Graph adapted from: Lafley, A.G., and Roger L. Martin. Playing to Win. Harvard Business Review Press 2013. p. 15.

The five choices go hand in hand when developing a strategy. Their details are explained below[2]:

What is our winning aspiration? As in a company's vision, its winning aspiration formulates the company's idea about its ideal future, such as what it intends to mean to its customers. This is an overall goal which impacts all other choices.

Where to play? This question addresses where to compete and where not to. It shows where the company wants to achieve its winning aspiration. It refers to geography, product type, consumer segment, distribution channel and stage of production. Together with the next question, it forms the heart of the model.

How to win? This choice involves the competitive strategy that the company chooses – such as cost leadership or differentiation (see Porter's generic competitive strategies in J 6.2). The company must find its competitive advantage and its unique value proposition and align them with its "Where to play" decision so that they reinforce each other.

1 Lafley, A.G., and Roger L. Martin. Playing to Win. Harvard Business Review Press. 2013.
2 Adapted from: Lafley, A.G., and Roger L. Martin. Playing to Win. Harvard Business Review Press, 2013, and Martin, Roger L. Strategic Choices Need to Be Made Simultaneously, Not Sequentially. Harvard Business Review, 3 February 2017, https://hbr.org/2017/04/strategic-choices-need-to-be-made-simultaneously-not-sequentially (accessed 5 October 2021).

The next two questions are connected to the execution of the strategy and can be seen as a kind of "reality check". If they are not able to support the realisation of the heart of the strategy, then the strategy is of no use.

What capabilities must be in place? A business has core capabilities, such as great technology or an excellent understanding of its consumers. These capabilities should reinforce each other and create a unique value or competitive advantage.

What management systems are required? This choice is centred on the implementation of the strategy. It focuses on the structures, systems and measures that support the strategy.

Block diagram for chapter 6: Selected instruments for strategic planning

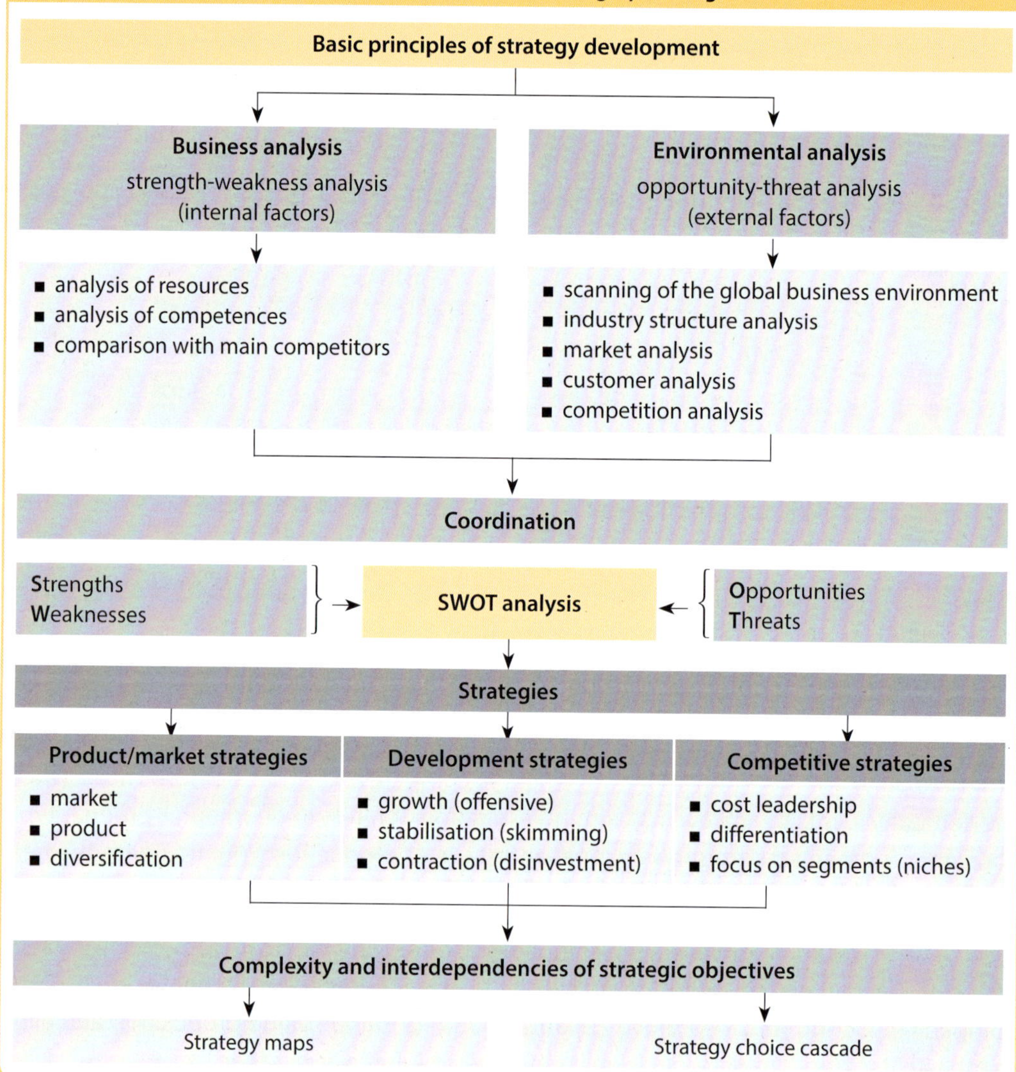

KEY TERMS TRANSLATED

vel.plus/BHBILIJ37

aspiration	Wunsch, Bestrebung	opportunity	Chance
capabilities	Fertigkeiten, Ressourcen	safeguard	schützen
diversification	Diversifizierung, Erweiterung des Sortiments	strength	Stärke
		threat	Risiko
market penetration	Marktdurchdringung	weakness	Schwäche

Check your competences with a **self-assessment list**.

Scan the **QR code** or use the following link: vel.plus/BHBILIJ30

REVISION OF BASIC KNOWLEDGE

vel.plus/BHILIJ31

for chapter 6 Selected instruments for strategic planning

6.1 SWOT analysis

1. Name the objective of strategic planning.
2. Explain the different fields of an environmental analysis.
3. State typical questions that are asked in a company analysis.
4. Explain what the acronym SWOT stands for.
5. Name three classifications that business strategies can focus on.
6. Give four strategies that are based on the category "product and market".
7. Name three potential strategies that are based on the "direction of development".
8. Define the concept of "competitive advantage".
9. Name two shortcomings of a SWOT analysis.

6.2 Competitive strategies according to Porter

1. Outline the three generic competitive strategies according to Porter.
2. Give an example of a company/brand that pursues a cost leadership strategy.
3. Give an example of a company/brand that uses a differentiation strategy.
4. Give an example of a company/brand with a focus strategy.

6.3 Complexity and interdependencies of strategic objectives

1. Explain what makes strategic decisions complex decisions.
2. Outline the purpose of a strategy map.
3. Give the four different perspectives of a strategy map with an example objective for each perspective.
4. Outline the basic idea of the strategy choice cascade model.
5. Name and explain the five choices of the strategy choice cascade model.

TASKS FOR APPLICATION AND PRACTICE

for chapter 6 Selected instruments for strategic planning

Task 1 SWOT analysis

1. Explain how the SWOT analysis for the Volkswagen group was performed and comment on the significance that it has had.
2. Make one strategic suggestion for each section in the chart below.

SWOT analysis		Internal analysis	
		Strengths	Weaknesses
External analysis	Opportunities	(1) ■ increasing demand for fuel-efficient engines due to a sharp increase in mineral oil tax ■ shift in demand from high-class to middle-class cars due to the increasing price sensitivity of consumers	(2) ■ strong growth of the market shares of powerful sports and fun cars ■ increase in demand for electronic two-seater city cars due to technological innovations outside the company
	Threats	(3) ■ The Chinese government allows many competitors to establish factories in China without any restrictions. ■ weakening of the Volkswagen brand due to the large-scale use of the same parts for all the group companies; VW, Seat, Skoda become interchangeable.	(4) ■ strong increase in compact class cars in the USA due to increasing fuel prices and the slow economy ■ small share in market growth in the USA due to VW's small market share

Adapted from H. Meffert et al., Marketing, 10th edition, Wiesbaden 2008, p. 236.

Task 2 SWOT analysis/stakeholder vs shareholder value

Base your answers on the following text:

News report on Starbucks (excerpt)

How different would our twenty-first century lives be if there was no such thing as coffee to energize us? The desire – even need – for caffeine is what attracts the crowds and makes coffee such a huge business. Many would agree that Starbucks serves a high-quality brew that helps them power through the day. But coffee is far from being the only menu option. In addition, everything about the cozy Italian style interior of a Starbucks, from the warm aroma to the casual couches, screams "comfort" apart from crazy long lines even during a traditionally slower off-peak period and the prices.

Starbucks, whose chief executive, Howard Schultz, has long presented the brand as involving its customers and employees in something more meaningful than a basic economic transaction, has received harsh criticism for its workplace practices. On the question of scheduling (= Arbeitszeitplanung), the company uses state-of-the-art software that forecasts store traffic and helps managers set staff levels (= Belegschaftsstärke) accordingly. Inconsistent schedules from week to week and getting schedules only one week or less in advance are the consequences for the employees. In October 2012, Starbucks faced further criticism because the company reportedly paid only £8.6 million in corporation tax in the UK over 14 years, despite generating over £3 billion in sales.

Starbucks has an array of competitors – some old and some new – who also pride themselves on providing branded coffee with swiftness. Companies like Dunkin' Donuts or Tim Hortons show potential for further growth. Howard Schultz on January 6 had to acknowledge to market analysts that Starbucks was "not immune" to the fundamental shift in how people are increasingly staying at home and using technology.

1. a) A management consultant advises Starbucks to perform a SWOT analysis. Explain the purpose of a SWOT analysis and state the meaning of the letters S, W, O and T.

b) Using information from the text, fill in the table below.

	Helpful to Starbucks	Harmful to Starbucks
Internal (inside the company)		
External (belonging to the company's environment)		

c) Make strategic suggestions (one per field) on how to deal with the different findings.

2. a) List two of Starbucks' stakeholder groups mentioned in the text.
   b) Using evidence from the text, explain whether Starbucks follows a shareholder or a stakeholder value concept.

Task 3 Porter's generic competitive strategies[1]

Competitive strategies are supposed to make the company more competitive than its business rivals.

1. a) Name and describe the three competitive strategies according to M.E. Porter.
   b) Outline risks and threats that might be related to these competitive strategies.
2. Remedia AG is a drugmaker with three product groups: (1) over-the-counter cough and cold medicines with a 40% share of sales, (2) sleep-inducing drugs with a 35% share of sales, (3) supplements and vitamin products with a 25% share of sales.

   The company employs 250 people with a sales volume of €32 million and a cash flow of €4.2 million. The company plans to launch a preventive cough and cold medicine that can be taken all year round to strengthen the immune system. Market research has found that the company can expect a market share of 5% after two to three years. A further increase of the market share seems unrealistic.

   a) Determine a suitable competitive strategy for Remedia AG.
   b) Outline different criteria that the company should consider in its pricing strategy for the new product.

1 Adapted from Thommen, J. P. (2006): Managementorientierte Betriebswirtschaftslehre, Zürich, p.141.

Anhang: Tabellen mit Aufzinsungs-, Abzinsungs- und Annuitätenfaktoren für Zinssätze (p) von 5 % bis 10 % und Laufzeiten (n) von 1 bis 10 Jahren

$i = p/100$ $q = 1 + p/100 = 1 + i$

Aufzinsungsfaktor: q^n

Abzinsungsfaktor: $\frac{q^n}{1} = q^{-n}$

Annuitätenfaktor: $\frac{q^n(q-1)}{q^n-1} = q^{-n}$

Zinseszinsformel: $K_n = K_0 \cdot (1 + p/100)^n$

$K_n = K_0 \cdot (1 + i)^n$

$K_n = K_0 \cdot q^n$

Barwertformel: $K_n = \underbrace{K_0 \cdot 1/q^n}_{\text{Abzinsungsfaktor}}$ (Aufzinsungsfaktor)

n \ 5 %	q^n	$\frac{1}{q^n}$	$\frac{q^n(q-1)}{(q^n-1)}$
1	1,050000	0,952381	1,050000
2	1,102500	0,907029	0,537805
3	1,157625	0,863838	0,367209
4	1,215506	0,822702	0,282012
5	1,276282	0,783526	0,230975
6	1,340096	0,746215	0,197017
7	1,407100	0,710681	0,172820
8	1,477455	0,676839	0,154722
9	1,551328	0,644609	0,140690
10	1,628895	0,613913	0,129505

n \ 6 %	q^n	$\frac{1}{q^n}$	$\frac{q^n(q-1)}{(q^n-1)}$
1	1,060000	0,943396	1,060000
2	1,123600	0,889996	0,545437
3	1,191016	0,839619	0,374110
4	1,262477	0,792094	0,288591
5	1,338226	0,747258	0,237396
6	1,418519	0,704961	0,203363
7	1,503630	0,665057	0,179135
8	1,593848	0,627412	0,161036
9	1,689479	0,591898	0,147022
10	1,790848	0,558395	0,135868

n \ 7 %	q^n	$\frac{1}{q^n}$	$\frac{q^n(q-1)}{(q^n-1)}$
1	1,070000	0,934579	1,070000
2	1,144900	0,873439	0,553092
3	1,225043	0,816298	0,381052
4	1,310796	0,762895	0,295228
5	1,402552	0,712986	0,243891
6	1,500730	0,666342	0,209796
7	1,605781	0,622750	0,185553
8	1,718186	0,582009	0,167468
9	1,838459	0,543934	0,153486
10	1,967151	0,508349	0,142378

n \ 8 %	q^n	$\frac{1}{q^n}$	$\frac{q^n(q-1)}{(q^n-1)}$
1	1,080000	0,925926	1,080000
2	1,166400	0,857339	0,560769
3	1,259712	0,793832	0,388034
4	1,360489	0,735030	0,301921
5	1,469328	0,680583	0,250456
6	1,586874	0,630170	0,216315
7	1,713824	0,583490	0,192072
8	1,850930	0,540269	0,174015
9	1,999005	0,500249	0,160080
10	2,158925	0,463193	0,149029

n \ 9 %	q^n	$\frac{1}{q^n}$	$\frac{q^n(q-1)}{(q^n-1)}$
1	1,090000	0,917431	1,090000
2	1,188100	0,841680	0,568469
3	1,295029	0,772183	0,395055
4	1,411582	0,708425	0,308669
5	1,538624	0,649931	0,257092
6	1,677100	0,596267	0,222920
7	1,828039	0,547034	0,198691
8	1,992563	0,501866	0,180674
9	2,171893	0,460428	0,166799
10	2,367364	0,422411	0,155820

n \ 10 %	q^n	$\frac{1}{q^n}$	$\frac{q^n(q-1)}{(q^n-1)}$
1	1,100000	0,909091	1,100000
2	1,210000	0,826446	0,576190
3	1,331000	0,751315	0,402115
4	1,464100	0,683013	0,315471
5	1,610510	0,620921	0,263797
6	1,771561	0,564474	0,229607
7	1,948717	0,513158	0,205405
8	2,143589	0,466507	0,187444
9	2,357948	0,424098	0,173641
10	2,593742	0,385543	0,162745

Sachwortverzeichnis

F

Vokabelverzeichnis

Hinweis: Ein Online-Vokabeltrainer erleichtert die Aneignung von Schlüsselbegriffen zu jedem Kapitel.

vel.plus/BHBILISWV38

Englisch	Deutsch
A	
absenteeism	Fehlzeiten
accountability	Verantwortung, Rechenschaftspflicht
acquisition	Unternehmensübernahme, Aufkauf
Act against Restraints of Competition	Gesetz gegen Wettbewerbsbeschränkungen (GWB)
Act against Unfair Competition	Gesetz gegen den unlauteren Wettbewerb (UWG)
(to) adapt (to)	(sich) anpassen (an)
added value	Zusatznutzen
advertisements (ads)	Anzeigen
advertising	Werbung
advertising budget	Werbeetat
advertising for growth	Expansionswerbung
advertising material	Werbemittel
advertising media	Werbeträger, Werbemedien
advertising period	Streuzeit
advertising pillars	Litfaß-Säulen
advertising plan	Werbeplan
analyse	analysieren, auswerten
annual general meeting	Hauptversammlung
antitrust authority	Kartellbehörde
(to) apply	anwenden
area of distribution	Streukreis
arousal	Erregung
aspiration	Wunsch, Bestrebung
(to) assess	beurteilen
asset coverage ratio	Anlagendeckungsgrad
assets	Vermögen, Aktiva
assortment	Sortiment
authorised dealer	Vertragshändler
authority	Weisungsbefugnis, Kompetenz

Englisch	Deutsch
B	
balance sheet	Bilanz
balance sheet rate	Bilanzkurs
bar chart	Balkendiagramm
barriers to entry	Markteintrittsbarrieren
benchmark	Richtwert, Maßstab
benefit analysis	Nutzwertanalyse
billboards	Plakatwände
book value per share	Eigenkapital je Aktie
brand awareness	Bekanntheitsgrad von Marken
brand dilution	Markenverwässerung
brand product	Markenprodukt
branding	Markenbildung, Markierung
(to) break bulk	Waren kleiner abpacken
bribery	Bestechung
bricks-and-mortar company	konventionelles (nicht online) Unternehmen
(to) broker deals	Verträge vermitteln
burden	Last, Belastung
business strategy	Geschäftsfeldstrategie
buyers' market	Käufermarkt
C	
(to) calculate	berechnen
capabilities	Fertigkeiten, Ressourcen
capital commitment	Kapitaleinsatz, Kapitalbindung
capital lockup	Kapitalbindung
capital structure	Kapitalstruktur
cash flow-to-revenue ratio	Cashflow-Umsatzrate
cash ratio	Barliquidität, Liquidität 1. Grades
chain of command	Befehlskette, Weisungslinie
Circular Economy Act	Kreislaufwirtschaftsgesetz (KrWG)

Englisch	Deutsch
click-through-rate	Klickrate
coincident indicator	Gegenwartsindikator
company awareness	Bekanntheitsgrad von Unternehmen
comparative advertising	vergleichende Werbung
(to) compare	vergleichen
(to) compensate for	ausgleichen, kompensieren
competitive advantage	Wettbewerbsvorteil
competitiveness	Wettbewerbsfähigkeit
(to) conclude contracts	Verträge abschließen
conglomerate	Mischkonzern, Konglomerat
(to) consider	überlegen, berücksichtigen
constraint	Nebenbedingung, Einschränkung
consumer goods	Konsumgüter
contraction	Abschwung
contribution margin	Deckungsbeitrag
contribution margin accounting	Deckungsbeitragsrechnung
control agreement	Beherrschungsvertrag
cooperation	Zusammenarbeit, Kooperation
core value	Grundnutzen
corporate advertising	Firmenwerbung
corporate governance	(verantwortungsvolle) Unternehmensführung
corporate objectives	Unternehmensziele
corporate social responsibility	gesamtgesellschaftliche Unternehmensverantwortung
corporate strategy	Gesamtunternehmensstrategie
corporation tax	Körperschaftsteuer
corruption	Bestechung, Korruption
cost of sales	Wareneinsatz
cost per click	Kosten pro Klick
cost per lead	Kosten pro Kundenkontakt
cost per thousand impressions (CPM)	Tausenderkontaktpreis
course of action	Vorgehen, Handlungsweise
(to) create	gestalten

Englisch	Deutsch
creation of value	Wertschöpfung
creditors	Verbindlichkeiten
cross-cultural differences	interkulturelle Unterschiede
cultural drivers	kulturelle Einflussfaktoren
cultural standards	Kulturstandards
current assets	Umlaufvermögen
current ratio	umsatzbedingte Liquidität, Liquidität 3. Grades
customer benefit	Kundennutzen
customer flow analysis	Kundenlaufstudie
customer journey	Customer Journey, Kundenreise
customer survey	Kundenstudie
D	
data mining	Data-Mining, Datenbankauswertung
debtors	Forderungen
(to) decide	entscheiden
decision matrix	Entscheidungsmatrix, Entscheidungsbewertungstabelle
(to) define	definieren, darstellen
delayering	Abbau von Managementebenen
delegation	Delegierung, Befugnisübertragung
depreciation, write-down	Abschreibung
(to) derive	ableiten
(to) describe	beschreiben
(to) design	gestalten
desk/secondary research	Schreibtischforschung, Sekundärforschung
(to) determine	ermitteln
(to) develop	selbstständig entwickeln
development opportunities	Entwicklungsmöglichkeiten
(to) differentiate	unterscheiden
direct sales	direkter Absatz
direct shipment	Direktversand
(to) discuss	diskutieren
disruptive event	Störereignis
distinctiveness	Unverwechselbarkeit

Englisch	Deutsch
(to) distinguish	unterscheiden
distribution	Distribution, Vertrieb
distribution channels	Vertriebskanäle
diversification	Diversifizierung, Erweiterung des Sortiments
divesting strategy	Desinvestitionsstrategie
divisional objectives	Abteilungs-/Bereichsziele
divisional organisational structure	divisionale Organisationsstruktur, Spartenorganisationsstruktur
(to) draw	zeichnen
duty	Zoll
E	
EBIT margin	EBIT Marge
e-commerce	E-Commerce, elektronsicher Geschäftsverkehr
economic activity	Konjunktur
economic cycle/business cycle	Konjunkturzyklus
economic indicator	Konjunkturindikator
economic level	Wirtschaftsstufe
economic viability	Werbewirtschaftlichkeit
economies of scale	Größenvorteile
economies of scope	Verbundvorteile
efficiency	Effizienz, Wirkkraft
employee retention	Mitarbeiterbindung, -erhaltung
entrepreneur	Unternehmer
equity	Eigenkapital
(to) evaluate	beurteilen
(to) examine	herausarbeiten
executive	Führungskraft
expansion	Aufschwung
(to) explain	erklären, erläutern
(to) extract	herausarbeiten
extraordinary result	außerordentliches Ergebnis
F	
Federal Cartel Office	Bundeskartellamt
field/primary research	Feldforschung/ Primärforschung
fixed assets	Sachanlagen

Englisch	Deutsch
fixed costs	Fixkosten
forecasting method	Prognoseverfahren
franchise agreement	Franchisevertrag
franchise fee	Franchisegebühr
franchisee	Franchisenehmer
franchising	Franchising, Konzessionserteilung
franchisor	Franchisegeber
functional organisational structure	funktionale Organisationsstruktur
G	
German Advertising Standards Council	Deutscher Werberat
(to) give	nennen
(to) give reasons	begründen
golden rule of finance	Goldene Finanzregel
golden rule of the balance sheet	Goldene Bilanzregel
goodwill	Geschäfts- oder Firmenwert
H	
hostile takeover	feindliche Übernahme
I	
(to) identify	herausfinden, bestimmen
(to) illustrate	erläutern
image and distinction	Image-Aufbau und Profilierung
in-company servicing and repair	werkseigene Wartung
indirect sales	indirekter Absatz
induction plan	Einarbeitungsplan
industry	Branche, Wirtschaftszweig, (auch: Industrie)
influence on behaviour	Verhaltensbeeinflussung
influencer	Influencer, Einflussnehmer
integrated network	Verbundnetz
integration	Zusammenschluss, Integration
interactivity	Interaktivität
intermediaries	Absatzmittler, Zwischenhändler
(to) internalise	internalisieren

Englisch	Deutsch
(to) interpret	auswerten
intra-corporate resources	unternehmensinterne Ressourcen
introductory advertising	Einführungswerbung
investment goods	Investitionsgüter
investments (BE), financial assets (AE)	Finanzanlagen
J	
joint advertising	Gemeinschaftswerbung
joint venture	Joint Venture, Gemeinschaftsunternehmen
(to) judge	beurteilen
L	
(to) label	bezeichnen
labour costs	Arbeitskosten
labour market	Arbeitsmarkt
labour market policies	Arbeitsmarktpolitik
lagging indicator	Spätindikator
law-abiding	gesetzestreu
layoff	Kündigung (vom Unternehmen ausgehend)
leading indicator	Frühindikator
legal	rechtlich
liabilities	Verbindlichkeiten, Passiva
licensing	Lizensierung
line graph	Liniendiagramm
(to) list	nennen
local responsiveness	Lokalisierungsvorteil bzw. -notwendigkeit, lokale Reaktionsfähigkeit
M	
macroeconomic developments	gesamtwirtschaftliche Entwicklungen
mail-order	Versandhandel
maintenance advertising	Erhaltungswerbung
(to) make redundant	entlassen
management board	Vorstand
managerial authority	Weisungsbefugnis
manipulation	Beeinflussung
market analysis	Marktanalyse
market exploration	Markterkundung
market investigation	Marktuntersuchung

Englisch	Deutsch
market penetration	Marktdurchdringung
market power	Marktmacht
market research	Marktforschung
market segmentation	Marktsegmentierung
market share	Marktanteil
mass advertising	Massenwerbung
(to) match	zuordnen
maturity	Fälligkeit, Fristigkeit
maturity phase	Reifephase
merger	Unternehmenszusammenschluss, Fusion
mission statement	Unternehmensleitbild
monetary	finanziell, monetär
monitoring advertising effectiveness	Werbeerfolgskontrolle
multidomestic	länderspezifisch angepasst, multidomestic
municipal tax rate	Hebesatz
N	
(to) name	nennen, bezeichnen, wiedergeben
O	
objective	Ziel
observation	Beobachtung
onboarding process	Einführung-/Eingliederungsprozess
opening balance	Anfangsbestand
operating result	Betriebsergebnis
operational objective	operationalisiertes Ziel
opportunity	Chance, Möglichkeit
organisational control	Organisationskontrolle, Organisationsgewalt
(to) outline	(kurz) darstellen
own work capitalised	aktivierte Eigenleistungen
ownership structure	Beteiligungsverhältnisse, Eigentumsverhältnisse
P	
paid leave	bezahlter Urlaub, bezahlte Freistellung
parent company	Muttergesellschaft
patents and utility models	Patente und Gebrauchsmuster

Englisch	Deutsch
payment in kind	Sachleistung
peak, boom	Hochkonjunktur
period under review	Berichtszeitraum
pie chart	Kuchendiagramm
platform	Plattform
point of sale	Verkaufsstelle
proactive	offensiv
product assortment	Sortiment
product range	Produktprogramm, Sortiment
product responsibility	Produktverantwortung
production programme	Produktionsprogramm
profit and loss statement	Gewinn- und Verlustrechnung
profit distribution	Gewinnausschüttung
profitability	Wirtschaftlichkeit, Rentabilität
promotional packaging	Werbeverpackungen
provisions, accruals	Rückstellungen
proximity	Nähe
public relations	Öffentlichkeitsarbeit
pupil dilation	Pupillenerweiterung
pure-click company	Online-Unternehmen
Q	
qualitative methods	qualitative Methoden
quantitative methods	quantitative Methoden
questionnaire	Fragebogen
quick ratio	einzugsbedingte Liquidität, Liquidität 2. Grades
R	
ratio	Kennzahl, Verhältnis
reach	Reichweite
reactive	defensiv
real GDP (gross domestic product)	reales BIP (Bruttoinlandsprodukt)
receipts	Einzahlungen
receiver	Empfänger
recruiting	Rekrutierung, Personalbeschaffung
(to) reflect upon	Stellung nehmen (zu)

Englisch	Deutsch
reinforcement	Bestätigung (des Kaufverhaltens)
reminder advertising	Erinnerungswerbung
remuneration	Vergütung, Gehalt
(to) reproduce	wiedergeben
resignation	Kündigung (vom Mitarbeiter ausgehend)
responsibility	Zuständigkeit, Verantwortlichkeit
result of ordinary activities	Ergebnis der gewöhnlichen Geschäftstätigkeit
retailer	Einzelhändler
return on capital employed	Gesamtkapitalrentabilität
return on equity	Eigenkapitalrentabilität
return on investment	Return-on-Investment
return on sales	Umsatzrentabilität
revaluation, write-up	Zuschreibung
reversal of provisions	Auflösung von Rückstellungen
royalty	Lizenzgebühr
S	
(to) safeguard	schützen
sales agent	Handelsvertreter
sales branch	Verkaufsniederlassung
sales commission	Verkaufsprovision
sales literature	Prospekte
sales promotion	Verkaufsförderung
sales representative, sales rep	Reisender, Reisende
sample	Stichprobe
saturated	gesättigt
saturation phase	Sättigungsphase
scenario analysis	Szenarioanalyse
second mainstay	zweites Standbein
securities	Wertpapiere
self-actualisation	Selbstverwirklichung
self-esteem	Selbstwertgefühl, Selbstachtung
sellers' market	Verkäufermarkt
sender	Sender
share capital	Grundkapital
shareholders	Aktionäre

Englisch	Deutsch
(to) sketch	skizzieren
skimming strategy	Abschöpfungsstrategie
socio-demographic factors	soziodemografische Faktoren
solidarity surcharge	Solidaritätszuschlag
solvency	Zahlungsfähigkeit, Liquidität
span of control	Führungsspanne, Leitungsspanne
sponsorship	Sponsoring
stakeholders	Anspruchsberechtigte/ Stakeholder
(to) standardise	vereinheitlichen, standardisieren
(to) state	erklären
stock corporation act	Aktiengesetz
stock swap	Aktientausch
stocks (BE), inventories (AE)	Vorräte
strategic alliance	strategisches Bündnis, strategische Allianz
strategic business unit (SBU)	strategische Geschäftseinheit
strategic objective	strategisches Ziel
strength	Stärke
subordinate	untergeordnet
subscribed capital	gezeichnetes Kapital
subsidiary	Tochtergesellschaft
(to) summarise	zusammenfassen
supplements	Zeitungsbeilagen
synergies	Verbundvorteile, Synergien
T	
table	Tabelle
takeover	Unternehmensübernahme, Aufkauf
tangible assets	Sachanlagen
target group	Zielgruppe
target group specific communication	zielgruppenspezifische Kommunikation
tariff	Zoll

Englisch	Deutsch
tax exemption	Steuerbefreiung
threat	Risiko
time-to-market	Zeit bis zur Marktreife
touchpoint	Touchpoint, Kontaktpunkt, Berührpunkt
trade advertising	Händlerwerbung
trade tax	Gewerbesteuer
transnational	länderübergreifend, transnational
travelling sales rep(resentative)	Reisender, Reisende
trough/recession	Konjunkturtief
U	
ubiquity	Allgegenwärtigkeit
undisclosed reserves	stille Rücklagen
unemployment rate	Arbeitslosenquote, Arbeitslosigkeit
unique selling proposition (USP)	Alleinstellungsmerkmal
(to) use	anwenden
V	
valuation	Bewertung
value added	Mehrwert, Wertschöpfung
value chain	Wertschöpfungskette
variable costs	variable Kosten
vision	Vision, Unternehmensvision
W	
wastage, waste coverage	Streuverlust
weakness	Schwäche
web analytics	Web Controlling
wholesaler	Großhändler
word-of-mouth	Mundpropaganda
work ethic	Arbeitsmoral
work-to-rule	Dienst nach Vorschrift

Formeln Teil F: Preisermittlung

Kostenanalyse

Gewinnschwelle (break-even-point)

$$x_0 = \frac{K_f}{p - k_v}$$

Kalkulatorische Zinsen

snotwendiges Kapital · landesüblicher Zinssatz

Abgrenzungsrechnung

Gesamtergebnis

esamte Erträge – gesamte Aufwendungen

Betriebsergebnis

= Leistungen – Kosten

Neutrales Ergebnis

eutrale Erträge – Neutrale Aufwendungen

Gemeinkostenzuschläge

Materialgemeinkostenzuschlagssatz

$$MGKZ = \frac{\text{Materialgemeinkosten} \cdot 100}{\text{Materialeinzelkosten}}$$

ertigungsgemeinkostenzuschlagssatz

$$FGKZ = \frac{\text{Fertigungsgemeinkosten} \cdot 100}{\text{Fertigungseinzelkosten}}$$

rwaltungsgemeinkostenzuschlagssatz

$$VGKZ = \frac{\text{Verwaltungsgemeinkosten} \cdot 100}{\text{Herstellkosten}}$$

Vertriebsgemeinkostenzuschlagssatz

$$VtGKZ = \frac{\text{Vertriebsgemeinkosten} \cdot 100}{\text{Herstellkosten}}$$

Herstellkosten

Materialeinzelkosten (FM)
Materialgemeinkosten (MGK)
Fertigungseinzelkosten (FL)
Fertigungsgemeinkosten (FGK)
Sondereinzelkosten der Fertigung (SEKF)
Herstellkosten

Vollkostenrechnung

der Selbstkosten (Gesamtkalkulation mit Istkosten)

leinzelkosten (FM) } Material-
lgemeinkosten (MGK) } kosten
ngseinzelkosten (FL) } Fertigungs-
ngsgemeinkosten (FGK) } kosten
einzelkosten der Fertigung (SEKF)
kosten
ungsgemeinkosten (VwGK)
bsgemeinkosten (VtGK)
einzelkosten des Vertriebs (SEKV)
osten

Formeln Lernbereich F: Preisermittlung

Seite	Formeln Lernbereich F: Preisermittlung
	Kostenträgerstückrechnung
288	**Listenverkaufspreis bei Zuschlagskalkulation (Vorwärtskalkulation)** Fertigungsmaterial (FM) } Material- + Materialgemeinkosten (MGK) } kosten + Fertigungslöhne (FL) } Fertigungs- + Fertigungsgemeinkosten (FGK) } kosten + Sondereinzelkosten der Fertigung (SEKF) = Herstellkosten + Verwaltungsgemeinkosten (VwGK) + Vertriebsgemeinkosten (VtGK) + Sondereinzelkosten des Vertriebs (SEKV) = Selbstkosten + Gewinn = Barverkaufspreis + Kundenskonto (i. H.) = Zielverkaufspreis + Kundenrabatt (i. H.) = Listenverkaufspreis (netto)
	Deckungsbeitragsrechnung
304	**Deckungsbeitrag je Stück (db)** Nettoverkaufspreis je Stück (p) – variable Kosten je Stück (k_v) = Deckungsbeitrag je Stück (db)
307	**Betriebsergebnis** mit Hilfe der Deckungsbeitragsrechnung Erlöse (E) – gesamte variable Kosten (K_v) = Gesamtdeckungsbeitrag (DB) – fixe Gesamtkosten (K_f) = Betriebsergebnis
310	**Kurzfristige Preisuntergrenze (PUG_K)** $p = k_v$
310	**Langfristige Preisuntergrenze (PUG_L)** $p = k_g = \frac{K_f}{\text{Prod. Menge}} + k_v = k_f + k_v$
315	Eigenfertigung oder Fremdbezug: Kritische Menge (Übergangsmenge) bei ausgelasteter Kapazität $x = \frac{K_f}{p - k_v} = \frac{K_f}{db}$
321	**Relativer Deckungsbeitrag je Stück** $= \frac{\text{absoluter Deckungsbeitrag (db)}}{\text{benötigte Einheiten des Engpassfaktors}}$

Formulas Learning Area G: Communi… distribution policy

Seite	Formulas Learning Area G: Communi… distribution policy
	Advertising
337	Cost Per Mille $CPM = \frac{\text{total campaign spend} \cdot}{\text{number of impressio}}$
337	**AIDA formula** A ttention I nterest D esire A ction
338	Degree of attention = $\frac{\text{Number of persor addressed} \cdot 100}{\text{Number of persons the target group}}$
338	Degree of interest = $\frac{\text{Number of persons inte in the product} \cdot 10}{\text{Number of persons i target group}}$
338	Degree of desire = $\frac{\text{Number of persons the desire to buy} \cdot}{\text{Number of person the target group}}$
338	Degree of purchase = $\frac{\text{Number of actua purchasers} \cdot 100}{\text{Number of persor in the target grou}}$
339	economic viability of advertising = $\frac{\text{increase ir}}{\text{advertisi}}$
339	market share = $\frac{\text{revenue} \cdot 100}{\text{total market revenu}}$ or = $\frac{\text{sales volume} \cdot 1}{\text{total market sales v}}$
	Digital communication policy
344	Cost Per Click $CPC = \frac{\text{total campaign spenc}}{\text{number of clicks}}$
344	Click-trough-rate $CTR = \frac{\text{number of clicks}}{\text{number of visitors}}$

…rmeln Lernbereich H: Investittionsentscheidungen

Kostenvergleichsrechnung

ttoinvestition = Bruttoinvestition – Ersatzinvestition

kalkulatorische Abschreibung

$$= \frac{\text{Anschaffungswert} - \text{Restwert}}{\text{Nutzungsdauer}}$$

kalkulatorische Zinsen

$$\frac{(\text{Anschaffungswert} + \text{Restwert})}{2} \cdot \text{Zinssatz}/100$$

Herleitung Kostenfunktion

$$K_g = K_f + k_v \cdot x$$

Kritische Menge (Übergangsmenge)

$$x_0 = \frac{K_f\,II - K_f\,I}{k_v\,I - k_v\,II}$$

Statische Amortisationsrechnung

Amortisationszeit (t_w)

$$= \frac{\text{Anschaffungsauszahlungen} - \text{Restwert}}{\varnothing\,\text{Gewinn pro Jahr} + \text{jährl. Abschreibung}}$$

$$= \frac{\text{Anschaffungsauszahlungen} - \text{Restwert}}{\varnothing\,\text{Kapitalrückfluss pro Jahr}}$$

Entscheidungskriterium: Amortisationszeit (t_w)

Einzel- und Ersatzinvestition: $t_W \leq t_{W\,max}$

Investition I oder II: $t_W\,I \lesseqgtr t_W\,II$

mortisationszeit bei Rationalisierungsinvestition (t_w)

$$= \frac{\text{Anschaffungsauszahlung}_{neu} - \text{Restwert}_{alt}}{\text{Kosteneinsparung} + \text{zusätzliche Abschreibung}}$$

$$= \frac{\text{zusätzlicher Kapitaleinsatz}}{\varnothing\,\text{jährliche Auszahlungsminderung}}$$

…sche Investitionsrechnung: Kapitalwertmethode

Zinseszinsformel

K_n = Endkapital K_0 = Anfangskapital
n = Laufzeit p = Zinssatz
i = p/100 q = 1 + p/100 = 1 + i

$$K_n = K_0 \cdot (1 + p/100)^n = K_0 \cdot (1 + i)^n = K_0 \cdot q^n$$

q^n = Aufzinsungsfaktor
Tabelle mit Aufzinsungsfaktoren

Barwertformel

K_n = Endkapital K_0 = Anfangskapital
n = Laufzeit p = Zinssatz
i = p/100 q = 1 + p/100 = 1 + i

$$K_0 = \frac{K_n}{\left(1 + \frac{p}{100}\right)^n} = \frac{K_n}{(1 + i)^n} = \frac{1}{q^n} \cdot K_n$$

Formeln Lernbereich H: Investittionsentscheidungen

Seite	Formeln Lernbereich H: Investittionsentscheidungen
	Kostenvergleichsrechnung
400	**Kapitalwert einer Investition** C_0 = Kapitalwert A_0 = Anschaffungsauszahlungen t_0 = heutiger Zeitpunkt (Gegenwart) Ü = Einzahlungsüberschuss: $Ü_1, Ü_2, Ü_3, \dots Ü_n$ = regelmäßige (jährliche) Einzahlungsüberschüsse während der Laufzeit n t = 1, 2, …, n = Zahlungszeitpunkte der Überschüsse (Jahresende 1 bis n) p = Kalkulationszinssatz i = p/100 q = 1 + p/100 = 1 + i $1/q^n$ bzw. q^{-n} = Abzinsungsfaktor[1] L_t = Liquiditätserlös zum Zeitpunkt t
400	$C_0 = -A_0 + Ü_1 \cdot \frac{1}{q^1} + Ü_2 \cdot \frac{1}{q^2} + Ü_3 \cdot \frac{1}{q^3} + \dots + Ü_n \cdot \frac{1}{q^n} = -A_0 + \sum_{t=1}^{n} Ü_t \cdot \frac{1}{q^t}$
401	Entscheidungskriterium bei Einzelinvestition: $C_0 > 0$
402	Entscheidungskriterium beim Vergleich zweier Investitionsobjekte: $C_0^I \lesseqgtr C_0^{II}$ Dabei muss gelten: $C_0 \geq 0$

Seite	Formeln Lernbereich I: Jahresabschluss und Kennzahlenanalyse
	Bestandteile des Jahresabschlusses
421	**Cashflow Rechnung (vereinfacht)** Direkte Methode: Einzahlungen – Auszahlungen = Cashflow Indirekte Methode: Jahresüberschuss + Nicht zahlungswirksamer Aufwand – Nicht zahlungswirksamer Ertrag = Cashflow
	Jahresabschlussanalyse
449	**Eigenkapitalquote** $= \frac{\text{Eigenkapital} \cdot 100}{\text{Gesamtkapital}}$
449	**Fremdkapitalquote** $= \frac{\text{Fremdkapital} \cdot 100}{\text{Gesamtkapital}}$
449	**Verschuldungsgrad** $= \frac{\text{Fremdkapital} \cdot 100}{\text{Eigenkapital}}$
450	**Bilanzkurs in %** $= \frac{\text{bilanziertes Eigenkapital}}{\text{Grundkapital}} \cdot 100$
450	**Bilanzkurs** (Eigenkapital je Aktie) $= \frac{\text{bilanziertes Eigenkapital}}{\text{Zahl der Aktien}}$
452	**Goldene Finanzierungsregel** $= \frac{\text{langfristiges Kapital}}{\text{langfristiges Vermögen}} \geq 1$
452	**Goldene Bilanzregel** $= \frac{\text{EK + langfr. FK}}{\text{AV + langfr. UV}} \geq 1$
452	**Anlagendeckungsgrad I** $= \frac{\text{Eigenkapital}}{\text{Anlagevermögen}} \cdot 100$
452	**Anlagendeckungsgrad II** $= \frac{\text{Eigenkap. + langfr. Fremdkap.}}{\text{Anlagevermögen}} \cdot 100$
453	**Liquidität 1 (Barliquidität)** $= \frac{\text{liquide Mittel}}{\text{kurzfristige Verbindlichkeiten}} \cdot 100$
453	**Liquidität 2 (einzugsbedingte Liquidität)** $= \frac{\text{liquide Mittel + kurzfr. Ford.}^{*}}{\text{kurzfristige Verbindlichkeiten}} \cdot 100$ * einschl. WP des UV
453	**Liquidität 3 (umsatzbedingte Liquidität)** $= \frac{\text{Umlaufvermögen}}{\text{kurzfristige Verbindlichkeiten}} \cdot 100$

Seite	Formeln Lernbereich I: J
	Ergeb
458	**Eige** =
458	**Gesar** = Gewinn + G
459	**Ur** =
460	**Retu** = Gewin / Umsat
462	**Le** R_{EK} = F
464	**Cashflow-Ber** Gewinn (Jahresüber + Abschreibunger – Zuschreibunger + Erhöhung der la – Verminderung d = Brutto-Cashflow – Gewinnausschü = Netto-Cashflow
465	**EBI** Jahresüberschuss lt. ± außerordentliches Er + außerordentliche + Ertragsteuern ± Finanzergebnis + Zinsaufwendunge = EBIT + Abschreibungen = EBITDA
466	**E** =

Seite	Formulas Learning area J: Strategic planning and management accounting
	Business objectives
477	**return on equity** $= \frac{\text{profit (in EUR)}}{\text{equity (in EUR)}} \cdot 100$
478	**productivity** $= \frac{\text{production volume (output)}}{\text{input factors (input)}}$
478	**labour productivity** $= \frac{\text{production volume}}{\text{working hours}}$
478	**capital productivity** $= \frac{\text{roduction volume}}{\text{working capital}}$
478	**material productivity** $= \frac{\text{roduction volume}}{\text{input of raw materials}}$
478	**profitability** $= \frac{\text{performance (in EUR)}}{\text{costs (in EUR)}} \cdot 100$ or $= \frac{\text{revenue (in EUR)}}{\text{expenses (in EUR)}} \cdot 100$
479	revenues ± change in inventory + internally produced and capitalised assets } production value = gross output (= value of production) – costs of raw materials and supplies – costs of external parts – costs of services (e.g. transport, repairs, advice, insurance) } intermediate inputs = gross value added – depreciation = net value added
	Shareholder value
488	**shareholder value** = stock market price (at time of purchase) + dividend + price advance
488	**company value** = market value of total capital = market value of a company's equity (shareholder value) + market value of debt capital
489	**market value of equity (shareholder value)** = company value – market value of debt capital

Seite	Formulas Learning area J: Strategic planning and management accounting
	External business analysis
502	**inflation rate** $= \frac{\text{new consumer price index-old consumer price index}}{\text{old consumer price index}} \cdot 100$
504	**unemployment rate** $= \frac{\text{registered unemployed}}{\text{labour force}} \cdot 100$
	Analysis of balance sheet
516	**equity ratio** $= \frac{\text{equity}}{\text{total assets}} \cdot 100$
516	**debit ratio** $= \frac{\text{total dept}}{\text{total assets}} \cdot 100$
517	**balance sheet rate** $= \frac{\text{reported equity}}{\text{share capital}} \cdot 100$
517	**book value per share** $= \frac{\text{reported equity}}{\text{number of shares}} \cdot 100$
518	**golden rule of finance** $= \frac{\text{long-term capital}}{\text{long-term assets}} \geq 1$
518	**golden rule of the balance sheet** $= \frac{\text{equity + non-current liabilities}}{\text{non-current assets + long-term current assets}} \geq 1$
518	**asset voverage ratio I** $= \frac{\text{equity}}{\text{non-current assets}} \cdot 100$
518	**asset voverage ratio II** $= \frac{\text{equity + non-current liabilities}}{\text{non-current assets}} \cdot 100$
519	**cash ratio** $= \frac{\text{liquid assets (cash and bank balances}}{\text{current liabilities}} \cdot 100$
519	**quick ratio** $= \frac{\text{liquid assets + account reveivable}}{\text{current liabilities}} \cdot 100$
519	**current ratio** $= \frac{\text{current assets}}{\text{current liabilities}} \cdot 100$